명리학 실무자를 위한

사주해설

도서출판 **필통**

머리말

우주를 넘나드는 첨단과학의 세상에서 최첨단 학문인 컴퓨터·전자공학·인공지능을 전공한 사람으로 우연한 기회에 사주명리학 학문에 관심을 가지고 금방 심취하게 되었다. 사주명리학(四柱命理學)은 음양오행(陰陽五行)의 생화극제(生化剋制)를 적용하여 체계적이고 논리 정연한 학문임을 알 수 있다. 저자는 이 학문을 직업적으로 하는 사람은 아니지만, 이 학문에 심취되어 인터넷에서 사주를 볼 수 있도록 인터넷 사주 프로그램도 개발하면서 여태까지 이 학문을 연구하고 공부한 결과를 관심 있는 후학들에게 전하고자 "취미로 배우는 사주학" 외 다수를 저술하였다.

본 서에서는 ①日干 강약 판단 ②용신 구하기 ③사주에 육친을 정하여 성격과 직업, 가족관계, 운세 등을 상세히 설명하였다. 이 책은 사주를 감정하고 해석하는 방법을 실무 위주로 서술하였다. 실무에서 사주를 감정하고 해설하는 방법은 다음과 같다.
  1) 아버지(편재로 판단)
  2) 어머니(인성으로 판단)
  3) 형제운(비겁(比劫)으로 판단)
  4) 배우자 운(남명 : 재성으로 판단, 여명(女命) : 관성으로 판단)
  5) 자식 운(남명 : 관성으로 판단, 여명(女命) : 식상으로 판단)
     육친(六親) 해석 시 해당 오행(五行)이 있으면 해당 육친이 있고, 해당 오행(五行)이 없으면 해당 육친이 없다.
  6) 본인 성격(월지 오행, 가장 강한 오행, 일간 오행(日干 五行), 용신 오행으로 판단)
  7) 본인 직업 선택(사주의 격국과 용신, 월지 오행, 가장 강한 오행), 사업 운
  8) 본인 질병은 어느 오행이 태강 이상이거나 없으면 이 오행에 해당하는 질병(疾病)에 문제가 발생한다.
  9) 대운은 용신 오행과 대운 오행을 비교하여 판단한다.
  10) 세운은 용신 오행, 대운 오행, 세운 오행과 비교하여 판단한다.

본서의 내용 중 각자가 명리학(命理學)을 해석하는 방법에 따라서 격국(格局), 일간(日干)의 강약, 용신(用神) 등을 다르게 볼 수 있다. 이유는 자평진전, 적천수 등 고전의 학설이 서낙오 선생 등에 의해 학설이 수정 보완되어 근대에 와서는 수정된 해석 방법을 사용하기 때문이기도 하지만, 개인적으로 보는 시각에 따라서도 달리 해석되기 때문이다. 본 서를 가지고 공부하면서 연구의 대상이 되는 부분이 있으면 각자의 연구 결과를 연락하여 같이 공유하기를 바라는 바이다. 끝으로 본 서가 출판되기까지 수고하여 주신 도서출판 필통 최정자 사장님과 직원 여러분들의 노고에 감사드린다.

저자 E-mail : 888sblee@naver.com

저자 씀

차 례

제1장 사주해설   14

  1. 사주 세우기 ·· 14
  2. 음력 1942년 1월 6일 오(午)시생 남자 ··· 29
  3. 음력 1957년 4월 3일 진(辰)시생 남자 ··· 43
  4. 음력 1933년 1월 13일 진(辰)시생 ·· 58
  5. 음력 1954년 5월 17일 인(寅)시생 여자 ··· 67
  6. 음력 1932년 2월 29일 진(辰)시생 남자 ··· 78
  7. 음력 1972년 2월 8일 축(丑)시생 남자 ··· 87
  8. 음력 윤달 1979년 6월 5일 미(未)시생 여자 ··· 101
  9. 음력 1967년 2월 28일 술(戌)시생 남자 ·· 114
  10. 음력 1956년 3월 11일 사(巳)시생 남자 ··· 127
  11. 음력 1968년 11월 9일 인(寅)시생 여자 ··· 140

제2장 지장간(支藏干) 정하는 방법   154

  1. 지장간(支藏干)의 개요 ·· 154
  2. 초기생(初氣生), 중기생(中氣生), 정기생(正氣生) 결정 방법 ····························· 154
  3. 지지(地支) 속의 지장간(支藏干) 배치 날수 ·· 155
  4. 지장간(地藏干) 적용 ·· 158

제3장 사주(四柱)의 격을 정하는 방법   162

  1. 사주(四柱)의 격(格) ··· 162
  2. 사주(四柱)의 삼합회국(三合會局) ·· 162
  3. 사주(四柱)의 격국(格局)을 정하는 원칙 ··· 163

제4장 용신(用神) 구하는 원칙   170

    1. 체(體)와 용(用) ·· 170
    2. 신약(身弱) 사주(四柱)에서 용신(用神) 구하는 방법 ··················· 170
    3. 신강(身强) 사주(四柱)에서 용신(用神) 구하는 방법 ··················· 170
    4. 중화(中和) 사주(四柱)의 용신(用神) ··· 171
    5. 용신(用神)의 분류 ··· 172

제5장 육친(六親)의 특성   176

    1. 비견(比肩) ·· 176
    2. 겁재(劫財) ·· 178
    3. 식신(食神) ·· 180
    4. 상관(傷官) ·· 182
    5. 편재(偏財) ·· 184
    6. 정재(正財) ·· 186
    7. 편관(偏官) ·· 188
    8. 정관(正官) ·· 191
    9. 편인(偏印) ·· 193
    10. 정인(正印) ·· 196

제6장 성격 판단(性格 判斷)   200

    1. 일간(日干)의 오행(五行)으로 판단 ··· 200
    2. 용신 오행(用神 五行)으로 판단 ·· 202
    3. 월지 오행으로 성격 판단 ·· 206
    4. 일간(日干)의 강약(强弱)으로 판단 ··· 208
    5. 기타 판단 ··· 209

제7장 직업 선택(職業 選擇)   212

    1. 직업(職業)을 선택하는 방법 ·· 212

제8장 오행(五行)에 의한 질병(疾病)   **218**

    1. 질병(疾病) ·· 218
    2. 오행의 허(虛)와 실(實)에 의한 질병(疾病) ······································ 218

제9장 조상운(祖上運)   **224**

제10장 부모운(父母運)   **228**

    1. 부모 덕이 있는 사주(四柱) ·· 228
    2. 부모 덕이 없는 사주(四柱) ·· 229
    3. 부모의 성품 ··· 229
    4. 아버지의 상태 ·· 230
    5. 어머니의 상태 ·· 231
    6. 부모의 선망(先亡)판단 ··· 231

제11장 형제운(兄弟運)   **234**

    1. 형제의 덕이 있는 사주(四柱) ·· 234
    2. 형제의 덕이 없는 사주(四柱) ·· 235

제12장 처운(妻運)   **238**

    1. 처덕(妻德)이 있는 사주(四柱) ·· 238
    2. 처덕(妻德)이 없는 사주(四柱) ·· 239
    3. 처(妻)가 미인(美人)인 사주(四柱) ·· 240
    4. 처(妻)가 부정(不貞)한 사주(四柱) ·· 241
    5. 첩(妾)이 있을 사주(四柱) ··· 241

제13장 자식운(子息運)   **244**

    1. 자식(子息) 복(福)이 있는 사주(四柱) ·· 244
    2. 자식(子息) 복(福)이 없는 사주(四柱) ·· 245

제14장 남자 결혼 시기 — 248

　　1. 일찍 결혼할 남자 사주(四柱) ······················ 248
　　2. 늦게 결혼할 남자 사주(四柱) ······················ 248
　　3. 남녀 공히 연애할 사주(四柱) ······················ 249

제15장 부자 사주 — 252

　　1. 부자의 사주(四柱) ······················ 252
　　2. 평생부자(平生富者) ······················ 253
　　3. 선빈후부(先貧後富)의 사주(四柱) ······················ 253
　　4. 선부후빈(先富後貧)의 사주(四柱) ······················ 253
　　5. 돈 버는 시기 ······················ 254

제16장 빈자(貧者) 사주 — 256

　　1. 빈자의 사주 ······················ 256
　　2. 청빈자(淸貧者)사주(四柱) ······················ 257

제17장 관운(官運) — 260

　　1. 관록이 있는 사주(四柱) ······················ 260
　　2. 사법관(司法官)의 사주(四柱) ······················ 261
　　3. 행정관(行政官)의 사주(四柱) ······················ 261
　　4. 군인(軍人)의 사주(四柱) ······················ 261

제18장 여자 사주 — 264

　　1. 여자의 미모와 정숙상태 ······················ 264
　　2. 천(賤)한 여자의 사주(四柱) ······················ 265
　　3. 혼자 살거나 정부(情夫)가 있는 사주(四柱) ······················ 266
　　4. 여자의 결혼 시기 ······················ 266
　　5. 여자의 임신시기 ······················ 267
　　6. 결혼할 배우자의 성정(性情) ······················ 268

7. 남편 복(福)이 있는 사주(四柱) ·· 269
8. 극부(剋夫)할 사주(四柱) ·· 270
9. 여자의 자식운(子息運) ·· 271
10. 시부모(媤父母)와의 관계 ·· 272

제19장 합충(合沖) 해석　　　　　　　　　　　　　　　　　　　　274

1. 세운(歲運)과 명식(命式)의 년지(年支)가 충(沖)하는 해 ······················ 274
2. 세운(歲運)과 명식(命式)의 월지(月支)가 충(沖)하는 해 ······················ 274
3. 세운(歲運)과 명식(命式)의 일지(日支)가 충(沖)하는 해 ······················ 274
4. 세운(歲運)과 명식(命式)의 시지(時支)가 충(沖)하는 해 ······················ 274
5. 세운(歲運)이나 대운(大運)에서 일지(日支)를 충(沖)하는 경우 ············ 275
6. 대운(大運)과 일지(日支)가 충(沖)하는 경우 ·· 275
7. 대운(大運)과 세운(歲運)이 충(沖)하는 경우 ·· 275
8. 세운(歲運)과 명식(命式)이 천충지충(天沖支沖) 하는 경우 ··················· 275
9. 세운(歲運)과 명식(命式)이 천동지충 하는 경우 ···································· 275
10. 대운(大運)과 세운(歲運)이 천충지충 하는 경우 ··································· 276
11. 세운(歲運)과 명식(命式)이 천지합 되는 경우 ······································· 276
12. 명식(命式)의 년지(年支)와 대운(大運) 및 세운(歲運)이 연결되어
　　삼합(三合)이나 육합(六合) 되는 경우 ··· 276
13. 명식(命式)의 월지(月支)와 대운(大運) 및 세운(歲運)이 연결되어
　　삼합(三合)이나 육합(六合) 되는 경우 ··· 276
14. 명식(命式)의 일지(日支)와 대운(大運) 및 세운(歲運)이 연결되어
　　삼합(三合)이나 육합(六合) 되는 경우 ··· 276
15. 명식(命式)의 시지(時支)와 대운(大運) 및 세운(歲運)이 연결되어
　　삼합(三合)이나 육합(六合) 되는 경우 ··· 277
16. 명식(命式) 및 일지(日支)와 세운(歲運)의 지지(地支)가 연결되어
　　삼합되는 경우 ·· 277
17. 명식(命式)의 일간(日干)과 세운(歲運)의 천간(天干)이 합(合)이 되는 경우 ········ 277
18. 세운(歲運)의 지지(地支)가 명식(命式)의 일지(日支)와 같은 경우 ············· 277
19. 세운(歲運)이 명식(命式)의 일간(日干)과 천지동년 되는 경우 ··········· 277
20. 기타 ·· 278

제20장 행운(行運) 해석 방법   280

    1. 행운(行運) 해석의 개요 ·· 280
    2. 대운(大運) 해석 방법 ·· 281
    3. 세운(歲運) 해석 방법 ·· 288
    4. 월운(月運) 해석방법 ·· 288
    5. 일진(日辰) 해석 방법 ·· 289
    6. 세운(歲運) 해석 참고 사항 ································ 290

제21장 세운(歲運)에서 본 육친 운 해설   292

    1. 세운(歲運)에서 육친(六親) 운(運) ······················· 292

제22장 세운(歲運)에서 본 항목별 해설   298

    1. 건강 운 ·· 298
    2. 이사 운 ·· 298
    3. 매매 운 ·· 298
    4. 결혼 시기 ·· 299
    5. 영전, 승진 운 ··· 299
    6. 시험 운 ·· 299
    7. 관재, 구설, 소송 운 ··· 300
    8. 재물 손해 운 ·· 300
    9. 돈 버는 운 ·· 300
    10. 여명(女命) 임신하는 운 ··································· 301

제23장 궁합(宮合)   304

    1. 두 사람의 생월 비교 ·· 304
    2. 두 사람의 년간 비교 ·· 305
    3. 두 사람의 일주 비교 ·· 307
    4. 두 사람의 오행 비교에 의한 방법 ···················· 308
    5. 나쁜 궁합 ·· 310

제24장 이사 택일 　　　　　　　　　　　　　　　　　　　　312

  1. 손이 있는 날과 방향 ··· 312
  2. 대장군(大將軍) 방위 ·· 312
  3. 현대적 감각으로 택일 선정하는 방법 ························ 313

만세력 1930년~2030년 　　　　　　　　　　　　　　　　　315

제1장
사주 해설

제1장 사주해설

1. 사주 세우기

사주(四柱)를 세우기 위해서는 먼저 만세력(萬歲曆)이란 책자가 있어야 하는데 만세력(萬歲曆)이 없는 독자는 본서의 부록에 있는 만세력(萬歲曆)을 사용하면 된다. 사주학(四柱學)의 규칙에 의해 사주(四柱)를 세우는 방법은 다음과 같다.

1.1 연주(年柱) 세우기

연주(年柱)를 세우는 방법은 다음과 같다.
① 출생한 해의 연도를 이 책의 부록에 있는 만세력(萬歲曆)을 보고 연주(年柱)의 간지(干支)를 기입한다.
② 연주(年柱)를 세우는 기준은 입춘(立春)이다. 그러므로 양력으로 새해가 바뀌어도 입춘일(立春日) 전에 출생한 사람은 전년도의 간지(干支)를 사용한다. 반드시 입춘일(立春日)을 지나야 그 해의 간지(干支)를 사용한다. 예를 들어 음력 1968년 1월 5일 출생자인 경우는 다음과 같다. 부록에 있는 만세력(萬歲曆)을 보면 1968년도 입춘일(立春日)은 음력 1월 7일 인초시(寅初時)이므로 위 출생자는 1968년도 무신(戊申)년 간지(干支)를 사용할 수 없고 전년도 1967년도 정미(丁未) 간지(干支)를 사용해야 한다. 그러나 음력으로 1968년 1월 7일 인초시(寅初時) 이후에 출생한 사람은 1968년도 연주(年柱) 간지(干支) 무신(戊申)을 사용 한다. 즉, 양력으로는 새해가 바뀌어도 입춘일(立春日) 이후에 출생을 하여야만 그 해의 연주(年柱) 간지(干支)를 사용할 수 있다.

1.2 월주(月柱) 세우기

월주(月柱)를 세우는 방법은 다음과 같다.
① 출생한 사람의 해당하는 월을 이 책의 부록에 있는 만세력(萬歲曆)을 보고 월의 간지(干支)를 기입한다.
② 월주(月柱)를 세우는 기준은 절기(節氣)이다. 즉, 그 달에 소속된 절기(節氣)를

보고 출생자의 해당 월(月)이 그 월(月)의 절기(節氣)를 지나지 않으면 전 월(月)의 월주(月柱)를 사용한다. 반드시 해당 월(月)의 절기(節氣)를 지나야 해당 월(月)의 간지(干支)를 사용할 수 있다.

예를 들어 음력 1982년 6월 22일 출생자인 경우는 다음과 같다. 음력 6월의 절기는 소서이다. 부록에 있는 만세력(萬歲曆)을 보면 1982년 6월 22일은 7월 절기 입추(立秋)를 지났다. 6월 19일 묘초시(卯初時)가 입추(立秋)이다. 위 출생자는 음력 6월 22일이지만 7월의 절기 입추(立秋)를 지났으므로 월주(月柱)는 7월 간지(干支) 무신(戊申)을 사용한다. 월주(月柱)를 세울때에 사용하는 월의 기준 절기는 다음 표와 같다.

월주(月柱) 세울 때 기준 절기

월	절 기	월	절 기
1월 (寅月)	입 춘	7월 (申月)	입 추
2월 (卯月)	경 칩	8월 (酉月)	백 로
3월 (辰月)	청 명	9월 (戌月)	한 로
4월 (巳月)	입 하	10월 (亥月)	입 동
5월 (午月)	망 종	11월 (子月)	대 설
6월 (未月)	소 서	12월 (丑月)	소 한

1.3 일주(日柱) 세우기

일주(日柱) 세우는 방법은 다음과 같다.
① 출생자의 일주(日柱)는 이 책의 부록에 있는 만세력(萬歲曆)보고 태어난 일의 간지(干支)를 기입한다.
② 일주(日柱)를 세우는 기준은 자정인 밤 자시(子時)이다.
  그러므로 야자시(夜子時 : 밤 11시 30분~밤 0시 29분 59초) 출생자는 그날의 일주(日柱) 간지(干支)를 사용하고, 조자시(朝子時 : 밤 0시 30분~밤 1시 29분 59초) 출생자는 그 다음날의 일주(日柱) 간지(干支)를 사용한다.

1.4 시주(時柱) 세우기

시주(時柱)를 세우는 방법은 다음과 같다.
① 출생 시간이 시주(時柱)의 지지(地支)이다.

② 시주(時柱)의 천간(天干)은 다음의 시주(時柱) 조견표를 보고 기입한다.
③ 1961년 8월 10일 낮 12시 이전은 자시(子時)의 시간이 밤 11시~새벽 0시 59분 59초 사이 이고, 1961년 8월 10일 낮 12시 이후는 밤 11시 30분~새벽 1시 29분 59초 사이이다.

무(戊) 일생이 오전 10시에 출생하였을 경우 시주(時柱)는 다음과 같이 정해진다. 무일생은 시주(時柱) 조견표에서 생일간(生日干)란의 무, 계(戊, 癸)와 생시(生時)란의 오전 10시가 만나는 칸 정사(丁巳)가 시주(時柱)이다. 시주(時柱) 조견표는 다음 표와 같다.

시주(時柱) 조견표

출생시(出生時)	시간(時間) 1961. 8. 10 낮 12시 이전	생일간(生日干) 1961.8.10 낮12시 이후~현재	갑·기 (甲·己)	을·경 (乙·庚)	병·신 (丙·辛)	정·임 (丁·壬)	무·계 (戊·癸)
자(子)시 (子正)	0시~0시 59분 59초	0시 30분~1시 29분 59초	갑자(甲子)	병자(丙子)	무자(戊子)	경자(庚子)	임자(壬子)
축(丑)시	1시~2시 59분 59초	1시 30분~3시 29분 59초	을축(乙丑)	정축(丁丑)	기축(己丑)	신축(辛丑)	계축(癸丑)
인(寅)시	3시~4시 59분 59초	3시~5시 29분 59초	병인(丙寅)	무인(戊寅)	경인(庚寅)	임인(壬寅)	갑인(甲寅)
묘(卯)시	5시~6시 59분 59초	5시 30분~7시 29분 59초	정묘(丁卯)	기묘(己卯)	신묘(辛卯)	계묘(癸卯)	을묘(乙卯)
진(辰)시	7시~8시 59분 59초	7시 30분~9시 29분 59초	무진(戊辰)	경진(庚辰)	임진(壬辰)	갑진(甲辰)	병진(丙辰)
사(巳)시	9시~10시 59분 59초	9시 30분~11시 29분 59초	기사(己巳)	신사(辛巳)	계사(癸巳)	을사(乙巳)	정사(丁巳)
오(午)시	11시~12시 59분 59초	11시 30분~13시 29분 59초	경오(庚午)	임오(壬午)	갑오(甲午)	병오(丙午)	무오(戊午)
미(未)시	13시~14시 59분 59초	13시 30분~15시 29분 59초	신미(辛未)	계미(癸未)	을미(乙未)	정미(丁未)	기미(己未)
신(申)시	15시~16시 59분 59초	15시 30분~17시 29분 59초	임신(壬申)	갑신(甲申)	병신(丙申)	무신(戊申)	경신(庚申)
유(酉)시	17시~18시 59분 59초	17시 30분~19시 29분 59초	계유(癸酉)	을유(乙酉)	정유(丁酉)	기유(己酉)	신유(辛酉)
술(戌)시	19시~20시 59분 59초	19시 30분~21시 29분 59초	갑술(甲戌)	병술(丙戌)	무술(戊戌)	경술(庚戌)	임술(壬戌)
해(亥)시	21시~22시 59분 59초	21시 30분~23시 29분 59초	을해(乙亥)	정해(丁亥)	기해(己亥)	신해(辛亥)	계해(癸亥)
자(子)시 (子初)	23시~23시 59분 59초	23시 30분~0시 29분 59초	병자(丙子)	무자(戊子)	경자(庚子)	임자(壬子)	갑자(甲子)

1.5 사주(四柱) 작성 시 시간(時間) 변수 요인

　우리나라에서는 1961년 8월 10일 낮 12시부터 30분을 앞당겨서 낮 12시 00분을 낮 12시 30분으로 현재까지 정오(正午)로 사용하고 있다. 즉, 동경 135도를 표준시로 사용하므로 우리나라의 정오(正午) 시는 낮 12시 00분이 아닌 낮 12시 30분이 된다. 역학(易學)에서 말하는 오시(午時)는 낮 11시~12시 59분 59초지만, 이러한 시간상의 변경 때문에 현재 우리나라에서의 오시(午時)는 낮 11시 30분~13시 29분 59초가 된다. 밤의 자초(子初)시는 11시 30분이고, 밤의 자정(子正)시는 0시 30분이 된다. 즉, 1961년 8월 10일 이후부터는 하루의 일진(日辰)이 밤 0시 00분에 바뀌는 것이 아니고, 밤 0시 30분에 바뀌는 것이다.

　이러한 시간의 변경으로 인하여 사주(四柱)를 세울때에는 시주(時柱) 조견표를 보고 1961년 8월 10일 이후 출생자에게는 이 변경된 시간을 적용해야 한다. 1961년 8월 10일 이전에는 자정(子正) 시간이 밤 0시 00분이었고, 1961년 8월 10일 이후부터는 자정(子正) 시간이 밤 0시 30분이 된다.

　서머 타임(summer time)은 하절기(夏節期)에 1시간 앞당겨서 시행하는 제도로서, 서머 타임을 적용하기 전의 6789시는 서머 타임을 적용한 후에는 7시로 바뀐다. 그러므로 역학(易學)에서 사주(四柱)를 세울 때 서머 타임을 도입한 기간에는 시의 한계가 다르게 된다. 서머 타임을 적용한 후의 시간 차이는 다음의 표와 같다.

서머 타임 적용하기 전과 후의 시간 비교

서머타임 적용 전 시간	00시 (24시)	01시	02시	03시	04시	05시	06시	07시	08시	09시	10시	11시	12시	13시	14시	15시	16시	17시	18시	19시	20시	21시	22시	23시
서머타임 적용 후 시간	01시	02시	03시	04시	05시	06시	07시	08시	09시	10시	11시	12시	13시	14시	15시	16시	17시	18시	19시	20시	21시	22시	23시	24시

우리나라에서 서머 타임 제도를 도입한 기간은 양력 기준으로 다음 표와 같다.

우리나라에서 서머 타임을 도입한 기간

연도(년)	서머 타임 도입기간	서머 타임 이전과의 차이
1948	5월 31일 자정~ 9월 22일 자정	1시간 앞당겨서 사용
1949	4월 3일 자정~ 9월 30일 자정	1시간 앞당겨서 사용
1950	4월 1일 자정~ 9월 10일 자정	1시간 앞당겨서 사용
1951	5월 6일~ 9월 9일	1시간 앞당겨서 사용
1955	4월 6일~ 9월 21일	1시간 앞당겨서 사용
1956	5월 20일 자정~ 9월 29일 자정	1시간 앞당겨서 사용
1957	5월 5일~ 9월 21일	1시간 앞당겨서 사용
1958	5월 4일~ 9월 21일	1시간 앞당겨서 사용
1959	5월 3일 00시~ 9월 19일 24시	1시간 앞당겨서 사용
1960	5월 1일~ 9월 18일	1시간 앞당겨서 사용
1987	5월 10일 02시~10월 11일 03시	1시간 앞당겨서 사용
1988	5월 8일 02시~10월 9일 03시	1시간 앞당겨서 사용

※ 위의 표는 파악된 자료만 기술하였다.

1961년 8월 10일 이후에 서머 타임을 적용하였다면 정오(正午)시는 13시 30분이다. 서머 타임을 도입한 이후 시간과 역학(易學)의 시간은 1시간 30분 차이가 나므로 사주(四柱) 작성 시 반드시 이 점을 명심해야 한다. 동경 135도 표준시 사용에 의해서 1961년 8월 10일 낮 12시 이후부터 출생한 자는 30분 앞당긴 시간을 서머 타임의 도입 기간과 관계없이 적용해야 한다.

1961년 8월 10일 낮 12시 이전에 출생한 사람은 경도상의 시차 변경에 의한 30분을 생각하지 말고 서머 타임 시간만 감안하여 그 때의 시간을 기준으로 사주(四柱) 시간에 적용하면 된다. 또한, 1961년 8월 10일 낮 12시 이전에 출생하고 서머 타임 시스템 도입과는 무관한 기간에 출생한 사람은 그 때의 시간을 기준으로 사주(四柱) 시간에 적용시키면 된다.

시주(時柱) 조견표를 보면 1961년 8월 10일 낮 12시 이전과 이후에 적용시킬 시간이 나타나 있으므로 이대로 사용하면 되고, 단지 서머 타임을 도입한 시간은 현재의 시간에 1시간을 빼주면 된다.

예를 들어, 서머 타임을 적용한 양력 1951년 5월 10일 오전 10시 20분에 출생했다면 1시간을 뺀 1951년 5월 10일 오전 9시 20분이고, 사주(四柱) 역학(易學) 시간으로는 사시(巳時)가 된다. 그러나 1961년 8월 10일 낮 12시 이후 출생자는 시주(時柱) 조견 표에서 경도상의 시차 변경으로 인한 30분 앞당긴 시간을 사용하면 된다. 예를 들어, 서머 타임을 적용한 양력 1988년 6월 25일 오전 6시 10분에 출생했다면 1시간을 뺀 1988년 6월 25일 오전 5시 10분이 되고 역학(易學) 시간으로는 인시(寅時)가 된다.

1.5.1 대운(大運) 작성

대운(大運)이란 시간의 흐름 속에서 10년을 주기로 바뀌는 운명의 기간을 말한다. 대운(大運)은 시간의 흐름 속에서 운명의 변화를 잘 설명할 수 있는 방법으로서 대운(大運)은 사주(四柱)의 월주 간지(月柱 干支)를 기준으로 정한다.

1.5.2 대운(大運)의 간지(干支) 작성

(1) 순운(順運)

순운(順運)이란 대운(大運)이 앞으로 흐르는 것을 말한다.
　① 출생자가 남자인지 여자인지 구분한다.
　② 출생한 해의 연주(年柱) 천간(天干) 오행(五行)이 양(陽)인지, 음(陰)인지 구분한다.
　③ 연주(年柱)의 천간(天干)을 보고 양남(陽男), 음녀(陰女)는 월주(月柱)를 기준으로 대운(大運)이 앞으로 흐른다.
　양남(陽男)은 연주(年柱)의 천간(天干) 오행(五行)이 양(陽)인 남자를 말하고, 음녀(陰女)는 연주(年柱)의 천간(天干) 五行이 음(陰)인 여자를 말한다.

(2) 역운(逆運)

역운(逆運)이란 대운(大運)이 뒤로 흐르는 것을 말한다.
　① 출생자가 남자인지 여자인지 구분한다.
　② 출생한 해의 연주(年柱)의 천간(天干) 오행(五行)이 양(陽)인지, 음(陰)인지 구분한다.
　③ 연주(年柱)의 천간(天干)을 보고 음남(陰男), 양녀(陽女)는 월주(月柱)를 기준으로 대운(大運)이 뒤로 흐른다. 음남(陰男)은 연주(年柱)의 천간(天干) 오행(五行)이 음(陰)인 남자를 말하고, 양녀(陽女)는 연주(年柱)의 천간(天干) 오행(五行)이 양(陽)인 여자를 말한다.

(3) 대운(大運)의 간지(干支) 작성

이 책의 부록에 있는 만세력을 보고 사주(四柱)의 연주(年柱) 천간(天干)이 양남음녀(陽男陰女)이면 월주(月柱)를 기준으로 육십갑자를 순서대로 적고, 음남양녀(陰男陽女)이면 월주(月柱)를 기준으로 육십갑자 순서를 거꾸로 적는다. 대운의 간지 작성 방법을 아래의 예에서 알아보자.

① 남자의 사주(四柱) 명식에서 연주(年柱)가 기유(己酉)이고 월주가 경오(庚午)라면, 연주 천간 기(己) 오행은 음(陰)이므로 음남 (陰男) 이다. 음남은 월주(月柱) 경오(庚午)를 기준으로 육십갑자 순서를 거꾸로 적고, 입운에는 월주(月柱) 경오(庚午)를 그대로 기입한다.

사 주			
연 주	월 주	일 주	시 주
己酉	庚午	丙寅	辛卯
대 운						
입운	제1운	제2운	제3운	제4운	제5운	제6운	제7운
庚午	己巳	戊辰	丁卯	丙寅	乙丑	甲子	癸亥

② 여자의 사주(四柱) 명식에서 연주(年柱)가 기유(己酉)이고 월주가 경오(庚午)라면, 연주 천간 기(己) 오행은 음(陰)이므로 음녀(陰女)이다. 음녀는 월주(月柱) 경오(庚午) 을 기준으로 육십갑자를 순서대로 적고, 입운에는 월주(月柱) 경오(庚午)를 그대로 기입한다.

사 주			
년 주	월 주	일 주	시 주
己酉	庚午	丙寅	辛卯
대 운						
입운	제1운	제2운	제3운	제4운	제5운	제6운	제7운
庚午	辛未	壬申	癸酉	甲戌	乙亥	丙子	丁丑

③ 남자의 사주(四柱) 명식 : 연주(年柱)의 천간(天干) 갑(甲)이 양(陽)이므로 양남(陽男) 이다. 양남은 월주(月柱) 계유(癸酉)를 기준으로 육십갑자(六十甲子)를

순서대로 앞으로 적고, 입운에는 월주(月柱) 계유(癸酉)를 그대로 기입한다.

사 주			
년 주	월 주	일 주	시 주
甲辰	癸酉	乙丑	庚辰

대 운							
입 운	제1운	제2운	제3운	제4운	제5운	제6운	제7운
癸酉	甲戌	乙亥	丙子	丁丑	戊寅	己卯	庚辰

④ 여자의 사주(四柱) 명식 : 연주(年柱)의 천간(天干) 갑(甲)이 양(陽)이므로 양녀(陽女)이다. 양녀는 월주(月柱) 계유(癸酉)를 기준으로 육십갑자 순서를 거꾸로 적고, 입운에는 월주(月柱) 계유(癸酉)를 그대로 기입한다.

사 주			
년 주	월 주	일 주	시 주
甲辰	癸酉	乙丑	庚辰

대 운							
입 운	제1운	제2운	제3운	제4운	제5운	제6운	제7운
癸酉	壬申	辛未	庚午	己巳	戊辰	丁卯	丙寅

1.5.3 대운수 (大運數) 계산방법

대운(大運)의 시작 나이는 1세부터가 아니고 절입일과 생일(生日)의 관계에서 결정되므로 대운(大運)의 시작 나이는 출생한 사람마다 다르다. 대운수 계산 시 양남음녀(陽男陰女)는 미래절(未來節)을 사용하고, 음남양녀(陰男陽女)는 과거절(過去節)을 사용한다. 미래절은 출생한 생일(生日)에서 앞으로 다가오는 절기일을 말하고, 과거절은 출생한 생일(生日)에서 뒤로 가서 드는 절기일(節氣日)을 말한다. 대운(大運)에서 시작하는 나이를 대운수(大運數)라 하며 구하는 계산 방법은 다음과 같다.

(1) 양남음녀(陽男陰女)는 미래절(未來節)을 사용하므로 생일(生日)에서 다가오는 절기일(節氣日) 까지의 날수(日數)를 계산하면 된다. 음남양녀(陰男陽女)는 과거절(過去節)을 사용하므로 생일(生日)에서 지나온 절기일 까지의 날수(日數)를 계산하면 된다. 절기일 까지 계산하여 구한 날수에 3을 나눈 몫(답)이

대운(大運)의 제1운이 시작하는 나이이다. 3을 나눈 나머지가 1이면 버리고 2이면 몫에 1을 더한다. 날수의 정확한 계산은 출생한 날의 시간과 해당하는 절기일 시간까지를 계산하여, 12시간 이상이 되면 1일을 가산하고 12시간 이하이면 버린다. 복잡함을 피하기 위하여 보통 시간은 제외하고, 생일(生日)을 포함시키면 절기일(節氣日)은 제외시킨다. 생일(生日)을 제외하면 절기일(節氣日)을 포함하는 편법(便法)을 대부분 사용한다.

(2) 대운(大運)은 10년 마다 바뀌는 운으로서, 대운(大運)이 시작하는 제1운은 (1)번에서 구한 수를 기입한다.

(1)번에서 구한 대운수가 8이라면 입운에는 0에서 7까지를 기입하고, 대운(大運)의 제1운 에는 8을 쓰고, 대운(大運)의 제2운에는 18을 쓰고, 대운(大運)의 제3운에는 28을 쓰고, 대운(大運)의 제4운에는 38을 쓴다. 이와 같이 계속하여 제5운, 제6운, 제7운에 기입하면 된다.

대운수(大運數)를 계산하여 구하는 방법을 예로서 알아보자.

(3) 음력 1969년 5월 16일 오전 6시 출생한 남자

사 주			
연 주	월 주	일 주	시 주
己酉	庚午	丙子	辛卯

대 운						
입운	제1운	제2운	제3운	제4운	제5운	제6운	제7운
0~7	8~17	18~27	28~37	38~47	48~57	58~67	68~77
庚午	己巳	戊辰	丁卯	丙寅	乙丑	甲子	癸亥

① 연주(年柱)의 천간(天干) 오행(五行) 기토(己土)가 음(陰)이므로 음남생이다.

② 음남생은 대운(大運)이 역운(逆運)이므로 사주(四柱)의 월주(月柱)를 기준으로 六十甲子를 역행으로 적는다.

③ 대운수(大運數) 작성시 음남(陰男)은 과거절을 사용하므로 생일(生日) 5월 16일에서 5월 절기 망종 4월 22일을 뺀다. 즉, 5월 16일(生日) − 4월 22일(절기일) = 24일이 된다. 24÷3 =8이 대운수(大運數)이다. 대운(大運)의 제1운에는 8을 쓰고, 제2운에는 18을 쓰고, 그 다음에는 10씩 더하여 각각의 대

운에 기입하면 된다.

④ 입운에는 사주(四柱)의 월주(月柱) 경오(庚午)를 그대로 기입한다.

1.0.3 대운수(大運數) 계산과 사주 세우기 연습

대운수(大運數) 계산과 사주 세우는 방법을 예제로서 알아보자.

(1) 음력 1968년 6월 25일 오전 8시 30분 남자
① 연주(年柱) : 만세력(萬歲曆)을 보면 1968년 6월은 입춘을 지났으므로 1968년 간지(干支) 무신(戊申)을 사용한다.
② 월주(月柱) : 월주(月柱)의 사용 기준은 그 달의 절기(節氣)이므로 6월 달의 절기 소서는 6월 12일이다. 그러므로 6월 달의 월주(月柱) 기미(己未)를 사용한다.
③ 일주(日柱) : 生月의 생일(生日)에 해당하는 일진(日辰)을 그대로 사용하므로 신묘(辛卯)이다
④ 시주(時柱) : 오전 8시 30분이므로 진(辰)시이고, 시주(時柱) 조견표에서 일간(日干) 신(辛)과 출생시간 진(辰)이 만나는 칸 임진(壬辰)이다.
⑤ 대운간지(大運干支) : 연주(年柱)가 무신(戊申)으로 천간(天干) 오행(五行) 무(戊)는 양(陽)이므로 양남(陽男)생이다. 양남음녀(陽男陰女)는 순행하므로 사주(四柱)의 월주(月柱)를 기준으로 육십갑자를 순서대로 앞으로 기입한다.
⑥ 대운수(大運數) : 양남(陽男)은 미래절의 일수(日數)를 계산하므로, 앞으로 다가오는 처음의 절기는 7월 절기 입추는 7월 14일이다. 7월 14일(입추 절기) - 6월 25일(生日) = 18일이다. 이 18를 3으로 나누면 몫이 6이다. 대운(大運)의 제1운에는 6을 쓰고, 제2운에는 16을 쓰고, 그 다음 운에는 10씩 더하여 각각의 대운에 기입하면 된다.
⑦ 입운에는 사주(四柱)의 월주(月柱) 기미(己未)를 그대로 기입한다.

사 주							
년 주		월 주		일 주		시 주	
戊申		己未		辛卯		壬辰	
대 운							
입운	제1운	제2운	제3운	제4운	제5운	제6운	제7운
0~5	6~15	16~25	26~35	36~45	46~55	56~65	66~75
己未	庚申	辛酉	壬戌	癸亥	甲子	乙丑	丙寅

(2) 위와 같은 방법으로 음력 1958년 10월 12일 18시 20분에 출생한 여자의 대운수를 구하고 사주를 작성해보자.

연주(年柱)가 무술(戊戌)이므로 양녀이다. 양녀는 대운이 역행한다. 입운에는 월주(月柱) 계해(癸亥)를 기입한다.

사 주							
연 주		월 주		일 주		시 주	
戊戌		癸亥		癸卯		辛酉	
대 운							
입운	제1운	제2운	제3운	제4운	제5운	제6운	제7운
0~4	5~14	15~24	25~34	35~44	45~54	55~64	65~74
癸亥	壬戌	辛酉	庚申	己未	戊午	丁巳	丙辰

(3) 음력 1971년 12월 25일 오전 8시 40분 여자 대운과 사주 세우기

출생일이 1971년 12월 25일 이지만 입춘이 1971년 12월 21일이므로 1972년도의 연주(年柱) 간지(干支)를 사용해야 한다. 1972년도의 연주(年柱) 간지(干支)는 임자(壬子)로서 천간 오행(五行)이 양(陽)이므로 양녀이다. 양녀는 대운 작성 시 육십갑자를 역으로 기입해야 한다. 입운에는 월주(月柱) 간지(干支) 임인(壬寅)을 기입한다.

사 주							
년 주		월 주		일 주		시 주	
壬子		壬寅		庚午		庚辰	
대 운							
입운	제1운	제2운	제3운	제4운	제5운	제6운	제7운
0~0	1~10	11~20	21~30	31~40	41~50	51~60	61~70
壬寅	辛丑	庚子	己亥	戊戌	丁酉	丙申	乙未

(4) 음력 1974년 1월 5일 14시 50분 여자 대운과 사주 세우기

출생일이 1974년 1월 5일 이지만 입춘이 1974년 1월 13일이므로 1973년도의 연주(年柱) 간지(干支)를 사용해야 한다. 1973년도의 연주(年柱) 간지(干支)는 계축(癸丑)으로서 천간(天干) 오행(五行)이 음(陰)이므로 음녀(陰女)이다. 음녀(陰女)는 대운 작성 시 육십갑자를 앞으로 순서대로 기입해야 한다. 입운에는 월주(月柱) 간지(干支) 을축(乙丑)을 기입한다.

사 주							
년 주		월 주		일 주		시 주	
癸丑		乙丑		戊辰		己未	
대 운							
입운	제1운	제2운	제3운	제4운	제5운	제6운	제7운
0~2	3~12	13~22	23~32	33~42	43~52	53~62	63~72
乙丑	丙寅	丁卯	戊辰	己巳	庚午	辛未	壬申

(5) 음력 1974년 1월 5일 14시 50분 남자 대운과 사주 세우기

출생일이 1974년 1월 5일 이지만 입춘이 1974년 1월 13일이므로 1973년도의 연주(年柱) 간지(干支)를 사용해야 한다. 1973년도의 연주(年柱) 간지(干支)는 계축(癸丑)으로서 천간(天干) 오행(五行)이 음(陰)이므로 음남이다. 음남은 대운 작성 시 육십갑자 순서를 역으로 기입해야 한다. 입운에는 월주(月柱) 간지(干支) 을축(乙丑)을 기입한다.

사 주			
년 주	월 주	일 주	시 주
癸 丑	乙 丑	戊 辰	己 未

대 운							
입운	제1운	제2운	제3운	제4운	제5운	제6운	제7운
0~6	7~16	17~26	27~36	37~46	47~56	57~66	67~76
乙 丑	甲 子	癸 亥	壬 戌	辛 酉	庚 申	己 未	戊 午

(6) 음력 1976년 12월 28일 06시 10분 여자 대운과 사주 세우기

출생일이 1976년 12월 28일 이지만 입춘이 1976년 12월 17일이므로 1977년도의 연주(年柱) 간지(干支)를 사용해야 한다. 1977년도의 연주(年柱) 간지(干支)는 정사(丁巳)로서 천간(天干) 오행(五行)이 음(陰)이므로 음녀(陰女)이다. 음녀(陰女)는 대운 작성 시 육십갑자 순서를 순서대로 기입하면 된다. 입운에는 월주(月柱) 간지(干支) 임인(壬寅)을 기입한다.

사 주			
년 주	월 주	일 주	시 주
丁 巳	壬 寅	癸 卯	乙 卯

대 운							
입운	제1운	제2운	제3운	제4운	제5운	제6운	제7운
0~5	6~15	16~25	26~35	36~45	46~55	56~65	66~75
壬 寅	癸 卯	甲 辰	乙 巳	丙 午	丁 未	戊 申	己 酉

(7) 음력 1976년 12월 28일 06시 10분 남자 대운과 사주 세우기

출생일이 1976년 12월 28일 이지만 입춘이 1976년 12월 17일이므로 1977년도의 연주(年柱) 간지(干支)를 사용해야 한다. 1977년도의 연주(年柱) 간지(干支)는 정사(丁巳)로서 천간(天干) 오행(五行)이 음(陰)이므로 음남이다. 음남은 대운 작성 시 육십갑자 순서를 역으로 기입하면 된다. 입운에는 월주(月柱) 간지(干支) 임인(壬寅)을 기입한다.

사 주							
년 주		월 주		일 주		시 주	
丁巳		壬寅		癸卯		乙卯	
대 운							
입운	제1운	제2운	제3운	제4운	제5운	제6운	제7운
0~3	4~13	14~23	24~33	34~43	44~53	54~63	64~73
壬寅	辛丑	庚子	己亥	戊戌	丁酉	丙申	乙未

(8) 음력 1952년 12월 29일 22시 20분 남자 대운과 사주 세우기

출생일이 1952년 12월 29일 이지만 입춘이 1952년 12월 21일이므로 1953년도의 연주(年柱) 간지(干支)를 사용해야 한다. 1953년도의 연주(年柱) 간지(干支)는 계사(癸巳)로서 천간(天干) 오행(五行)이 음(陰)이므로 음남이다. 음남은 대운 작성 시 육십갑자 순서를 역으로 기입하면 된다. 입운에는 월주(月柱) 간지(干支) 갑인(甲寅)을 기입한다.

사 주							
년 주		월 주		일 주		시 주	
癸巳		甲寅		甲午		乙亥	
대 운							
입운	제1운	제2운	제3운	제4운	제5운	제6운	제7운
0~2	3~12	13~22	23~32	33~42	43~52	53~62	63~72
甲寅	癸丑	壬子	辛亥	庚戌	己酉	戊申	丁未

(9) 음력 1952년 1월 5일 22시 20분 여자 대운과 사주 세우기

출생일이 1952년 1월 5일 이지만 입춘이 1952년 1월 10일이므로 1951년도의 연주(年柱) 간지(干支)를 사용해야 한다. 1951년도의 연주(年柱) 간지(干支)는 신묘(辛卯)로서 천간(天干) 오행(五行)이 음(陰)이므로 음녀(陰女)이다. 음녀(陰女)는 대운 작성 시 육십갑자 순서를 순서대로 바로 기입하면 된다. 입운에는 월주(月柱) 간지(干支) 신축(辛丑)을 기입한다.

사 주			
연 주	월 주	일 주	시 주
辛 卯	辛 丑	丙 子	己 亥

대 운							
입 운	제1운	제2운	제3운	제4운	제5운	제6운	제7운
0~1	2~11	12~21	22~31	32~41	42~51	52~61	62~71
辛 丑	壬 寅	癸 卯	甲 辰	乙 巳	丙 午	丁 未	戊 申

(10) 음력 1986년 8월 8일 16시 40분 남자 대운과 사주 세우기

1986년도의 연주(年柱) 간지(干支)를 사용 한다. 1986년도의 연주(年柱) 간지(干支)는 병인(丙寅)으로서 천간(天干) 오행(五行)이 양(陽)이므로 양남(陽男)이다. 양남(陽男)은 대운 작성 시 육십갑자 순서를 순서대로 바로 기입하면 된다. 입운에는 월주(月柱) 간지(干支) 정유(丁酉)를 기입한다.

사 주			
년 주	월 주	일 주	시 주
丙 寅	丁 酉	戊 午	庚 申

대 운							
입 운	제1운	제2운	제3운	제4운	제5운	제6운	제7운
0~8	9~18	19~28	29~38	39~48	49~58	59~68	69~78
丁 酉	戊 戌	己 亥	庚 子	辛 丑	壬 寅	癸 卯	甲 辰

2. 음력 1942년 1월 6일 오(午)시생 남자

이름	명식1			생년 월일	양력 : 1942년 2월 20일 금요일			작성일 자	2021년 3월 27일		
성별	남	나이	80세		음력 : 1942년 1월 6일 음력평달				17시 42분 토요일		
					간지 : 壬午년 壬寅월 甲辰일생						

구분	사 주								五行	木	火	土	金	水
	년 주			월 주			일 주			시 주		元式	1	2	1	1	2
천간	水	壬	편인	水	壬	편인	木	甲	본인	金	庚	편관	藏干	1	2	1	1	2
지지	火	午	상관	木	寅	비견	土	辰	편재	火	午	상관	強弱 : 신강					
장간	丁		丙己丁	甲		戊丙甲	戊		乙癸戊	丁		丙己丁	用神 : 재성					
12운성	死			建祿			衰			死			공망 : 寅卯					
신살 (神殺)	태극귀인 재살 천덕합			복성귀인 역마살			금여록 과숙살 백호대살			태극귀인 재살			양인 : 卯					
간합										간충			일간 시간의 甲庚충					
육합										지충								
삼합				寅午戌 삼합火, 申子辰 삼합水, 巳酉丑 삼합金, 亥卯未 삼합木														
방합				寅卯辰 방합木, 巳午未 방합火, 申酉戌 방합金, 亥子丑 방합水														
파							해											
초.중.정기	정기 : 16일			대운			대운의 순운, 大運數 : 5 運						절기 : 입춘					

구분	간지	육친	12운성	대운기간	5세	6세	7세	8세	9세	0세	1세	2세	3세	4세
입운	壬寅			0~4 년도	丁	戊	己	庚	辛	壬	癸	甲	乙	丙
1운	癸卯	정인	帝旺	5~14 1947년	亥	子	丑	寅	卯	辰	巳	午	未	申
2운	甲辰	비견	衰	15~24 1957년	酉	戌	亥	子	丑	寅	卯	辰	巳	午
3운	乙巳	겁재	病	25~34 1967년	未	申	酉	戌	亥	子	丑	寅	卯	辰
4운	丙午	식신	死	35~44 1977년	巳	午	未	申	酉	戌	亥	子	丑	寅
5운	丁未	상관	墓	45~54 1987년	卯	辰	巳	午	未	申	酉	戌	亥	子
6운	戊申	편재	絶	55~64 1997년	丑	寅	卯	辰	巳	午	未	申	酉	戌
7운	己酉	정재	胎	65~74 2007년	亥	子	丑	寅	卯	辰	巳	午	未	申
8운	庚戌	편관	養	75~84 2017년	酉	戌	亥	子	丑	寅	卯	辰	巳	午
9운	辛亥	정관	長生	85~94 2027년	未	申	酉	戌	亥	子	丑	寅	卯	辰

2.1 사주구성

격(格)은 월지(月支)의 지장간(支藏干)으로 정하는데 사주(四柱)의 주인공이 출생한 여기(餘氣), 중기(中氣), 정기(正氣) 중 어느 시기에 태어났는지를 보고 결정한다. 위 명식(命式)은 정기생(正氣生)이므로 건록격(建祿格)이다. 위 명식(命式)에서 년간(年干) 및 월간(月干) 임수(壬水)는 일지(日支)의 지장간(支藏干) 계수(癸水)에 통근(通根)하여 힘이 제일 강하다. 지지(地支)는 인오합화(寅午合火)로 반합(半合)이 되었다. 명식(命式)의 일간(日干)과 시간(時干)이 갑경충(甲庚沖)한다.

사주(四柱)의 오행(五行)이 음(陰)은 없고 양(陽)은 8개로서 양팔통(陽八通)이 되어 밤은 없고 낮만 있으므로 쉴새 없이 일하는 고달픈 신세이다. 양일간(陽日干)에 오행(五行)이 모두 양(陽)이므로 활발한 외향적 성격(外向的 性格)의 소유자이다. 만일 이 사주(四柱)에 음양(陰陽)이 골고루 반반 정도가 되고 지지(地支)의 인오합화(寅午合火) 반합(半合)만 없어도 중화순수사주(中和純粹四柱)가 되어서 아주 좋은 사주(四柱)가 되었을 것이다. 월지 인목(月支 寅木)은 공망(空亡)이지만 인오합(寅午合)이 되어서 해공(解空)이 되었다. 사주 명리학(四柱 命理學)에서는 재성(財星)을 가지고 재물복을 판단하여 해석한다. 위 명식(命式)은 상관 화 오행(傷官 火 五行)이 편재(偏財)를 적절히 생조(生助)하고 편재(偏財)는 편관(偏官)을 생조(生助)하여 재기 유통으로 잘 구성되어 있으므로 재물복도 있다.

편관(偏官)이 시간(時干)에 있어서 좋지만 통근(通根)하지 못하여 아쉽다. 배우자 자리인 일지(日支)에 편재(偏財)가 위치하고 12운성 쇠(衰)에 해당하므로 처(妻)는 있지만 몸은 약한 편이다. 명식(命式)의 일간(日干)이 신강(身强)하고 오행(五行)이 모두 구성되어 있으면서 중화순수사주(中和 四柱)에 가깝고 재성(財星)과 관성(官星)이 적절히 제화되므로 길(吉)한 사주(四柱)인데, 대운(大運)이 남방운(南方運)과 서방운(西方運)으로 흐르므로 양호하다.

(1) 일간(日干)의 강약(强弱)

- 일간 갑목(日干 甲木)에 힘이 보태지는 비견(比肩)은 1개
- 일간 갑목(日干 甲木)을 생조(生助)하는 편인(偏印)이 2개
- 일간 갑목(日干 甲木)을 극(剋)하는 편관(偏官)은 1개
- 일간 갑목(日干 甲木)을 누출시키는 상관(傷官)은 2개
- 일간 갑목(日干 甲木)이 극(剋)하는 편재(偏財)는 1개

- 일간 갑목(日干 甲木)이 인월(寅月)에 출생하여 득령(得令)
- 년간(年干) 및 월간(月干) 편인(偏印) 임수(壬水)는 일지(日支)에 통근(通根)하여 힘이 강하다.
- 12운성의 힘은 약하다.
- 월지(月支) 및 시지(時支)가 인오반합화(寅午半合火)이다.

이상의 내용을 판단하면 일간(日干)은 신강(身强)하다.

12운성 힘의 세기는 다음과 같이 판단한다.
· 사왕(四旺) : 장생(長生), 관대(冠帶), 건록(建祿), 제왕(帝旺)을 사왕(四旺)이라 하며 힘이 강한 것으로 판단한다.
· 사평(四平) : 목욕(沐浴), 묘(墓), 태(胎), 양(養)을 사평(四平)이라 하며 힘이 보통인 것으로 판단한다.
· 사쇠(四衰) : 쇠(衰), 병(病), 사(死), 절(絶)을 사쇠(四衰)라 하며 힘이 약한 것으로 판단한다.

(2) 용신(用神)

인성(印星)이 강하여 갑목 일간(甲木 日干)이 신강(身强)하므로 일지(日支)의 정기지장간(正氣 支藏干) 진중무토(辰中戊土) 편재(偏財)를 용신(用神)으로 정한다. 화(火) 오행은 희신(喜神)이고 수(水) 오행과 목(木) 오행은 기신(忌神)이다. 금(金) 오행은 길신(吉神)이다.

2.2 육친(六親) 관계

(1) 부친궁(父親宮)은 편재(偏財)와 월지(月支)의 12운성, 초년(初年) 대운(大運)으로 판단하는데, 월지(月支)가 건록(建祿)이고 일지(日支)의 토(土) 오행 편재(偏財)가 용신(用神)이므로 아버지 보살핌과 덕이 대단하였고 아버지는 건강하게 장수 하였다.

(2) 모친궁(母親宮)은 정인(正印)과 월지(月支)의 12운성, 초년(初年) 대운(大運)으로 판단한다. 정인(正印)이 없으면 편인(偏印)으로 판단하는데 위 명식(命式)에서는 년간(年干) 및 월간(月干)의 임수(壬水) 편인(偏印)으로 판단한다. 임수(壬水) 편인(偏印)은 일지(日支)에 통근(通根)하여 힘이 강하고 사주(四柱)가 잘 구성되어 있으므로 어머니는 장수하고 어머니의 보살핌과 덕도 있다.

(3) 형제궁(兄弟宮)은 비견(比肩)과 겁재(劫財)로 판단하므로 월지(月支)의 인중(寅中) 갑목 비견(甲木 比肩)으로 판단한다. 비견(比肩)이 월지(月支)에 위치하고 사주(四柱) 구성이 양호하므로 형제도 있으며 형제 덕도 있다.

(4) 처궁(妻宮)은 정재(正財)로 보는데 정재(正財)가 없으므로 일지(日支)의 편재(偏財)로 판단한다. 편재(偏財)가 배우자 자리인 일지(日支)에 위치하고 희신(喜神)이 되므로 좋은 배우자를 만나고 처복이 많으며, 처(妻)는 나에게 많은 도움이 된다. 일지(日支)가 쇠(衰)이고 과숙살(寡宿殺)이 있으므로 처(妻)의 몸은 허약한 편이므로 처(妻)의 건강에 각별히 유념해야 한다.

(5) 자식궁(子息宮)은 남명(男命)에서 관성(官星)과 시주(時柱)의 위치로 판단하므로 위 명식(命式)은 시간(時干)의 편관(偏官)으로 판단한다. 자식성 편관(偏官)이 시간(時干)에 위치하고 사주(四柱)가 잘 구성되어 있으므로 자식은 있으며 자식은 잘 되고 자식 덕도 있다.

(6) 성격(性格)은 월지(月支), 사주(四柱)에서 강한 오행(五行), 일간 오행(日干 五行)의 종류 및 강약(强弱), 용신(用神), 사주(四柱) 전체의 합(合) 등을 종합적으로 보고 판단한다. 일간(日干)은 갑목(甲木)으로 적합하게 신강(身强)하고 월지(月支)는 비견(比肩)이다. 사주(四柱) 구성이 맑고 용신(用神)은 편재(偏財)이다. 용신(用神)이 편재(偏財)이고 일간 갑목(日干 甲木)이 적합하게 왕성하므로, 다정다감하고, 조용하고 유순하며, 성실하고 부지런하다. 일간(日干)이 적절히 제화되므로 성격(性格)은 원만하며 모든 일을 공평무사하게 처리하고 타인으로부터 호감을 가진다. 월지(月支)의 비견(比肩)으로 자존심은 강하고 남에게 지기를 싫어하며 다른 사람에게 의존하기를 싫어하고 독립정신이 강하다.

(7) 직업(職業)은 사주(四柱)의 격국(格局)과 월지(月支)의 육친(六親), 가장 강한 오행(五行), 용신(用神) 등을 참고하여 종합적으로 해석한다. 위 사주(四柱)는 월지(月支)가 비견(比肩)이고, 강한 오행(五行)이 수(水)와 화(火)이고, 용신(用神)이 재성(財星)이므로 이들을 종합하여 해석한다. 사주(四柱)의 구성이 양호하므로 공무원과 같은 관료직이나 개인적인 사업도 좋으며 재물복은 있다. 자존심이 강하므로 남의 밑에서 일하기보다는 남으로부터 큰 간섭을 받지 않는 직장이 좋다. 수(水) 인성(印星)과 화(火) 식상(食傷)이 강하므로 머리를 써서 하는 교육계 및 학계에 관련 있는 교사, 교수 등의 직업(職業)이 양호하다. 연구 및 강의와 연관된 직업(職業)이 적합하다. 기술적인 분야 등 자기중심적인 직업(職

業)도 적합하다.

(8) 질병(疾病)은 어느 오행(五行)이 태강(太强) 이상이거나 없으면 이 오행(五行)에 해당하는 질병(疾病)에 문제가 발생한다. 그리고 공망(空亡)이 되는 오행(五行)도 주목해야 하지만, 해공(解空)이 되면 괜찮다. 합(合) 등으로 해당 공망(空亡)을 푸는 것을 해공(解空)이라 한다. 위 사주(四柱)에서는 인(寅)이 공망(空亡)이지만 인오합(寅午合)으로 해공(解空)되었다. 위 명식(命式)은 사주(四柱)가 잘 구성되어 있으므로 질병(疾病)에는 큰 문제가 없다. 지지(地支)가 인오합화(寅午合火)로 화(火)가 강하므로 심장(心臟 : 동맥경화, 고혈압), 소장(小腸 : 신경쇠약, 단백뇨, 인후염, 편도선염), 안목(眼目) 등에 주의해야 하지만 큰 문제는 되지 않는다.

2.3 대운(大運) 간지(干支)의 작용

◆ 대운 지지(大運 地支)의 작용 판단

대운(大運)의 지지(地支)가 용신(用神)을 생조(生助)하는지 파극(破剋)하는지를 살피고, 다음으로는 일간(日干)에게 길흉(吉凶) 작용 여부를 판단해야 한다. 예를 들면, 재성(財星)이 많아서 일간(日干)이 신약(身弱)하여 비겁(比劫)이 용신(用神)일 때는 대운(大運)의 지지(地支)가 비겁운(比劫運)이면 용신(用神)인 비겁(比劫)의 힘을 보태주고 약한 日干의 힘도 보태주어서 이 비겁운(比劫運)에는 재산도 많이 모으고 길(吉)(吉)하게 된다. 그러나 식상운(食傷運)을 만나면 용신(用神)인 비겁(比劫)의 기운을 누설하고 약한 日干의 기운도 누설하여 이 식상운(食傷運)에는 기신(忌神)이 되어 재산도 잃고 흉(凶)하게 된다.

◆ 대운 천간(大運 天干)의 작용 판단

대운 지지(大運 地支) 오행의 작용을 판단한 후에는 대운 천간 오행(大運 天干 五行)의 작용을 판단해야 한다. 대운 천간(大運 天干)이 용신(用神)을 생조(生助)하는지 파극(破剋)하는지를 살피고, 다음으로는 일간(日干)에게 길흉(吉凶)작용 여부를 판단해야 한다.

예를 들면, 인성(印星)이 많아서 일간(日干)이 신왕(身旺)하면 日干의 힘을 빼는 식상(食傷)이 용신(用神)이 된다. 대운 천간(大運 天干)에서 식상(食傷)을 만나면 용신(用神)을 생조(生助)하고 강한 일간(日干)의 힘도 빼어서 매우 길(吉)해진다. 그러나 대운 천간(大運 天干)에서 인성(印星)을 만나면 용신(用神)인 식상(食傷)을 극(剋)하고, 또한 강한 일간(日干)에게 힘을 보태주므로 흉(凶)하게 된다.

2.4 대운 (大運)

대운(大運)은 월주(月柱)를 기준으로 작성한다.
- 위 명식(命式)은 인성(印星)이 강하여 갑목 일간(甲木 日干)이 신강(身強)하므로 일지(日支)의 정기 지장간(正氣 支藏干) 진중무토(辰中戊土) 편재(偏財)를 용신(用神)으로 정한다. 화(火) 오행은 희신(喜神)이고 수(水) 오행과 목(木) 오행은 기신(忌神)이다. 금(金) 오행은 길신(吉神)이다. 사주(四柱)의 오행이 양호하게 잘 구성되어 있다.

(1) 계묘(癸卯 : 1947~1956) 대운(大運)

대운 간지(大運 干支)의 관계에서 천간 계수(天干 癸水)가 지지(地支) 묘목(卯木)을 생조(生助)하여 묘목(卯木)의 힘이 강해지다. 천간 계수(天干 癸水)는 용신(用神)에게 불리하고 신강(身強)한 일간(日干)을 생조(生助)하여 더 강하게 만들므로 나쁘다. 대운 지지(大運 地支) 묘목(卯木)은 명식(命式)과 연결되어 인묘진방합(寅卯辰方合) 목국(木局)을 형성하여 목(木)의 기운이 강력한 기신(忌神)이 된다. 명식(命式)의 일지(日支) 진토(辰土) 용신 오행(用神 五行)이 방합(方合) 되어 기신(忌神)이 되어 아주 나쁘다. 대운(大運)의 천간(天干)과 지지(地支)가 모두 나빠서 흉한 대운(大運)이지만, 명식(命式)이 잘 조화되어 구성되어 있으므로 흉한 것이 조금 완화되었다. 어려운 유년 시절을 보낸다.

(2) 갑진(甲辰 : 1957~1966) 대운(大運)

대운 간지(大運 干支) 관계에서 천간 갑목(天干 甲木)이 지지(地支) 진토(辰土)를 극(剋)하여 진토(辰土)의 힘이 약해진다. 대운 천간 갑목(大運 天干 甲木)은 용신 무토(用神 戊土) 편재(偏財)를 극(剋)하고 신강(身強)한 일간(日干)에게도 해로우므로 흉하다. 명식(命式)의 시간(時干)에 있는 경금 편관(庚金 偏官)의 힘이 약하여 대운(大運)의 천간 갑목(天干 甲木)을 제어할 수 없다. 대운 지지(大運 地支) 진토(辰土)는 용신 무토(用神 戊土)와 같은 오행(五行)이고 신강(身強)한 일간(日干)에게 도움이 되므로 양호하다. 대운(大運)의 천간(天干)은 나쁘고 지지(地支)는 양호하므로 보통의 대운(大運)인데, 이 대운(大運) 기간은 전반부보다 후반부가 좋다.

(3) 을사(乙巳 ; 1967~1976) 대운(大運)

대운 간지(大運 干支) 관계에서 천간 을목(天干 乙木)이 지지(地支) 사화(巳火)를 생조(生助)하여 사화(巳火)의 힘이 강해진다. 대운 천간 을목(大運 天干 乙木)은 용신 토(用神 土) 오행(五行)을 극(剋)하여 나쁘고 신강(身强)한 일간(日干)에게도 불리하여 흉하지만, 명식(命式)의 시간(時干)과 을경합금(乙庚合金) 길신(吉神)으로 변하므로 흉(凶)이 완화된다. 대운 지지(大運 地支) 사화(巳火)는 용신 토(用神 土) 오행(五行)을 생조(生助)하는 희신(喜神)이므로 좋다. 대운(大運)의 천간(天干)은 불리하고 지지(地支)는 양호하므로 보통의 대운(大運)이다. 이 대운(大運) 기간은 후반부가 좋아진다.

(4) 병오(丙午 : 1977~1986) 대운(大運)

대운(大運)의 간지(干支)가 모두 희신(喜神)에 해당하는 화(火) 오행이다. 대운 천간 병화(大運 天干 丙火)는 용신 토(用神 土) 오행(五行)을 생조(生助)하는 희신(喜神)이므로 양호하지만, 명식(命式)의 일간(日干)과 병임충(丙壬沖)하여 아쉽다. 대운 지지(大運 地支) 오화(午火)도 용신(用神)을 생조(生助)하는 희신(喜神)이므로 양호한데, 명식(命式)의 월지 인목(月支 寅木) 기신(忌神)과 인오반합화(寅午半合火) 길신(吉神)으로 변하여 더 좋아진다. 대운(大運)의 천간(天干)과 지지(地支)가 희신(喜神)으로서 매우 양호하므로 길(吉)한 대운(大運)이다.

(5) 정미(丁未 : 1987~1996) 대운(大運)

대운 간지(大運 干支) 관계에서 천간 정화(天干 丁火)가 지지(地支) 미토(未土)를 생조(生助)하여 미토(未土)의 힘이 강하다. 대운 천간 정화(大運 天干 丁火)는 용신 토(用神 土) 오행(五行)을 생조(生助)하는 희신(喜神)이므로 길(吉)하고, 명식(命式)의 월간(月干) 기신 편인(忌神 偏印)과 정임합목(丁壬合木) 기신(忌神)으로 변하여 나쁘다. 대운 지지(大運 地支) 미토(未土)는 용신 토(用神 土)와 같은 오행(五行)이므로 양호하다. 대운(大運)의 천간(天干)은 나쁘고 지지(地支)가 양호하므로 소길(小吉)한 대운(大運)이다.

(6) 무신(戊申 : 1997~2006) 대운(大運)

대운 간지(大運 干支)에서 천간 무토(天干 戊土)는 지지(地支) 신금(申金)을 생조(生助)하여 지지(地支) 신금(申金)의 힘이 강해진다. 대운 천간 무토(大運 天干 戊土)는 용신(用神)과 같은 오행(五行)이므로 길(吉)하다. 대운 지지(大運 地支) 신금(申金)

은 신강(身强)한 일간(日干)을 약하게 하므로 양호하다. 대운 지지(大運 地支)는 명식(命式)의 월지(月支)와 인신충(寅申沖)이다. 대운(大運)의 천간(天干)과 지지(地支)가 양호하므로 길(吉)한 대운(大運)이다.

(7) 기유(기酉 : 2007~2016) 대운(大運)

대운 간지(大運 干支) 관계에서 천간(天干) 기토(己土)는 지지(地支) 유금(酉金)을 생조하여 유금(酉金)의 힘이 강해진다.

대운 천간 기토(大運 天干 기토)는 용신 토(用神 土) 오행(五行)과 같으므로 길(吉)하고, 명식(命式)의 일간(日干)과 갑기합토(甲己合土)가 된다. 대운 지지(大運 地支) 유금(酉金)은 신강(身强)한 일간 갑목(日干 甲木)의 힘을 약하게 만들므로 양호하다. 대운(大運)의 천간(天干)은 양호하고 지지(地支)도 양호하므로 매우 길(吉)한 대운(大運)이다. 이 대운(大運) 기간은 전반부가 더 좋다.

(8) 경술(庚戌 : 2017~2026) 대운(大運)

대운 간지(大運 干支) 관계에서 지지(地支) 술토(戌土)가 천간 경금(天干 庚金)을 생조(生助)하여 경금(庚金)의 힘이 강하다. 천간 경금(天干 庚金)은 신강(身强)한 일간 갑목(日干 甲木)의 힘을 약하게 만들므로 길(吉)하지만, 명식(命式)의 일간(日干)과 갑경충(甲庚沖)이다. 대운 지지(大運 地支) 술토(戌土)는 용신(用神)과 같은 오행이므로 양호하지만, 명식(命式)의 일지(日支)와 진술충(辰戌沖)이다. 대운(大運)이 명식(命式)의 천간(天干)과 지지(地支)를 충(沖)하면 건강, 부부(夫婦) 사이, 가정문제, 어려운 일과 장애가 발생하는데 일간(日干)이 신강(身强)하면 이러한 흉(凶) 작용이 약하게 발생하고, 일간(日干)이 신약(身弱)하면 이러한 흉(凶)작용이 강하게 발생한다. 위 명식(命式)은 일간(日干)이 신강(身强)하지만 이러한 흉(凶)작용을 면하기는 어렵다. 대운(大運)의 천간(天干)과 지지(地支)가 양호하지만, 명식(命式)의 일간(日干)과 일지(日支)가 충(沖)이 되므로 소길(小吉)한 대운(大運)이다.

2.5 세운(歲運)

- 세운(歲運) 해석 시 참고 사항은 다음과 같다.

세운(歲運)의 길흉(吉凶) 판단은 반드시 대운(大運)과 연관 지어서 길흉(吉凶)을 판단해야 한다. 행운(行運)의 길흉(吉凶) 판단에서는 세운(歲運)보다도 대운(大運)의 영향력이 훨씬 크기 때문이다.

　세운(歲運) 보는 방법도 대운(大運) 보는 방법과 같이 세운(歲運)의 간지(干支)가 용신(用神)을 생조(生助)하면 길년(吉年)이 되고, 용신(用神)을 극(剋) 하거나 누설시키면 흉년(凶年)이 된다.

　세운(歲運)의 길흉(吉凶)판단 시 지지(地支)보다 천간(天干)에 중점을 두어서 해석해야 한다는 주장도 있지만, 세운(歲運)의 천간(天干)과 지지(地支)를 종합하여 해석해야 한다.

　대운(大運)이 아주 좋으면 세운(歲運)이 나빠도 아주 나쁘지 않고, 대운(大運)이 나쁘면 세운(歲運)이 아무리 좋아도 완전하게 좋은 해는 되지 못한다.

　대운(大運)과 세운(歲運)의 관계에서 길흉(吉凶)판단은 다음과 같다.

① 대운(大運)이 좋고 세운(歲運)도 좋으면 대길(大吉)하지만, 대운(大運)이 나쁘고 세운(歲運)도 나쁘면 대흉(大凶) 해진다.

② 대운(大運)은 좋고 세운(歲運)이 나쁘면 발전은 되지만 지장을 많이 받는다. 즉, 소길년(小吉年)이면서 가끔 흉(凶)한 것이 나타난다.

③ 대운(大運)은 나쁘고 세운(歲運)이 좋으면 특별히 좋거나 나쁜 것 없이 그저 평운이다.

④ 세운(歲運)이 좋은데 대운(大運)이 이 세운(歲運)을 생조(生助)하면 더욱 좋아지고, 세운(歲運)이 나쁜데 대운(大運)이 이를 생조(生助)하면 더욱 나빠진다.

⑤ 세운(歲運)이 좋은데 대운(大運)이 이 세운(歲運)을 파극(破剋)하면 소길년(小吉年)이고, 세운(歲運)이 나쁜데 대운(大運)이 이 세운(歲運)을 파극(破剋)하면 소흉년(小凶年)이다.

⑥ 세운(歲運)의 천간(天干)과 지지(地支)가 모두 용신(用神)을 도우면 대길(大吉)하고, 모두 용신(用神)에게 불리하면 대흉(大凶) 하다.

⑦ 세운(歲運)의 天干과 地支 중 어느 한쪽은 용신(用神)에게 이롭고, 어느 한쪽은 해로우면 길사(吉事)와 흉사(凶事)가 겹친다.

　정미(丁未 : 1987~1996) 대운(大運)의 10년간 세운(歲運)에 대하여 설명한다. 대운 간지(大運 干支) 관계에서 천간 정화(天干 丁火)가 지지(地支) 미토(未土)를 생조(生助)하여 미토(未土)의 힘이 강하다. 대운 천간 정화(大運 天干 丁火)는 용신 토(用神 土) 오행(五行)을 생조(生助)하는 희신(喜神)이므로 길(吉)하고, 명식(命式)의 월간(月干) 기신 편인(忌神 偏印)과 정임합목(丁壬合木) 길신(吉神)으로 변하여 더 좋아진다. 대운 지지(大運 地支) 미토(未土)는 용신 토(用神 土)와 같은 오행(五行)이므로 양호하다. 대운(大運)의 천간(天干)과 지지(地支)가 양호하므로 길(吉)한 대운(大運)이다.
- 용신(用神) : 토, 희신(喜神) : 화, 길신(吉神) : 금, 기신(忌神) : 수, 목

(1) 정묘년(1987 丁卯年)
- 세운 천간(歲運 天干) 정화 상관(丁火 傷官)은 용신(用神)을 생조(生助)하는 희신(喜神)이므로 길(吉)하다.
- 세운 지지(歲運 地支) 묘목(卯木)은 신강(身强)한 일간(日干)을 더 강하게 하여 나쁘고 용신(用神)에게도 불리하여 해롭다.
- 세운 지지(歲運 地支) 묘목(卯木)은 명식(命式)과 연결하여 인묘진방합(寅卯辰方合) 목국(木局)을 형성하여 더 흉(凶)해진다.

이상을 종합하여 해석하면 다음과 같다.

대운(大運)은 길(吉)하고 세운(歲運)의 천간(天干)은 양호하고 지지(地支)는 모두 불리하므로 길흉사(吉凶事)가 겹치는 소길년(小吉年)이다. 식상(食傷)이 희신(喜神)이므로 처(妻)에게 좋은 일이 생기며 처(妻)로 인하여 재물을 얻는다. 주위로부터 재능을 인정받는다. 형제 동료로부터 귀찮은 일이 생기며 특히 재물 손실이 발생하니 유의해야 한다.

(2) 무진년(1988 戊辰年)
- 세운 천간(歲運 天干) 무토(戊土)는 용신(用神)과 같은 오행(五行)이므로 길(吉)하다.
- 세운 지지(歲運 地支) 진토(辰土)는 용신(用神)과 같은 오행(五行)이므로 길(吉)하다.

이상을 종합하여 해석하면 다음과 같다.

대운(大運)이 길(吉)하고, 세운 천간(歲運 天干)의 천간(天干)과 지지(地支)가 모두 좋으므로 대길(大吉)한 해이다. 편재(偏財)가 용신(用神)과 같은 해이므로 재물이 불어나는데, 특히 부동산 등에 투자를 하면 양호하다. 무토 편재(戊土 偏財)는 용신(用神)과 같은 오행(五行)이고 편재(偏財)가 편관(偏官)을 생조(生助)하므로 직장인은 승진이 된다.

(3) 기사년(1989 己巳年)
- 세운 천간(歲運 天干) 기토(己土)는 용신(用神)과 같은 오행(五行)이므로 길(吉)하다.

- 세운 천간(歲運 天干)과 명식(命式)의 일간(日干)이 갑기합토(甲己合土)가 되어 양호하다.
- 세운 지지(歲運 地支) 사화(巳火)는 용신 토(用神 土) 오행(五行)을 생조(生助)하는 희신(喜神)이므로 양호하다.
- 세운 지지(歲運 地支) 사화(巳火)는 대운(大運) 및 명식(命式)과 연결되어 사오미화국(巳午未火局)을 형성하여 더 좋아진다.

이상을 종합하여 해석하면 다음과 같다.

대운(大運)이 길(吉)하고 세운(歲運)의 천간(天干)과 지지(地支)가 양호하므로 대길(大吉)한 해이다. 정재(正財)가 무토 용신(戊土 用神)과 같은 오행(五行)의 해이므로 재물이 불어나며 직장인은 승진을 한다. 일간(日干)과 세간(歲干)이 갑기합토(甲己合土)가 되어서 나를 도와주는 사람이 많은 해이다.

(4) 경오년 (1990 庚午年)

- 세운 천간(歲運 天干) 경금 편관(庚金 偏官)은 신강(身强)한 일간 갑목(日干 甲木)의 힘을 약하게 만들므로 양호하다.
- 일간(日干)과 대운 천간(大運 天干)이 갑경충(甲庚沖)한다.
- 세운 지지(歲運 地支) 오화(午火)는 용신 무토(用神 戊土)를 생조(生助)하는 희신(喜神)이므로 길(吉)하다.
- 세운 지지(歲運 地支) 오화(午火)는 명식(命式)과 인오반합화(寅午半合火) 희신(喜神)으로 변하여 길(吉)하다.

이상을 종합하여 해석하면 다음과 같다.

대운(大運)이 길(吉)하고 세운(歲運)의 천간(天干)과 지지(地支)가 좋으므로 길(吉)한 해이다. 세운(歲運) 천간(天干) 경금(庚金) 편관(偏官)이 길(吉)한 해이므로 자식에게 좋은 일이 생기고 사업은 날로 번창한다. 일간(日干)과 세간(歲干)이 갑경충(甲庚沖)하므로 해로운데 일간(日干)이 신강(身强) 하므로 흉은 약하게 나타나지만, 주거 이동 등의 신상 변동이 생긴다.

(5) 신미년(1991 辛未年)

- 세운 천간(歲運 天干) 신금 정관(辛金 正官)은 명식(命式)의 신강(身强)한 일간(日干)의 힘을 약하게 하므로 양호하다.
- 세운 미토(歲運 未土)는 용신 토(用神 土)와 같은 오행(五行)이므로 양호하다.

이상을 종합하여 해석하면 다음과 같다.
대운(大運)이 길(吉)하고 세운(歲運)의 천간(天干)과 지지(地支)가 양호하므로 길(吉)한 해이다. 정관(正官)이 길신(吉神)의 해이므로 자식에게 좋은 일이 있다. 명예가 따르고 원하는 일이 성취된다.

(6) 임신년(1992 壬申年)
- 세운 천간(歲運 天干) 임수(壬水) 편인(偏印)은 용신 토(用神 土) 오행에게 해롭고, 신강(身强)한 일간 갑목(日干 甲木)을 생조(生助)하여 강하게 하므로 흉하다.
- 세운 지지(歲運 地支) 신금(申金)은 신강(身强)한 일간 갑목(日干 甲木)의 힘을 약하게 만들므로 양호하다.
- 세운 지지(歲運 地支) 신금(申金)은 명식(命式)의 월지(月支)와 인신충(寅申沖)한다.

이상을 종합하여 해석하면 다음과 같다.
대운(大運)은 길(吉)하고 세운(歲運)의 천간(天干)은 나쁘며 지지(地支)는 양호하므로 길흉사(吉凶事)가 겹치는 소길년(小吉年)이다. 편인(偏印)이 기신(忌神)의 해이므로 문서와 관계되는 것과 사회생활, 직장생활 등이 불리하므로 매사에 신중을 기하여 처신해야 한다. 명식(命式)의 월지 비견(月支 比肩)을 인신충(寅申沖)하므로 형제간이나 동료 등으로 인하여 속상하는 일이 발생하지 않으면 가사(家事)나 직업(職業)에 변동이 생긴다.

(7) 계유년(1993 癸酉年)
- 세운 천간(歲運 天干) 계수(癸水) 정인(正印)은 용신 토(用神 土) 오행에게 불리하고 신강(身强)한 일간(日干)의 힘을 강하게 만들므로 나쁘다.
- 대운(大運)의 천간(天干)과 세운(歲運)의 천간(天干)이 정계충(丁癸沖)한다.
- 세운 지지(歲運 地支) 유금(酉金)은 명식(命式)의 신강(身强)한 일간 갑목(日干 甲木)을 약하게 만들므로 양호하다.

이상을 종합하여 해석하면 다음과 같다.
대운(大運)이 길(吉)하고 세운(歲運)의 천간(天干)은 나쁘고 지지(地支)는 양호하므로 길흉사(吉凶事)가 겹치는 소길년(小吉年)이다. 정인(正印)이 기신(忌神)에 해당하는 해이므로 어머니에게 근심, 걱정되는 일이 발생한다. 문서에 관계되는 일은 불리하다. 모든 일에 겸손해야 한다. 대운(大運)의 천간(天干)과 세운(歲運)의 천간(天干)이 충(沖)이 되므로 건강, 사업상의 손실 등 사소한 나쁜 일이 발생한다.

(8) 갑술년(1994 甲戌年)

- 세운 천간(歲運 天干) 갑목 비견(甲木 比肩)은 용신 토(用神 土) 오행(五行)을 극(剋)하여 불리하고 신강(身强)한 일간 갑목(日干 甲木)의 힘을 강하게 만들므로 나쁘다.
- 명식(命式)의 시간(時干)과 갑경충(甲庚沖)한다.
- 세운 지지(歲運 地支) 술토(戌土)는 용신(用神)과 같은 오행(五行)이므로 양호하다.
- 세운 지지(歲運 地支) 술토(戌土)는 명식(命式)의 일지(日支)와 진술충(辰戌沖)한다.

이상을 종합하여 해석하면 다음과 같다.

대운(大運)은 길(吉)하고 세운(歲運)의 천간(天干)은 나쁘고 지지(地支)는 양호하므로 길흉사(吉凶事)가 겹치는 소길년(小吉年)이다. 비견(比肩)이 기신(忌神)에 해당하므로 형제간이나 동료들로 인하여 신경 쓰이는 일이 생긴다. 일지(日支)가 충(沖)이 되므로 부부(夫婦) 사이에 여하한 문제가 생기므로 서로가 잘 이해하여야 한다. 동업과 관계되는 일은 하지 말아야 한다.

(9) 을해년(1995 乙亥年)

- 세운 천간(歲運 天干) 을목 겁재(乙木 劫財)는 용신 토(用神 土) 오행(五行)을 극(剋)하여 흉하지만 명식(命式)의 시간(時干)과 을경합금(乙庚合金) 길신(吉神)으로 변하여 흉의 작용이 완화되었다.
- 세운 지지(歲運 地支) 해수(亥水)는 용신 토(用神 土) 오행에게 불리하고 신강(身强)한 일간 갑목(日干 甲木)에게도 불리하므로 흉하다.
- 세운 지지(歲運 地支) 해수(亥水)는 명식(命式)의 월지(月支)와 연결되어 인해육합목(寅亥六合木), 인해파(寅亥破)가 되어서 해롭다.

이상을 종합하여 해석하면 다음과 같다.

대운(大運)은 길(吉)하지만 세운(歲運)의 천간(天干)과 지지(地支)가 나쁘므로 흉한 것이 가끔 나타나는 소길년(小吉年)이다. 이 해는 발전은 되지만 지장을 많이 받는다. 세운(歲運)의 지지(地支)와 명식(命式)의 월지 비견(月支 比肩)이 인해파(寅亥破)

가 되므로 이사, 직업 변동(職業 變動), 가사 등에 변동이 있으며, 형제간이나 동기간에 신경 쓰이는 일이 일어난다.

(10) 병자년(1996 丙子年)

- 세운 천간(歲運 天干) 병화(丙火)는 용신 토(用神 土) 오행(五行)을 생조(生助)하므로 양호하다.
- 세운 천간(歲運 天干) 병화(丙火)는 명식(命式)의 년간(年干) 및 시간(時干)과 병임충(丙壬沖)한다.
- 세운 지지(歲運 地支) 자수(子水)는 용신(用神)에게 불리하고 신강(身强)한 일간 갑목(日干 甲木)에게도 불리하여 나쁘지만, 대운 지지(大運 地支) 미토(未土)가 세운 지지(歲運 地支) 자수(子水) 기신(忌神)을 극(剋)하여 자수(子水)의 흉작용이 완화된다.
- 세운 지지(歲運 地支) 자수(子水)는 명식(命式)의 일지(日支)와 자진반합수(子辰半合水), 명식(命式)의 년지(年支) 및 시지(時支)와 자오충(子午沖)한다.

이상을 종합하여 해석하면 다음과 같다.

세운(歲運)의 천간(天干)은 양호하고 세운 지지(歲運 地支)는 불리하며, 세운(歲運)의 천간(天干)과 지지(地支)가 명식(命式)의 천간(天干)과 월간(月干), 년지(年支) 및 시지(時支)를 충(沖)하여 나쁘지만, 대운(大運)이 길(吉)하고 명식(命式)의 오행(五行)이 비교적 잘 구성되어 있으므로 큰 문제없는 보통의 해가 된다. 명식(命式)의 천간(天干)과 지지(地支)에 충(沖)이 중첩되므로 어머니의 신상, 조상의 문제, 가옥이나 토지 문제, 자식 걱정 등의 흉(凶)작용이 발생한다.

3. 음력 1957년 4월 3일 진(辰)시생 남자

이름	명식2		생년월일	양력 : 1957년 5월 2일 목요일		작성일자	2021년 4월 25일
성별	남	나이 65세		음력 : 1957년 4월 3일 음력평달			16시 14분 일요일
				간지 : 丁酉년 乙巳월 甲戌일생			

구분		사 주							五行	木	火	土	金	水
	년 주		월 주		일 주		시 주		元式	1	1	4	1	0
천간	火 丁	상관	木 甲	비견	木 甲	본인	土 戊	편재	藏干	1	1	4	1	0
지지	金 酉	정관	土 辰	편재	土 戌	편재	土 辰	편재	强弱	: 태약				
장간	辛	庚辛	戊	乙癸戊	戊	辛丁戊	戊	乙癸戊	用神	: 비견				
12운성	胎		衰		養		衰		공망	: 申酉				
신살	천관귀인 비인 육해살 천덕합		금여록 월살 백호대살				금여록 월살 백호대살		양인	: 卯				
간합					간충									
육합			년지 월지의 酉辰육합金 년지 시지의 酉辰육합金			지충	일지 월지의 辰戌충 일지 시지의 辰戌충							
삼합														
방합														
파					해		일지 년지의 酉戌해							

초.중.정기	정기 : 27일	대운	대운의 역운, 大運數 : 9 運	절기 : 청명

구분	간지	육친	12운성	대운기간	9세	0세	1세	2세	3세	4세	5세	6세	7세	8세
입운	甲辰			0~8 년도	丙 午	丁 未	戊 申	己 酉	庚 戌	辛 亥	壬 子	癸 丑	甲 寅	乙 卯
1운	癸卯	정인	帝旺	9~18 1966년	辰	巳	午	未	申	酉	戌	亥	子	丑
2운	壬寅	편인	建祿	19~28 1976년	寅	卯	辰	巳	午	未	申	酉	戌	亥
3운	辛丑	정관	冠帶	29~38 1986년	子	丑	寅	卯	辰	巳	午	未	申	酉
4운	庚子	편관	沐浴	39~48 1996년	戌	亥	子	丑	寅	卯	辰	巳	午	未
5운	己亥	정재	長生	49~58 2006년	申	酉	戌	亥	子	丑	寅	卯	辰	巳
6운	戊戌	편재	養	59~68 2016년	午	未	申	酉	戌	亥	子	丑	寅	卯
7운	丁酉	상관	胎	69~78 2026년	辰	巳	午	未	申	酉	戌	亥	子	丑
8운	丙申	식신	絶	79~88 2036년	寅	卯	辰	巳	午	未	申	酉	戌	亥
9운	乙未	겁재	墓	89~98 2046년										

3.1 사주구성

격(格)은 월지(月支)의 지장간(支藏干)으로 정하는데 사주(四柱)의 주인공이 출생한 여기(餘氣), 중기(中氣), 정기(正氣) 중 어느 시기에 태어났는지를 보고 결정한다. 위 명식(命式)은 정기생(正氣生)이므로 편재격(偏財格)이다. 이 사주(四柱)의 오행(五行) 중에서 시간 무토(時干 戊土)는 월지(月支), 일지(日支), 시지(時支)에 모두 통근(通根)되어 있으므로 무토(戊土)의 힘이 강한데, 또한 토(土)의 오행(五行)이 지지(地支)에 3개가 더 있으므로 토 편재(土 偏財)는 태왕(太旺) 하다. 년지(年支) 유금 정관(酉金 正官)은 공망(空亡)이다. 4고중(庫中:辰戌丑未)에서 편재격(偏財格)이 된 명식(命式)은 충(沖)이 되어야 개운한다. 명식(命式)에서 충(沖)이 없으면 충(沖)이 되는 행운(行運)에 개운하다. 위 명식(命式)은 월지(月支)가 진술충(辰戌沖)하지만 진유육합금(辰酉六合金)으로 충(沖)이 해소되어 아쉽다. 사주(四柱)의 오행(五行)이 음(陰)은 3개 양(陽)은 4개이고 양일간(陽日干)이므로 내성적보다는 조금 외성적 성격(性格)의 소유자이다.

자본주의 사회에서는 재물이 가장 중요한 것이므로 누구나 재(財)를 좋아한다. 사주 명리학(四柱 命理學)에서는 재성(財星)을 가지고 재물복을 판단하여 해석한다. 재성(財星)으로서 격(格)을 이룰 때는 일간(日干)이 신강(身强)하고 재성(財星)이 왕(旺)해야 부귀의 명이 된다. 일간(日干)이 신강(身强)해야 왕(旺)한 재물을 처리할 능력이 있기 때문이다. 명식(命式)에서 일간(日干)은 신강(身强)한데 편재(偏財)가 약하면 거지같은 근성이 있고, 일간(日干)은 신약(身弱)한데 재성(財星)이 왕(旺)하면 특별한 경우를 제외하고 빈인(貧人)이 되기 쉽다.

위 명식(命式)은 아쉽게도 편재(偏財)는 왕(旺)한데 명식(命式)의 일간(日干)이 태약(太弱)하다. 위 명식(命式)은 일간(日干)이 태약(太弱)하고 편재(偏財)가 태왕(太旺)하므로 개인 사업을 하면 실패하므로 남에게 고용되는 직장생활을 해야 한다. 위 명식(命式)은 재성(財星)이 태왕(太旺)하여 매우 흉한데, 년지(年支) 월지(月支) 일지(日支)가 유진육합금(酉辰六合金) 길신(吉神)으로 변하여 태왕(太旺)한 토 재성(土 財星)의 힘을 완화 시켜 천만다행이다.

명식(命式)에서 어머니 성 인성(印星)이 없어서 어머니와 인연이 없을 것 같지만, 월지(月支)와 일지(日支) 지장간(支藏干) 중기(中氣) 계수(癸水) 정인(正印)이 암장하고 있어 어머니는 계시고 수명은 누리지만, 재성(財星)의 극이 심하여 질병(疾病)은 면치 못한다. 연주(年柱)의 정관(正官)이 공망(空亡)이 되지만, 월지(月支) 일지(日支)

와 유진육합금(酉辰六合金)으로 변하여 정관(正官)의 힘이 강해져 공망(空亡)을 해공(解空)하고 아들보다는 딸이 많다.

(1) 일간(日干)의 강약(强弱)

- 일간 갑목(日干 甲木)에 힘이 보태지는 비견(比肩)은 1개이다.
- 일간 갑목(日干 甲木)의 힘을 빼는 상관 화(傷官 火)가 1개, 정관 금(正官 金) 1개, 편재 토(偏財 土)가 4개이다.
- 일간 갑목(日干 甲木)이 진월(辰月)에 출생하여 실령(失令)이다.
- 시간 무토(時干 戊土) 편재(偏財)는 월지(月支) 일지(日支) 시지(時支)에 통근(通根)하여 힘이 가장 강하고, 다음으로 월간(月干) 비견 갑목(比肩 甲木)이 월지(月支) 시지(時支)에 통근(通根)하여 강하다.
- 12운성의 힘은 매우 약하다.
- 년지(年支), 월지(月支), 시지(時支)가 유진육합금(酉辰六合金)이다.

이상의 내용을 판단하면 일간(日干)은 태약(太弱)하다.

(2) 용신(用神)

재성(財星)이 왕(旺)하여 일간(日干)이 태약(太弱)하므로 월간(月干) 갑목 비견(甲木 比肩)이 용신(用神)이고, 수(水) 오행 인성(印星)은 희신(喜神)이다. 재성(財星) 토(土)와 식상 화(食傷 火)는 기신(忌神)이다.

3.2 육친(六親) 관계

(1) 부친궁(父親宮)은 편재(偏財), 월주(月柱)의 12운성, 초년(初年) 운으로 판단한다. 월주 편재(月柱 偏財)는 쇠(衰)와 동주하고, 아버지 오행(五行) 토 편재(土 偏財)는 4개이고 시간(時干)에 통근(通根)되어 있으므로 매우 태왕(太旺)하다. 편재(偏財)가 너무 많으면(3개 이상) 중년을 전후하여 아버지와 인연이 끊어지고, 정인(正印)이 너무 많으면(3개 이상) 중년을 전후하여 어머니와 인연이 끊어진다. 위 명식(命式)은 토(土) 오행 재성(財星)이 너무 태강(太强)하므로 중년 전후로 아버지가 돌아가시지 않으면 아버지와 헤어져서 생활하게 된다. 그러나 초년(初年) 대운(大運)이 양호하므로 아버지의 보살핌은 극진하지만, 재성(財星)이 기신(忌神)이 되므로 아버지의 덕은 없다.

(2) 모친궁(母親宮)은 정인(正印), 월주(月柱)의 12운성, 초년(初年) 운(運)으로 판단

한다. 어머니 오행(五行) 정인(正印)이 명식(命式)에는 없지만 월지(月支)와 시지(時支)의 지장간(支藏干) 중기(中氣)에 계수(癸水)가 있으므로 어머니는 계신다. 그러나 토(土) 오행 재성(財星)으로부터 심한 극(剋)을 당하므로 건강이 좋지 않지만 2지지(地支)에 암장되어 있으므로 천수는 누린다. 어머니 오행(五行) 수(水) 인성(印星)은 희신(喜神)이 되므로 어머니의 많은 보살핌과 덕은 있다.

(3) 형제궁(兄弟宮)은 비견(比肩)과 겁재(劫財)로 해석한다. 월간(月干) 갑목 비견(甲木 比肩)은 월지(月支)와 시지(時支)에 통근(通根)하여 힘이 강하여 편재 토(偏財 土)를 극(剋)하는 길성(吉星)이 되므로 나에게 큰 도움이 된다.

(4) 처궁(妻宮) 일지(日支)와 정재(正財)로 본다. 정재(正財)가 없으면 편재(偏財)로 판단한다. 나의 배우자 자리인 일지(日支)에 재성(財星)이 있으므로 배우자는 있다. 일주(日柱)가 양(養)이므로 처(妻)는 몸이 약하다.

(5) 자식궁(子息宮))은 남명(男命)에서 관성(官星)과 시주(時柱)의 상태로 해석한다. 년지(年支)에 유금 정관(酉金 正官)이 있고 태왕(太旺)한 재성(財星)의 힘을 누출시켜 길성(吉星)이므로 자식은 있고 양호하다. 년간(年干) 신금 정관(辛金 正官)은 공망(空亡)이 되어 무력하지만 유진육합금(酉辰六合金)으로 변화되어 무난하다.

(6) 성격(性格)은 일간(日干) 오행, 월지(月支) 오행, 합(合) 및 신살(神殺) 사주에서 가장 강한 육친(六親), 용신(用神) 등을 종합적으로 보고 판단한다.
 - 일간(日干)이 갑목(甲木)이고 태약(太弱)하다.
 - 월지(月支)는 토 편재(土 偏財)이다.
 - 합은 년지(年支), 월지(月支), 시지(時支)가 유진육합(酉辰六合)이다.
 - 연주(年柱)에 천관귀인, 천덕합이 있고, 월주(月柱)에 금여록, 백호대살이 있고, 일주(日柱)에 금여록, 백호대살이 있다.
 - 명식(命式)에서 토(土) 오행(五行)이 많아서 편재(偏財)가 중중(重重)하다.

위 내용을 종합하면 다음과 같다.

내성적 보다는 조금 외성적 성격(性格)의 소유자이다. 유순하고 평화롭지만 의지가 약한 편이다. 빈틈이 없고 기교가 있다. 의리를 소중히 여기고 남의 일을 내 일 같이 잘 돌봐 준다. 재리에 집착이 강하고 여자와 인연이 많다. 끈기가 부족하며 일의 처리가 우유부단하며, 매사 실패가 많다. 모든 일에 교묘한 수단을 발휘하여 문제 해결을 잘한다. 돈 버는 데는 억척같고 돈에 대한 집착이 강한 편이다. 돈을 버는 데는 수단과 방법을 가리지 않는 면이 있다. 부동산, 증권투자, 사채놀이 등과 같은 투기성이 매우 강한 업무에 종사할 가능성이 많다. 뜻은 크고 재(財)를 구하려는 뜻은 강하지만 속은 텅 빈 상태이고, 재로 인하여 평생 고생이 많다. 의리를 앞세우고, 남에게 도움을 받는 것 보다 베풀어 주는 것을 더 좋아한다.

(7) 직업(職業) 사주(四柱)의 격국(格局)과 월지(月支)의 육친(六親), 가장 강한 오행(五行), 용신(用神) 등을 참고하여 종합적으로 해석한다.
- 월지(月支)는 편재(偏財)이다.
- 가장 강한 육친(六親)은 편재(偏財)이다.
- 용신(用神)은 갑목 비견(甲木 比肩)이고 희신(喜神)은 수(水) 오행 인성(印星)이다.

위 내용을 판단하면 다음과 같다.

무역업, 외교업무 등이 좋다. 부동산, 증권, 사채놀이 등 투기성이 있는 사업도 좋지만, 개인적인 사업은 불가하고 남에게 고용되는 직장 생활을 해야 한다. 명식(命式)의 재성(財星)이 탁하여 성패가 변화무상한데 실패의 요인이 아주 크기 때문이다. 성격(性格)이 유순하므로 돌아다니는 활동적인 업무보다는 사무적인 업무가 더 적합하다. 일반적인 상업도 적합하다.

(8) 질병(疾病) 어느 오행(五行)이 태강(太强) 이상이거나 없으면 이 오행(五行)에 해당하는 질병(疾病)에 문제가 발생한다.
- 오행(五行) 수(水)가 없으므로 신장, 방광, 혈액과 관련된 질병(疾病)에 유의해야 한다.
- 토(土)가 태과(太過) 하므로 위, 비장, 피부질환 등에도 유의해야 한다.

질병(疾病)을 판단하는 방법은 다음과 같이 오행(五行)의 구비 및 조화로 해석한다. 여기에서 오행(五行)의 조화란 오행(五行)이 결손(缺損) 되지 않은 것을 의미한다. 四柱에서 오행(五行)이 조화되어 중화(中和)를 이루면 한평생 무병하여 건강하다. 그러나 오행(五行)이 태강(太强) 하거나 태약(太弱) 하거나 조화가 안 되거나, 탁기(濁氣)가 많으면 질병(疾病)에 걸리기 쉽다. 어떠한 오행(五行)이 심하게 손상을 받으면 그 오행(五行)에 해당하는 신체 부위에 질병(疾病)이 생긴다.

① 木이 태과(太過) 하거나 불급(不及)하면 간장, 담, 신경 계통, 두면 등에 질병(疾病)이 걸리기 쉽다.

② 火가 태과(太過) 하거나 불급(不及)하면 심장(心臟), 소장, 안목 등에 관련된 질병(疾病)이 발생한다.
③ 土가 태과(太過) 하거나 불급(不及)하면 위, 비장, 피부병이 생긴다.
④ 金이 태과(太過) 하거나 불급(不及)하면 대장, 폐장, 뼈와 관련된 질병(疾病)이 생긴다.
⑤ 水가 태과(太過) 하거나 불급(不及)하면 신장, 방광, 혈액과 관련된 질병(疾病)이 발생한다.
⑥ 木이 金에 의해 상극(傷剋)을 받으면 뼈가 아프고, 몸이 쑤시는 신경 계통의 질병(疾病)에 걸리거나 골절되기 쉽다.
⑦ 미약한 土가 왕성한 木으로부터 상극(傷剋)을 받으면 비장에 병이 생긴다.
⑧ 약한 金이 왕성한 火로부터 상극(傷剋)을 받으면 혈액 계통에 질병(疾病)이 생긴다.
⑨ 水가 土로부터 상극(傷剋) 받으면 하부에 냉병과 관련된 질병(疾病)이 생긴다.
⑩ 火가 水로부터 상극(傷剋) 받으면 시력이 좋지 않거나 눈에 관한 질병(疾病)이 생긴다.

3.3 대운(大運)

- 대운(大運) 해석 시 참고 사항은 다음과 같다.
① 대운(大運)이 용신(用神) 및 희신(喜神)을 생조(生助) 하면 길운(吉運)이다. 그러나 대운(大運)이 사주팔자(四柱八字) 중의 다른 육친(六親)에 의해서 극거(剋去)되거나 또는 합(合)이 되어 다른 육친(六親)으로 변하면 길운(吉運)은 평운(平運)으로 된다. 대운(大運)이 용신(用神)과 합(合)이 되어 기신(忌神)을 제거하면 매우 길(吉)해지지만 대운(大運)이 용신(用神)과 합(合)이 되어 다시 용신(用神)을 파극(破剋)하면 많은 재난이 겹친다.
② 대운(大運)이 용신(用神)을 누설(漏泄)시키거나 파극(破剋)하여 용신(用神)의 힘을 약화시키면 손재, 실패, 질병(疾病) 등의 흉(凶)한 운이지만 사주팔자(四柱八字) 중의 다른 육친(六親)과 대운(大運)이 합(合)이 되어 다른 육친(六親)으로 변화되거나 또는 극거(剋去)되면 흉한 운이 평운으로 된다.
③ 일간(日干)이 신약(身弱)하면 비겁(比劫)이나 인성운(印星運)을 만나면 길(吉)하고, 관성(官星)이 왕성하여 일간(日干)이 신약(身弱)한 경우에는 인성운(印星運)을 만나면 길(吉)하다.

④ 일간(日干)이 신왕(身旺)하면서 재성(財星)이나 관성(官星)이 미약하면 재성(財星)이나 관성운(官星運)에 길(吉)하고, 재성(財星)이나 관성(官星)이 四柱에 없으면 식상(食傷)운에 길(吉)하다.

⑤ 天干에 거의 비겁(比劫)만 있고 식상(食傷)은 미약하고 재성(財星)이 없으면서 재성운(財星運)을 만나면 군비쟁재(群比爭財)가 되어 재성(財星)이 길신(吉神)이라도 손재, 재산 파탄, 시비, 소송, 살상 등 온갖 곤액과 재난을 당하고 사망하기 쉽다.

⑥ 외격(外格)에 속하는 사주(四柱)인 통관(通關), 조후(調喉) 등은 대운(大運)이 용신(用神) 또는 희신(喜神)에 해당하면 길운(吉運)이지만, 대운(大運)이 용신(用神) 또는 희신(喜神)을 누설하거나 파극(破剋) 하면 흉운이다.

⑦ 대운(大運)과 사주팔자(四柱八字)가 관살혼잡(官殺混雜) 되거나 또는 정인(正印)과 편인(偏印)이 교집(交集)하면 흉(凶) 해지고, 특히 관성(官星)이나 인성(印星)이 기신(忌神)에 해당하면 흉은 더욱 심해진다.

⑧ 어떤 육친(六親)이 지지(地支)에 많이 있어 왕성한데 대운(大運)이 이 왕성한 육친(六親)을 충(沖)하면 재난을 만나거나 급흉(急凶)하거나 노인은 사망하기 쉽다.

⑨ 대운(大運)이 사주(四柱)의 일지(日支)와 형(刑), 충(沖), 파(破), 해(害) 되거나 일지(日支)의 묘(墓)에 해당하면 부부간의 사이가 좋지 못하다.

⑩ 대운(大運)이 월지(月支)와 형(刑), 충(沖), 파(破), 해(害) 되면 해당 육친(六親)이 해롭거나 부모, 형제 곁을 멀리 떠난다.

⑪ 남자 사주(四柱)에서 대운(大運)이 관성입묘(官星入墓) 하면 자식이 해롭고, 정재입묘(正財入墓) 하면 처(妻)가 해로우며, 편재입묘(偏財入墓) 하면 아버지가 해롭다.

⑫ 여자 사주(四柱)에서는 대운(大運)이 관성입묘(官星入墓) 하면 남편이 해롭고, 식신입묘(食神入墓) 하면 자식이 해롭다.

⑬ 사주(四柱)에 어떠한 육친(六親)이 많아서 나쁜데 대운(大運)에서 이 나쁜 육친(六親)을 생조(生助)하면 크게 흉(凶)해진다.

⑭ 비겁(比劫)이 왕성하고 재성(財星)이 약한 경우 대운(大運)에서 비겁(比劫)을 만나면 재산실패, 상처(喪妻) 등의 재난을 당한다.

⑮ 재다신약(財多身弱) 사주(四柱)는 비겁운(比劫運)을 만나면 재산을 크게 모으고, 식상운(食傷運)을 만나면 재산을 잃는다.

⑯ 진상관격(眞傷官格) 사주(四柱)는 인수운(印綬運)을 만나면 길(吉)하고, 식상(食

傷)과 재성운(財星運)을 만나면 재난을 당하여 흉(凶)해진다.
⑰ 일간(日干)이 신왕(身旺)한데 재성(財星)이 미약하면 재성(財星)과 식상운(食傷運)에 재산을 모으고 비겁(比劫)과 인성운(印星運)에 재산을 잃는다.
⑱ 일간(日干)이 신왕(身旺)하여 식상(食傷)이 용신(用神)일 때 식상운(食傷運)을 만나면 길(吉)하고, 인성운(印星運)을 만나면 흉(凶)해진다.

대운(大運)은 월주(月柱)를 기준으로 작성한다.
- 위 명식(命式)은 토(土)의 편재(偏財) 힘이 매우 강하다. 편재(偏財)가 왕성하여 일간 갑목(日干 甲木)이 태약(太弱)하므로 용신(用神)은 비견(比肩) 목(木)이고 희신(喜神)은 인성(印星) 수(水)이다.

(1) 계묘(癸卯 : 1966~1975) 대운(大運)

대운 간지(大運 干支)의 관계에서 천간(天干) 계수(癸水)가 지지(地支) 묘목(卯木)을 생조(生助)하여 묘목(卯木)의 힘이 강해지다. 천간(天干) 계수(癸水)는 용신 갑목(用神 甲木)을 생조(生助)하면서 명식(命式)의 태약(太弱)한 일간(日干)을 생조(生助)하므로 길(吉)하다. 천간(天干) 계수(癸水)는 명식(命式)의 년간(年干)과 정계충(丁癸沖)하고, 명식(命式)의 시간(時干)과 무계합화(戊癸合火)가 되므로 충(沖)은 해소된 것으로 본다. 대운 지지(大運 地支) 묘목(卯木)은 용신(用神)과 같은 오행(五行)이므로 길(吉)하다. 대운 지지(大運 地支)는 명식(命式)의 년지(年支)와 묘유충(卯酉沖)하고 월지(月支) 및 시지(時支)와 묘진해(卯辰害)이다. 대운(大運)의 천간(天干)과 지지(地支)가 모두 길(吉)하므로 좋은 대운(大運)이다. 특히 어머니의 보살핌이 대단한 10년간 대운(大運)이다. 좋은 대운(大運) 중에 아버지에게 불리한 일이 있다.

(2) 임인(壬寅 : 1976~1985) 대운(大運)

대운 간지(大運 干支)의 관계에서 천간(天干) 임수(壬水)가 지지(地支) 인목(寅木)을 생조(生助)하여 인목(寅木)의 힘이 강해진다. 천간(天干) 임수(壬水)는 용신 갑목(用神 甲木)을 생조(生助)하고 명식(命式)의 태약(太弱)한 일간 갑목(日干 甲木)을 생조(生助)하므로 길(吉)하다. 명식(命式)의 년간(年干)과 정임합목(丁壬合木)하여 용신(用神)과 같아지므로 더 길(吉)해진다. 지지(地支) 인목(寅木)은 용신(用神)과 같은 오행(五行)이므로 길(吉)하다. 대운(大運)의 천간(天干)과 지지(地支)가 모두 길(吉)하므로 좋은 대운(大運)이다.

(3) 신축(辛丑 ; 1986~1995) 대운(大運)

대운 간지(大運 干支) 관계에서 지지(地支) 축토(丑土)가 천간 신금(天干 辛金)을 생조(生助)하여 신금(辛金)의 힘이 강해진다. 천간 신금(天干 辛金)은 명식(命式)의 기신(忌神) 토(土) 재성(財星)의 힘을 누출시켜 양호하다. 지지(地支) 축토(丑土)는 용신 목(用神 木)의 힘을 약하게 하고 명식(命式)에서 흉한 토(土)의 힘을 더 강하게 만들므로 나쁘다. 명식(命式)의 년지(年支)와 축유반합금(丑酉半合金)하고, 월지(月支)와 시지(時支)는 축진파(丑辰破)가 된다. 대운(大運)의 천간(天干)은 양호하고 지지(地支)가 나쁘므로 보통의 대운(大運)이다.

(4) 경자(庚子 : 1996~2005) 대운(大運)

대운 간지(大運 干支) 관계에서 천간 경금(天干 庚金)이 지지(地支) 자수(子水)를 생조(生助)하므로 자수(子水)의 힘은 강하다. 천간 경금(天干 庚金)은 명식(命式)의 태왕(太旺)한 기신(忌神) 토(土) 오행(五行) 힘을 누출시켜 양호하다. 명식(命式)의 월간(月干)과 갑경충(甲庚沖)한다. 대운 지지(大運 地支) 자수(子水)는 용신 갑목(用神 甲木)과 명식(命式)의 태약(太弱)한 일간 갑목(日干 甲木)을 생조(生助) 하므로 길(吉)하다. 명식(命式)의 년지(年支)와 자유파(子酉破) 한다. 명식(命式)에서 기신(忌神) 진토(辰土) 월지(月支) 및 일지(日支)와 자진반합수(子辰半合水)로 길(吉)하다. 대운(大運)의 천간(天干)도 길(吉)하고 지지(地支)도 양호하므로 길(吉)한 대운(大運)이다.

(5) 기해(己亥 : 2006~2015) 대운(大運)

대운 간지(大運 干支) 관계에서 천간 기토(天干 己土)가 지지(地支) 해수(亥水)를 극(剋)하므로 해수(亥水)의 힘이 약해진다. 대운 천간 기토(大運 天干 己土)는 용신(用神)에게 해롭고 명식(命式)에서 기신(忌神) 토(土)의 편재(偏財)를 강하게 만들므로 나쁘다. 명식(命式)에서 용신(用神) 월간(月干)과 갑기합토(甲己合土) 기신(忌神)으로 변하여 아주 흉하다. 지지(地支) 해수(亥水)는 용신(用神)과 명식(命式)의 태약(太弱)한 일간 갑목(日干 甲木)을 생조(生助)하여 길(吉)하다. 대운(大運)의 천간(天干)은 나쁘고 지지(地支)는 양호하여 보통의 소흉 대운(小凶 大運)이다. 용신(用神)이 간합(干合)하여 기신(忌神)이 되는 대운(大運)이므로 특히 재에 대한 손해가 크게 있으니 반드시 이점 유의해야 한다. 건강도 조심해야 한다.

(6) 무술(戊戌 : 2016~2025) 대운(大運)

대운 간지(大運 干支)에서 천간 무토(天干 戊土)는 용신 갑목(用神 甲木)의 힘을 약하게 하고 명식(命式)의 기신(忌神) 토(土) 힘을 강하게 하고, 명식(命式)의 태약(太弱)한 일간(日干)에게도 나쁘므로 흉하다. 대운 지지(大運 地支) 술토(戌土)도 천간(天干)과 마찬가지로 용신(用神)과 명식(命式)의 일간(日干)에게 나쁘므로 흉하다. 명식(命式)의 월지(月支) 및 일지(日支)와 진술사충(辰戌四冲) 하므로 놀라는 일이 있다. 대운(大運)의 천간(天干)도 나쁘고 지지(地支)도 나쁘므로 흉한 대운(大運)이다. 명식(命式)에서 기신(忌神) 토(土) 재성(財星)의 힘이 더욱 태왕(太旺)해져 흉하므로 재의 관리에 특히 유의하고, 본인과 부인의 건강도 조심해야 한다.

(7) 정유(丁酉 : 2026~2035) 대운(大運)

대운 간지(大運 干支) 관계에서 천간 정화(天干 丁火)가 지지(地支) 유금(酉金)을 극(剋)하여 유금(酉金)의 힘이 약해진다. 천간 정화(天干 丁火)는 용신 갑목(用神 甲木)과 명식(命式)의 태약(太弱)한 일간 갑목(日干 甲木) 힘을 누출시켜 해로운데, 명식(命式)의 기신(忌神) 토(土)를 생조(生助)하므로 더 해롭다. 흉한 대운 천간 정화(大運 天干 丁火)를 명식(命式)에서 거(극하고 설하는 것)할 오행(五行)이 없다. 지지(地支) 유금(酉金)은 명식(命式)의 기신(忌神) 토(土) 오행(五行) 기운을 누출시켜 약하게 하므로 길(吉)하다. 명식(命式)의 지지(地支)들과 유진육합금(酉辰六合金)이 된다. 대운(大運)의 천간(天干)은 나쁘고 지지(地支)는 양호하므로 보통의 대운(大運)이다.

(8) 병신(丙申 : 2036~2045) 대운(大運)

대운 간지(大運 干支) 관계에서 천간 병화(天干 丙火)가 지지(地支) 신금(申金)을 극(剋)하므로 지지(地支) 신금(申金)의 힘이 약해진다. 대운 천간 병화(大運 天干 丙火)는 용신(用神)과 명식(命式)의 태약(太弱)한 일간 갑목(日干 甲木)의 힘을 누출시키고, 명식(命式)의 기신(忌神) 토 편재(土 偏財)를 생조(生助)하여 흉하다. 대운 지지(大運 地支) 신금(申金)은 명식(命式)에서 태왕(太旺)한 기신(忌神) 토(土) 오행(五行) 힘을 누출시켜 양호하다. 대운(大運)의 천간(天干)은 나쁘고 지지(地支)는 양호하므로 보통의 대운(大運)이다.

3.4 세운

기해(己亥 : 2006~2015) 대운(大運)의 10년간 세운(歲運)에 대하여 설명한다. 대운 천간 기토(大運 天干 己土)는 용신(用神)에게 해롭고 명식(命式)에서 태왕(太旺)한 기신(忌神) 토(土) 오행(五行)을 강하게 만들므로 나쁘다. 명식(命式)에서 용신(用神) 월간(月干)과 갑기합토(甲己合土) 기신(忌神)으로 변하여 아주 흉하다. 지지(地支) 해수(亥水)는 용신(用神)과 명식(命式)의 태약(太弱)한 일간 갑목(日干 甲木)을 생조(生助)하여 길(吉)하다. 대운(大運)의 천간(天干)은 나쁘고 지지(地支)는 양호하지만, 용신 갑목(用神 甲木)이 간합(干合)하여 기신(忌神)이 되므로 소흉 대운(小凶 大運)이다. 용신(用神)이 간합(干合)하여 기신(忌神)이 되는 대운(大運)이므로 특히 재에 대한 손해가 크게 있으니 반드시 이점 유의해야 한다. 건강도 조심해야 한다.

- 용신(用神) : 목(木), 희신(喜神) : 수(水), 기신(忌神) : 토(土), 화(火)

(1) 병술년(2006 丙戌年)

- 세운 천간(歲運 天干) 병화(丙火)는 용신(用神)과 명식(命式) 일간(日干)에게 모두 해롭고 명식(命式)의 기신(忌神)인 토(土) 오행(五行)을 생조(生助)하므로 나쁘다.
- 명식(命式)에서 세운 천간(歲運 天干) 기신(忌神) 병화(丙火)를 거(去)할 오행(五行)이 없다.
- 세운 지지(大運 地支) 술토(戌土)는 용신(用神)과 명식(命式)의 일간(日干)에게 나쁘고 명식(命式)의 기신(忌神) 토(土) 오행(五行)을 강하게 하므로 나쁘다.
- 명식(命式)의 월지(月支) 및 시지(時支)와 진술사충(辰戌四沖)하여 해롭다.
- 명식(命式)의 년지(年支)와는 술유해(戌酉害)가 된다.

이상을 종합하여 해석하면 다음과 같다.

대운(大運)은 소흉(小凶)하고 세운(歲運)의 천간(天干)과 지지(地支)가 모두 불리하므로 흉년(凶年)이다. 지지(地支)가 진술사충(辰戌四沖) 하므로 가옥 및 토지와 구설수에 주의해야 하며, 놀라는 일이 있다. 건강에 유의해야 한다. 특히 소화기 계통 질병(疾病)에 조심해야 한다. 적극적인 사업이나 신규 사업은 조심해야 한다. 자녀 문제로 걱정되는 일이 발생한다.

(2) 정해년(2007 丁亥年)

- 세운 천간(歲運 天干) 정화(丁火)는 용신(用神)의 힘을 누출시키고 명식(命式)

의 태왕(太旺)한 기신(忌神) 토(土)의 힘을 강하게 만들므로 흉하다.
- 세운 지지(歲運 地支) 해수(亥水)는 희신(喜神)으로 용신 갑목(用神 甲木)을 생조(生助)하므로 길(吉)하다.

이상을 종합하여 해석하면 다음과 같다.

대운(大運)이 소흉(小凶)하고, 세운 천간(歲運 天干)은 해롭고 지지(地支)는 양호하므로 소흉년(小凶年)이다. 건강을 조심해야 한다. 재의 손실이 일어난다. 관재구설수가 있다. 자녀 문제로 걱정이 생긴다.

(3) 무자년(2008 戊子年)

- 세운 천간(歲運 天干) 무토(戊土)는 용신(用神)에게 해롭고, 명식(命式)의 태왕(太旺)한 기신(忌神) 토(土) 오행(五行)을 강하게 만들므로 흉하다.
- 세운 지지(歲運 地支) 자수(子水)는 희신(喜神)으로 용신(用神)을 생조(生助)하고, 명식(命式)의 태약(太弱)한 일간(日干)을 강하게 만들므로 길신(吉神)이다.
- 세운 지지(歲運 地支) 자수(子水)는 명식(命式)의 월지(月支) 및 일지(日支)와 자진반합수(子辰半合水)가 되어 명식(命式)의 기신(忌神) 진토(辰土)가 희신(喜神)이 되므로 양호하다.
- 세운 지지(歲運 地支) 자수(子水)는 년지(年支)와 자유파(子酉破)가 된다.

이상을 종합하여 해석하면 다음과 같다.

대운(大運)이 소흉(小凶)하고 세운 천간(歲運 天干)은 흉하고 세운 지지(歲運 地支)는 매우 양호하므로 보통의 해이다. 관재 구설수를 조심해야 한다. 재산상 손해가 있으므로 신규 사업 등은 불가하다. 직장인은 직장에서도 조심해야 한다. 어머니의 건강에 문제가 있다.

(4) 기축년 (2009 己丑年)

- 세운 천간(歲運 天干) 기토(己土)는 정재(正財)로 용신(用神)에게 해롭고 명식(命式)의 태왕(太旺)한 기신(忌神) 토(土) 힘을 강하게 만들므로 흉하다.
- 명식(命式)의 월간(月干) 용신 갑목(用神 甲木)과 갑기합토(甲己合土) 기신(忌神)으로 변하여 매우 흉(凶)해진다.
- 세운 지지(歲運 地支) 축토(丑土)는 천간(天干)과 같이 나쁘다.
- 세운 지지(歲運 地支) 축토(丑土)는 명식(命式)의 년지(年支)와 유축반합금(酉丑半合金)으로 변하여, 지지(地支)의 나쁜 것이 어느 정도 완화되었다.

- 세운 지지(歲運 地支) 축토(丑土)는 월지(月支) 및 시지(時支)와 축진파(丑辰破)가 되어 나쁘다.

이상을 종합하여 해석하면 다음과 같다.

대운(大運)이 소흉(小凶)하고 세운(歲運)의 천간(天干)과 지지(地支)가 나쁘므로 소흉(小凶)하다. 재정적으로 어려움이 따른다. 재성(財星)이 혼잡(混雜)되므로 여자관계로 문제가 발생한다. 용신(用神)이 간합(干合)하여 기신(忌神)이 되므로 본인에게도 나쁜 일이 발생한다. 어머니의 신상에 재난이 닥치므로 특히 어머니의 건강에 조심해야 한다. 동료나 형제간에 돈 문제도 조심해야 한다.

(5) 경인년(2010 庚寅年)

- 세운 천간(歲運 天干) 경금 편관(庚金 偏官)은 명식(命式)의 태왕(太旺)한 기신(忌神) 토(土)와 대운 천간 기토(大運 天干 己土)의 기운을 누출시켜 양호하다.
- 세운 천간(歲運 天干) 경금(庚金)은 명식(命式)의 월간 갑목(月干 甲木) 용신(用神)과 갑경충(甲庚沖)한다.
- 세운 지지(歲運 地支) 인목(寅木)은 대운 지지(大運 地支) 해수(亥水)가 생조(生助)하여 강해지고 용신(用神)과 명식(命式)의 태약(太弱)한 일간(日干)을 생조(生助)하여 길(吉)하다.

이상을 종합하여 해석하면 다음과 같다.

세운(歲運)의 천간(天干)과 지지(地支)가 양호하지만 대운(大運)이 소흉(小凶)이므로 보통의 년운(年運)이다. 가족의 우환에 조심해야 한다. 문서에 관련된 사건은 쉽게 해결되고 직장인은 직장에서 좋은 일이 생긴다.

(6) 신묘년(2011 辛卯年)

- 세운 천간(歲運 天干) 신금 정관(辛金 正官)은 명식(命式)의 태왕(太旺)한 기신(忌神) 토(土)와 대운 천간 기토(大運 天干 己土)의 힘을 누출시켜 양호하다.
- 세운 지지(歲運 地支) 묘목(卯木)은 대운(大運) 지지(地支) 해수(亥水)가 생조(生助)하여 강하고 용신(用神)과 명식(命式)의 태약(太弱)한 일간(日干)을 생조(生助)하여 길(吉)하다.
- 세운 지지(歲運 地支) 묘목(卯木) 오행은 명식(命式)의 지지(地支)들과 묘유충(卯酉沖), 묘진해(卯辰害), 묘술육합화(卯戌六合火)가 되어 길(吉)한 징조가 많이 감소된다.

이상을 종합하여 해석하면 다음과 같다.

세운(歲運)의 천간(天干)과 지지(地支)가 양호 하지만 대운(大運)이 소흉(小凶)하므로 보통의 년운(年運)이다. 문서 문제와 관재 구설수에 조심해야 한다.

(7) 임진년(2012 壬辰年)

- 세운 천간(歲運 天干) 임수(壬水) 편인(偏印)은 용신(用神)과 명식(命式)의 일간(日干)을 생조(生助)하여 양호하다.
- 세운 천간(歲運 天干) 임수(壬水)는 명식(命式)의 년간 기신(年干 忌神)과 정임목간합(丁壬木 干合)하여 길신(吉神)으로 변하므로 매우 길(吉)해진다.
- 세운 지지(歲運 地支) 진토(辰土)는 명식(命式)의 태왕(太旺)한 기신(忌神) 토(土) 오행 기운을 강하게 만들므로 흉하지만, 명식(命式)의 년지(年支)와 유진육합금(酉辰六合金) 길신(吉神)으로 변하여 무난해진다.
- 세운 지지(歲運 地支) 진토(辰土)는 명식(命式)의 일지(日支)와 진술충(辰戌沖)이 된다.

이상을 종합하여 해석하면 다음과 같다.

세운(歲運)의 천간(天干)과 지지(地支)가 양호하므로 보통의 년운(年運)이다. 형제나 여러 사람으로부터 도움이 있다. 매매하는 일은 잘 이루어진다. 일지(日支)가 진술충(辰戌沖)이 되므로 처(妻)의 건강이나 본인 신상도 주의해야 하고, 구설수도 조심해야 한다.

(8) 계사년(2013 癸巳年)

- 세운 천간(歲運 天干) 계수 정인(癸水 正印)은 용신(用神)과 명식(命式)이 신약(身弱)한 일간(日干)을 생조(生助)하여 길(吉)하지만, 명식(命式)의 시간(時干)과 무계합화(戊癸合火)가 되어 기신(忌神)으로 변하므로 길(吉)한 것이 많이 감소 된다.
- 세운 지지(歲運 地支) 사화(巳火)는 용신(用神)의 힘을 누출시키고 명식(命式)의 기신(忌神) 토(土) 오행(五行)을 더 강하게 만들므로 흉하지만, 대운 지지(大運 地支) 해수(亥水)가 거(去)하여 무난하다.
- 세운 지지(歲運 地支) 사화(巳火)는 명식(命式)의 년지(年支)와 사유반합금 길신(巳酉半合金 吉神)으로 변하여 양호하다.

이상을 종합하여 해석하면 다음과 같다.

세운(歲運)의 천간(天干)과 지지(地支)가 양호 하지만 대운(大運)이 소흉(小凶)하므로 보통의 년운(年運)이다. 여러 사람으로부터 도움이 많다. 매매 등 여러 가지 문서와 관계되는 일이 이루어진다. 귀인의 도움으로 여러 가지 일들이 쉽게 이루어진다.

(9) 갑오년(2014 甲午年)

- 세운 천간(歲運 天干) 갑목 비견(甲木 比肩)은 용신(用神)과 같은 오행(五行)이므로 매우 길(吉)하다.
- 세운 지지(歲運 地支) 기신(忌神) 오화(午火)는 대운 지지(大運 地支) 해수(亥水)가 거(去)하여 무난하다.

　이상을 종합하여 해석하면 다음과 같다.

　세운(歲運)의 천간(天干)은 양호하고 지지(地支)는 보통이며 대운(大運)이 소흉(小凶)하므로 보통의 년운(年運)이다. 형제, 동료의 도움으로 재물이 불어난다. 사회 생활에서 인간관계가 잘 이루어진다. 형제, 친구들의 도움으로 어려운 일들이 쉽게 해결된다.

(10) 을미년(2015 乙未年)

- 세운 천간(歲運 天干) 을목 겁재(乙木 劫財)는 용신(用神)과 같은 오행(五行)이므로 길(吉)하다.
- 세운 지지(歲運 地支) 미토(未土)는 용신(用神)에게 불리하고 명식(命式)의 태왕(太旺)한 토(土) 오행(五行)을 강하게 하므로 흉하다.
- 세운 지지(歲運 地支) 미토(未土)는 명식(命式)의 일지(日支)와 미술파(未戌破)가 된다.

　이상을 종합하여 해석하면 다음과 같다.

　세운(歲運)의 천간(天干)은 양호하고 세운 지지(歲運 地支)는 불리한데 대운(大運)이 소흉(小凶)하므로 소흉년(小凶年)이다. 형제, 동료들의 도움이 있다. 재의 손실에 주의해야 한다.

4. 음력 1933년 1월 13일 진(辰)시생

이름	명식3		생년월일	양력 : 1933년 2월 7일 화요일	작성일자	2021년 3월 28일
성별	남	나이 89세		음력 : 1933년 1월 13일 음력평달		13시 31분 일요일
				간지 : 癸酉년 甲寅월 甲辰일생		

구분	사 주								五行	木	火	土	金	水
	년주		월주		일주		시주		元式	2	0	3	1	1
천간	水 癸	정인	木 甲	비견	木 甲	본인	土 戊	편재	藏干	3	0	2	1	1
지지	金 酉	편관	木 寅	편재	土 辰	겁재	土 辰	겁재	强弱 : 신강					
장간	庚	庚辛	戊	戊丙甲	乙	乙癸戊	乙	乙癸戊	用神 : 재성					
12운성	胎		建祿		衰		衰		공망 : 寅卯					
신살	천관귀인 도화살 비인		복성귀인 역마살 원진살		금여록 백호대살		금여록 화개살 백호대살		양인 : 卯					
간합			년간 시간의 戊癸합火				간충							
육합			일지 년지의 酉辰육합金 년지 시지의 酉辰육합金				지충							
삼합	寅午戌 삼합火, 申子辰 삼합水, 巳酉丑 삼합金, 亥卯未 삼합木													
방합	寅卯辰 방합木, 巳午未 방합火, 申酉戌 방합金, 亥子丑 방합水													
파					해									
초.중.정기	초기 : 3일		대운		대운의 역운, 大運數 : 1 運				절기 : 입동					

구분	간지	육친	12운성	대운기간	1세	2세	3세	4세	5세	6세	7세	8세	9세	0세
입운	甲寅			0~0 년도	甲	乙	丙	丁	戊	己	庚	辛	壬	癸
1운	癸丑	정인	冠帶	1~10 1934년	戌	亥	子	丑	寅	卯	辰	巳	午	未
2운	壬子	편인	沐浴	11~20 1944년	申	酉	戌	亥	子	丑	寅	卯	辰	巳
3운	辛亥	정관	長生	21~30 1954년	午	未	申	酉	戌	亥	子	丑	寅	卯
4운	庚戌	편관	養	31~40 1964년	辰	巳	午	未	申	酉	戌	亥	子	丑
5운	己酉	정재	胎	41~50 1974년	寅	卯	辰	巳	午	未	申	酉	戌	亥
6운	戊申	편재	絶	51~60 1984년	子	丑	寅	卯	辰	巳	午	未	申	酉
7운	丁未	상관	墓	61~70 1994년	戌	亥	子	丑	寅	卯	辰	巳	午	未
8운	丙午	식신	死	71~80 2004년	申	酉	戌	亥	子	丑	寅	卯	辰	巳
9운	乙巳	겁재	病	81~90 2014년	午	未	申	酉	戌	亥	子	丑	寅	卯

4.1 사주구성

일간 갑목(日干 甲木)은 초기생(初氣生)이고 월지(月支)는 편재(偏財)이므로 편재격(偏財格)이다. 이 사주(四柱)의 오행(五行) 중에서 년간 임수(年干 壬水), 월간(月干) 갑목(甲木), 시간 무토(時干 戊土)는 월지(月支) 지장간(支藏干) 인중(寅中) 무병갑(戊丙甲)에 각각 통근(通根)하고, 또한 시지(時支) 진중(辰中) 을계무(乙癸戊)에 통근(通根)하여 힘이 강하다. 이 중에서도 갑목(甲木)과 무토(戊土)가 강하다. 월지(月支) 인목(寅木)은 공망(空亡)이다. 지지(地支)는 유진합금(酉辰合金)으로 육합(六合)이 되었다. 천간(天干)은 년간 시간(年干 時干)의 무계합화(戊癸合火)로 천간(天干) 합(合)이 되었다. 일간(日干)에 힘이 보태지는 비겁 목(比劫 木)이 3개, 인성(印星) 수(水)가 1개이다. 일간(日干)의 힘을 빼는 재성(財星) 토(土)가 2개, 관성(官星) 금(金)이 1개이다. 일간 갑목(日干 甲木)이 인월(寅月)에 출생하여 득령(得令) 하였고, 비겁(比劫) 목(木)과 인성(印星) 수(水)가 강하므로 신강(身強)으로 본다.

용신(用神)은 시간 무토 재성(時干 戊土 財星)을 사용하고 보니 투간되어 용신(用神)의 힘이 강하다. 일간(日干)과 용신(用神)이 강하니 길(吉)한 사주가 되었다, 일간 갑목(日干 甲木)이 신강(身強)하고 용신 토(用神 土)가 강하므로 수목운(水木運)은 불길하고, 토금운(土金運)은 매우 길(吉)하다. 사주에서 재성(財星)이 용신(用神)일 경우에 사주에 비겁(比劫)이 왕성하면 관성(官星)이 희신(喜神)이 된다. 화운(火運)은 용신(用神)을 생조(生助)하므로 희신(喜神)이 된다. 사주(四柱)의 오행(五行)이 음(陰)은 1개, 양(陽)은 7개로서 매우 활발한 성격(性格)의 소유자이다.

4.2 육친(六親) 관계

(1) 부친궁(父親宮)은 편재(偏財)와 월지(月支)의 12운성으로 판단한다. 월지(月支)가 건록(建祿)이고 용신(用神)이 편재(偏財)이므로 아버지의 덕과 도움이 크다. 시간(時干)의 무토 편재(戊土 偏財)는 월지(月支) 인(寅)과 시지(時支) 진(辰)의 지장간(支藏干)에 투간되어 힘이 강하므로 아버지는 건강하고 장수하겠다. 편재 무토(偏財 戊土)가 년간(年干)의 계수(癸水) 정인(正印)과 간합(干合)을 하므로 어머니와도 사이가 매우 좋았을 것이다.

(2) 모친궁(母親宮)은 정인(正印)과 월지(月支)의 12운성으로 판단한다. 년간(年干)의 정인(正印)이 시지(時支) 진(辰)의 지장간(支藏干)에 투간되어 강하므로 건강하게 장수하였을 것이다. 정인(正印) 계수(癸水)는 시간(時干)의 무토 편재(戊土

偏財)와 간합(干合) 하므로 아버지와는 사이가 좋았을 것이지만, 도화살이 있어서 어머니에게 이성간 곤란스러운 일이 있었을 것이다. 정인(正印) 계수(癸水)는 기신(忌神)에 해당하고 또한 기신(忌神)인 비견(比肩)을 생조(生助) 하므로 나에게 도움은 되지 않는다.

(3) 형제궁(兄弟宮)은 비견(比肩)과 겁재(劫財)로 해석한다. 월간(月干)의 을목 비견(乙木 比肩)은 시지(時支)와 일지(日支)의 지장간(支藏干)에서 투간되어 힘이 강하므로 형제자매는 많을 것이지만, 비겁(比劫)이 기신(忌神)이 되므로 도움은 되지 않는다.

(4) 처궁(妻宮)은 정재(正財)로 보는데 정재(正財)가 없으므로 편재(偏財)로 판단한다. 시간(時干)의 편재 무토(偏財 戊土)가 월지(月支)에 통근(通根)되어 힘이 매우 강하고 용신(用神)이므로 처(妻)는 건강하고 큰 도움이 된다.

(5) 자식궁(子息宮)은 남명(男命)에서 관성(官星)과 시주(時柱)의 위치로 해석한다. 편관(偏官)이 년지(年支)에 있고, 용신(用神)이 시간(時干)에 있고, 관성(官星) 금(金)이 희신(喜神)이므로 자식은 건강하고 도움이 된다.

(6) 성격(性格)은 월지(月支) 오행, 사주에서 강한 오행(五行), 일간 오행(日干 五行), 용신(用神), 사주 전체의 합(合) 등을 종합적으로 보고 판단한다. 용신(用神)이 편재(偏財)이고 일간 갑목(日干 甲木)이 적합하게 왕성하므로, 다정다감하고, 조용하고 유순하며, 성실하고 부지런하다. 월지(月支)의 편재(偏財)는 재리에 집착이 강하고 돈 버는 데는 억척같지만, 필요한 일에는 돈을 잘 쓴다. 의리를 소중히 하고 빈틈이 없으며 기교가 많다. 권세욕과 지배욕도 크다. 간합(干合)과 지합(支合)이 3개이므로 사교적이고, 좌담 및 토론 등에 능숙하다. 신강(身强)하고 용신 재성(財星)이 강하므로 부귀한 사주이다.

(7) 직업(職業)은 사주(四柱)의 격국(格局)과 월지(月支)의 육친(六親), 가장 강한 오행(五行), 용신(用神) 등을 참고하여 종합적으로 해석한다. 위 사주는 월지(月支)가 편재(偏財)이고, 강한 오행(五行)이 수(水)와 토(土)이고, 용신(用神)이 재성(財星)이므로 이들을 종합하여 해석한다. 상업이 적합하며 돌아다니면서 활동적으로 하는 사업은 좋고, 해외 시장과 관련된 외교업, 무역업도 양호하다. 부동산, 중개업, 투기성 사업도 좋으며, 이 사주는 대운(大運)이 좋으므로 아주 빠른 속도로 부를 축적한다.

(8) 질병(疾病)은 어느 오행(五行)이 태강(太强) 이상이거나 없으면 이 오행(五行)에

해당하는 질병(疾病)에 문제가 발생한다. 그리고 공망(空亡)이 되는 오행(五行)도 주목해야 하지만, 해공(解空)이 되면 괜찮다. 오행 화(火)가 없으므로 심장(心臟), 소장(小腸), 안목(眼目) 등에 유의해야 한다.

어느 오행(五行)이 허(虛)하거나 실(實)하면 다음과 같이 해당 오행(五行)의 질병(疾病)이 생긴다.

4.2.1 간(肝)

(1) 허(虛)

　요통, 빈혈, 생리불순, 전신불수, 뇌혈전, 정신질환이나 간질, 근육통, 시력감퇴, 백내장, 야맹, 색맹 등의 각종 안질

(2) 실(實)

　앞머리 통증, 위산과다, 간염, 신경과민, 불면증, 근육통, 동맥경화, 간염이나 간경화, 생식기, 얼굴 창백이나 눈의 충혈, 기미 죽은깨, 반신 불수

4.2.2 담(膽)

(1) 허(虛)

　담석, 담낭, 현기증, 눈동자가 노랗다, 황달, 신경통, 편두통 신경과민

(2) 실(實)

　담석증, 담낭염, 좌골신경통, 뒷머리 통증, 빈혈, 관절염, 늑간 신경통, 발목을 잘 삔다.

4.2.3 심장(心臟), 심포(心胞)

(1) 허(虛)

　잘 놀란다. 가슴이 뛰고 두근거린다. 저혈압, 요통, 하지 무력증, 소변을 자주 본다. 야뇨증, 몽정, 밤에 꿈이 많다. 귀울림, 난청, 난시, 자궁냉증, 어혈, 동상, 백회통

(2) 실(實)

　몸에 열이 많다. 갈증이 심하다. 고혈압, 협심증, 동맥경화, 심장판막증, 호흡기 곤란, 변비

4.2.4 소장(小腸), 삼초(三焦)

(1) 허(虛)

어깨가 결린다. 목덜미가 뻐근하다. 생리불순, 생리통

(2) 실(實)

소장통, 단백뇨, 부종, 생리통, 생리불순, 소화불량, 신경쇠약, 관절통, 류마티스, 근육통, 인후염, 편도선염,

4.2.5 비장(脾臟)

(1) 허(虛)

소화불량, 식욕부진, 위산과다, 변비, 설사, 불면증, 신경질환, 살이 많이 찌거나 심하게 빠진다.

(2) 실(實)

많이 먹는다. 잠이 많다. 위경련, 췌장염, 맹장염, 배가 차다. 관절염, 피부병, 화농성 질환

4.2.6 위장(胃臟)

(1) 허(虛)

복통, 소화불량, 위염, 위경련, 변비, 포식, 곽란

(2) 실(實)

위궤양, 잘 체한다. 위무력증, 위확장, 위하수, 위암, 변비, 치통, 잇몸질환

4.2.7 폐장(肺臟)

(1) 허(虛)

폐결핵, 의욕감퇴, 두통, 얼굴색 창백, 신경과민, 갑상선 질환, 피부가 거칠다.

(2) 실(實)

기관지염, 천식, 인후염, 비염, 축농증, 요통

4.2.8 대장(大腸)

(1) 허(虛)

복부 무력감, 치질, 혈변(변에 피가 나옴), 하혈, 설사

(2) 실(實)

장염, 변비, 피로증, 어깨통증(견갑통), 앞머리 통증(전두통), 치통, 코막힘,

만성 감기, 신경과민, 불면증, 무릎 관절

4.2.9 신장(腎臟)

(1) 허(虛)

요통(허리 통증), 정력 감퇴, 생리통, 생리불순, 두통, 치통, 신경통, 관절염, 골막염, 골수염, 중풍에 의한 반신이나 전신 불구

(2) 실(實)

신장염, 신결석 신결핵, 자궁냉증, 냉 대하증, 오줌소태, 하혈, 고환염, 불임증, 귀 울림

4.2.10 방광(膀胱)

(1) 허(虛)

요통(허리 통증), 오줌소태, 생식기 질환, 자궁 내막염, 야뇨증, 고환염, 치질

(2) 실(實)

방광염, 요도염, 소변불통, 요통, 허리 디스크, 좌골신경통, 임질, 매독, 화농성 질환, 무릎이나 발목의 관절염, 안구 충혈

4.3 대운(大運) 작성은 월주(月柱)를 기준으로 위의 표와 같이 작성한다.

- 대운(大運)의 12운성 판단 : 대운(大運)의 지지(地支)가 사주(四柱)의 일간(日干)에게 미치는 영향의 정도를 측정하기 위하여 대운(大運)의 지지(地支)를 12운성으로 판단한다. 판단 방법은 사주(四柱)의 일간(日干)을 기준으로 대운(大運)의 지지(地支)와 대조하여 12운성을 조사한다. 사주에서 일간(日干)이 신약(身弱)할 경우에 대운(大運)의 지지(地支)가 12운성 중 장생(長生), 관대(冠帶), 건록(建祿), 제왕(帝旺)에 해당되면 일간(日干)을 강하게 생조(生助)하므로 아주 길(吉)하게 된다. 그러나 일간(日干)이 신강(身强) 이상이라면 강한 일간(日干)을 대운(大運)의 지지(地支)가 더 강하게 만들어 주므로 아주 흉하게 된다. 이러한 경우에는 12운성의 지지(地支)가 쇠(衰), 병(病), 사(死), 절(絶)에 해당되면 길(吉)하게 된다.
- 위 명식(命式)은 일간(日干)이 신강(身强)하고 용신(用神)은 토(土)이므로 수목운(水木運)은 불길하고 토금운(土金運)은 길(吉)하며 화운(火運)은 용신 토(用神 土)를 생조(生助)하므로 희신(喜神)이 된다. 이 명식(命式)에서는 비겁(比劫)이 강하므로 관성(官星) 금(金)이 길(吉)하다.

- 용신(用神)과 대운(大運)의 길흉(吉凶)관계는 다음과 같다.

用神 대운	비 겁	인 성	식 상	재 성	관 성
비 겁	대길(大吉)하다.	대길하다.	신강(身强) 四柱는 흉(凶)하다.	군비쟁재가 되어 대흉(大凶)하다.	흉하다.
인 성	길하다.	발복(發福)한다.	대흉하다.	흉하다.	四柱에 食傷이 왕성하면 대길한다.
식 상	四柱에 官星이 왕성하면 대길한다.	흉하다.	대발복한다.	대발복한다.	대흉하다.
재 성	흉하다.	탐재괴인이 되어 대흉하다.	四柱에 印星이 있으면 대길한다.	대길하다.	대발복한다.
관 성	대흉하다.	身弱 四柱는 흉(凶)하다.	흉하다.	四柱에 比劫이 왕성하면 대길한다.	대길하다.

(1) 계축(癸丑 : 1~10) 대운(大運)은 수운(水運)이 되어 나쁘지만, 천간(天干) 계수(癸水)가 명식(命式)의 시간 무토(時干 戊土)와 천간(天干) 합(合)이 되어 화(火)로 되어 희신(喜神)이 되므로 무난하게 되었다.

(2) 임자(壬子 : 11~20) 대운(大運)은 간지(干支) 모두가 기신(忌神) 수운(水運)이고 또한 명식(命式)의 일지(日支) 및 시지(時支)와 자진반합수(子辰半合水)로 되므로 매우 불길한데, 15세 이후 정해년(丁亥年) 이후부터는 세운(歲運)이 수운(水運)과 목운(木運)으로 흘러 기신(忌神)이 득세하므로 매우 불길해진다. 자신의 학업이나 가업이 매우 어려웠을 것이다.

(3) 신해(辛亥 : 21~30) 대운(大運)은 천간(天干)이 신금(辛金)으로 길(吉)하지만, 지지(地支)는 월지 인목(月支 寅木)과 육합(六合)하여 기신(忌神) 목(木)이 강하게 되므로 불길하다. 간지(干支)가 서로 길(吉)과 흉이 되므로 흉한 중에 길(吉)이 있으므로 가정 상 흉과 경재적인 어려움이 있다.

(4) 경술(庚戌 : 31~40) 대운(大運) 이후로는 토금운(土金運)으로 흐르므로 대길(大吉)해진다. 그러나 경술 대운(庚戌 大運)에서 지지(地支)는 명식(命式)의 일지

(日支)와 충(沖)이 되므로 길중(吉中)에 사소한 흉이 있었을 것이다.

(5) 기유(己酉 : 41~50) 대운(大運)은 천간(天干)이 기토(己土)로 용신(用神)과 같으므로 대길(大吉)하고 또한 지지 유금(地支 酉金)도 희신(喜神)과 같으므로 대길(大吉)하다.

(6) 무신(戊申 : 51~60) 대운(大運)은 천간(天干)이 무토(戊土)로 용신(用神)과 같고 지지(地支)는 신금(申金)으로 희신(喜神)과 같으므로 대길(大吉)하지만, 지지(地支)가 명식(命式)의 월지(月支)와 인신충(寅申沖)하여 가정 상 문제가 있었을 것이다.

(7) 정미(丁未 : 61~70) 대운(大運)은 천간 정화(天干 丁火)가 희신(喜神)이고, 지지(地支) 미토(未土)를 생조(生助)하여 길(吉)하고, 지지 미토(地支 未土)는 용신(用神)과 같으므로 양호 하지만, 천간(天干) 정(丁)과 명식(命式)의 년간(年干)이 정계충(丁癸沖)하여 길(吉)한 중에 사소한 흉이 있었을 것이다.

(8) 병오(丙午 : 71~80) 대운(大運)은 천간 병(天干 丙)이 화(火)로서 희신(喜神)이고, 지지(地支) 오(午)는 명식(命式)의 월지(月支)와 인오반합화(寅午半合火)로 되어서 용신(用神)을 생조(生助)하니 아주 길(吉)하다.

4.4 세운(歲運)

지면상 위 명식(命式)의 세운(歲運)을 모두 해석하는 것은 곤란하므로 신해(辛亥 : 21~30) 대운(大運)의 10년간 세운(歲運)에 대하여 설명한다. 신해(辛亥, 21~30) 대운(大運)은 천간(天干)이 신금(辛金)으로 길(吉)하지만, 지지 해수(地支 亥水)는 월지 인목(月支 寅木)과 육합(六合)하여 기신(忌神) 목(木)이 강하게 되므로 불길하다. 간지(干支)가 서로 길(吉)과 흉이 되므로 흉한 중에 길(吉)이 있으므로 가정에 흉과 경재적인 어려움이 있다.

- 용신(用神) : 토(土), 희신(喜神) : 금(金), 화(火), 기신(忌神) : 수(水), 목(木)
- 대운(大運) : 신해(辛亥)

(1) 갑오년(甲午年)은 천간(天干)이 갑목(甲木)으로 기신(忌神)이지만 대운 천간 신금(大運 天干 辛金)이 극(剋)하여 흉이 완화되었고, 지지(地支) 오화(午火)는 희신(喜神)이므로 소길년(小吉年)이다.

(2) 을미년(乙未年)은 천간 을목(天干 乙木)이 기신(忌神)이지만 대운 천간 신금(大運 天干 辛金)이 극(剋)하여 흉이 완화되었고, 지지 미토(地支 未土)는 용신(用神)과 같으므로 소길(小吉)하다.

(3) 병신년(丙申年)은 천간 병화(天干 丙火)가 희신(喜神)이고 지지(地支) 신금(申金)은 희신(喜神)이므로 양호하다. 그러나 지지 신금(地支 申金)이 명식(命式)의 월지 편관(月支 偏官)을 인신충(寅申沖) 하므로 이사나 변동 문제 또는 관재 구설이 있다.

(4) 정유년(丁酉年)은 천간(天干)이 정화(丁火)이고 지지(地支)는 유금(酉金)이므로 용신(用神)을 생조(生助)하고 희신(喜神)에 해당하므로 길(吉)하다.

(5) 무술년(戊戌年)은 천간(天干)이 무토(戊土)이고 지지(地支)는 술토(戌土)로 용신(用神)과 같은 오행(五行)이므로 대길(大吉)하지만, 지지(地支)가 명식(命式)의 일지(日支), 시지(時支)와 진술충(辰戌沖) 하여 처(妻)가 나쁘지 않으면 이사나 변동이 있고, 자식에게도 사소한 문제가 있다.

(6) 기해년(己亥年)은 천간(天干)이 기토(己土)로 용신(用神)과 같고 지지(地支)는 해수(亥水)로서 흉하지만 천간 무토(天干 戊土)가 이를 억제하므로 완화 되지만 대운(大運)의 지지(地支)가 나쁘므로 소흉년(小凶年)이다.

(7) 경자년(庚子年)은 천간 경금(天干 庚金)이 희신(喜神)이지만, 지지 자수(地支 子水)를 생조(生助)하여 기신(忌神) 수(水)의 힘이 강하여 흉하다. 대운(大運)의 천간(天干) 신금(辛金)은 정관(正官)이고 세운(歲運)의 천간(天干)은 편관(偏官)이므로 관살혼잡(官殺混雜)이 되어 흉하다.

(8) 신축년(辛丑年)은 천간(天干)이 신금(辛金) 희신(喜神)이고 지지(地支)는 축토(丑土)로 용신(用神)과 같으므로 대길(大吉)하다.

(9) 임인년(壬寅年)은 천간(天干)이 임수(壬水)로 기신(忌神)이고 지지(地支)도 인목(寅木)으로 기신(忌神)이므로 매우 흉하다.

(10) 계묘년(癸卯年)은 천간(天干)이 계수(癸水)로 기신(忌神)이고 지지(地支)도 묘목(卯木)으로 기신(忌神)이고, 또한 지지(地支) 묘(卯)가 명식(命式)의 년지(年支)와 묘유충(卯酉沖)하여 매우 흉하다. 년지(年支) 편관(偏官)을 충(沖)하므로 관재 구설수가 있다.

5. 음력 1954년 5월 17일 인(寅)시생 여자

이름	명식4		생년월일	양력 : 1954년 6월 17일 목요일		작성일자	2021년 4월 28일
성별	여	나이 68세		음력 : 1954년 5월 17일 음력평달			9시 6분 수요일
				간지 : 甲午년 庚午월 甲辰일생			

구분	사 주							五行	木	火	土	金	水
	년 주		월 주		일 주		시 주	元式	2	3	1	1	0
천간	木 甲	비견	金 庚	편관	木 甲	본인	火 丙 식신	藏干	1	2	2	1	1
지지	火 午	정재	火 午	정재	土 辰	정인	木 寅 식신	强弱 : 태약					
장간	己 丙己丁		己 丙己丁		癸 乙癸戊		丙 戊丙甲	用神 : 비견					
12운성	死		死		衰		建祿	공망 : 寅卯					
신살	태극귀인 재살		태극귀인 재살		금여록 과숙살 백호대살		복성귀인 역마 월덕귀인	양인 : 卯					
간합								일간 월간의 甲庚충					
					간충			년간 월간의 甲庚충					
육합					지충								
삼합			寅午 반합火										
방합													
파					해								

초.중.정기	중기 : 11일		대운	대운의 역운, 大運數 : 4 運						절기 : 망종	
구분	간지	육친	12운성	대운기간	4세	5세	6세	7세	8세	9세	0세	1세	2세	3세

구분	간지	육친	12운성	대운기간	4세	5세	6세	7세	8세	9세	0세	1세	2세	3세
입운	庚午			0~3 년도	戊	己	庚	辛	壬	癸	甲	乙	丙	丁
1운	己巳	정재	병	4~13 1958년	戌	亥	子	丑	寅	卯	辰	巳	午	未
2운	戊辰	편재	衰	14~23 1968년	申	酉	戌	亥	子	丑	寅	卯	辰	巳
3운	丁卯	상관	帝旺	24~33 1978년	午	未	申	酉	戌	亥	子	丑	寅	卯
4운	丙寅	식신	建祿	34~43 1988년	辰	巳	午	未	申	酉	戌	亥	子	丑
5운	乙丑	겁재	冠帶	44~53 1998년	寅	卯	辰	巳	午	未	申	酉	戌	亥
6운	甲子	비견	沐浴	54~63 2008년	子	丑	寅	卯	辰	巳	午	未	申	酉
7운	癸亥	정인	長生	64~73 2018년	戌	亥	子	丑	寅	卯	辰	巳	午	未
8운	壬戌	편인	養	74~83 2028년	申	酉	戌	亥	子	丑	寅	卯	辰	巳
9운	辛酉	정관	胎	84~93 2038년	午	未	申	酉	戌	亥	子	丑	寅	卯

5.1 사주구성

격(格)은 월지(月支)의 지장간(支藏干)으로 정하는데 사주(四柱)의 주인공이 출생한 여기(餘氣), 중기(中氣), 정기(正氣) 중 어느 시기에 태어났는지를 보고 결정한다. 위 명식(命式)은 중기생(中氣生)이므로 정재격(正財格)이다. 이 사주(四柱)의 오행(五行) 중에서 시간 병화(時干 丙火)는 월지(月支), 년지(年支), 시지(時支)에 모두 통근(通根)되어 있고, 시지(時支)와 년지(年支) 및 월지(月支)와 인오반합화(寅午半合火)가 되어 병화(丙火)의 힘이 매우 강하다. 사주(四柱)의 오행(五行)이 음(陰)은 3개, 양(陽)은 4개이고 양일간(陽日干)이므로 내성적 보다는 외향적 성격(性格)의 소유자이다.

사주 명리학(命理學)에서는 재성(財星)을 가지고 재물복을 판단하여 해석한다. 위 명식(命式)은 재성(財星)인 정재(正財)가 2개가 있지만, 시지(時支)와 년지(年支) 및 월지(月支)와 인오반합화(寅午半合火)가 되어 재성(財星)이 약하게 구성되고, 식신(食神) 화(火) 오행이 왕(旺) 해진다. 비견(比肩)이 용신(用神)인데 관성(官星)이 인성(印星)을 생조(生助) 하므로 관록(官祿)이 있어 공무원이나 행정관으로 진출하면 좋을 것이다.

명식(命式)에서 아버지 오행 편재(偏財)가 없어서 아버지와 인연이 없을 것 같지만, 년지(年支)와 시지(時支)의 지장간(支藏干)에 편재(偏財)가 암장하고 있어 아버지는 계시지만 재성(財星)이 반합화(半合火)로 되어 약해지므로 부선망이다. 여자 사주가 너무 한습(寒濕) 하거나 너무 난조(暖燥)하여도 자식이 없고, 일간(日干)이 태왕(太旺) 하거나 태약(太弱)해도 자식이 없는데, 위 명식(命式)은 일간(日干)이 태약(太弱)하고 난조하여 자식 두기가 어렵다. 명식(命式)에서 시지(時支)의 인목 식신(寅木食神)은 공망(空亡)이 되지만 년지(年支) 및 월지(月支)와 인오반합화(寅午半合火)가 되어 해공(解空)이 되었다.

(1) 일간(日干)의 강약(强弱)

- 일간 갑목(日干 甲木)에 힘이 보태지는 비견(比肩) 목은 1개, 인성(印星) 수(水)는 1개이다.
- 일간 갑목(日干 甲木)의 힘을 빼는 식상 화(食傷 火)는 2개, 편관 금(偏官 金)은 1개, 정재 토(正財 土)는 2개이다.
- 일간 갑목(日干 甲木)이 화월(火月)에 출생하여 실령(失令) 하였다.
- 시간 병화(時干 丙火) 식신(食神)은 월지(月支) 및 시지(時支)에 통근(通根)하

고, 시지(時支)와 년지(年支) 및 월지(月支)와 인오반합화(寅午半合火)가 되어 화(火)의 힘이 매우 강하다.
- 12운성의 힘은 약하다.
- 년지(年支), 월지(月支), 시지(時支)가 인오반합화(寅午半合火)이다.

이상의 내용을 판단하면 일간 갑목(日干 甲木)은 태약(太弱)하다.

(2) 용신(用神)

일간(日干)이 태약(太弱)하고 식신(食神)이 왕(旺) 하므로 년간 갑목(年干 甲木)이 용신(用神)이고, 희신(喜神)은 수(水) 인성(印星)이다. 기신(忌神)은 화(火), 금(金)이다. 위 사주는 너무 난조(暖燥)하므로 수(水) 인성(印星)은 조후용신(調候用神)을 겸한다.

5.2 육친(六親) 관계

(1) 부친궁(父親宮)은 편재(偏財), 월주(月柱)의 12운성, 초년(初年) 운(運)으로 판단한다. 월주(月柱)에 사(死)가 있고, 아버지 오행 토 편재(土 偏財)는 일지(日支) 및 시지(時支)에 암장되어 있지만, 년지(年支) 및 월지(月支)의 재성(財星)이 반합(半合)하여 화(火) 오행으로 변해 재성(財星)이 약해져서 부선망이다. 약한 편재(偏財)는 왕성한 화(火) 오행의 힘을 누출시켜 길신(吉神)이 되므로 아버지는 도움이 된다.

(2) 모친궁(母親宮)은 정인(正印), 월주(月柱)의 12운성, 초년(初年) 운(運)으로 판단한다. 어머니 오행 정인(正印)은 일지(日支)에 있고 최대의 희신(喜神)이므로 어머니의 극진한 보살핌이 있고 나에게는 큰 도움이 된다.

(3) 형제궁(兄弟宮)은 비견(比肩)과 겁재(劫財)로 해석한다. 년간 갑목(年干 甲木) 비견(比肩)은 일지(日支)와 시지(時支)에 통근(通根)하여 힘이 강하고 명식(命式)의 태약(太弱)한 일간 갑목(日干 甲木)을 도와 용신(用神)이 되므로 형제들은 나에게 큰 도움이 된다. 형제들은 있으며 건강하게 장수한다.

(4) 남편(男便)은 일지(日支)와 정관(正官)으로 본다. 정관(正官)이 없으면 편관(偏官)으로 판단한다. 나의 배우자 자리인 일지(日支)에 정인(正印)이 차지하여 남편성 편관(偏官)의 힘을 빼고 12운성은 쇠(衰)이다. 월간(月干)에 편관(偏官)은 있지만 갑경사충(甲庚四沖)하고 사(死)지가 되어 남편은 있더라도 무력하다.

(5) 자식궁(子息宮)은 여명(女命)에서 식상(食傷)과 시주(時柱)의 상태로 해석한다. 시

주(時柱)의 천간(天干)과 지지(地支)에 식신(食神)이 있지만, 시지(時支)와 년지(年支) 및 월지(月支)와 인오반합화(寅午半合火)가 되어 너무 왕성한데, 여자의 사주에서 오행(五行)이 너무 난조하여 자식 두기가 어렵다. 만일 있으면 짐이 된다.

(6) 성격(性格)은 일간(日干) 오행, 월지(月支) 오행, 합(合) 및 신살(神殺), 사주에서 가장 강한 육친(六親), 용신(用神) 등을 종합적으로 보고 판단한다.
- 일간(日干)이 갑목(甲木)이고 태약(太弱)하다.
- 월지(月支)는 기토 편재(己土 偏財)이다.
- 합은 시지(時支)와 년지(年支) 및 월지(月支)가 인오반합화(寅午半合火)가 된다.
- 명식(命式)에서 화(火) 오행(五行)이 아주 강하다.
- 연주(年柱)에 태극귀인, 월주(月柱)에 태극귀인, 일주(日柱)에 금여록, 시주(時柱)에 복성귀인과 월덕귀인이 있다.

위 내용을 종합하면 다음과 같다.

성격(性格)은 여리고 유순하며 평화롭다. 끈기와 의지가 약하고 인색하다. 우유부단하여 결단력이 약하다. 정직하고 성실하며, 세밀하고 검약하다. 언어는 바르나 성질은 급하다. 고집이 세다.

(7) 직업(職業)은 사주(四柱)의 격국(格局)과 월지(月支)의 육친(六親), 가장 강한 오행(五行), 용신(用神) 등을 참고하여 종합적으로 해석한다.
- 월지(月支)는 정재(正財)이다.
- 가장 강한 육친(六親)은 화(火) 오행 식신(食神)이다.
- 용신(用神)은 갑목 비견(甲木 比肩)이고 희신(喜神)은 수(水) 오행 인성(印星)이다.

위 내용을 판단하면 다음과 같다.

성실과 신용을 필수로 하는 직장 생활이 양호하다. 금융기관, 기업체 관공서 등의 봉급생활이 좋다. 교육, 경제, 경영, 식품영향, 농림어업, 학문과 예술 등에 종사하여도 양호하다. 성격(性格)이 유순하므로 돌아다니는 활동적인 업무보다는 사무적인 업무가 더 적합하다.

(8) 질병(疾病)은 어느 오행(五行)이 태강(太强) 이상이거나 없으면 이 오행(五行)에 해당하는 질병(疾病)에 문제가 발생한다.
- 오행(五行)이 조화를 이루어 건강에는 큰 문제가 없지만, 오행 화(火)가 너무 왕성하므로 심장(心臟), 소장, 안목 등에 조심해야 한다.

5.3 대운(大運)

대운(大運) 해석 시 참고 사항은 다음과 같다.

대운(大運)의 지지(地支)와 사주(四柱)의 지지(地支)가 충(沖), 파(破), 해(害), 형(刑)이 되면 이 대운(大運) 기간은 이러한 작용이 발생 된다. 대운(大運)의 지지(地支)와 사주(四柱)의 지지(地支)가 충(沖)이 되면 충(沖)의 작용이, 파(破)가 되면 파(破)의 작용이 발생 되는 것이다.

예를 들면, 대운(大運) 4의 지지(地支)와 사주(四柱)의 日支가 충(沖)이 되면 이 대운(大運) 기간은 배우자와 자기 본인에게 여러 가지 문제가 발생 된다.

대운(大運) 4의 천간(天干)과 사주(四柱)의 구성에 따라 복합적인 변화가 일어난다. 남자의 사주(四柱)에서 일간(日干)이 신왕(身旺)하고 대운(大運) 4의 천간(天干)이 겁재(劫財)이면 이 대운(大運) 4의 10년 중 겁재(劫財)가 가장 강한 세운(歲運)에서 처(妻)는 사망하게 된다.

충(沖), 파(破), 해(害), 형(刑)의 작용 내용은 연주(年柱), 월주(月柱), 일주(日柱), 시주(時柱)에 따라서 다른데, 명리학(命理學)에서 배운 바와 같이 각주(各柱)에 충(沖), 파(破), 해(害), 형(刑)이 있을 때 해당되는 작용의 내용이 일어나는데, 먼저 사주(四柱)의 오행 구성을 파악하고 난 후, 생화극제(生化剋制) 원리를 적용하여 우선적으로 해석하고, 신살(神殺)의 작용은 부수적으로 적용해야 한다. 사주(四柱)의 오행(五行)이 잘 구성되어 있는 양호한 명식(命式)은 이러한 흉한 신살(神殺)의 작용이 잘 적용되지 않는다는 것을 알고 있어야 한다.

대운(大運)은 월주(月柱)를 기준으로 작성한다.
- 위 명식(命式)은 화(火)의 식상(食傷) 힘이 매우 강하다. 식상(食傷)이 왕성하고 일간 갑목(日干 甲木)이 태약(太弱)하므로 용신(用神)은 비견(比肩) 목(木)이고 희신(喜神)은 인성(印星) 수(水)이다. 기신(忌神)은 화(火), 토(土), 금(金)이다.

(1) 기사(己巳 : 1958~1967) 대운(大運)

대운 간지(大運 干支)의 관계에서 지지 사화(地支 巳火)가 천간 기토(天干 己土)를 생조(生助)하여 토(土)의 힘이 강해진다. 천간 기토(天干 己土)는 용신(用神)에게 해롭고, 명식(命式)의 용신(用神) 년간 갑목(年干 甲木)과 갑기합토(甲己合土) 기신(忌神)으로 변하여 아주 나쁘다. 명식(命式)의 월간(月干)과 갑경충(甲庚沖) 하지만 갑기합토(甲己合土)가 되어서 충(沖)은 해소된다. 대운 지지(大運 地支) 사화(巳火)는 기신(忌

神)이므로 해롭다. 대운(大運)의 간지(干支)가 모두 나쁘므로 흉한 대운(大運)이다.

(2) 무진(戊辰 : 1968~1977) 대운(大運)

대운(大運)의 간지(干支)가 모두 토(土) 재성(財星)이다. 대운 천간 무토(大運 天干 戊土)는 용신 갑목(用神 甲木)의 힘을 약하게 하여 나쁘다. 대운 지지(大運 地支) 진토(辰土)는 용신 토(用神 土)의 힘을 약하게 하여 나쁘다. 대운(大運)의 천간(天干)과 지지(地支)가 모두 나쁘므로 흉한 대운(大運)이다.

(3) 정묘(丁卯 ; 1978~1987) 대운(大運)

대운 간지(大運 干支) 관계에서 지지(地支) 묘목(卯木)이 천간 정화(天干 丁火)를 생조(生助)하여 정화(丁火)의 힘이 강해진다. 천간 병화(天干 丙火)는 용신 갑목(用神 甲木)의 힘을 누출시켜 나쁘다. 대운 지지(大運 地支) 묘목(卯木)은 용신 갑목(用神 甲木)과 같은 오행(五行)이므로 양호하다. 대운 지지(地支) 묘목(卯木)은 명식(命式)의 일지(日支) 및 시지(時支)와 연결되어 인묘진 목국(寅卯辰 木局)을 형성하여 용신(用神)과 같아지므로 매우 양호하다. 이 대운(大運)에 비약적인 발전을 하게 된다. 명식(命式)의 일간(日干)이 태약(太弱)한데 용신(用神)과 같은 목국(木局)을 형성하므로 아주 길한 대운(大運)이다.

(4) 병인(丙寅 : 1988~1997) 대운(大運)

대운 간지(大運 干支) 관계에서 지지(地支) 인목(寅木)이 천간 병화(天干 丙火)를 생조(生助) 하므로 병화(丙火)의 힘이 강해진다. 대운 천간 병화(大運 天干 丙火)는 용신 갑목(用神 甲木)의 힘을 누출시켜 해롭다. 대운 지지(大運 地支) 인목(寅木)은 용신(用神)과 같은 오행(五行)이므로 길(吉)한데 명식(命式)의 년지(年支) 및 월지(月支)와 인오반합화(寅午半合火) 기신(忌神)으로 변하므로 길(吉)한 작용이 감소한다. 소흉 대운(小凶 大運)이다.

(5) 을축(乙丑 : 1998~2007) 대운(大運)

대운 간지(大運 干支) 관계에서 천간 을목(天干 乙木)이 지지(地支) 축토(丑土)를 극(剋)하여 축토(丑土)의 힘이 약해진다. 대운 천간 을목(大運 天干 乙木)은 용신 갑목(用神 甲木)과 같은 오행(五行)이므로 길(吉)하지만, 명식(命式)의 월간(月干)과 을경합금(乙庚合金) 기신(忌神)으로 변하여 길(吉)한 작용이 매우 감소 된다. 대운 지지(大運 地支) 축토(大運 地支 丑土)는 용신 갑목(用神 甲木)의 힘을 약하게 하고, 명식

(命式)의 일지(日支)와 축진파(丑辰破)가 되므로 흉하다. 소흉 대운(小凶 大運)이다.

(6) 갑자(甲子 : 2008~2017) 대운(大運)

대운 간지(大運 干支)에서 지지 자수(地支 子水)는 천간 갑목(天干 甲木)을 생조(生助) 하므로 갑목(甲木)의 힘이 강하다. 대운 천간 갑목(大運 天干 甲木)은 용신(用神)과 같은 오행(五行)이므로 양호하다. 대운 지지 자수(大運 地支 子水)는 용신 갑목(用神 甲木)을 생조(生助)하고, 명식(命式)의 일지(日支)와 자진반합수(子辰半合水)가 되어 매우 양호하다. 명식(命式)의 년지(年支) 및 월지(月支) 자오사충(子午四沖)은 반합(半合)이 되므로 해소된다. 대운(大運)의 천간(天干)과 지지(地支)가 양호하므로 매우 길(吉)한 대운(大運)이다.

(7) 계해(癸亥 : 2018~2027) 대운(大運)

대운 간지(大運 干支)가 모두 수(水) 오행이다. 대운 천간(大運 天干) 계수(癸水) 정인(正印)은 용신 갑목(用神 甲木)을 생조(生助) 하므로 양호하다. 대운 지지(大運 地支) 해수(亥水)도 용신 갑목(用神 甲木)을 생조(生助) 하므로 양호하고, 명식(命式)의 시지(時支)와 해인육합목(亥寅六合木)이 되어 매우 양호하다. 대운(大運)의 천간(天干)과 지지(地支)가 모두 양호하므로 대길(大吉)한 대운(大運)이다.

(8) 임술(壬戌 : 2028~2037) 대운(大運)

대운 간지(大運 干支) 관계에서 지지 술토(地支 戌土)가 천간(天干) 임수(壬水) 편인(偏印)을 극(剋)하여 임수(壬水)의 힘이 약해진다. 대운 천간(大運 天干) 임수(壬水) 편인(偏印)은 용신 갑목(用神 甲木)을 생조(生助) 하여 길(吉)하다. 대운 지지(大運 地支) 술토(戌土)는 용신 갑목(用神 甲木)을 극(剋) 하여 해로운데, 명식(命式)의 년지(年支), 월지(月支), 시지(時支)와 인오술삼합(寅午戌三合)으로 화국(火局)을 형성하여 용신 갑목(用神 甲木)을 누출시키므로 매우 흉하다. 삼합(三合)으로 화국(火局)을 형성하므로 아주 흉한 대운(大運)이다.

5.4 세운(歲運)

을축(乙丑 : 1998~2007) 대운(大運)의 10년간 세운(歲運)에 대하여 설명한다. 대운 천간 을목(大運 天干 乙木) 비견(比肩)은 용신 갑목(用神 甲木)과 같은 오행(五行)이므로 길(吉)하지만, 명식(命式)의 월간(月干)과 을경합금(乙庚合金) 기신(忌神)으로 변하여 길(吉)한 작용이 매우 감소 된다. 대운 지지 축토(大運 地支 丑土)는 용신 갑목(用神 甲木)의 힘을 약하게 하고, 명식(命式)의 일지(日支)와 축진파(丑辰破)가 되므로 흉하다. 소흉 대운(小凶 大運)이다.
　-용신(用神) : 목(木), 희신(喜神) : 수(水), 기신(忌神) : 토(土), 금(金), 화(火)

(1) 무인년(1998 戊寅年)

- 세운 천간(歲運 天干) 토 편재(土 偏財)는 용신(用神)에게 불리하여 흉하지만 대운 지지 인목(大運 地支 寅木)이 극(剋) 하여 완화되었다.
- 지지(地支) 인목(寅木)은 용신(用神)과 같은 오행(五行)이므로 길(吉)하지만, 명식(命式)의 년지(年支) 및 월지(月支)와 인오반합화(寅午半合火) 기신(忌神)으로 변하므로 길(吉)한 것이 많이 감소 되었다.

이상을 종합하여 해석하면 다음과 같다.
　대운(大運)은 소흉(小凶)하고 세운(歲運)의 천간(天干)은 조금 나쁘고 지지(地支)는 보통이므로 소흉년(小凶年)이다. 재물로 손해 볼 수 있으므로 돈거래는 하지 말아야 한다.

(2) 기묘년(1999 己卯年)

- 천간 기토(天干 己土)는 용신 갑목(用神 甲木)의 힘을 약하게 하므로 흉한데, 명식(命式)의 용신 갑목(用神 甲木)과 갑기합토(甲己合土) 기신(忌神)으로 변하여 매우 나빠진다.
- 지지(地支) 묘목(卯木)은 명식(命式)의 일지(日支) 및 시지(時支)와 연결되어 인묘진방합(寅卯辰方合) 목국(木局)을 형성하여 매우 길(吉)하다.
- 지지(地支)가 명식(命式)과 목국(木局)을 형성하여 세운 천간(歲運 天干) 기토(己土)를 제압하므로 세운 천간(歲運 天干) 기토(己土)의 흉작이 해소된다.
- 세운 지지(歲運 地支) 묘목(卯木)은 명식(命式)의 년지(年支) 및 월지(月支)와 묘오파(卯午破)하지만 인묘진방합(寅卯辰方合)으로 파(破)는 해소된다.

이상을 종합하여 해석하면 다음과 같다.
　대운(大運)이 소흉(小凶)하고, 세운(歲運)은 양호하므로 평년(平年)이다. 형제, 동료, 타인의 도움으로 재물이 불어난다. 사회생활에서 인간관계가 잘 이루어진다.

(3) 경진년(2000 庚辰年)

- 세운 천간(歲運 天干) 경금 편관(庚金 偏官)은 용신(用神)에게 해롭고, 년간

(年干) 및 일간(日干)과 갑경충(甲庚沖)이다.
- 세운 지지(歲運 地支) 진토(辰土)는 용신(用神)에게 해롭다.

이상을 종합하여 해석하면 다음과 같다.

대운(大運)이 소흉(小凶)하고 세운 간지(歲運 干支)가 나쁘므로 흉년(凶年)이다. 세운 천간(歲運 天干)이 명식(命式)의 일간(日干)을 충(沖) 하므로 신상의 변동이나 직업(職業)의 변동 또는 주거의 변동이 발생한다. 세운(歲運)의 편관(偏官)이 기신(忌神)이 되므로 형제에게 걱정되는 일이 생기고 직장인은 감봉, 좌천, 등의 흉한 일이 겹친다. 손재, 관재 구설수도 조심해야 한다.

4) 신사년 (2001 辛巳年)
- 세운 천간(歲運 天干) 신금 정관(辛金 正官)은 용신 갑목(用神 甲木)을 극(剋)하고, 관살혼잡(官殺混雜) 되어 나쁘지만, 명식(命式)의 기신(忌神) 병화(丙火)와 병신합수(丙辛合水) 길신(吉神)으로 변하므로 매우 길(吉)하다.
- 세운 지지(歲運 地支) 사화(巳火)는 용신(用神)에게 해롭다.

이상을 종합하여 해석하면 다음과 같다.

대운(大運)이 소흉(小凶)하고 세운(歲運)의 천간(天干)이 매우 길(吉)하고 지지(地支)는 나쁘므로 평년(平年)이다. 부모, 형제, 직장 상사 등, 손위 사람으로부터 도움을 받아 좋은 일이 생긴다.

(5) 임오년(2002 壬午年)
- 세운 천간(歲運 天干) 임수(壬水) 편인(偏印)은 용신 갑목(用神 甲木)을 생조(生助) 하여 길(吉)하지만 명식(命式)의 시간 병화(時干 丙火)와 병임충(丙壬沖) 하여 길(吉)이 감소 된다.
- 명식(命式)의 정인(正印)과 편인(偏印)이 교집(交集) 한다.
- 세운 지지(歲運 地支) 오화(午火)는 용신(用神)에게 불리하여 흉한데, 명식(命式)의 일지(日支) 길신 묘목(吉神 卯木)과 인오반합화(寅午半合火) 기신(忌神)이 되어서 매우 나쁘다.

이상을 종합하여 해석하면 다음과 같다.

대운(大運)이 소흉(小凶)인데 세운도 소흉(小凶) 하므로 흉한 세운(歲運)이다. 세운(歲運)이 명식(命式)의 시간(時干)을 충(沖)하므로 직장에서 조심해야 한다. 시지(時支)가 반합(半合)하여 아랫사람으로부터 도움이 있다.

(6) 계미년(2003 癸未年)

- 세운 천간(歲運 天干) 계수(癸水) 정인(正印)은 용신 갑목(用神 甲木)을 생조(生助) 하여 길(吉)하다.
- 세운 지지(歲運 地支) 미토 정재(未土 正財)는 용신(用神)의 기운을 약하게 하여 나쁘다.
- 세운 지지(歲運 地支) 미토(未土)는 대운(大運)의 지지(地支) 축토(丑土)와 축미충(丑未沖)이 되어 나쁘다.

이상을 종합하여 해석하면 다음과 같다.

세운(歲運)의 천간(天干)은 양호하고 지지(地支)는 나쁘고, 대운(大運)이 소흉(小凶) 하므로 소흉(小凶)의 해이다. 이 해는 길흉사(吉凶事)가 겹친다. 대운(大運)과 세운(歲運)이 축미충(丑未沖)하므로 이 해는 심신이 불안하고 안정하기가 어려우며 어려운 일과 장애가 생긴다. 세운 천간(歲運 天干) 계수(癸水) 정인(正印)이 길신(吉神)이므로 윗사람으로부터 여러 가지 도움이 있다. 주택구입, 이사 등 문서와 관계되는 좋은 일이 있다.

(7) 갑신년(2004 甲申年)

- 세운 천간(歲運 天干) 갑목(甲木)은 용신(用神)과 같은 오행(五行)이라 길(吉)하다.
- 명식(命式)의 월간(月干)과 갑경충(甲庚沖)이다.
- 세운 지지(歲運 地支) 신금 정관(辛金 正官)은 용신 갑목(用神 甲木)을 극(剋)하여 해로우나 명식(命式)의 지장간(支藏干) 병화(丙火)가 극(剋)하여 무난하다.
- 세운 지지(歲運 地支) 신금(申金)은 명식(命式)의 시지(時支)와 인신충(寅申沖)이다.

이상을 종합하여 해석하면 다음과 같다.

대운(大運)은 소흉(小凶)하고 세운 천간(歲運 天干)은 양호하며 일지(日支)는 보통이고 사충(四沖)이 있으므로 평운이다. 사충(四沖)이 있으므로 놀라는 일이 일어난다. 세운 천간(歲運 天干) 갑목 비견(甲木 比肩)이 길신(吉神)이므로 형제, 친구, 동료들의 도움으로 어려운 일이 해결되고 사회적 조직에서 인간관계가 잘 이루어진다.

(8) 을유년(2005 乙酉年)

- 세운 천간(歲運 天干) 을목 겁재(乙木 劫財)는 용신(用神)을 생조(生助) 하므로 길(吉)하지만 명식(命式)의 월간(月干)과 을경합금(乙庚合金) 기신(忌神)으

로 변하므로 길(吉)한 작용이 많이 감소 된다.
- 세운 지지(歲運 地支) 유금(酉金) 정관(正官)은 용신(用神)을 극(剋) 하여 나쁘지만 명식(命式)의 강력한 병화 식상(丙火 食傷)이 극(剋) 하여 무난하다.
- 명식(命式)의 일지(日支)와 유진육합금(酉辰六合金) 기신(忌神)으로 변하지만 명식(命式)의 병화(丙火)가 극(剋) 하여 무난하다.

이상을 종합하여 해석하면 다음과 같다.

대운(大運)은 소흉(小凶)하고 세운(歲運)의 천간(天干)은 양호하며 세운 지지(歲運 地支)는 보통이므로 평년(平年)이다. 여러 사람으로부터 도움이 있고 사회생활에서 인간관계가 잘 형성된다. 매매 등 여러 가지 문서와 관계되는 좋은 일이 있다.

(9) 병술년(2006 丙戌年)

- 세운 천간(歲運 天干) 병화 식신(丙火 食神)은 용신(用神)의 힘을 누출시키므로 나쁘다.
- 세운 지지(歲運 地支) 술토(戌土)는 명식(命式)의 일지(日支)와 진술충(辰戌沖) 하지만 명식(命式)의 년지(年支) 및 월지(月支)와 인오술삼합(寅午戌三合) 화국(火局)으로 되어 충(沖)은 해소되지만 기신(忌神) 국으로 변하여 매우 나쁘다.

이상을 종합하여 해석하면 다음과 같다.

세운(歲運)의 천간(天干)이 모두 나쁜데, 명식(命式)과 연결되어 화국(火局)이 형성되어 아주 흉한 해이다. 건강에도 주의해야 하고 직장이나 조직에서도 조심해야 한다.

(10) 정해년(2007 丁亥年)

- 세운 천간(歲運 天干) 정화(丁火) 상관(傷官)은 용신 목(用神 木)의 힘을 누출시키므로 해롭다.
- 세운 지지(歲運 地支) 해수(亥水)는 용신 목(用神 木)을 생조(生助) 하여 길(吉)한데, 명식(命式)의 시지(時支)와 인해육합목(寅亥六合木) 길신(吉神)으로 변하여 더 좋아진다.

이상을 종합하여 해석하면 다음과 같다.

세운(歲運)의 천간(天干)은 불리하고 세운 지지(歲運 地支)는 매우 양호하므로 보통의 해이지만, 길흉사(吉凶事)가 겹친다. 상관(傷官)이 기신(忌神)이므로 건강을 조심해야하고, 재산상의 손해도 우려된다. 손윗사람으로부터의 도움은 있다.

6. 음력 1932년 2월 29일 진(辰)시생 남자

이름	명식5		생년월일	양력 : 1932년 4월 4일 월요일		작성일자	2021년 3월 31일
성별	남	나이 90세		음력 : 1932년 2월 29일 음력평달			14시 33분 수요일
				간지 : 壬申년 癸卯월 乙未일생			

구분		사 주						五行	木	火	土	金	水
	년 주		월 주		일 주		시 주	元式	1	0	2	2	2
천간	水 壬	정인	水 癸	편인	木 乙	본인	金 庚	정관	藏干	1	0	2	2	2
지지	金 申	정관	木 卯	비견	土 未	편재	土 辰	정재	强弱 : 신약					
장간	庚 戊壬庚		乙 甲乙		己 丁乙己		戊 乙癸戊		用神 : 인성					
12운성	胎		建祿		養		冠帶		공망 : 辰巳					
신살	천을귀인 겁살 천덕귀인		장성살 원진살		과숙살 백호대살		천복귀인 반안살 괴강		양인 : 辰					
간합		일간 시간의 乙庚합금				간충							
육합						지충							
삼합		寅午戌 삼합火, 申子辰 삼합水, 巳酉丑 삼합金, 亥卯未 삼합木											
방합		寅卯辰 방합木, 巳午未 방합火, 申酉戌 방합金, 亥子丑 방합水											
파				해			월지 시지의 卯辰해						
초.중.정기	정기 : 29일		대운	대운의 순운, 大運數 : 0 運				절기 : 경칩					

구분	간지	육친	12운성	대운기간	0세	1세	2세	3세	4세	5세	6세	7세	8세	9세
입운	癸卯			0~-1 년도	壬	癸	甲	乙	丙	丁	戊	己	庚	辛
1운	甲辰	겁재	冠帶	0~9 1932년	申	酉	戌	亥	子	丑	寅	卯	辰	巳
2운	乙巳	비견	沐浴	10~19 1942년	午	未	申	酉	戌	亥	子	丑	寅	卯
3운	丙午	상관	長生	20~29 1952년	辰	巳	午	未	申	酉	戌	亥	子	丑
4운	丁未	식신	養	30~39 1962년	寅	卯	辰	巳	午	未	申	酉	戌	亥
5운	戊申	정재	胎	40~49 1972년	子	丑	寅	卯	辰	巳	午	未	申	酉
6운	己酉	편재	絶	50~59 1982년	戌	亥	子	丑	寅	卯	辰	巳	午	未
7운	庚戌	정관	墓	60~69 1992년	申	酉	戌	亥	子	丑	寅	卯	辰	巳
8운	辛亥	편관	死	70~79 2002년	午	未	申	酉	戌	亥	子	丑	寅	卯
9운	壬子	정인	病	80~89 2012년	辰	巳	午	未	申	酉	戌	亥	子	丑

6.1 사주구성

위 명식(命式)은 정기생(正氣生)이고 월지(月支)가 비견(比肩)이다. 월지(月支)의 육친(六親)으로 격(格)을 정하므로 건록격(建祿格)이다. 이 사주(四柱)의 오행(五行) 중에서 년간(年干) 및 월간(月干) 임계수(壬癸水)는 시지(時支)에 통근(通根)되어 있으므로 수(水)의 힘이 강하며 월지 목(月支 木)의 힘도 강하다. 시지(時支) 진(辰)은 공망(空亡) 및 양인(羊刃)이다. 공망(空亡) 된 지지(地支)가 다른 지지(地支)와 합(合), 형(刑), 충(沖), 파(破)가 되면 해공(解空)되어 원래의 육친(六親) 작용을 하게 된다는 사실을 알고 있어야 한다.

천간(天干)은 일간 시간(日干 時干)의 을경합금(乙庚合金)으로 천간(天干) 합(合)이 되었다. 지지(地支)는 묘미반합(卯未半合)으로 목(木)이 되었다.

일간(日干)에 힘이 보태지는 인성(印星) 및 비겁(比劫)이 3개, 일간(日干)의 힘을 빼는 재성(財星) 및 관성(官星)이 4개이다. 일간 을목(日干 乙木)이 묘월(卯月)에 출생하여 득령(得令) 하였고, 년간(年干) 및 월간(月干)의 임계수(壬癸水) 인성(印星)이 시지(時支)에 통근(通根)하여 일간(日干)에게 많은 힘을 보태어 신강(身强) 사주가 되었다. 오행 화(火)는 없지만 중화에 가까운 사주이다.

천간(天干)의 임계수(壬癸水) 인성(印星)이 통근(通根)되어 힘이 강한데 정관(正官) 2개 금(金)이 또한 수(水)를 생조(生助) 하므로 인성(印星)이 강하여 신강(身强) 사주이므로 용신(用神)은 재성(財星)이다. 용신(用神) 재성(財星)이 묘미반합목(卯未半合木)이 되어서 용신(用神)의 힘이 조금 약해진다. 희신(喜神)은 화(火)이다. 사주 명식(命式)에서 재성(財星)과 관성(官星)이 강하고 일주(日柱)도 강하므로 길(吉)한 사주이다. 용신(用神)이 재성토(財星土)이므로 목금수운(木金水運)은 흉하고, 화토운(火土運)은 길(吉)하다. 신강(身强) 사주에서 재성(財星)이 용신(用神)이고 비겁(比劫)이 신왕(身旺) 한 경우에는 관성(官星)이 희신(喜神)이 되지만, 이 명식(命式)에서는 관성(官星) 금(金)이 흉이 된다. 사주(四柱)의 오행(五行)이 음(陰)은 4개, 양(陽)은 4개이고 음일간(陰溢干)이므로 조금 내성적인 성격(性格)의 소유자이다.

6.2 육친(六親) 관계 :

(1) 부친궁(父親宮)은 편재(偏財)와 월지(月支)의 12운성으로 판단한다. 월지(月支)가 건록(建祿)이고, 용신(用神)이 재성(財星)이고, 초운이 양호하므로 아버지의 덕과 도움이 크다. 일지(日支)의 미토 편재(未土 偏財)는 월지 묘(月支 卯)와 반

합(半合)하여 목(木)이 되어 약해지므로 아버지는 장수하지 못했을 것이다. 정인(正印)과 편인(偏印)이 교집(交集) 하므로 아버지는 어머니 외에 다른 여자와 관계가 있었을 것이다.

(2) 모친궁(母親宮)은 정인(正印)과 월지(月支)의 12운성으로 판단한다. 년간(年干)의 정인(正印)이 시지(時支)와 년지(年支) 지장간(支藏干)에 통근(通根)되어 있어 힘이 강하므로 장수하였을 것이지만, 용신(用神)과 상반되므로 본인에게 큰 도움은 되지 않았을 것이다. 그러나 천을귀인, 천덕귀인과 같이 동주 하므로 어머니는 인자했을 것이다.

(3) 형제궁(兄弟宮)은 비견(比肩)과 겁재(劫財)로 해석한다. 월지(月支)의 비견(比肩)은 일지(日支)와 묘미반합(卯未半合)하여 목(木)으로 되어 기신(忌神) 목(木)의 힘이 더 강해져 형제 수는 몇 명이 되겠지만 나에게 도움은 되지 않는다.

(4) 처궁(妻宮)은 정재(正財)로 보는데 시지(時支)에 무토(戊土) 정재(正財)가 있으므로 정재(正財)로 판단한다. 처궁(妻宮)인 일지(日支)에도 재성(財星)이 있으므로 처(妻)는 현모양처이다. 정재 무토(正財 戊土)는 용신(用神)과 같으므로 처(妻)는 건강하고 큰 도움이 된다. 그러나 이러한 해석은 일반적인 것이고 시지(時支)의 정재(正財)가 공망(空亡)이 되었으므로 처(妻)는 쇠(衰)약하고 도움이 되지 않는다. 편인(偏印)과 교집(交集)하고 편인(偏印)이 일지(日支)에 있으므로 다시 장가를 가던지 첩을 두었을 것이다. 편인(偏印)이 월지 비견(月支 比肩)과 반합(半合)하므로 첩은 이성으로 문제가 있을 것이다.

(5) 자식궁(子息宮)은 남명(男命)에서 관성(官星)과 시주(時柱)의 위치로 해석한다. 시간 경금(時干 庚金) 정관(正官)이 년지(年支)에 통근(通根)되어 힘이 강하고 재성(財星)이 생조(生助) 하므로 매우 양호하다. 그러나 강한 인성(印星)이 관성(官星)의 기운을 많이 누출시키고 대운(大運)과의 관계를 살펴보면 병오(丙午 : 20~29) 화(火) 대운(大運)은 관성(官星) 금(金)을 극(剋) 하므로 자식은 30세를 넘어서 가질 것이다. 그러나 이것은 일반적인 해석이고 시지(時支)가 공망(空亡)이 되어 기신(忌神) 경금(庚金)의 힘이 아주 약해지므로 사주는 길(吉)해진다. 그러나 관성(官星)이 공망(空亡)이 되어 자식 보기가 어렵게 된다.

(6) 성격(性格)은 월지(月支) 오행, 사주에서 강한 오행(五行), 일간 오행(日干 五行), 용신(用神), 사주 전체의 합(合) 등을 종합적으로 보고 판단한다. 용신(用神)이 재성(財星)이고 일간 갑목(日干 甲木)이 적합하게 왕성하므로, 다정다감하

고, 조용하고 유순하며, 성실하고 부지런하다. 천간(天干)의 인성(印星)이 2개가 지지(地支)에 통근(通根)되어 힘이 제일 강하고 월지(月支)는 비견(比肩)이다. 남에게 지기를 싫어하고 타인으로부터 의존하기를 싫어한다. 자존심이 강하고 독립 정신이 강하다. 의리가 있고 모든 것을 원만하게 처리하지만 색을 좋아하는 경향이 있다. 간합(干合) 및 지합(支合)이 있으므로 토론 등에 능하고 사교적이다. 재성(財星)이 정관(正官)을 생조(生助)하고 신강(身强) 하므로 총명함과 군자의 품격을 가진다.

(7) 직업(職業)은 사주(四柱)의 격국(格局)과 월지(月支)의 육친(六親), 가장 강한 오행(五行), 용신(用神) 등을 참고하여 종합적으로 해석한다. 위 사주는 월지(月支)가 비견(比肩)이고, 강한 오행(五行)이 수(水)이고, 용신(用神)이 재성(財星)이므로 이들을 종합하여 해석한다. 자존심이 강하므로 독립된 업종이 좋다. 월지(月支)가 비견(比肩)이나 겁재(劫財)이고 월지(月支)가 12운성의 건록(建祿)에 해당하면 나라의 록(祿)을 먹는 국영 기업체나 공무원이 되는 경향이 아주 많다.

(8) 질병(疾病)은 어느 오행(五行)이 태강(太强) 이상이거나 없으면 이 오행(五行)에 해당하는 질병(疾病)에 문제가 발생한다. 그리고 공망(空亡)이 되는 오행(五行)도 주목해야 하지만, 해공(解空)이 되면 괜찮다. 오행 화(火)가 없으므로 심장(心臟), 소장(小腸), 안목(眼目) 등에 유의해야 한다.

6.3 대운(大運)

- 대운(大運) 해석 시 참고 사항은 다음과 같다.

(1) 대운 지지(大運 地支) 오행(五行)의 작용판단

대운(大運)의 지지(地支)가 용신(用神)을 생조(生助)하는 지 파극(破剋)하는 지를 살피고, 다음으로는 일간(日干)에게 길흉(吉凶) 작용여부를 판단해야 한다. 예를 들면, 재성(財星)이 많아서 일간(日干)이 신약(身弱)하여 비겁(比劫)이 용신(用神)일 때는 대운(大運)의 지지(地支)가 비겁운(比劫運)이면 용신(用神)인 비겁(比劫)의 힘을 보태주고 약한 일간(日干)의 힘도 보태주어서 이 비겁운(比劫運)에는 재산도 많이 모으고 길(吉)하게 된다.

그러나 식상(食傷)의 운을 만나면 용신(用神)인 비겁(比劫)의 기운을 누설한다. 또한, 약한 일간(日干)의 기운도 누설하여 이 식상운(食傷運)에는 기신(忌神)이 되어 재산도 잃고 흉하게 된다.

(2) 대운(大運) 천간(天干) 오행(五行)의 작용 판단

대운 지지 오행(大運 地支 五行)의 작용을 판단한 후에는 대운 천간 오행(大運 天干 五行)의 작용을 판단해야 한다. 대운 천간(大運 天干)이 용신(用神)을 생조(生助)하는 지 파극(破剋)하는 지를 살피고, 다음으로는 일간(日干)에게 길흉(吉凶)작용 여부를 판단해야 한다.

예를 들면, 인성(印星)이 많아서 일간(日干)이 신왕(身旺)하면 일간(日干)의 힘을 빼는 식상(食傷)이 용신(用神)이 된다. 대운 천간(大運 天干)에서 식상(食傷)을 만나면 용신(用神)을 생조(生助)하고 강한 일간(日干)의 힘도 빼서 매우 길(吉)해진다. 그러나 대운 천간(大運 天干)에서 인성(印星)을 만나면 용신(用神)인 식상(食傷)을 극(剋)하고, 또한 강한 일간(日干)에게 힘을 보태주므로 흉(凶) 하게 된다.

대운(大運) 작성은 월주(月柱)를 기준으로 위의 표와 같이 작성한다.
- 위 명식(命式)은 지지(地支)가 묘미반합(卯未半合)으로 목(木)의 힘이 강하다. 일간(日干)이 신강(身强)하고 용신(用神)은 토(土) 재성(財星)이므로 수목운(水木運)은 불길하고, 화토운(火土運)은 길(吉)하다. 금운(金運)은 토(土)를 동반하면 길(吉)하지만, 수(水)를 동반하면 불길해진다.
① 갑진(甲辰 : 0~9) 대운(大運)은 천간(天干)이 갑목(甲木)이어서 용신(用神)에게 해롭고 지지(地支)는 진토(辰土)이어서 길(吉)하지만 천간(天干)이 지지(地支)를 극(剋)하는 개두(蓋頭)가 되어서 진토(辰土)의 힘이 많이 완화된다. 천간(天干)은 명식(命式)의 시간(時干)과 갑경충(甲庚沖)하여 가족의 우환이 있다. 이 대운(大運) 기간은 천간(天干)이 해롭고 지지(地支)는 양호하므로 보통의 운이다.
② 을사(乙巳 : 10~19) 대운(大運) 천간(天干) 을목(乙木)이 시간 경금(時干 庚金)과 을경합금(乙庚合金)으로 변화여 용신(用神)에게 해롭고, 지지(地支)는 사화(巳火)로서 용신(用神)을 생조(生助)하여 길(吉)하다. 천간 을목(天干 乙木)이 지지 사화(地支 巳火)를 생조(生助)하여 사화(巳火)의 힘이 매우 강해져 용신 토(用神 土)를 생조(生助)하니 길(吉)해지므로 길운(吉運)이다. 10세 이후부터는 대운(大運)이 화운(火運)과 토운(土運)으로 흘러 길신(吉神)이 득세하므로 매우 좋아진다.
③ 병오(丙午 : 20~29) 대운(大運)은 천간(天干)이 병화(丙火)로 용신(用神)을 생조(生助)하여 길(吉)하고, 지지(地支) 오화(午火)도 용신 토(用神 土)를 생조(生助)하여 매우 길(吉)한 대운(大運)이다.

④ 정미(丁未 : 30~39) 대운(大運)은 천간 정화(天干 丁火)가 용신 토(用神 土)를 생조(生助)하여 길(吉)하고 미토(未土)는 용신 토(用神 土)와 같으므로 매우 길(吉)한 대운(大運)이지만, 대운 지지(大運 地支) 미(未)가 명식(命式)의 월지(月支)와 미묘반합목(未卯半合木)으로 변화되어 흠이 되었다.

⑤ 무신(戊申 : 40~49) 대운(大運)은 천간 무토(天干 戊土)가 월간(月干)과 무계합화(戊癸合火)로 되어서 용신(用神)을 생조(生助)하고 명식(命式)의 기신(忌神) 계수(癸水)를 제거하므로 매우 길(吉)하게 되지만 지지 신금(地支 申金)은 용신 토(用神 土)를 누설시키므로 흉하다.

⑥ 기유(己酉 : 50~59) 대운(大運)은 천간(天干)이 기토(己土)로 용신(用神)과 같아서 길(吉)하고, 천간 기토(天干 己土)가 지지 유금(地支 酉金)을 생조(生助)하고 지지 유금(地支 酉金)은 명식(命式)의 시지(時支)와 유진육합금(酉辰六合金)으로 금(金)이 매우 강하여 신강(身强)한 일간 목(日干 木)의 힘을 완화 시키므로 좋다. 이 대운(大運) 기간에는 명식(命式)의 월지(月支)와 묘유충(卯酉沖)하여 문서 및 가문 변화 등이 있었을 것이다. 이 명식(命式)은 금(金)이 토(土)를 동반하면 길(吉)하고, 금(金)이 수(水)를 동반하면 불리하다.

⑦ 경술(庚戌 : 60~69) 대운(大運)은 천간 경금(天干 庚金)이 지지 술토(地支 戌土)를 동반하여 길(吉)하며, 천간 경금(天干 庚金)은 명식(命式)의 신강(身强)한 일간(日干) 힘을 약화시켜 길(吉)하고, 지지 술토(地支 戌土)는 용신(用神)과 같고 또한 명식(命式)의 월지(月支) 묘와 육합화(六合火)로 되어 매우 길(吉)하다. 길(吉)한 대운(大運) 중에 대운 지지(大運 地支) 술(戌)이 명식(命式)의 시지(時支)와 진술충(辰戌沖)하고, 일지(日支)와 미술파(未戌破) 하므로 신상의 문제, 가옥 및 토지와 소송, 구설수 등이 있었을 것이다.

⑧ 신해(辛亥 : 70~79) 대운(大運)은 천간 신금(天干 辛金)이 지지 해수(地支 亥水)를 동반하여 흉하다. 왜냐하면 천간 경금(天干 庚金)이 지지 해수(地支 亥水)를 생조(生助)하여 힘이 강해져 용신(用神) 토(土)의 힘을 약하게 만들기 때문이다. 또한 대운(大運) 지지 해수(地支 亥水)는 명식(命式)의 지지(地支)와 해묘미삼합(亥卯未三合)으로 강한 목국(木局)을 형성하여 용신 토(用神 土)를 극(剋) 하므로 매우 불길하다.

6.4 세운(歲運)

- 세운(歲運) 해석 시 참고 사항은 다음과 같다.

사주팔자(四柱八字)가 어느 한쪽으로 음(陰), 양(陽)이 치우치면 좋지 않듯이 사주팔자(四柱八字)가 너무 난(暖)하거나 한랭(寒冷)해도 좋지 않다. 사주(四柱)의 대부분이 木이나 火이면 난한 것이고, 金이나 水이면 한랭해진다. 진술축미(辰戌丑未)에서 辰未는 난(暖)한 것이고, 戌丑은 한랭(寒冷)한 것이다.

사주(四柱)의 대부분이 목(木)과 화(火)로 구성되어 난하면 대운(大運)에서 한랭한 금(金)이나 수(水) 또는 술축(戌丑)을 만나면 따뜻함과 서늘함이 조화되어서 길(吉)하게 된다.

세운(歲運)의 길흉(吉凶) 판단은 반드시 대운(大運)과 연관 지어 해석해야 한다. 행운(行運)의 길흉(吉凶) 판단에서 세운(歲運)보다도 대운(大運)의 영향력이 훨씬 크기 때문이다. 대운(大運)이 아주 좋으면 세운(歲運)이 나빠도 아주 나쁘지는 않지만, 대운(大運)이 나쁘면 세운(歲運)이 아무리 좋아도 완전하게 좋은 해는 못된다.

병오(丙午 : 20~29) 대운(大運)의 10년간 세운(歲運)에 대하여 설명한다. 병오(丙午 : 21~30) 대운(大運)은 천간(天干)과 지지(地支)가 모두 화(火)로서 용신 토(用神 土)를 생조(生助)하므로 매우 길(吉)한 대운(大運)이다. 대운 지지(大運 地支)와 명식(命式)의 월지(月支)가 오묘파(午卯破)하므로 이 기간에 여하간 변동은 있었을 것이고, 천간(天干)과 명식(命式)의 년간(年干)이 병임충(丙壬沖)하므로 금전적 손실도 있었을 것이다. 대운(大運)이 좋으므로 이러한 나쁜 흉은 사소한 것이다.

- 용신(用神) : 토(兎), 희신(喜神) : 화(火), 토(土)를 동반한 금(金), 기신(忌神) : 수(水), 목(木), 수(水)를 동반한 금(金)

(1) 임진년(壬辰年)은 천간(天干)이 임수(壬水)로 흉하지만 지지(地支) 진토(辰土)는 용신(用神)과 같으므로 길(吉)하다. 아주 좋은 대운(大運) 중에 세운(歲運)의 천간(天干)은 흉하고, 지지(地支)는 길(吉)하므로 길사(吉事)와 흉사(凶事)가 겹치지만 이 흉사(凶事)는 큰 문제는 아니다.

(2) 계사년(癸巳年)은 천간(天干)이 계수(癸水)로 흉하고, 지지 사화(地支 巳火)는 명식(命式)의 일지(日支) 및 대운 지지(大運 地支)와 연결되어 사오미방합(巳午未方合) 화국(火局)으로 변화되어 용신 토(用神 土)를 생조(生助)하므로 매우 길(吉)한 년(年)이다. 지지(地支)와 명식(命式)의 년지(年支)가 사신육합수(巳申六合水), 사신파(巳申破)가 되지만 방합(方合)으로 해소된다.

(3) 갑오년(甲午年)은 천간(天干)이 갑목(甲木)으로 흉하고, 명식(命式)의 시간(時干)과 갑경충(甲庚沖) 하므로 가족의 우환이나 직업 변동(職業 變動)이 있었을 것이다. 지지(地支) 오화(午火)는 용신 토(用神 土)를 생조(生助) 하므로 양호하지만, 명식(命式)의 월지(月支)와 오묘파(午卯破)가 되므로 변동이 있다. 흉사(凶事)와 길사(吉事)가 겹치는 해이지만 대운(大運)이 좋으므로 흉사(凶事)는 큰 문제가 되지 않는다.

(4) 을미년(乙未年)은 천간(天干)이 명식(命式)의 시간(時干)과 을경합금(乙庚合金)으로 변화되어 신강(身强)한 일간 목(日干 木)의 힘을 약화시켜 길(吉)하고, 지지(地支)는 명식(命式)의 월지(月支)와 미묘반합목(未卯半合木)으로 변화되어 흉하다.

(5) 병신년(丙申年)은 천간(天干)이 병화(丙火)로 용신 토(用神 土)를 생조(生助)하므로 길(吉)하지만 명식(命式)의 년간(年干)과 병임충(丙壬沖) 하므로 비밀폭로 및 금전적 손실에 유의해야 한다. 지지 신금(地支 申金)은 대운 지지(大運 地支) 오화(午火)가 극(剋) 하여 흉한 것이 완화된다.

(6) 정유년(丁酉年)은 천간(天干)이 정화(丁火)로 용신 토(用神 土)를 생조(生助) 하므로 길(吉)하고, 명식(命式)의 년간(年干), 월간(月干)과 정임합목(丁壬合木), 정계충(丁癸沖)이 되지만 충(沖)은 없는 것으로 본다. 지지(地支)는 명식(命式)의 월지(月支), 시지(時支)와 유진합금(酉辰合金), 유묘충(酉卯沖) 하므로 충(沖)은 없는 것으로 해석하고, 변한 금(金)이 강한 일간(日干)을 완화 시키므로 길(吉)해진다.

(7) 무술년(戊戌年)은 천간(天干)과 명식(命式)의 월간(月干)과 무계합화(戊癸合火)로 변화되어 용신 토(用神 土)를 생조(生助) 하여 더욱 길(吉)해진다. 지지 술토(地支 戌土)는 명식(命式)의 지지(地支)와 술묘육합화(戌卯六合火), 술진충(戌辰沖), 술미파(戌未破)가 되지만 충파(沖破)는 없는 것으로 해석하고 육합(六合)이 화(火)로 변화되어 길(吉) 해진다.

(8) 기해년(己亥年)은 대운 천간 병화(大運 天干 丙火)가 기토(己土)를 생조(生助)하여 더욱 길(吉)해진다. 그러나 지지(地支)가 명식(命式)과 연결되어 해묘미삼합(亥卯未三合) 목국(木局)이 되어서 흉(凶)해진다. 길(吉)보다는 흉이 더 강한 해이다.

(9) 경자년(庚子年)은 대운 천간 병화(大運 天干 丙火)가 경금(庚金)을 극(剋)하여 흉이 완화된다. 지지(地支)는 대운 지지(大運 地支)와 자오충(子午沖), 명식(命

式)의 월지(月支)와 자묘형(子卯刑), 명식(命式)의 일지(日支)와 자미해(子未害), 명식(命式)의 지지(地支)와 연결되어 신자진삼합(申子辰三合) 수국(水局)으로 변화되어서 형충(刑沖)을 해소한다. 수국(水局)으로 변환되어 매우 흉(凶)해진다. 매우 흉한 해이지만 대운(大運)이 아주 좋으므로 큰일 없이 넘어간다.

(10) 신축년(辛丑年)은 천간 신금(天干 辛金)이 명식(命式)의 일간(日干)을 을신충(乙辛沖)하고 관살혼잡(官殺混雜) 되어 나쁘며, 지지(地支)는 명식(命式)의 시지(時支)와 축진파(丑辰破), 명식(命式)의 일지(日支)와 축미충(丑未沖)하므로 재산 문제나 부부간에 문제 등 불길한 일이 발생한다.

7. 음력 1972년 2월 8일 축(丑)시생 남자

이름	명식6		생년월일	양력 : 1972년 3월 22일 수요일			작성일자	2021년 4월 21일
성별	남	나이 50세		음력 : 1972년 2월 8일 음력평달				8시 33분 수요일
				간지 : 壬子년 癸卯월 壬子일생				

구분	사 주							五行	木	火	土	金	水
	년 주		월 주		일 주		시 주	元式	1	0	1	1	4
천간	水 壬 비견		水 癸 겁재		水 壬 본인		金 辛 정인	藏干	1	0	1	1	4
지지	水 子 겁재		木 卯 상관		水 子 겁재		土 丑 정관	強弱 : 신왕					
장간	癸	壬癸	乙	甲乙	癸	壬癸	己 癸辛己	用神 : 관성					
12운성	帝旺		死		帝旺		衰	공망 : 寅卯					
신살	홍염살 장성살		천을귀인 육해살		홍염살		천관귀인 반안살	양인 : 子					
간합					간충								
육합	일지 시지의 子丑육합土 년지 시지의 子丑육합土				지충								
삼합	寅午戌 삼합火, 申子辰 삼합水, 巳酉丑 삼합金, 亥卯未 삼합木												
방합	寅卯辰 방합木, 巳午未 방합火, 申酉戌 방합金, 亥子丑 방합水												
파					해								
초.중.정기	정기 : 17일		대운		대운의 순운, 大運數 : 5 運			절기 : 경칩					

구분	간지	육친	12운성	대운기간	5세	6세	7세	8세	9세	0세	1세	2세	3세	4세
입운	癸卯			0~4 년도	丁	戊	己	庚	辛	壬	癸	甲	乙	丙
1운	甲辰	식신	墓	5~14 1977년	巳	午	未	申	酉	戌	亥	子	丑	寅
2운	乙巳	상관	絶	15~24 1987년	卯	辰	巳	午	未	申	酉	戌	亥	子
3운	丙午	편재	胎	25~34 1997년	丑	寅	卯	辰	巳	午	未	申	酉	戌
4운	丁未	정재	養	35~44 2007년	亥	子	丑	寅	卯	辰	巳	午	未	申
5운	戊申	편관	長生	45~54 2017년	酉	戌	亥	子	丑	寅	卯	辰	巳	午
6운	己酉	정관	沐浴	55~64 2027년	未	申	酉	戌	亥	子	丑	寅	卯	辰
7운	庚戌	편인	冠帶	65~74 2037년	巳	午	未	申	酉	戌	亥	子	丑	寅
8운	辛亥	정인	建祿	75~84 2047년	卯	辰	巳	午	未	申	酉	戌	亥	子
9운	壬子	비견	帝旺	85~94 2057년	丑	寅	卯	辰	巳	午	未	申	酉	戌

7.1 사주구성

　격(格)은 월지(月支)의 지장간(支藏干)으로 정하는데 사주(四柱)의 주인공이 출생한 여기(餘氣), 중기(中氣), 정기(正氣) 중 어느 시기에 태어났는지를 보고 결정한다. 위 명식(命式)은 정기생(正氣生)이므로 상관격(傷官格)이다. 이 사주(四柱)의 오행(五行) 중에서 년간(年干) 및 월간(月干) 임계수(壬癸水)는 년지(年支)와 일지(日支)에 통근(通根)되어 있으므로 수(水)의 힘이 강한데, 또한 수(水)의 오행(五行)이 4개이므로 수(水)는 태강(太强)하다. 월지 묘(月支 卯)는 공망(空亡)이고, 년지(年支)와 일지(日支) 자(子)는 양인(羊刃)이다. 사주(四柱)의 오행(五行)이 음(陰)은 4개, 양(陽)은 3개이고, 양일간(陽日干)이므로 내성적 보다는 조금 외성적 성격(性格)의 소유자이다.

　재성(財星)이 없으므로 결혼은 늦게 할 것이고, 비겁(比劫)이 중중(重重)하고 배우자 자리 일지(日支)에 겁재(劫財)가 차지하므로 배우자와는 인연이 박하지만 시지(時支)의 관성(官星)이 다스려서 많이 완화되었다. 비겁(比劫)이 너무 많아 기신(忌神)이 되므로 형제의 덕은 없다. 비겁(比劫)이 많아 태강(太强)하고 재성(財星)이 하나도 없으므로 재성운(財星運)을 만나면 군비쟁재(群比爭財)가 되어 재성(財星)이 길신(吉神)이라도 손재, 재산 파탄, 온갖 곤액과 재난을 당하기 쉽다. 그러나 년지(年支), 일지(日支) 시지(時支)가 자축육합토(子丑六合土)로 길신 관성(吉神 官星)으로 변하여 강한 비겁(比劫)을 억제하여 비겁(比劫)의 이러한 나쁜 흉조를 많이 완화 시켜 천만다행이다.

(1) 일간(日干)의 강약(强弱)

- 일간 임수(日干 壬水)에 힘이 보태지는 인성(印星) 금(金)이 1개, 비겁 수(水)가 4개
- 일간 임수(日干 壬水)의 힘을 빼는 관성(官星) 토(土)가 1개, 식상 목(食傷 木)이 1개
- 일간 임수(日干 壬水)가 묘월(卯月)에 출생하여 실령(失令) 하였다.
- 년간(年干) 및 월간(月干)의 임계수(壬癸水) 비겁(比劫)이 년지(年支) 및 일지(日支)에 통근(通根)하여 강하다.
- 12운성의 힘은 보통이다.
- 년지(年支), 일지(日支), 시지(時支)가 자축육합토(子丑六合土)이다.

이상의 내용을 판단하면 일간(日干)은 신왕(身旺) 하다.

12운성 힘의 세기는 다음과 같이 판단한다.
- 사왕(四旺) : 장생(長生), 관대(冠帶), 건록(建祿), 제왕(帝旺)을 사왕(四旺)이라 하며 힘이 강한 것으로 판단한다.
- 사평(四平) : 목욕(沐浴), 묘(墓), 태(胎), 양(養)을 사평(四平)이라 하며 힘이 보통인 것으로 판단한다.
- 사쇠(四衰) : 쇠(衰), 병(病), 사(死), 절(絶)을 사쇠(四衰)라 하며 힘이 약한 것으로 판단한다.

(2) 용신(用神)

비겁(比劫)이 많고 일간(日干)이 신왕(身旺)하므로 시지(時支) 축(丑)의 지장간(支藏干) 기토 정관(己土 正官)을 용신(用神)으로 정한다. 화(火) 재성(財星)은 희신(喜神)이다.

7.2 육친(六親) 관계

(1) 부친궁(父親宮)부친궁(父親宮)은 편재(偏財), 월지(月支)의 12운성, 초년(初年) 운(運)으로 판단한다. 월지(月支)가 사(死)이고, 아버지인 편재(偏財)는 없고 편재(偏財)를 극(剋)하는 비겁(比劫)이 너무 많으므로 아버지와 일찍 헤어진다. 즉, 아버지가 일찍 돌아가시지 않으면 아버지와 일찍부터 헤어져서 생활하게 된다. 초운 대운(大運)이 용신 토(用神 土)인 관성(官星)을 생해 주어서, 초년(初年) 운은 좋게 흐르므로 아버지의 덕은 무난하다. 편재(偏財)를 극(剋)하는 비겁(比劫)이 너무 많으므로 아버지가 장수하기는 어렵지만, 연주(年柱), 일주(日柱), 시주(時柱)가 자축육합토(子丑六合土) 즉, 관성(官星)으로 변하여 비겁(比劫)을 강하게 억제하므로 나쁜 흉조는 많이 해소되었다. 정인(正印)만 있으므로 아버지는 어머니 외에 다른 여자와는 문제가 없다.

(2) 모친궁(母親宮)은 정인(正印), 월지(月支)의 12운성, 초년(初年) 운(運)으로 판단한다. 어머니인 정인(正印)이 시간(時干)에 있고 시지(時支)에 통근(通根)되어 있으므로 신금 정인(辛金 正印)의 힘이 강하므로 장수하겠다. 정인(正印)이 기신(忌神)에 해당하지만 초년(初年) 대운(大運)이 무난하므로 어머니의 덕은 무난하다. 그러나 정인(正印)이 용신(用神)의 힘을 누출시키고 일간(日干)의 힘을 강하게 만들므로 큰 도움은 되지 않을 것이다.

(3) 형제궁(兄弟宮)은 비견(比肩)과 겁재(劫財)로 해석한다. 비견(比肩) 1개, 겁재(劫財) 3개로서 비겁(比劫)이 태강(太强) 하여 형제는 있지만 나에게 큰 도움은 되지 않는다.

(4) 처궁(妻宮)은 일지(日支)와 정재(正財)로 본다. 나의 배우자 자리인 일지(日支)에 배우자를 극(剋) 하는 비겁(比劫)이 차지하고, 배우자인 재성(財星)을 극(剋) 하는 비겁(比劫)이 너무 많아 배우자와는 인연이 박하지만, 년지(年支), 일지(日支), 시지(時支)가 자축육합토(子丑六合土) 즉, 관성(官星)으로 변하여 비겁(比劫)을 억제하므로 나쁜 흉조가 많이 억제되었다. 정재(正財)가 없으면 편재(偏財)로서 배우자를 판단하는데 이 명식(命式)은 정재(正財)와 편재(偏財)도 없으므로 서로를 위해 주도록 상당한 노력을 해야 한다.

대운(大運)에서 배운자인 재성(財星)을 만나므로 결혼은 하게 된다. 결혼 시기는 대운(大運)3 병오(丙午) 대운(大運), 2006년도 병술년(丙戌年)이나 2007년도 정해년(丁亥年)에 이루어질 것이다. 병오(丙吳) 대운(大運)이 강력한 재운(財運)이고, 대운 세운 천간(大運 歲運 天干) 병(丙)과 명식(命式)의 시간(時干)이 서로 간합(干合)하여 병신합수(丙辛合水)가 되고, 대운 지지(大運 地支)와 세운 지지(歲運 地支)가 오술반합(午戌半合)으로 재성(財星) 화(火)가 되므로, 명식(命式)에 없는 배우자인 재성(財星)이 강하게 표출하여 결혼 확률이 매우 높다. 또는 대운(大運)4 정미(丁未) 대운(大運) 2007년 정해년(丁亥年)도 결혼 확률이 가장 높다. 대운 세운 천간(大運 歲運 天干)이 명식(命式)의 일간(日干)과 정임합목(丁壬合木)이 되고, 명식(命式)의 월지(月支)와 대운(大運) 세운(歲運)이 연결되어 미묘해삼합목(未卯亥三合木)이 되기 때문이다.

결혼 시기는 다음과 같이 판단한다.
- 배우자 육친(六親)이 왕(旺)하게 되는 년
- 일주(日柱)와 천지덕합 되는 년
- 일간(日干)이 간합(干合)되는 년
- 일지(日支)가 지합(支合)되는 년
- 일지(타지 가능)와 연결하여 대운(大運) 세운(歲運)이 삼합(三合)되는 년

(5) 자식궁(子息宮)은 남명(男命)에서 관성(官星)과 시주(時柱)의 위치로 해석한다. 시지(時支)에 자식(子息) 성 축토 정관(丑土 正官)이 있으므로 자식은 있다. 용신(用神) 축토 정관(丑土 正官)이 자식에 해당하므로 자식은 잘되고 덕도 있다.

년지(年支), 일지(日支), 시지(時支)가 자축육합토(子丑六合土) 정관 길신(正官 吉神)으로 변하므로 길(吉)해진다.

(6) 성격(性格)은 일간 오행(日干 五行), 월지(月支) 오행, 합(合) 및 신살(神殺), 사주에서 가장 강한 육친(六親), 용신(用神) 등을 종합적으로 보고 판단한다.
  - 일간(日干)이 임수(壬水)이고 태왕(太旺) 하다.
  - 월지 상관 (月支 傷官)이다.
  - 합(合)은 년지(年支), 일지(日支), 시지(時支)가 자축육합(子丑六合)이다.
  - 연주(年柱), 일주(日柱)에 홍염살이 있고 월주(月柱)에 천을귀인, 시주(時柱)에 천관귀인이 있다.
  - 명식(命式)에서 수(水) 오행(五行)이 많아서 비견(比肩)과 겁재(劫財)가 중중(重重)하다.
  - 겁재(劫財)와 양인(羊刃)이 겹쳐있다.

위 내용을 종합하면 다음과 같다.

영리하고 박학하며 다예다능 하지만 허영심이 많고 비밀을 잘 간직하지 못하고 잘 털어 놓는다. 소심하며 호색한다. 비견(比肩)과 겁재(劫財)가 너무 많으므로 남에게 지기 싫어한다. 고집과 자존심이 매우 강하고, 적극적이며 활동적이다. 타인과의 공동사업은 부적합하다. 성패가 무상하므로 독립적인 사업은 불가하다. 배우자를 극(剋)하고 재(財)를 파(破)하는 것도 강하게 나타난다. 겁재(劫財)와 양인(羊刃)이 겹쳐있으므로 이중인격자로 겉으로는 평화주의자인 것처럼 하지만 내심으로는 흉악하고 각박하다. 비견(比肩)과 겁재(劫財)가 너무 많아서 이렇게 나타나는 나쁜 흉조는 년지(年支), 일지(日支), 시지(時支)가 자축육합토(子丑六合土) 즉, 관성(官星)으로 변하여 비겁(比劫)을 강하게 억제하므로 나쁜 흉조는 많이 완화된다.

(7) 직업(職業)은 사주(四柱)의 격국(格局)과 월지(月支)의 육친(六親), 가장 강한 오행(五行), 용신(用神) 등을 참고하여 종합적으로 해석한다.
  - 월지(月支)는 상관(傷官)이다.
  - 가장 강한 육친(六親)은 비겁(比劫)이다.
  - 용신(用神)은 토(土)이고 희신(喜神)은 목(木)이다.

위 내용을 판단하면 다음과 같다.

다재다능을 요하는 분야, 기술적인 분야, 학자 등이 좋다. 겁재(劫財)가 많아서 자존심이 매우 강하므로 남의 밑에서 일하기는 어렵다. 남에게 크게 간섭을 받지 않는

국가 공무원 또는 교육자 등이 좋다. 공동사업은 매우 불리하다. 겁재(劫財)가 태과(太過)하여 중인의 재물인 편재(偏財)를 극(剋) 하여 평생 성패가 무상하여 돈 때문에 어려움이 따르므로 독립사업은 절대 불가하다. 비겁(比劫)이 강하여 일간(日干)이 태과(太過)하므로 남에게 의존하는 사업이나 남에게 고용되는 직업(職業)이 좋다.

(8) 질병(疾病)은 어느 오행(五行)이 태강(太强) 이상이거나 없으면 이 오행(五行)에 해당하는 질병(疾病)에 문제가 발생한다. 그리고 공망(空亡)이 되는 오행(五行)도 주목해야 하지만, 해공(解空)이 되면 괜찮다. 오행 화(火)가 없으므로 심장(心臟), 소장(小腸), 안목(眼目) 등에 유의해야 하고, 또한 수(水)가 매우 태과(太過) 하므로 신장, 방광, 혈액과 관련된 질병(疾病)을 유의해야 한다.

7.3 대운(大運)

대운(大運) 해석 시 참고 사항은 다음과 같다.

대운(大運)을 해석할 때에는 먼저 지지(地支)에 비중을 두어서 용신(用神)과의 관계, 희신(喜神), 기신(忌神) 등을 해석하고, 다음은 천간(天干), 그 다음은 천간(天干)과 지지(地支)와의 상생상극(相生相剋) 관계를 살피고, 그 다음은 대운(大運)의 12운성, 합(合), 충(沖), 파(破), 해(害) 등을 살펴보아야 한다.

용신(用神)이 대운(大運)의 힘을 받아서 생조(生助)되면 이 대운(大運)기간 동안은 대길(大吉)해지지만 용신(用神)이 대운(大運)의 힘을 얻지 못하고 파극(破剋) 되면 좋은 사주(四柱)라도 온갖 곤액과 재앙을 당하게 된다. 그러므로 사주(四柱)가 아무리 좋아도 대운(大運)에서 용신(用神)을 생조(生助)해 주어야만 발복 하여 대길(大吉)하게 된다.

대운(大運) 해석 시 유의할 점은 해당하는 사주(四柱) 자체가 대운(大運)의 영향을 많이 받는 사주(四柱)인지 영향을 적게 받는 사주(四柱)인지를 먼저 구별해야 한다. 예를 들면, 중화순수(中和純粹)의 사주(四柱)는 대운(大運)의 영향을 적게 받고 원류(源流) 된 사주(四柱)는 대운(大運)에 관계없이 발달한다.

대운(大運)은 월주(月柱)를 기준으로 작성한다.
- 위 명식(命式)은 수(水)의 힘이 매우 강하다. 일간(日干)이 신왕(身旺)하고 용신(用神)은 토(土) 관성(官星)이고 희신(喜神)은 목(木) 식상(木 食傷)이다. 토목화운(土木火運)은 길(吉)하고 금수운(金水運)은 불길하다.

(1) 갑진(甲辰 : 5~14) 대운(大運)은 천간 갑목(天干 甲木)이 일간(日干)의 강한 힘을 누설시켜 좋고, 지지(地支)는 진토(辰土)가 용신(用神)에 해당되어 길(吉)하지만 천간(天干)이 지지(地支)를 극(剋) 하는 개두(蓋頭)가 되어서 진토(辰土)의 힘이 많이 완화된다. 대운 지지(大運 地支)가 명식(命式)의 년지(年支), 일지(日支)와 자진반합수(子辰半合水)가 되어서 기신(忌神)이 되므로 흉(凶)해진다. 이 대운(大運) 기간은 부모의 극진한 보살핌이 있겠지만 흉사(凶事)도 있었겠다. 보통의 운이다.

(2) 을사(乙巳 : 15~24) 대운(大運)은 천간 을목(天干 乙木)이 지지 사화(地支 巳火)를 생조(生助)하여 화(火)의 힘이 아주 강해진다. 힘이 강한 화(火)가 용신 토(用神 土)를 생해주므로 매우 길(吉)한 대운(大運)이다. 천간 을목(天干 乙木)도 일간(日干)의 힘을 누설 시키므로 매우 길(吉)해진다. 천간 을목(天干 乙木)이 명식(命式)의 시간(時干)과 을신충(乙辛沖)이 된다.

(3) 병오(丙午 : 25~34) 대운(大運)은 천간(天干)이 병화(丙火)로 용신 토(用神 土)를 생조(生助)하여 길(吉)하고, 지지(地支) 오화(午火)도 용신 토(用神 土)를 생조(生助)하여 매우 길(吉)한 대운(大運)이다. 그러나 천간 병(天干 丙)이 명식(命式)의 시간(時干)과 병신합수(丙辛合水)가 되고, 년간(年干)과 일간(日干)이 병임충(丙壬沖)이 되어서 흉이 된다. 대운 지지(大運 地支) 오화(午火)는 명식(命式)과 자오충(子午沖), 오묘파(午卯破)가 되어서 더한 흉이 되었다.

(4) 정미(丁未 : 35~44) 대운(大運)은 천간 정화(天干 丁火)가 지지 미토(地支 未土)도 생조(生助)하고, 용신 토(用神 土)도 생조(生助)하여 길(吉)해진다. 또한 지지 미토(地支 未土)는 용신 토(用神 土)와 같으므로 매우 길(吉)한 대운(大運)이다. 대운 지지 미(大運 地支 未)가 명식(命式)의 월지(月支)와 미묘반합목(未卯半合木)으로 변화되고, 대운 천간(大運 天干)이 명식(命式)의 년간 일간(年干 日干)과 정임합목(丁壬合木)이 되어서 일간 임수(日干 壬水)의 힘을 누설시키므로 매우 길(吉)해진다.

(5) 무신(戊申 : 45~54) 대운(大運)은 천간 무토(天干 戊土)가 용신 토(用神 土)와 같으므로 길(吉)하다. 대운 천간 무토(大運 天干 戊土)는 월간(月干)과 무계합화(戊癸合火)로 되어서 용신(用神)을 생조(生助)하고 명식(命式)의 기신(忌神) 계수(癸水)를 제거하므로 좋다. 지지 신금(地支 申金)은 용신 토(用神 土)를 누설 시키므로 흉하다. 대운 지지(大運 地支) 신금(申金)은 명식(命式)의 지지(地支) 자

(子)와 반합(半合)하여 기신(忌神) 수(水)로 변하므로 흉(凶)해진다. 길사(吉事)와 흉사(凶事)가 겹쳐진다.

(6) 기유(己酉 : 55~64) 대운(大運)은 천간(天干)이 기토(己土)로 용신(用神)과 같아서 길(吉)하고, 천간 기토(天干 己土)가 지지 유금(地支 酉金)을 생조(生助)하여 용신 토(用神 土)의 힘을 누설시키고 또한 강한 일간 임수(日干 壬水)를 생조(生助)하므로 흉하다. 지지 유금(地支 酉金)은 명식(命式)의 월지(月支)와 묘유충(卯酉沖)하고, 년지(年支) 일지(日支)와 자유파(子酉破) 되어 흉하다. 길(吉)보다는 흉한 운이다.

(7) 경술(庚戌 : 65~74) 대운(大運)은 지지 술토(地支 戌土)가 천간 경금(天干 庚金)을 생조(生助)하여 경금(庚金)이 강해져 용신 토(用神 土)의 힘을 누설시키고, 일간 임수(日干 壬水)를 생조(生助)하여 흉(凶)해진다. 지지 술토(地支 戌土)는 용신 토(用神 土)와 같고, 월지(月支)와 묘술육합화(卯戌六合火)로 되어 용신 토(用神 土)를 생조(生助) 하므로 길(吉)해진다. 흉(凶)보다는 길(吉)한 운이다.

(8) 신해(辛亥 : 75~84) 대운(大運)은 천간 신금(天干 辛金)이 지지 해수(地支 亥水)를 생조(生助)하여 수(水)의 힘이 강해져 용신(用神) 토(土)의 힘을 빼고 강한 일간 임수(日干 壬水)를 생조(生助)하므로 흉(凶)하다. 천간 신금(天干 辛金)은 용신 토(用神 土)의 힘을 누설 시키고 강한 일간(日干)의 힘을 생조(生助)하므로 나쁘다. 지지(地支) 해(亥)는 명식(命式)의 년지(年支), 시지(時支)와 연결되어 해자축방합(亥子丑方合) 수(水)로 변화되어 용신 토(用神 土)의 힘을 빼고 일간(日干)을 강하게 만들므로 매우 흉한 대운(大運)이다.

7.4 세운(歲運)

세운(歲運)의 길흉(吉凶) 판단은 반드시 대운(大運)과 연관지어 해석해야 한다. 행운(行運)의 길흉(吉凶) 판단에서 세운(歲運)보다도 대운(大運)의 영향력이 훨씬 크기 때문이다. 대운(大運)이 아주 좋으면 세운(歲運)이 나빠도 크게 나쁘지는 않지만, 대운(大運)이 나쁘면 세운(歲運)이 아무리 좋아도 완전하게 좋은 해는 못된다.

정미(丁未 : 35~44) 대운(大運)의 10년간 세운(歲運)에 대하여 설명한다. 정미(丁未 : 35~44) 대운(大運)은 천간 정화(天干 丁火)가 지지 미토(地支 未土)를 생조(生助)하고, 용신 토(用神 土)도 생조(生助)하여 길(吉)해진다. 또한 지지 미토(地支 未土)는 용신 토(用神 土)와 같으므로 매우 길(吉)한 대운(大運)이다. 대운 지지 미(大運 地支

未)가 명식(命式)의 월지(月支)와 미묘반합목(未卯半合木)으로 변화되고, 대운 천간(大運 天干)이 명식(命式)의 년간 일간(年干 日干)과 정임합목(丁壬合木)이 되어서 일간 임수(日干 壬水)의 힘을 누설시키므로 길(吉)해진다. 대운 천간(大運 天干)과 명식(命式)의 월간(月干)이 정계충(丁癸沖)하지만 합(合)이 되므로 충(沖)은 해소된 것으로 본다. 대운 지지 미토(大運 地支 未土)는 명식(命式)의 시지(時支) 축(丑)과 연결되어 미축충(未丑沖)이 되지만, 월지(月支)와 미묘반합(未卯半合)이 되므로 충(沖)은 해소된 것으로 본다.

- 용신(用神) : 토(土), 희신(喜神) : 화(火), 토(土)를 동반한 목(木), 기신(忌神) : 수(水), 금(金)1) 정해년(丁亥年 : 2007년)

(1) 정해년(丁亥年 : 2007년)
- 세운 천간(歲運 天干) 정화(丁火)는 편재(偏財)로서 희신(喜神)이다.
- 정해년(丁亥年)은 세운 천간(歲運 天干)이 명식(命式)의 년간(年干)과 정임합목(丁壬合木)이 되고, 월간(月干)과 정계충(丁癸沖)이 되므로 충(沖)은 없는 것으로 본다.
- 세운 지지(歲運 地支)가 명식(命式)의 월지(月支), 대운(大運)의 지지(地支)와 연결되어 해묘미삼합(亥卯未三合) 목국(木局)으로 변화되어 강한 일간(日干)의 힘을 누설시키므로 길(吉)하다.
- 세운 지지(歲運 地支)가 명식(命式)의 년지(年支), 일지(日支)와 연결되어 해자축방합(亥子丑方合) 수국(水局)으로 되어 기신(忌神)이 되어 나쁘다.
- 세운 정해(丁亥)는 절각(截脚)이 되어서 정화(丁火)의 힘이 조금 약해진다.

이상을 종합하여 해석하면 다음과 같다.

흉(凶)보다는 길(吉)한 것이 더 많으므로 길년(吉年)이다. 재물이 불어나고 봉급생활자는 봉급 이외의 수입이 발생하지만, 재로 인하여 문제가 있을 수 있으므로 유의해야 한다. 현재의 사업이 잘 번창 된다. 직장인은 승진이 되고, 결혼하게 되며(2006년, 2007년) 좋은 배우자를 얻는다.

(2) 무자년(戊子年 : 2008년)
- 세운 천간(歲運 天干) 무토(戊土)는 편관(偏官)으로 용신(用神)과 같은 오행(五行)이므로 길(吉)하다.
- 세운 천간(歲運 天干) 무토(戊土)와 명식(命式)의 월간(月干) 계수(癸水)가 무

계합화(戊癸合火) 재성(財星)으로 변화되어 길(吉)하다.
- 세운 지지(歲運 地支) 자수(子水)와 명식(命式)의 시지(時支) 축토(丑土)가 자축육합토(子丑六合土) 관성(官星)으로 변하여 길(吉)하다.
- 세운 천간(歲運 天干) 무토(戊土)가 세운 지지(歲運 地支)의 자수(子水)를 극(剋)하여 흉신 자수(子水)의 힘을 약하게 한다.

이상을 종합하여 해석하면 다음과 같다.

흉보다는 길(吉)한 것이 더 많으므로 길년(吉年)이다. 자식을 얻게 되거나 자식에게 좋은 일이 있다. 영전 및 승진이 되고 무직자이면 직장을 얻는다.

(3) 기축년(己丑年 : 2009년)

- 세운 천간(歲運 天干) 기토(己土)는 정관(正官)으로 용신(用神)과 같은 오행(五行)이므로 길(吉)하다.
- 세운 지지(歲運 地支) 축토(丑土)는 명식(命式)의 년지(年支), 일지(日支)와 자축육합토(子丑六合土)로 변하여 용신(用神)과 같게 되므로, 명식(命式)의 기신(忌神)을 길신(吉神)으로 바뀌어 길(吉)하게 된다.
- 세운(歲運)의 천간(天干)과 지지(地支)가 토(土) 오행으로 용신(用神)과 같으므로 아주 좋은 세운(歲運)이다.

이상을 종합하여 해석하면 다음과 같다.

자식을 얻거나 자식에게 좋은 일이 생긴다. 영전, 승진 등 좋은 일이 생긴다. 권익과 명예가 따르고 원하는 일들이 성취된다. 모든 일들이 순조롭게 잘 풀린다. 귀인을 만나 원하는 일이 성취된다.

(4) 경인년(庚寅年 : 2010년)

- 세운 천간(歲運 天干) 경금(庚金)은 편인(偏印)으로 용신 토(用神 土)를 누설하고 신왕(身旺)한 일간 임수(日干 壬水)를 생조(生助)하므로 흉한데 대운 천간 정화(大運 天干 丁火)가 극(剋)하여 많이 완화되었다.
- 세운 지지(歲運 地支) 인목(寅木)은 신왕(身旺)한 일간(日干)의 힘을 누출시키므로 길(吉)하다.
- 세운(歲運)의 천간(天干)은 흉하고 지지(地支)는 길(吉)하다.

이상을 종합하여 해석하면 다음과 같다.

세운(歲運)의 천간(天干)은 흉하고 지지(地支)는 길(吉)하지만, 대운(大運)이 좋으므로 평운이다. 여러 가지 재난이 닥치고 문서와 관계되는 모든 일들은 불리하여 손해를 본다. 직장인은 불이익이 발생한다. 현상 유지되도록 노력해야지 욕심을 부리지 말아야 한다. 큰 문제가 발생하지 않도록 매사에 신중을 기해야 한다.

5) 신묘년(辛卯年 : 2011년)
- 세운 천간(歲運 天干) 신금(辛金)은 정인(正印)으로 용신 토(用神 土)의 힘을 누설하고 신왕(身旺)한 일간(日干)을 생조(生助)하여 더 강하게 만들므로 흉하지만, 대운 천간 정화(大運 天干 丁火)가 세운 천간(歲運 天干) 신금(辛金)을 극(剋)하여 나쁜 징조가 많이 완화되었다.
- 세운 지지(歲運 地支) 묘목(卯木)은 상관(傷官)으로 신왕(身旺)한 일간(日干)의 힘을 누출시키므로 길(吉)하다.
- 세운(歲運)의 천간(天干)은 흉하고 지지(地支)는 길(吉)하다.

이상을 종합하여 해석하면 다음과 같다.

세운(歲運)의 천간(天干)은 흉하고 지지(地支)는 길(吉)하지만, 대운(大運)이 좋으므로 평운이다. 각종 문서와 관계되는 일은 불리하고 어머니에게 근심되는 일이 일어난다. 보증은 서지 말아야 하고, 전세, 주택 등과 관계되는 되는 일이 일어나고 이로 인해 손해 본다.

(6) 임진년(壬辰年 : 2012년)
- 세운 천간(歲運 天干) 임수(壬水)는 비견(比肩)으로 용신 토(用神 土)의 힘을 약하게 하고, 신왕(身旺)한 일간(日干)의 힘을 생조(生助)하여 더 강하게 만들어 흉하지만, 세운(歲運)의 지지(地支) 진토(辰土)가 극(剋)하여 흉이 조금 완화되었다.
- 세운 지지(歲運 地支) 진토(辰土)는 용신(用神)과 같고, 신왕(身旺)한 일간(日干)의 힘을 약하게 만들므로 길(吉)하다.
- 세운 지지(歲運 地支) 진토(辰土)는 명식(命式)의 년지(年支), 일지(日支)와 연결되어 자진반합수(子辰半合水)가 된다.
- 세운 지지(歲運 地支) 진토(辰土)는 명식(命式)의 시지(時支)와 축진파(丑辰破)가 된다.
- 세운 지지(歲運 地支) 진토(辰土)는 명식(命式)의 월지(月支)와 연결되어 묘진해(卯辰害)가 된다.

이상을 종합하여 해석하면 다음과 같다.

세운은 소흉년(小凶年) 이지만 대운(大運)이 좋으므로 소길년(小吉年)이다. 형제 동료 등으로 인하여 문제가 생기거나 귀찮은 일이 발생한다. 손재가 있고 공연한 자존심으로 손해가 있으므로 유의해야 한다. 부부간에 불화가 생기고, 본인은 두 마음을 가져 다른 여자와 관계를 가질 수 있으므로 조심해야 한다. 특히 이 명식(命式)의 주인공은 배우자와 인연이 박하므로, 본인이 이점 명심하여 배우자를 잘 배려하여 가정을 잘 이끌어 가야 한다. 명식(命式)의 축토(丑土) 관성(官星)이 파(破)가 되어 관재구설수도 있으니 조심해야 한다.

(7) 계사년(癸巳年 : 2013년)

- 세운 천간(歲運 天干) 계수(癸水)는 겁재(劫財)로 용신 토(用神 土)의 힘을 빼고, 신왕(身旺)한 일간(日干)의 힘을 강하게 만들므로 흉하다.
- 세운 지지(歲運 地支) 사화(巳火)는 편재(偏財)로 용신(用神)을 생조(生助)하고, 신왕(身旺)한 일간(日干)의 힘을 약하게 만들므로 길(吉)하다.
- 세운(歲運)의 천간(天干)은 흉하고 지지(地支)는 길(吉)하다.

이상을 종합하여 해석하면 다음과 같다.

대운(大運)은 길한데 세운(歲運)의 천간(天干)은 나쁘고 지지(地支)는 좋으므로 소길년(小吉年)이다. 형제 동료 등으로 인하여 문제가 생기거나 귀찮은 일이 발생한다. 손재가 있고 공연한 자존심으로 손해가 있다. 부부간에 불화가 생기고, 본인은 두 마음을 가져 다른 여자와 관계를 가질 수 있다.

(8) 갑오년(甲午年 2014년)

- 세운 천간(歲運 天干) 갑목(甲木)은 식상(食傷)으로 신왕(身旺)한 일간(日干)의 힘을 누출시키므로 길(吉)하다.
- 세운 지지(歲運 地支) 오화(午火)는 용신 토(用神 土)를 생조(生助)하고 신왕(身旺)한 일간(日干)의 힘을 약하게 만들므로 길(吉)하다.
- 세운 지지(歲運 地支) 오화(午火)는 명식(命式)의 년지(年支), 일지(日支) 겁재(劫財)와 자오충(子午沖) 한다.
- 세운 지지(歲運 地支) 오화(午火)는 명식(命式)의 월지 상관 (月支 傷官)가 오묘파(午卯破) 한다
- 세운 지지(歲運 地支) 오화(午火)는 명식(命式)의 일지(日支) 정관(正官)과 오

축해(午丑害)이다.

이상을 종합하여 해석하면 다음과 같다.

대운(大運)도 길(吉)하고 세운 간지(歲運 干支)도 모두 길(吉)하므로 대길년(大吉年)이다. 영전, 승진 등의 좋은 일이 있다. 재물이 불어나고 모든 일이 순조롭다. 그러나 년지(年支)와 일지(日支)를 자오충(子午沖) 하므로 크게 놀랄 일이 있을 것이고, 특히 배우자로 인하여 근심과 걱정거리가 생긴다. 동료나 직원과도 문제가 있을 수 있다.

(9) 을미년(乙未年 2015년)

- 세운 천간(歲運 天干) 을목(乙木)은 상관(傷官)으로 신왕(身旺)한 일간(日干)의 힘을 누출시키므로 길(吉)하다.
- 세운 천간(歲運 天干) 을목 상관 (乙木 傷官)은 명식(命式)의 시간(時干) 정인 신금(正印 辛金)과 을신충(乙辛沖) 한다.
- 세운 지지(歲運 地支) 미토(未土)는 용신(用神)과 같은 오행(五行)이고, 신왕(身旺)한 일간(日干)의 힘도 약하게 만들므로 길(吉)하다.
- 세운 지지(歲運 地支) 미토(未土)는 명식(命式)의 월지 상관 (月支 傷官)과 미묘반합목(未卯半合木)이다.
- 세운 지지(歲運 地支) 미토(未土)는 명식(命式)의 시지 정관(時支 正官)과 미축충(未丑沖)이다.
- 세운 지지(歲運 地支) 미토(未土)는 명식(命式)의 년지(年支), 일지(日支)와 미자해(未子害)이다.

이상을 종합하여 해석하면 다음과 같다.

대운(大運)도 좋고 세운(歲運)의 간지(干支)도 좋으므로 대길년(大吉年)이다. 탁월한 재능이 인증되어 주위에서 크게 인증 받는다. 가정불화에 조심하고 토지, 가옥 문서 등에도 조심해야 한다. 자식에게 좋지 못한 일이 생긴다.

(10) 병신년(丙申年 2016년)

- 세운 천간(歲運 天干) 병화(丙火)는 편재(偏財)로서 용신 토(用神 土)를 생조(生助)하고 신왕(身旺)한 일간(日干)의 힘을 약하게 만들므로 길(吉)하다.
- 세운 천간(歲運 天干) 병화(丙火)는 명식(命式)의 시간 정인(時干 正印)과 병신합수(丙辛合水)가 된다.

- 세운 천간(歲運 天干) 병화(丙火)는 명식(命式)의 년간 일간(年干 日干)과 병임충(丙壬沖) 하지만 간합(干合)을 하므로 충(沖)은 해소된다.
- 세운 지지(歲運 地支) 신금(申金)은 용신 토(用神 土)의 힘을 누출시키고, 신왕(身旺)한 일간(日干)의 힘을 생조(生助)하여 나쁘지만, 대운 지지(大運 地支) 미토(未土)가 극(剋)하여 흉한 것이 완화된다.
- 세운 지지(歲運 地支) 신금(申金)은 명식(命式)의 년지(年支), 일지(日支)와 신자반합수(申子半合水)가 되어 나쁘다.

이상을 종합하여 해석하면 다음과 같다.

세운(歲運)의 천간(天干)은 길(吉)하고 세운 지지(歲運 地支)는 불리 하지만 대운(大運)이 길(吉)하므로 소길년(小吉年)이다. 재물은 늘어나고 명예와 직위가 올라간다. 가옥 등 재산의 문서를 잡게 된다.

8. 음력 윤달 1979년 6월 5일 미(未)시생 여자

이름	명식7		생년월일	양력 : 1979년 7월 28일 토요일		작성일자	2021년 4월 23일
성별	여	나이 43세		음력 : 1979년 6월 5일 윤달			13시 28분 금요일
				간지 : 己未년 辛未월 丙申일생			

구분	사 주								五行	木	火	土	金	水
	년 주			월 주		일 주		시 주	元式	1	0	4	2	0
천간	土	己	상관	金 辛 정재		火 丙 본인		木 乙 정인	藏干	1	0	4	2	0
지지	土	未	상관	土 未 상관		金 申 편재		土 未 상관	強弱 : 태약					
장간	己	丁乙己		己 丁乙己		庚 戊壬庚		己 丁乙己	用神 : 인성					
12운성	衰			衰		病		衰	공망 : 辰巳					
신살	금여록, 천살, 천덕합			금여록, 천살		문창귀인, 고신살		금여록, 천살, 백호대살	양인 : 午					
간합	일간 월간의 丙辛합水					간충		월간 시간의 乙辛충						
육합						지충								
삼합														
방합														
파						해								

초.중.정기	정기 : 20일			대운	대운의 순운, 大運數 : 4 運									절기 : 소서
구분	간지	육친	12운성	대운기간	4세	5세	6세	7세	8세	9세	0세	1세	2세	3세
입운	辛未			0~3 년도	癸	甲	乙	丙	丁	戊	己	庚	辛	壬
1운	壬申	편관	病	4~13 1983년	亥	子	丑	寅	卯	辰	巳	午	未	申
2운	癸酉	정관	死	14~23 1993년	酉	戌	亥	子	丑	寅	卯	辰	巳	午
3운	甲戌	편인	墓	24~33 2003년	未	申	酉	戌	亥	子	丑	寅	卯	辰
4운	乙亥	정인	絶	34~43 2013년	巳	午	未	申	酉	戌	亥	子	丑	寅
5운	丙子	비견	胎	44~53 2023년	卯	辰	巳	午	未	申	酉	戌	亥	子
6운	丁丑	겁재	養	54~63 2033년	丑	寅	卯	辰	巳	午	未	申	酉	戌
7운	戊寅	식신	長生	64~73 2043년	亥	子	丑	寅	卯	辰	巳	午	未	申
8운	己卯	상관	沐浴	74~83 2053년	酉	戌	亥	子	丑	寅	卯	辰	巳	午
9운	庚辰	편재	冠帶	84~93 2063년	未	申	酉	戌	亥	子	丑	寅	卯	辰

8.1 사주구성

격(格)은 월지(月支)의 지장간(支藏干)으로 정하는데 위 명식(命式)은 정기생(正氣生)이므로 상관격(傷官格)이다. 여명(女命)에서 상관(傷官)이 많으면(3개 이상) 남편성(星)인 관성(官星)을 극(剋) 하여 청상과부가 될 운명이다. 그러나 위 명식(命式)과 같이 상관(傷官)이 태왕(太旺)한 경우에는 상관(傷官)을 극(剋) 하는 인수(印綬)와 누출하는 재성(財星)이 적절하면 양호한 명이 되지만, 일간(日干)이 너무 태약(太弱)하다. 위 명식(命式)은 월간(月干) 신금 정재(辛金 正財)가 일지(日支) 신금(申金)에 통근(通根)하고, 명식(命式)의 시간 정인(時干 正印) 을목(乙木)은 각 지지(地支)의 미토 지장간(未土 支藏干)에 통근(通根)하여 정재(正財)와 정인(正印)의 힘이 강하여 태왕(太旺)한 상관(傷官)의 힘을 제어할 수 있어 좋다. 화토(火土) 상관격(傷官格)은 정관(正官)이 없어야 좋으므로 위 명식(命式)은 양호하다.

위의 명식과 같이 상관(傷官)이 태왕(太旺)하고 일간(日干)이 신약(태약)한 상관격(傷官格)은 인성(印星)이 최대의 희신운(喜神運)이고 다음으로 비겁(比劫)이 희신운(喜神運)이다. 위 명식(命式)은 상관(傷官)이 태왕(太旺) 하므로 상관운(傷官運)이 오면 질병(疾病)으로 고생하는데 특히, 눈병으로 고생한다.

사주(四柱)의 오행(五行)이 음(陰)은 6개, 양(陽)은 1개이고, 양일간(陽日干)이므로 조금 내성적 성격(性格)의 소유자이다. 배우자 오행 관성(官星)이 없으므로 결혼은 늦게 할 것이다. 명식(命式)의 월간(月干)과 시간(時干)이 을신충(乙辛沖) 하지만, 일간(日干)과 월간(月干)이 병신합수(丙辛合水) 하므로 충(沖)은 해소된 것으로 본다.

(1) 일간(日干)의 강약(强弱)

- 일간 병화(日干 丙火)에 힘이 보태지는 인성(印星) 을목(乙木)은 1개이다.
- 일간 병화(日干 丙火)의 힘을 누출시키는 상관(傷官)은 4개이다.
- 일간 병화(日干 丙火)의 힘을 빼는 재성(財星) 금(金)은 2개이다.
- 일간 병화(日干 丙火)가 미월(未月)에 출생하여 실령(失令) 하였다.
- 년간(年干)의 상관(傷官), 월간(月干)의 정재(正財), 시간(時干)의 정인(正印)은 각각 시지(時支)에 통근(通根)하여 힘이 강하다.
- 12운성의 힘은 약하다.

이상의 내용을 판단하면 일간(日干)은 태약(太弱)하다.

(2) 용신(用神)

상관(傷官)이 많고 일간(日干)이 태약(太弱)하므로 시간(時干)의 을목 정인(乙木 正印)을 용신(用神)으로 정한다. 비겁(比劫)은 희신(喜神)이고, 또한 인성(印星)을 동반한 재성(財星)도 희신(喜神)이다. 관성(官星) 수(水)와 식상 토(食傷 土)가 기신(忌神)이다.

8.2 육친(六親) 관계

(1) 부친궁(父親宮)은 편재(偏財), 월주(月柱), 초년(初年) 운(運)으로 판단한다. 아버지인 편재(偏財)는 있고 편재(偏財)를 극(剋) 하는 비겁(比劫)은 없고 재성(財星)이 강하므로 아버지는 장수하겠다. 태왕(太旺)한 기신(忌神) 상관토(傷官土)를 재성(財星)이 강하게 누출시키므로 아버지의 보살핌이 대단하고 아버지의 덕은 있다. 초년(初年) 대운(大運) 임신(壬申), 계유(癸酉)는 좋지 못하여 가정의 경제 사정이 좋지 못했고, 학업도 좋지 못했을 것이다.

(2) 모친궁(母親宮)은 정인(正印), 월주(月柱), 초년(初年) 운(運)으로 판단한다. 어머니인 정인(正印)이 시간(時干)에 있고 일지(日支)를 제외한 각 지지(地支)에 통근(通根)되어 있으므로 을목 정인(乙木 正印)의 힘이 강하여 장수하겠다. 어머니보다는 아버지가 더 오래 산다. 정인(正印)은 흉신 상관(凶神 傷官)을 극(剋) 하는 최대의 길신(吉神)이므로 어머니의 보살핌이 대단하다. 초년(初年) 대운(大運)이 좋지 못하므로 경제적으로는 어려움이 있었겠다.

(3) 형제궁(兄弟宮)은 비견(比肩)과 겁재(劫財)로 해석한다. 위 명식(命式)은 비견(比肩)과 겁재(劫財)가 모두 없으므로 형제가 없다. 사주(四柱)의 명식과 사주(四柱)의 지장간(支藏干) 초기(初氣), 중기(中氣), 정기(正氣)에도 비견(比肩)과 겁재(劫財)가 없으므로 형제가 없다, 즉, 무남독녀이다.

(4) 남편궁(남편궁)은 일지(日支)와 관성(官星)으로 본다. 나의 배우자 자리인 일지(日支)에 남편 관성(官星)을 생(生) 해주는 재성(財星)이 차지하고 있지만 명식(命式)에 관성(官星)이 없으므로 결혼은 늦게 한다. 자식(子息) 성(星) 상관(傷官)이 매우 강하므로 결혼은 한다. 관성(官星) 수(水)는 용신(用神) 인성(印星) 목(木)을 생해 주고, 흉신 상관(凶神 傷官)의 힘을 약하게 만들어 길(吉)하므로 남편복은 있다. 결혼은 아주 일찍 하지 않으면 아주 늦게 한다.

(5) 자식궁(子息宮)은 여명(女命)에서 시주(時柱)와 식상(食傷)으로 해석한다. 시지

(時支)에 자식 성(星) 상관(傷官)이 있고 상관 오행(傷官 五行)은 매우 많으므로 자식은 있다. 주로 아들만 있을 것이다. 상관(傷官)이 최대의 기신(忌神)이므로 자식 덕 보기는 어렵다. 남편 관성(官星)을 극(剋) 하는 상관(傷官)이 너무 왕성하여 자식이 생기기가 어려우므로 자식이 귀하게 된다.

(6) 성격(性格)은 일간 오행(日干 五行), 월지(月支) 오행, 합(合) 및 신살(神殺), 사주에서 가장 강한 육친(六親), 용신(用神) 등을 종합적으로 보고 판단한다.
 - 일간(日干)이 병화(丙火)이고 태약(太弱)하다.
 - 월지(月支)가 상관(傷官)이다.
 - 일주(日柱)를 제외한 각 주(柱)에 금여록이 있다.
 - 연주(年柱)에 천덕합, 일주(日柱)에 문창귀인이 있다.
 - 명식(命式)에서 토(土) 오행(五行)이 많아서 상관(傷官)이 태왕(太旺)하다.

위 내용을 종합하면 다음과 같다.

월지(月支)의 상관(傷官)으로 영리하고 박학하며 다예다능하지만 사치스럽고 허영심이 있다. 자존심이 매우 강하고 승부욕이 매우 강하다. 잘 잘못을 논하기 좋아하므로 말이 많다. 약자를 도우는 의협심과 동정심이 강하다. 일간 병화(日干 丙火)가 불급(不及)하므로 언변(言辯)은 좋지만 질투심이 많고 잔재주가 있어 권모술수에 능하다. 비밀을 잘 간직하지 못하고 잘 털어놓는다.

(7) 직업(職業)은 사주(四柱)의 격국(格局)과 월지(月支)의 육친(六親), 가장 강한 오행(五行), 용신(用神) 등을 참고하여 종합적으로 해석한다.
 - 월지(月支)는 상관(傷官)이다.
 - 가장 강한 육친(六親)은 상관(傷官)이다.
 - 용신(用神)은 인성(印星) 목(木)이고 희신(喜神)은 비겁(比劫)이다.

위 내용을 판단하면 다음과 같다.

다재다능을 요하는 분야, 기술적인 분야, 교직자 등이 좋다. 언변이 좋으므로 유창한 화술을 필요로 요하는 직업(職業)이 양호하다. 치밀함이 요구되는 직업(職業)도 양호하다. 예술 방면도 양호하다. 지식을 이용한 직업(職業)도 양호하다. 위 사주는 상관격(傷官格)에 정재(正財), 편재(偏財)가 있으므로 기술을 바탕으로 하는 직업(職業)이 제일 좋다. 일간(日干)이 태약(太弱)하므로 남에게 의존하는 사업이나 남에게 고용되는 직업(職業)이 좋다.

직업(職業)을 판단하는 경우에 사주구성에서 일간(日干)과 용신(用神)이 모두 왕성하면 독립적인 사업을 하면 크게 성공할 수 있지만, 일간(日干)이 태과(太過)하거나 태약(太弱)하면 남에게 의존하는 사업이나 남에게 고용되는 직업(職業)이 좋다.

8) 질병(疾病)은 어느 오행(五行)이 태강(太强) 이상이거나 없으면 이 오행(五行)에 해당하는 질병(疾病)에 문제가 발생한다.
- 화(火) 오행이 없으므로 심장(心臟), 소장(小腸), 안목(眼目) 등에 유의해야 한다.
- 수(水) 오행이 없으므로 신장, 방광, 혈액과 관련된 질병(疾病)에 유의해야 한다.
- 토(土) 오행이 태과(太過)하므로 위, 비장, 피부 질환 등에 유의해야 한다.

질병(疾病)을 판단하는 방법은 다음과 같이 오행(五行)의 구비 및 조화로 해석한다. 여기에서 오행(五行)의 조화란 오행(五行)이 결손(缺損) 되지 않은 것을 의미한다. 사주(四柱)에서 오행(五行)이 조화되어 중화(中和)를 이루면 한평생 무병하여 건강하다. 그러나 오행(五行)이 태강(太强) 하거나 태약(太弱) 하거나 조화가 안 되거나, 탁기(濁氣)가 많으면 질병(疾病)에 걸리기 쉽다. 어떠한 오행(五行)이 심하게 손상을 받으면 그 오행(五行)에 해당하는 신체 부위에 질병(疾病)이 생긴다.

① 木이 태과(太過) 하거나 불급(不及)하면 간장, 담, 신경 계통, 두면 등에 질병(疾病)이 걸리기 쉽다.
② 火가 태과(太過) 하거나 불급(不及)하면 심장(心臟), 소장, 안목 등에 관련된 병이 발생한다.
③ 土가 태과(太過) 하거나 불급(不及)하면 위, 비장, 피부병이 생기고, 金이 태과(太過) 하거나 불급(不及)하면 대장, 폐장, 뼈와 관련된 질병(疾病)이 있고, 水가 태과(太過) 하거나 불급(不及)하면 신장, 방광, 혈액과 관련된 질병(疾病)이 발생한다.
④ 木이 金에 의해 상극(傷剋)을 받으면 뼈가 아프고, 몸이 쑤시는 신경 계통의 질병(疾病)에 걸리거나 골절되기 쉽다.
⑤ 미약한 土가 왕성한 木으로부터 상극(傷剋)을 받으면 비장에 병이 생긴다.
⑥ 약한 金이 왕성한 火로부터 상극(傷剋)을 받으면 혈액 계통에 질환이 생긴다.
⑦ 水가 土로부터 상극(傷剋) 받으면 하부에 냉병과 관련된 질병(疾病)이 생긴다.
⑧ 火가 水로부터 상극(傷剋) 받으면 시력이 좋지 않거나 눈에 관한 질병(疾病)이 생긴다.
⑨ 일간(日干)이 木인 사주((四柱)에 경(庚), 신(辛), 신(申), 유(酉) 등의 관성(官

星)이 많아 기신(忌神)이 되면 간담(肝膽) 병이나 폐결핵(肺結核), 구혈(嘔血 : 피를 토함), 천식(喘息), 각기(脚氣), 반신불수(半身不隨), 신경통(神經痛)에 관한 질병(疾病)이 발생하기 쉽다. 머리가 어지럽거나 눈이 어두운 증세가 일어나기 쉽고, 피부가 건조하며, 안목(眼目)에 관한 질병(疾病)에 걸리기 쉽다.

머리털 혹은 수염이 없거나 희소하고 수족(手足)을 손상할 수 있다. 여자는 유산(流産)하기 쉬우며, 소아의 경우에는 급만성(急慢性)의 경풍(驚風)으로 밤에 우는 일이 있거나 기침병에 걸리기 쉽다. 뼈가 아프고 몸이 쑤시는 신경 계통의 병은 木이 金으로부터 상극(傷剋)을 받기 때문이다.

⑩ 일간(日干) 火인 사주(四柱)에 임(壬), 계(癸), 해(亥), 자(子) 등의 관성(官星)이 많으면 소장(小腸), 심장(心臟)의 병을 앓고 급만성(急慢性)의 경풍(驚風)이 있고, 소리치고 가슴이 답답한 병세가 나타나고 조열(潮熱)하며 발광(發狂)한다.

시력이 나빠지고, 종기와 피부병도 있고, 어린이는 홍역과 마마를 앓아서 부스럼이 생긴다. 부녀(婦女)는 피가 건조하여 피와 땀이 나는 병을 앓고, 눈이 어두운 병에 걸리는데 이것은 火가 水로부터 상극(傷剋)을 받기 때문이다.

⑪ 일간(日干)이 土인 사주(四柱)에 갑(甲), 을(乙), 인(寅), 묘(卯) 등의 관성(官星)이 많으면 위(胃)와 담(膽)에 병이 걸린다. 위병(胃病), 식도병(食道病), 설사(泄寫)와 황종(黃鐘)의 병을 얻을 수 있고, 음식을 먹으면 무조건 토(吐)하는 증세가 있다. 좌수(左手), 입, 배에 상해(傷害)가 있고, 피부가 조열(燥熱)하여 거친 병을 얻거나 위장이 나빠서 헛배가 부른 증세가 있다. 비장(脾臟) 병은 土가 木으로부터 상극(傷剋)을 받기 때문이다.

⑫ 일간(日干)이 金인 사주(四柱)에 병(丙), 정(丁), 사(巳), 오(午) 등의 관성(官星)이 많아 기신(忌神)이 되면 대장(大腸)과 폐(肺)에 관한 병을 얻거나 기침병이 있거나 장(腸)에 풍병(風病)이 있고, 또는 정신병(精神病)을 얻을 수 있다. 피부가 마르고 건조하여 악창(惡瘡)으로 고생할 수 있다. 혈액 계통의 병(病)은 금(金)이 火로부터 상극(傷剋)을 받기 때문이다.

⑬ 일간(日干)이 水인 사주(四柱)에 무(戊), 기(己), 진(辰), 술(戌), 축(丑), 미(未) 등의 관성(官星)이 많아 기신(忌神)이 되면 방광(膀胱)과 신경 계통에

관한 질병(疾病)을 얻는다. 밤에 잘 때 정수(精髓)를 설(泄)하게 되고, 정기(精氣)를 헛되게 손상하여 귀가 먹게 된다. 치아통(齒牙通) 과 요통(腰痛) 이 있으면 붓고 아픈 장신경통이 있고, 토하고 설사하는 병을 얻는다. 하부 냉증(冷症) 의 병(病)은 水 가 土 로부터 상극(傷剋) 을 받기 때문이다.

8.3 대운(大運)

대운(大運)은 월주(月柱)를 기준으로 작성한다.
- 위 명식(命式)은 토(土)의 상관(傷官) 힘이 매우 강하다. 상관(傷官)이 왕성하여 일간(日干)이 태약(太弱)하므로 용신(用神)은 정인 목(正印 木)이고 희신(喜神)은 비겁(比劫) 화(火)이다.

(1) 임신(壬申 : 1983~1992) 대운(大運)

대운 간지(大運 干支)의 관계에서 지지 신금(地支 申金)이 천간(天干) 임수(壬水)를 생조(生助)하여 임수(壬水)의 힘이 강해진다. 대운 천간(大運 天干) 임수(壬水) 편관(偏官)은 용신(用神)을 생조(生助)하여 좋지만 태약(太弱)한 일간(日干)에게는 도움이 되지 않는다. 지지 신금(地支 申金) 편재(偏財)는 용신(用神)을 극(剋)하여 나쁘고 태약(太弱)한 일간(日干)에게도 도움이 되지 않는다. 소흉(小凶)한 대운(大運)이다.

(2) 계유(癸酉 1993~2002) 대운(大運)

대운 간지(大運 干支)의 관계에서 지지 유금(地支 酉金)이 천간(天干) 계수(癸水)를 생조(生助)하여 계수(癸水)의 힘이 강해진다. 대운 천간(大運 天干) 계수(癸水) 정관(正官)은 용신(用神)을 생조(生助)하여 좋지만 태약(太弱)한 일간(日干)에게는 도움이 되지 않는다. 대운 지지 유금(大運 地支 酉金) 정재(正財)는 용신 목(用神 木) 인성(印星)을 극(剋)하고, 태약(太弱)한 일간(日干)에게 도움이 되지 않는다. 소흉(小凶)한 대운(大運)이다.

(3) 갑술(甲戌 2003~2012) 대운(大運)

대운 간지(大運 干支) 관계에서 천간 갑목(天干 甲木)이 지지 술토(地支 戌土)를 극(剋)하는 개두(蓋頭)가 되어 지지 술토(地支 戌土)의 힘이 약해진다. 천간 갑목(天干 甲木)은 용신(用神)과 같은 오행(五行)이고 태약(太弱)한 일간(日干)을 생조(生助) 하므로 매우 길(吉)하다. 대운 지지 술토(大運 地支 戌土)는 용신 목(用神 木)의 힘을 빼고 태약(太弱)한 일간(日干)의 힘도 누설시키므로 나쁘다. 보통의 대운(大運)이다.

(4) 을해(乙亥 2013~2022) 대운(大運)

대운 간지(大運 干支) 관계에서 지지 해수(地支 亥水)가 천간 을목(天干 乙木)을 생조(生助) 하므로 을목(乙木)의 힘이 강해진다. 천간 을목(天干 乙木) 정인(正印)은 용신(用神)과 같고 태약(太弱)한 일간(日干)의 힘을 생조(生助) 하므로 매우 길(吉)하다. 대운 지지(大運 地支) 해수(亥水)는 용신(用神)을 생조(生助) 하여 좋다. 대운(大運)의 간지(干支)가 모두 양호하므로 아주 좋은 대운(大運)이다.

(5) 병자(丙子 2023~2032) 대운(大運)

대운 간지(大運 干支) 관계에서 지지 자수(地支 子水)가 천간 병화(天干 丙火)를 극(剋)하여 천간 병화(天干 丙火)의 힘이 약해진다. 대운 천간 병화(大運 天干 丙火) 비견(比肩)은 태약(太弱)한 일간(日干)을 도와서 길(吉)하고, 명식(命式)의 월간(月干)과 병신간합수(丙辛干合水)로 변하여 용신(用神)을 생조(生助) 하므로 좋다. 대운 지지 자수(大運 地支 子水)는 용신(用神)을 생조(生助) 하여 길(吉)하다. 대운 지지 자수(大運 地支 子水)는 명식(命式)의 일지(日支)와 연결하여 신자반합수(申子半合水)가 되어 용신(用神)을 생조(生助) 하므로 더 길해진다.

(6) 정축(丁丑 2033~2042) 대운(大運)

대운 간지(大運 干支) 관계에서 천간 정화(天干 丁火)가 지지(地支) 축토(丑土)를 생조(生助)하여 축토(丑土)의 힘이 강해진다. 천간 정화(天干 丁火)는 태약(太弱)한 일간(日干)을 강하게 만들므로 길(吉)하다. 축토(丑土)는 용신(用神)의 힘도 약하게 하고 태약(太弱)한 일간(日干)도 약하게 하므로 흉하다. 대운 지지 축토(大運 地支 丑土)는 명식(命式)의 지지 미토(地支 未土)와 육합토(六合土)로 변하여 더욱 흉하다. 대운 천간(大運 天干)은 길(吉)하고 지지(地支)는 흉하므로 소흉 대운(小凶 大運)이다.

(7) 무인(戊寅 2043~2052) 대운(大運)

대운 간지(大運 干支) 관계에서 지지(地支) 인목(寅木)이 천간 무토(天干 戊土)를 극(剋)하여 절각(截脚)이 되어서 무토(戊土)의 힘이 약해진다. 대운 천간 무토(大運 天干 戊土)는 용신(用神)과 명식(命式)의 일간(日干)에게도 모두 나쁘다. 대운 지지(大運 地支) 인목(寅木)은 용신(用神)과 같은 오행(五行)이고 명식(命式)의 일간(日干)을 생조(生助) 하므로 매우 길(吉)하다. 대운 지지(大運 地支)와 명식(命式)의 일지(日

支)가 인신충(寅申沖)하여 배우자가 좋지 않다. 대운(大運)의 천간(天干)은 나쁘고 지지(地支)는 좋으므로 소길(小吉) 대운(大運)이다.

(8) 기묘(己卯 2053~2062) 대운(大運)

대운 간지(大運 干支) 관계에서 지지(地支) 묘목(卯木)이 천간 기토(天干 己土)를 극(剋)하여 기토(己土)의 힘이 약해진다. 천간 기토(天干 己土)는 용신(用神)과 명식(命式)의 일간(日干)에게 나쁘므로 흉하다. 지지(地支) 묘목(卯木)은 용신(用神)의 오행(五行)과 같고 명식(命式)의 태약(太弱)한 일간(日干)을 생조(生助) 하므로 매우 길(吉)한데, 명식(命式)의 지지들과 묘미반합목(卯未半合木)으로 변하여 더 좋아진다. 대운 천간(大運 天干)은 나쁘고 지지(地支)는 매우 길(吉)하므로 소길(小吉) 대운(大運)이다.

8.4 세운(歲運)

갑술(甲戌 2003~2012) 대운(大運)의 10년간 세운(歲運)에 대하여 설명한다. 대운 간지(大運 干支) 관계에서 천간 갑목(天干 甲木)이 지지 술토(地支 戌土)를 극(剋)하는 개두(蓋頭)가 되어 지지 술토(地支 戌土)의 힘이 약해진다. 천간 갑목(天干 甲木)은 용신(用神)과 같은 오행(五行)이고 태약(太弱)한 일간(日干)을 생조(生助) 하므로 매우 길(吉)하다. 대운 지지 술토(大運 地支 戌土)는 용신 목(用神 木)의 힘을 빼고 태약(太弱)한 일간(日干)의 힘도 누설시키므로 나쁘다. 보통의 대운(大運)이다.

- 용신(用神) : 목(木), 희신(喜神) : 화(火), 기신(忌神) : 토(土), 금(金)

(1) 계미년(癸未年 : 2003년)
- 세운 천간(歲運 天干) 계수(癸水)는 정관(正官)으로서 용신 목(用神 木) 인성(印星)을 생조(生助)하고 명식(命式)의 기신 토 상관(忌神 土 傷官)의 힘을 약하게 하므로 길(吉)하다.
- 세운 지지(歲運 地支) 미토(未土)는 용신 오행(用神 五行)과 상반되고 명식(命式)의 일간(日干) 힘을 누출시키므로 흉하다.

이상을 종합하여 해석하면 다음과 같다.
대운(大運)은 보통이고 세운(歲運)의 천간(天干)은 이롭고 지지(地支)는 나쁘므로 길사(吉事)와 흉사(凶事)가 겹치는 해이다. 실직 상태이면 직장을 얻고, 직장인은 영전, 승진된다. 권익과 명예가 따르며 바라는 일이 성취된다.

(2) 갑신년(甲申年 : 2004년)

- 세운 천간(歲運 天干) 갑목(甲木)은 편인(偏印)으로 용신(用神)과 같은 오행(五行)이고, 태약(太弱)한 일간(日干)을 생조(生助) 하므로 길(吉)하다.
- 세운 지지(歲運 地支) 신금(申金)은 명식(命式)의 태왕(太旺)한 상관 토(傷官 土) 힘을 누출시키므로 양호하다.

이상을 종합하여 해석하면 다음과 같다.

세운 간지(歲運 干支)가 모두 양호하므로 길년(吉年)이다. 직장 상사나 손위 사람, 귀인 등으로부터 도움을 받는다. 여러 가지 좋은 일이 생긴다.

(3) 을유년(乙酉年 : 2005년)

- 세운 천간(歲運 天干) 을목(乙木)은 정인(正印)으로 용신(用神)과 같은 오행(五行)이고 태약(太弱)한 일간(日干)을 생조(生助) 하므로 길(吉)하다.
- 세운 지지(歲運 地支) 유금(酉金)은 용신(用神)과는 상반(相反)되지만 명식(命式)의 태왕(太旺)한 상관 토(傷官 土)의 힘을 누출시켜 좋다

이상을 종합하여 해석하면 다음과 같다.

대운(大運)이 보통이고 세운(歲運)이 양호하므로 소길년(小吉年)이다. 위 사람이나 귀인으로부터 도움을 받고 뜻하는 바 쉽게 성취한다. 질병(疾病)이나 여러 가지 미해결 문제들이 잘 해결된다. 명예가 향상되는 일이 생긴다. 미혼이라면 중매결혼을 하기 쉽다.

(4) 병술년 (丙戌年 : 2006년)

- 세운 천간(歲運 天干) 병화(丙火)는 비견(比肩)으로 명식(命式)의 태약(太弱)한 일간(日干)을 생조(生助) 하므로 길(吉)하다.
- 세운 천간(歲運 天干) 병화(丙火)는 명식(命式)의 월간(月干)과 병신간합수(丙辛干合水)가 되어서 용신(用神)을 생조(生助) 하므로 길(吉)하다.
- 세운 지지(歲運 地支) 술토(戌土)는 용신(用神)에게 흉하고 명식(命式)의 태약(太弱)한 일간(日干)에게도 나쁘므로 흉하다.
- 세운 지지(歲運 地支) 술토(戌土)는 명식(命式)의 지지 미토(地支 未土)와 술

미파(戌未破)가 된다.
　이상을 종합하여 해석하면 다음과 같다.
　대운(大運)이 보통이고 세운(歲運)의 천간(天干)은 길(吉)하고 지지(地支)는 흉하여 세운(歲運)은 보통이므로 평년(平年)이다. 동료들의 도움으로 어려운 일들이 잘 해결된다. 사회생활에서 인간관계가 잘 이루어진다.

(5) 정해년(丁亥年 : 2007년)

- 세운 천간(歲運 天干) 정화(丁火)는 겁재(劫財)로서 명식(命式)의 태약(太弱)한 일간(日干)을 생조(生助) 하므로 길(吉)하다.
- 세운 지지(歲運 地支) 해수(亥水)는 용신(用神)을 생조(生助)하고 명식(命式)의 태왕(太旺)한 상관(傷官 未土) 힘을 약하게 하므로 길(吉)하다.

　이상을 종합하여 해석하면 다음과 같다.
　세운(歲運)의 천간(天干)은 길(吉)하고 지지도 길(吉)하여 양호하지만 대운(大運)이 보통이므로 소길년(小吉年)이다. 동료들의 도움으로 모든 일들이 잘 해결된다. 직장인은 직장에서 좋은 일이 생기며 인간관계가 잘 융화된다.

(6) 무자년(戊子年 : 2008년)

- 세운 천간(歲運 天干) 무토(戊土)는 식신(食神)으로 용신(用神)에게 해롭고 명식(命式)의 태약(太弱)한 일간(日干) 병화(丙火) 힘을 누출시켜 매우 해롭지만 명식(命式)의 시간 을목(時干 乙木)과 대운(大運)의 천간 갑목(天干 甲木)이 거(去)하여 많이 완화되었다.
- 세운 지지(歲運 地支) 자수(子水)는 용신 목(用神 木)을 생조(生助)하고 명식(命式)의 태왕(太旺)한 토 상관(土 傷官) 힘을 약하게 만들므로 길(吉)하다.
- 세운 지지(歲運 地支) 자수(子水)는 명식(命式)의 일지(日支) 신(申)과 자신반합수(子申半合水)로 변하여 더 길해진다.
- 대운 지지 술토(大運 地支 戌土)가 세운 지지(歲運 地支) 자수(子水)를 거(去)하여 자수(子水)의 힘이 약해진다.

　이상을 종합하여 해석하면 다음과 같다.
　대운(大運)이 보통이고 세운(歲運)의 천간(天干)은 해롭고 지지(地支)는 좋으므로 보통의 해이다. 건강이 나빠지는 해이므로 질병(疾病)에 유의해야 한다. 좋은 일 하고도 욕먹는 해이다.

(7) 기축년(己丑年 : 2009년)

- 세운 천간(歲運 天干) 기토(己土)는 상관(傷官)으로 용신 목(用神 木) 오행에 해롭고 명식(命式)의 태약(太弱)한 일간 병화(日干 丙火)의 힘을 누출시키므로 흉하지만, 명식(命式)의 일간 을목(日干 乙木)과 대운 천간 갑목(大運 天干 甲木)이 극(剋)하여 나쁜 징조가 많이 완화되었다.
- 세운 지지(歲運 地支) 축토(丑土)는 용신(用神)에게 해롭고 명식(命式)의 태약(太弱)한 일간 병화(日干 丙火)의 힘을 누출시키므로 흉하다.
- 세운 지지(歲運 地支) 축토(丑土)는 명식(命式)의 일지(日支)를 제외한 지지들과 축미충(丑未沖)하여 매우 흉하다.

이상을 종합하여 해석하면 다음과 같다.

대운(大運)은 보통인데 세운(歲運)의 천간(天干)과 지지(地支)가 모두 나쁘므로 흉한 년(年)이다. 애인이나 남편과 이유 없이 사이가 멀어진다. 건강이 나빠지는 해이므로 특히 이 해는 건강에 유의해야 한다. 재산상 손해가 발생하며 직장인은 직장에서 좋지 않은 일이 발생한다. 명식(命式)의 지지 상관(地支 傷官)이 4충(四沖)하므로 크게 놀랄 일이 있을 것이고, 직장인은 특히 직장에서 어려운 일이 발생하므로 조심해야 한다. 얼굴에 상처가 생기는 사고를 당할 수 있으니 조심해야 한다. 여하튼 이 해는 여러 가지로 조심해야 한다.

(8) 경인년(庚寅年 : 2010년)

- 세운 천간(歲運 天干) 경금 편재(庚金 偏財)는 용신(用神)을 극(剋)하고 명식(命式)의 태약(太弱)한 일간(日干)에게 도움이 되지 않으므로 흉하다.
- 세운 천간(歲運 天干) 경금(庚金)은 명식(命式)의 일간(日干)과 을경간합(乙庚干合) 금(金)으로 변한다.
- 세운 지지(歲運 地支) 인목(寅木)은 용신(用神)과 같은 오행(五行)이고, 명식(命式)의 태약(太弱)한 일간 병화(日干 丙火)를 생조(生助)하여 매우 길(吉)하다.
- 세운 지지(歲運 地支) 인목(寅木)은 명식(命式)의 일지(日支)와 인신충(寅申沖)한다.

이상을 종합하여 해석하면 다음과 같다.

대운(大運)은 보통인데 세운(歲運)의 천간(天干)은 나쁘고 세운 지지(歲運 地支)는 좋으므로 보통의 해이다. 명식(命式)의 일간(日干) 정인 을목(正印 乙木)이 태왕(太旺)한 상관(傷官)을 잘 억제하고 있는데, 세운(歲運)과 간합(干合)하여 기신(忌神)으로 변하므로 흉이 심하게 나타나는 해이다. 금전상 손해를 본다. 아버지가 해로운 해이다. 배우자 사이 또는 연인 사이에 좋지 않은 일이 발생하고 본인에게도 좋지 않다.

(9) 신묘년(辛卯年 : 2011년)

- 세운 천간(歲運 天干) 신금(申金)은 정재(正財)로 용신(用神)에게 해롭고 명식(命式)의 태약(太弱)한 일간(日干)에게도 나쁘므로 흉하다.
- 세운 천간(歲運 天干) 신금(辛金)은 명식(命式)의 시간 을목(時干 乙木)과 을신충(乙辛沖)하지만, 명식(命式)의 일간(日干)과 병신합수(丙辛合水) 하므로 충(沖)이 해소된다.
- 세운 지지(歲運 地支) 묘목(卯木)은 용신(用神)과 같은 오행(五行)이고 명식(命式)의 태약(太弱)한 일간(日干)을 생조(生助) 하므로 길(吉)하다.
- 세운 지지(歲運 地支) 묘목(卯木)은 명식(命式)의 일지(日支)를 제외한 지지들과 묘미반합목(卯未半合木)으로 변하여 미토 흉신 상관 (未土 凶神 傷官)들이 길신(吉神)으로 변하므로 매우 양호하다.

이상을 종합하여 해석하면 다음과 같다.

대운(大運)은 보통인데 명식(命式)의 흉신 지지 미토(地支 未土) 상관(傷官) 3개가 세운 지지(歲運 地支)와 반합(半合)하여 길신(吉神)으로 변하므로 소길년(小吉年)이다. 사회생활에서 대인과 융화가 잘 된다. 미혼자는 결혼할 수 있다. 돈 문제로 어려움이 있고 건강도 좋지 않다.

(10) 임진년(壬辰年 : 2012년)

- 세운 천간(歲運 天干) 임수(壬水)는 편관(偏官)으로서 용신 목(用神 木)을 생조(生助)하고 명식(命式)의 태왕(太旺)한 토 상관(土 傷官) 힘을 약하게 하므로 길(吉)하다.
- 세운 지지(歲運 地支) 진토(辰土)는 용신(用神)에게 해롭고 명식(命式)의 태약(太弱)한 일간(日干)의 힘도 약하게 하여 매우 흉하지만, 명식(命式)의 시간 을목(時干 乙木)이 극(剋)하여 조금 완화되었다.

이상을 종합하여 해석하면 다음과 같다.

대운(大運)은 보통이지만 세운(歲運)의 천간(天干)은 길(吉)하고 세운 지지(歲運 地支)는 불리하여 보통의 해이다. 남자로부터 애정을 많이 받고 남자에게 좋은 일이 생긴다. 직장인은 직장에서 좋은 일이 있다. 문서상의 일들은 쉽게 해결된다.

9. 음력 1967년 2월 28일 술(戌)시생 남자

이름	명식8	생년월일	양력 : 1967년 4월 7일 금요일	작성일자	2021년 5월 6일
성별	남 / 나이 55세		음력 : 1967년 2월 28일 음력평달		21시 28분 목요일
			간지 : 丁未년 癸卯월 辛丑일생		

구분	사주								五行	木	火	土	金	水
	년주		월주		일주		시주		元式	1	1	5	0	0
천간	火	丁 편관	木	甲 정재	金	辛 본인	土	戊 정인	藏干	2	2	1	1	1
지지	土	未 편관	土	辰 편재	土	丑 식신	土	戌 비견	強弱 : 신약					
장간	丁	丁乙己	乙	乙癸戊	癸	癸辛己	辛	辛丁戊	用神 : 비겁					
12운성	衰		墓		養		冠帶		공망 : 辰巳					
신살	월살 천덕합		암록 천살 과숙 비인 백호대살				협록 반안살 괴강		양인 : 戌					
간합					간충									
육합					지충				일지 년지의 丑未충 월지 시지의 辰戌충					
삼합														
방합														
파	일지 월지의 丑辰파, 년지 시지의 未戌파				해									
초.중.정기	초기 : 2일		대운		대운의 역운, 大運數 : 1 運				절기 : 청명					

구분	간지	육친	12운성	대운기간	1세	2세	3세	4세	5세	6세	7세	8세	9세	0세
입운	甲辰			0~0 년도	戊	己	庚	辛	壬	癸	甲	乙	丙	丁
1운	癸卯	식신	絶	1~10 1968년	申	酉	戌	亥	子	丑	寅	卯	辰	巳
2운	壬寅	상관	胎	11~20 1978년	午	未	申	酉	戌	亥	子	丑	寅	卯
3운	辛丑	비견	養	21~30 1988년	辰	巳	午	未	申	酉	戌	亥	子	丑
4운	庚子	겁재	長生	31~40 1998년	寅	卯	辰	巳	午	未	申	酉	戌	亥
5운	己亥	편인	沐浴	41~50 2008년	子	丑	寅	卯	辰	巳	午	未	申	酉
6운	戊戌	정인	冠帶	51~60 2018년	戌	亥	子	丑	寅	卯	辰	巳	午	未
7운	丁酉	편관	建祿	61~70 2028년	申	酉	戌	亥	子	丑	寅	卯	辰	巳
8운	丙申	정관	帝旺	71~80 2038년	午	未	申	酉	戌	亥	子	丑	寅	卯
9운	乙未	편재	衰	81~90 2048년	辰	巳	午	未	申	酉	戌	亥	子	丑

9.1 사주구성

　격(格)은 명식(命式)의 주인공이 태어난 여기(餘氣), 중기(中氣), 정기(正氣) 중 어느 시기에 태어났는지를 보고 결정한다. 위 명식(命式)은 초기생(初氣生)이므로 편재격(偏財格)이다. 이 사주(四柱)의 오행(五行) 중에서 월간(月干) 갑목 정재(甲木 正財)는 월지(月支) 및 년지(年支)에 통근(通根)되어 힘이 강하고, 다음으로 시간 무토(時干 戊土)는 월지(月支)에 통근(通根)되어 있으므로 무토(戊土)의 힘도 강하다. 재성(財星)이 강하여 신약(身弱)한 사주이므로 시지(時支)의 술토 초기 지장간(戊土 初氣 支藏干) 신금 비견(辛金 比肩)을 용신(用神)으로 정한다. 시지(時支) 술토(戊土)는 양인(羊刃)이고, 월지 진토(月支 辰土)는 공망(空亡)이다. 4고중(辰戌丑未)에서 편재격(偏財格)이 된 명식(命式)은 충(沖)이 되어야 개운한다. 즉, 고(庫)는 창고를 의미하므로 창고는 열려야만 재물이 나오기 때문이다. 명식(命式)에서 충(沖)이 없으면 충(沖)이 되는 행운(行運)에 개운한다. 위 명식(命式)은 월지(月支) 및 시지(時支)가 진술충(辰戌沖)이 되어 개고(開庫)가 되어 길(吉)하게 되었다. 사주(四柱)의 오행(五行)이 음(陰)은 3개, 양(陽)은 4개이고 음일간(陰溢干)이므로 내성적 성격(性格)과 외성적 성격(性格)의 중간 정도이다. 지지(地支)가 모두 진술축미(辰戌丑未) 충(沖)이면 흉하다는 설과 길(吉)하다는 설이 있지만, 필자의 견해로는 명식(命式)을 보고 판단할 사항이며, 임상 실험적으로 보면 전자보다는 후자가 더 신빙성이 있다.

　사주명리학(四柱命理學)에서는 재성(財星)을 가지고 재물 복을 판단하여 해석한다. 재성(財星)으로서 격(格)을 이룰 때는 일간(日干)이 신강(身强)하고 재성(財星)이 왕(旺)해야 부귀의 명이 된다. 일간(日干)이 신강(身强)해야 왕(旺)한 재물을 처리할 능력이 있기 때문이다. 명식(命式)에서 일간(日干)은 신강(身强)한데 편재(偏財)가 약하면 거지같은 근성이 있고, 일간(日干)은 신약(身弱)한데 재성(財星)이 왕(旺)하면 특별한 경우를 제외하고 빈인(貧人)이 되기 쉽다.

　위 명식(命式)에서 편재(偏財)는 강하고 일간(日干)이 약간 신약(身弱)하지만 대체로 무난하다. 위 명식(命式)은 월지(月支)가 사고(四庫)의 편재(偏財)인데 개고가 되어 좋고, 재성(財星)이 적합한 힘으로 구성되어 있어 양호하므로 재물은 잘 모을 수 있다. 그러나 편재(偏財)가 공망(空亡)이므로 모은 재산을 잘 관리하지 않으면 공허하게 될 수 있으므로 모은 재물 관리에 특별히 주의해야 한다.

　위 명식(命式)은 일간(日干)이 신약(身弱)하므로 어머니 성(星) 무토(戊土) 인성(印星)은 시간(時干)에 있고 통근(通根)되어 힘이 강하므로 어머니의 덕과 형제의 덕은 매우 강하다. 어머니 성 무토(戊土) 인성(印星)의 힘은 강하고, 아버지성 편재(偏財)는 월지(月支)에 암장되어 힘이 강하여 아버지와 어머니는 천수를 누릴 것이다. 명식(命式)에서 정재(正財)와 편재(偏財)가 동주 하므로 명식(命式)의 주인공은 바람기가 있으며 여자관계가 복잡하다. 그러나 명식(命式)의 일간(日干)이 음일생(陰日生)이라 큰 문제는 없다. 남자의 명식(命式)에서 가로나 세로에 정재(正財)와 편재(偏財)가 나란히 있으면 여자관계가 복잡하지만, 일간(日干)이 음일생(陰日生)은 덜하다. 육친(六親)이 적합하게 구성되어 있으므로 건강은 큰 문제가 없고 천수를 누리겠다. 위 명식(命式)은 육친(六親)이 적합하게 구성되어 있어 좋지만 일간(日干)이 조금 신약(身弱)한 것이 조금 아쉽다. 명식(命式)이 양호하여 발복 한다.

(1) 일간(日干)의 강약(强弱)

- 일간 신금(日干 辛金)에 힘이 보태지는 비견(比肩)과 정인(正印)이 각각 1개씩이다.
- 일간 신금(日干 辛金)의 힘을 빼는 편관(偏官) 2개, 재성(財星) 2개, 식신(食神)이 1개이다.
- 일간 신금(日干 辛金)이 진월(辰月)에 출생하여 득령(得令) 하였다.
- 시간 무토(時干 戊土) 정인(正印)은 월지(月支) 및 시지(時支)에 통근(通根)하여 힘이 강하고, 월간(月干) 갑목 정재(甲木 正財)도 년지(年支) 및 월지(月支)에 통근(通根)하여 힘이 강하다.
- 12운성의 힘은 약하다.

이상의 내용을 판단하면 일간(日干)은 신약(身弱) 하다.

12운성 힘의 세기는 다음과 같이 판단한다.
- 사왕(四旺) : 장생(長生), 관대(冠帶), 건록(建祿), 제왕(帝旺)을 사왕(四旺)이라 하며 힘이 강한 것으로 판단한다.
- 사평(四平) : 목욕(沐浴), 묘(墓), 태(胎), 양(養)을 사평(四平)이라 하며 힘이 보통인 것으로 판단한다.
- 사쇠(四衰) : 쇠(衰), 병(病), 사(死), 절(絶)을 사쇠(四衰)라 하며 힘이 약한 것으로 판단한다.

(2) 용신(用神)

　　재성(財星)과 관성(官星)이 강하여 일간(日干)이 신약(身弱) 하므로 시지(時支)의 술토 초기 지장간(戌土 初氣 支藏干) 신금 비견(辛金 比肩)을 용신(用神)으로 정한다. 토(土) 오행 인성(印星)은 희신(喜神)이고, 수(水) 오행 식상(食傷)과 화(火) 오행 관성(官星)은 기신(忌神)이다.

9.2 육친(六親) 관계

(1) 부친궁(父親宮))은 편재(偏財), 월주(月柱)의 12운성, 초년(初年) 운(運)으로 판단한다. 월주 편재(月柱 偏財)는 묘(墓)와 동주 하지만, 편재(偏財)가 월지(月支)에 위치하여 편재(偏財)의 육친(六親) 힘이 강하므로 아버지는 장수 할 것이다. 재성(財星)이 기신(忌神)이 되고 초년(初年) 대운(大運)이 좋지 못하므로 아버지의 보살핌이나 덕은 크지 않다.

(2) 모친궁(母親宮)은 정인(正印), 월주(月柱)의 12운성, 초년(初年) 운(運)으로 판단한다. 어머니 오행(五行) 정인 무토(正印 戊土)가 시간(時干)에 위치하고 월지(月支) 및 일지(日支)에 통근(通根)하여 힘이 강하므로 천수를 누릴 것이다. 정인 무토(正印 戊土)가 강하면서 신약(身弱)한 일간(日干)을 생조(生助)하므로 어머니의 보살핌이 대단하였고 어머니의 덕이나 영향력이 대단하다.

(3) 형제궁(兄弟宮)은 비견(比肩)과 겁재(劫財)로 해석한다. 명식(命式)의 시지 초기 지장간(時支 初氣 支藏干) 신금 비견(辛金 比肩)이 용신(用神)이 되어 신약(身弱)한 일간(日干)을 도우므로 형제간의 도움이 매우 크다.

(4) 처궁(妻宮)은 일지(日支)와 정재(正財)로 본다. 정재(正財)가 없으면 편재(偏財)로 판단한다. 나의 배우자 자리인 일지(日支)가 양(養)과 동주(同柱) 하므로 처(妻)는 몸이 약하다. 월간(月干)에 갑목 정재(甲木 正財)가 있으므로 처(妻)는 있다. 재성(財星)이 왕성한데 정인(正印)이 일간(日干)을 적합하게 생조(生助)하므로 아내는 착하다.

(5) 자식궁(子息宮)은 남명(男命)에서 관성(官星)과 시주(時柱)의 상태로 해석한다. 연주(年柱)의 간지(干支)에 정화 편관(丁火 偏官)이 있으므로 자식은 있지만, 정화 편관(丁火 偏官)은 신약(身弱)한 일간 신금(日干 辛金)을 극(剋)하여 힘을 약하게 하므로 기신(忌神)에 해당한다. 편관(偏官)이 적합하게 제화(극하고 설하는

것) 되므로 자식은 잘 될 것이다. 재성(財星)이 왕성한데 정인(正印)이 일간(日干)을 적합하게 생조(生助) 하므로 자식은 착하고 발달하여 노후가 안락하다.

(6) 성격(性格)은 일간(日干) 오행, 월지(月支) 오행, 합(合) 및 신살(神殺), 사주에서 가장 강한 육친(六親), 용신(用神) 등을 종합적으로 보고 판단한다.
- 일간(日干)이 신금(辛金)이고 신약(身弱) 하다.
- 월지(月支)는 목 편재(木 偏財)이다.
- 연주(年柱)에 천덕합, 월주(月柱)에 암록, 비인, 백호 대살이 있고, 시주(時柱)는 양인(羊刃)과 괴강이 동주 한다.
- 명식(命式)에서 오행의 구성은 적합하지만 제일 강한 것은 시간(時干)의 무토 정인(戊土 正印)이다.

위 내용을 종합하면 다음과 같다.

일간(日干)이 신금(辛金)이므로 정의감이 강하여 불의(不義)를 인정하지 않으며, 무관 기질이 있다. 신약(身弱)한 일간(日干)이 정인(正印)으로부터 적절한 생조(生助)를 받으므로 남의 인격을 존중하고, 예절이 밝으며, 신세와 은혜를 잊지 않는다. 다른 사람과 무조건 사귀지도 않으며 검소하다. 재성(財星)이 적합하게 왕성하고 신약(身弱)한 일간(日干)이 비견(比肩)과 정인(正印)으로부터 적합한 생조(生助)를 받으므로 부명(富命)이다. 월지(月支)가 편재(偏財)이므로 의리를 앞세우고 남의 일을 내 일 같이 잘 보살펴준다. 돈을 버는데 억척같고 돈에 대한 집착이 매우 강하다. 투기나 요행 등으로 한탕주의 경향이 강하다. 돈 버는 데는 수단과 방법을 가리지 않는 경향이 있다. 개척자적인 정신이 강하다. 월지(月支)는 고중(辰戌丑未)의 재(財)가 되므로 금전 관계는 아주 인색한 경향이 있다.

(7) 직업(職業)은 사주(四柱)의 격국(格局)과 월지(月支)의 육친(六親), 가장 강한 오행, 용신(用神) 등을 참고하여 종합적으로 해석한다.
- 월지(月支)는 편재(偏財)이다.
- 가장 강한 육친(六親)은 시간(時干)의 무토 정인(戊土 正印)이고 다음으로 월간(月干)의 갑목 정재(甲木 正財)이다.
- 용신(用神)은 시지(時支)의 초기 지장간(初氣 支藏干) 신금 비견(辛金 比肩)이고, 희신(喜神)은 토(土) 오행 인성(印星)이다.

위 내용을 판단하면 다음과 같다.

월지(月支)가 편재(偏財)이므로 돌아다니면서 활동적으로 하는 사업이나 상업이 적합하다. 부동산, 금융업, 중개업, 투기성 사업도 좋다. 무토 정인(戊土 正印)이 강하므로 지식을 이용한 직업(職業)이나 생산적인 업무가 적합하다. 재성(財星)이 적합하게 제화되므로 개인적인 사업도 양호하다.

(8) 질병(疾病)은 어느 오행(五行)이 태강(太强) 이상이거나 없으면 이 오행(五行)에 해당하는 질병(疾病)에 문제가 발생한다. 질병(疾病)을 판단하는 방법은 오행의 구비 및 조화로 해석한다. 여기에서 오행(五行)의 조화란 오행(五行)이 결손(缺損) 되지 않은 것을 의미한다. 사주(四柱)에서 오행(五行)이 조화되어 중화(中和)를 이루면 한평생 무병하여 건강하다. 그러나 오행(五行)이 태강(太强) 하거나 태약(太弱) 하면 조화가 않되고, 탁기(濁氣)가 많으면 질병(疾病)에 걸리기 쉽다. 어떠한 오행(五行)이 심하게 손상을 받으면 그 오행(五行)에 해당하는 신체 부위에 질병(疾病)이 생긴다.

위 명식(命式)은 육친(六親)의 오행(五行)이 적합하게 구성되어 있으므로 건강에는 큰 문제가 없지만, 금(金) 오행이 약한데 화(火) 오행이 강하므로 기침병, 대장, 폐, 피부병, 혈액 계통에 주의해야 하지만 큰 문제는 되지 않는다.

9.3 대운(大運)

대운(大運)은 월주(月柱)를 기준으로 작성한다.

- 위 명식(命式)은 재성(財星)과 인성(印星)의 힘이 강하여 일간 신금(日干 辛金)이 신약(身弱) 하므로 용신(用神)은 비견(比肩)이고, 희신(喜神)은 인성(印星) 토(土) 오행이다. 기신(忌神)은 화(火) 오행과 수(水) 오행이다.

(1) 계묘(癸卯 : 1968~1977) 대운(大運)

대운 간지(大運 干支)의 관계에서 천간(天干) 계수(癸水)가 지지(地支) 묘목(卯木)을 생조(生助)하여 묘목(卯木)의 힘이 강해지다. 천간(天干) 계수(癸水)는 명식(命式)의 희신(喜神)인 무토(戊土)와 간합(干合)하여 기신(忌神) 화(火) 오행으로 변하므로 좋지 않다. 년간(年干)과 정계충(丁癸沖)하지만, 시간(時干)과 무계합화(戊癸合火)이 되므로 충(沖)은 해소된 것으로 본다. 대운 지지(大運 地支) 묘목(卯木)도 명식(命式)의 년지(年支)와 묘미반합목(卯未半合木)으로 변하여 기신(忌神)이 되므로 나쁘다. 대운(大運)의 천간(天干)과 지지(地支)가 모두 나쁘므로 흉한 대운(大運)이다. 유년 시절은 어려움 속에서 생활하였다.

(2) 임인(壬寅 : 1978~1987) 대운(大運)

대운 간지(大運 干支)의 관계에서 천간(天干) 임수(壬水)가 지지(地支) 인목(寅木)을 생조(生助)하여 인목(寅木)의 힘이 강해진다. 천간(天干) 임수(壬水)는 명식(命式)의 년간(年干)과 정임합목(丁壬合木) 기신(忌神)으로 변하여 나쁘다. 대운 지지 인목(大運 地支 寅木)도 용신 오행 금(用神 五行 金)과 희신(喜神) 오행 토(土)에게 모두 해로우므로 나쁘다. 대운(大運)의 천간(天干)과 지지(地支)가 모두 나쁘므로 흉한 대운(大運)이다.

(3) 신축(辛丑 : 1988~1997) 대운(大運)

대운 간지(大運 干支) 관계에서 지지(地支) 축토(丑土)가 천간 신금(天干 辛金)을 생조(生助)하여 신금(辛金)의 힘이 강해진다. 힘이 강해진 천간 신금(天干 辛金)은 용신(用神)과 같은 오행(五行)이므로 매우 길(吉)하다. 대운 지지 축토(大運 地支 丑土)는 용신(用神)을 생조(生助)하는 오행(五行)이므로 매우 길(吉)하다. 대운(大運)의 천간(天干)과 지지(地支)가 모두 양호하므로 이 대운(大運) 기간에는 비약적인 발전을 하게 된다. 그러나 대운 지지(大運 地支)가 명식(命式)의 년지(年支) 및 월지(月支)와 축미충(丑未沖), 축진파(丑辰破)가 되므로 분주함과 여하간 변동은 있었다.

(4) 경자(庚子 : 1998~2007) 대운(大運)

대운 간지(大運 干支) 관계에서 천간 경금(天干 庚金)이 지지 자수(地支 子水)를 생조(生助) 하므로 자수(子水)의 힘은 강하다. 천간 경금(天干 庚金) 오행은 용신(用神)과 같으므로 매우 길(吉)하지만, 명식(命式)의 월간(月干) 정재 갑목(正財 甲木)과 갑경충(甲庚沖) 하므로 30대 초반부터 중반 사이에 배우자와는 여하간 문제가 있다. 대운 지지 자수(大運 地支 子水)는 용신 오행(用神 五行) 신금(辛金)의 힘을 설기(泄氣) 시켜 약하게 하므로 나쁘지만, 명식(命式)의 일지(日支)와 자축육합토(子丑六合土) 길신(吉神)으로 변하므로 나쁜 것이 많이 완화된다. 대운(大運)의 천간(天干)은 매우 양호하고 지지(地支)는 보통이므로 소길(小吉)한 대운(大運)이다. 이 대운(大運) 기간은 전반부가 후반보다 더 좋다.

(5) 기해(己亥 : 2008~2017) 대운(大運)

대운 간지(大運 干支) 관계에서 천간 기토(天干 己土)가 지지 해수(地支 亥水)를 극(剋)하므로 해수(亥水)의 힘이 약해진다. 대운 천간(大運 天干) 기토(己土)는 용신 신금(用神 辛金)을 생조(生助) 하므로 양호한데, 명식(命式)의 월간(月干) 갑목 정재(甲木 正財)와 갑기합토(甲己合土) 희신(喜神)으로 변하므로 아주 좋아진다. 부부간의 사이도 더 좋아진다. 대운 지지 자수(大運 地支 子水)는 용신 오행(用神 五行) 신금(辛金)의 힘을 설기(泄氣)시키므로 나쁘다. 대운(大運)의 천간(天干)은 매우 양호 하지만 지지(地支)가 나쁘므로 소길(小吉)한 대운(大運)이다. 40대 후반보다 전반부가 더 좋다.

(6) 무술(戊戌 : 2018~2027) 대운(大運)

대운 간지(大運 干支)에서 천간 무토(天干 戊土)는 용신 신금 오행(用神 辛金 五行)을 생조(生助) 하므로 아주 양호하다. 대운 지지 술토(大運 地支 戌土) 오행도 용신 신금 오행(用神 辛金 五行)을 생조(生助) 하므로 양호한데, 명식(命式)의 월지(月支) 사고(辰戌丑未) 편재(偏財)를 진술충(辰戌沖) 하여 창고를 열어서 재물이 모이는 대운(大運)이다. 사고(辰戌丑未)의 편재(偏財)는 충(沖)을 만나야 창고를 열어서 재물이 모이는 것이다. 대운(大運)의 천간(天干)과 지지(地支)가 양호하므로 매우 길한 대운(大運)이다.

(7) 정유(丁酉 : 2028~2037) 대운(大運)

대운 간지(大運 干支) 관계에서 천간 정화(天干 丁火)가 지지 유금(地支 酉金)을 극(剋)하여 유금(酉金)의 힘이 약해진다. 천간 정화(天干 丁火)는 용신 신금 오행(用神 辛金 五行)의 힘을 극(剋)하여 나쁘다. 대운 지지 유금(大運 地支 酉金)은 용신 오행(用神 五行) 신금(辛金)과 같아서 좋은데, 명식(命式)의 월지(月支) 및 시지(時支)와 유진육합금(酉辰六合金), 유축반합금(酉丑半合金) 길신(吉神)으로 변하므로 매우 양호하다. 대운(大運)의 천간(天干)은 나쁘고 지지(地支)는 매우 좋으므로 소길(小吉) 대운(大運)이다. 이 대운(大運) 기간은 전반부보다 후반부가 더 좋다.

(8) 병신(丙申 : 2038~2047) 대운(大運)

대운 간지(大運 干支) 관계에서 천간 병화(天干 丙火)가 지지 신금(地支 申金)을 극(剋)하므로 지지 신금(地支 申金)의 힘이 약해진다. 대운 천간 병화(大運 天干 丙火)는 용신 오행(用神 五行) 신금(辛金)을 극(剋)하므로 해롭다. 대운 지지 신금(大運 地支 申金)은 용신(用神)과 같은 오행(五行)이므로 양호하다. 대운(大運)의 천간(天干)은 나쁘고 지지(地支)는 양호하므로 보통의 대운(大運)이다. 이 대운(大運) 기간은 전반부보다 후반부가 더 좋다.

9.4 세운(歲運)

경자(庚子 : 1998~2007) 대운(大運)의 10년간 세운(歲運)에 대하여 설명한다. 천간 경금(天干 庚金) 오행은 용신(用神)과 같으므로 매우 길(吉)하지만, 명식(命式)의 월간(月干) 정재 갑목(正財 甲木)과 갑경충(甲庚沖) 하므로 30대 초반부터 중반부 사이에 배우자와는 여하간 문제가 있다. 대운 지지 자수(大運 地支 子水)는 용신 오행(用神 五行) 신금(辛金)의 힘을 설기(泄氣)시켜 약하게 하므로 나쁘지만, 명식(命式)의 일지(日支)와 자축육합토(子丑六合土), 희신(喜神)으로 변하여 나쁜 것이 많이 완화된다. 대운(大運)의 천간(天干)은 매우 양호하고 지지(地支)는 소길(小吉)하므로 소길(小吉)한 대운(大運)이다. 이 대운(大運) 기간은 전반부가 후반보다 더 좋다.

- 용신(用神) : 금(金), 희신(喜神) : 토(土), 기신(忌神) : 화(火), 수(水)

(1) 무인년(1998 戊寅年)

- 세운(歲運) 천간(天干) 무토(戊土)는 용신(用神) 신금(辛金)을 생조하고 신약한 일간(日干)도 생조 하므로 매우 길(吉)하다.
- 세운(歲運) 지지(地支) 인목(寅木)은 용신(用神)과 신약한 일간(日干)에게도 불리하다.

이상을 종합하여 해석하면 다음과 같다.

대운(大運)은 소길(小吉)하고 세운(歲運)의 천간(天干)은 길(吉)하고 지지(地支)는 흉(凶)하므로 소길(小吉)한 해이다. 명예가 향상되고 윗 사람으로부터 물심양면의 도움을 받는다. 문서와 관계되는 일이나 매매 계약의 체결이 이루어지는데 모두 이득을 본다. 어려웠던 일들이 잘 해결된다. 조상이나 손위 사람으로부터 정신적인 것이나 물질적인 유산을 물려받는다. 신규 사업을 하여도 양호하다.

(2) 기묘년(1999 己卯年)

- 세운(歲運) 천간(天干) 기토(己土)는 용신(用神) 신금(辛金)을 생조하므로 길(吉)하다.
- 세운(歲運) 천간(天干) 기토(己土)는 명식(命式)의 월간(月干) 갑목(甲木) 기신(忌神)과 갑기합토(甲己合土) 희신(喜神)으로 변하므로 아주 대길(大吉)하다.
- 세운(歲運) 지지(地支) 묘목(卯木)은 용신(用神)에게 불리하다.
- 세운(歲運) 지지(地支) 묘목(卯木)은 명식(命式)의 지지(地支)와 묘술육합화(卯

戌六合火), 묘미반합화(卯未半合火)가 되므로 나쁘다.

이상을 종합하여 해석하면 다음과 같다.

대운(大運)이 소길(小吉)하고 세운(歲運)도 소길(小吉)하므로 소길(小吉)한 해이다. 신규 사업은 양호하다. 귀인으로부터 도움을 받아서 뜻하는 일이 쉽게 성취된다. 각종 매매 계약 체결이나 문서와 관계되는 일들이 이루어진다. 어려웠던 일들이 잘 해결된다. 조상이나 손위 사람으로부터 정신적인 것이나 물질적인 유산을 물려받는다.

(3) 경진년(2000 庚辰年)

- 세운(歲運) 천간(天干) 경금(庚金)은 용신(用神)과 같은 오행(五行)이므로 매우 길(吉)하다.
- 세운(歲運) 천간(天干) 경금(庚金)은 명식(命式)의 월간(月干)과 갑경충(甲庚沖)한다.
- 세운(歲運) 지지(地支) 진토(辰土)는 용신(用神)과 신약한 일간(日干)을 생조하므로 매우 길(吉)하다.
- 세운(歲運) 지지(地支) 진토(辰土)는 명식(命式)의 시지(時支)와 진술충(辰戌沖)한다.

이상을 종합하여 해석하면 다음과 같다.

대운(大運)은 소길(小吉)하고 세운(歲運)의 천간(天干)과 지지(地支)가 길(吉)하므로 매우 길(吉)한 세운(歲運)이다. 일간(日干)이 신약한데 세운(歲運)의 천간(天干)과 지지(地支)가 충(沖)이되므로 길(吉)한 중에 관재, 구설, 질병이나 크게 놀라는 일이 있다. 재성격(材星格)에 신약하므로 이해는 개운하여 많은 재물을 모은다. 사업가는 사업이 잘 된다. 형제 친구들의 도움으로 어려운 일들이 잘 해결되고 재물도 불어난다.

(4) 신사년(2001 辛巳年)

- 세운(歲運) 천간(天干) 신금(辛金)은 용신(用神)과 같은 오행(五行)이므로 길(吉)하다.
- 세운(歲運) 지지(地支) 사화(巳火)는 용신(用神)에게 불리하다.

이상을 종합하여 해석하면 다음과 같다.

대운(大運)이 소길(小吉)하고 세운(歲運)도 소길(小吉)하므로 소길(小吉)한 해이다. 사업이 잘 된다. 형제, 동료들의 도움으로 어려운 일은 해결되고 재물이 불어난다. 독립적인 사업을 하여도 길(吉)하다. 인간관계가 잘 이루어진다.

(5) 임오년(2002 壬午年)

- 세운(歲運) 천간(天干) 임수(壬水)는 용신(用神)과 신약한 일간(日干)에게 불리하므로 흉(凶)하다.
- 세운(歲運) 천간(天干) 임수(壬水)는 명식(命式)의 월간(月干)과 정임합목(丁壬合木) 기신(忌神)으로 변하므로 매우 흉(凶)하다.
- 세운(歲運) 지지(地支) 오화(午火)는 용신(用神) 신금(辛金)을 극(剋)하여 흉(凶)하다.
- 세운(歲運) 지지(地支) 오화(午火)는 명식(命式)의 시지(時支)와 오술반합화(午戌半合火) 기신(忌神)으로 변하므로 흉(凶)하다.

이상을 종합하여 해석하면 다음과 같다.

대운(大運)은 소길(小吉)하고 세운(歲運)은 매우 흉(凶)하므로 소흉(小凶)한 해이다. 재산상의 손해를 보고 건강이 나빠진다. 자녀 문제로 고심이 생긴다. 사업이 부진해진다. 관재 구설수가 생기며, 말 조심을 하지 안으면 화를 당할 수 있다.

(6) 계미년(2003 癸未年)

- 세운(歲運) 천간(天干) 계수(癸水)는 용신(用神) 신금(辛金)을 누설하므로 나쁘다.
- 세운(歲運) 천간(天干) 계수(癸水)는 명식(命式)의 년간(年干)과 정계충(丁癸沖)한다.
- 세운(歲運) 지지(地支) 미토(未土)는 용신(用神) 신금(辛金)을 생조하여 길(吉)하다.
- 세운(歲運) 지지(地支) 미토(未土)는 명식(命式)의 일지(日支)와 축미충(丑未沖)하고 명식(命式)의 시지(時支)와 미술파(未戌破)이다.

이상을 종합하여 해석하면 다음과 같다.

대운(大運)은 소길(小吉)하고 세운(歲運)의 천간(天干)은 불리하고 지지(地支)는 양호하므로 소길년(小吉年)의 해이다. 노력에 비하여 결과는 신통치 않으며 일에 막힘이 많다. 배우자의 건강이 좋지 않다. 정신적으로 동요가 많으며 마음이 불안해 진다. 자녀 문제로 근심 걱정이 생긴다. 적극적인 투자나 신규사업은 절대 불리하므로 하면 안 된다. 건강이 좋지 않는데, 특히 소화기 계통에 조심해야 한다. 관재 구설수가 있다. 좋은 일 하고도 욕먹는다. 처가 집과 관련된 골치 아픈 일이 생긴다.

(7) 갑신년(2004 甲申年)

- 세운(歲運) 천간(天干) 갑목(甲木)은 용신(用神)에게 불리하다.
- 세운(歲運) 천간(天干)과 대운(大運) 천간(天干)이 갑경충(甲庚沖)한다.
- 세운(歲運) 지지(地支) 신금(申金)은 용신(用神)과 같은 오행(五行)이므로 길(吉)하다.
- 세운(歲運) 지지(地支), 대운(大運) 지지(地支), 명식(命式)의 월지(月支)가 연결되어 신자진삼합수(申子辰三合水)가 된다.

이상을 종합하여 해석하면 다음과 같다.

대운(大運)은 소길(小吉)하고 세운(歲運)의 천간(天干)은 불리하고 세운(歲運)의 지지(地支)는 길(吉)하므로 소길(小吉)한 해이다. 명식(命式)의 월지(月支)와 대운(大運) 및 세운(歲運)의 지지(地支)가 연결되어 삼합(三合)이 되므로 부모형제(父母兄弟)에게 문제가 생긴다. 가옥에 대한 좋은 일이 생긴다. 대운(大運)과 세운(歲運)이 충(沖)하므로 부부(夫婦) 사이가 원만하지 못하다. 타인과 불화가 생기며 사업에는 손실 변화가 있다. 건강, 재액, 손재 등으로 좋지 않다. 처는 남편에게 누가 되는 일을 일으키는 등 가정불화가 심하다. 동료나 형제간에 돈 문제로 좋지 않은 일이 생긴다. 건강에 조심해야 한다.

(8) 을유년(2005 乙酉年)

- 세운(歲運) 천간(天干) 을목(乙木)은 용신(用神)에게 불리하다.
- 세운(歲運) 천간(天干) 을목(乙木)은 명식(命式)의 일간(日干)과 을신충(乙申沖)한다.
- 세운(歲運) 천간(天干)은 대운(大運) 천간(天干)과 을경합금(乙庚合金) 길신(吉神)으로 변한다.
- 세운(歲運) 지지(地支) 유금(酉金)은 용신(用神) 오행(五行)과 같으므로 길(吉)하다.
- 세운(歲運)지지(地支) 유금(酉金)은 명식(命式)의 월지(月支)와 유진육합금(酉辰六合金) 길신(吉神)으로 변하고, 일지(日支)와 유축반합금(酉丑半合金)으로 변하여 매우 길(吉)하다.

이상을 종합하여 해석하면 다음과 같다.

대운(大運)은 소길(小吉)하고 세운(歲運)도 소길(小吉)하므로 소길(小吉)한 해이다. 신규 사업이나 확장은 불리하다. 대체로 전년과 비슷하다.

(9) 병술년(2006 丙戌年)

- 세운(歲運) 천간(天干) 병화(丙火)는 용신(用神)에게 불리하다.
- 명식(命式)의 일간(日干)과 병신합수(丙辛合水) 기신(忌神)으로 변하여 불리하다.
- 세운(歲運) 지지(地支) 술토(戌土)는 용신(用神)을 생조하므로 길(吉)하다.
- 세운(歲運) 지지(地支) 술토(戌土)는 명식(命式)의 월지(月支)와 진술충(辰戌沖)한다.

이상을 종합하여 해석하면 다음과 같다.

대운(大運)은 소길(小吉)하고 세운(歲運)도 소길(小吉)하므로 소길(小吉)한 해이다. 월지(月支)가 4고에서 편재격(偏財格)인데, 세운(歲運)이 진술충(辰戌沖)하여 개고(開庫)하므로 재물복이 많은 해이다. 타인과 동업은 불리하다. 심신이 고달픈 해이다. 자식 때문에 신경 쓰이는 일이 생긴다.

(10) 정해년(2007 丁亥年)

- 세운(歲運) 천간(天干) 정화(丁火)는 용신(用神)에게 불리하다.
- 세운(歲運) 지지(地支) 해수(亥水)는 용신(用神)에게 불리하다.
- 세운(歲運) 지지(地支), 대운(大運) 지지(地支), 명식(命式)의 일지(日支)와 연결되어 해자축삼합수(亥子丑三合水)가 된다.

이상을 종합하여 해석하면 다음과 같다.

대운(大運)은 소길(小吉)하고 세운(歲運)이 흉(凶)하므로 보통의 해이지만 주의해야 할 해이다. 배우자와 애정이 두터워지거나 동업, 합작 등 타인과 융합이 잘된다. 사업 부진으로 고전한다. 직장인은 직장에서 좋지 않은 일이 생긴다. 건강에 주의해야 한다.

10. 음력 1956년 3월 11일 사(巳)시생 남자

이름	명식9		생년월일	양력 : 1956년 4월 21일 토요일	작성일자	2021년 5월 9일
성별	남	나이 66세		음력 : 1956년 3월 11일 음력평달		18시 22분 일요일
				간지 : 丙申년 壬辰월 戊午일생		

구분	사 주				五行	木	火	土	金	水
	년 주	월 주	일 주	시 주	元式	0	4	1	1	1
천간	火 丙 편인	水 壬 편재	土 戊 본인	火 丁 정인	藏干	0	2	1	1	3
지지	金 申 편재	土 辰 정재	火 午 겁재	火 巳 식신	强弱 : 신강					
장간	壬 戊壬庚	癸 乙癸戊	己 丙己丁	庚 戊庚丙	用神 : 편재					
12운성	病	冠帶	帝旺	建祿	공망 : 子丑					
신살	복성귀인 역마살	태극귀인 월살 괴강	협록	유하 망신살 천덕합	양인 : 午					
간합		월간 시간의 丁壬합木	간충		년간 월간의 丙壬충					
육합		년지 시지의 申巳육합水	지충							
삼합		寅午戌 삼합火, 申子辰 삼합水, 巳酉丑 삼합金, 亥卯未 삼합木								
방합		寅卯辰 방합木, 巳午未 방합火, 申酉戌 방합金, 亥子丑 방합水								
파		년지 시지의 申巳파	해							

초.주.정기		중기 : 16일	대운	대운의 순운, 大運數 : 5 運						절기 : 청명			
구분	간지	육친	12운성	대운기간	5세	6세	7세	8세	9세	0세	1세	2세	3세	4세
입운	壬辰			0~4	辛	壬	癸	甲	乙	丙	丁	戊	己	庚
				년도										
1운	癸巳	정재	建祿	5~14	丑	寅	卯	辰	巳	午	未	申	酉	戌
				1961년										
2운	甲午	편관	帝旺	15~24	亥	子	丑	寅	卯	辰	巳	午	未	申
				1971년										
3운	乙未	정관	衰	25~34	酉	戌	亥	子	丑	寅	卯	辰	巳	午
				1981년										
4운	丙申	편인	病	35~44	未	申	酉	戌	亥	子	丑	寅	卯	辰
				1991년										
5운	丁酉	정인	死	45~54	巳	午	未	申	酉	戌	亥	子	丑	寅
				2001년										
6운	戊戌	비견	墓	55~64	卯	辰	巳	午	未	申	酉	戌	亥	子
				2011년										
7운	己亥	겁재	絶	65~74	丑	寅	卯	辰	巳	午	未	申	酉	戌
				2021년										
8운	庚子	식신	胎	75~84	亥	子	丑	寅	卯	辰	巳	午	未	申
				2031년										
9운	辛丑	상관	養	85~94	酉	戌	亥	子	丑	寅	卯	辰	巳	午
				2041년										

10.1 사주구성

격(格)은 월지(月支)의 지장간(支藏干)으로 정하는데 사주(四柱)의 주인공이 태어난 여기(餘氣), 중기(中氣), 정기(正氣) 중 어느 시기에 태어났는지를 보고 결정한다. 위 명식(命式)은 중기생(中氣生)이므로 정재격(正財格)이다. 이 사주(四柱)의 오행(五行) 중에서 월간(月干) 임수(壬水)는 월지(月支)에 통근(通根)되어 있으므로 임수(壬水)의 힘이 강한데, 또한 월지(月支)와 시지(時支)가 사신육합수(巳申六合水)가 되므로 재성(財星)의 힘이 왕(旺)하다. 년간(年干)과 월간(月干)이 병임충(丙壬沖) 하지만 월간(月干)과 시간(時干)이 정임합목(丁壬合木) 하여서 충(沖)은 해소된 것으로 본다. 일지(日支) 오화(午火) 오행(五行)은 양인(羊刃)이다.

재성(財星)은 4고(辰戌丑未) 중에 있는 것이 제일 좋은데, 이때는 재성(財星)이 충(沖)이 되어서 창고가 열려야 개운한다. 만일 명식(命式)에서 충(沖)이 되지 않으면 행운(行運)에서 충(沖)이 되는 시기에 발복한다. 위 명식(命式)은 월지(月支) 진(辰)에서 정재격(正財格)이 되고 충(沖)이 되지 않으므로 행운(行運)에서 술(戌) 오행(五行)이 오면 진술충(辰戌沖)이 되어 개운한다. 무기일생(戊己日生)이 인묘진월(寅卯辰月)에 출생하면서 재성(財星)이 많으면 다집다산의 명식(命式)이므로 위 명식(命式)은 여기에 해당한다. 위 명식(命式)과 같이 사고(辰戌丑未)에서 정재(正財)가 되면 스스로 생왕해져서 재물이 풍부하다. 정재격(正財格)에 재(財)가 왕(旺)하면 위 명식(命式)과 같이 정인(正印)이 꼭 있어야 하고, 여기에 정관(正官)이 있으면 틀림없이 부귀(富貴)하게 된다. 사주(四柱)의 오행(五行)이 음(陰)은 2개, 양(陽)은 5개이고 양일간(陽日干)이므로 외향적 성격(性格)의 소유자이다.

사주 명리학(四柱 命理學)에서는 재성(財星)을 가지고 재물복(財物福)을 판단하여 해석한다. 재성(財星)으로서 격(格)을 이룰 때는 일간(日干)이 신강(身强)하고 재성(財星)도 강해야 부귀(富貴)의 명(命)이 된다. 일간(日干)이 신강(身强)해야 강한 재물(財物)을 처리할 능력(能力)이 있기 때문이다. 명식(命式)에서 일간(日干)은 신강(身强)한데 편재(偏財)가 약하면 거지같은 근성(根性)이 있고, 일간(日干)은 신약(身弱)한데 재성(財星)이 왕(旺)하면 특별(特別)한 경우(境遇)를 제외하고 빈인(貧人)이 되기 쉽다.

위 명식(命式)은 일간(日干)이 신강(身强)하고 재성(財星)도 왕(旺)한데 정인(正印)과 편인(偏印)이 있어서 능히 재성(財星)을 감당할 능력이 있다. 위 명식(命式)에 정관(正官)만 있다면 부귀의 명으로 금상첨화인데 관성(官星)이 없는 것이 아쉽지만,

월간(月干)과 시간(時干)이 정임합목(丁壬合木) 관성(官星)으로 나타나고, 월지(月支)의 초기 지장간(初氣 支藏干)에 을목(乙木) 정관(正官)이 나타나므로 좋다. 위 명식(命式)은 재물도 양호하고 특히 월지(月支) 진(辰) 오행(五行)이 충(沖)이 되는 술(戌)의 행운(行運)에 발복한다. 위 명식(命式)과 같이 재성(財星)이 왕(旺)한데 인수(印綬)가 있으므로 배우자와 자식은 어질고 착하며, 자녀가 발달하여 노후가 안락(安樂)하게 된다. 위 명식(命式)과 같이 정재격(正財格)에 정인(正印)이 있으면 부모의 힘과 덕을 얻지만, 격이 아닌 정재(正財)에 정인(正印)이 교집(交集)하면 처(妻)와 어머니 간에 갈등이 심하다. 위 명식(命式)과 같이 정재(正財)와 편재(偏財)가 혼잡(混雜)되어 있으면 남녀 불문하고 염문이 생기는데, 더욱이 사고(辰戌丑未)에서 정재(正財)가 되면 은밀히 다른 여자와 문제가 있고, 처(妻)에게는 정신적으로 고달프게 한다.

위 명식(命式)에서 재성(財星)이 왕(旺)하므로 아버지와 배우자는 천수를 누리고 어머니 육친 인성(印星)도 강하므로 어머니도 천수를 누린다. 관성(官星)이 없어 자식이 없을 것 같지만 월지(月支)의 초기 장간에 을목(乙木) 정관(正官)이 심장(深藏)되어 있고, 월간(月干)과 시간(時干)이 정임합목(丁壬合木) 관성(官星)으로 변하므로 자식은 있다.

(1) 일간(日干)의 강약(强弱)

- 일간 무토(日干 戊土)에 힘이 보태지는 겁재(劫財) 1개, 정인(正印) 1개, 편인(偏印) 1개이다.
- 일간 무토(日干 戊土)의 힘을 빼는 편재(偏財) 2개, 정재(正財) 1개, 식신(食神) 1개이다.
- 일간 무토(日干 戊土)가 진월(辰月)에 출생하여 득령(得令)하였다.
- 월간(月干) 임수(壬水) 편재(偏財)는 년지(년年支)에 통근(通根)하여 힘이 강하고, 다음으로 년간 병화(年干 丙火) 편인(年干 丙火 偏印) 및 시간(時干) 정화 정인(丁火 正印)도 일지(日支)와 시지(時支)에 통근(通根)하여 힘이 강하다.
- 양인(羊刃)은 일지(日支)의 오(午) 오행(五行)이다.
- 12운성의 힘은 매우 강하다.
- 년지(年支)와 시지(時支)가 사신육합수(巳申六合水)이다.
- 월간(月干)과 시간(時干)이 정임합목(丁壬合木)으로 천간(天干) 丙壬沖을 해소한다.

이상의 내용을 판단하면 일간(日干)은 신강(身强)하다.

양인(羊刃)은 겁재(劫財)와 거의 같으므로 겁재(劫財)가 하나 더 있다고 보면 된다.
12운성 힘의 세기는 다음과 같이 판단한다.

- 사왕(四旺) : 장생(長生), 관대(冠帶), 건록(建祿), 제왕(帝旺)을 사왕(四旺)이라 하며 힘이 강한 것으로 판단한다.
- 사평(四平) : 목욕(沐浴), 묘(墓), 태(胎), 양(養)을 사평(四平)이라 하며 힘이 보통인 것으로 판단한다.
- 사쇠(四衰) : 쇠(衰), 병(病), 사(死), 절(絶)을 사쇠(四衰)라 하며 힘이 약한 것으로 판단한다.

(2) 용신(用神)

인성(印星)이 강하고 일간(日干)이 득령(得令)하여 신강(身强)하므로 월간(月干) 임수(壬水) 편재(偏財)를 용신(用神)으로 정하지만, 용신(用神)이 정임합목(丁壬合木) 하므로 탁기를 남겼다. 금(金) 오행 식상(食傷)은 희신(喜神)이고, 토(土)와 화(火) 오행(五行)은 기신(忌神)이다.

10.2 육친(六親) 관계

(1) 부친궁(父親宮)은 편재(偏財), 월주(月柱)의 12운성, 초년(初年) 운(運)으로 판단한다. 월간(月干) 편재(偏財)는 관대(冠帶)와 동주하고, 아버지 오행(五行) 수 편재(水 偏財)는 2개이고 월지(月支)에 통근(通根)되어 있으므로 강하다. 초년(初年) 대운(大運)은 사오미(巳午未) 남방운(南方運)으로 흐르므로 좋지 않다. 편재(偏財)가 강하므로 아버지는 천수를 누리며 시간(時干) 정인(正印)과 정임합목간합(丁壬合木干合)하므로 어머니와는 해로한다. 정인(正印)과 편인(偏印)이 교집(交集)하므로 아버지는 바람기가 있다. 용신(用神)이 편재(偏財)이고 초년(初年) 대운(大運)은 좋지 않으므로 아버지의 덕은 있지만 아버지의 보살핌은 없다.

(2) 모친궁(母親宮)은 정인(正印), 월주(月柱)의 12운성, 초년(初年) 운(運)으로 판단한다. 어머니 오행(五行) 정화 정인(丁火 正印)이 시간(時干)에 있고 일지(日支) 및 시지(時支)에 통근(通根)되어 있으므로 힘이 강하다. 재성(財星)이 강한데 인성(印星)이 일간(日干)을 적절히 생조(生助)하므로 어머니의 보살핌은 있다. 시간(時干)의 정화 정인(丁火 正印)이 강하므로 어머니는 천수를 누린다. 시간 정인(時干 正印)이 월간(月干)의 편재(偏財)와 정임합목간합(丁壬合木干合)하므로

아버지와는 해로한다.

(3) 형제궁(兄弟宮)은 비견(比肩)과 겁재(劫財)로 해석한다. 일지(日支)의 기토 겁재(己土 劫財)는 기신(忌神)이므로 형제들은 나에게 도움이 되지 않는다.

(4) 처궁(妻宮)은 일지(日支)와 정재(正財)로 본다. 정재(正財)가 없으면 편재(偏財)로 판단한다. 월지(月支)에 정재(正財)가 있고 잘 조화되어 있으므로 호문숙녀(豪門淑女)의 처(妻)를 얻으며, 재성(財星)이 강하고 정인(正印)이 있으므로 처(妻)는 착하다. 재성(財星)이 용신(用神)이므로 처덕(妻德)은 있다.

(5) 자식궁(子息宮)은 남명(男命)에서 관성(官星)과 시주(時柱)의 상태로 해석한다. 월간(月干)과 시간(時干)이 정임합목(丁壬合木) 관성(官星)이 나타나고, 월지(月支)의 초기 지장간(初氣 支藏干)에 을목 정관(乙木 正官)이 있으므로 자식은 있다. 재성(財星)이 강한데 정인(正印)이 있으므로 자식은 착하고 발달하여 노후가 안락하게 된다.

(6) 성격(性格)은 일간(干日) 오행, 월지(月支) 오행, 합(合) 및 신살(神殺), 사주에서 가장 강한 육친(六親), 용신(用神) 등을 종합적으로 보고 판단한다.
 - 일간(日干)이 무토(戊土)이고 신강(身强)하다.
 - 월지(月支)는 계수(癸水) 정재(正財)이고 재성(財星)이 강하다.
 - 월간(月干)과 시간(時干)이 정임합목(丁壬合木)이다.
 - 년지(年支)와 시지(時支)가 사신육합수(巳申六合水)이다.
 - 편재(偏財)와 정재(正財)가 교집(交集)한다.
 - 연주(年柱)에 복성귀인, 역마살이 있고, 월주(月柱)에 태극귀인, 괴강이 있고, 일주(日柱)에 협록, 양인(羊刃), 시지(時支)에 천덕합이 있다.

위 내용을 종합하면 다음과 같다.

일간(日干)이 토(土) 오행이고 신강(身强)하므로 신의(信義)를 지키며 책임감이 강하고 성실하다. 효심과 충성심이 있고 신념이 강하다. 월지(月支)가 庫中(辰戌丑未)의 정재(正財)이므로 금전관계는 인색하며 재성(財星)이 강하므로 재(財)에 대한 집착이 강하다. 정재(正財)와 편재(偏財)가 혼합되어 있고 수기(水氣)가 왕성하면서 간합(干合)과 지합(支合)이 있으므로 바람기가 심하다. 편인(偏印)과 정인(正印)이 있으므로 2가지의 직업(職業)을 가지는 경향이 많다.

(7) 직업(職業)은 사주(四柱)의 격국(格局)과 월지(月支)의 육친(六親), 가장 강한 오행, 용신(用神) 등을 참고하여 종합적으로 해석한다.

- 월지(月支)는 정재(正財)이므로 정재격(正財格)이다.
- 가장 강한 육친(六親)은 재성(財星)이다.
- 용신(用神)은 임수(壬水) 편재(偏財)이다.

위 내용을 판단하면 다음과 같다.

책임감이 강하고 성실하므로 신용을 필수로 하는 사업이나 직장 생활도 양호하다. 금융기관 기업체, 관공서 등의 봉급생활도 무난하고 기업경영도 좋다. 인성(印星)도 강하므로 지식을 이용한 사업이나 교육 계통도 무난하다.

(8) 질병(疾病)은 어느 오행(五行)이 태강(太强) 이상이거나 없으면 이 오행(五行)에 해당하는 질병(疾病)에 문제가 발생한다.
- 목(木)의 오행(五行)이 허(虛)하므로 각종 안질에 주의해야 한다.
- 수(水)의 오행(五行)이 실(實)하므로 방광염, 요도염, 무릎, 요통, 신장염 등에 주의해야 한다.

질병(疾病)을 판단하는 방법은 명식(命式)의 구성에서 오행(五行)이 태과(太過)한지, 불급(不及)한지를 보고 오행(五行)의 허(虛)와 실(實)을 파악하여 해석한다. 어떠한 오행(五行)이 심하게 손상을 받으면 그 오행(五行)에 해당하는 신체 부위에 질병(疾病)이 생긴다. 오행(五行)이 조화되어 중화(中和)를 이루면 한평생 무병하여 건강하다.

10.3 대운(大運)

대운(大運)은 월주(月柱)를 기준으로 작성한다.
- 위 명식(命式)은 화(火)의 인성(印星) 힘이 강하여 편재(偏財)를 용신(用神)으로 정한다. 금(金) 오행 식상(食傷)은 희신(喜神)이고, 토(土)와 화(火) 오행(五行)은 기신(忌神)이다.

(1) 계사(癸巳 : 1961~1970) 대운(大運)

대운 간지(大運 干支)의 관계에서 천간(天干) 계수(癸水)가 지지 사화(地支 巳火)를 극(剋)하여 사화(巳火)의 힘이 약해진다. 천간(天干) 계수(癸水)는 용신(用神)과 같은 오행(五行)이지만, 명식(命式)의 일간(日干)과 무계합화(戊癸合火) 기신(忌神)으로 변하여 아주 흉하다. 또한 명식(命式)의 시간(時干)과 정계충(丁癸沖)하지만 무계합(戊癸合) 되므로 충(沖)은 해소된 것으로 본다. 대운 지지(大運 地支) 사화(巳火)는 기신(忌神)이고, 명식(命式)의 년지(年支)와 사신육합수(巳申六合水), 사신파(巳申破)가 되므로 지지(地支)는 소흉(小凶)하다. 대운(大運)의 천간(天干)과 지지(地支)가 나빠 흉한 대운(大運)이므로 유년 시절은 어려운 생활을 하였다.

(2) 갑오(甲午 : 1971~1980) 대운(大運)

대운 간지(大運 干支)의 관계에서 천간 갑목(天干 甲木)이 지지(地支) 오화(午火)를 생조(生助)하여 오화(午火)의 힘이 강해진다. 천간 갑목(天干 甲木)은 용신(用神)의 힘을 누출시켜 나쁘다. 대운 지지(大運 地支) 오화(午火)도 용신(用神)에게 불리하다. 대운(大運)의 천간(天干)과 지지(地支)가 모두 불리하므로 흉한 대운(大運)이다.

(3) 을미(乙未 ; 1981~1990) 대운(大運)

대운 간지(大運 干支) 관계에서 천간 을목(天干 乙木)이 지지 미토(地支 未土)를 극(剋)하여 미토(未土)의 힘이 약해진다. 대운 천간 을목(大運 天干 乙木)은 용신 수(用神 水) 오행(五行)을 누출시켜 나쁘다. 지지 미토(地支 未土)는 명식(命式)의 일지(日支) 및 시지(時支)와 연결되어 사오미방합(巳午未方合) 화국(火局)을 형성하여 용신 수(用神 水) 오행(五行)에게 불리하므로 나쁘다. 대운(大運)의 천간(天干)과 지지(地支)가 나쁘므로 흉한 대운(大運)이다.

(4) 병신(丙申 : 1991~2000) 대운(大運)

대운 간지(大運 干支) 관계에서 천간 병화(天干 丙火)가 지지 신금(地支 申金)을 극(剋)하여 신금(申金)의 힘은 약하다. 명식(命式)에서 힘이 강한 월간(月干) 임수(壬水)가 대운 천간 병화(大運 天干 丙火) 기신(忌神)을 극(剋)하여 흉이 해소되었지만, 명식(命式)의 월간(月干) 편재(偏財)와 병임충(丙壬沖)하여 나쁘다. 명식(命式)의 월간(月干) 아버지궁과 아버지성 편재(偏財)를 충(沖)하고 1992년은 임신년(壬申年)인데 이해의 천간(天干) 편재(偏財)와도 충(沖)이 되어 아버지성 편재(偏財)를 충(沖)하므로 아버지에게 건강상 좋지 않은 일이 있다. 또한 강한 편재(偏財)를 충(沖)하므로 재산상 손해도 있다. 대운 지지(大運 地支) 신금(申金)은 용신 수(用神 水) 오행(五行)을 생조(生助)하므로 좋은데, 명식(命式)의 시지(時支)와 사신육합수(巳申六合水) 길신(吉神)으로 변하므로 매우 양호하다. 대운(大運)의 천간(天干)은 불리하고 지지(地支)는 양호하므로 소길(小吉)한 대운(大運)이다. 전반부보다 후반부가 더 좋다.

(5) 정유(丁酉 : 2001~2010) 대운(大運)

대운 간지(大運 干支) 관계에서 천간 정화(天干 丁火)가 지지 유금(地支 酉金)을 극

(剋)하여 유금(酉金)의 힘이 약해진다. 명식(命式)에서 힘이 강한 월간(月干) 임수(壬水)가 대운 천간 정화 기신(大運 天干 丁火 忌神)을 극(剋)하여 무난하다. 명식(命式)의 월간(月干) 임수(壬水)와 정임합목(丁壬合木)으로 변한다. 대운 지지 유금(大運 地支 酉金)은 용신 수(用神 水) 오행(五行)을 생조(生助)하여 양호한데, 명식(命式)의 월지(月支) 및 시지(時支)와 유진육합금(酉辰六合金), 사유반합금(巳酉半合金) 길신(吉神)으로 변하므로 매우 양호하다. 대운(大運)의 천간(天干)은 무난하고 지지(地支)는 좋으므로 소길(小吉)한 대운(大運)이다. 대운(大運)의 지지(地支)가 양호하므로 이 대운(大運)기간은 전반부보다 후반부가 더 좋다.

(6) 무술(戊戌 : 2011~2020) 대운(大運)

대운 천간 무토(大運 天干 戊土)는 용신 임수(用神 任水)의 힘을 약하게 만들므로 나쁘다. 대운 지지(大運 地支) 술토(戌土)는 명식(命式)의 월지 정재(月支 正財)와 진술충(辰戌沖)하므로 매우 양호하다. 四庫(辰戌丑未)의 재성(財星)은 명식(命式)에서 충(沖)이 되든지 행운(行運)에서 충(沖)이 되면 길(吉)하게 된다. 四庫(辰戌丑未)는 창고이므로 창고는 열려야 재물이 들어오는 위치와 같다. 대운 지지(大運 地支)는 명식(命式)의 일지(日支)와 오술반합화(午戌半合火) 기신(忌神)으로 변하지만 명식(命式)의 지지(地支)에서 강한 편재(偏財)와 정재(正財)가 극(剋)하여 무난하다. 대운(大運)의 천간(天干)은 나쁘고 지지(地支)는 좋으므로 보통의 대운(大運)이다.

(7) 기해(己亥 : 2021~2030) 대운(大運)

대운 간지(大運 干支) 관계에서 천간 기토(天干 己土)는 지지 해수(地支 亥水)를 극(剋)하므로 해수(亥水)의 힘이 약해진다. 대운 천간 기토(大運 天干 己土)는 용신 임수(用神 任水)를 극(剋)하여 힘을 약하게 만들므로 나쁘다. 대운 지지(大運 地支) 해수(亥水)는 용신 임수(用神 任水)와 같은 오행(五行)이므로 좋지만, 명식(命式)의 시지(時支)와 사해충(巳亥沖)이 된다. 대운(大運)의 천간(天干)은 나쁘고 지지(地支)는 좋으므로 보통의 대운(大運)이다.

(8) 경자(庚子 : 2031~2040) 대운(大運)

대운 간지(大運 干支) 관계에서 천간 경금(天干 庚金)은 지지 자수(地支 子水)를 생조(生助)하여 자수(子水)의 힘이 강해진다. 대운 천간 경금(大運 天干 庚金)은 용신 임수(用神 任水)를 생조(生助)하므로 양호하다. 대운 지지(大運 地支) 자수(子水)는 용신(用神)과 같은 오행(五行)이므로 양호한데, 명식(命式)의 년지(年支), 월지(月支)와 연결하여 신자진삼합(申子辰三合) 수국(水局)을 형성하여 용신(用神)의 오행(五行)과 같아지므로 매우 양호하다. 신자진삼합(申子辰 三合)이 되므로 명식(命式)의 일지(日支)와 자오충(子午沖)은 해소된 것으로 본다. 대운(大運)의 천간(天干)과 지지(地支)가 양호하므로 길한 대운(大運)이다.

10.4 세운(歲運)

정유(丁酉 : 2001~2010) 대운(大運)의 10년간 세운(歲運)에 대하여 설명한다. 대운 간지(大運 干支) 관계에서 천간 정화(天干 丁火)가 지지 유금(地支 酉金)을 극(剋)하여 유금(酉金)의 힘이 약해진다. 명식(命式)에서 힘이 강한 월간(月干) 임수(壬水)가 대운 천간(大運 天干) 정화 기신(丁火 忌神)을 극(剋)하여 무난하다. 명식(命式)의 월간(月干) 임수(壬水)와 정임합목(丁壬合木)으로 변한다. 대운 지지(大運 地支) 유금(酉金)은 용신 수(用神 水) 오행(五行)을 생조(生助)하여 양호한데, 명식(命式)의 월지(月支) 및 시지(時支)와 유진육합금(酉辰六合金), 사유반합금(巳酉半合金) 길신(吉神)으로 변하므로 매우 양호하다. 대운(大運)의 천간(天干)은 무난하고 지지(地支)는 좋으므로 소길(小吉)한 대운(大運)이다. 대운(大運)의 지지(地支)가 양호하므로 이 대운(大運)기간은 전반부보다 후반부가 더 좋다.

- 용신(用神) : 수(水), 희신(喜神) : 금(金), 기신(忌神) : 토(土), 화(火)

(1) 신사년(2001 辛巳年)

- 세운 천간(歲運 天干) 신금(辛金)은 용신 수(用神 水) 오행(五行)을 생조(生助)하므로 좋은데, 명식(命式)의 년간(年干)과 병신합수(丙辛合水) 길신(吉神)으로 변하므로 매우 양호하다.
- 세운 지지(歲運 地支) 사화(巳火)는 신강(身强)한 일간(日干)을 더 강하게 만들고 용신(用神)에게 나쁘지만, 명식(命式)의 년지(年支)와 사신육합수(巳申六合水) 길신(吉神)으로 변하고 대운 지지(大運 地支)와 연결되어 사유반합금(巳酉半合金) 길신(吉神)으로 변하므로 원래의 흉은 제거되고 양호해진다.

이상을 종합하여 해석하면 다음과 같다.

대운(大運)은 소길(小吉)하고 세운(歲運)의 천간(天干)과 지지(地支)가 모두 양호하므로 길년(吉年)이다. 길년의 해이므로 특별히 나쁜 것은 없다.

(2) 임오년(2002 壬午年)

- 세운 천간(歲運 天干) 임수(壬水)는 용신(用神)과 같은 오행(五行)이므로 양호하지만, 명식(命式)의 시간(時干)과 정임합목(丁壬合木)으로 변하여 길한 작용이 감소 되었다.
- 세운 지지(歲運 地支) 사화(巳火)는 신강(身强)한 일간(日干)에게도 나쁘고 용신(用神)에게도 나쁘므로 흉하다.

이상을 종합하여 해석하면 다음과 같다.

대운(大運)이 소길(小吉)하고, 세운 천간(歲運 天干)은 양호하고 지지(地支)는 나쁘므로 소길년(小吉年)이다. 사주(四柱)의 정인(正印)과 세운(歲運)이 간합(干合)되면 재산 문서를 잡으며, 또한 세운(歲運)의 간이나 지(支)가 인성(印星)의 해에는 부동산 취득 등 문서 계약이 일어나는데, 임오년(壬午年) 세운(歲運)은 둘 다 해당하므로 부동산 계약이 발생한다. 일간(日干)이 신강(身强)하고 세운 천간(歲運 天干)이 길신(吉神)이므로 재물이 불어난다.

(3) 계미년(2003 癸未年)

- 세운 천간(歲運 天干) 계수(癸水)는 용신(用神)과 같은 오행(五行)이므로 양호하고, 대운 천간 병화(大運 天干 丙火) 기신(忌神)을 극(剋)하므로 양호하다.
- 세운 지지(歲運 地支) 미토(未土)는 명식(命式)의 일지(日支) 및 시지(時支)와 연결되어 사오미방합(巳午未方合) 화국(火局)을 형성하여 강력한 기신(忌神) 인성(印星)이 되지만, 세운 천간(歲運 天干)이 계수(癸水) 오행(五行)이라 흉이 완화된다.

이상을 종합하여 해석하면 다음과 같다.

대운(大運)이 소길(小吉)하고 세운 천간(歲運 天干)은 양호하며 세운 지지(歲運 地支)는 나쁘므로 소길년(小吉年)이다. 세운 지지(歲運 地支)가 방합(方合)으로 강력한 인성운(印星運)으로 변하므로 부동산 등 문서 계약이 발생한다. 정재(正財)가 희신(喜神)이므로 재물이 불어난다. 성실하고 근검, 절약하는 생활을 한다.

(4) 갑신년 (2004 甲申年)

- 세운 천간(歲運 天干) 갑목(甲木)은 편관(偏官)으로 용신 수(用神 水) 오행(五行)을 설기(泄氣)하여 나쁘다.
- 세운 지지(歲運 地支) 신금(申金)은 용신 수(用神 水) 오행(五行)을 생조(生助)

하여 양호하다.
- 세운 지지(歲運 地支) 신금(申金)은 명식(命式)의 시지(時支)와 사신합수(巳申合水) 오행(五行) 길신으로 변하고, 또한 사신파(巳申破)가 된다.

이상을 종합하여 해석하면 다음과 같다.

대운(大運)이 소길(小吉)하고 세운(歲運)의 천간(天干)은 해롭고 지지(地支)는 양호하므로 소길년(小吉年)이다. 세운 천간(歲運 天干) 갑목 편관(甲木 偏官)이 기신(忌神)에 해당하므로 형제에 대해 걱정하는 일이 생긴다. 본인은 질병(疾病) 등으로 심신이 고달프게 된다. 직장에서도 좋지 않는 일이 발생하므로 조심해야 한다.

(5) 을유년(2005 乙酉年)

- 세운 천간(歲運 天干) 을목 정관(乙木 正官)은 용신 수(用神 水) 오행(五行)을 설기(泄氣)하여 나쁘다.
- 세운 지지(歲運 地支) 유금(酉金)은 용신 수(用神 水) 오행(五行)을 생조(生助)하여 양호한데, 명식(命式)의 월지(月支)와 유진육합금(酉辰六合金), 명식(命式)의 시지(時支)와 사유반합금(巳酉半合金) 모두 길신(吉神)으로 변하므로 더 좋아진다.

이상을 종합하여 해석하면 다음과 같다.

대운(大運)이 소길(小吉)하고 세운(歲運)의 천간(天干)은 해롭고 지지(地支)는 양호하므로 소길년(小吉年)이다. 길중(吉中)에 흉이 조금씩 나타나며 흉의 정도는 전년과 비슷하다.

(6) 병술년(2006 丙戌年)

- 세운 병화(歲運 丙火)는 용신(用神)과 명식(命式)의 신강(身强)한 일간(日干)에게 불리하고, 명식(命式)의 월간(月干)과 병임충(丙壬沖)하여 해롭다.
- 세운 지지(歲運 地支) 술토(戌土)는 명식(命式)의 월지 정재(月支 正財)와 진술충(辰戌沖)으로 四庫(辰戌丑未) 재성(財星)을 개고하여 양호하다.

이상을 종합하여 해석하면 다음과 같다.

대운(大運)이 소길(小吉)하고 세운(歲運)의 천간(天干)은 나쁘고, 지지(地支)는 양호하므로 소길년(小吉年)이다. 직장인은 매사에 신중을 기해야 한다.

(7) 정해년(2007 丁亥年)

- 세운 천간(歲運 天干) 정화 정인(丁火 正印)은 용신(用神)에게 불리하고 명식(命式)의 월간(月干)과 정임합목(丁壬合木)으로 해롭다.
- 세운 지지(歲運 地支) 해수(亥水)는 용신(用神)과 같은 오행(五行)이므로 길(吉)하지만, 명식(命式)의 시지(時支)와 사해충(巳亥沖)하여 길(吉) 작용이 완화된다.

이상을 종합하여 해석하면 다음과 같다.

대운(大運)은 소길(小吉)하고 세운(歲運)의 천간(天干)은 해롭고 지지(地支)는 양호하므로 소길년(小吉年) 운이다. 길중(吉中)에 흉이 나타나는데 명식(命式)의 식신(食神)이 충(沖)이 되므로 직장인은 아래 직원과의 관계에 유의해야 한다.

(8) 무자년(2008 戊子年)

- 세운 천간(歲運 天干) 무토(戊土)는 용신(用神)에게 불리하여 해롭다.
- 세운 지지(歲運 地支) 자수(子水)는 용신(用神)의 같은 오행(五行)이고, 명식(命式)의 년지(年支) 및 월지(月支)와 연결되어 신자진삼합(申子辰三合) 수(水) 오행(五行) 길신(吉神)으로 변하여 매우 양호하다. 명식(命式)의 일지(日支)와 자오충(子午沖)은 삼합(三合)이 되므로 해소된다.

이상을 종합하여 해석하면 다음과 같다.

대운(大運)이 소길(小吉)하고 세운(歲運)의 천간(天干)은 불리하고 지지(地支)는 양호하므로 소길년(小吉年)이다. 길한 중에 소흉(小凶)이 나타난다. 형제, 동료들로 인하여 귀찮은 일이 일어난다. 신자진삼합(申子辰 三合)으로 용신(用神)이 득지하여 재운도 좋고, 매사 양호하며 타인과의 융화도 잘 된다.

(9) 기축년(2009 己丑年)

- 세운 천간(歲運 天干) 기토 겁재(己土 劫財)는 용신(用神)과 일간(日干)에게 불리하다.
- 세운 지지(歲運 地支) 축토(丑土)는 용신(用神)에게 불리하고 명식(命式)의 월지(月支)와 축진파(丑辰破)가 된다.

이상을 종합하여 해석하면 다음과 같다.

대운(大運)은 소길(小吉) 하지만 세운(歲運)의 천간(天干)과 지지(地支)가 나쁘므로 소흉(小凶)하다. 흉의 작용은 전년과 비슷하다.

(10) 경인년(2010 庚寅年)

- 세운 천간(歲運 天干) 경금(庚金)은 용신 수(用神 水) 오행(五行)을 생조(生助)하므로 길(吉)하다.
- 세운 지지(歲運 地支) 인목(寅木)은 용신(用神)에게 불리하다.
- 세운 지지(歲運 地支) 인목(寅木)은 일지(日支)와 인오반합화(寅午半合火) 기신(忌神)으로 변하고, 명식(命式)과 인신사형(寅申巳刑)이 되고, 명식(命式)의 년지(年支)와 인신충(寅申沖)이 된다.

이상을 종합하여 해석하면 다음과 같다.

대운(大運)은 소길(小吉)하고 세운(歲運)의 천간(天干)은 양호하며 지지(地支)는 나쁘므로 보통의 해이다. 길사(吉事)와 흉사(凶事)가 겹치는 해이다. 명식(命式)의 년지(年支) 및 편재(偏財)가 충(沖)이 되므로 아버지에게 좋지 않다.

11. 음력 1968년 11월 9일 인(寅)시생 여자

이름	명식10			생년월일	양력 : 1968년 12월 28일 토요일		작성일자	2021년 5월 17일
성별	여	나이	54세		음력 : 1968년 11월 9일 음력평달			16시 5분 월요일
					간지 : 戊申년 甲子월 壬申일생			

구분	사 주								五行	木	火	土	金	水
	년주			월주		일주		시주	元式	2	0	1	2	2
천간	土	戊	편관	木 甲 식신		水 壬 본인		水 壬 비견	藏干	2	0	1	2	2
지지	金	申	편인	水 子 겁재		金 申 편인		木 寅 식신	強弱 : 신강					
장간	庚	戊壬庚		癸	壬癸	庚	戊壬庚	甲 戊丙甲	用神 : 관성					
12운성	長生			帝旺		長生		病	공망 : 戌亥					
신살	태극귀인 지살 천덕합			홍염살 장성살		태극귀인 월덕귀인		천주귀인 역마 월덕귀인	양인 : 子					
간합						간충								
육합						지충			일지 시지의 寅申충 년지 시지의 寅申충					
삼합					申子반합水									
방합														
파						해								

초.중.정기 | 정기 : 23일 | 대운 | 대운의 역운, 大運數 : 8 運 | 절기 : 대설

구분	간지	육친	12운성	대운기간	8세	9세	0세	1세	2세	3세	4세	5세	6세	7세
입운	甲子			0~7 년도	丙	丁	戊	己	庚	辛	壬	癸	甲	乙
1운	癸亥	겁재	建祿	8~17 1976년	辰	巳	午	未	申	酉	戌	亥	子	丑
2운	壬戌	비견	冠帶	18~27 1986년	寅	卯	辰	巳	午	未	申	酉	戌	亥
3운	辛酉	정인	沐浴	28~37 1996년	子	丑	寅	卯	辰	巳	午	未	申	酉
4운	庚申	편인	長生	38~47 2006년	戌	亥	子	丑	寅	卯	辰	巳	午	未
5운	己未	정관	養	48~57 2016년	申	酉	戌	亥	子	丑	寅	卯	辰	巳
6운	戊午	편관	胎	58~67 2026년	午	未	申	酉	戌	亥	子	丑	寅	卯
7운	丁巳	정재	絶	68~77 2036년	辰	巳	午	未	申	酉	戌	亥	子	丑
8운	丙辰	편재	墓	78~87 2046년	寅	卯	辰	巳	午	未	申	酉	戌	亥
9운	乙卯	상관	死	88~97 2056년	子	丑	寅	卯	辰	巳	午	未	申	酉

11.1 사주구성

격(格)은 월지(月支)의 지장간(支藏干)으로 정하는데 위 명식(命式)은 정기생(正氣生)이고 일간 임수(日干 壬水)가 자월(子月)에 출생하여 월지(月支)는 겁재(劫財)가 되므로 양인격(陽刃格)이 된다. 이 사주(四柱)의 오행(五行) 중에서 시간(時干) 임수(壬水) 비견(比肩)은 월지(月支)에 통근(通根)되어 있으므로 임수(壬水)의 힘이 강한데, 또한 수(水)의 오행(五行)이 2개가 더 있어 수(水) 오행 비견(比肩)은 태강(太强)하다. 사주(四柱)의 오행(五行)이 음(陰)은 0개, 양(陽)은 7개이고 양일간(陽日干)이므로 활동적인 외향적 성격(性格)의 소유자이다. 이와 같이 음(陰)의 오행(五行)은 없고 양(陽)의 오행(五行)만 있으면 양팔통(陽八通)이 되어 밤은 없고 낮만 있는 형태가 되므로 쉴 사이도 없이 일해야 하는 고달픈 신세가 된다. 양인(羊刃)은 양일간(陽日干)만 인정하는데, 위 명식(命式)은 비겁(比劫)이 강하여 일간(日干)이 신강(身强)한데 월지(月支)가 양인(羊刃)이므로 성격(性格)이 너무 강하고, 때에 따라서는 황폭하는 경우도 있다. 화(火) 오행의 불급(不及)으로 심장(心臟), 소장, 안목(眼目) 등의 질병(疾病)에 유의해야 한다.

명식(命式)에서 아버지 성(星) 화(火) 오행 재성(財星)이 없지만, 시지(時支)의 인(寅) 지장간(支藏干)에 병화(丙火) 오행 편재(偏財)가 약하게 있는데, 수(水) 오행 비겁이 태강(太强)하여 편재(偏財)를 강하게 극(剋)하므로 아버지는 일찍 돌아가신다. 어머니성 금(金) 오행 인성(印星)은 지지(地支)에 2개 있고 극(剋)하는 오행 화(火)가 희미하므로 천수를 누린다. 여자 사주에서는 자식을 식상(食傷)으로 판단히는데, 목(木) 오행 식상(食傷)은 2개가 있고 길신(吉神) 작용을 하므로 자식은 잘 되고 나에게 도움이 된다. 여자 사주에서는 관성(官星)으로 남편을 판단하는데 위 명식(命式)에서는 비겁(比劫)이 태강(太强)하여 일간(日干)이 신강(身强) 하므로, 년간 무토 편관(年干 戊土 偏官)으로 용신(用神)을 정하므로 남편은 나에게 큰 도움이 되고 남편복은 아주 많다.

(1) 일간(日干)의 강약(强弱)

- 일간 임수(日干 壬水)에 힘이 보태지는 수(水) 오행 비겁(比劫)은 2개이다.
- 일간 임수(日干 壬水)를 생조(生助)하는 금(金) 오행 편인(偏印)은 2개이다.
- 일간 임수(日干 壬水)를 극(剋)하는 토(土) 오행 편관(偏官)은 1개이다.
- 일간 임수(日干 壬水)의 힘을 설기(泄氣) 시키는 목(木) 오행 식신(食神)은 2개이다.

- 일간 임수(日干 壬水)가 자월(子月)에 출생하여 득령(得令) 하였다.
- 12운성의 힘은 강하다.
- 년지(年支), 월지(月支), 일지(日支)가 자신반합수(子申半合水)이다.
- 월지(月支)의 자수(子水)는 양인(羊刃)이다. 양인(羊刃)은 겁재(劫財)가 1개 더 있는 것으로 본다.
- 시간(時干) 임수(壬水) 비견(比肩)은 월지(月支)에 통근(通根)하고, 년지(年支), 월지(月支), 일지(日支)가 자신반합수(子申半合水) 되므로 수(水) 오행의 힘이 강하다.

이상의 내용을 판단하면 일간(日干)은 신강(身强)하다.

(2) 용신(用神)

비겁(比劫)이 강하여 일간 임수(日干 壬水)가 신강(身强)하므로 년간 무토 편관(年干 戊土 偏官)을 용신(用神)으로 정한다. 화(火) 오행 재성(財星)은 희신(喜神)이고, 수(水) 오행 비겁(比劫)과 금(金) 오행 인성(印星)은 기신(忌神)이다. 목(木) 오행 식상(食傷)은 길신(吉神)이다.

11.2 육친(六親) 관계

(1) 부친궁(父親宮)은 편재(偏財), 월주(月柱)의 12운성, 초년(初年) 운(運)으로 판단한다. 명식(命式)에서 편재(偏財)는 나타나 있지 않고 시지(時支) 인(寅)의 중기(中氣) 지장간(支藏干)에 약하게 있다. 편재(偏財)가 약한데 편재(偏財)를 극(剋)하는 비겁(比劫)이 매우 강하므로 아버지는 일찍 돌아가신다. 초년(初年) 대운(大運)이 나쁘고 재성(財星)이 길신(吉神)이므로 아버지의 보살핌은 극진하지만 덕은 없다.

(2) 모친궁(母親宮)은 정인(正印), 월주(月柱)의 12운성, 초년(初年) 운(運)으로 판단한다. 정인(正印)이 없으면 편인(偏印)으로 판단한다. 년지(年支)와 일지(日支)에 편인(偏印)이 있으므로 어머니는 계신다. 어머니 오행(五行) 신금(申金) 편인(偏印)은 재성(財星) 화(火) 오행이 없어 극(剋)을 받지 않으므로 오랫동안 장수한다. 일간 임수(日干 壬水)는 신강(身强)하여 어머니 오행(五行) 신금(申金) 편인(偏印)은 기신(忌神)이고 초년(初年) 대운(大運)이 나쁘므로 어머니의 덕은 없고 나에게 짐이 된다.

(3) 형제궁(兄弟宮)은 비견(比肩)과 겁재(劫財)로 해석한다. 시간(時干)과 월지(月支)에 비견(比肩)과 겁재(劫財)가 있으므로 형제는 있다. 시간(時干)의 임수(壬水) 비견(比肩)은 월지 자수(月支 子水)에 통근(通根)하여 힘이 강하므로 형제는 장수한다. 비겁(比劫)이 강하여 일간(日干)이 신강(身强)하므로 형제는 나에게 도움이 되지 않는다.

(4) 남편궁(男便宮)은 일지(日支)와 정관(正官)으로 본다. 정관(正官)이 없으면 편관(偏官)으로 판단한다. 년간(年干)에 무토 편관(戊土 偏官)이 있으므로 남편은 있다. 년간 무토 편관(年干 戊土 偏官)은 년지(年支), 일지(日支), 시지(時支) 지장간(支藏干)에 통근(通根)되어 있으므로 힘이 강하여 장수한다. 남편 자리 일지(日支)에 편인(偏印)이 차지하고 있으므로 부부간에 불화는 가끔 일어난다. 년간 무토 편관(年干 戊土 偏官)은 용신(用神)이며 최대의 길신(吉神)이므로 남편 복은 많다. 본인의 의사보다는 남편의 의사 대로 따르고 처리해야 발복 한다.

(5) 자식궁(子息宮)은 여명(女命)에서 식상(食傷)과 시주(時柱)의 상태로 해석한다. 월간(月干)과 시지(時支)에 식신(食神)이 있으므로 자식은 있다. 월간(月干) 갑목 식신(甲木 食神)은 시지(時支) 인(寅)의 정기 지장간(正氣 支藏干)에 통근(通根)하여 힘이 강하고, 신강(身强)한 일간 임수(日干 壬水)의 힘을 누출시켜 길신(吉神)이 된다. 자식은 나에게 도움이 되며 자식 복도 있다.

(6) 성격(性格)은 일간(日干) 오행, 월지(月支) 오행, 합(合) 및 신살(神殺), 사주에서 가장 강한 육친(六親), 용신(用神) 등을 종합적으로 보고 판단한다.
  - 일간(日干)이 임수(壬水)이고 신강(身强)하다.
  - 월지(月支)는 겁재(劫財)이다.
  - 합(合)은 년지(年支), 월지(月支), 일지(日支) 신자반합수(申子半合水)이다.
  - 연주(年柱) 및 일주(日柱)에 태극귀인, 시주(時柱)에 천주귀인, 월덕귀인이 있다.
  - 명식(命式)에서 수(水) 오행(五行)이 가장 강하다.
  - 사주(四柱)의 오행(五行)이 음(陰)은 0개, 양(陽)은 7개이고 양일간(陽日干)이다.

위 내용을 종합하면 다음과 같다.

일간(日干)이 양일간(陽日干)이고 양의 오행(五行)이 7개이므로 활동적인 외향적 성격(性格)의 소유자이며, 많이 쉬지 못하고 꾸준히 일을 한다. 일간(日干)이 임수(壬水)이고 신강(身强)하면서 제화가 적절하므로 총명하고 지혜가 많고 천성이 명백하고 옳고 그릇됨을 확실하게 하며 명랑하고 모든 것을 원만하게 처리한다. 월지(月支)의 겁재(劫財)로 솔직하고 허식이 없다. 월지(月支)가 비겁(比劫)이고 양인(羊刃)이 되므로 성격(性格)이 너무 강하다. 월지(月支)가 겁재(劫財)이고 일간(日干)이 신강(身强)하므로 자존심이 강하고 자기중심적인 경향이 많다. 편인(偏印)이 있으면서 편관(偏官)과 식신(食神)이 있으므로 신체는 왜소(矮小)하지만 재복은 많다.

(7) 직업(職業)은 사주(四柱)의 격국(格局)과 월지(月支)의 육친(六親), 가장 강한 오행, 용신(用神) 등을 참고하여 종합적으로 해석한다.
- 월지(月支)는 겁재(劫財)이다.
- 가장 강한 육친(六親)은 수(水) 오행 비겁(比劫)이다.
- 용신(用神)은 무토 편관(戊土 偏官)이고 희신(喜神)은 화(火) 오행 재성(財星)이다.

위 내용을 판단하면 다음과 같다.

자존심이 강하여 남의 밑에서 일하기가 어려우므로 자기의 독립적인 사업이 적합하다. 일간(日干)과 용신(用神)의 힘이 강하므로 고용직 보다는 독립적인 사업이 적합하다. 자기중심적인 개인사업이 제일 적합하다.

(8) 질병(疾病)은 어느 오행(五行)이 태강(太强) 이상이거나 없으면 이 오행(五行)에 해당하는 질병(疾病)에 문제가 발생한다.
- 오행 수(水)가 강하므로 신장, 방광, 혈액과 관련된 질병(疾病)에 주의해야 하지만 크게 문제 되지는 않는다.
- 오행 화(火)가 없으므로 안목(眼目), 심장(心臟), 소장 등에도 유의해야 하다. 특히 오행 화(火)가 허(虛)하므로 요척통, 하지 무력증, 자궁냉증, 저혈압, 가슴 두근거림, 견갑 골 통증, 목덜미 뼈근함 등의 증세가 나타난다.

질병(疾病)을 판단하는 방법은 다음과 같이 오행(五行)의 구비 및 조화로 해석한다. 여기에서 오행(五行)의 조화란 오행(五行)이 결손(缺損) 되지 않은 것을 의미한다. 사주(四柱)에서 오행(五行)이 조화되어 중화(中和)를 이루면 한평생 무병하여 건강하다. 그러나 오행(五行)이 태강(太强) 하거나 태약(太弱)하여 조화가 안 된 경우나, 탁기(濁氣)가 많으면 질병(疾病)에 걸리기 쉽다. 어떠한 오행(五行)이 심하게 손상을 받으면 그 오행(五行)에 해당하는 신체 부위에 질병(疾病)이 생긴다.

11.3 대운(大運)

대운(大運)은 월주(月柱)를 기준으로 작성한다.

- 위 명식(命式)은 시간(時干) 임수(壬水) 비견(比肩)이 월지(月支)에 통근(通根)하여 힘이 매우 강하다. 비겁(比劫)이 왕성하여 일간 임수(日干 壬水)가 신강(身强)하므로 용신(用神)은 년간 무토 편관(年干 戊土 偏官)이다. 화(火) 오행 재성(財星)은 희신(喜神)이고, 수(水) 오행 비겁(比劫)과 금(金) 오행 인성(印星)은 기신(忌神)이다. 목(木) 오행 식상(食傷)은 신강(身强)한 일간(日干)의 힘을 누설시키므로 길신(吉神)이다.

(1) 계해(癸亥 : 1976~1985) 대운(大運)

대운 천간(大運 天干) 계수(癸水) 겁재(劫財)는 기신(忌神)이지만, 명식(命式)의 년간(年干)과 무계합화(戊癸合火) 재성 길신(財星 吉神)으로 변하여 양호해진다. 대운 지지(大運 地支) 해수 비견(亥水 比肩)도 기신(忌神)이지만, 명식(命式)의 시지(時支)와 인해육합목(寅亥六合木) 길신(吉神)으로 변하여 양호해진다. 대운(大運)의 천간(天干)과 지지(地支)가 양호하므로 소길(小吉)한 대운(大運)이다.

(2) 임술(壬戌 : 1986~1995) 대운(大運)

대운 간지(大運 干支)의 관계에서 지지 술토(地支 戌土)가 천간(天干) 임수(壬水)를 극(剋)하여 임수(壬水)의 힘이 약해진다. 천간(天干) 임수(壬水)는 명식(命式)의 신강(身强)한 일간 임수(日干 壬水)의 힘을 더 강하게 만들므로 나쁘다. 지지 술토(地支 戌土)는 용신(用神)과 같은 오행(五行)이므로 양호하다. 대운 지지(大運 地支)는 양호하고 천간(天干)은 나쁘므로 보통의 대운(大運)이다.

(3) 신유(辛酉 ; 1996~2005) 대운(大運)

대운 천간 신금(大運 天干 辛金)은 명식(命式)의 신강(身强)한 일간 임수(日干 壬水)를 생조(生助)하여 더 강하게 만들므로 나쁘다. 대운 지지(大運 地支) 유금(酉金)도 명식(命式)의 신강(身强)한 일간 임수(日干 壬水)를 생조(生助)하여 더 강하게 만들므로 나쁘다. 대운(大運)의 천간(天干)과 지지(地支)가 나쁘므로 흉한 대운(大運)이다.

(4) 경신(庚申 : 2006~2015) 대운(大運)

대운 천간 경금(大運 天干 庚金)은 명식(命式)의 신강(身强)한 일간 임수(日干 壬水)를 생조(生助)하여 더 강하게 만들므로 나쁘다. 대운 지지(大運 地支) 신금(申金)도 명식(命式)의 신강(身强)한 일간 임수(日干 壬水)를 생조(生助)하여 더 강하게 만들므로 나쁘다. 대운(大運)의 천간(天干)과 지지(地支)가 모두 나쁘므로 흉한 대운(大運)이다.

(5) 기미(己未 : 2016~2025) 대운(大運)

대운 천간 기토(大運 天干 己土)는 용신(用神)과 같은 오행(五行)이므로 좋은데, 명식(命式)의 월간(月干)과 갑기합토(甲己合土) 용신(用神)으로 변하므로 더 좋아진다. 대운 지지(大運 地支) 미토(未土)도 용신(用神)과 같은 오행(五行)이므로 좋다. 대운(大運)의 천간(天干)과 지지(地支)가 좋으므로 양호한 대운(大運)이다.

(6) 무오(戊午 : 2026~2035) 대운(大運)

대운 간지(大運 干支) 관계에서 지지(地支) 오화(午火)는 천간 무토(天干 戊土)를 생조(生助)하여 무토(戊土)의 힘이 강해진다. 대운 천간 무토(大運 天干 戊土)는 용신(用神)과 같은 오행(五行)이므로 양호하다. 대운 지지(大運 地支) 오화(午火)는 용신 무토(用神 戊土)를 생조(生助)하는 희신(喜神)이므로 양호하다. 대운 지지(大運 地支) 오화(午火)는 명식(命式)의 월지(月支)와 자오충(子午沖) 하지만 명식(命式)의 일지(日支)와 인오반합화(寅午半合火) 길신 재성(財星)으로 변하여 충(沖)은 해소된 것으로 본다. 대운(大運)의 천간(天干)과 지지(地支)가 양호하므로 길한 대운(大運)이다.

(7) 정사(丁巳 : 2036~2045) 대운(大運)

대운 천간 정화(大運 天干 丁火)는 용신 무토(用神 戊土)를 생조(生助)하는 희신(喜神)이므로 양호한데, 명식(命式)의 시간(時干) 임수(壬水) 비견(比肩) 기신(忌神)과 정임합목 길신(丁壬合木 吉神)으로 변하므로 더 좋아진다. 대운 지지(大運 地支) 사화(巳火)는 용신 무토(用神 戊土)를 생조(生助)하여 길(吉)하지만, 명식(命式)의 년지(年支)와 사신육합수(巳申六合水) 기신(忌神)으로 변하므로 길한 작용이 감소 된다. 인신사삼형(寅申巳三刑), 사신파(巳申破)가 되어 길한 작용이 많이 감소 된다. 대운 천간(大運 天干)은 양호하고 지지(地支)는 보통이므로 소길(小吉)한 대운(大運)이다.

(8) 병진(丙辰 : 2046~2055) 대운(大運)

대운 간지(大運 干支) 관계에서 천간 병화(天干 丙火)가 지지(地支) 진토(辰土)를 생조(生助)하여 진토(辰土)의 힘이 강해진다. 대운 천간 병화(大運 天干 丙火)는 용신 무토(用神 戊土)를 생조(生助)하는 희신(喜神)이므로 양호하지만, 명식(命式)의 일간(日干) 및 시간(時干)과 병임충(丙壬沖)하여 길한 작용이 감소한다. 대운 지지(大運 地支) 진토(辰土)는 용신 무토(用神 戊土)와 같은 오행(五行)이므로 양호한 것 같지만, 명식(命式)과 연결되어 신자진삼합(申子辰三合) 수국(水局)을 형성하여 기신(忌神)이 되므로 매우 흉하다. 대운(大運)의 천간 병화(天干 丙火)는 양호 하진만 대운 지지(大運 地支)가 명식(命式)과 연결되어 강한 수국(水局)을 형성하여 아주 나쁜 대운(大運)이다.

11.4 세운

신유(辛酉 : 1996~2005) 대운(大運)의 10년간 세운(歲運)에 대하여 설명한다. 대운 천간 신금(大運 天干 辛金)은 명식(命式)의 신강(身强)한 일간 임수(日干 壬水)를 생조(生助)하여 더 강하게 만들므로 나쁘다. 대운 지지 유금(大運 地支 酉金)도 명식(命式)의 신강(身强)한 일간 임수(日干 壬水)를 생조(生助)하여 더 강하게 만들므로 나쁘다. 대운(大運)의 천간(天干)과 지지(地支)가 나쁘므로 흉한 대운(大運)이다.

- 용신(用神) : 무토 편관(戊土 偏官), 희신(喜神) : 화(火), 기신(忌神) : 수(水)와 금(金), 길신(吉神) : 목(木)

(1) 병자년(1996 丙子年)

- 세운 천간(歲運 天干) 병화(丙火) 편재(偏財)는 무토 용신(戊土 用神)을 생조(生助) 하므로 길(吉)하다.
- 세운 천간(歲運 天干) 병화(丙火)는 명식(命式)이 일간(日干) 및 시간(時干)과 병임충(丙壬沖)이다.
- 세운 지지(歲運 地支) 자수(子水)는 기신(忌神)이므로 나쁘다.

이상을 종합하여 해석하면 다음과 같다.

대운(大運)은 흉하고 세운(歲運)의 천간(天干)은 소길(小吉)하며 지지(地支)는 불리하므로 길사(吉事)와 흉사(凶事)가 겹치는 소흉년(小凶年)이다. 일간(日干)과 시간(時干)이 병임충(丙壬沖) 되므로 사생활 폭로와 신상의 변동에 주의해야 한다. 세운 천간(歲運 天干) 병화 편재(丙火 偏財)는 희신(喜神)이고 일간(日干)은 신강(身强) 하므로 재물은 불어난다.

(2) 정축년(1997 丁丑年)

- 세운 천간(歲運 天干) 정화 정재(丁火 正財)는 용신 무토(用神 戊土)의 힘을 생조(生助) 시키므로 양호하다.
- 세운 지지(歲運 地支) 축토(丑土)는 용신 무토(用神 戊土)와 같은 오행(五行)이므로 양호하다.
- 세운 지지(歲運 地支) 축토(丑土)는 명식(命式)의 월지(月支)와 자축육합토(子丑六合土)가 되므로 양호하다.

이상을 종합하여 해석하면 다음과 같다.

세운(歲運)의 천간(天干)과 지지(地支)가 모두 양호하지만, 대운(大運)이 흉하므로 좋거나 나쁜 것이 없는 평운이다. 일간(日干)이 신강(身强)하고 세운(歲運)의 천간 정재(天干 正財)가 희신(喜神)이므로 재물은 불어난다.

(3) 무인년(1998 戊寅年)

- 세운 천간(歲運 天干) 무토 편관(戊土 偏官)은 용신 무토(用神 戊土)와 같은 오행(五行)이므로 길(吉)하다.
- 세운 지지(歲運 地支) 인목(寅木)은 신강(身强)한 일간 임수(日干 壬水)의 힘을 누출시키므로 양호하다.
- 세운 지지(歲運 地支) 인목(寅木)은 명식(命式)의 일지(日支) 및 년지(年支)와 인신충(寅申沖) 한다.

이상을 종합하여 해석하면 다음과 같다.

세운 천간(歲運 天干)과 지지(地支)는 양호하지만, 대운(大運)이 흉하므로 보통의 해이다. 세운(歲運)의 지지(地支)와 명식(命式)의 일지(日支)가 충(沖)이 되므로 배우자와 본인에게 문제가 발생하므로 서로가 조심하여야 한다. 세운(歲運)의 무토 편관(戊土 偏官)이 용신(用神)에 해당하므로 남편으로부터 애정을 많이 받거나 남편에게 좋은 일이 생긴다.

(4) 기묘년 (1999 己卯年)

- 세운 천간(歲運 天干) 기토 정관(己土 正官)은 용신(用神)과 같은 오행(五行)

이므로 좋다.
- 명식(命式)의 월간(月干)과 갑기합토(甲己合土) 용신 오행(用神 五行)으로 변하므로 더 좋아진다.
- 세운 지지(歲運 地支) 묘목 상관(卯木 傷官)은 신강(身强)한 일간 임수(日干 壬水)의 힘을 누출시키므로 양호하다.
- 세운 지지(歲運 地支) 묘목(卯木)은 대운 지지 유금(大運 地支 酉金)과 묘유충(卯酉沖)이 된다.

이상을 종합하여 해석하면 다음과 같다.

세운(歲運)의 천간(天干)과 지지(地支)는 길(吉)하지만, 대운(大運)이 흉하므로 아주 나쁘거나 좋은 것도 없는 보통의 해이다. 기토(己土) 관성(官星)이 희신(喜神)이므로 남편에게 좋은 일이 생긴다. 세운 지지(歲運 地支)와 대운 지지(大運 地支)가 묘유충(卯酉沖) 하므로 본인의 건강, 재물손해, 부부(夫婦) 사이, 사업 손실 등에 주의해야 한다.

(5) 경진년(2000 庚辰年)

- 세운 천간(歲運 天干) 경금(庚金) 편인(偏印)은 명식(命式)의 신강(身强)한 일간 임수(日干 壬水)를 생조(生助)하여 더 강하게 만들므로 나쁘다.
- 세운 천간(歲運 天干) 경금(庚金)은 명식(命式)의 월간(月干) 갑목(甲木)과 갑경충(甲庚沖)한다.
- 세운 지지(歲運 地支) 진토(辰土)는 용신 무토(用神 戊土)와 같은 오행(五行)이어서 좋을 것 같지만, 명식(命式)과 연결되어 신자진삼합(申子辰三合) 수국(水局)을 형성하여 기신(忌神)이 되므로 아주 나쁘다.

이상을 종합하여 해석하면 다음과 같다.

세운(歲運)의 천간(天干)과 지지(地支)가 모두 나쁘고 대운(大運)도 흉하므로 흉한 년(年)이다. 자식에 대한 근심 걱정이 발생한다. 정신적 방황과 신경과민으로 인한 질병(疾病)도 조심해야 한다. 아주 좋지 않은 해이므로 모든 일에 신중하게 처신해야 한다.

(6) 신사년(2001 辛巳年)

- 세운 천간(歲運 天干) 신금 정인(辛金 正印)은 신강(身强)한 일간 임수(日干 壬水)를 생조(生助)하여 강하게 만들므로 나쁘다.

- 세운 지지(歲運 地支) 사화(巳火)는 용신 무토(用神 戊土)를 생조(生助) 하므로 길(吉)하다.

이상을 종합하여 해석하면 다음과 같다.

세운(歲運)의 천간(天干)은 나쁘고 지지(地支)는 좋은데, 대운(大運)이 흉하므로 길사(吉事)와 흉사(凶事)가 겹치는 소흉(小凶)한 년(年)이다. 정인(正印)이 기신(忌神)이므로 자식에게 좋지 않은 일이 생긴다. 본인의 건강에 주의하고 각종 문서에 관련된 일도 주의해야 한다.

(7) 임오년(2002 壬午年)
- 세운 천간(歲運 天干) 임수(壬水) 비견(比肩)은 기신(忌神)이므로 나쁘다.
- 세운 지지(歲運 地支) 오화(午火)는 용신 무토(用神 戊土)를 생조(生助)하므로 좋다.
- 명식(命式)의 시지(時支)와 인오반합화(寅午半合火)가 되어 좋다.
- 명식(命式)의 월지(月支)와 자오충(子午沖) 하지만, 합(合)이 되므로 충(沖)은 해소된다.

이상을 종합하여 해석하면 다음과 같다.

세운(歲運)의 천간(天干)은 나쁘고 지지(地支)는 좋지만, 대운(大運)은 흉하므로 길흉사(吉凶事)가 겹치는 소흉년(小凶年)이다. 형제, 동료 등으로부터 귀찮은 일이 있다. 부부(夫婦) 사이가 원만하지 못하다. 자오충(子午沖)이 되므로 소장과 방광에 관계되는 질병(疾病)에 조심해야 한다.

(8) 계미년(2003 癸未年)
- 세운 천간(歲運 天干) 계수(癸水) 겁재(劫財)는 일간(日干)이 신강(身强)하여 기신(忌神)이 되어 나쁘지만 명식(命式)의 년간(年干)과 무계합화(戊癸合火)가 되어 흉작용이 감소 된다.
- 세운 지지(歲運 地支) 미토(未土)는 용신 무토(用神 戊土)와 같은 오행(五行)이므로 양호하다.

이상을 종합하여 해석하면 다음과 같다.

세운(歲運)의 천간(天干)은 나쁘고 지지(地支)는 좋지만, 대운(大運)이 흉하므로 길흉사(吉凶事)가 겹치는 소흉년(小凶年)이다. 형제, 동료 등으로부터 귀찮은 일이 있다. 재물의 손실이 있다.

(9) 갑신년(2004 甲申年)

- 세운 천간(歲運 天干) 갑목 식신(甲木 食神)은 신강(身强)한 일간 임수(日干 壬水)의 힘을 누출시키므로 길(吉)하다.
- 세운 지지(歲運 地支) 신금(申金)은 신강(身强)한 일간 임수(日干 壬水)를 생조(生助)하여 기신(忌神)이 되어 흉하다.
- 명식(命式)의 시지(時支)와 인신충(寅申冲) 한다.

이상을 종합하여 해석하면 다음과 같다.

세운(歲運)의 천간(天干)은 길(吉)하고 지지(地支)는 흉하고 대운(大運)도 흉하므로 길흉사(吉凶事)가 겹치는 소흉년(小凶年)이다. 재물과 가정 살림이 불어난다. 질병(疾病)이 치료되어 진다. 자식이 상을 받거나 자식이 좋다.

(10) 을유년(2005 乙酉年)

- 세운 천간(歲運 天干) 을목 상관 (乙木 傷官)은 길신(吉神)이므로 좋다.
- 세운 지지(歲運 地支) 유금(酉金)은 용신에게 불리하고 기신(忌神) 수(水) 오행(五行)을 생조(生助) 하므로 나쁘다.
- 대운(大運)과 연결되어 명식(命式)의 월지(月支)와 자유파(子酉破)가 된다.

이상을 종합하여 해석하면 다음과 같다.

세운(歲運)의 천간(天干)은 양호하고 세운 지지(歲運 地支)는 불리한데 대운(大運)이 흉하므로 길흉사(吉凶事)가 겹치는 소흉년(小凶年)이다. 자식에게 좋은 일이 있다. 재능이 인정되어 주위로부터 인정을 받는다. 명식(命式) 및 대운(大運)과 세운(歲運)이 연결되어 파(破)가 되므로 놀라는 일이나 이사 등의 변동이 생긴다.

제 2 장
지장간(支藏干) 정하는 방법

제2장 지장간(支藏干) 정하는 방법

1. 지장간(支藏干)의 개요

십이지지(十二地支) 속에 들어있는 천간(天干)의 오행(五行) 기운을 지장간(支藏干) 또는 장간(藏干), 암장(暗藏)이라고도 부르며, 이 지장간(支藏干)은 육친(六親)을 정할 때와 천간(天干)의 유근(有根), 무근(無根)을 판단할 때도 사용한다. 지지(地支) 속에는 보통 초기(初氣), 중기(中氣), 정기(正氣)의 2~3가지 天干의 오행(五行) 기운이 들어있다.

반드시 12지지(地支) 속에 들어있는 지장간(支藏干)들을 초기(初氣), 중기(中氣), 정기(正氣)를 정확하게 구별해서 사용해야만 정확한 사주(四柱)해설이 된다. 12지지(地支) 중에서 자, 묘, 유(子, 卯, 酉)의 지지는 중기(中氣)의 지장간(支藏干)은 없이 초기, 정기 2종류의 지장간만 가진다. 다른 지지(地支)들은 초기(初氣), 중기(中氣), 정기(正氣) 3가지의 지장간(支藏干)을 가진다. 연해자평(淵海子平)에서는 신(申)의 지장간(支藏干)을 4가지로 사용하지만, 본 서에서는 명리정종(命理正宗)에 따라서 3가지를 사용한다.

2. 초기생(初氣生), 중기생(中氣生), 정기생(正氣生) 결정 방법

초기생(初氣生), 중기생(中氣生), 정기생(正氣生)을 결정하는 기준은 출생한 날에서 입절일(入節日)을 빼면 된다. 다음의 예로서 알아보자.

2.1 음력 1950년 5월 6일생

이 책의 부록에 있는 만세력(萬歲曆)을 보면 1950년 5월달의 입절일 망종은 4월 21일이므로, 5월 6일(生日) - 4월 21일(입절) = 15일이다.

2.2 음력 1960년 4월 19일생

이 책의 부록에 있는 만세력(萬歲曆)을 보면 1960년 4월달의 입절일 입하는 4월 10일이므로, 4월 19(生日) - 4월 10일(입절) = 9일이다.

2.3 음력 1982년 10월 18일생

이 책의 부록에 있는 만세력(萬歲曆)을 보면 1982년 10월 달의 입절일 입동은 9월 23일이므로, 10월 18(生日) − 9월 23일(입절) = 25일이다.

2.4 음력 2000년 3월 11일생

이 책의 부록에 있는 만세력(萬歲曆)을 보면 2000년 3월 달의 입절일 청명은 2월 30일이므로, 3월 11일(生日) − 2월 30일(입절) = 11일이다.

3. 지지(地支) 속의 지장간(支藏干) 배치 날수

12지지(十二地支) 속에는 초기(初氣), 중기(中氣), 정기(正氣)의 지장간(支藏干)들의 배치 날수가 다음 표 "12지지(地支) 속의 支藏干 배치"와 같이 배치되어 있다. 다음의 사주(四柱) 형식에서 예를 들면 다음과 같다.

남자 음력 1982년 10월 2일 戌 시생

四柱	年柱		月柱		日柱		時柱	
天干 및 六親	壬	편인	辛	정관	甲	보인	甲	비견
地支 및 六親	戌	정관	亥	편재	辰	겁재	戌	정관
支藏干	辛	辛丁戊	戊	戊甲壬	乙	乙癸戊	辛	辛丁戊

1982년 10월달의 입절일 입동은 9월 23일이다. 지장간(支藏干)의 초기(初氣), 중기(中氣), 정기(正氣)를 결정하는 기준은 生日에서 입절일을 빼므로 10월 2일(生日) − 9월 23일(입절일) = 9일이다. 사주(四柱) 지장간 배치날수에서 일지(日支)의 辰 지장간(支藏干) 날일 수는 9일이 초기(初氣)이므로, 이 사주(四柱)는 초기생(初氣生)이다. 이 사주의 다른 지지(地支)에도 초기(初氣)의 지장간(支藏干)을 선택하여 육친(六親)을 정한다. 위의 표에서 지장간(支藏干) 중 진하게 표시된 것이 초기(初氣)의 오행(五行)이다. 표 [12지지(地支) 속의 지장간(支藏干) 배치] 에서 12지지(地支) 속의 지장간(支藏干) 배치 날수는 다음과 같다.

① 寅 (戊 7일, 丙 7일, 甲 16일)

1 2 3 4 5 6 7 8 9 10 11 12 13 14 15 16 17 18 19 20 21 22 23 24 25 26 27 28 29 30
└─ 초기戊 ─┘└─ 중기丙 ─┘└──────── 정기甲 ────────┘

② 卯 (甲 10일, 乙 20일)

1 2 3 4 5 6 7 8 9 10 11 12 13 14 15 16 17 18 19 20 21 22 23 24 25 26 27 28 29 30
└──── 초기甲 ────┘└──────────── 정기乙 ────────────┘

③ 辰 (乙 9일, 癸 3일, 戊 18일)

1 2 3 4 5 6 7 8 9 10 11 12 13 14 15 16 17 18 19 20 21 22 23 24 25 26 27 28 29 30
└─── 초기乙 ───┘└중기癸┘└─────────── 정기戊 ───────────┘

④ 巳 (戊 7일, 庚 7일, 丙 16일)

1 2 3 4 5 6 7 8 9 10 11 12 13 14 15 16 17 18 19 20 21 22 23 24 25 26 27 28 29 30
└─ 초기戊 ─┘└─ 중기庚 ─┘└──────── 정기丙 ────────┘

⑤ 午 (丙 10일, 己 9일, 丁 11일)

1 2 3 4 5 6 7 8 9 10 11 12 13 14 15 16 17 18 19 20 21 22 23 24 25 26 27 28 29 30
└──── 초기丙 ────┘└──── 중기己 ────┘└───── 정기丁 ─────┘

⑥ 未 (丁 9일, 乙 3일, 己 18일)

1 2 3 4 5 6 7 8 9 10 11 12 13 14 15 16 17 18 19 20 21 22 23 24 25 26 27 28 29 30
└─── 초기丁 ───┘└중기乙┘└─────────── 정기己 ───────────┘

⑦ 申 (戊 7일, 壬 7일, 庚 16일)

1 2 3 4 5 6 7 8 9 10 11 12 13 14 15 16 17 18 19 20 21 22 23 24 25 26 27 28 29 30
└─ 초기戊 ─┘└─ 중기壬 ─┘└──────── 정기庚 ────────┘

⑧ 酉 (庚 10일, 辛 20일)

1 2 3 4 5 6 7 8 9 10 11 12 13 14 15 16 17 18 19 20 21 22 23 24 25 26 27 28 29 30
└──── 초기庚 ────┘└──────────── 정기辛 ────────────┘

⑨ 戌 (辛 9일, 丁 3일, 戊 18일)

1 2 3 4 5 6 7 8 9 10 11 12 13 14 15 16 17 18 19 20 21 22 23 24 25 26 27 28 29 30
└─── 초기辛 ───┘└중기癸┘└─────────── 정기戊 ───────────┘

⑩ 亥 (戊 7일, 甲 7일, 壬 16일)

1 2 3 4 5 6 7 8 9 10 11 12 13 14 15 16 17 18 19 20 21 22 23 24 25 26 27 28 29 30
└─ 초기戊 ─┘└─ 중기甲 ─┘└─────── 정기壬 ───────┘

⑪ 子 (壬 10일, 癸 20일간)

1 2 3 4 5 6 7 8 9 10 11 12 13 14 15 16 17 18 19 20 21 22 23 24 25 26 27 28 29 30
└─── 초기壬 ───┘└────────── 정기癸 ──────────┘

⑫ 丑 (癸 9일, 辛 3일, 己 18일)

1 2 3 4 5 6 7 8 9 10 11 12 13 14 15 16 17 18 19 20 21 22 23 24 25 26 27 28 29 30
└── 초기癸 ──┘└중기辛┘└──────── 정기己 ────────┘

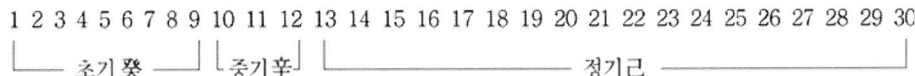

12지지(地支) 속의 支藏干 배치 날수

地支 \ 支藏干	지장간(支 藏 干)		
	초기(初氣)	중기(中氣)	정기(正氣)
자 (子)	임(壬) 10일	없음	계(癸) 20일
축 (丑)	계(癸) 9일	신(辛) 3일	기(己) 18일
인 (寅)	무(戊) 7일	병(丙) 7일	갑(甲) 16일
묘 (卯)	갑(甲) 10일	없음	을(乙) 20일
진 (辰)	을(乙) 9일	계(癸) 3일	무(戊) 18일
사 (巳)	무(戊) 7일	경(庚) 7일	병(丙) 16일
오 (午)	병(丙) 10일	기(己) 9일	정(丁) 11일
미 (未)	정(丁) 9일	을(乙) 3일	기(己) 18일
신 (申)	무(戊) 7일	임(壬) 7일	경(庚) 16일
유 (酉)	경(庚) 10일	없음	신(辛) 20일
술 (戌)	신(辛) 9일	정(丁) 3일	무(戊) 18일
해 (亥)	무(戊) 7일	갑(甲) 7일	임(壬) 16일

支藏干을 쉽게 외우는 방법

地 支	초기, 중기, 정기
子	壬은 癸 속 된다.
丑	癸辛(시)는 己 적이다.
寅	戊丙은 甲이다.
卯	甲(값)은 乙이 낸다.
辰	乙(흙) 癸는 戊리다.
巳	戊庚리는 丙이 낫다.
午	丙己는 丁 뿐이다.
未	丁乙 己 약한다.
申	戊(모) 壬은 庚 사다.
酉	庚이는 辛비롭다.
戌	辛(시) 丁(중)은 戊산 되었다.
亥	戊(물) 甲(값)은 壬이 낸다.

4. 지장간(地藏干) 적용

사주를 감정할 때에는 반드시 초기(初氣=餘氣), 중기(中氣), 정기(正氣)를 구분하여 해설해야지, 정기(正氣)만을 가지고 사주를 감정하면 절대로 안 된다. 지장간(地藏干) 적용 시 다음과 같은 사항을 알고 있어야 한다.

인(寅)의 지장간(地藏干)에서 초기(初氣)는 무(戊), 중기(中氣)는 병(丙), 정기(正氣)는 갑(甲)이다. 초기생(初氣生)일 경우에 무(戊)만 사용하고 중기(中氣)의 병(丙)과 정기(正氣)의 갑(甲)은 어떻게 처리하여 해석할 것인가? 라는 문제이다. 이에 대한 문제는 어떠한 문헌을 보아도 명확한 설명이 없다. 초기생(初氣生)일 경우에 초기(初氣) 무(戊)의 힘이 제일 강하게 작용하고, 중기(中氣) 병(丙)과 정기(正氣) 갑(甲)의 힘도 어느 정도는 작용하지만 무시해도 큰 오류는 범하지 않는다. 여기서 어느 정도의 힘이란 저자의 생각으로 지나간 지장간(支藏干)은 5~10%, 다가올 지장간(支藏干)은 15~20% 정도 작용하는 것이 적당하지 않을까 생각한다.

초기생(初氣生)은 초기 지장간(初氣 支藏干)을 70%, 중기 지장간(中氣 支藏干)을

10%, 정기 지장간(正氣 支藏干)을 20%로 적용하되 중기(中氣)가 없으면 정기(正氣)를 30%로 적용한다.

중기생(中氣生)은 초기 지장간(初氣 支藏干)을 5%, 중기 지장간(中氣 支藏干)을 80%, 정기 지장간(正氣 支藏干)을 15%로 적용한다.

정기생(正氣生)은 초기 지장간(初氣 支藏干)을 5%, 중기 지장간(中氣 支藏干)을 10%, 정기 지장간(正氣 支藏干)을 85%로 적용한다.

이러한 요소를 감안하지 안고 실제로 사주를 해석할 경우에는 가끔 오류가 발생하지만, 이 요소는 무시해도 큰 문제는 없다. 그러나 이러한 문제들이 작용하고 있다는 것은 알고 있어야 한다.

사주에서 일간(日干)의 강약(強弱)을 판단하기 위하여 사주 오행의 개수를 공식으로 사용 한다던가, 또는 천간(天干)은 1, 월지(月支)는 2, 다른 지지(地支)는 1.5로 설정하여 일간(日干)의 강약(強弱)을 판단하는 방식으로 명리학(命理學)을 입문하면 종치고 끝난 것이다. 이러한 방법으로는 큰 문제가 발생하며 엄청난 시행착오를 격게 된다는 것 명시해야 한다. 절대로 이러한 방식으로 명리학을 배우면 안 된다.

※ 1. 자평명리학(自平命理學) : 중국의 송나라 때 서자평(徐子平) 선생이 창안한 방법으로 일간을 그 사람의 주체로 삼고, 월지를 중심으로 전체 오행의 강약을 참고하여 균형을 이룬 후, 용신을 찾아서 그 사람의 길흉화복(吉凶禍福)을 판단하는 것이다.
2. 자평진전(自平眞詮) : 심효천 선생이 고전에 나온 여러 가지의 격국론을 없애고 월지의 십성(十星)으로 용신으로 정하여 해설한 책이다.

제 3 장
사주(四柱)의 격을 정하는 방법

제3장 사주(四柱)의 격을 정하는 방법

1. 사주(四柱)의 격(格)

격(格)은 사주(四柱)의 구성 형태를 말하는 것으로서 월지(月支)의 지장간(支藏干)으로 격(格)을 결정한다. 격(格)은 월지(月支)를 중심으로 기세가 가장 강한 오행(五行)에 따라 붙인 이름으로 사주(四柱)를 잘 해석하기 위한 방법이다. 격(格)이 결정되면 해당하는 격의 육친(六親)을 참고하여 해석한다. 이 때 또 다른 강한 기운을 같이 참고하여 해석한다.

사주(四柱)의 격(格)은 내격과 외격으로 구분되며, 내격은 사주학(四柱學)의 일반 원칙(육친, 성격) 등을 잘 적용할 수 있으나, 외격은 일반 원칙을 잘 적용시킬 수 없는 것이다. 보통 대부분의 사주(四柱)는 내격(內格)에 속하며 다음과 같이 10가지 종류가 있다.

① 건록격(建祿格) : 월지(月支)가 비견(比肩)이면 건록격이다.
② 양인격(陽刃格) : 월지(月支)가 겁재(劫財)이면 양인격이다.
③ 식신격(食神格) : 월지(月支)가 식신(食神)이면 식신격이다.
④ 상관격(傷官格) : 월지(月支)가 상관(傷官)이면 상관격이다.
⑤ 편재격(偏財格) : 월지(月支)가 편재(偏財)이면 편재격이다.
⑥ 정재격(正財格) : 월지(月支)가 정재(正財)이면 정재격이다.
⑦ 편관격(偏官格) : 월지(月支)가 편관(偏官)이면 편관격이다.
⑧ 정관격(正官格) : 월지(月支)가 정관(正官)이면 정관격이다.
⑨ 편인격(偏印格) : 월지(月支)가 편인(偏印)이면 편인격이다.
⑩ 정인격(正印格) : 월지(月支)가 정인(正印)이면 정인격이다.

2. 사주(四柱)의 삼합회국(三合會局)

사주(四柱)의 지지(地支)들이 모여서 삼합(三合)으로 변화된 것을 삼합회국(三合會局)이라 부르며, 격(格)의 해석과 같이 변화된 것으로 적용하여 해석해야 한다. 대운

(大運)이 사주(四柱)의 명식(命式)과 연결되어 삼합(三合)이 되면 이 대운(大運) 기간도 삼합회국(三合會局)으로 해석한다.

3. 사주(四柱)의 격국(格局)을 정하는 원칙

내격 사주(四柱)의 격국(格局)을 정하는 일반적인 원칙은 다음과 같다.

3.1 월지(月支)의 지장간(支藏干)으로 격(格)을 정하는 학설

월지(月支)의 지장간(支藏干)을 결정하기 위하여 사월생(巳月生)을 예로서 알아보자.

(1) 적천수 : 巳의 지장간(支藏干) 무(戊), 경(庚), 병(丙)에서 初氣(餘氣)生은 무(戊)를 사용하고, 중기생(中氣生)은 경(庚)을 사용하며 정기생(正氣生)은 병(丙)을 사용해야 한다. 즉, 절입일을 기준으로 사(巳)의 지장간(支藏干) 중에 무(戊), 경(庚), 병(丙) 하나를 사용한다는 것이다.

(2) 서낙오 주장 : 월지(月支)의 지장간(支藏干)에 통근(通根)된 천간(天干)의 세력으로 결정한다는 것이다. 즉, 사주(四柱)의 투간 상태에 따라 월지 장간(月支藏干)을 결정하는 것이다. 예로서, 사월생(巳月生)의 경우 천간(天干)에 화(火)의 세력이 강하면 지장간(支藏干)은 병(丙)을 사용하고, 천간(天干)에 금(金)의 세력이 강하면 지장간(支藏干)은 경(庚)을 사용하고, 천간(天干)에 토(土)의 세력이 강하면 지장간(支藏干)은 무(戊)를 사용한다는 것이다.

이 두 가지 견해의 학설에 대하여 저자의 현재 능력으로는 무어라 결론을 내리기가 어렵지만, 임상적으로 계속하여 경험하면서 검증한 후 적중률로 확인하는 방법뿐이다. 실전에서 저자는 위 학설 중 (1)의 적천수 방법을 사용하고 있다.

3.2 生日 기준으로 초기·중기·정기생으로 격을 정하는 방법

명식(命式)에서 월지(月支)의 육친(六親) 지장간(支藏干) 오행(五行)을 가지고 초기생(初氣生), 중기생(中氣生), 정기생(正氣生)을 구분하여 격(格)을 정한다. 지장간(支藏干) 구분 기준은 출생한 일과 입절일을 가지고 정한다. 십이지지(地支) 중에서 자묘유(子卯酉)는 중기(中氣)의 支藏干이 없고, 다른 지지(地支)들은 3개의 지장간(支藏干)을 가진다. 예로서 알아보자.

남자 음력 1982년 10월 2일 戌 시생

四 柱	年 柱		月 柱		日 柱		時 柱	
天干 및 六親	壬	편인	辛	정관	甲	보인	甲	비견
地支 및 六親	戌	정관	亥	편재	辰	겁재	戌	정관
支藏干	辛	辛丁戊	戊	戊甲壬	乙	乙癸戊	辛	辛丁戊

1982년 10월 달의 입절일 입동은 9월 23일이다. 지장간(支藏干)의 초기(初氣), 중기(中氣), 정기(正氣)를 결정하는 기준은 生日에서 입절일을 빼므로 10월 2일(生日) - 9월 23일(입절일) = 9일이다. 사주(四柱) 지장간 배치 날수에서 일지(日支)의 진(辰) 지장간(支藏干) 날일 수는 9일이 초기(初氣)이므로, 이 사주(四柱)는 초기생(初氣生)이다. 이 사주의 다른 지지(地支)에도 초기(初氣)의 지장간(支藏干)을 선택하여 육친(六親)을 정한다. 위의 표에서 월지(月支)의 초기 지장간(初氣 支藏干)은 무토(戊土)이고 편재(偏財)이므로 편재격(偏財格)이다. 저자는 주로 이 방법으로 격(格)과 육친(六親)을 정하여 이용하는 편이다.

3.3 月支의 지장간에 통근된 天干의 세력으로 격을 정하는 방법

月支의 지장간에 통근된 天干의 세력으로 격을 정하는 방법을 예로써 알아보자.

(1) 건록격

사주			
년주	월주	일주	시주
辛	辛	乙	庚
丑	卯	丑	辰

위 명식의 月支 묘중(卯中) 正氣 乙木 비견이 日干에 투간(透干)되어 사용하므로 건록격이다.

(2) 양인격

사주			
년주	월주	일주	시주
癸	戊	壬	壬
卯	子	戌	寅

위 명식의 月支 자중(子中) 正氣 계수(癸水) 겁재가 年干에 투간(透干)되어 양인격이다.

(3) 식신격

사주			
년주	월주	일주	시주
辛	戊	丙	丙
亥	戌	子	申

위 명식의 月支 술중(戌中) 正氣 戊土 식신이 月干에 투간(透干)되어 식신격이다.

(4) 상관격

사주			
년주	월주	일주	시주
己	戊	丁	丙
亥	辰	卯	巳

위 명식의 月支 진중(辰中) 正氣 무토(戊土) 상관이 月干에 투간(透干)되어 상관격이다.

(5) 편재격

사주			
년주	월주	일주	시주
甲	丙	庚	己
子	寅	午	寅

위 명식의 月支 인중(寅中) 正氣 甲木 편재가 年干에 투간(透干)되어 사용하므로 편재격이다.

(6) 정재격

사주			
년주	월주	일주	시주
庚	己	甲	丁
子	丑	辰	寅

위 명식의 月支 축중(丑中) 正氣 己土 정재가 月干에 투간(透干)되어 정재격이다.

(7) 편관격

사주			
년주	월주	일주	시주
癸	丙	丁	癸
戌	辰	丑	卯

위 명식의 月支 진중(辰中) 正氣 무토(戊土)가 天干에 없으므로, 중기(中氣) 계수

(癸水) 편관이 年干 및 時干에 투간(透干)되어 편관격이다.

(8) 정관격

사주			
년주	월주	일주	시주
乙辰	丙子	丙申	癸巳

위 명식의 月支 자중(子中) 正氣 계수(癸水) 정관이 時干에 투간(透干)되어 정관격이다.

(9) 편인격

사주			
년주	월주	일주	시주
戊亥	丁卯	丁未	己酉

위 명식의 月支 묘중(卯中) 正氣 乙木과 초기(여기) 갑목(甲木) 天干에 없으므로, 正己 을목(乙木)을 사용하므로 편인격이다.

(10) 정인(인수)격

사주			
년주	월주	일주	시주
辛酉	乙未	丙寅	戊戌

위 명식의 月支 미중(未中) 正氣 己土가 없으므로, 中氣 을목(乙木) 정인이 月干에 투간(透干)되어 사용하므로 정인(인수)격이다.

▶ 월지(月支)가 3합되어 국으로 변화하면 변화된 국(局)을 적용하여 해석한다.

이상의 방법으로 격(格)과 국(局)이 결정되면 사주(四柱)해석 시 해당 격국(格局)과 오행(五行)이 가장 강한 것을 중심으로 해석하면 사주(四柱)의 실마리가 쉽게 풀린다.

통근(通根)이란 천간(天干)의 오행(五行)이 지장간(支藏干)에 같은 동기(同氣)를 만나는 것을 말하며 이것을 천간(天干)이 지지(地支)에 뿌리를 박았다하여 유근(有根)이라고도 부른다. 지지(地支)가 천간(天干)에 투출(透出)되었다는 말과 같은 의미이다.

천간(天干)이 지지(地支)에 뿌리를 박지 못한 것을 무근(無根)이라 부른다.
　다음의 내용을 참고하여 사주를 작성하고 해석한다.
1. 생년월일을 가지고 사주를 작성한 후, 먼저 지장간(支藏干)으로 초기생, 중기생, 정기생을 찾아 육친(六親)을 붙인다.
2. 지장간(支藏干)을 이용하여 육친(六親)을 붙인 명식을 가지고 사주(四柱)의 강약(强弱)을 판단하여 용신(用神)을 구한다.
3. 지장간(支藏干)을 이용하여 붙인 육친(六親)을 가지고 각각의 본인, 부모, 처자(妻子), 형제 등의 길흉(吉凶)을 판단한다.
4. 사주(四柱)의 강약 판단
　- 지장간(支藏干)을 찾지 않은 원래의 오행(五行)으로 월지(月支)가 득령(得令)인가 실령(失令)인가 판단
　- 12운성 판단
　- 주위환경 : 지장간(支藏干)을 붙인 육친이 日干에게 힘을 더하는지 빼는지를 판단한다.

　地支 진술축미(辰戌丑未)의 사용에서 日干이 戊나 己인 命式의 月支가 진술축미(辰戌丑未) 중 하나가 되면 土(사계절)로 정하고, 日干이 戊나 己가 아닌 命式이면 月支가 辰이면 木(봄)으로 정하고, 戌이면 金(가을)로, 丑은 水(겨울)로, 未는 火(여름)으로 정하는 것이 타당할 것이다.

제 4 장
용신(用神) 구하는 원칙

제4장 용신(用神) 구하는 원칙

1. 체(體)와 용(用)

체(體)와 용(用)에 대하여 고전에서도 여러 가지 의견이 분분하지만 서낙오(徐樂吾) 의견대로 체(體)는 일간(日干)을 의미하고, 용(用) 또는 용신(用神)은 일간(日干) 즉, 체가 가장 필요로 하는 오행(五行)이다. 오늘날 추명가들이 일반적으로 사용하는 용신(用神)의 개념은 서낙오(徐樂吾)가 제안한 억부용신법(抑扶用神法)을 의미한다. 용신(用神)은 일반적으로 천간(天干)의 한 개로 결정되며 천간(天干)에 용신(用神)이 없으면 지장간(支藏干)에서 정한다.

2. 신약(身弱) 사주(四柱)에서 용신(用神) 구하는 방법

① 사주(四柱)에서 식신(食神)과 상관(傷官)이 서로 많아서 신약(身弱)하면 인성(印星)(印星)이 용신(用神)이고, 인성(印星)이 없으면 비겁(比劫)이 용신(用神)이 된다.
② 사주(四柱)에서 재성(財星)이 많아 신약(身弱)하면 비겁(比劫)이 용신(用神)이다.
③ 사주(四柱)에서 관성(官星)이 많아 신약(身弱)하면 인성(印星)이 용신(用神)이다.
④ 사주(四柱)에서 일간(日干)이 태약(太弱)하거나 태쇠(太衰)하면 힘이 가장 강한 오행(五行)이 용신(用神)이다.
⑤ 사주(四柱)에서 일간(日干)의 강약(强弱)판단이 어려우면 신약(身弱)으로 본다.

3. 신강(身强) 사주(四柱)에서 용신(用神) 구하는 방법

① 사주의 일간(日干)이 신강(身强)하면 일간(日干)을 극제(剋制)하는 관성(官星)이나 재성(財星)이 용신(用神)이다.
② 사주의 일간(日干)이 태강(太强)하거나 태왕(太旺)하면 사주(四柱)에서 힘이 가장 강한 오행(五行)이 용신(用神)이다.
③ 사주의 일간(日干)이 신왕(身旺)하면 식상(食傷)이 용신(用神)이다.
④ 사주(四柱)에 비견(比肩)이 왕(旺)하여 신강(身强)하면 편관(偏官)이 용신(用神)

이고, 겁재(劫財)가 왕(旺)하여 신강(身强)하면 정관(正官)이 용신(用神)이다. 즉, 비견(比肩)과 겁재(劫財)가 서로 왕(旺)하여 신강(身强)하면 관성(官星)이 용신(用神)이다.

⑤ 편인(偏印)이 왕(旺)하여 신강(身强)하면 편재(偏財)가 용신(用神)이고, 정인(正印)이 왕(旺)하여 신강(身强)하면 정재(正財)가 용신(用神)이다. 즉, 인성(印星)이 왕(旺)하여 신강(身强)할 경우에는 재성(財星)이 용신(用神)이다.

⑥ 비견(比肩)과 겁재(劫財)가 왕(旺)하여 신강(身强)하면 관성(官星)이 용신(用神)이지만, 관성(官星)이 없으면 식신(食神) 및 상관(傷官)을 용신(用神)으로 삼아서 일간(日干)을 설기(泄氣) 시켜도 좋다.

용신 구하는 것을 요약하면 다음과 같다.

> 식상(食傷)이 왕(旺)하여 日干이 신약(身弱)이면 인성(印星)이나 비겁(比劫)을 용신(用神)으로 정하고, 관성(官星)이 왕(旺)하여 日干이 신약(身弱)이면 인성(印星)을 용신(用神)으로 정하고, 재성(財星)이 왕(旺)하여 日干이 신약(身弱)이면 비겁(比劫)을 용신(用神)으로 정한다. 日干이 신왕(身旺)하면 식상(食傷)을 용신(用神)으로 정하고, 비겁(比劫)이 旺하여 日干이 신강(身强)하면 관성(官星)을 용신(用神)으로 정하고, 인성(印星)이 旺하여 日干이 신강(身强)하면 재성(財星)을 용신(用神)으로 정한다.

4. 중화(中和) 사주(四柱)의 용신(用神)

중화(中和)되어 있는 사주(四柱)는 재성(財星)이나 관성(官星)이 용신(用神)이다. 중화(中和) 사주(四柱)는 오행(五行)이 모두 골고루 있으면서 일간(日干)을 도와주는 오행(五行)과 일간(日干)의 힘을 빼는 오행(五行)이 균형을 이루는 경우이다. 즉, 비겁(比劫), 인성(印星), 식상(食傷), 재성(財星), 관성(官星)이 모두 있으면서 어느 한 오행(五行)에 편중되지 않고, 일간(日干)의 힘을 도와주는 오행(五行)과 일간(日干)의 힘을 빼는 오행(五行)이 반드시 반반씩 균형을 유지해야 한다. 오행(五行)이 균형을 유지한 것을 중화순수사주(中和純粹四柱)며, 사주학(四柱學)에서 으뜸으로 치는 것이다. 중화 사주는 용신(用神)과 화합되는 운을 만나면 대 발전을 하고 용신(用神)과 상반되는 운을 만나도 평온하게 보낼 수 있다.

사주(四柱)에 오행(五行)이 모두 있어도 일간(日干)에게 힘을 도와주는 오행(五行)과 힘을 빼는 오행(五行)이 균형을 이루지 못하고, 어느 한쪽의 오행(五行)으로 편중되어 있으면 중화(中和)된 사주(四柱)가 아니다.

5. 용신(用神)의 분류

용신법(用神法)에는 억부법(抑扶法), 병약법(病藥法), 전왕법(專旺法), 조후법(調候法), 통관법(通關法)의 5종류로 분류되며, 사주(四柱)의 구성 형태를 보고 정한다. 사주(四柱)를 해설하는 경우에는 반드시 용신(用神)과 희신(喜神)을 구하고, 대운(大運)과 비교하여 대운(大運)이 용신(用神)과 희신(喜神)에게 도움이 되는 오행(五行)의 기간은 길(吉)하게 된다.

5.1 억부법 (抑扶法)

사주에서 일간(日干)의 힘이 강(强)하면 일간(日干)의 힘을 빼고, 일간(日干)이 약(弱)하면 일간(日干)에게 힘을 보태주는 방법으로서 사주(四柱)해석 시 이 억부법(抑扶法)이 70~80 % 로 가장 많이 사용된다.

(1) 신약(身弱) 사주(四柱)에서 억부법(抑扶法) 적용은 다음과 같다.
  ① 사주에서 식상(食傷)이 많아 일간의 힘이 약(弱)하면 인성(印星)이 용신(用神)이다.
  ② 사주에서 재성(財星)이 많아 일간의 힘이 약(弱)하면 비겁(比劫)이 용신(用神)이다.
  ③ 사주에서 관성(官星)이 많아 일간의 힘이 약(弱)하면 인성(印星)이 용신(用神)이다.

(2) 신강 사주(身强 四柱)에서 억부법(抑扶法) 적용은 다음과 같다.
  ① 사주에서 일간(日干)의 힘이 강(强)하면 일간(日干)을 극제하는 관성(官星)이나 재성(財星)이 용신(用神)이다.
  ② 사주에서 일간(日干)의 힘이 왕(旺)하면 식상(食傷)이 용신(用神)이다.

5.2 병약법 (病藥法)

사주(四柱)의 병은 다음과 같은 것이다.
① 사주(四柱)를 길하게 만드는 오행(五行)을 방해하는 오행(五行)으로서, 신약(身弱) 사주(四柱)에서는 인수(印綬)나 비겁(比劫)이 길신(吉神)인데 이 길신(吉神)을 파극(破剋)하는 오행(五行)을 사주(四柱)의 병이라 한다.
② 사주(四柱)에서 불필요하게 태왕(太旺)된 오행(五行)

용신(用神)의 병은 용신(用神)을 극(剋)하는 오행(五行)을 말한다. 사주의 약이란 사주(四柱)의 병과 용신(用神)의 병을 억제하는 오행(五行)을 말하며, 병이 있는 사주(四柱)는 약이 용신(用神)이다.

5.3 전왕법 (專旺法)

사주(四柱)의 구성이 한, 두 개의 오행(五行)으로 편중되어 태강(太强)하거나 태왕(太旺)하면 힘이 가장 강한 오행(五行)을 용신(用神)으로 정하는 방법으로서, 종격(從格), 화격(化格), 외격(外格)의 사주(四柱)가 이에 속한다.

5.4 조후법 (調候法)

조후법(調候法)은 사주(四柱)에서 필요한 오행(五行) 상의 한난조습(寒暖燥濕)을 구하여 사주(四柱)의 기온을 중화(中和)시키는 것이다. 봄과 여름은 목화(木火) 계절이므로 가을과 겨울의 금수(金水)가 필요하고, 가을과 겨울은 금수(金水) 계절이므로 봄과 여름의 목화(木火)가 필요한데, 이 필요한 오행(五行)이 조후용신(調候用神)이다.

오행(五行)의 난조한습은 다음과 같다.
· 난조 (陽) : 木, 火, 土 (戌, 未)
· 한습 (陰) : 金, 水, 土 (辰, 丑)
· 戊己는 한난조습 (寒暖燥濕)의 중간에 위치한다.

사주에서 일간의 오행 갑목(甲木)이 5 (午) 월에 태어났다면 5월은 午火의 무더운 여름의 계절이어서 화기(火氣)가 과열(過熱)하므로 먼저 추운 계절의 계수(癸水)가 필요하다. 그 다음에 경금(庚金)으로 계수(癸水)를 생조(生助)해 주어야 한다. 木 기가 약하므로 경금(庚金)이 왕성하면 정화(丁火)로 금(金)을 억제해야 한다. 여기서는 조후용신(調候用神)은 계수(癸水)이고 보좌용신(補佐用神)은 정화(丁火)와 경금(庚金)이다.

　그러므로 사주(四柱)가 너무 한습(寒濕)하거나 난조(暖燥)하면 억부법(抑扶法)이나 병약법(病藥法) 등의 원칙으로 용신(用神)을 구하는 것이 아니고, 조후법(調候法)으로 용신(用神)을 구해서 해설해야 한다. 사주(四柱)가 너무 한습(寒濕)하면 난조(暖燥)시키고, 사주(四柱)가 너무 난조(暖燥)하면 한습(寒濕)시켜야 한다. 궁통보감(窮通寶鑑)에서는 조후용신(調候用神)에 대하여 상세하게 설명되어 있다. 사주학(四柱學)의 해석 원리는 음양오행(五行 陰陽)의 생화극제(生化剋制) 원리이므로 조후용신(調候用神)도 참고 정도로 해야지, 절대로 확대해석 해서는 안 된다.

제 5 장
육친(六親)의 특성

제5장 육친(六親)의 특성

1. 비견(比肩)

 사주에서 비견(比肩)은 일간(日干)에게 100% 힘을 보태주며, 일간(日干)과 오행(五行)이 같고 음양(陰陽)도 일간(日干)과 같다. 비견(比肩)은 어깨를 나란히 한다는 의미이다. 가족 관계로는 형제자매를 나타내고, 사회적 관계로는 친구, 직장 동료, 나와의 경쟁자를 의미한다. 사주에서 비견(比肩)이 많으면 다음의 특성이 나타난다.

 자존심이 강하고 고집이 세며, 타인으로부터 속박을 싫어하고, 협동심과 양보심이 적어서 분쟁이 생긴다. 과단독행(果斷獨行) 하므로 독자적인 개척의 기질을 가지고, 사람들과 교제하기를 싫어한다. 경제적인 어려움을 겪고, 부모의 곁을 떠나서 자립한다. 부모 형제와 경제적 문제로 분쟁이 심하고, 주위로부터 모함을 받기 쉽다. 공동사업은 하지 말아야 하며, 처자(妻子)와의 인연이 박복하고, 평생 노고가 많다. 여자의 사주(四柱)에 비견(比肩)이 많으면 색정(色情)으로 인한 문제가 많이 발생하고, 가정불화도 자주 생긴다.

 사주의 년간(年干)에 비견(比肩)이 있다면 손위의 형이나 누나가 있거나 양자가 될 수 있다. 월간(月干)에 비견(比肩)이 있다면 형제자매가 있고, 월지(月支)에 비견(比肩)이 있으면서 관살(官殺)이 극제(剋制)하지 않으면 성격(性格)이 조금 난폭하다. 시간(時干)에 비견(比肩)이 있다면 나의 재산을 양자가 상속하는 경우가 있다.

 비견(比肩)이 공망(空亡)이 되는 경우 남자는 처(妻)를 해치고, 아버지와 인연이 적으며, 여자는 남편과 자신의 덕이 없고, 형제들과 화목하지 못하다.

 비견(比肩)이 묘(墓), 사(死), 목욕(沐浴)과 동주(同柱)한다면 형제가 일찍 죽는 일이 있고, 형(刑), 충(沖), 파(破), 해(害)가 되면 형제나 친구는 도움이 되지 않는다.

 비견(比肩)과 겁재(劫財)가 동주(同柱)한다면 결혼이 늦고, 아버지와 사별하며, 부부간에는 정이 없고, 형제와는 화목치 못하다. 남자 사주에서 비견(比肩)이 많으면 배우자가 바뀌기 쉽다.

 여자 사주(四柱)에 비견(比肩)과 겁재(劫財)가 많이 있으면 독신으로 생활하든가 첩이 되는 수가 있으며 비견(比肩)이 많고 관살(官殺)이 약하면 부부간에 애정이 없고, 비견(比肩)과 겁재(劫財)가 동주(同柱)하면 부부가 화목하지 못하다.

사주(四柱)에 비견(比肩)이 많으면 직업(職業)은 고용직보다는 독립적인 사업이나 업무가 적합하다.

일간(日干)과 행운(行運 : 대운, 세운, 월운, 일운)의 천간(天干)을 대조하여 비견(比肩)이 되면 다음과 같은 내용이 나타난다.

1.1 비견(比肩)이 희신 행운(喜神 行運)

① 형제나 친구의 도움으로 어려운 일들이 잘 해결 된다.
② 대인 관계가 좋아지고 자립하여 독립사업을 한다.
③ 타인과 인간관계가 잘 융화된다.
④ 사업가는 사업이 잘 되고 강왕격(强旺格)은 발복한다.
⑤ 동업, 합작투자, 사회 및 정치 조직 등의 인간관계가 좋다.
⑥ 명식(命式)의 일간(日干)은 약하고 관살이 왕(旺)하면 형제, 동료, 타인의 도움으로 취직이나 승진 등이 일어난다.
⑦ 명식(命式)의 일간(日干)은 약하고 재성(財星)이 왕(旺)하면 형제나 동료의 도움으로 재물이 늘어난다.

1.2 비견(比肩)이 기신 행운(忌神 行運)

① 형제나 친구, 동료로 인하여 신경 쓰이는 일이 생긴다.
② 형제나 친구, 동료, 동업자로 인하여 재산상의 손해를 보거나 불화가 생겨 피해를 본다.
③ 부부(夫婦) 사이가 나빠지거나 처(妻)에게 질병(疾病)이 생긴다.
④ 남자 명식(男子 命式)에서 정재(正財)는 없고 편재(偏財)만 있으면 생사별한다.
⑤ 사회 생화이나 직장에서 직위나 자리다툼 때문에 암투가 생긴다.
⑥ 수입 다 지출이 많이 발생한다.
⑦ 빈자는 돈 때문에 어려움이 많고 부자는 많은 손해를 본다.
⑧ 자존심을 내 세워 손해를 보기도 하고 중상모략을 당하거나 손재가 심하다.
⑨ 타인과 융화가 잘 안 되므로 학생은 교우 관계가 좋지 못하고 성적이 떨어진다.
⑩ 비견운(比肩運)이 희신(喜神)인데 공망(空亡)이 되면 흉이 되므로 합작 사업이나 동업은 해롭다.
⑪ 아버지와 사이가 나빠지거나 아버지의 사업 부진, 아버지와 별거 또는 사별한다.

2. 겁재 (劫財)

사주에서 겁재(劫財)는 일간(日干)에게 50%의 힘을 보태주며 일간(日干)과 같은 오행(五行)이고 음양(陰陽)은 다르다. 겁재(劫財)는 "재(財)를 겁탈한다"는 의미로, 정재(正財)인 나의 부인과 재물을 극(剋)하는 것이다.

겁재(劫財)는 가족 관계에서 형제자매 및 남편의 첩을 의미하고 사회적 관계로는 친구, 직장 동료, 나와의 경쟁 상대자를 의미한다. 여자는 형제자매, 시아버지를 의미한다.

겁재(劫財)는 비견(比肩)과 비슷한 성질을 나타내지만 다음과 같은 특성이 나타난다.

겁재(劫財)는 재물을 겁탈하는 것이므로 흉하게 나타나는 것은 비견(比肩)보다 훨씬 강하게 나타난다.

배우자를 극(剋)하는 것이 강하고, 재(財)를 파(破) 하는 것도 강하다.

교만불손하고, 투쟁이 강하며, 손재, 이산, 고초 등을 면하기 어렵다.

사주(四柱)에 겁재(劫財)가 많으면 다음의 특성이 나타난다.

비견(比肩)과 겁재(劫財)가 많으면 형제가 많다. 남녀 모두 배우자와 자녀를 극해하고, 구설수가 많으며, 형제자매, 친구 간에 불화가 일어나기 쉽지만 정관(正官)이 있으면 이러한 나쁜 특성은 제압된다. 그러나 편인(偏印)이 있으면 이런 나쁜 특성은 더 강하게 나타난다.

언행이 일치하지 못하고, 인격이 낮지만 겁재(劫財)가 희신(喜神)이 되면 솔직하고 허식이 없다. 남에게 지기 싫어하고, 고집과 자존심이 매우 강하고, 적극적이며 활동적이다.

사주(四柱) 중의 어느 한 주라도 천간(天干)과 지지(地支)가 모두 겁재(劫財)로 구성되면 일찍 부친과 사별하고, 배우자도 이별할 수 있으며, 동업을 하면 파탄한다.

타인과의 공동사업인 동업은 아주 부적합하고, 독립적인 자유업이 적합하다.

남자의 사주에서 일간(日干)이 신강(身强)하고 일지(日支)에 겁재(劫財)가 있으면 배우자와 생사이별(生死離別) 하지만 정관(正官)이 있으면 면한다.

여자의 사주(四柱)에 비겁(比劫)이 많으면 결혼을 싫어하여 독신녀로 늙는 수도 있고, 팔자도 세어서 고독하다.

겁재(劫財)와 상관(傷官)이 동주(同柱)하면 무뢰한(無賴漢)이다.

연주(年柱)나 월주(月柱)에 겁재(劫財)가 있으면 장자(長子)는 되지 못하고, 시주

(時柱)에 겁재(劫財)와 상관(傷官)이 동주하면 자손에게 해롭다.

겁재(劫財)와 상관(傷官) 혹은 겁재(劫財)와 양인(羊刃)이 동주하면 각종 재화(災禍)를 당하지 않으면 단명하거나 극빈해진다. 직업(職業)은 고용직보다 독립적인 직업(職業)이 적합하며 동업(同業)은 불가하다.

육친(六親) 중 제일 흉(凶)한 성이다.

사주에서 겁재와 양인(羊刃)이 많으면서 관성(官星)이 억제하지 않으면 빈천하며, 남자는 상처(喪妻)한다.

일간(日干)과 행운(行運 : 대운, 세운, 월운, 일운) 천간(天干)을 대조하여 겁재(劫財)가 되면 다음과 같은 내용이 나타난다.

2.1 겁재(劫財)가 희신 행운(喜神 行運)

① 명식(命式)의 일간(日干)이 신약(身弱)하고 재성격(財星格)이면 겁재 희신운(劫財 喜神運)에 재물을 모은다.
② 명식(命式)에서 식신(食神)이 신강(身强)하지 않고 겁재(劫財)가 2개 이하이면서 식신격(食神格)은 개운 발복 한다.
③ 명식(命式)에서 인수격(印綬格)이 정재(正財)가 있어 파격이 되면 겁재 희신운(劫財 喜神運)에 개운 발복 한다.
④ 형제, 동료, 친구 등의 도움으로 일이 잘 풀린다.
⑤ 재산이 불어나고 건강이 나쁜 사람은 회복된다.
⑥ 이 외는 비견(比肩)과 비슷하다.

2.2 겁재(劫財)가 기신 행운(忌神 行運)

① 형제, 동료, 타인과 재물 관계로 다툼이 생긴다.
② 형제, 동료 등의 동업 관계는 서로 불화가 생기므로 나쁘다.
③ 남명(男命)에서 일간(日干)은 신강(身强)하고 정재(正財)가 약하면 겁재 기신운(劫財 忌神運)에서 상처(喪妻)도 하고 재물의 손실도 크지만, 명식(命式)에 정관(正官)이 있으면 무방하다.
④ 처(妻)에게 질병(疾病)이 생기지 않으면 처(妻)와 불화가 생긴다.
⑤ 재물로 인한 손해가 있거나 질병(疾病)에 걸린다.

3. 식신 (食神)

사주에서 식신(食神)은 일간(日干)이 100% 생(生)해주는 오행(五行)이며 음양(陰陽)은 일간(日干)과 같다. 식신(食神)은 음식의 신으로서 수복신(壽福神)이라고도 한다. 식신(食神)은 재(財)를 생하여 의식주(衣食住)를 풍족하게 하고, 나를 나쁘게 하는 칠살인 편관(偏官)을 극(剋)하여 나의 건강과 생명을 보호해주기 때문이다. 육친(六親) 중에서 제일 길(吉)한 것이다.

식신(食神)은 가족 관계에서 남자는 손자, 장인, 장모, 조카, 사위를 의미하고, 여자는 자식, 손자, 친정의 조카를 의미하고, 사회적으로는 부하직원을 의미한다.

사주(四柱)에서 식신(食神)이 잘 조화되면 복록(福祿)이 많고, 자녀(子女)의 복(福)도 많으며, 건강하고 장수하며, 명랑하고, 총명하며, 재가 윤택하고, 인의도덕(仁義道德)이 깊다. 이러한 좋은 성질이 비견(比肩)을 만나면 더욱 좋아지지만, 편인(偏印)을 만나면 이러한 길(吉)조는 없어진다.

식신(食神)은 자기의 주장을 강하게 나타내지 않으므로 자기의 주장이 약해서 독립심이 결여된다. 그러나 투쟁을 하지 않아서 상대방의 호감을 얻으므로 동업으로는 적합하다.

사주(四柱)에 식신(食神)이 많으면 다음과 같은 특성이 나타난다.

비천한 행동을 하며, 인색하고, 자기 중심적이다.

다정(多情)하여 여자는 이성의 유혹이 많아 호색(好色)으로 첩이 되거나 과부가 되고, 창녀나 기생이 되기 쉽다.

식신(食神)이 4개이면 부모 덕이 없고, 신체가 허약하며, 식신(食神)이 많고 편관(偏官)이 희미하면 자식이 없고, 신체가 허약하다.

사주에 식신(食神)이 한 개만 있으면서 월지(月支) 혹은 시지(時支)에 건록(建祿)이 있으면 아주 좋다.

사주에서 편인(偏印)이 식신(食神)을 극(剋)하면 평생 동안 노고가 많고, 명이 짧으며 이루어지는 일은 없고, 신체가 왜소하거나 추하다.

사주에 식신(食神)이 한 개만 있으면서 정관(正官)이 일지(日支)에 있으면 부귀해진다.

사주에 식신(食神)이 한 개만 있는 것이 좋은데 특히 월지(月支)에 있으면 더욱 좋아진다.

사주에 식신(食神)이 월주(月柱)에 있고 정관(正官)이 시주(時柱)에 있으면 크게 발전하여 관(官)으로 진출하면 크게 출세한다.

사주에 식신(食神)과 편관(偏官)이 동주(同柱)하면 노고(勞苦)가 많은데, 편인(偏印)이 사주(四柱)에 또 있으면 큰 재해를 입는다.

사주에 식신(食神)이 있으면서 편인(偏印)이 없으면 평생 동안 큰 도난을 당하지 않는다.

사주에서 편인(偏印)이 많아 식신(食神)을 극(剋)하면 늙어서 먹을 것이 없거나 아사(餓死) 할 수 있다.

식신(食神)이 사(死), 절(絶), 병(病), 목욕(沐浴) 등을 만나면 자식이 불효하거나 극자(剋子) 하는 수가 있으며, 식신(食神)이 형충(刑沖)되면 어머니와 이별 수가 있다. 식신(食神)이 사(死), 절(絶), 목욕(沐浴) 등을 만나거나 형충(刑沖)되거나 편인(偏印)이 극파하면 직업(職業)이 천하고 복이 없다.

비견(比肩), 겁재(劫財) 등이 식신(食神)을 생왕(生旺) 해주고, 편인(偏印)을 만나지 않거나 식신(食神)이 형(刑), 충(沖), 파(破), 해(害) 안 되면 부귀하고, 존경을 받으며, 신체 건강하면서 평생동안 행복하게 생활한다.

사주에서 편인(偏印)이 식신(食神)을 극(剋)하면 여자는 산액(産厄)이 따른다.

여자 사주(四柱)에서 시주(時柱)에 식신(食神)과 건록(建祿) 또는 식신(食神)과 제왕(帝旺)이 동주하면 자식은 크게 발달한다.

일간(日干)과 행운(行運 : 대운, 세운, 월운, 일운) 천간(天干)을 대조하여 식신(食神)이 되면 다음과 같은 내용이 나타난다.

3.1 식신(食神)이 희신 행운(喜神 行運)

① 사업가는 사업이 잘 되고 자금 사정도 좋아진다.
② 재물과 가정 살림이 불어나고, 채무자는 빚을 청산한다.
③ 남명(男命)이 실직자이면 직장을 구한다.
④ 양일생의 남명(男命)이 정관(正官)이 있으면 승진, 영전 등으로 직위가 올라간다.
⑤ 새로운 사업을 시작 하거나 주택 구입, 건물 등을 신축한다.
⑥ 남명(男命)은 처나 주위로부터 도움을 받는다.
⑦ 여명(女命)은 출산을 하지 않으면 자녀가 시험에 합격하는 등의 좋은 일이 생긴다.
⑧ 질병(疾病)이 있는 사람은 호전된다.

⑨ 연구, 개발 등 머리를 사용하는 결과는 좋다.
⑩ 학생은 학업성적이 향상된다.

3.2 식신(食神)이 기신 행운(忌神 行運)

① 남녀 모두 자녀 문제로 근심 걱정거리가 생긴다.
② 관재 구설수가 있다.
③ 좋은 일 하고도 욕 먹는다.
④ 건강이 나빠진다.
⑤ 남명(男命)은 처갓집으로 인하여 신경 쓰이는 일이 생긴다.
⑥ 사업 확장이나 적극적인 투자는 나쁘다.
⑦ 여명(女命)에 편관(偏官)만 있으면 남편이 사고, 생사이별 등 매우 나쁘다.
⑧ 금전 문제나 식생활 문제로 어려움을 겪는다.

4. 상관 (傷官)

사주에서 상관(傷官)은 일간(日干)이 50% 생(生)해주는 오행(五行)이며 음양(陰陽)은 일간(日干)과 다르다. 상관(傷官)은 나의 관록인 정관(正官)을 극(剋)하여 해치고 손상시킨다.

가족 관계에서 남자는 손녀, 조모(祖母), 외조부(外祖父)를 의미하고, 여자는 자식, 조모(祖母)를 의미한다.

상관(傷官)의 특성은 다음과 같다.

자존심이 너무 강하고 과격하다. 구속당하는 것을 싫어하고 반항적이면서 투쟁적이다. 교만하여 타인을 얕보고, 솔직하여 비밀을 숨기지 못한다. 총명하고 영리하다.

상관(傷官)이 많으면 자식을 극해 하지만 신왕(身旺)하면 예술가, 종교가, 음악가로서 명성을 얻는다.

년간(年干)에 상관(傷官)이 있으면 부모 덕이 없다.

연주(年柱)가 모두 상관(傷官) 구성되면 명이 짧고, 부귀영화를 누린다 해도 오래 가지 못한다.

월주(月柱)가 모두 상관(傷官)으로 구성되면 형제로부터 버림받고, 부부는 이별한다.

연주(年柱)에 상관(傷官)이 있고 월주(月柱)에 재성(財星)이 있으면 복록(福祿)이 있지만, 남녀 모두 연주(年柱)와 시주(時柱)에 상관(傷官)이 있으면 자식에게 해로운 일이 생긴다.

연주(年柱)와 월주(月柱)에 상관(傷官)이 있으면 부모 처자(父母 妻子)에게 해로운데, 여기에 겁재(劫財)가 또 있으면 평생 동안 노고가 많고 생가는 빈천하다.

일지(日支)에 상관(傷官)이 있으면 처(妻)와 자식에게 해롭지만, 시주(時柱)에 재성(財星)이 있으면 소년 시절에 크게 발전한다.

시주(時柱)에 상관(傷官)이 있으면 자손이 해롭다.

상관(傷官)이 십이운성의 사(死)와 동주하면 성질은 우유부단하고 질투심이 강하다.

상관(傷官)이 양인(羊刃)과 동주하면 부친이 해롭고, 남의 집 하인이 되기 쉽다.

사주(四柱)에 상관(傷官), 정관(正官)이 있으면 호색다음(好色多淫) 한다.

여자의 명식에서 연주(年柱)에 상관(傷官)이 있으면 산액(産厄)이 있다.

여자의 명식에서 일지(日支)에 상관(傷官)이 양인(羊刃)과 동주하면 남편이 횡사(橫死) 한다.

여자 명식에서 상관(傷官)이 많고 재성(財星)이 없으면 청상과부가 되기 쉽고, 상관(傷官)이 편인(偏印)과 동주하면 남편과 자식 복이 없다.

여자의 명식에서 정관(正官)이 약하면서 상관(傷官)이 많으면 남편과 사별하지만, 상관(傷官)이 공망(空亡)되면 이것을 면한다.

일간(日干)과 행운(行運 : 대운, 세운, 월운, 일운)의 천간(天干)을 대조하여 상관이 되면 다음과 같은 내용이 나타난다.

4.1 상관이 희신 행운(喜神 行運)

① 주위로부터 재능을 인정받아 명예를 떨친다.
② 남명(男命)은 부인에게 좋은 일이 생긴다.
③ 기혼 여명(女命)은 출산을 하지 않으면 자녀들에게 좋은 일이 생긴다.
④ 질병(疾病)이 있는 사람은 호전된다.
⑤ 남녀 결혼 운이다.
⑥ 학생은 학업 성적이 좋아진다.

4.2 상관이 기신 행운(忌神 行運)

① 사업이 부진하며, 사업 확장, 투자 등은 나쁘다.

② 손재, 실물수로 재산상의 손해가 있다.
③ 질병(疾病)을 얻거나 건강이 나빠진다.
④ 자녀 문제로 근심 걱정이 생긴다.
⑤ 직장인은 감봉, 좌천, 실직 등 불이익이 생긴다.
⑥ 관재, 소송, 시비 등의 흉(凶) 운이므로 말조심해야 한다.
⑦ 관성(官星) 대운(大運)이고 상관 세운(傷官 歲運)이면 재난이 일어난다.
⑧ 상관격(傷官格)의 명식(命式)에 약한 정관(正官)이 있으면 병에 걸린다.
⑨ 명식(命式)과 상관운(傷官運)이 충(沖)이나 형(刑)이 되면 직장을 옮기거나 실직한다.
⑩ 학생은 성적이 부진하거나 퇴폐적인 경우가 있다.

5. 편재 (偏財)

사주에서 편재(偏財)는 일간(日干)이 100 % 극(剋)하는 오행(五行)이며 음양(陰陽)은 일간(日干)과 같다. 편재(偏財)는 중인(衆人)의 재물로서 곧 남의 자산을 의미한다.

가족 관계에서 남자는 아버지, 첩을 의미하고, 여자는 아버지, 시어머니를 의미한다. 남자의 사주에서 정재(正財)는 없고 편재(偏財)만 있으면 이 편재(偏財)를 부인으로 본다.

명식에서 편재(偏財)나 정재(正財)가 하나만 있으면서 식상(食傷)의 생(生)을 받거나 신왕(身旺)에 재국의 구성을 좋아한다. 일간이 신약(身弱)한데 재성(財星)이 많으면 아주 불리하여 좋지 않다. 편재는 투기성이 있으며 타인과의 교재에는 수완이 있다.

사주(四柱)에 편재(偏財)가 많으면 남자는 바람기가 많고, 어머니와 일찍 이별하거나 처(妻)가 어머니를 학대한다. 첩을 가지며 주색을 좋아하고, 다욕다정(多慾多情)하지만, 타향에 가서 성공하는 경향이 많다. 남자는 술과 여자를 좋아하고 첩을 두며, 여자는 아버지나 시어머니 때문에 고생을 하거나 재가한다.

사주(四柱)에 편재(偏財)와 정재(正財)가 많이 혼잡(混雜)되어 있으면 아버지의 형제자매가 많거나 첩을 거느린다.

사주에서 연주(年柱)의 간지(干支)가 모두 편재(偏財)로 구성되면 양자로 가는 경향이 있다.

年柱에 편재(偏財)가 있으면 집안의 재산을 반드시 상속하고 조상의 업무를 계승한다.

월주(月柱)에 편재(偏財)가 있는 것이 가장 좋다. 월주(月柱)에 편재(偏財)가 있고 시주(時柱)에 겁재(劫財)가 있으면 선부후빈(先富後貧)해진다.

사주의 일간(日干)이 신왕(身旺)하고 편재(偏財)도 왕성하면 사업가로 크게 성공한다.

사주의 일간(日干)이 신강(身强)하고 편재(偏財)도 왕성하면 다재다능하고, 큰 돈을 만지면서 평생을 보낸다.

편재(偏財)가 편관(偏官)과 동주하거나 또는 편재(偏財)가 비견(比肩)과 동주하면 아버지의 덕이 없으며 여자 때문에 재산을 잃는다.

편재(偏財)가 공망(空亡)이 되면 아버지의 덕은 없다.

편재(偏財)가 12운성의 장생(長生)과 동주하면 아버지와 자식이 서로 화목하고, 편재(偏財)가 묘(墓)와 동주하면 아버지를 일찍 사별하고, 편재(偏財)가 목욕(沐浴)과 동주하면 아버지가 풍류(風流)를 좋아한다.

여자 사주(四柱)에서 편재(偏財)가 많으면 재복이 없고 재가할 수 있으며, 편재(偏財)가 12운성의 쇠(衰)와 동주하면 남편과 일찍 사별하는 경향이 있다.

사고(辰戌丑未)에서 편재격(偏財格)이 된 명식(命式)은 충(沖)이 되어야 개운(開運)한다. 명식(命式)에서 충(沖)이 없으면 충(沖)이 되는 해에 개운(開運)한다.

편재격(偏財格)은 사업가의 자질이 있고, 돈의 규모도 크며, 쓸 때는 아끼지 않고 쓰며, 의협심도 강하다.

일간(日干)과 행운(行運 : 대운, 세운, 월운, 일운)의 천간(天干)을 대조하여 편재가 되면 다음과 같은 내용이 나타난다.

5.1 편재가 희신 행운(喜神 行運)

① 신규 사업이나 현재의 사업이 발전하고 좋아진다.
② 명식(命式)의 일간(日干)이 신왕(身旺)하면 재물이 늘어난다.
③ 공직자나 직장인은 승진, 승급 등 직위가 올라간다.
④ 남명(男命)에서 재성(財星)이 없으면 결혼하며 배우자는 양호하다.
⑤ 여명(女命)에서 관성(官星)이 약하면 결혼한다.
⑥ 좋은 일로 외국에 오간다.
⑦ 증권, 부동산, 투기성 사업 등은 좋다.

5.2 편재가 기신 행운(忌神 行運)

① 신규 사업이나 사업 확장은 나쁘므로 하면 손해 본다.
② 증권, 부동산, 투기성 사업 등은 나쁘다.
③ 사업가는 사업 부진으로 매우 나쁘므로 부도 등의 우려가 있으므로 주의해야 한다.
④ 실직, 파직의 우려가 있으므로 매사 주의해야 한다.
⑤ 남명(男命)에 편재는 없고 정재(正財)만 있으면 여자관계로 염문이 있다.
⑥ 편재 기신 행운(忌神 行運)이 묘(墓)가 되면 아버지의 건강이 나빠진다.
⑦ 비견(比肩), 겁재(劫財)가 왕(旺)한 명식(命式)은 형제나 동료간에 재산상의 문제가 생긴다.
⑧ 재산상의 사기를 당할 수 있으므로 주의해야 한다.
⑨ 명식(命式)의 일간(日干)이 신약(身弱)한데 강한 재성운(財星運)이 오면 돈으로 인한 좋지 않은 문제, 구설, 부도, 소송 등으로 나쁘다.
⑩ 학생은 성적이 부진하다.

6. 정재 (正財)

사주에서 정재(正財)는 일간(日干)이 50 % 극(剋)하는 오행(五行)이며 음양(陰陽)은 일간(日干)과 다르다. 정재(正財)는 개인의 재물로서 자산, 처, 명예, 번영 등을 의미한다.

가족 관계에서 남자는 정처(正妻), 고모, 형수, 처형을 의미하고, 여자는 시댁 형제, 고모, 고모부 등을 의미한다.

사주에서 정재(正財)의 특성은 다음과 같다.

고지식하지만 온화한 인품이다. 금전관계는 인색한 면이 많다. 근면, 성실, 신용, 총명, 의협심, 부지런함, 자산, 명예, 번영, 길상(吉祥), 복록(福祿) 등을 나타낸다.

사주에서 잘 조화된 정재(正財)가 있으면 좋은 아내를 얻어서 복록(福祿)을 누린다. 사주의 일간(日干)이 신약(身弱)한데 정재가 많으면 재산을 모으기가 어려워 빈(貧)하게 된다. 정재(正財)가 많이 있으면 바람을 피워서 재산을 파(破)하고, 어머니와 이별하기 쉽다.

사주의 년간(年干)에 정재(正財)가 있으면 조부(祖父)가 부귀(富貴)하였으며, 연주

(年柱)와 월주(月柱)에 정재(正財)와 정관(正官)이 있으면 부귀한 집안의 자손이다.

사주에서 정재(正財)는 월지(月支)에 있는 것이 가장 좋으며 그 다음으로 일지(日支)에 있는 것이 좋고, 정재(正財)는 천간(天干)보다 지지(地支)에 있는 것이 더 좋다.

사주의 월간(月干)에 정재(正財)가 있으면 부지런하다. 월지(月支)에 정재(正財)가 있으면 호문숙녀(豪門淑女)인 아내를 얻고, 독실 단정하여 인망이 높고, 모든 일은 성실 원만하게 처리하고, 검소하여 저축심이 있지만, 정재(正財)가 12운성의 묘(墓)와 동주하면 금전 관계는 아주 인색하다.

일지(日支)에 정재(正財)가 있으면 반드시 아내의 내조(內助)가 있다.

시간(時干)에 정재(正財)가 있으면 성질은 조급하지만 자수성가한다. 시간(時干)의 정재(正財)가 형(刑), 충(沖), 파(破), 해(害)가 되지 않고 겁재(劫財)가 없으면 아내와 자식들은 길(吉)하게 된다.

사주에서 고중(辰戌丑未)의 재(財)는 금전 관계에 대하여 아주 인색하고, 재가 왕성하면 재에 집착이 매우 강하다.

정재(正財)와 정관(正官)이 가까이 있으면 현명한 부인을 얻고, 정재(正財)와 식신(食神)이 가까이 있으면 아내의 내조(內助)가 있다.

사주에서 남녀 모두 정재(正財)와 편재(偏財)가 혼잡되면 바람기가 있다.

재성(財星)이 왕성한데 인수(印綬)가 있으면 아내와 자식은 착하고 자녀가 발달하여 노후가 안락하다.

사주의 천간(天干)에 정관(正官)이 있고, 지지(地支)에 정재(正財)가 있으면 고귀해진다.

정재(正財)와 겁재(劫財)가 동주하면 아버지의 덕이 없거나 빈곤해지며, 정재(正財)가 공망(空亡)이 되면 아내와 인연이 약하고, 재(財)도 얻기 어렵다.

여자 사주(四柱)에 정재(正財)와 정인(正印)이 서로 파(破)하면 시어머니와 사이가 좋지 않다. 여자의 사주에 정재(正財)와 정인(正印)이 너무 많으면 음란(淫亂)하다.

여자의 사주(四柱)에 재성(財星)과 인성(印星) 두 가지 오행이 많으면 화류계, 창녀 등 음천한 직업(職業)을 가진다.

여자 사주(四柱)에 정재(正財)와 정관(正官), 정인(正印)이 있으면 재색(才色)을 겸비하지만, 정재(正財)가 너무 많으면 빈천해진다.

일간(日干)과 행운(行運 : 대운, 세운, 월운, 일운)의 천간(天干)을 대조하여 정재(正財)가 되면 다음과 같은 내용이 나타난다.

6.1 정재(正財)가 희신 행운(喜神 行運)

① 상업이나 사업이 번창해지고, 재물이 늘어난다.
② 근검절약하고 더욱더 성실해진다.
③ 형제, 동료, 친구의 도움을 받는다.
④ 관직이나 직장인은 직위나 명예가 올라간다.
⑤ 기혼 남명(男命)은 처(妻)에게 좋은 일이 있고, 처(妻)로 인하여 재물이 불어난다.
⑥ 미혼 남명(男命)은 결혼을 하며 배우자는 양호하다.
⑦ 돈에 대한 운이 좋다.
⑧ 수험생은 합격의 영광이 있다.
⑨ 학생은 학업 성적이 향상된다.

6.2 정재(正財)가 기신 행운(忌神 行運)

① 형제, 동료, 가까운 사람과 돈 문제로 신경 쓰이는 일이 생긴다.
② 남명(男命)에서 처(妻)가 투정을 심하게 부리지 않으면 처(妻)는 남편에게 누가 되는 일을 저지른다.
③ 여명(女命)에서 식상(食傷)을 심하게 설기(泄氣)하여 기신(忌神)이 되면 학업 성적 부진, 자식 건강 등 자녀 문제로 근심 걱정이 생긴다.
④ 정재 행운(正財 行運)이 명식(命式)의 정인(正印)을 강하게 극(剋)하여 기신(忌神)이 되면 어머니에게 재난이 있거나 건강이 나빠진다.
⑤ 수험생은 낙방되기 쉽다.
⑥ 남명(男命)에서 관성(官星)을 생조(生助)함이 너무 강하여 기신(忌神)이 되면 자녀들이 애를 먹이거나 자녀들의 성적이 나빠진다.
⑦ 명식(命式)에서 일간(日干)은 신약(身弱)한데 정재격(正財格)이 왕(旺)하면 상업이나 사업이 부진하거나 돈 문제로 어려움이 생긴다.
⑧ 주식, 부동산 등의 투기성은 절대로 하지 말아야 한다.

7. 편관 (偏官)

사주에서 편관(偏官)은 일간(日干)을 100 % 극(剋)하는 오행(五行)이며 음양(陰陽)

은 일간(日干)과 같다. 편관(偏官)이 관록, 국가 등의 관(官)으로 작용하면 관성(官星)이라 부르지만 재앙, 질병(疾病) 등의 살(殺)로 작용하면 칠살(七殺)이라 부른다.

가족 관계에서 남자는 아들을 의미하고, 여자는 남편, 정부, 남편의 형제들을 의미한다.

여자 사주(四柱)에서 정관(正官)이 없고 편관(偏官)만 있다면 이 편관(偏官)을 남편으로 본다.

여자 사주에서 편관(偏官)과 정관(正官)이 섞여 있으면 이 편관(偏官)은 정부로 본다.

사주에서 편관(偏官)의 특성은 다음과 같다.

분노를 잘하고 자비심이 부족하며, 과격하고, 성급하고, 투쟁적이고, 포악하다. 고독(孤獨)하며, 권력의 힘을 믿고 행패를 부리는 경향은 있지만, 군인이나 여러 사람의 두목(頭目)이 될 수 있다. 총명하고 권병(權柄)은 있다.

식신(食神)이 편관(偏官)을 제화하면 이러한 나쁜 특성은 억제되지만, 편재(偏財)가 편관(偏官)을 생(生)하면 이러한 나쁜 특성은 더욱 심하게 나타난다.

사주에서 편관(偏官)이 잘 조화되고 제화가 적절하면 부귀(富貴)해지나, 제화가 없으면 빈천해진다.

장남이면서 연주(年柱)에 편관(偏官)이 있으면서 부모에게 좋지 않지만, 제매(弟妹)이면 괜찮다.

사주의 연주(年柱)나 월주(月柱)에 왕성한 편관(偏官)이 있으면 형제와 사이가 좋지 않다.

사주의 월주(月柱)에 편관(偏官)과 양인(羊刃)이 동주(同住)하면 어머니와 일찍 헤어진다.

사주의 일지(日支)에 편관(偏官)이 있으면 총명하고 영리하지만 성격(性格)은 조급하다.

사주의 일지(日支)에 편관(偏官)이 있으면서 흉(凶) 작용을 하면 부부 사이가 원만하지 못하고, 처(妻)는 거칠고 변덕스럽다.

사주의 시주(時柱)에 편관(偏官)이 있으면 강직하고, 불굴의 기상을 가지며, 일간(日干)이 강하면 자식 복이 많고, 일간(日干)이 약하면 자식 복이 적다.

편관(偏官)과 편재(偏財)가 동주하면 아버지의 덕이 없다.

편관(偏官)이 왕성한 정인(正印)과 있으면 문관으로 출세하며 왕성한 편관(偏官)이 정인(正印)과 있으면 무관으로 출세한다.

편관(偏官)이 양인(羊刃) 및 괴강(魁罡)과 동주하고 군인이 되면 큰 공을 세워 명성을 떨친다.

편관(偏官)과 식신(食神)이 있으면 부귀(富貴)하지만, 식신(食神)이 너무 많거나 일간(日干)이 신약(身弱)하면 빈한(貧寒)하게 된다.

편관(偏官)이 정관(正官)과 있으면 관살혼잡(官殺混雜)이라 부르며, 호색다음(好色多淫)하여 잔 근심이 그치지 않고, 특히, 여자는 바람기가 있어 정부를 둔다.

여자의 사주에서 편관(偏官)이 많고 정관(正官)이 있으면 부모 덕이 없고 재가한다.

여자 사주(四柱)에서 편관(偏官)이나 정관(正官)이 1개만 있는 것이 가장 좋은데, 관살혼잡(官殺混雜)이 되면서 삼합(三合)이 되면 음란(淫亂)함이 극치를 이루고, 편관(偏官)이 다섯 개면 창부(娼婦)가 된다.

여자의 사주에서 편관(偏官)이 많이 있고 정재(正財)와 편재(偏財)가 있으면 남편 외에 반드시 정부를 둔다.

여자 사주(四柱)에 정관(正官)이 없고 편관(偏官)만 있는데 식신(食神)이 왕성하면 남편과 사별한다.

여자의 사주에서 편관(偏官)이 태과(太過)하면서 제화하는 오행(五行)이 없으면 혼자 사는 것이 더 좋은 방법이다.

여자의 사주(四柱)에 한 개의 편관(偏官)이 있고, 식신(食神)과 양인(羊刃)이 있으면 팔자는 좋지만 성격(性格)은 강강(剛強)하다.

여자의 사주(四柱)에 편관(偏官)이 12운성의 장생(長生)과 동주하면 고귀한 남편과 인연이 있고, 편관(偏官)이 목욕(沐浴)과 동주하면 남편이 풍류를 좋아하면서 바람기가 있고, 편관(偏官)이 묘(墓)와 동주하면 사별한다.

일간(日干)과 행운(行運 : 대운, 세운, 월운, 일운)의 천간(天干)을 대조하여 편관(偏官)이 되면 다음과 같은 내용이 나타난다.

7.1 편관(偏官)이 희신 행운(喜神 行運)

① 사업이나 장사가 잘 되어 진다.
② 직장인은 승급, 승진 등의 직위가 올라가거나 명예가 높아진다.
③ 실직자는 직장을 구한다.
④ 소송 사건이나 관(官)과 관계되는 일이 쉽게 풀린다.

⑤ 학생은 학업 성적이 향상된다.
⑥ 관살이 없고 인성(印星)이 있는 명식(命式)은 각종 시험에 합격의 영광이 있다.
⑦ 남명(男命)은 자식에게 좋은 일이 생긴다.
⑧ 여명(女命) 미혼자는 결혼을 하며 기혼자는 남편에게 좋은 일이 생긴다.

7.2 편관(偏官)이 기신 행운(忌神 行運)

① 상업이나 사업 부진으로 자금의 어려움을 겪는다.
② 손재, 관재, 구설, 사기, 각종 재난 등의 좋지 않는 일이 일어난다.
③ 직장인은 승진 누락, 좌천, 강등, 실직 등의 흉이 생긴다.
④ 실직자는 직장 구하기가 어렵다.
⑤ 질병(疾病)을 얻는다.
⑥ 명식(命式)의 일간(日干)은 신약(身弱)하고 편관(偏官)이 왕(旺)하면 건강이 위험하다.
⑦ 남명(男命)은 자녀 문제로 신경 쓰이는 일이 생긴다.
⑧ 학생은 학업 성적이 부진하다.
⑨ 소송 사건이나 관(官)과 관계되는 일은 불리하다.

8. 정관 (正官)

사주에서 정관(正官)은 일간(日干)을 50% 극(剋)하는 오행(五行)이며 음양(陰陽)은 일간(日干)과 다르다. 사주에서 정관(正官)은 국가와 관록을 의미한다. 가족 관계에서 남자는 딸, 조카를 의미하고 여자는 남편과 조모(祖母)를 의미한다.

정관(正官)의 특성은 다음과 같다.

근면하고 성실하며 신용과 명예가 있다. 자비, 덕성, 공정, 검소하며 품행이 단정한 군자형이다.

정관(正官)이 많으면 가계(家計)가 넉넉하지 못하고 큰 재화를 당한다. 사주에서 재성(財星)이 정관(正官)을 생(生)해주면 길(吉)조는 더욱 좋아 지지만, 상관(傷官)이 극(剋)하면 길조는 없어지고 해롭다.

정관(正官)이 잘 조화되면 온화하고 영리하며, 정직, 성실하고, 근검 절약성이 있고, 외모도 아름다우며, 음성도 맑고, 이상적인 인품을 소유한 군자형이다.

여자의 사주에서 정관이 많으면 정부를 두거나 재가한다.

사주의 연주(年柱)에 정관(正官)이 있으면 소년 시절부터 발달하며, 장남이나 차남으로 태어나도 가계의 후계자(後繼者)가 된다.

사주의 월주(月柱)에 정관(正官)이 있으면 평생동안 복록이 있고, 월지(月支)에만 정관(正官)이 있으면 복록이 있다.

사주의 월주에 정관이 있고 정인(正印)이 있으면서 형(刑), 충(沖), 파(破), 해(害) 되지 않고 대운(大運)에서 정관(正官)을 만나면 대부귀(大富貴) 해진다.

일지(日支)에 정관(正官)이 있으면 총명 영리하고, 임기응변에 능하며, 현명한 아내를 얻고 자수성가한다.

여자의 사주에서 일지에 정관이 있으면 귀부한 남편과 인연이 있다.

시주(時柱)에 왕성한 정관(正官)이 있으면 현량(賢良)하고 귀한 자식을 얻으며, 노후에 복록이 있다.

남자 사주(四柱)에 정관(正官)과 편관(偏官)이 없으면 자식이 없고, 정관(正官)이나 편관(偏官)이 있으면서 쇠약하면 자식 복이 약하다.

여자의 사주에서 정관(正官)이 공망(空亡)과 12운성의 사(死), 묘(墓), 절(絶)과 동주하면 남편 복이 없다.

여자의 사주에서 정관(正官)이 목욕(沐浴)과 동주하면 남편이 색정을 좋아한다.

여자의 사주에서 정관(正官)이 장생(長生)과 동주하면 고귀한 남편과 인연이 있다.

여자의 사주에서 정관(正官)과 재성(財星)이 있으면 남편 복이 많은데 여기에 관성(官星)이 공망(空亡)되면 여자는 남편 복이 없다.

남자의 사주에서 정관과 재성이 있으면 복록이 있는데 여기에 관성이 공망되면 남자는 자식을 잃거나 직장과 관록 운이 없다.

일간(日干)과 행운(行運 : 대운, 세운, 월운, 일운)의 천간(天干)을 대조하여 정관(正官)이 되면 다음과 같은 내용이 나타난다.

8.1 정관(正官)이 희신 행운(喜神 行運)

① 사업이나 장사는 잘 된다. 관(官)과 관계되는 일은 좋다.
② 공직자, 직장인은 승급, 승진 등의 직위가 올라간다.
③ 시험은 합격하고, 명예는 높아진다.
④ 실직자는 직장을 얻는다.

⑤ 관(官)과 관계되는 일은 좋아서 인허가, 등록, 각종 소송 등이 쉽게 해결된다.
⑥ 남명(男命)은 자녀를 얻거나 자녀에게 좋은 일이 생긴다.
⑦ 미혼 여명(女命)은 결혼하며 기혼 여명(女命)은 남편에게 좋은 일이 생긴다.
⑧ 정부 기관이나 단체로부터 포상을 받는다.
⑨ 학생은 학업성적이 향상되고 각종 시험에 합격하는 영광이 있다.
⑩ 건강이 나쁜 사람은 건강이 좋아진다.

8.2 정관(正官)이 기신 행운(忌神 行運)

① 약한 재성격(財星格)은 돈에 대한 어려움을 겪는다.
② 구설수나 재산상의 손해, 강도, 각종 재난으로 나쁘다.
③ 무직자는 직장 구하기가 어렵다.
④ 직장인은 좌천, 감봉, 실직 등으로 불리하다.
⑤ 사고로 몸을 다치거나 질병(疾病)에 걸리기 쉽다.
⑥ 명식(命式)의 일간(日干)이 신약(身弱)하면 건강이 나빠진다.
⑦ 편관격(偏官格)의 여명(女命)은 외간 남자의 유혹에 빠질 수 있다.
⑧ 기혼 남명(男命)은 자식에게 좋지 않는 일이 생긴다.
⑨ 수험생은 각종 시험에 낙방하는 불운이 따른다.
⑩ 중상모략을 받을 수 있다.

9. 편인 (偏印)

편인(偏印)은 일간(日干)을 100 % 생(生)해 주는 오행(五行)이며 음양(陰陽)은 일간(日干)과 같다. 편인(偏印)은 수복 신(壽福神) 식신(食神)을 100 % 극(剋)하므로 도식(徒食)이라고도 부른다.

가족 관계에서 남자와 여자 같이 계모, 유모, 이모, 조부(祖父)를 의미한다.

사주에서 편인(偏印)이 많이 있으면 다음과 같은 특성이 나타난다.

고독하며 고집이 강하다. 성격은 변덕스럽고 모든 일은 용두사미(龍頭蛇尾)이다. 재산을 파(破)하고 명은 짧다. 이별, 색난(色難), 병재(病災), 실권(失權) 등의 특성이 나타난다.

자유업이나 편업(偏業)이 좋으며 의사, 약사, 학자, 발명가, 종교인, 예술인, 역학

인, 창조적인 직업(職業)이 적합하다.

사주의 일간(日干)이 신약(身弱)하면 편인(偏印)이 도식이 아닌 정인(正印)의 작용을 하여 길(吉)하게 나타나지만, 일간(日干)이 신강(身强)하면 편인(偏印)이 도식의 작용을 하여 흉의 작용이 강하게 나타난다.

사주에서 편인(偏印)이 많이 있으면서 편재(偏財)가 제화하지 못하면 명예가 손상되고 각종 재화가 발생하며 아내와 자식 복이 약하고, 부모와 일찍 이별한다.

편재(偏財)가 편인(偏印)을 적절히 제화하면 편인(偏印)의 흉조는 사라진다.

사주의 연주(年柱)에 편인(偏印)이 있으면서 편재(偏財)가 제화하지 못하면 조업(祖業)을 파(破)한다.

사주의 월지(月支)에 편인(偏印)이 있으면 편업(偏業)에 좋은 의사, 약사, 학자, 발명가, 배우, 예술가, 역학 등의 직업(職業)이 적합하다.

사주의 월지(月支)에 편인(偏印)이 있으면서 다른 주(柱)에 재성(財星)과 편관(偏官)이 있으면 귀부(貴富)하게 된다.

사주의 일지(日支)에 편인(偏印)이 있으면 배우자는 게으르고 나약하며 부부간(夫婦間)에는 불화(不和)가 자주 일어난다.

사주에 편인(偏印)이 있으면서 편관(偏官)과 식신(食神)이 있으면 신체는 왜소(矮小)하지만 재복(財福)은 굉장히 많다.

사주에서 편인(偏印)이 12운성의 제왕(帝旺)과 동주하면 계모 때문에 고생하고, 목욕(沐浴)과 동주하면 계모의 양육을 받으며 장생(長生)과 동주(同柱)하면 어머니의 덕이 없고, 쇠(衰), 병(病), 사(死), 절(絶), 묘(墓)와 동주하면 노고가 많으면서 편친(片親)과 이별한다.

사주의 일간(日干)이 신약(身弱)하면서 편인(偏印)이 태과(太過)하면 배우자와 자식이 상한다.

편인(偏印)이 많으면 자식성이 상하므로 노후가 외로워진다.

사주의 일간(日干)이 강하고 편인(偏印)이 적절하게 제화되면 복록이 많고 평생 행복하게 지낸다.

사주의 일간(日干)이 신약(身弱)하면서 편인(偏印)이 많든가 편인(偏印)이 형(刑), 충(沖)이 되면 명이 짧거나 가난하게 된다.

사주에 편인(偏印)과 인수(印綬)가 있으면 두 가지 이상의 직업(職業)을 갖는 경우가 많다.

편인(偏印)이 많으면 용모는 추하다.

여자의 사주에서 편인(偏印)이 왕성한데 관성(官星)이 약하면 남편 복이 없고, 편인(偏印)이 왕성하면서 식신(食神)이 약하면 자식 두기가 어려우며 유산 및 난산이 있다.

일간(日干)과 행운(行運 : 대운, 세운, 월운, 일운)의 천간(天干)을 대조하여 편인(偏印)이 되면 다음과 같은 내용이 나타난다.

9.1 편인(偏印)이 희신 행운(喜神 行運)

① 매사가 순조로우며, 각종 매매는 좋은 결과로 쉽게 이루어진다.
② 주택을 구입하고 이사를 한다.
③ 부모, 형제, 상사 등의 위 사람으로부터 도움을 받는다.
④ 승진, 승급 등 직위가 올라간다.
⑤ 새로운 분야나 사업, 상업 등을 시작한다.
⑥ 학위, 연구, 논문, 기술, 예술, 체육 등 전문 분야에서 성과를 거두고 명예도 높아진다.
⑦ 수험생은 각종 시험에 합격하는 영광이 있다.
⑧ 학생은 학업 성적이 향상된다.

9.2 편인(偏印)이 기신 행운(忌神 行運)

① 매매, 계약, 이사, 재판, 각종 보증 등의 문서와 관계되는 일은 손해 본다.
② 신규 사업, 이사, 사업 확장 등은 불리하다.
③ 승진 및 여러 가지 시험, 인허가 등은 잘 되지 않는다.
④ 사업 및 상업이 부진하다.
⑤ 자금을 투자하는 사업은 불리하다.
⑥ 관료 및 직장인은 좌천, 강등 등의 나쁜 일이 생긴다.
⑦ 주위 사람으로부터 사기를 당할 수 있다.
⑧ 안정을 찾지 못하고 정신적 방황을 한다.
⑨ 여명(女命)은 자녀 문제로 근심 걱정이 생긴다.
⑩ 명식(命式)이 식신격(食神格)이면 각종 재난을 만나지만 명식(命式)에 강한 편재가 있으면 무방하다.

⑪ 학생은 성적이 부진하고 수험생은 대체로 나쁜 운이다.
⑫ 기신 편인(忌神 偏印)운은 매사 불리하므로 모든 일에 신중해야 한다.

10. 정인 (正印)

사주에서 정인(正印)은 일간(日干)을 50 % 생(生)해주는 오행(五行)이며 음양(陰陽)은 일간(日干)과 다르다. 정인(正印)은 인수(印綬) 라고도 부르며 인수(印綬)의 뜻은 관인(官印)의 끝 꼭지에 매달아 놓은 끈을 의미하며, 관리는 관인이 있어야 하듯이, 사람도 믿고 의지할 존재는 친어머니이므로 정인(正印)은 자기를 낳아준 친어머니를 나타낸다.

가족 관계에서 남자는 친어머니, 장모, 손자를 의미하고 여자는 친어머니, 손자를 의미한다.

정인(正印)이 잘 조화되면 공부에 소질이 있고, 명예와 재복(財福)이 있고, 무병하면서 평생을 행복하게 생활하고, 군자와 대인의 품격을 가지면서 행복을 암시하며, 지혜, 총명, 학문, 인의(仁義), 자비, 현모양처, 덕성이 있고, 종교심이 깊다.

사주(四柱)에 정인(正印)이 많으면 아내와 이별하고, 인색하거나 게으르며, 자식이 적거나 불효하고, 계모나 유모가 있으며, 여자는 자식 복이 없고 친어머니와 이별한다.

사주에서 정인(正印)이 많으면 도식(倒食)의 작용을 하므로 좋은 길조는 없으지고 나쁜 흉조만 나타난다.

사주의 년간(年干)에 정인(正印)이 있는데 초년(初年) 대운(大運)이 좋으면 좋은 가문에서 태어나고 조상의 덕이 많다.

사주의 연주(年柱)에 정인(正印)이 있으면서 상하면 조업(祖業)을 계승하지 못한다.

사주의 년간(年干)에 정인(正印)이 있는데 월간(月干)에는 겁재(劫財)가 있으면서 이 년간(年干)의 정인(正印)이 쇠(衰), 병(病), 사(死), 묘(墓) 등과 동주(同柱) 하면 본인이 아닌 동생이 재산을 상속한다.

연주(年柱)나 월주(月柱)에 정인(正印)이 있는데 이 정인(正印)이 왕성하고 상(傷)하지 않으면 부모의 덕은 많고, 부모는 건강하고 장수하게 된다.

사주의 월주(月柱)에 정인(正印)이 있는 것이 가장 좋고, 그 다음으로는 시간(時干)에 있는 것이 좋은데 월주(月柱)에 정인(正印)이 있으면서 형(刑), 충(沖)되지 않으면 학문으로 명성을 떨치며, 월지(月支)에 정인(正印)이 있으면 이러한 명성은 더욱 강하게 나타나고, 또한 부모의 복(福)도 많으면서 용모와 인격이 높다.

정인(正印)이 일주(日柱)와 시주(時柱)에 있으면 자수성가하는 경향이 많다.

사주의 시주(時柱)에 정인(正印)이 있으면 지력(智力)이 뛰어나고 자손은 발달하며 자식 복이 있고, 자식은 교묘(巧妙)한 재주를 가지지만 자식 수는 적다.

사주의 연주(年柱)나 시주(時柱)에 정인(正印)이 있는데 월주(月柱)에 재성(財星)이 있으면 길(吉)해진다.

정인(正印)은 이기적인 성향이 강하며 금전관계는 인색하다.

사주의 일간(日干)이 신강(身强)하면서 정인(正印)이 많으면 자식은 적고 빈곤해진다.

정인(正印)이 상(傷)하지 않으면 평생 복록이 많다.

정인(正印)과 편재(偏財)가 동주하고 있으면 가정이 화목하고 사업도 잘된다. 정인(正印)이 식신(食神)과 동주하면 신용과 존경을 받는다.

정인(正印)과 편인(偏印)이 많이 혼잡(混雜)되면 반드시 재성(財星)이 제화해야 길해진다.

정인(正印)과 편관(偏官)이 있으면 성격(性格)은 난폭하다.

정인(正印)이 많으면 도식의 작용이 되어 복도 없고 단명한다.

정인(正印)이 있으면서 정재(正財)가 많으면 모든 일에 막힘이 많고, 어머니와 일찍 이별하며, 재성운(財星運)을 만나면 악사(惡死)한다.

정인(正印)이 재성(財星)과 동주하고 있으면 아내와 시어머니의 사이가 나쁘고, 상관(傷官)과 동주하면 어머니와 의견 대립이 있다.

일간(日干)이 왕성한데 정인(正印)이 왕성하면 주색(酒色)을 좋아한다.

사주의 정인(正印)이 12운성의 관대(冠帶)와 동주하면 좋은 가문의 자손이고, 건록(建祿)과 동주하면 일가가 왕성할 때 태어났고, 장생(長生)과 동주하면 부모의 용모가 단정하며, 특히 어머니가 현명하다.

정인(正印)이 양인(羊刃)과 동주하면 몸과 마음에 괴로운 일들이 많다.

사주에서 정인(正印)이 12운성의 사(死), 묘(墓), 절(絶), 병(病)과 동주하고 있으면 부모 덕이 없고, 목욕(沐浴)과 동주하고 있으면 어머니는 청상과부가 되는 경향이 있다.

여자 사주(四柱)에 정인(正印)과 정재(正財)가 있으면 시어머니와는 사이가 나쁘고, 정인(正印)이 있고 정재(正財)가 많으면 음란하거나 천박한 여자가 된다.

사주(四柱)에서는 생조(生助)와 억제가 적합해야 하는데 생조(生助)나 억제가 너무 강하면 부작용이 일어난다. 즉, 어머니의 오행(五行) 인성(印星)이 너무 많으면 자식의 오행(五行)이 나쁘게 되어 자식이 해를 받고, 여자 사주에서 남편 오행(五行)인 정관(正官)이 너무 강하면 자식 오행(五行) 상관(傷官)이 해롭게 된다. 그러나 강하거나 많은 오행을 제화하는 오행이 있으면 이와 같은 나쁜 흉조는 사라진다.

일간(日干)과 행운(行運 : 대운, 세운, 월운, 일운)의 천간(天干)을 대조하여 정인(正印)이 되면 다음과 같은 내용이 나타난다.

10.1 정인(正印)이 희신 행운(喜神 行運)

① 사업가나 상업인은 각종 계약이 좋은 결과로 체결되고 확장 발전한다.
② 신규 사업을 시작하며 결과는 길(吉)하다.
③ 이사, 매매, 계약, 인허가 등 문서에 관계되는 일이 생기고 결과는 길(吉)하다.
④ 귀인의 도움을 받거나 위 사람의 도움을 받는다.
⑤ 직장인은 승진, 영전이 되고 명예가 높아진다.
⑥ 학문연구, 논문 발표, 학위 등의 결과는 좋다.
⑦ 수험생은 합격하는 영광이 있다.
⑧ 학생은 학업 성적이 향상된다.
⑨ 미혼 여명(女命)은 결혼하며 기혼 여명(女命)은 재산을 증식한다.
⑩ 족보, 분묘이장 등 조상과 관계되는 일은 좋으며, 조상이나 윗대의 재산을 상속 받을 수도 있다
⑪ 질병(疾病)이 있는 사람은 건강이 회복된다.

10.2 정인(正印)이 기신 행운(忌神 行運)

① 매매, 계약, 이사, 각종 보증, 인허가 등 각종 문서와 관계되는 일은 불리하다.
② 수험생은 불리하여 각종 시험에 낙방 한다
③ 남명(男命)은 어머니에게 근심 걱정되는 일이 생긴다.
④ 기혼 여명(女命)에서 식상(食傷)이 약하거나 약한 상관격(傷官格)이면 강한 인수운(印綬運)은 자식에게 해롭다.
⑤ 여명(女命)은 유방, 자궁 계통의 질병(疾病)이 생긴다.
⑥ 관성(官星)이 약한 여명(女命)은 남편의 일에 막힘이 많다.

제 6 장
성격 판단(性格 判斷)

제6장 성격 판단(性格 判斷)

성격(性格)을 판단하는 방법은 일간(日干), 월지(月支), 일지(日支)의 육친(六親), 가장 강한 오행, 합(合), 간합(干合), 형(刑), 충(沖), 해(害) 등을 종합적으로 판단하는 것이 가장 타당하다.

1. 일간(日干)의 오행(五行)으로 판단

일간(日干)에 있는 오행(五行)으로 성격(性格)을 판단하면 다음과 같다.

1.1 木星

사주의 일간(日干)이 갑을(甲乙) 목(木)의 성격(性格)은 다음과 같다.

사주에서 목(木)은 인(仁)을 의미한다. 일간(日干)이 목(木)이고 목기(木氣)가 적합하게 왕성하면 성실하고 부지런하며, 인자(仁慈) 하고 온후 독실하며, 측은심(惻隱心)이 있다.

사주구성에서 목(木)이 태과(太過) 하면 성격이 몰인정하고 마음이 잘며, 편굴(偏屈)하여 어질지 못하고, 변덕스럽고, 질투심이 많다.

사주구성에서 목(木)이 불급(不及) 하면 의지가 약하고 인색하며, 인자한 마음은 없고, 마음에 부정을 품는다.

1.2 火星

사주의 일간(日干)이 병정(丙丁) 화(火)의 성격(性格)은 다음과 같다.

사주에서 화(火)는 예(禮)를 의미한다. 일간(日干)이 화(火)이고 화기(火氣)가 적합하게 왕성하면 명랑하고 순박하며, 예의는 바르지만 말씨와 성질은 급하다.

사주구성에서 화(火)가 태과(太過)하면 성질이 급하고, 웃기도 잘하고 울기도 잘하며, 존경하는 태도가 있고 총명하다.

사주구성에서 화(火)가 불급(不及)하면 잔재주가 있어 권모술수에 능하고 시작은 있고 끝은 없으며, 언변(言辯)은 좋지만 질투심이 많다.

1.3 土星

사주의 일간(日干)이 무기(戊己) 토(土)의 성격(性格)은 다음과 같다.

사주에서 토(土)는 신(信)을 의미한다. 사주의 일간(日干)이 토(土)이고 토기(土氣)가 적합하게 왕성하면 신의(信義)를 지키고 책임감이 강하며, 성실하고 신념이 강하며, 효심(孝心)과 충성심이 있다.

사주구성에서 토(土)가 태과(太過)하면 경박하고, 마음이 비뚤어져 신뢰감이 없고, 의리가 없으며, 고집불통으로 사리판단이 현명하지 못하다.

사주의 일간(日干) 토(土)가 태강(太强)하면 사람을 깔보고 버릇이 없는 경우가 있다.

사주구성에서 토(土)가 불급(不及)하면 신용이 없고 남과 다투기를 잘하며, 인색하고, 괴벽스럽고, 처사가 공평하지 못하다.

1.4 金星

사주의 일간(日干)이 경신(庚辛) 금(金)의 성격(性格)은 다음과 같다.

사주에서 금(金)은 의(義)를 의미한다. 사주의 일간(日干)이 금(金)이고 금기(金氣)가 적합하게 왕성하면 명예를 소중하게 여기고 위엄이 있으며, 정의감은 강하여 불의(不義)를 인정하지 않으며, 재물을 가볍게 생각하고, 용감한 호걸의 기상을 가지고 있으며 결단심이 강하다.

사주구성에서 금(金)이 태과(太過)하면 독선적이고 욕심이 많으며 잔인하다. 용기는 있지만 의롭지 못하며, 인자하지 못하고 무모하다.

사주구성에서 금(金)이 불급(不及)하면 결단심은 없고 생각만 많이 하며, 인색하고 시비를 좋아하는 경향이 많다.

1.5 水星

사주의 일간(日干)이 임계(壬癸) 水의 성격(性格)은 다음과 같다.

사주에서 수(水)는 지(智)를 의미한다. 사주에서 일간(日干)이 수(水)이고 수(水)가 적합하게 왕성하면 기략과 권모(權謀)가 뛰어나고 치밀하며, 총명하고 지혜가 많다.

사주구성에서 수(水)가 태과(太過)하면 색(色)을 좋아하고 의지가 약하며 방탕한 생활을 즐기고, 능력은 많지만 일을 가볍게 여겨서 실패하는 경우가 많다.

사주구성에서 수(水)가 불급(不及)하면 용기도 없고 총명하지 못하며, 성격이 반복무상(反復無常)하고 반역성(反逆性)도 있다.

2. 용신 오행(用神 五行)으로 판단

사주에서 육친으로 성격을 판단하는 경우에는 오행이 맑고 순수하면 성격도 원만하지만, 오행이 혼탁하면 성격이 편굴하고 문제가 있다.

2.1 비견(比肩)

사주에서 용신이 비견(比肩)이면 다음과 같은 성격의 특성이 나타난다. 사주의 월지가 비견이면 이도 참고해야 한다.

비견이 적합하면 온건하고 평화적이다.

독립 정신이 강하고, 남에게 지기를 싫어하며, 자기의 주장을 잘 굽히지 않는다.

사주구성에서 월주(月柱)의 천간(天干)과 지지(地支)가 모두 비견(比肩)이면 성격이 조금 난폭하다.

사주구성에서 비견(比肩)이 많으면 자아 자존심이 강하고 의지가 강하다.

사주에서 비견(比肩)을 충(沖)하면 시비를 좋아하고 잘 다투며, 대인 관계가 원만하지 못하고 비사교적이다.

2.2 겁재(劫財)

사주에서 용신이 겁재(劫財)이면 다음과 같은 성격의 특성이 나타난다. 사주의 월지가 겁재(劫財)이면 이도 참고해야 한다.

솔직하고 허식이 없다.

사주구성에서 겁재(劫財)와 상관(傷官)이 있으면 성격(性格)이 흉악하고, 겁재(劫財)와 양인(羊刃)이 많으면 성격(性格)이 너무 강하다.

겁재(劫財)가 많이 있으면 인격이 떨어지고 표면적으로는 가식적인 웃음을 짓지만 속 마음으로는 사악한 사람인데 특히 양인(羊刃)이 있으면 이러한 경향은 더 강하게 나타난다.

2.3 식신(食神)

사주에서 용신이 식신(食神)이면 다음과 같은 성격의 특성이 나타난다. 사주의 월지가 식신(食神)이면 이도 참고해야 한다.

마음이 너그럽고 온후하며 명랑하다.

사주(四柱)에서 식신(食神)이 적당하게 왕성하면 풍류(風流)를 즐기고 낙천적이며 마음이 너그럽다.

사주에서 식신(食神)이 많으면 고집이 세고 인색하며, 모든 일에 이론적이어서 분발심과 발전성이 없다.

2.4 상관(傷官)

사주에서 용신이 상관(傷官)이면 다음과 같은 성격의 특성이 나타난다. 사주의 월지가 상관(傷官)이면 이도 참고해야 한다.

자존심이 강하고, 의협심이 있으며, 총명하고 영리하며, 다재다능(多才多能)하고 동작은 민첩하다

권모술수에 능하고 사술(詐術)을 잘 쓴다.

사주(四柱)에서 상관(傷官)이 많이 있으면 달변(達辯)가이고 교만하며, 사람을 깔보지만 숨김은 없다.

양인(羊刃)이 있으면 간사하지만 자부심은 강하고, 기고만장한다.

2.5 편재(偏財)

사주에서 용신이 편재(偏財)이면 다음과 같은 성격의 특성이 나타난다. 사주의 월지가 편재(偏財)이면 이도 참고해야 한다.

모든 일에 빈틈이 없고 기교가 있으며 민첩하다.

사주(四柱)에서 편재(偏財)가 많이 있으면 재리(財利)에 집착이 강하여 욕심이 많지만 돈을 잘 쓰기도 한다.

권세욕과 지배욕이 크다.

평안한 생활에 빠지기 쉽고, 남자는 바람기가 많다.

2.6 정재(正財)

사주에서 용신이 정재(正財)이면 다음과 같은 성격의 특성이 나타난다. 사주의 월지가 정재(正財)이면 이도 참고해야 한다.

부지런하고 정직하며 성실하다.

차분하고 세밀하며 조심성이 있다.

사주구성에서 정재(正財)와 편관(偏官)이 많이 있으면 사람이 경솔하기 쉽다.

사주의 일간(日干)이 강하면서 정재(正財)가 적당히 왕성하면 인내심이 강하고 가정을 잘 돌본다.

사주구성에서 정재(正財)가 많으면 게으르고 결단심이 없으며, 돈에는 인색하고 수전노가 되기 쉽다.

정재(正財)가 12운성의 묘(墓)와 동주하면 검소하다.

2.7 편관(偏官)

사주에서 용신이 편관(偏官)이면 다음과 같은 성격의 특성이 나타난다. 사주의 월지가 편관(偏官)이면 이도 참고해야 한다.

의협심이 있고 총명하며 영리하다.

기회를 잘 보고 권모술수에 능하며 편굴하고 모험심을 좋아한다.

목적을 위하여 타인을 이용하기도 잘 한다.

사주의 일간(日干)이 약하고 편관(偏官)이 많이 있으면 남에게 의존하기를 잘한다.

사주의 일간(日干)이 강하고 편관(偏官)이 약하면 게으르고 불성실하며 자만심만 강하다.

사주의 일간(日干)이 강하고 편관(偏官)이 왕성하면서 식상(食傷)이 있으면 위엄과 인격을 갖추지만 식상(食傷)이 없으면 성질이 매우 급하다.

2.8 정관(正官)

사주에서 용신이 정관(正官)이면 다음과 같은 성격의 특성이 나타난다. 사주의 월지가 정관(正官)이면 이도 참고해야 한다.

정직하고 온후독실하며 군자형이다.

총명 준수하고 지성적이다.

정관격(正官格)은 풍모는 미려하고 인자관대하며, 인격자이고 평화를 좋아한다.

사주구성에서 정관(正官)과 재성(財星)이 있으면 영리하고 총명하며, 교묘한 재주가 있다.

정관(正官)이 많으면 의지가 약하다.

사주구성에서 정관(正官)이 1개 있고 형(刑), 충(沖) 되지 않으면 군자이지만, 정관(正官)이 형(刑), 충(沖)되면 관록이 있어도 오래가지 못한다.

2.9 편인(偏印)

사주에서 용신이 편인(偏印)이면 다음과 같은 성격의 특성이 나타난다. 사주의 월지가 편인(偏印)이면 이도 참고해야 한다.

활발하고 명랑하며 종횡무진으로 재능을 발휘한다.

사주구성에서 편인(偏印)이 많이 있으면 처음에는 근면, 성실하지만 끝에는 태만하여 용두사미가 된다.

편인격(偏印格)은 재능이 있고 민첩하며 임기응변에는 능하고, 일의 처리는 용두사미 형태로 하기 쉽다.

사주에 편인(偏印)과 정인(正印)이 같이 있으면 한 가지 일에 몰두하지 못하고 변덕을 부리는 경향이 많다.

사주구성에서 편인(偏印)과 겁재(劫財) 양인(羊刃)이 있으면 겉으로는 겸손한듯 하지만 내심(內心)은 잔인하고 혹독하다.

2.10 정인(正印)

사주에서 용신이 정인(正印)이면 다음과 같은 성격의 특성이 나타난다. 사주의 월지가 정인(正印)이면 이도 참고해야 한다.

인자하고 총명하며 지혜가 많다.

타인으로부터 존경과 신망을 받으며 품행이 단정하다.

병이 적고 장수한다.

인수격(印綬格)은 마음이 너그럽고 지혜가 많다.

정인(正印)이 많으면 인색하고 이기주의자이며 게으르다.

정인(正印)과 양인(羊刃)이 있으면 재능이 다양하다.

정인(正印)과 겁재(劫財)가 있으면 인격자이다.

정인(正印)과 상관(傷官)이 동주하면 허영심이 많다.

3. 월지 오행으로 성격 판단

3.1 비견(比肩)

자존심이 강하고, 남에게 지기를 싫어하며 다른 사람으로부터 의존하기를 싫어한다. 독립정신이 강하다. 입바른 말을 잘하며 솔직하고 거짓말을 못하여 아부하기를 싫어한다. 본인이 책임질 일은 책임지는 깔끔한 성격(性格)이다.

3.2 겁재(劫財)

남에게 지기를 싫어하고 자존심이 강하다. 겉으로는 가식하여 웃음을 짓지만 속으로는 비수를 숨기는 이중인격자이다. 친구간에는 물질보다 의리를 중요시 한다. 배우자를 억압한다. 타인을 낮춰보고 교만 불손하며 투쟁심이 강하다. 겁재(劫財)가 많으면 인격이 떨어지고 이기주의적이다.

3.3 식신(食神)

예의범절이 바르고 공경심과 온후함이 많다. 도량이 넓고 명랑하다. 잘 먹고 잘 마시며 쾌활하게 놀기를 좋아하고 유흥을 좋아한다. 음식도 잘하고 비대한 체격이며 대부분 낙천적이고 사치도 잘한다. 가정과 사회생활에서 처세술이 원만하다. 본인에게 이익이 된다면 선악을 가리지 않고 처리한다. 식신(食神)이 많으면 인색하며 고집이 세고 모든 일이 이론적이다.

3.4 상관(傷官)

동작은 민첩하고, 총명 영리하며 다예다능(多藝多能)하다. 내적으로는 자비심이 있는듯 하지만 안하무인격이며 거만하고 오만불손한 기질이 있다. 강자에게는 반항하고 약자는 도와주는 의협심이 있다. 허영심이 많고, 속마음의 비밀도 다 털어놓아야 속이 시원해지는 성격(性格)이다. 사치스럽고 화려한 것을 좋아하며, 대체로 말이 많다. 자존심이 매우 강하고 승부욕도 강하다. 자신이 가장 잘난 것으로 생각한다.

3.5 편재

재리(財利)에 집착이 강하고 돈 버는 데는 억척같아서 수단과 방법을 가리지 않는다. 필요한 일에는 돈을 잘 쓴다. 빈틈이 없고 기교가 많다. 의리를 소중히 하고 남의 일을 내일 같이 잘 돌봐준다. 형제간이나 남으로부터 도움 받는 것을 싫어한다. 색을 좋아하고 풍류를 즐기며 이러한 일에 돈쓰는 것은 아까와 하지 않는다.

3.6 정재(正財)

정직하고 성실하며 세밀하다. 검소, 근면하고 절약하며 낭비가 없다. 허례허식이 없고, 낭비가 없이 저축 생활을 잘 하며 자손에게 유산을 남긴다. 시간 약속은 정확하다. 부당한 재물은 원하지 않는다. 의식주 문제는 해결한다. 부모에게 효도한다. 진술축미(庫 : 辰戌丑未)에서 정재(正財)가 되는 사람은 너무 고지식하고 매우 인색하다.

3.7 편관(偏官)

영리하고 민첩하나 성질은 조급하다. 고집이 강하고 남에게 반드시 이기려고 한다. 의협심이 강하고 과단성이 있다. 기회를 잘 보고, 권모술수가 능하며, 목적 달성을 위해 남을 잘 이용한다. 남에게 굽신거리기를 싫어하고, 다른 사람을 무시하고 멸시하는 경향이 있다.

3.8 정관(正官)

정직, 성실, 공명심, 명예욕, 관료사상이 특징이다. 지성적이며 예의가 바르고 이상적인 인품을 가진 군자형이다. 비리를 싫어하고 명예를 소중히 하고 사회적으로는 존중을 받는다. 온후독실, 총명준수, 인자관대하다. 이해심이 많고 부모에게 효도하고 형제간에 우애가 있다.

3.9 편인(偏印)

눈치가 빠르고 임기응변에 능하여 기회를 잘 잡는다. 시작은 있지만 끝이 흐지부지한 용두사미형이다. 예술과 체육에 소질이 있다. 종횡으로 재능을 발휘한다. 요령을 피우고 게으른 경향이 있다.

3.10 정인(正印)

충명하고 지혜가 많으며 자비심이 있다. 학술, 학예에 소질이 있다. 단정하고 현모양처형이다. 선량하고 말과 행동이 바르고 솔선수범한다. 남자는 신사고 여자는 현모양처이다. 이기주의적인 경향이 있고, 자존심이 강하나 게으른 면도 있다. 사리에 밝고, 신체 건강하여 병이 없으며 장수할 명이다.

이상으로 10가지의 육친(六親)에 대하여 성격(性格) 설명을 하였지만 이러한 내용은 원칙적인 것이므로 사주구성 관계를 살피고 다른 5가지 요소도 관련지어서 판단해야 한다.

4. 일간(日干)의 강약(强弱)으로 판단

(1) 사주의 일간(日干)이 신강(身强)하고 적합하게 억제되어 있으면 의심이 적고 천성이 명백하며 옳고 그릇됨을 확실하게 한다. 명랑하고 다정다감하며 의리가 있다. 모든 일은 원만하게 처리한다.

(2) 사주의 외격(外格)을 제외하고 일간(日干)이 신강(身强)하고 억제가 잘 되어 있지 않으면 투쟁을 잘하며 세력을 믿고 약자를 괴롭히며 자제력이 약하다. 성격(性格)은 횡폭하고 선악을 구별하지 못하며 성격이 변화무상하여 변덕을 잘 부린다.

(3) 사주의 일간(日干)은 신약(身弱)하지만 일간(日干)을 생조(生助)하는 육친(六親)이 있으면 사람이 경솔하지 않고 다른 사람과 무조건 사귀지도 않으며 검소하다. 타인의 인격을 존중하고 예절이 밝으며 신세와 은혜를 잊지 않는다.

(4) 사주의 일간(日干)이 강하면서 양인(羊刃)이 있으면 사람이 거만하다.

(5) 사주의 외격(外格)을 제외하고, 일간(日干)이 신약(身弱)하면서 일간(日干)을 생조(生助)하는 육친(六親)이 없으면 마음은 음사(淫邪)하고 아첨을 잘하며, 우유부단하고 게으르다. 말에는 거짓이 많고 고집이 세며 결단심은 부족하다. 일에는 실패가 많다.

(6) 외격(外格) 중 화격은 지혜가 많고, 종아격, 종재격, 종세격은 성품이 선량하다. 종강격은 성품이 강건(剛健)한데 종각격 중에서 목(木)이 많이 있으면 인후(仁厚) 하고, 화(火)가 많이 있으면 호상(豪爽) 하고, 토(土)가 많이 있으면 자비(慈悲)심이 많고, 금(金)이 많이 있으면 예리(銳利)하고 날카로우며, 수(水)가 많이 있으면 모든 일이 원만하다.

5. 기타 판단

(1) 사주구성에서 남녀 모두 육합, 삼합, 간합 등이 2개 이상 있는데 남자는 편재(偏財)와 정재(正財)가 혼잡(混雜)되고, 여자는 편관(偏官)과 정관(正官)이 혼잡(混雜)되면 음란하다.

(2) 사주구성에서 남녀 모두 육합, 삼합, 간합, 등이 2개 이상 있으면 좌담 및 토론 등에 능숙하고 사교적이다.

(3) 여자의 사주구성에서 육합, 삼합, 간합, 등이 2개 이상 있으면서 12운성의 목욕(沐浴) 위에 편관(偏官)이나 정관(正官)이 혼잡(混雜)되어 있으면 기생이나 창녀의 운명이고, 아주 음란하다.

(4) 사주구성에서 용신(用神)이 약하면 의심이 많아 결단심이 부족하며, 용신(用神)이 많이 있으면 마음의 변덕이 심하다.

사주구성에서 다음과 같은 성격의 특성도 나타난다.
- 월지(月支) 정인(正印)이면 치밀하고 약삭 빠르며 잔꾀를 잘부리지만, 부드러운 면도 있다.
- 일간(日干)이 신왕(身旺)하고 제화가 되어 있지 않으면 성격이 흉폭하다.
- 여자의 사주구성에서 목욕(沐浴)위에 정관과 편관이 혼잡(官殺混雜)되어 있으면 매우 음란하다.
- 월지(月支)가 비견(比肩)이면 고집이 세다.
- 사주구성에서 재(財)가 많으면 재(財)에 대한 집착이 매우 강하다.
- 사주구성에서 육친이 편(偏 : 식신, 편관, 편재, 편인)으로 대부분 구성되면 고상한 취미와 예능 계통에 탁월한 소질을 가진다.
- 사주의 일간(日干)이 강하면서 일지(日支)가 충(沖)이 되면 남녀 대부분 배우자와 사별하는 경향이 매우 많다.

제 7 장
직업 선택(職業 選擇)

제7장 직업 선택(職業 選擇)

직업(職業)을 선택하는 주요한 요소는 다음 같은 내용들을 종합적으로 판단 한 후 해석한다.
1) 사주(四柱)의 격국(格局)과 용신으로 해석한다.
2) 월지(月支)의 육친(六親)과 가장 강한 오행(五行)의 육친(六親)도 해석한다.
3) 사주에서 필요로 하는 오행(五行)을 직업(職業)으로 해석한다.
4) 사주구성에서 주위 오행(五行)들을 참고하여 해석한다. 예를 들어 사주구성에서 비견(比肩)이 많으면 자존심이 강하므로 남의 밑에서 일하기가 어려우므로 개인적인 독립 사업이 적합하다.

1. 직업(職業)을 선택하는 방법

월지(月支)나 용신(用神)의 육친(六親)을 기준으로 하여 직업(職業)을 선택하는 방법은 다음과 같다.

1.1 비 견

사주의 월지가 비견이면 다음과 같은 직업을 선택하고 사주의 용신이 비견이면 이도 참고해야 한다.

사주의 월지가 비견(比肩)이거나, 사주구성에서 비견이 많이 있으면 자존심이 강하여 남의 밑에서 일하기가 어려우므로 자기의 독립적인 사업이 적합하다. 기술 자격증 등을 보유하여 기사(技師)로 취업하여도 좋다. 의사, 변호사, 변리사, 기자 등 자기중심적인 개인사업도 적합하다.

1.2 겁 재

사주 월지가 겁재이면 다음과 같은 직업을 선택하고 사주의 용신이 겁재이면 이도 참고해야 한다.

사주구성에서 겁재가 많거나 월지가 겁재이면 자존심이 강하므로 자기 중심적인 사업이 적합하다. 자존심이 강하고 고집이 세므로 타인과 공동사업은 매우 불리하다. 이 외는 비견(比肩)과 거의 비슷하다.

1.3 식 신

사주의 월지가 식신이면 다음과 같은 직업을 선택하고 사주의 용신이 식신이면 이도 참고해야 한다.

식신격(食神格)은 머리를 써서 하는 교육계 및 학계에 적합하다.
기술산업 및 일반적인 봉급생활도 적합하다.
식신생재격은 사업가로 성공하는 경향이 많다.
요리업, 식당, 여관, 건물임대 등 의·식·주에 관한 모든 상업도 적합하다.

1.4 상 관

사주의 월지가 상관이면 다음과 같은 직업을 선택하고 사주의 용신이 상관이면 이도 참고해야 한다.

교육자 및 학자, 말을 주로 하는 변호사, 종교인, 중개인 등의 직업이 적합하다.
기술적인 분야, 다재다능을 요하는 분야의 직업도 적합하다.
상관격(傷官格)에 재성(財星)이 있으면 상업으로 성공한다.
상관격(傷官格)에 관성(官星)이 있으면 편업(偏業)이 적합하다.

1.5 편 재

사주의 월지가 편재이면 다음과 같은 직업을 선택하고 사주의 용신이 편재이면 이도 참고해야 한다.

부동산, 금융업, 중개업, 투기성 사업이 적합하다.
상업도 적합하고 많이 돌아다니면서 활동적으로 하는 사업은 모두 좋다.
해외시장과 관계된 무역업 외교업무도 양호하다.
편재격은 대운(大運)이 좋으면 빠른 속도로 부(富)를 축적한다.

1.6 정 재

사주의 월지가 정재이면 다음과 같은 직업을 선택하고 사주의 용신이 정재이면 이도 참고해야 한다.

성실과 신용을 필요로 하는 사업이나 직장 생활에 양호하므로 금융기관, 기업체, 재무 계통의 봉급생활, 기업경영, 상업 및 공업 계통의 직업이 적합하다.

정재격(正財格)에서 일간(日干)이 약한데 재관(財官)이 왕성하면 금융 계통이 적합하다.

정재(正財)격에서 일간(日干)이 강한데 재성(財星)이 약하면 공업 계통이 적합하지만 재성(財星)이 아주 약하면 외교원 또는 행상인이 된다.

정재격(正財格)은 투기성과 관계있는 업무는 절대로 불가하므로 이점 잊지 말아야 한다. 만일 투기성과 관계있는 사업이나 업무를 가지면 금전적 손해를 막대하게 본다.

1.7 편 관

사주의 월지가 편관이면 다음과 같은 직업을 선택하고 사주의 용신이 편관이면 이도 참고해야 한다.

검찰, 경찰, 군인 등의 직업이 적합하다.

무관 계통의 직업(職業)과 복잡한 대인 관계를 처리하는 업무도 적합하다.

기술 방면이나 예술 분야도 양호하고, 청부업, 건축업, 조선업도 적합하다.

기업체나 공무원 등 고위직에 있는 사람은 편관(偏官)이나 정관(正官)이 있다.

1.8 정 관

사주의 월지가 정관이면 다음과 같은 직업을 선택하고 사주의 용신이 정관이면 이도 참고해야 한다.

문관의 공무원, 기관장 및 사장의 참모 등이 적합하다.

정관격(正官格)의 사주(四柱)는 성실과 정직함을 필요로 하는 모든 직업(職業)에 양호하다.

정관격(正官格)에서 정인(正印)과 정관(正官)이 잘 조화되면 정치가로서 명성을 얻으며, 정재(正財)와 정관(正官)이 잘 조화되면 재무 계통의 고위직에 올라간다.

1.9 편 인

사주의 월지가 편인이면 다음과 같은 직업을 선택하고 사주의 용신이 편인이면 이도 참고해야 한다.

편업(偏業)이 양호하므로 의사, 기술 계통, 기사(技師), 언론 계통, 예술 및 체육 계통의 직업도 적합하다. 운명가, 인생상담소 등 비생산적인 직업도 좋다.

1.10 정 인

사주의 월지가 정인이면 다음과 같은 직업을 선택하고 사주의 용신이 정인이면 이도 참고해야 한다.

지식을 이용한 직업(職業)이나 생산적인 업무의 직업이 양호하므로 교육자, 학계, 종교인, 문화, 예술, 학술적 계통은 모두 적합하다. 대체로 편인(偏印)과 비슷하다.

직업 선택 시 사주(四柱)에서 각각의 오행이 필요로 하는 직업은 다음과 같다.
목(木)이 필요한 사주(四柱)는 목재업, 목공업, 조립업, 악기업, 농업 등이 적합하다.
화(火)가 필요한 사주(四柱)는 공업, 미용업, 의류업 등이 적합하다.
토(土)가 필요한 사주(四柱)는 농업, 토목사업, 건축업, 토지 중개업 등이 적합하다.
금(金)이 필요한 사주(四柱)는 공업, 금속업, 철물업 등이 적합하다.
수(水)가 필요한 사주(四柱)는 수산업, 유통업, 무역업, 음식업 등이 적합하다.

사주의 일간(日干)과 용신(用神) 모두가 왕성하면 독립적인 사업을 하면 크게 성공하지만, 사주의 일간(日干)이 태과(太過)하거나 쇠약하면 남에게 의존하여 하는 사업이나 남에게 고용되는 직업(職業)이 적합하다.

제 8 장
오행(五行)에 의한 질병(疾病)

제8장 오행(五行)에 의한 질병(疾病)

1. 질병 (疾病)

건강상태(健康狀態)를 판단하는 방법은 사주구성에서 오행(五行)의 구비 및 조화(調和)를 파악하여 해설한다. 사주구성에서 오행(五行)이 조화되어 중화(中和)를 이루면 한평생 무병하여 건강하지만, 어떠한 오행(五行)이 심하게 손상을 받으면 그 오행(五行)에 해당하는 신체 부위에 질병(疾病)이 생긴다.

오행(五行)의 조화란 오행(五行)이 결손(缺損) 되지 않은 것을 의미하며, 탁기(濁氣)가 많으면 질병(疾病)에 걸리기 쉽다. 어느 오행(五行)이 허(虛)하거나 실(實)하면 해당 오행(五行)의 질병(疾病)이 생긴다.

2. 오행의 허(虛)와 실(實)에 의한 질병(疾病)

허(虛)는 힘이 아주 약한 허약한 상태를 말하며 명식(命式)에서는 해당 오행(五行)이 없거나 해당 오행(五行)이 태약(太弱)한 상태를 말한다. 명식(命式)에서 토(土) 오행이 없거나 또는 극이나 설이 심하여 토(土) 오행의 기운이 허약하면 토에 해당하는 비장이나 위장의 허증(虛症) 증세가 나타난다.

실(實)은 힘이 아주 강한 태왕(太旺)한 상태를 말하며 명식(命式)에서는 해당 오행(五行)이 많거나 해당 오행(五行)이 태왕(太旺)한 상태를 말한다. 명식(命式)에서 토(土) 오행이 태왕(太旺)하면 비장이나 위장의 실증(實證) 증세가 나타난다. 토(土)의 실증 증세에서는 음토(陰土)가 많으면 비장(脾臟)의 질병(疾病)이고 양토(陽土)가 많으면 위장(胃臟)의 질병(疾病)이다. 오행(五行)의 불급(不及)에 의해서 질병(疾病)이 발생할 뿐만 아니라 해당 오행(五行)이 상극(傷剋)을 심하게 받아도 해당 증세가 나타난다.

각 오행(五行)에 해당하는 신체부위

오 행	木		火		土		金		水	
질 병	신경계통, 정신병, 두면(頭面)		안목(眼目)		복부, 피부		근골(筋骨), 사지		혈액	
천 간	甲	乙	丙	丁	戊	己	庚	辛	壬	癸
12地支	寅	卯	午	巳	辰戌	丑未	申	酉	子	亥
오 장 (陰干)		간(肝)		심장(心臟), 심포(心胞)		비장(脾臟)		폐장(肺臟)		신장(腎臟)
육 부 (陽干)	담(膽)		소장(小腸), 삼초(三焦)		위장(胃臟)		대장(大腸)		방광(膀胱)	
외부 기관	머리	목	어깨	심장부	겨드랑이	배	배꼽	대뇌부	정강이	발

2.1 간(肝)

사주구성에서 을묘(乙卯) 음목(陰木) 오행이 허(虛)하거나 실(實)하면 다음과 같은 질병이 발생한다.

1) 허(虛)

요통, 빈혈, 생리불순, 전신불수, 뇌혈전, 정신질환이나 간질, 근육통, 시력감퇴, 백내장, 야맹, 색맹 등의 각종 안질

2) 실(實)

앞머리 통증, 위산과다, 간염, 신경과민, 불면증, 근육통, 동맥경화, 간염이나 간경화, 생식기, 얼굴 창백이나 눈의 충혈, 기미 죽은깨, 반신 불수

2.2 담(膽)

사주구성에서 갑인(甲寅) 양목(陽木) 오행이 허하거나 실하면 다음과 같은 질병이 발생한다.

1) 허(虛)

담석, 담낭, 현기증, 눈동자가 노랗다, 황달, 신경통, 편두통 신경과민

2) 실(實)

담석증, 담낭염, 좌골신경통, 뒷머리 통증, 빈혈, 관절염, 늑간 신경통, 발목을 잘 삔다.

2.3 심장(心臟), 심포(心胞)

사주구성에서 정사(丁巳) 음화(陰火) 오행이 허하거나 실하면 다음과 같은 질병이 발생한다.

1) 허(虛)

잘 놀란다. 가슴이 뛰고 두근거린다. 저혈압, 요통, 하지 무력증, 소변을 자주 본다. 야뇨증, 몽정, 밤에 꿈이 많다. 귀울림, 난청, 난시, 자궁냉증, 어혈, 동상, 백회통

2) 실(實)

몸에 열이 많다. 갈증이 심하다. 고혈압, 협심증, 동맥경화, 심장판막증, 호흡기 곤란, 변비

2.4 소장(小腸), 삼초(三焦)

사주구성에서 병오(丙午) 양화(陽火) 오행이 허하거나 실하면 다음과 같은 질병이 발생한다.

1) 허(虛)

어깨가 결린다. 목덜미가 뻐근하다. 생리불순, 생리통

2) 실(實)

소장통, 단백뇨, 부종, 생리통, 생리불순, 소화불량, 신경쇠약, 관절통, 류마티스, 근육통, 인후염, 편도선염,

2.5 비장(脾臟)

사주구성에서 기축미(己丑未) 음토(陰土) 오행이 허하거나 실하면 다음과 같은 질병이 발생한다.

1) 허(虛)

소화불량, 식욕부진, 위산과다, 변비, 설사, 불면증, 신경질환, 살이 많이 찌거나 심하게 빠진다.

2) 실(實)

많이 먹는다. 잠이 많다. 위경련, 췌장염, 맹장염, 배가 차다. 관절염, 피부병, 화농성 질환

2.6 위장(胃臟)

사주구성에서 무진술(戊辰戌) 양토(陽土) 오행이 허하거나 실하면 다음과 같은 질병이 발생한다.

1) 허(虛)

복통, 소화불량, 위염, 위경련, 변비, 포식, 곽란

2) 실(實)

위궤양, 잘 체한다. 위무력증, 위확장, 위하수, 위암, 변비, 치통, 잇몸질환

2.7 폐장(肺臟)

사주구성에서 신유(辛酉) 음금(陰金) 오행이 허하거나 실하면 다음과 같은 질병이 발생한다.

1) 허(虛)

폐결핵, 의욕감퇴, 두통, 얼굴색 창백, 신경과민, 갑상선 질환, 피부가 거칠다.

2) 실(實)

기관지염, 천식, 인후염, 비염, 축농증, 요통

2.8 대장(大腸)

사주구성에서 경신(庚申) 양금(陽金) 오행이 허하거나 실하면 다음과 같은 질병이 발생한다.

1) 허(虛)

복부 무력감, 치질, 혈변(변에 피가 나옴), 하혈, 설사

2) 실(實)

장염, 변비, 피로증, 어깨통증(견갑통), 앞머리 통증(전두통), 치통, 코막힘, 만성감기, 신경과민, 불면증, 무릎 관절

2.9 신장(腎臟)

사주구성에서 계해(癸亥) 음수(陰水) 오행이 허하거나 실하면 다음과 같은 질병이 발생한다.

1) 허(虛)

요통(허리 통증), 정력 감퇴, 생리통, 생리불순, 두통, 치통, 신경통, 관절염, 골막염, 골수염, 중풍에 의한 반신이나 전신 불구

2) 실(實)

신장염, 신결석 신결핵, 자궁냉증, 냉 대하증, 오줌소태, 하혈, 고환염, 불임증, 귀 울림

2.10 방광(膀胱)

사주구성에서 임자(壬子) 양수(陽水) 오행이 허하거나 실하면 다음과 같은 질병이 발생한다.

1) 허(虛)

요통(허리 통증), 오줌소태, 생식기 질환, 자궁 내막염, 야뇨증, 고환염, 치질

2) 실(實)

방광염, 요도염, 소변불통, 요통, 허리 디스크, 좌골신경통, 임질, 매독, 화농성 질환, 무릎이나 발목의 관절염, 안구 충혈

제 9 장
조상운 (祖上運)

제9장 조상운 (祖上運)

가족 관계 해석에서 부모, 형제, 배우자, 자식까지만 해석해야지 조상, 고모, 고모부, 장인, 장모, 처삼촌, 사돈 팔촌 등으로 확대해석하는 것이 이론적으로는 가능하지만 신뢰성이 매우 떨어지므로 삼가야 한다. 해당 위치와 육친(六親)은 다음과 같다.

해당 위치

연주(年柱)	월주	일주	시주(時柱)
조상	부모, 형제	본인, 배우자	자식

육친(六親)

구분	아버지	어머니	형제	배우자	자식	비고
남자	편재	인수	비견, 겁재	정재	편관, 정관	편재 : 첩
여자	편재	인수	비견, 겁재	정관	식신, 상관	편관 : 편부, 정부

가족 관계를 해석하는 방법은 다음과 같다.
1) 사주에서 해당 위치에 해당 육친(六親)의 오행(五行)이 있으면 실제로 해당 육친(六親)이 있다.
2) 사주 구조에서 해당 육친(六親)이 길 작용을 하면 나에게 도움이 되고, 흉(凶) 작용을 하면 피해를 주거나 나에게 도움이 되지 않는다.
3) 사주에서 해당 육친(六親)이 공망(空亡)이 되면 실제로 해당 육친(六親)이 없거나 있어도 아무런 도움이 되지 못한다.
4) 사주에서 해당 육친(六親)이 없고 또한 해당 위치가 공망(空亡)이 되면 실제로 이에 해당하는 육친(六親))은 없는 것이다.
5) 해당 위치에 기신(忌神)이 있으면 흉으로 보지만, 다른 주에 救신이 있으면 흉으로 보지 않는다.

위의 내용을 종합적으로 판단하여 육친(六親)의 수명과 본인에게 도움이 되는지 해가 되는지 해석한다.

조상(祖上)의 길흉(吉凶)은 연주(年柱)의 육친으로 판단하지만 연주(年柱)와 월주(月柱)에 있는 관성(官星)으로도 해설한다.

사주의 연간(年干)에 천을귀인(天乙貴人)이나 장생(長生)이 위치하면 조상은 부귀영화를 누렸다.

사주의 연주(年柱)에 재성(財星), 관성(官星) 및 인수(印綬), 천을귀인(天乙貴人)이 있다면 조상이 부귀(富貴)하였고, 연주(年柱) 또는 월주(月柱)에 있는 정관(正官)이 희신(喜神)이면 조부모가 부귀했다.

사주의 연주(年柱)에 12운성의 제왕(帝旺)이 위치하면 명문가의 자손이다.

사주으 연주(年柱)에 편관(偏官), 겁재(劫財), 편인(偏印), 양인(羊刃) 등이 있으면 조부모가 미미하였다.

사주의 연주(年柱)에 12운성의 사(死), 묘(墓), 절(絶) 또는 형(刑), 충(沖)이 있으면 조부모의 덕은 없었다.

제 10 장
부모운(父母運)

제10장 부모운(父母運)

사주학에서 월주(月柱)는 부모를 나타낸다. 육친(六親) 관계에서 편재(偏財)는 아버지를 나타내고, 정인(正印)은 어머니를 나타낸다. 보모 운을 판단하려면 월주(月柱)의 오행(五行), 편재(偏財), 정인(正印)을 보고 판단하는데, 이 육친이 길신(吉神) 역할을 하면 부모의 덕이 있지만 흉신(凶神) 역할을 하면 부모의 덕은 없다.

1. 부모 덕이 있는 사주(四柱)

부모의 덕이 있는 사주의 구성은 다음과 같다.

반드시 초년(初年)의 대운(大運)과 세운(歲運)이 길(吉)하면서 연주(年柱)와 월주(月柱)에 정관(正官) 혹은 편재(偏財) 또는 정인(正印)이 있으면서 이 육친(六親)이 길성(吉星)이 되어야 부모의 덕이 있다.

① 정인(正印)과 편재(偏財)가 균형되게 있으면 부모의 덕은 매우 크다.
② 연주(年柱)와 월주(月柱)의 오행(五行)이 길신(吉神)이면 부모의 덕은 있다.
③ 인성(印星)이 길(吉)성이면 부모의 덕은 있다.
④ 초년(初年) 대운(大運)이 좋으면 부모의 덕은 있다.
⑤ 연주(年柱)에 재성(財星)이 있고 월주(月柱)에 인성(印星)이 있으면서 시주(時柱)에 관성(官星)이 있는 경우 인성(印星)이 길신이 되면 아버지가 집안을 일으킨다.
⑥ 연주(年柱) 또는 월주(月柱)에 정관(正官), 정재(正財), 정인(正印) 등이 있으면서 이 육친(六親)이 용신(用神)이나 길성(吉星)에 해당하면 부모의 덕은 있다.
⑦ 연주(年柱)에 관성(官星)이 있는데 월주(月柱)에 인성(印星)이 있으면서 사주(四柱)에 재성(財이 있을경우 관성(官星)이 길신(吉神)에 해당하면 부모는 부귀(富貴)하다.
⑧ 연주(年柱)와 월주(月柱)에 관성(官星)과 인성(印星)이 있는데 이 육친들이 서로 생(生)해주면 부모의 덕은 있다.

2. 부모 덕이 없는 사주(四柱)

① 사주의 일간이 신약(身弱)한데 월주(月柱)의 관성(官星)이 일간(日干)을 극해도 부모의 덕은 없다. 인수(印綬)는 많은데 관성(官星)이 많아도 부모의 덕은 없다.
② 월주(月柱)의 육친(六親)이 기신(忌神)이면서 인성(印星)은 없는데 초년(初年) 대운(大運)이 기신(忌神)에 해당하면 일찍 부모와 사별하고 고생한다.
③ 사주구성에서 연주(年柱)와 월주(月柱)에 있는 육친(六親)이 기신(忌神)이면 부모의 덕은 없다.
④ 사주의 인성(印星)이 기신(忌神)이면 부모의 덕은 없다.
⑤ 사주에서 인성(印星)은 약하고 재성(財星)이 강해도 부모의 덕은 없다.
⑥ 사주구성에서 용신(用神)과 인성(印星)이 서로 상극(傷剋)되어도 부모의 덕은 없다.
⑦ 사주의 월주(月柱)에 있는 육친(六親)이 용신(用神)을 극하면 부모의 덕은 없고 심하면 부모와 일찍 사별한다.
⑧ 사주의 월주(月柱)에 식신(食神)이나 재성(財星)이 있는데 이 육친(六親)들이 기신(忌神)이 되거나 또는 이 재성(財星)이 길신(吉神)이 되어도 비겁(比劫)이 파극(破剋)하면 부모의 유산이 없다.
⑨ 사주의 일간이 신약(身弱)한데 인성(印星)이 너무 많아도 부모의 덕은 없다.

다음과 같이 사주(四柱)의 길(吉)성을 월주(月柱)의 육친(六親)이 극해도 부모덕은 없다.

식상(食傷)이 길성(吉星)인데 월주(月柱)에 인성(印星)이 있으면 부모덕은 없다.
월지(月支)의 인성(印星)이 형(刑), 충(沖) 되어도 부모덕은 없다.
비겁(比劫)이 길성(吉星)인데 월주(月柱)에 관성(官星)이 있으면 부모덕은 없다.
인성(印星)이 길성(吉星)인데 월주(月柱)에 재성(財星)이 있으면 부모덕은 없다.
관성(官星)이 길성(吉星)인데 월주(月柱)에 식상(食傷)이 있으면 부모덕은 없다.
재성(財星)이 길성(吉星)인데 월주(月柱)에 비겁(比劫)이 있으면 부모덕은 없다.

3. 부모의 성품

부모의 성품과 내력을 판단하는 방법은 다음과 같다.
① 사주의 월주(月柱)에 인수(印綬)와 천월덕(天月德)이 있으면 부모는 인자하다.

② 사주의 월지(月支)에 정인(正印)이 있는데 화개(華蓋)와 동주하면 부모는 총명하지만 비사교적이다.
③ 사주의 월간(月干)에 귀인이 있거나 또는 월지(月支)에 재성(財星)과 천을귀인(天乙貴人)이 있으면 부모는 부귀하며 유산도 물려준다.
④ 사주의 月支에 있는 정관(正官)이 장성(將星)과 동주(同柱) 하면 부모는 귀(貴)하고 현명하고, 사주의 월지(月支)에 정관(正官)이 있으면 부모는 인정이 많다.
⑤ 사주의 월주(月柱)에 정인(正印)과 장생(長生)이 동주하면서 파(破), 충(沖) 되지 않으면 부모는 장수한다.
⑥ 사주의 월지(月支)에 편관(偏官)이나 양인(羊刃)이 있으면 부모의 성질은 난폭하다.
⑦ 사주의 월지(月支)에 정인(正印)이 있는데 고신(孤神) 또는 과숙(寡宿)과 동주하면 부모는 고독하다.
⑧ 사주의 월지(月支)에 식신(食神)이 있다면 부모의 신체가 비대하고 성실하다.
⑨ 사주의 월지(月支)에 정인(正印)이 있거나 또는 귀인이 있어도 부모의 용모가 맑고 깨끗하다.
⑩ 사주의 월지(月支)에 있는 재성(財星)이 역마(驛馬)가 되거나 월지(月支)의 정인(正印)이 역마(驛馬)가 되어도 부모는 먼 거리를 자주 다니게 된다.

4. 아버지의 상태

사주(四柱)에서 아버지의 상태는 편재(偏財)로서 판단한다.
① 사주구성에서 편재(偏財)가 없으면 아버지와 인연이 없고, 편재(偏財)가 약한데 비견(比肩)이 강하면 아버지가 해롭다.
② 사주의 편재(偏財)와 장생(長生)이 동주하거나 또는 편재(偏財)와 건록(建祿)이 동주해도 아버지는 부귀하다.
③ 비견(比肩), 겁재(劫財)가 많으면 아버지와 인연이 약하다.
④ 사주의 편재(偏財)가 12운성의 쇠(衰), 병(病), 절(絶)에 임하면 아버지는 보통이고 아버지의 덕은 없다.
⑤ 사주의 편재(偏財)가 사(死), 절(絶), 공망(空亡) 등과 동주(同柱) 하거나 형(刑), 충(沖) 되어도 아버지가 빈곤하거나 병약자가 아니면 아버지와 이별하게 된다.

5. 어머니의 상태

사주에서 어머니의 상태는 정인(正印)으로 판단한다.
① 사주의 정인(正印)과 장생(長生)이 동주하면 어머니는 현숙하고 장수한다.
② 사주에서 편재(偏財)가 둘 이상인데 이 편재(偏財)가 정인(正印)과 간합(干合)하거나 쟁합 혹은 투합되어도 어머니는 두 남편을 가진다.
③ 사주의 월주(月柱)에 편관(偏官)과 양인(羊刃)이 동주하면 아버지는 있어도 어머니는 없다.
④ 인성(印星)이 없거나 재성(財星)이 많으면 어머니와는 인연이 약하다.
⑤ 사주의 정인(正印)이 간합(干合)하면서 도화(挑花) 또는 목욕(沐浴)과 동주하면 어머니가 정숙하지 못하게 된다.
⑥ 사주의 정인(正印)이 양인(羊刃), 정재(正財), 절(絶), 묘(墓)와 동주하거나 혹은 정인이 형(刑), 충(沖) 되면 어머니가 고독하거나 허약하지 않으면 이별한다.

6. 부모의 선망 (先亡) 판단

사주에서 부모의 선망(先亡)을 판단하는 방법은 다음과 같다.
① 사주의 정인(正印)이 왕성한데 편재(偏財)가 약하면 아버지가 먼저 죽고, 편재(偏財)가 왕성한데 정인(正印)이 약하면 어머니가 먼저 죽는다.
② 사주에서 편재(偏財)가 극해(剋害)되면 아버지가 먼저 죽고, 정인(正印)이 극해(剋害)되면 어머니가 먼저 죽는다.
③ 사주에 편재(偏財)와 편인(偏印)은 있는데 정인(正印)이 없으면 친어머니와는 생사별하거나 친어머니는 재가한다.
④ 사주에 비겁(比劫)이 너무 많으면 아버지가 먼저 죽고, 재성(財星)이 너무 많으면 어머니가 먼저 죽는다.

제11장
형제운(兄弟運)

제11장 형제운 (兄弟運)

사주에서 형제운의 길흉(吉凶) 상태는 월주(月柱)와 비견(比肩) 및 겁재(劫財)의 희기(喜忌)로 판단한다. 월주(月柱)는 부모의 자리이지만 형제간의 길흉(吉凶)을 판단할 때도 참고하지만, 중점은 비견(比肩)과 겁재(劫財)의 상태를 보고 판단한다.

1. 형제의 덕이 있는 사주(四柱)

① 사주의 비견(比肩)과 겁재(劫財)가 용신(用神)에 해당하거나 희신(喜神)에 해당하면 형제간에 우애가 깊고 형제의 덕이 있다.
② 사주의 비견(比肩)과 정재(正財)가 태과(太過)하거나 불급(不及)하지 않고 적합하면 반드시 형제는 있고 서로 화목하게 된다.
③ 사주의 재성(財星)이 관성(官星)을 생조(生助)하여 일간(日干)이 신약(身弱)할 때 비겁(比劫)이 일간(日干)을 생조(生助)하게 되면 형제들이 모두 안락하게 된다.
④ 사주의 비겁(比劫)이 왕성하고 재성(財星)이 약해도 식상(食傷)이 재성(財星)을 생조(生助)하면 형제가 모두 안락하게 된다.
⑤ 비겁(比劫)이 장성(將星)과 동주해도 형제가 부귀해진다.
⑥ 비견(比肩)과 겁재(劫財)가 형(刑), 충(沖), 극(剋)이 없으면 형제들이 화목해진다.
⑦ 비겁(比劫)이 천을귀인(天乙貴人), 천월덕 등의 길신(吉神)에 해당하면 형제들은 자비심이 있고 충실하며 귀(貴)하게 된다.
⑧ 사주의 겁재(劫財)와 길신(吉神)이 동주하는데 겁재(劫財)가 희신(喜神)이면 형제는 출세하며 형제의 덕은 있다.
⑨ 사주의 비겁(比劫)이 길신(吉神)이고 건록(建祿)과 동주하면 형제는 부귀영화를 누리게 된다.
⑩ 사주의 일간(日干)이 신약(身弱)한데 인성(印星)이 왕성하고 월주(月柱)에 비견(比肩)이나 겁재(劫財)가 많거나 또는 월지(月支)에 인수(印綬)가 있어도 형제의 수는 많다.

2. 형제의 덕이 없는 사주(四柱)

① 사주의 비견(比肩)과 겁재(劫財)가 기신(忌神)에 해당하면 형제의 덕은 없다.
② 사주의 비겁(比劫)은 왕성한데 재성(財星)이 약하고 관성(官星)이 없으면 형제가 없거나 있어도 남보다 못하게 된다.
③ 사주의 일주(日柱)와 비겁(比劫)이 서로 상충(相沖)되면 형제간은 서로 사이가 좋지 않게 된다.
④ 일지(日支)와 월지(月支)가 형(刑)이나 충(沖)이 되면 동기간이 적거나 형제간은 서로 사이가 좋지 않게 된다.
⑤ 사주의 일간(日干)이 왕성한데 겁재(劫財)가 많으면 형제가 화목하지 못하고 형제 때문에 손해를 당한다.
⑥ 사주의 겁재(劫財)가 왕성한데 정재(正財)가 약하면 형제들이 서로 다툰다.
⑦ 사주의 비겁(比劫)이 희신(喜神)을 극(剋)하면 형제로부터 피해가 있다.
⑧ 사주의 비겁(比劫)이 화개(華蓋)와 동주하면 형제가 없거나 형제가 고독하다.
⑨ 관성(官星)은 왕성한데 인성(印星)이 없으면 형제 덕이 없다.
⑩ 비견(比肩)이 너무 약하면 형제가 있으면 빨리 죽거나 또는 멀리 헤어져 산다.
⑪ 사주의 비겁(比劫)이 간합(干合)을 많이 하면 형제들이 정이 없거나 염문을 뿌린다.
⑫ 월주(月柱)에 모두 겁재(劫財)가 있으면 이복형제가 있다.
⑬ 식상(食傷)은 왕성하고 관성(官星)은 신약(身弱)한데 비겁(比劫)이 식상(食傷)을 생조(生助)하면 형제 때문에 큰 피해를 본다.
⑭ 사주에서 식신(食神)이 1개이고 비겁(比劫)이 많으면 식복(食福)이 적고, 사주 구성에서 재성(財星)은 1개인데 비겁(比劫)이 많으면 재물(財物) 때문에 형제간에 우애가 없다.
⑮ 사주의 비겁(比劫)이 12운성의 사(死), 묘, 절(絶), 목욕(沐浴)과 동주하면 형제와 인연이 없거나 형제는 나에게 도움이 되지 않는다.

제 12 장
처운(妻運)

제12장 처운 (妻運)

사주(四柱)에서 처운(妻運)의 상태는 일지와 정재 및 편재로서 판단한다. 일지는 배우자의 자리이다. 정재(正財)는 정처(正妻)이고 편재(偏財)는 첩으로 본다. 사주에 정재(正財)는 없고 편재(偏財)만 있으면 편재(偏財)를 정처로 본다.

1. 처덕(妻德)이 있는 사주(四柱)

① 사주의 일지(日支)나 월지(月支)에 재성(財星)이 있고 이 재성(財星)이 길성(吉星)이 되면 처(妻)의 내조(內助)는 많으며, 처(妻)의 재산을 얻게 된다.
② 사주의 일간(日干)이 신약(身弱)하면서 재성(財星)은 왕성하고 비겁(比劫)이 있으면 현명한 처(妻)를 얻게 된다.
③ 사주의 비겁(比劫)이 왕성하면서 재성(財星)이 약해도 식상(食傷)이 있으면 현명한 처(妻)를 얻게 된다.
④ 사주에 비겁(比劫)이 많아도 재성(財星)이 지지(地支)의 진술축미(辰戌丑未)의 지장간(支藏干)에 심장(深藏) 되어 있어도 처(妻)는 양호하다.
⑤ 사주의 겁재(劫財)가 정재(正財)를 극해도 식상(食傷)이 있으면 현명한 처(妻)와 인연이 있게 된다.
⑥ 사주의 일간이 신강(身强)하고 재성(財星)이 왕성하면 현명한 처(妻)와 인연이 있게 된다.
⑦ 사주(四柱)의 길신(吉神)이 재성(財星)과 상극(傷剋)하지 않으면 처운(妻運)은 무난하다.
⑧ 사주의 재성(財星)이 용신(用神)이나 희신(喜神)에 해당하면 처덕(妻德)은 있지만, 재성(財星)이 기신(忌神)에 해당하면 처덕(妻德)은 없다.
⑦ 사주의 일간(日干)이 신왕(身旺)하면서 관성(官星)이 약할 때 재성(財星)이 관성(官星)을 생조(生助)하거나 정인(正印)과 편인(偏印)이 중첩한데 재성(財星)이 있으면 처(妻)로 인하여 치부하거나 처(妻)는 현숙(賢淑)하다.

2. 처덕(妻德)이 없는 사주(四柱)

① 사주의 재성(財星)이 기신(忌神)이거나 비겁(比劫)이 재성(財星)을 파극(破剋)해도 처덕(妻德)은 없다.
② 사주의 일간(日干)이 신약(身弱)하면서 재성(財星)이 왕성하고 비겁(比劫)이 없으면 처(妻)를 극한다.
③ 사주의 일간이 신왕하면서 관성(官星)이 약하고 재성(財星)과 비겁(比劫)이 있으면 처(妻)는 현명하고 아름답지만 처(妻)를 극한다.
④ 사주에 인성(印星)과 재성(財星)이 있는데 관성(官星)이 왕성하면 처(妻)는 천하고, 용모는 추하며, 처(妻)를 극한다.
⑤ 사주의 일지(日支)에 기신(忌神)이 있거나 일지가 형(刑), 충(沖), 파(破), 극(剋) 되어도 처덕(妻德)은 없게 된다.
⑥ 사주구성에서 많은 비겁(比劫)이 재성(財星)을 파극(破剋)하게 되면 처(妻)의 내조가 없거나 병약(病弱) 하거나 처(妻)의 용모가 볼품 없거나 처(妻)때문에 재산을 잃게 된다.
⑦ 비겁(比劫)은 많이 있고 재성(財星)이 약하면서 관성(官星)이 없으면 처(妻)를 극한다.
⑧ 재성(財星)이 없는데 비겁(比劫)은 왕성하고 식상(食傷)만 있는 경우에 미인의 처(妻)를 얻으면 극처(剋妻)하고, 추한 처(妻)를 얻으면 극처(剋妻)하지 않는다.
⑨ 재성(財星)이 약한데 양인(羊刃)과 비겁(比劫)이 많으면서 식상(食傷)이 있고 정인(正印)과 편인(偏印)이 있으면 처(妻)는 흉사(凶死)한다.
⑩ 사주에 재성(財星)은 없고 비겁(比劫)과 양인(羊刃)이 많으면 처와 생이별 하거나 사별한다.
⑪ 사주의 관성(官星)은 왕성하고 재성(財星)이 약한데 인성(印星)은 있고, 식상(食傷)이 없으면 처(妻)는 병약(病弱) 하다.
⑫ 재성(財星)이 약하면서 비겁(比劫)은 왕성하고 식상(食傷)이 있으면 현명한 처(妻)를 얻어서 살지만, 누추한 처(妻)를 얻으면 이별한다.
⑬ 재성(財星)이 미약하면서 비겁(比劫) 또는 양인(羊刃)이 파극(破剋)하면 처와 사별한다.
⑭ 사주에서 간합(干合)이 많으면 반드시 처(妻)가 바뀐다.
⑮ 왕성한 재성(財星)이 길성(吉星)이 되는 인성(印星)을 파극(破剋)하면 처(妻) 때

문에 재산을 손해 보거나 몸을 다치게 된다.

⑯ 인성(印星), 비겁(比劫)에 의해서 일간(日干)이 태왕(太旺)한데 미약한 재성(財星)이 식상(食傷)의 생조(生助)를 받지 못하면 처덕(妻德)도 없지만 재혼할 운명이다.

⑰ 사주의 일지(日支)에 양인(羊刃)이 있는데 편인(偏印)이 있으면 처(妻)는 산액(産厄)을 가진다.

⑱ 사주의 일간(日干)이 신왕(身旺)하면서 일지(日支)에 비견(比肩) 또는 양인(羊刃)이 있으면 처(妻) 때문에 손재 또는 구설(口舌)이 있거나 심하면 사별한다.

⑲ 사주에 양인(羊刃)이 많아도 처(妻)가 바뀐다.

⑳ 왕성한 관성(官星)을 약한 재성(財星)이 생조(生助)하면 처덕(妻德)이 없고, 天干에 비견(比肩), 겁재(劫財)가 많으면 처(妻)를 극한다.

3. 처(妻)가 미인(美人)인 사주(四柱)

① 사주의 일지(日支)에 정관(正官)이 있거나 상관(傷官)이 있으면 처(妻)가 미인이다.

② 사주의 일간(日干)이 신강(身强)한데 약한 관성(官星)을 재성(財星)이 생조(生助)하면 미인의 처(妻)를 얻는다.

③ 사주의 일간이 신강(身强)한데 인성(印星)이 중첩하면서 재성(財星)이 인성(印星)을 억제하면 미인의 처(妻)를 만난다.

④ 사주의 일간(日干)이 신왕(身旺)한데 신약(身弱)한 재성(財星)을 식상(食傷)이 생조(生助)하면 미인의 처(妻)를 만난다.

⑤ 사주의 일간이 신강(身强)하면서 왕성한 식상(食傷)이 관성(官星)을 억제시키는데 재성(財星)이 있어서 식상(食傷)이 재성(財星)을 생조(生助)해도 처(妻)는 미인이다.

⑥ 사주의 재성(財星)이 천을귀인(天乙貴人)에 해당하거나 천간(天干)의 재성(財星)이 재성(財星)의 천을귀인(天乙貴人) 위에 앉아도 미인인 처(妻)를 만난다.

⑦ 일주(日柱)가 병자(丙子)일 생이면 미인의 처(妻)를 만난다.

4. 처(妻)가 부정(不貞)한 사주(四柱)

① 삼합의 오행(五行)이 일간(日干)과 같게 되거나 또는 겁재(劫財)가 왕성하면서 정재(正財)가 있으면 처(妻)가 부정(不貞)하지 않으면 처(妻)를 극하게 된다.
② 정재(正財)와 편재(偏財), 그리고 비견(比肩)이 있으면서 재성(財星)이 도화(挑花) 또는 목욕(沐浴)과 동주하면 처(妻)는 다정하여 정절(貞節)을 지키지 못한다.
③ 사주의 재성(財星)이 간합(干合)하면서 목욕(沐浴) 또는 도화(挑花))와 동주하면 처(妻)가 부정하게 된다.
④ 사주의 재성(財星)이 12운성의 목욕(沐浴) 또는 함지와 동주하면 처(妻)가 사통하게 된다.
⑤ 사주의 일지(日支)에 화개(華蓋)가 있고 충(沖)이 되면 처(妻)가 부정하거나 처(妻)를 극하게 된다.
⑥ 사주에서 겁재(劫財)도 강하고 재성(財星)도 강하면 처첩(妻妾)은 사욕(私慾)을 채운다.
⑦ 사주(四柱)에서 정재(正財)와 편재(偏財)의 합(合)이 많으면 처(妻)와 첩이 있고 색정을 탐닉하게 된다.

5. 첩(妾)이 있을 사주(四柱)

현대 사회에서 첩의 의미는 바람을 많이 피우거나 배우자 모르게 애인을 숨겨가면서 염문을 뿌리거나 숨겨 놓은 애인도 첩으로 본다. 첩이 있을 사주(四柱)는 다음과 같다.

① 정재(正財)는 본처(本妻)를 의미하고 편재(偏財)는 첩을 의미하지만, 사주에 정재는 없고 편재(偏財)만 있는 경우는 편재(偏財)를 본처(本妻)로 본다.
② 정재(正財)와 편재(偏財)가 혼잡(混雜)되어 있으면 첩을 두거나 재혼한다.
③ 사주에 편재(偏財)만 있으면 첩을 두는 경향이 있는데, 식신(食神)이 편재(偏財)를 생조(生助)하거나 또는 편재(偏財)가 많으면 첩을 더 좋아하고 심하면 본처(本妻)와 이혼하게 된다.
④ 사주의 일간이 신약(身弱)하면서 재성(財星)이 많으면 첩을 두게 된다.
⑤ 사주 대부분 오행(五行)이 수기(水氣)로 되어 있거나 또는 정(丁)과 임(壬)의 간

합(干合)이 많으면 음란하게 된다.
⑥ 사주의 일지(日支)와 시지9時支)에 도화(挑花)가 있거나 또는 사주(四柱)에 정관(正官)과 편관(偏官)이 있거나 정관(正官)과 상관(傷官)이 있으면 호색다음(好色多淫)하게 된다.
⑦ 사주구성에서 인성(印星)과 재성(財星)이 혼잡(混雜)되면 방탕하고, 식신(食神)이 많으면 음탕하고, 인성(印星)이 많으면 다음(多淫) 하고, 육합(六合)이 많으면 음천(淫賤)하게 된다.
⑧ 자오묘유(子午卯酉) 충(沖)이 지지(地支)에 모두 있으면 주색으로 몸을 망친다.

제 13 장
자식운(子息運)

제13장 자식 운(子息運)

사주에서 시주(時柱)를 자식궁으로 보며, 남자는 관성(官星)을 자식으로 보고 여자는 식상(食傷)을 자식으로 본다. 자식운의 상태는 이러한 요소들을 판단하여 해설한다. 남자 사주에 관성(官星)이 없으면 식상(食傷)을 참작하여야 한다.

1. 자식(子息) 복(福)이 있는 사주(四柱)

① 사주의 관성(官星)이 용신(用神)이거나 희신(喜神)이면 자식 복은 많다.
② 사주의 일간(日干)이 왕성하고 인성(印星)은 없는데 식상(食傷)은 약하고 관성(官星)이 있으면 자식은 많다.
③ 사주의 일간(日干)은 왕성한데 관성(官星)도 왕성하면 자식은 똑똑하고 발달하게 된다.
④ 사주의 일간(日干)은 왕성한데 식상(食傷)이 약한데 인성(印星)은 있어도 재성(財星)이 왕성하면 자식이 많고 부귀(富貴)하게 된다.
⑤ 사주의 일간(日干)은 왕성한데 인성(印星)은 없으면서 식상(食傷)이 있으면 자식은 많다.
⑥ 사주의 시주(時柱)에 용신(用神)이나 희신(喜神)이 있으면 말년에 자식 복이 많게 된다.
⑦ 사주의 일간(日干)이 왕성한데 관성(官星)이 생왕(生旺) 되고 식상(食傷)이 파극(破剋)하지 않거나, 또는 형(刑), 충(沖) 되지 않으면 그 자식은 똑똑하고 효도하고, 자손은 아주 번창하게 된다.
⑧ 사주의 관성(官星)이 투출하여 근(根) 하거나 재성(財星)이 밑에서 생(生) 해주면 자식은 귀(貴)하게 된다.
⑨ 사주의 일간(日干)이 약한데 관성(官星)이 없으면서 식상(食傷)만 있으면 반드시 아들이 있고, 식상(食傷)이 충첩되어도 재성(財星)이 없는데 인성(印星)이 있으면 아들이 있다.
⑩ 사주에 관성(官星)이 없으면 식상(食傷)을 자식으로 보며, 이 때 식상(食傷)이

기신(忌神)이 되거나 왕성한 인성(印星)에 파극(破剋)되면 자식 복이 없고, 용신(用神)이나 희신(喜神)이 되면 자식 복이 많게 된다.
⑪ 사주의 일간(日干)이 왕성한데 월주(月柱)에 재성(財星)이 있으면서 시주(時柱)에 관성(官星)이 있으면 부모에게 큰 힘이 되고 효도를 한다.
⑫ 사주의 일간(日干)이 왕성한데 관성(官星)과 인성(印星)이 있으면 부모와 자식이 같이 발달하게 된다.
⑬ 사주의 시주(時柱)에 정관(正官)이 있으면 자식은 똑똑하고 용모단정하며, 효도하고 재성(財星)이 있으면 효순(孝順) 하다.
⑭ 사주의 일간(日干)이 신약(身弱)한데 시주(時柱)에 비겁(比劫)이 있으면 자식 복은 많게 된다.

2. 자식(子息) 복(福)이 없는 사주(四柱)

① 사주의 관성(官星)이 기신(忌神)이거나 병신(病神)에 해당 되면 자식 복은 없다.
② 사주의 식상(食傷)이 약한데 재성(財星)이 많으면 자식 복은 없게 된다.
③ 시주(時柱)가 기신(忌神)이 되면 자식 때문에 근심걱정을 많이 하게 된다.
④ 사주의 일간(日干)이 신약(身弱)하면서 재성(財星)과 관성(官星)이 태왕(太旺)하면 자식이 없다.
⑤ 사주의 편관(偏官)은 왕성하면서 식상(食傷)이 없어 억제 못하면 자식은 불효하게 된다.
⑥ 식신(食神)은 왕성하면서 관성(官星)은 없거나 약하면 자식 두기가 어렵게 된다.
⑦ 시지(時支)가 형(刑), 충(沖), 파(破), 해(害)가 되면 자식과 이별하는 경향이 있다.
⑧ 사주의 겁재(劫財)가 기신(忌神)이 되면서 이 겁재를 제화하지 못하면 자식 때문에 재산을 탕진하게 된다.
⑨ 사주의 식신(食神)이 약하고 인성(印星)이 왕성하면 짐 되는 자식이 있다.
⑩ 사주의 시지(時支)가 일지(日支)를 충(沖)하면 자식이 불효하고 일지(日支)가 시지(時支)를 충(沖)하면 자식과 화목하지 못하게 된다.
⑪ 사주의 일간(日干)이 신약(身弱)하고 관성(官星)이 왕성한데 인성(印星)과 재성(財星)이 있으면 자식이 없거나 있으면 불효한다.
⑫ 너무 왕성한 식상(食傷)을 인성(印星)이 없어 억제 못하면 자식 두기가 어렵다.

⑬ 사주의 관성(官星)이 기신(忌神)되거나, 또는 관성(官星)이 없을 때 식상(食傷)이 기신(忌神)이 되거나 인성(印星)이 식상(食傷)을 파극(破剋)하면 자식 복이 없다.
⑭ 사주의 일간(日干)이 신약(身弱)하고 재성(財星)은 인성(印星)을 파극(破剋)하면 자식이 없게 되고, 사주(四柱) 구성이 대부분 식상(食傷)이 되면 자식이 없게 된다.
⑮ 시지(時支)의 관성(官星)이 공망(空亡)되면서 식상(食傷)이 왕성하면 자식이 없게 된다.
⑯ 시지(時支)가 일지(日支)를 극(剋)해도 자식이 불효한다.
⑰ 사주의 일간(日干)이 신약(身弱)한데 인성(印星)은 없고 식상(食傷)만 태왕(太旺)하거나 비겁(比劫)이 없는데 식상(食傷)과 관성(官星)이 있으면 아들이 없다.
⑱ 사주의 일간(日干)이 왕성한데 관성(官星)은 공망(空亡)되면서 상관(傷官)과 겁재(劫財)가 있으면 자식은 없고 일생동안 고독하다.
⑲ 사주의 시주(時柱)에 기신(忌神)인 편관(偏官)이 있으면 부모의 말을 듣지 않고 성격(性格)은 강폭하다.
⑳ 지지(地支)의 관성(官星)이 합(合)이 되면 딸의 품행이 나쁘다.

제14장
남자 결혼 시기

제14장 남자 결혼 시기

결혼은 타인과의 육체와 정신적 결합이므로 사주(四柱)에서는 융합이 잘되는 시기가 곧 결혼시기로 판단한다. 사주에서 결혼 시기는 다음과 같다.
① 사주의 일지(日支)와 삼합(三合) 또는 육합(六合)이 되는 년, 월에 결혼한다.
② 사주의 일지(日支)와 세운(歲運)의 식신(食神)이 합(合)이 되는 해에 결혼을 많이 한다.
③ 남자는 사주의 일주(日柱)와 세운(歲運)의 관성(官星) 혹은 세운(歲運)의 재성(財星)과 합(合)이 되는 해에 결혼한다.
④ 남자는 사주의 재성(財星)이 약하면 세운(歲運)에서 재성(財星)이나 식상(食傷)을 만날 때 결혼한다.
⑤ 세운(歲運)이 식신(食神)에 해당하는 년이나 세운(歲運)이 희신(喜神)에 해당하는 해에 결혼한다.

1. 일찍 결혼할 남자 사주(四柱)

① 사주의 일지(日支)가 초년(初年)운에서 재성(財星)과 육합(六合)하거나 또는 삼합(三合)이 되는 경우
② 사주(四柱)에 재성(財星)이 있으면서 초년(初年) 대운(大運)이나 세운(歲運)에서 재성(財星)이나 관성(官星)을 만나는 경우

2. 늦게 결혼할 남자 사주(四柱)

① 사주(四柱)에 재성(財星)이 없으면 늦게 결혼한다.
② 사주의 일지(日支)가 형(刑) 또는 충(沖)이 되어도 늦게 결혼한다.
③ 초년(初年)이나 청년 대운(大運)이 기신(忌神)에 해당하는 경우
④ 비겁(比劫)이나 인성(印星)이 많아도 늦게 결혼한다.

3. 남녀 공히 연애할 사주(四柱)

① 사주의 일지(日支)가 육합(六合) 또는 삼합(三合)이 되는 경우
② 여자의 사주(四柱)에서 관살혼잡(官殺混雜)되고 삼합(三合)이 되거나, 도화(挑花)가 있거나, 목욕(沐浴)이 여러 개 있는 경우
③ 사주구성에서 수(水) 오행이 태왕(太旺)하거나 육합(六合)이 여러 개 있는 경우
④ 사주구성에서 남자는 재성(財星)이 왕성하고, 여자는 관성(官星)이 왕성한 경우

제15장
부자 사주

제15장 부자 사주

사주에서는 남자의 재복(財福)과 처복(妻福)의 상태는 재성(財星)의 구성을 보고 판단하여 해설한다.

1. 부자의 사주(四柱)

부자(富者)의 사주(四柱)는 다음과 같다.
① 사주에서 재성(財星)이 용신(用神)이거나 희신(喜神)이 되고 유기(有氣)한 경우.
② 사주에서 재성(財星)이 중첩된 식상(食傷)을 유통(流通)하나 또는 왕성한 재성(財星)이 관성(官星)을 생조(生助)하는 겨우.
③ 사주의 일간(日干)이 신왕(身旺)한데 인성(印星)이 왕성하면서 식상(食傷)은 신약(身弱)하지만 재성(財星)이 있는 경우.
④ 사주의 일간(日干)은 신왕(身旺)한데 인성(印星)이 많으면서 관성(官星)은 신약(身弱)하면서 재성(財星)이 월지(月支)에 있거나 왕성한 경우.
⑤ 사주의 일간(日干)이 신왕(身旺)한데 비겁(比劫)이 많으면서 재성(財星)과 인성(印星)이 없으면서 식상(食傷)만 있는 경우.
⑥ 사주의 일간(日干)이 신왕(身旺)한데 식상(食傷)은 있지만 재성(財星)이 없으면 재성운(財星運)이 오는 경우.
⑦ 사주의 일간(日干)이 신약(身弱)한데 재성(財星)이 많으면서 관성(官星)과 인성(印星)은 없으면서 비겁(比劫)만 있는 경우.
⑧ 사주의 일간(日干)이 신왕(身旺)한데 재성(財星)이 식상(食傷)의 생조(生助)를 받아 왕성한 경우.
⑨ 사주의 재성(財星)이 왕성하면서 맑으면(淸) 재복(財福)과 처복(妻福)을 모두 가지게 된다.
⑩ 사주의 일간(日干)이 신왕(身旺)한데 재성(財星)이 왕성하면서 식상(食傷)이 있거나, 식상(食傷)이 없으면 관성(官星)이 있는 경우.
⑪ 사주에 재성(財星)이 없지만 삼합(三合)으로 재성(財星)이 되거나, 또는 재성(財

星)이 비겁(比劫)으로부터 파극(破剋)되는 것을 관성(官星)이 막아 주는 경위.
⑫ 사주의 일간(日干)이 신약(身弱)한데 재성(財星)이 왕성하면 일간의 신왕운(身旺運)에 부자가 된다.
⑬ 사주에서 재성(財星)과 식상(食傷)이 모두 천간(天干)에 노출되거나, 또는 재성(財星)이 왕성하면서 식상(食傷)이 약한 경우.

2. 평생부자(平生富者)

사주(四柱) 구성에서 음양(陰陽) 오행(五行)이 모두 있으면서 일간(日干)을 도와주는 오행(五行)과 일간(日干)의 힘을 빼는 오행(五行)이 반반씩 균형을 유지하고 있는 중화(中和) 된 사주(四柱)는 평생 동안 부자가 된다. 중화순수사주(中和純粹四柱)는 나쁜 대운(大運)을 만나도 가난하지 않고 큰 어려움 없이 보통으로 지내며, 보통의 대운(大運)을 만나면 재복(財福)이 왕성하게 되고, 좋은 대운(大運)을 만나면 대부호가 된다. 사주구성에서 음양(陰陽) 오행(五行)이 모두 있다고 해서 중화순수사주(中和純粹四柱)는 아니다. 중화순수사주(中和純粹四柱)는 음양(陰陽) 오행(五行)이 모두 있으면서 일간(日干)에게 도와주는 오행과 일간(日干)의 힘을 빼는 오행이 반드시 균형을 유지해야 한다.

3. 선빈후부(先貧後富)의 사주(四柱)

선빈후부(先貧後富)의 사주(四柱)는 초년(初年)에 가난하고 중년이나 말년 이후부터 부자가 되는 사주(四柱)이다. 선빈후부(先貧後富)의 사주(四柱)는 격 자체는 좋지만 초년(初年)에 나쁜 대운(大運)이 들거나, 연주(年柱) 또는 월주(月柱)에 기신(忌神)이 있으면 선빈후부(先貧後富)가 된다.

4. 선부후빈(先富後貧)의 사주(四柱)

선부후빈(先富後貧)의 사주(四柱)는 초년(初年)에 부자이고 중년이나 말년부터 가난하게 되는 사주(四柱)이다. 선부후빈(先富後貧)의 사주(四柱)는 초년(初年)에 좋은 대운(大運)을 만나고, 중·말년부터 나쁜 대운(大運)을 만나거나 연주(年柱) 또는 월주(月柱)에 길신(吉神)이 있고, 일주(日柱) 및 시주(時柱)에 기신(忌神)이 있으면 선부후빈(先富後貧)이 된다.

5. 돈 버는 시기

사주에서 사람이 돈을 버는 시기의 판단은 용신(用神)과 희신(喜神)에 해당하는 대운(大運) 및 세운(歲運)을 만나면 돈을 버는 시기로 판단한다. 부격(富格)의 사주(四柱)는 이 대운(大運) 기간에 많은 돈을 벌고, 빈자도 짧은 기간이지만 이 대운의 시기에는 돈을 벌 수 있다.

부격(富格) 사주도 돈 버는 대운(大運)이 와야만 돈을 벌고, 빈격(貧格)의 사주(四柱)도 짧은 기간이지만 이 대운 기간에는 돈을 버는 것이다.

제 16 장
빈자(貧者) 사주

제16장 빈자 (貧者) 사주

사주에서 가난(貧者)한 빈자의 상태는 재성(財星)으로 판단한다. 사주구성에서 재성(財星)이 기신(忌神)에 해당하면 빈자(貧者) 가 된다.

1. 빈자(貧者)의 사주(四柱)

빈자의 사주구성은 다음과 같다.
① 사주구성에서 재성(財星)이 기신(忌神)에 해당하면 빈자가 된다.
② 사주의 일간(日干)이 신약(身弱)한데 관성(官星)이 왕성하여 인성(印星)이 희신(喜神)이면서 재성(財星)이 왕성한 경우.
③ 사주의 일간(日干)이 신약(身弱)한데 식상(食傷)이 매우 왕성하면서 인성(印星)이 신약(身弱)한 경우.
④ 사주의 재성(財星)이 희신(喜神)이 되는 인성(印星)을 극(剋)하거나 또는 희신(喜神)이 되는 재성(財星)이 합(合)이 되어 다른 육친(六親)으로 변화되어 기신(忌神)이 되는 경우.
⑤ 사주의 일간(日干)이 신약(身弱)한데 관성(官星)이 중첩하면서 재성(財星)이 신약(身弱)한 경우.
⑥ 사주(四柱)가 애매하여 용신(用神)이 없으면 빈하고 천(賤)하게 된다.
⑦ 사주의 일간(日干)이 신약(身弱)한데 식상(食傷)이 신약(身弱)하면서 재성(財星)만 중첩되는 경우.
⑧ 사주의 일간(日干)이 신약(身弱)한데 재성(財星)이 왕성하여 비겁(比劫)이 용신(用神)일 때 관성(官星)이 비겁(比劫)을 억제하는 경우.
⑨ 사주에 인성(印星)이 많아서 나쁜데 재성(財星)과 관성(官星)이 있으면 빈하고 천하게 된다.
⑩ 사주(四柱) 구성이 귀격이 되어도 대운(大運)이 모두 나쁘면 부귀를 얻지 못하여 인격은 있어도 빈곤하게 된다.
⑪ 사주의 일간(日干)이 신약(身弱)한데 재성(財星)이 왕성하면서 비겁(比劫)이 신약(身弱)한 경우.

⑫ 사주의 일간(日干)이 신약(身弱)한데 재성(財星)과 식상(食傷)이 너무 왕성한 경우.
⑬ 사주의 비겁(比劫)이 왕성하면서 재성(財星)이 쇠약한 경우.
⑭ 사주의 재성(財星)이 신약(身弱)한데 비겁(比劫)은 왕성하고 식상(食傷)이 없거나 또는 식상(食傷)이 길신(吉神)인데 재성(財星)은 신약(身弱)하고 인성(印星)만 왕성한 경우.

2. 청빈자(淸貧者)의 사주(四柱)

가난하지만 인격이 고귀한 청빈(淸貧)한 사람의 사주(四柱) 구성은 다음과 같다.
① 사주의 일간(日干)이 신약(身弱)한데 관성(官星)이 왕성하고 인성(印星)이 있으면서 재성(財星)이 관성(官星)을 생조(生助)하는 경우.
② 사주에서 쇠약한 재성(財星)과 관성(官星)이 있는데 인성(印星) 식상(食傷)을 파극(破剋)하는 경우.
③ 사주의 재성(財星)이 기신(忌神)에 해당하거나 또는 파극(破剋)되어도 사주(四柱)의 오행(五行)이 맑은 경우.
④ 사주의 재성(財星)이 희신(喜神)이 되는 인성(印星)을 파극(破剋)할 때 관성(官星)이 통관시키는 경우.

제17장
관운(官運)

제17장 관운 (官運)

사주에서 관운의 상태는 사주(四柱)의 순수함과 청탁(淸濁)을 보고 판단한다. 사주(四柱)가 순수하고 청기(淸氣)가 충만할수록 고귀해진다. 사주(四柱)가 혼잡(混雜)하고 탁기(濁氣)가 많을수록 빈천하게 된다.

1. 관록이 있는 사주(四柱)

관록이 있는 사주(四柱)는 다음과 같다.
① 사주의 관성(官星)이 용신(用神) 또는 희신(喜神)이 되거나 관성(官星)으로 격(格)을 이루는 경우.
② 사주의 일간(日干)이 신약(身弱)한데 재성(財星)이 없고 왕성한 관성(官星)이 인성(印星)을 생조(生助)하는 경우.
③ 사주의 관성(官星)과 재성(財星) 모두가 지장간(支藏干)에 있는 경우.
④ 사주의 일간(日干)이 신왕(身旺)하고 약한 관성(官星)을 재성(財星)이 생조(生助)하는 경우.
⑤ 사주의 관성(官星)이 길신(吉神) 작용을 하는 경우.
⑥ 사주의 관성(官星)과 인성(印星)이 천간(天干)에 있는 경우.
⑦ 사주의 재성(財星)이 왕성하고 이 재성을 관성(官星)이 유통시키는 경우.
⑧ 사주의 재성(財星)이 신약(身弱)하고 중첩된 비겁(比劫)을 관성(官星)이 억제하는 경우.
⑨ 사주의 관성(官星)이 왕성하고 식상(食傷)이 있는 경우.
⑩ 사주의 일간(日干)이 신왕(身旺)한데 관성(官星)도 왕성하고 인성(印星)이 관성(官星)을 유통시키는 경우.
⑪ 사주의 비겁(比劫)이 용신(用神)이나 희신(喜神)이 되는데 관성(官星)이 인성(印星)을 생조(生助)시키는 경우.
⑫ 사주의 재성(財星)이 인성(印星)을 극(剋)하여 억제하는데 이를 관성(官星)이 통관시키는 경우.
⑬ 사주의 일간(日干)이 왕성한데 관성(官星)도 왕성하면서 재성(財星)이 약한 경우.

2. 사법관(司法官)의 사주(四柱)

검사나 판사의 사법관 사주(四柱) 구성은 다음과 같다.
① 사주의 재성(財星)이 편관(偏官)을 생조(生助)하여 편관(偏官)이 왕성한 경우.
② 사주(四柱)의 격국(格局)이 순수하고 청기(淸氣)가 있으면서 삼형(三形)이 있는 경우.
③ 재성(財星)과 관성(官星), 그리고 식신(食神)이 왕성하면서 월지(月支)가 왕인(旺刃)일 때

3. 행정관(行政官)의 사주(四柱)

일반적인 행정관의 사주(四柱) 구성은 다음과 같다.
① 사주(四柱)의 격국(格局)이 순수하고 맑으면서 재성(財星)이 적합하게 관성(官星)을 생조(生助)하는 경우.
② 사주의 인성(印星)이 왕성한데 재성(財星)이 있는 경우.
③ 사주의 관성(官星)이 왕성한데 인성(印星)이 있는 경우.
④ 사주의 일간(日干)과 관성(官星)이 왕성한 경우.
⑤ 사주의 인성(印星)이 왕성한데 재관(財官)이 약하면서 식상(食傷)이 있는 경우.

4. 군인(軍人)의 사주(四柱)

군인이 될 사주(四柱)의 구성은 다음과 같다.
① 사주의 상관(傷官)이 왕성하거나 또는 형(刑), 충(沖), 파(破), 해(害)가 많은 경우.
② 사주(四柱)에 금(金)과 화(火)가 많은 경우.
③ 사주의 편관(偏官)이 왕성하고 양인(羊刃)이 있거나 인성(印星)이 있으면 군인의 사주(四柱)인데 정신기(精神氣)가 강하면 고귀한 군인이 된다.
④ 사주가 귀격(貴格)이면서 금(金)과 화(火)가 성하면 군인으로 대권(大權)을 잡게 된다.
⑤ 사주(四柱)의 대부분이 금(金)으로 구성되어도 군인이 되고, 이름을 떨치게 된다.

제18장
여자 사주

제18장 여자 사주

　사주학(四柱學)이 정립되었던 봉건시대에 여자의 임무는 자식을 낳아서 후세를 잇고 가정을 보살피면서 남편과 자식을 위해 희생하는 생활이었다. 봉건시대의 여자 사주(四柱)는 일간(日干)이 신약(身弱)하면 좋고 일간(日干)이 강하면 나쁘다고 생각하였다. 사주의 일간(日干)이 신약(身弱)해야 비활동적이어서 가정에 충실하고, 일간(日干)이 강하면 활동적이어서 가정에 충실하지 못할 것 같은 생각이었지만, 개화된 현대 사회에서는 이러한 제반 법칙들을 그대로 받아들일 수 없는 현실이다.

　여자의 사주(四柱) 판단법도 남자의 사주(四柱) 판단법과 비슷하지만, 남자의 사주(四柱)와 다른 점은 육친(六親)관계이다. 남자 사주에서 재성(財星)은 처(妻)를 의미하지만, 여자 사주에서 관성(官星)은 남편을 의미한다. 남자 사주에서 관성(官星)은 자식을 의미하지만, 여자 사주는 식상(食傷)이 자식을 의미한다. 여자 사주(四柱)를 해설하는 방법은 먼저 남편 육친(六親) 관성의 상태를 판단하고, 다음으로 자신인 일간(日干)과 자식의 육친(六親) 식상(食傷)의 상태를 판단한다.

1. 여자의 미모와 정숙상태

　관성(官星)과 인성(印星)이 혼잡(混雜)하지 않고 오행(五行)이 중화순수(中和純粹四柱)하게 구성되면 정숙(貞淑)한 여자이다.
　① 사주구성에서 관성(官星)이 혼잡(混雜)하지 않고 정관(正官), 정재(正財), 정인(正印)이 있으면 미모와 총명함을 가지며 정숙한 여인이다.
　② 사주의 일간(日干)이 신강(身强)하고 재성(財星)이 왕성하거나 또는 일간(日干)이 신약(身弱)하고 식상(食傷)과 인성(印星)이 있으면 미모와 총명함을 가지며 정숙한 여인이다.
　③ 사주에서 식신(食神) 또는 상관(傷官)이 적합하게 왕성하면 용모가 매우 아름답지만, 식상(食傷)이 태과(太過)하면 용모는 아름답지만 언행은 경솔하고 천박하게 된다.
　④ 사주가 금(金)일생으로 수(水)가 많고 관성(官星)이 있으면 미인이다.

⑤ 사주에 도화(桃花)가 건록(建祿)과 동주하면 용모가 매우 아름답다.
⑥ 사주에 수(水), 화(火)가 적합하게 있거나 또는 화(火)가 적합하게 왕성하여도 미인이다.
⑦ 사주의 일지(日支)에 도화(桃花)가 있어도 미인이다.
⑧ 사주에 해수(亥水)가 많으면 자색(姿色)이 아름다우며, 인목(寅木)이 많으면 용모가 아름답다.

2. 천(賤)한 여자의 사주(四柱)

① 정관(正官)과 편관(偏官)이 혼잡(混雜)되고 합(合)이 많으면 음탕하다.
② 사주에서 수(水)와 토(土)가 왕성하게 교잡(交雜)되면 음탕하다.
③ 사주에서 합(合)이 많으면 바람을 많이 피우게 된다.
④ 사주의 일간(日干)이 신약(身弱)하고 관성(官星)이 왕성하면서 혼잡(混雜)되면 음탕하고 빈천하게 된다.
⑤ 사주구성에서 편관(偏官)이 암합(暗合) 하면 음탕하게 된다.
⑥ 사주의 일간(日干)이 왕성하고 식상(食傷) 많으면서 재성(財星)이 없거나 또는 관성(官星)이 매우 약하고, 재성(財星)이 없으면 음천(淫賤)하게 된다.
⑦ 사주에서 인성(印星)이 많고 재성(財星)과 관성(官星)이 없으면 가난하게 된다.
⑧ 사주구성에서 수(水)가 태왕(太旺)하면 색정이 강하여 기생이나 창녀가 된다.
⑨ 사주에서 식상(食傷)이 태왕(太旺)하면 색정이 강하여 남편을 극(剋)하고 천하게 된다.
⑩ 사주에 정관(正官)이 있고 상관(傷官)이 왕성하면 남편을 극(剋)하거나, 고질병으로 고생한다.
⑪ 사주의 일간(日干)이 약하면서 인성(印星)은 없고 식상(食傷)은 많으면서 재성(財星)이 있으면 음천하게 된다.
⑫ 사주의 관성(官星)과 식신(食神)이 합(合)이 되면 정식 결혼 전에 성적 경험을 하게 된다.
⑬ 사주구성에서 간합(干合), 육합(六合), 삼합 등이 많으면 화류계의 팔자이다.
⑭ 외격(外格)에 속하지 않으면서 재성(財星)이 없고 대부분 식상(食傷)으로 구성되면 음천하게 된다.
⑮ 사주의 일간(日干)이 신왕(身旺)하고 재성(財星)과 관성(官星)이 약하면 빈천하게 된다.

⑯ 사주에 관성(官星)이 많으면서 일지(日支)와 시지(時支)에 함지, 목욕(沐浴), 역마(驛馬)가 있고, 합(合)이나 충(沖)이 있으면 음탕하여 창녀나 기생이 될 팔자다.
⑰ 사주의 오행(五行)이 대부분 관성(官星)이나 또는 식상(食傷)으로 구성되면 화류계의 팔자이다.
⑱ 사주의 일간(日干)은 왕성하고 약한 관성(官星)이 합(合)이 되어 다른 육친(六親)으로 변하면 음천한다.
⑲ 사주의 일간(日干)이 왕성하고, 식상(食傷)도 왕성하며, 관성(官星)이 약하면서 재성(財星)이 없으면 음천하게 된다.
⑳ 사주의 일간(日干)이 왕성하고 관성(官星)은 무근(無根)이고 재성(財星)은 있지만 관성(官星)을 생조(生助)하지 못하면 음천하게 된다.
㉑ 사주에서 식상(食傷)은 없고 대부분이 비겁(比劫)으로 구성되면 음천하게 된다.
㉒ 외격에 속하지 않으면서 인성(印星)이 없고 대부분 관성(官星)으로 구성되면 음천하게 된다.
㉓ 사주의 일간(日干)이 왕성하고 약한 관성(官星)이 일주(日柱)와 합(合)이 되어 일주(日柱)와 같은 오행(五行)이 되면 음천하게 된다.
㉔ 사주구성에서 일지(日支)나 시지(時支)에 도화(桃花)가 있거나 또는 관성(官星)의 혼잡(混雜)으로 사주(四柱)가 탁하면 화류계의 팔자이다.

3. 혼자 살거나 정부(情夫)가 있는 사주(四柱)

① 사주의 편관(偏官)과 정관(正官)이 혼잡(混雜)되어 있는 경우
② 사주구성에서 식상(食傷)이 왕성하고 관성(官星)은 없거나 약한 경우
③ 사주에서 관성(官星)은 많고 인성(印星)이나 식상(食傷)이 없는 경우
④ 비겁(比劫)과 인성(印星)이 많아 사주의 일간(日干)이 신왕(身旺)한 경우

4. 여자의 결혼 시기

사주에서 남녀 모두 결혼 시기를 판단할 경우에는 일찍 결혼할 사주(四柱)인지 늦게 결혼할 사주(四柱)인지 상태를 파악한 후에 결혼 시기를 판단한다.
① 사주의 일지(日支)와 대운(大運), 그리고 세운(歲運)이 삼합되는 경우

② 남녀 공히 일지(日支)가 삼합 또는 육합(六合)되는 년 또는 월
③ 사주의 일간(日干)과 간합(干合)되는 년 또는 월
④ 남자는 재성(財星)에 해당하는 년과 월이고, 여자는 관성(官星)에 해당하는 년과 월
⑤ 남녀 공히 용신(用神)이나 희신(喜神)이 되는 년, 또는 월

4-1 일찍 결혼할 여자의 사주(四柱)

① 사주의 일지(日支)가 초년(初年)운에 관성(官星)의 해와 삼합 또는 육합(六合)이 되는 경우
② 사주의 관성(官星)이 왕성하면서 천간(天干)에 나타나는 경우
③ 사주구성에서 간합(干合), 육합(六合), 삼합(三合)이 많으면 일찍 결혼하기 쉽지만 실패하기도 쉬우므로 이러한 여자는 연애는 하되 가능하면 늦게 결혼하는 것이 좋다.
④ 사주에 관성(官星)이 있고 초년(初年)에 관성운(官星運)이나 재성운(財星運)을 대운(大運)이나 년운(年運)에서 만나는 경우

4-2 늦게 결혼할 여자의 사주(四柱)

① 사주의 구성에서 관성(官星)이 혼합되거나 대운(大運)이 나쁜 경우
② 사주에서 관성(官星)이 약하면서 식상(食傷)이 극(剋)하는 경우
③ 사주에 관성(官星)이 없고 간합(干合), 육합(六合), 삼합 등이 많으면 후처가 된다.
④ 사주의 천간(天干)에 비겁(比劫)이 여러 개 있는 경우
⑤ 사주에 비겁(比劫)이 많거나 인성(印星)이 많은 경우
⑥ 사주에 관성(官星)이 없는 경우
⑦ 사주의 일지(日支)가 형(刑) 또는 충(沖)이 되는 경우

5. 여자의 임신시기

① 사주의 관성(官星)이 합(合)이 되는 년과 월
② 사주의 일지(日支)가 삼합(三合)이나 방합(方合)이 되는 년과 월
③ 행운이 식신(食神), 상관(傷官), 정인(正印)이 되는 년과 월

6. 결혼할 배우자의 성정 (性情)

여자 사주(四柱)에서 정관(正官)은 남편을 의미하고 편관(偏官)은 정부나 애인을 의미한다. 여자 사주에서 정관(正官)과 편관(偏官)이 혼잡(混雜)되면 본 남편과 애인을 가지게 된다. 사주구성에서 정관(正官)이 없고 편관(偏官)만 있으면 편관(偏官)을 남편으로 본다. 여자 사주에서 남편 복의 길흉(吉凶)은 관성(官星)과 일지(日支)의 육친(六親)을 살펴서 판단하며, 사주(四柱)가 맑고 중화(中和)되어 있으면 부귀한 남편과 인연이 있게 된다.

① 사주의 용신(用神)이나 일지(日支)가 식신(食神)이고 편인(偏印)이 없으면 배우자는 마음이 너그럽고 신체는 비대하다.
② 사주의 일지(日支)가 충(沖)하면 남녀 공히 생사별(生死別) 하기 쉽지만 육합(六合)이나 장합(藏合)이 되면 면한다.
③ 사주구성에서 종관살격(從官殺格)은 배우자가 명문가의 출신이 아니면 부귀(富貴)하게 된다.
④ 사주의 일지(日支)에 정관(正官)이 있어도 다른 주에서 너무 강한 상관(傷官)이 극(剋)하면 배우자는 무력하게 된다.
⑤ 사주의 일지(日支)에 강한 정관(正官)이 있으면서 형(刑), 충(沖)이 되지 않으면 배우자는 인품이 높은 군자형이고 부귀하게 된다.
⑥ 사주의 일간(日干)이 신약(身弱)하면서 일지(日支)가 비견(比肩)이면 배우자는 다능다재(多能多才)하다.
⑦ 사주에서 편관(偏官)이나 정관(正官) 중 한 가지만 있으면서 적합하게 왕성하면 배우자는 어진 사람이다.
⑧ 사주에서 용신(用神)이나 일지(日支)가 정관(正官)이면 배우자는 현명하고, 관성(官星)과 천월덕이 동주하면 배우자는 자비로운 사람이다.
⑨ 사주에서 관성(官星)이 많으면 결혼을 2~3번 하든가, 늦게 결혼하던가, 독신 생활을 하게 된다.
⑩ 사주에 정관(正官)은 없으면서 편관격(偏官格)이 되고 사주(四柱)가 양호하면 배우자는 발달하고 배우자 복도 있다.
⑪ 사주에 관성(官星)이 없고 식상(食傷)이 많으면 관성운(官星運)에서 배우자와 사별하게 된다.

⑫ 사주에서 용신(用神)이나 일지(日支)가 편관(偏官)이면 배우자의 성격(性格)은 까다롭다.
⑬ 사주에서 관성(官星)이 일지(日支)와 합(合)이 되면 배우자와 사이가 좋고 애정도 깊게 된다.
⑭ 사주의 일간이 신왕(身旺)한데 인성(印星)이 있어 더 신왕(身旺)해지면 배우자와 사별하게 된다.
⑮ 사주의 일지(日支)에 왕성한 상관(傷官)이 있으면 상관(傷官) 또는 비겁(比劫)운에 남편과 사별한다. 그러나 이 상관(傷官)을 제화시키는 정인(正印)이나 재성(財星)이 사주(四柱)에 있으면 면한다.
⑯ 사주의 일지(日支)에 왕성한 비겁(比劫)이 있으면 남녀 공히 배우자를 극한다. 그러나 이 비겁(比劫)을 제화시키는 육친(六親)이 있으면 면한다.
⑰ 사주의 일지(日支)가 충(沖), 파(破)되거나 또는 양인(羊刃)이 많으면 배우자는 병치레를 많이 하거나 신체가 허약하게 된다.
⑱ 사주에서 용신(用神)이 장생(長生)을 만나면 배우자는 학문이 풍부하고 관성(官星)이 귀인과 동주하거나 용신(用神) 또는 일지(日支)가 정관(正官)이면 배우자는 미남의 사람과 인연이 있다.

7. 남편 복(福)이 있는 사주(四柱)

① 사주에서 관성(官星)이 용신(用神)이 되거나 희신(喜神)이 되는 경우
② 사주의 재성(財星)이 관성(官星)을 생조(生助)하여 관성(官星)의 뿌리가 되는 경우
③ 사주에서 일지(日支)의 육친(六親)이 용신(用神)이 되거나 희신(喜神)이 되는 경우
④ 관살혼잡(官殺混雜)이 되어도 이 관살혼잡(官殺混雜)을 완벽하게 제거하는 경우
⑤ 사주에서 식상(食傷)이 적합하게 왕성한 경우
⑥ 사주에서 약한 관성(官星)이 인성(印星)에게 설기(泄氣)되면서 재성(財星)이 인성(印星)을 극(剋)하는 경우
⑦ 사주(四柱) 구성이 맑고 화(和) 함이 적합한 경우
⑧ 사주구성에서 재성(財星)이 왕성하고 정관(正官)이 장생지를 만나는 경우

8. 극부(剋夫)할 사주(四柱)

① 사주에 관성(官星)이 태왕(太旺)하고 인성(印星)이 약하면 이별하기 쉽다.
② 사주에 관성(官星)이 약하고 재성(財星)이 없으면서 일간(日干)은 왕성하고 식상(食傷)이 강하면 극부하게 된다.
③ 사주에서 연주(年柱)의 간지(干支)가 일주(日柱)의 간지(干支)와 같을 때에도 이별하기 쉽다.
④ 사주에 관성(官星)이 없고 비겁(比劫)이 왕성하면서 왕성한 인성(印星)이 약한 식상(食傷)을 극(剋)하면 극부하게 된다.
⑤ 사주의 일간(日干)이 신왕(身旺)하고 관성(官星)이 없거나, 상관(傷官)이 태왕(太旺)하거나, 관살혼잡(官殺混雜)되어 사주(四柱)가 탁하면 첩이 된다.
⑥ 사주에 관성(官星)이 아주 약하고 일간(日干)이 신약(身弱)하면서 재성(財星)이 태왕(太旺)하면 재혼한다.
⑦ 사주의 편관(偏官)이 목욕(沐浴) 또는 도화(挑花)와 동주하면 남편의 외도로 부부 사이가 원만하지 못하게 된다.
⑧ 사주의 관성(官星)이 아주 쇠약하고 재성(財星)이 없으면서 일간(日干)은 왕성하고 인성(印星)이 많으면 극부하게 된다.
⑨ 사주에 관성(官星)이 없고 비겁(比劫)과 인성(印星)이 많으면 남편 복은 없다.
⑩ 사주의 관성(官星)은 약하고 식상(食傷)이 많으면서 재성(財星)이 인성(印星)을 파극(破剋)하면 이별하기 쉽다.
⑪ 사주의 관성(官星)이 기신(忌神)이거나 일지(日支)가 기신(忌神)이면 남편 복은 없다.
⑫ 사주에 비겁(比劫)과 양인(羊刃)이 많고 간합(干合)과 육합(六合)도 많으면 여자의 외정(外情)관계로 이별하기 쉽다.
⑬ 사주의 관성(官星)이 약하고 재성(財星)이 없으면서 비겁(比劫)이 왕성하면 남편에 대한 불만으로 이별하기 쉽다.
⑭ 사주에 관성(官星)이 일지(日支)에 있고 일지(日支)가 충(沖)하면 이별하기 쉽다.

9. 여자의 자식운(子息運)

여자 사주(四柱)에서 식신(食神)과 상관(傷官)은 자식을 의미하므로 식신(食神)과 상관(傷官)의 상태를 파악하여 자식의 길흉(吉凶)을 판단한다. 시주(時柱)도 자식을 의미하므로 이것도 참고하여 판단하면 된다.

9.1 자식 복(福) 있는 여자의 사주(四柱)

① 사주에서 일간(日干)과 재성(財星)이 적합하게 왕성하고 약한 식상(食傷)이 있는데 인성(印星)이 있어도 자식은 많고 부자가 된다.
② 사주의 일간(日干)과 식상(食傷)이 적합하게 왕성하고 인성(印星)은 없고, 재성(財星)이 있으면 자식은 많고 귀하게 된다.
③ 수주의 일간(日干)과 관성(官星)이 적합하게 왕성하면 자식은 많고 똑똑하게 된다.
④ 왕성한 식신(食神)이 1개 있으면 자식은 건강하다.
⑤ 사주의 일간(日干)과 재성(財星)은 적합하게 왕성면서 식상(食傷)과 관살(官殺)이 없으면 자식은 많고 다능하다.
⑥ 사주의 일간(日干)과 식상(食傷)이 적합하게 왕성하고 재성(財星)과 인성(印星)이 없으면 자식 복은 많게 된다.

9.2 자식 복(福) 없는 여자의 사주(四柱)

다음에서 논하는 자식은 주로 아들을 의미한다.
① 사주(四柱)의 오행이 너무 습(濕)하거나 너무 건조(乾燥)해도 자식이 없게 된다.
② 사주의 일간(日干)은 약하고 관성(官星)은 왕성하면서 인성(印星)이 없으면 자식이 없게 된다.
③ 사주의 일간(日干)이 약하고 식상(食傷)은 왕성한데 인성(印星)이 약하거나 없으면 자식이 없게 된다.
④ 사주에서 식신(食神)은 왕성하고 관성(官星)이 약하거나 없으면 자식 보기가 어렵게 된다.
⑤ 사주의 일간(日干)이 태왕(太旺)하거나 태약(太弱)해도 자식이 없게 된다.
⑥ 사주의 일간(日干)이 왕성하고 인성(印星)은 많고 재성(財星)이 없으면 자식이 없게 된다.

⑦ 사주에서 식상(食傷)을 설기(泄氣) 시키는 재성(財星)이 너무 많아도 자식이 없게 된다.

⑧ 사주에서 식상(食傷)만 있거나, 식상(食傷)만 중첩되거나, 재관이 태왕(太旺)해도 자식이 없게 된다.

⑨ 사주의 일간(日干)이 약하고 인성(印星)은 있어도 재성(財星)이 많으면 자식이 없게 된다.

10. 시부모(媤父母)와의 관계

여자 사주에서 겁재(劫財)는 시아버지를 의미하고, 편재(偏財)는 시어머니를 의미하므로 비겁(比劫)과 재성(財星)의 상태를 파악하여 시부모(媤父母)와의 관계를 판단한다. 여자 사주에서 비견(比肩)은 시삼촌, 백모, 숙모를 의미하고 정재(正財)는 고모, 백숙부를 의미한다.

① 사주구성에서 재성(財星)이 약하면서 비겁(比劫)이 많으면 시부모와의 관계는 좋지 않게 된다.

② 사주의 일지(日支)가 재성(財星)과 형(刑), 충(沖)하면 시부모와 관계가 좋지 않게 된다.

③ 사주의 인성(印星)이 태왕(太旺)하면 시부모와 같이 살 수 없거나 시부모와의 관계가 좋지 않게 된다.

④ 사주에서 재성(財星)만 태왕(太旺)하면 친어머니가 별세한 배우자와 결혼하게 된다.

⑤ 사주의 재성(財星)이 기신(忌神)이 되면 시부모의 성격(性格)이 까다롭다.

⑥ 사주에서 시부모와의 관계가 좋아도 대운(大運)이나 세운(歲運)에서 비겁(比劫)운을 만나면 이 기간에 시부모가 사망하거나 관계가 좋지 않게 된다.

⑦ 사주구성에서 비겁(比劫)이 재성(財星)을 완전히 파극(破剋)하면 시부모 중 한쪽만 있든지 또는 시부모 모두가 사망한 배우자와 결혼하게 된다.

⑧ 사주구성에서 외격(外格)은 제외하고 관성(官星)이 태왕(太旺)하면 시아버지가 사망하고, 시어머니만 있는 배우자와 결혼하거나 시아버지와의 관계가 좋지 않게 된다.

제19장
합충(合沖) 해석

제19장 합충(合沖) 해석

행운(行運)과 명식(命式)의 합충(合沖) 작용은 다음과 같다.

1. 세운(歲運)과 명식(命式)의 년지(年支)가 충(沖)하는 해

① 조상의 비석, 분묘 이장, 화장, 종손 문제, 족보 등 조상과 관계되는 문제가 생긴다.
② 노력에 비하여 결과는 신통치 않으며 일에 막힘이 많다.
③ 대운(大運)이 명식(命式)의 년지(年支)를 충(沖)하면 생가나 고국을 떠나든가 부모와 뜻이 같지 않는다.

2. 세운(歲運)과 명식(命式)의 월지(月支)가 충(沖)하는 해

① 부모, 형제, 친한 친구 등과 우환이나 불화가 생긴다.
② 주위 환경에 대하여 불만이 생겨 주거 이동, 직장 이동 등이 발생한다.
③ 여자는 시집갈 가능성이 높다.
④ 직장이나 사회생활에 불만이 생긴다.

3. 세운(歲運)과 명식(命式)의 일지(日支)가 충(沖)하는 해

① 배우자의 건강이나 신상에 변화가 생긴다.
② 노력에 비하여 결과는 좋지 못하고 계획한 일은 잘 성취되지 않는다.
③ 정신적으로 동요가 많으며 마음이 불안해진다.
④ 일지(日支)가 관성이나 양인이면서 충(沖)이 되면 관재 구설이 생긴다.
⑤ 일지(日支)가 백호대살이나 역마살 또는 지살이면서 충(沖)이 되면 교통사고를 조심해야 한다.

4. 세운(歲運)과 명식(命式)의 시지(時支)가 충(沖)하는 해

① 자식 문제로 신경 쓰는 일이 생긴다.
② 아랫사람이나 부부 사이에 불화가 생긴다.
③ 자식 걱정과 직업 변동이 생기기 쉽다.

5. 세운(歲運)이나 대운(大運)에서 일지(日支)를 충(沖)하는 경우

① 부부 사이에 불만이 생긴다.
② 매사에 자기 스스로 불만이 생긴다.

6. 대운(大運)과 일지(日支)가 충(沖)하는 경우

① 일에 장애가 많다.
② 건강이 나쁘거나 가정에서 안정하기 어렵다.
③ 부부 사이가 좋지 못하다.

7. 대운(大運)과 세운(歲運)이 충(沖)하는 경우

① 타인과 불화가 생긴다.
② 사업에는 손실 변화가 생긴다.
③ 건강, 재액, 손재 등 좋지 않는 일이 생긴다.
④ 부부 사이가 원만하지 못하다.

8. 세운(歲運)과 명식(命式)이 천충지충(天沖支沖) 하는 경우

① 명식(命式)의 일간(日干)이 신약(身弱)하면 관재, 구설, 질병(疾病) 등 비운을 암시하며 크게 놀라는 일이 생긴다.
② 명식(命式)의 일간(日干)이 신왕하고 편관(偏官)이 없거나 미약한 경우는 길(吉)하고 발전한다.
③ 관살을 용신(用神)으로 삼는 경우에는 발복한다.

9. 세운(歲運)과 명식(命式)이 천동지충 하는 경우

① 동상이몽의 형태가 되므로 배우자와 뜻이 잘 맞지 않는다.
② 친한 사람을 조심하고 매사를 주의해야 한다.
③ 본인의 마음 심리가 안정되지 않는다.

10. 대운(大運)과 세운(歲運)이 천충지충 하는 경우

① 명식(命式)의 일간(日干)이 신약(身弱)하면서 흉이 되면 흉의 작용이 심하다.
② 명식(命式)의 일간(日干)이 신강(身强)하면 사소한 변동과 정신적 동요는 있어도 흉의 작용이 가볍다.

11. 세운(歲運)과 명식(命式)이 천지합 되는 경우

① 애정의 유혹에 빠져 후회하게 된다.
② 사업확장, 신규사업, 투자 등은 하지 말아야 한다.
③ 갖가지 좋지 않은 이변이 생기므로 매사 조심해야 한다.

12. 명식(命式)의 년지(年支)와 대운(大運) 및 세운(歲運)이 연결되어 삼합(三合)이나 육합(六合) 되는 경우

① 전답 문서나 가옥 등의 좋은 일이 생긴다.
② 조상과 관련된 족보, 묘지, 산지의 일이 생긴다.

13. 명식(命式)의 월지(月支)와 대운(大運) 및 세운(歲運)이 연결되어 삼합(三合)이나 육합(六合) 되는 경우

① 부모 형제의 문제가 생긴다.
② 미혼자는 결혼을 하거나 새로운 가정을 마련한다.
③ 기혼자는 가옥에 대한 좋은 일이 있다.

14. 명식(命式)의 일지(日支)와 대운(大運) 및 세운(歲運)이 연결되어 삼합(三合)이나 육합(六合) 되는 경우

① 타인과 융합이 잘 되어 애인이 생길 운이므로, 배우자와 애정이 두터워지거나 새로운 사랑을 하지 않으면 처(妻)가 바람을 피울 수 있다.
② 동업, 합작, 화합, 결혼 등 타인과 융합이 잘 된다.

15. 명식(命式)의 시지(時支)와 대운(大運) 및 세운(歲運)이 연결되어 삼합(三合)이나 육합(六合) 되는 경우

① 만혼의 자식은 결혼을 한다.
② 자식들에게 좋은 일이 있다.
③ 자식들이나 아래 사람으로부터 도움이 있다.

16. 명식(命式) 및 일지(日支)와 세운(歲運)의 지지(地支)가 연결되어 삼합되는 경우

① 아주 좋은 운이다.
② 동업, 결혼, 이성교재 등 타인과 융합이 잘 된다.

17. 명식(命式)의 일간(日干)과 세운(歲運)의 천간(天干)이 합(合)이 되는 경우

① 재난이나 질액 등으로 좋지 않다.
② 타인과 동업이나 이성교재 등도 불리하다.

18. 세운(歲運)의 지지(地支)가 명식(命式)의 일지(日支)와 같은 경우

① 본인에게 좋지 못한 일이 일어난다.
② 매사에 막힘이 많아 원하는 것을 성취하기 어렵다.
③ 자신에게 불리한 일을 유발 시킨다.

19. 세운(歲運)이 명식(命式)의 일간(日干)과 천지동년 되는 경우

① 나와 같으므로 주인이 둘의 형태이므로 신약(身弱)한 경우나 용신(用神)이 비겁(比劫)이면 양호하다.
② 명식(命式)의 일간(日干)이 신강(身强) 이상이면 다툼, 손재, 구설, 이동 등의 재난이 생긴다.
③ 집단행동은 삼가야 한다.

20. 기타

합 충에 대한 기타의 내용은 다음과 같다.

- 행운(行運)과 명식(命式)의 오행(五行)이 합하여 용신(用神)과 같거나 용신(用神)을 생조(生助)하면 승진, 영전, 재산 증식, 사업 성공 등으로 매우 좋다.
- 여자 사주에 비견겁이 많으면 일부종사하기 힘들다.
- 공망(空亡)도 합(合)이 되면 없는 것으로 본다.
- 명식(命式)에서 같은 오행(五行)이 합(合)과 충(沖)이 겹치면 충(沖)은 없어진다.
- 대운(大運)이 용신(用神)과 같으면 승진, 영전, 건강 회복, 자식 경사, 사업 성공, 재산 증식 등으로 좋아진다.
- 합(육합, 반합, 삼합)이되면 형(刑), 충(沖), 파(破), 해(害), 공망(空亡)을 해소시킨다.

십이지지(十二地支)의 육합(六合), 삼합(三合), 방합(方合), 형(形), 충(沖), 파(破), 원진(怨嗔) 등의 요약은 다음 표와 같다.

十二地支의 육합, 삼합, 방합, 형, 충, 파, 해, 원진

지지 구분	子	丑	寅	卯	辰	巳	午	未	申	酉	戌	亥
육합 (六合)	丑(土)	子(土)	亥(木)	戌(火)	酉(金)	申(水)	未	午	巳(水)	辰(金)	卯(火)	寅(木)
삼합 (三合)	申辰(水)	巳酉(金)	午戌(火)	亥未(木)	申子(水)	酉丑(金)	寅戌(火)	亥卯(木)	子辰(水)	巳丑(金)	寅午(火)	卯未(木)
방합 (方合)	亥丑(水)	亥子(水)	卯辰(木)	寅辰(木)	寅卯(木)	午未(火)	巳未(火)	巳午(火)	酉戌(金)	申戌(金)	申酉(金)	子丑(水)
형 (形)	卯	戌未	巳申	子	辰	寅申	午	丑戌	寅巳	酉	丑未	亥
충 (沖)	午	未	申	酉	戌	亥	子	丑	寅	卯	辰	巳
파 (破)	酉	辰	亥	午	丑	申	卯	戌	巳	子	未	寅
해 (害)	未	午	巳	辰	卯	寅	丑	子	亥	戌	酉	申
원진 (怨嗔) (年支 중심)	未	午	酉	申	亥	戌	丑	子	卯	寅	巳	辰

제 20 장
행운(行運) 해석 방법

제20장 행운(行運) 해석 방법

1. 행운(行運) 해석의 개요

행운(行運)은 유년(流年)이라고도 부르며, 행운(行運)의 의미는 10년을 주기로 하는 대운(大運), 1년을 주기로 바뀌는 년운(年運), 한달을 주기로 바뀌는 월운(月運), 하루를 주기로 바뀌는 일운(日運), 두 시간(時間)마다 바뀌는 시운(時運)을 총칭하여 행운(行運)이라 한다.

보통 년운(年運)을 세운(歲運)이라고도 부르고, 일운(日運)은 일진(日辰)이라고 많이 부른다.

사주(四柱)의 행운(行運) 해석에서는 대운(大運)의 작용력이 가장 크고, 그 다음이 세운(歲運), 월운(月運), 일진(日辰), 시운의 순서이다. 보통 대운(大運)과 세운(歲運)까지를 해석하지만 상세히 보려면 월운(月運)까지도 해석한다.

사주학(四柱學)의 대가가 되려면 행운(行運)의 판단을 정확히 해석할 줄 아는 능력이 있어야 한다. 이러한 능력을 배양하기 위해서는 항상 연구하는 자세로 명리학(命理學)의 고전 학문에 게을리해서는 안 될 것이다.

지금까지 공부한 사주(四柱) 구성상의 해석은 타고난 선천적인 성격(性格)이나 배우자 및 자식 복, 가족 관계, 직업(職業), 부귀 등을 판단하였지만 행운(行運) 해석방법은 인생을 살아가면서 앞으로 다가올 운명을 해석하는 것이다.

타고난 사주(四柱) 자체가 아무리 대부귀(大富貴)한 구조라도 행운(行運)이 나쁘면 이러한 큰 뜻을 이룰 수가 없다. 타고난 사주(四柱) 자체가 좋지 않더라도 행운(行運)이 좋으면 부귀한 인생의 삶을 누리는 것이다.

그러므로 타고난 사주(四柱) 자체보다는 앞으로 다가올 행운(行運)이 좋아야 사주(四柱)가 발달하고 대길(大吉)해지는 것이다. 그러므로 사주(四柱)를 감정할 때에는 반드시 사주(四柱) 자체의 격국(格局)과 행운(行運)을 면밀히 대조하여 행운(行運)의 길흉(吉凶)과 사주(四柱)의 부귀빈천(富貴貧賤)을 판단해야 한다.

앞으로 다가올 행운(行運)의 길흉(吉凶)을 정확하게 예측할 줄 알아야만 사주학(四柱學)의 가치가 있는 것이다.

2. 대운(大運) 해석 방법

대운(大運)의 길흉(吉凶)을 판단할 때에 간지(干支) 중 어느 것을 중심으로 해석해서 판단해야 할 것인가가 문제 된다.

대운(大運) 해석 방법은 다음과 같이 여러 가지의 학설이 있다.

① 해당하는 10년 대운(大運) 중 앞의 5년은 간(干)에 비중을 두고 뒤의 5년은 지(支)에 비중을 두어서 해석해야 한다는 주장
② 해당하는 10년 대운(大運) 중 앞의 5년은 干에 60%, 支에 40%의 비중을 두고, 뒤의 5년은 干에 40%, 支에 60%의 비중을 두고 해석해야 한다는 주장
③ 해당하는 10년 대운(大運) 중 干支를 종합하여 판단하되 간(干)보다는 지지(地支)에 가장 큰 비중을 두고 해석해야 한다는 주장

대운(大運) 해석 시 저자는 ③번의 방법을 가장 많이 사용하고 있다. 대운(大運)을 해석할 때에는 먼저 지지(地支)에 비중을 두어서 용신(用神)과의 관계, 희신(喜神), 기신(忌神) 등을 해석하고, 다음은 천간(天干), 그 다음은 천간(天干)과 지지(地支)와의 상생상극(相生相剋) 관계를 살피고, 그 다음은 대운(大運)의 12운성, 합(合), 충(沖), 파(破), 해(害) 등을 살펴보아야 한다.

용신(用神)이 대운(大運)의 힘을 받아서 생조(生助) 되면 이 대운(大運)기간 동안은 대길(大吉)해지지만 용신(用神)이 대운(大運)의 힘을 얻지 못하고 파극(破剋) 되면 좋은 사주(四柱)라도 온갖 곤액과 재앙을 당하게 된다. 그러므로 사주(四柱)가 아무리 좋아도 대운(大運)에서 용신(用神)을 생조(生助)해주어야만 발복하여 대길(大吉)하게 된다.

대운(大運) 해석 시 유의할 점은 해당하는 사주(四柱) 자체가 대운(大運)의 영향을 많이 받는 사주(四柱)인지 영향을 적게 받는 사주(四柱)인지를 먼저 구별해야 한다. 예를 들면, 중화순수(中和純粹)의 사주(四柱)는 대운(大運)의 영향을 적게 받고 원류(源流) 된 사주(四柱)는 대운(大運)에 관계없이 발달한다.

2.1 대운(大運)의 길흉(吉凶)작용

대운(大運)의 길흉(吉凶)작용은 다음과 같다.

① 대운(大運)이 용신(用神) 및 희신(喜神)을 생조(生助)하면 길운(吉運)이다. 그러나 대운(大運)이 사주팔자(四柱八字) 중의 다른 육친(六親)에 의해서 극거(剋去)되거나 또는 합(合)이 되어 다른 육친(六親)으로 변하면 길운(吉運)은 평운(平運)으로 된다. 대운(大運)이 용신(用神)과 합(合)이 되어 기신(忌神)을 제거하면 매우

길(吉)해지지만 대운(大運)이 용신(用神)과 합(合)이 되어 다시 용신(用神)을 파극(破剋)하면 많은 재난이 겹친다.

② 대운(大運)이 용신(用神)을 누설(漏泄)시키거나 파극(破剋) 하여 용신(用神)의 힘을 약화시키면 손재, 실패, 질병(疾病) 등의 흉(凶)한 운이지만 사주팔자(四柱八字) 중의 다른 육친(六親)과 대운(大運)이 합(合)이 되어 다른 육친(六親)으로 변화되거나 또는 극거(剋去)되면 흉한 운이 평운으로 된다.

③ 일간(日干)이 신약(身弱)하면 비겁(比劫)이나 인성운(印星陨)을 만나면 길(吉)하고, 관성(官星)이 왕성하여 일간(日干)이 신약(身弱)한 경우에는 인성운(印星運)을 만나면 길(吉)하다.

④ 일간(日干)이 신왕(身旺)하면서 재성(財星)이나 관성(官星)이 미약하면 재성(財星)이나 관성운(官星運)에 길(吉)하고, 재성(財星)이나 관성(官星)이 사주(四柱)에 없으면 식상(食傷)운에 길(吉)하다.

⑤ 天干에 거의 비겁(比劫)만 있고 식상(食傷)은 미약하고 재성(財星)이 없으면서 재성운(財星運)을 만나면 군비쟁재(群比爭財)가 되어 재성(財星)이 길신(吉神)이라도 손재, 재산 파탄, 시비, 소송, 살상 등 온갖 곤액과 재난을 당하고 사망하기 쉽다.

⑥ 외격(外格)에 속하는 사주(四柱)인 통관(通關), 조후(調喉) 등은 대운(大運)이 용신(用神) 또는 희신(喜神)에 해당하면 길운(吉運)이지만, 대운(大運)이 용신(用神) 또는 희신(喜神)을 누설하거나 파극(破剋)하면 흉운이다.

⑦ 대운(大運)과 사주팔자(四柱八字)가 관살혼잡(官殺混雜) 되거나 또는 정인(正印)과 편인(偏印)이 교집(交集)하면 흉(凶) 해지고, 특히 관성(官星)이나 인성(印星)이 기신(忌神)에 해당하면 흉은 더욱 심해진다.

⑧ 어떤 육친(六親)이 지지(地支)에 많이 있어 왕성한데 대운(大運)이 이 왕성한 육친(六親)을 충(沖)하면 재난을 만나거나 급흉(急凶)하거나 노인은 사망하기 쉽다.

⑨ 대운(大運)이 사주(四柱)의 일지(日支)와 형(刑), 충(沖), 파(破), 해(害) 되거나 일지(日支)의 묘에 해당하면 부부간의 사이가 좋지 못하다.

⑩ 대운(大運)이 월지(月支)와 형(刑), 충(沖), 파(破), 해(害) 되면 해당 육친(六親)이 해롭거나 부모, 형제 곁을 멀리 떠난다.

⑪ 남자 사주(四柱)에서 대운(大運)이 관성입묘(官星入墓) 하면 자식이 해롭고, 정재입묘(正財入墓) 하면 처(妻)가 해로우며, 편재입묘(偏財入墓) 하면 아버지가 해롭다.

⑫ 여자 사주(四柱)에서는 대운(大運)이 관성입묘(官星入墓) 하면 남편이 해롭고, 식신(食神)입묘 하면 자식이 해롭다.

⑬ 사주(四柱)에 어떠한 육친(六親)이 많아서 나쁜데 대운(大運)에서 이 나쁜 육친(六親)을 생조(生助)하면 크게 흉(凶)해진다.

⑭ 비겁(比劫)이 왕성하고 재성(財星)이 약한 경우 대운(大運)에서 비겁(比劫)을 만나면 재산실패, 상처(喪妻) 등의 재난을 당한다.

⑮ 재다신약(財多身弱) 사주(四柱)는 비겁운(比劫運)을 만나면 재산을 크게 모으고, 식상운(食傷運)을 만나면 재산을 잃는다.

⑯ 진상관격(眞傷官格) 사주(四柱)는 인수운(印綬運)을 만나면 길(吉)하고, 식상(食傷)과 재성(財星)운(財星運)을 만나면 재난을 당하여 흉(凶) 해진다.

⑰ 일간(日干)이 신왕(身旺)한데 재성(財星)이 미약하면 재성(財星)과 식상운(食傷運)에 재산을 모으고 비겁(比劫)과 인성운(印星運)에 재산을 잃는다.

⑱ 일간(日干)이 신왕(身旺)하여 식상(食傷)이 용신(用神)일 때 식상운(食傷運)을 만나면 길(吉)하고, 인성운(印星運)을 만나면 흉(凶) 해진다.

2.2 대운 지지(大運 地支) 오행(五行)의 작용판단

대운(大運)의 지지(地支)가 용신(用神)을 생조(生助) 하는지 파극(破剋) 하는지를 살피고, 다음으로는 일간(日干)에게 길흉(吉凶) 작용 여부를 판단해야 한다. 예를 들면, 재성(財星)이 많아서 일간(日干)이 신약(身弱)하여 비겁(比劫)이 용신(用神)일 때는 대운(大運)의 지지(地支)가 비겁운(比劫運)이면

용신(用神)인 비겁(比劫)의 힘을 보태주고 약한 일간(日干)의 힘도 보태주어서 이 비겁운(比劫運)에는 재산도 많이 모으고 길(吉)하게 된다.

그러나 식상(食傷)의 운을 만나면 용신(用神)인 비겁(比劫)의 기운을 누설한다. 또한, 약한 일간(日干)의 기운도 누설하여 이 식상운(食傷運)에는 기신(忌神)이 되어 재산도 잃고 흉하게 된다.

2.3 대운 천간(大運 天干) 오행(五行)의 작용판단

대운(大運) 지지(地支) 오행(五行)의 작용을 판단한 후에는 대운(大運) 天干 오행(五行)의 작용을 판단해야 한다. 대운(大運) 天干이 용신(用神)을 생조(生助)하는 지 파극(破剋)하는 지를 살피고, 다음으로는 일간(日干)에게 길흉(吉凶)작용 여부를 판단

해야 한다.

예를 들면, 인성(印星)이 많아서 일간(日干)이 신왕(身旺)하면 일간(日干)의 힘을 빼는 식상(食傷)이 용신(用神)이 된다. 대운(大運) 天干에서 식상(食傷)을 만나면 용신(用神)을 생조(生助)하고 강한 일간(日干)의 힘도 빼어서 매우 길해진다. 그러나 대운(大運) 天干에서 인성(印星)을 만나면 용신(用神)인 식상(食傷)을 극(剋)하고, 또한 강한 일간(日干)에게 힘을 보태주므로 흉(凶) 하게 된다.

2.4 사주(四柱)의 조후(調候) 판단

사주팔자(四柱八字)가 어느 한쪽으로 음, 양이 치우치면 좋지 않듯이 사주팔자(四柱八字)가 너무 난(暖) 하거나 한랭(寒冷)해도 좋지 않다. 사주(四柱)의 대부분이 木이나 火이면 난한 것이고, 金이나 水이면 한랭해진다. 진술축미(辰戌丑未)에서 辰未는 난(暖) 한 것이고, 戌丑 은 한랭(寒冷)한 것이다.

사주(四柱)의 대부분이 木과 火로 구성되어 난하면 대운(大運)에서 한랭한 金이나 水 또는 戌丑 을 만나면 따뜻함과 서늘함이 조화되어서 길(吉)하게 된다.

2.5 대운(大運)의 天干과 지지(地支) 관계

① 개두(蓋頭) : 개두(蓋頭)란 대운(大運)의 간지(干支)에서 간(干)이 지(支)를 극(剋)하는 것을 말한다. 예를 들면, 대운(大運)의 간지(干支)가 庚寅 이라면 간(干) 경금(庚金)이 지(支) 인목(寅木)을 극(剋)하는 경우이다. 대운(大運)의 지지(地支)가 용신(用神)이나 희신(喜神)이 되어 길(吉)하게 되더라도 개두(蓋頭)가 되면 길(吉)하는 작용이 감소하게 된다. 또한, 대운(大運)의 지지(地支)가 기신(忌神)이 되어 흉하게 되면서 해롭게 되면 흉(凶) 해지는 작용이 감소하게 된다.

세운(歲運)의 지지(地支)가 개두(蓋頭)된 대운(大運)의 지지(地支)를 극(剋)하게 되면 이 대운(大運)의 역량은 많이 감소 된다. 예를 들어, 대운(大運) 간지(大運 干支)가 庚寅이고, 세운(歲運)의 지지(地支)가 신유(申酉) 라면 개두(蓋頭)가 되면서 세운(歲運)의 지지(地支) 신유금(申酉金)이 대운(大運)의 지지(地支)를 극(剋)하는 경우이다. 이 때에는 대운(大運) 지지(地支)가 길 작용을 하면 길 작용의 역량이 매우 감소하고, 흉(凶)작용을 하면 흉(凶)작용의 역량이 매우 감소하게 된다.

② 절각(截脚) : 절각(截脚)이란 대운(大運)의 간지(干支)에서 지지(地支)가 간(干)을 극(剋) 하는 것을 말한다. 예를 들면, 대운(大運)의 간지(干支)가 甲申이라면

지지(地支)의 신금(申金)이 天干 갑목(甲木)을 극(剋)하는 경우이다. 이렇게 절각(截脚)이 되면 대운(大運)의 天干이 용신(用神)이나 희신(喜神)이 되어 길(吉)하게 되더라도 길 작용이 감소해지고, 기신(忌神)이 되어 흉하게 되더라도 흉(凶) 작용이 감소하게 된다.

절각(截脚)이 되어도 사주(四柱)에서 天干을 생조(生助) 하거나 세운(歲運)에서 天干을 생조(生助)하면 절각(截脚)의 역량은 완화된다.

개두(蓋頭)나 절각(截脚)이 되면 해당하는 대운(大運)의 天干과 지지(地支)의 힘이 약하게 되는데 극(剋)하는 쪽은 30 % 정도 극(剋)을 받는 쪽은 70 % 정도의 힘이 약해진다.

이와 같은 개두(蓋頭)와 절각(截脚)을 개두절각법(蓋頭截脚法)이라 부른다. 대운(大運)이 개두(蓋頭)나 절각(截脚)이 되면 대운(大運), 세운(歲運), 사주(四柱)의 원국, 이 3가지를 잘 대조하여 길흉(吉凶)을 판단해야 오류를 범하지 않는다.

③ 대운(大運)의 간지(干支)에서 간(干)이 지(支)를 생조(生助)하는 경우 : 예를 들면, 대운(大運)의 간지(干支)가 甲午라면 天干 甲木이 지지(地支) 午火를 생조(生助)하여 오화(午火)의 힘은 대단히 크게 된다. 이 경우에 火 가 용신(用神)이나 희신(喜神)에 해당하는 사람은 이 대운(大運)에 비약적인 발전을 하여 매우 길한 작용이 나타난다. 그러나 火가 기신(忌神)에 해당하는 사람은 이 대운(大運)에 흉한 것이 더 크게 되어 엄청난 고통과 시련을 겪게 된다.

④ 대운(大運)의 간지(干支)에서 지(支)가 간(干)을 생조(生助)하는 경우 : 예를 들면, 대운(大運)의 간지(干支)가 甲子라면 지지(地支)의 자수(子水)가 天干인 갑목(甲木)을 생조(生助)하여 갑목의 힘은 대단히 크게 된다. 이 경우에 木이 용신(用神)이나 희신(喜神)에 해당하는 사람은 이 대운(大運)에 비약적인 발전을 하게 된다. 그러나 木이 기신(忌神)에 해당하는 사람은 이 대운(大運)에 흉한 것이 더 크게 나타나서 큰 어려움을 당하게 된다.

2.6 대운(大運) 지지(地支)의 충(沖), 파(破), 해(害), 형(刑) 판단

대운(大運)의 지지(地支)와 사주(四柱)의 지지(地支)가 충(沖), 파(破), 해(害), 형(刑)이 되면 이 대운(大運) 기간은 이러한 작용이 발생된다. 대운(大運)의 지지(地支)와 사주(四柱)의 지지(地支)가 충(沖)이 되면 충(沖)의 작용이, 파(破)가 되면 파(破)의 작용이 발생되는 것이다.

예를 들면, 대운(大運) 4의 지지(地支)와 사주(四柱)의 일지(日支)가 충(沖)이 되면 이 대운(大運) 기간은 배우자와 자기 본인에게 여러 가지 문제가 발생된다.

대운(大運) 4의 天干과 사주(四柱)의 구성에 따라 복합적인 변화가 일어난다. 남자의 사주(四柱)에서 일간(日干)이 신왕(身旺)하고 대운(大運) 4의 天干이 겁재(劫財)이면 이 대운(大運) 4의 10년 중 겁재(劫財)가 가장 강한 세운(歲運)에서 처(妻)는 사망하게 된다.

충(沖), 파(破), 해(害), 형(刑)의 작용 내용은 연주(年柱), 월주(月柱), 日柱, 시주(時柱)에 따라서 다른데, 앞에서 배운 바와 같이 각주(各柱)에 충(沖), 파(破), 해(害), 형(刑)이 있을 때 해당되는 작용의 내용이 일어나는 것이다.

2.7 대운(大運)의 12운성 판단

대운(大運)의 지지(地支)가 사주(四柱)의 일간(日干)에게 미치는 영향의 정도를 측정하기 위하여 대운(大運)의 지지(地支)를 12운성으로 판단한다. 판단 방법은 사주(四柱)의 일간(日干)을 기준으로 대운(大運)의 지지(地支)와 대조하여 12운성을 조사한다.

사주(四柱)에서 일간(日干)이 신약(身弱)할 경우에 대운(大運)의 지지(地支)가 12운성 중 장생(長生), 관대(冠帶), 건록(建祿), 제왕(帝旺)에 해당하면 일간(日干)을 강하게 생조(生助)하므로 아주 길(吉)하게 된다.

그러나 일간(日干)이 태왕(太旺)한 경우라면 강한 일간(日干)을 대운(大運)의 지지(地支)가 더 강하게 만들어 주므로 아주 흉(凶)하게 된다.

이러한 경우에는 12운성의 지지(地支)가 쇠(衰), 병(病), 사(死), 절에 해당되면 길(吉)하게 되는 것이다.

2.8 접목운 (接木運)

접목이란 식물의 품종 개량을 위하여 접붙이는 것이다. 사주(四柱)에서 접목운 (接木運) 이란 대운(大運)에서 지지(地支)의 방합 (方合) 오행(五行)이 다른 방합(方合)의 오행(五行)으로 바뀌는 시기를 말한다. 접목운(接木運)을 다음의 대운(大運) 예로 알아보자.

· 입 운 : 丙寅 · 제1운 : 丁卯 · 제2운 : 戊辰	동방운(東方運), 木운, 봄
· 제3운 : 己巳 · 제4운 : 庚午 · 제5운 : 辛未	남방운(南方運), 火운, 여름
· 제6운 : 壬申 · 제7운 : 癸酉 · 제8운 : 甲戌	서방운(西方運), 金운, 가을

앞에서 입운에서 제2운까지는 寅卯辰 木 운으로 동방운, 제3운에서 제5운까지는 巳午未로 火운으로 남방운(南方運), 제6운에서 제8운까지는 金 운으로 서방운(西方運)이다. 여기서 접목운은 방합(方合)이 바뀌는 시기, 즉 제2운과 제3운, 제5운과 제6운이다. 사주(四柱)에서 접목운을 만나면 아주 많은 변화가 일어난다.

일간(日干)이 강하면 이러한 접목운의 영향은 덜 하지만 일간(日干)이 약하면 이러한 접목운의 영향은 강하게 나타나고 운이 좋지 않으면 사망도 하게 된다.

용신(用神)과 대운(大運)의 길흉(吉凶) 관계는 다음 표와 같다.

용신(用神)과 대운(大運)의 길흉(吉凶) 관계

用神 대운	비 겁	인 성	식 상	재 성	관 성
비 겁	대길(大吉)하다.	대길하다.	신강(身强) 四柱는 흉(凶)하다.	군비쟁재가 되어 대흉(大凶)하다.	흉하다.
인 성	길하다.	발복(發福)한다.	대흉하다.	흉하다.	四柱에 食傷이 왕성하면 대길한다.
식 상	四柱에 官星이 왕성하면 대길한다.	흉하다.	대발복한다.	대발복한다.	대흉하다.
재 성	흉하다.	담재괴인이 되어 대흉하다.	四柱에 印星이 있으면 대길한다.	대길하다.	대발복한다.
관 성	대흉하다.	身弱 四柱는 흉(凶)하다.	흉하다.	四柱에 比劫이 왕성하면 대길한다.	대길하다.

3. 세운(歲運) 해석 방법

세운(歲運)이란 매년 해당하는 년운(年運)을 말하는 것으로서 대운(大運)은 10년 동안의 운을 의미하나 세운(歲運)은 그 해 1년 동안의 운을 의미한다. 세운(歲運)의 길흉(吉凶) 판단은 반드시 대운(大運)과 연관 지어서 길흉(吉凶)을 판단해야 한다. 행운(行運)의 길흉(吉凶) 판단에서는 세운(歲運)보다도 대운(大運)의 영향력이 훨씬 크기 때문이다.

세운(歲運) 보는 방법도 대운(大運) 보는 방법과 같이 세운(歲運)의 간지(干支)가 용신(用神)을 생조(生助)하면 길년(吉年)이 되고, 용신(用神)을 극(剋)하거나 누설시키면 흉년(凶年)이 된다.

세운(歲運)의 길흉(吉凶) 판단시 지지(地支)보다 天干에 중점을 두어서 해석해야 한다는 주장도 있지만, 세운(歲運)의 천간(天干)과 지지(地支)를 종합하여 해석해야 한다.

대운(大運)이 아주 좋으면 세운(歲運)이 나빠도 아주 나쁘지는 않고, 대운(大運)이 나쁘면 세운(歲運)이 아무리 좋아도 완전하게 좋은 해는 되지 못한다.

대운(大運)과 세운(歲運)의 관계에서 길흉(吉凶)판단은 다음과 같다.

① 대운(大運)이 좋고 세운(歲運)도 좋으면 대길(大吉)하지만, 대운(大運)이 나쁘고 세운(歲運)도 나쁘면 대흉(大凶) 해진다.

② 대운(大運)은 좋고 세운(歲運)이 나쁘면 발전은 되지만 지장을 많이 받는다. 즉, 소길년(小吉年)이면서 가끔 흉(凶)한 것이 나타난다.

③ 대운(大運)은 나쁘고 세운(歲運)이 좋으면 특별히 좋거나 나쁜 것 없이 그저 평운이다.

④ 세운(歲運)이 좋은데 대운(大運)이 이 세운(歲運)을 생조(生助)하면 더욱 좋아지고, 세운(歲運)이 나쁜데 대운(大運)이 이를 생조(生助)하면 더욱 나빠진다.

⑤ 세운(歲運)이 좋은데 대운(大運)이 이 세운(歲運)을 파극(破剋)하면 소길년(小吉年)이고, 세운(歲運)이 나쁜데 대운(大運)이 이 세운(歲運)을 파극(破剋)하면 소흉년(小凶年)이다.

⑥ 세운(歲運)의 천간(天干)과 지지(地支)가 모두 용신(用神)을 도우면 대길(大吉)하고, 모두 용신(用神)에게 불리하면 대흉(大凶) 하다.

⑦ 세운(歲運)의 天干과 지지(地支) 중 어느 한쪽은 용신(用神)에게 이롭고, 어느 한쪽은 해로우면 길사(吉事)와 흉사(凶事)가 겹친다.

세운(歲運)을 판단할 때에는 다음의 사항도 고려해야 한다.
① 사주(四柱)의 일지(日支)가 용신(用神)이나 희신(喜神)인 경우에 세운(歲運)의 충극을 받으면 관직인은 파직 당하고, 사업가는 크게 실패하기 쉽다.
② 군비쟁재(群比爭財)의 사주(四柱)는 세운(歲運)에서 비겁(比劫)을 만나면 손재 등 큰 재앙을 만난다.
③ 식상(食傷)이 왕성한 여자의 사주(四柱)는 세운(歲運)에서 식상(食傷)을 만나면 남편이 크게 실패하거나 사망하기 쉽다.
④ 세운(歲運)의 간(干)이나 지(支)가 인성(印星)의 해에는 부동산 취득 등 문서계약이 일어난다.
⑤ 사주(四柱)의 정인(正印)과 세운(歲運)이 간합(干合) 되면 재산 문서를 잡는다.
⑥ 사주(四柱)에서 인성(印星)이 용신(用神)이나 희신(喜神)인 경우 세운(歲運)에서 인성운(印星運)을 만나면 문서상의 좋은 일이 생긴다.
⑦ 사주(四柱)의 일간(日干)이 세운(歲運)의 간(干)을 극(剋)하거나 또는 사주(四柱)의 일지(日支)가 세운(歲運)의 지(支)를 극(剋)하면 직장에서 좌천되거나 파직 당하지 않으면 하극상(下剋上)을 당하기 쉽다.

4. 월운(月運) 해석방법

월운(月運)의 길흉(吉凶) 해석방법도 세운(歲運)의 길흉(吉凶) 해석방법과 같다. 월운(月運)의 간지(干支)가 용신(用神)을 생조(生助)하면 길(吉)하고, 월운(月運)의 간지가 용신(用神)을 극(剋)하거나 누설시키면 흉하고, 월지(月支)가 형(刑), 충(沖), 파(破), 해(害) 되어도 흉하다. 년운(年運)과 마찬가지로 월운(月運)도 지지(地支)보다 天干을 중요시한다.

5. 일진(日辰) 해석 방법

일진(日辰)이란 매일 매일의 운, 즉 일운(日運)을 말하는 것으로 일진(日辰)의 해석 방법도 세운(歲運)의 길흉(吉凶) 해석 방법과 같지만 큰 영향을 미치지 않으므로 중요시하지 않는다.

6. 세운(歲運) 해석 참고 사항

세운(歲運) 해석 시 다음의 내용도 참고하여 해석한다. 사주(四柱)의 명식(命式)과 세운(歲運)의 어떠한 오행(五行)이 충(沖), 파하는지 먼저 파악해야 한다. 세운(歲運)과 명식(命式)의 어느 오행(五行)이 충파(沖破)가 되어서 상담하러 오는 경우가 많다.

6.1 남자 명식(男子 命式)인 경우

- 명식(命式)의 인성(印星)이 충파(沖破)되면 명예나 문서 관계의 문제이다.
- 명식(命式)의 식상(食傷)이 충파(沖破)되면 직원이나 손 아래 사람 문제이다.
- 명식(命式)의 관성(官星)이 충파(沖破)되면 관재 구설수의 문제이다.
- 명식(命式)의 관성(官星)이나 재성(財星)이 합(合)이 되면 동업 관계의 문제이다.
- 명식(命式)의 재성(財星)이 충파(沖破)되면 부도나 사업 실패의 문제이다.
- 명식(命式)의 월지(月支)가 충파(沖破)되면 이사나 변동의 문제이다.

6.2 여자 명식(女子 命式)인 경우

- 명식(命式)의 인성(印星)이 충파(沖破)되면 명예나 문서 관계의 문제이다.
- 명식(命式)의 식상(食傷)이 충파(沖破)되면 자식의 문제이다.
- 명식(命式)의 관성(官星)이 충파(沖破)되면 부부 관계의 문제이다.
- 명식(命式)의 관성(官星)이 합(合)이 되면 남편의 동업 관계 문제이다.
- 명식(命式)의 재성(財星)이 충파(沖破)되면 금전이나 경제적인 문제이다.
- 명식(命式)의 월지(月支)가 충파(沖破)되면 이사나 변동의 문제이다.
- 명식(命式)의 시지(時支)가 충파(沖破)되면 자식의 우환 문제이다.
- 사주를 작성하면서 어떤 오행(五行)이 금년과 충파(沖破) 하는지 먼저 파악해야 한다. 보통은 어느 오행(五行)이 충파(沖破)가 되어서 상담하러 온다.

제 21 장
세운(歲運)에서 본 육친 운 해설

제21장 세운(歲運)에서 본 육친 운 해설

12운성의 적용은 양일간(陽日干)에만 적용하지 음일간(陰溢干)에는 적용하지 않는다.

1. 세운(歲運)에서 육친(六親) 운(運)

1.1 아버지 운

① 명식(命式)에서 편재(偏財)가 약한데 왕(旺)한 비견(比肩)이나 겁재(劫財)가 되는 해는 나쁘다.
② 세운 천간(歲運 天干)이 명식(命式)의 년간(年干)이나 월간(月干)을 충(沖)하면 나쁘다.
③ 세운(歲運)의 간지(干支)가 명식(命式)의 편재(偏財)를 충(沖)하면 나쁘다.
④ 명식(命式)에서 편재(偏財)가 약한데, 편재(偏財)의 일간(日干)과 세운 지지(歲運 地支)를 대조하여 사(死), 절(絶), 묘가 되면 나쁘다.

1.2 어머니 운

① 명식(命式)에서 정인(正印)이 왕(旺)한데 세운(歲運)이 인성(印星)이 되어도 나쁘다.
② 명식(命式)에서 인성(印星)이 약한데, 인성(印星)의 천간(天干)과 세운 지지(歲運 地支)를 대조하여 사(死), 절(絶), 묘가 되면 건강이 위험하다.
③ 세운(歲運)의 지지(地支)가 명식(命式)의 년지(年支)나 월지(月支)를 충(沖)하면 나쁘다.
④ 세운(歲運)이 명식(命式)의 인수(印綬)를 형(刑), 충(沖)하면 손재, 질병(疾病) 수술 등으로 나쁘다.

1.3 형제자매 운

① 명식(命式)의 일간(日干)이 신약(身弱)한 경우를 제외하고 세운(歲運)이 비겁(比劫)에 해당하면 손재가 있다.
② 명식(命式)의 비겁(比劫)이 신약(身弱)하면 관성(官星)운은 나쁘다.

③ 명식(命式)의 비겁(比劫)이 신약(身弱)하면 비겁운(比劫運)은 좋다.
④ 명식(命式)의 비겁(比劫)이 사(死), 묘, 절(絶)되는 해는 나쁘다.
⑤ 세운(歲運)이 명식(命式)의 비겁(比劫)을 극(剋)하는데 제화하는 오행(五行)이 없으면 재액(災厄)이 있다.
⑥ 세운(歲運)이 명식(命式)의 비겁(比劫)을 충(沖)하여도 재액이 있다.

1.4 남편 운

① 약한 정관격(正官格)이나 명식(命式)에서 편관(偏官)은 없고 정관이 약한데 상관운(傷官運)을 만나면 남편이 위험하지만, 명식(命式)에 정인(正印)이 있어서 세운(歲運)의 상관(傷官)을 제어하면 무사하다.
② 명식(命式)에서 정관은 없고 편관(偏官)이 약한데 식신운(食神運)을 만나면 남편이 위험하지만, 명식(命式)에 편인(偏印)이 있어서 세운(歲運)의 식신(食神)을 제어하면 무사하다.
③ 명식(命式)에서 관성(官星)이 약하면서 관성(官星)의 천간(天干)과 세운(歲運)의 지지(地支)를 대조하여 사(死), 묘, 절(絶)에 해당하며 질병(疾病), 사고 등이 생긴다.
④ 명식(命式)에서 관성(官星)이 약하면 형(刑), 충(沖)의 해에도 질병(疾病), 사고 등이 생긴다.
⑤ 세운(歲運)이 명식(命式)의 일지(日支)를 형(刑), 충(沖)하여도 나쁘다.
⑥ 명식(命式)에서 관성(官星)이 태왕(太旺)하면 재성(財星) 세운(歲運)이 나쁘다.
⑦ 명식(命式)에서 관성(官星)이 없는데 식상(食傷)이 왕(旺)하면 관성 세운(官星 歲運)에 남편을 극한다.
⑧ 명식(命式)에서 관성(官星)이 약하면 재성(財星), 관성 세운(官星 歲運)에 남편은 발복한다.
⑨ 명식(命式)이 정관, 편관(偏官)으로 관살혼잡(官殺混雜)되면 이 중 어느 하나를 거(去)하는 세운(歲運)은 길(吉)하다.

1.5 부인 운

① 세운(歲運)이 명식(命式)의 일지(日支)를 형(刑), 충(沖)하면 부인 때문에 걱정과 근심이 생긴다.

② 명식(命式)의 일간(日干)이 신왕(身旺)한데 세운(歲運)이 비겁(比劫)에 해당하면 부인이 질병(疾病)이 생기거나 죽을 수도 있다.

③ 명식(命式)에서 재성(財星)이 왕(旺)한데 세운(歲運)이 재성(財星)이면 금전 문제가 발생하지만. 명식(命式)에서 왕(旺)한 재성(財星)을 거(去)하면(극(剋)하고 설기(泄氣)하는 것) 무방하다.

④ 재성(財星)이 약한 명식(命式)은 관성운(官星運)이 나쁘다. 재성(財星)이 관성을 생조(生助)하여 재성(財星)의 힘이 더 쇠약하기 때문이다.

⑤ 명식(命式)에서 재성(財星)이 약한데 재성(財星)의 천간(天干)과 세운(歲運)의 지지(地支)를 대조하여 사(死), 묘, 절(絶)에 해당하면 부인이나 재물 손실로 문제가 발생한다.

⑥ 명식(命式)의 재성(財星)과 세운(歲運)이 합(合)이 되면 다른 남자와 바람을 피우는 경우가 있다.

⑦ 관성이 약한 명식(命式)은 세운(歲運)이 재성(財星)이면 부인으로 인하여 득을 보고 모든 일이 쉽게 풀린다.

⑧ 재성(財星)이 약한 명식(命式)이나 약한 재성격(財星格)은 세운(歲運)이 재성(財星)이면 부인 때문에 재물을 모은다.

1.6 자녀 운

① 남명(男命)에서 관성이 약한데 인성(印星) 세운(歲運)은 나쁘지만, 재성(財星)이나 관성 세운(官星 歲運)은 길(吉)하다.

② 남녀 공히 세운(歲運)이 명식(命式)의 시주(時柱)를 형(刑), 충(沖)하면 나쁘다.

③ 남명(男命)은 명식(命式)의 관성 천간(官星 天干)을 세운 지지(歲運 地支)와 비교하여 12운성의 사(死), 묘, 절(絶)에 해당하면 나쁘다.

④ 남명(男命)은 세운(歲運)이 명식(命式)의 관성(官星)을 형(刑), 충(沖)하면 나쁘다.

⑤ 남명(男命)에서 명식(命式)의 관성(官星)이 약할 때 식상(食傷) 세운(歲運)은 나쁘다.

⑥ 남명(男命)에서 명식(命式)의 관성(官星)이 왕(旺)하면 재성(財星)이나 관성 세운(官星 歲運)은 나쁘다.

⑦ 여명(女命)에서 명식(命式)의 식상(食傷)이 약할 때 인성(印星)이나 재성(財星) 세운(歲運)은 나쁘다.

⑧ 여명(女命)에서 명식(命式)의 식상(食傷)은 희미하고 인성(印星)이 태왕(太旺)할 때 상관 세운(傷官 歲運)은 자식을 극한다.

⑨ 여명(女命)에서 명식(命式)의 식상(食傷) 천간(天干)을 세운(歲運)과 대조하여 12운성 사(死), 절(絶), 묘가 되면 나쁘다.

⑩ 여명(女命)에서 세운(歲運)이 명식(命式)의 식상(食傷)을 형(刑), 충(沖)하면 나쁘다.

제 22 장
세운(歲運)에서 본 항목별 해설

제22장 세운(歲運)에서 본 항목별 해설

1. 건강 운

① 세운(歲運)이 명식(命式)의 일주(日柱)를 충(沖)하여도 나쁘다.
② 명식(命式)의 일간(日干)이 신약(身弱)한데 편관(偏官) 세운(歲運)이면 건강이 좋지 않다.
③ 세운(歲運)이 명식(命式)의 양인(羊刃)을 충(沖)하여도 나쁘다.
④ 격국용신(格局用神)과 충극이 되어도 나쁘다.
⑤ 질병(疾病)의 종류는 명식(命式)에서 기신(忌神)이 되는 오행(五行)으로 해설한다.

2. 이사 운

① 세운(歲運)이 명식(命式)의 일지(日支)나 월지(月支)를 충(沖)하는 해
② 세운(歲運)의 천간(天干)은 인수(印綬)가 되면서 세운(歲運)의 지지(地支)와 명식(命式)의 일지(日支)가 육합(六合), 반합(半合), 삼합(三合)이 되는 경우
③ 명식(命式)의 일지(日支)와 세운(歲運)의 지지(地支)가 육합(六合), 반합(半合), 삼합(三合)이 되는 경우
④ 명식(命式)의 일지(日支)를 기준으로 역마나 지살이 되는 세운(歲運)

3. 매매 운

① 세운(歲運)의 천간(天干)이나 지지(地支)가 인성(印星)의 해에는 부동산 취득, 신규사업 등 문서계약이 일어난다.
② 명식(命式)의 정인(正印)과 세운(歲運)이 간합(干合)되면 재산 문서를 잡는다.
③ 명식(命式)에서 인성(印星)이 용신(用神)이나 희신(喜神)인 경우 세운(歲運)에서 인성운(印星運)을 만나면 문서상의 좋은 일이 발생한다.

4. 결혼 시기

미혼자가 정상적으로 결혼하는 것, 미혼자가 연애 하는 것, 기혼자가 외정하는 것도 해당된다.

① 남명(男命)은 세운(歲運)이 재성(財星)이면서 명식(命式)의 일주(日柱)와 합(合)이 되는 경우
② 남명(男命)은 세운(歲運)이 관성이면서 명식(命式)의 일주(日柱)와 합(合)이 되는 경우
③ 남명(男命)은 명식(命式)에서 재성(財星)이 약한데 재성운(財星運)이나 상운(食傷運)이 되는 해
④ 남명(男命)은 세운(歲運)이 명식(命式)의 지지(地支)와 합(合)이 되는 경우
⑤ 여명(女命)은 세운(歲運)이 명식(命式)의 월지(月支)를 충(冲)하는 경우
⑥ 여명(女命)은 세운(歲運)이 정관(正官)이나 인수(印綬)가 되는 해
⑦ 여명(女命)은 명식(命式)에서 관성(官星)이 태왕(太旺)하면 식상(食傷)이 되는 해
⑧ 여명(女命)은 명식(命式)에서 관성(官星)이 약하면 재성(財星)이 되는 해

5. 영전, 승진 운

① 정관(正官) 세운(歲運)이나 정재 세운(正財 歲運)은 길(吉)하다.
② 세운(歲運)이 희신(喜神)에 해당하면 길(吉)하다.

6. 시험 운

① 관성 세운(官星 歲運)이 희신(喜神)에 해당하면 길(吉)하다.
② 인수(印綬) 세운(歲運)이 기신(忌神)이 아니면 길(吉)하다.
③ 세운(歲運)이 희신(喜神)에 해당하면 길(吉)하다.
④ 식상 세운(食傷 歲運)이 기신(忌神)이 아니면 소길(小吉)하다.
⑤ 대운(大運)이 좋고 세운(歲運)도 좋으면 길(吉)하다.
⑥ 재성(財星) 세운(歲運)이 희신(喜神)이 아니면 나쁘다.
⑦ 세운(歲運)이 명식(命式)을 탁하게 만들면 나쁘다.

⑧ 세운(歲運)이 명식(命式)의 격국용신(格局用神)과 혼잡(混雜)이 되면 나쁘다.
⑩ 대운(大運)은 길(吉)하고 세운(歲運)이 대흉하면 나쁘다.
⑪ 세운(歲運)이 기신(忌神)에 해당하면 나쁘다.

7. 관재, 구설, 소송 운

① 세운(歲運)이 관살혼잡(官殺混雜) 되는 해
② 명식(命式)에서 관성(官星)이 태왕(太旺)한데 관성 세운(官星 歲運)의 해
③ 명식(命式)의 일지(日支)와 삼형(三刑)이 되는 세운(歲運)의 해
④ 명식(命式)의 일주(日柱)가 천충지충되는 해
⑤ 세운 상관(歲運 傷官)이 명식(命式)의 정관(正官)을 심하게 극(剋)하는 해
⑥ 기신(忌神)의 해

8. 재물 손해 운

① 세운(歲運)이 편관(偏官)이나 겁재(劫財)가 되는 해
② 세운(歲運)이 겁살이 되는 해
③ 명식(命式)에서 비겁(比劫)이 왕(旺)한데 재성(財星) 세운(歲運)의 해
④ 명식(命式)의 재성(財星)을 충파(沖破)하는 세운(歲運)

9. 돈 버는 운

① 명식(命式)의 일간(日干)이 신왕(身旺)하고 재성(財星)이 약한 경우는 재성(財星)을 생조(生助)하는 식상(食傷) 세운(歲運)이나 재성(財星) 세운(歲運)에 재물을 모은다.
② 명식(命式)의 일간(日干)이 신약(身弱)하고 재성(財星)이 왕(旺)하면 일간(日干)이 신강(身强)해지는 세운(歲運)에 재물을 모은다.
③ 명식(命式)의 일간(日干)이 신왕(身旺)하고 정관(正官)이나 편관(偏官)이 약하면 재성(財星) 세운(財星 歲運)에 명예와 재물을 모은다.

④ 명식(命式)의 일간(日干)이 신왕(身旺)하고 재성격(財星格)이 약한 경우는 명식(命式)의 재성(財星)이 왕(旺)해지는 세운(歲運)에 재물을 모은다.
⑤ 명식(命式)의 일간(日干)이 신강(身强)하고 식상격(食傷格)에서 식상 세운(食傷歲運)에 재물을 모은다.

10. 여명(女命) 임신하는 운

① 명식(命式)의 관성(官星)이 세운(歲運)과 합(合)이 되는 경우
② 세운(歲運)이 식상(食傷)이나 정인(正印)이 되는 경우
③ 명식(命式)의 식상(食傷)이나 정인(正印)이 형(刑), 충되는 해
④ 명식(命式)의 시지(時支) 및 대운(大運)과 세운(歲運)이 연결되어 삼합(三合)이나 방합(方合)이 되는 해
⑤ 명식(命式)의 일지(日支) 및 대운(大運)과 세운(歲運)이 연결되어 삼합(三合)이나 방합(方合)이 되는 해

제 23 장
궁합(宮合)

제23장 궁합(宮合)

각종 신살(神殺)로 궁합을 보면 절대로 안 된다. 남자에게 고신살(孤神殺)이 있으면 홀애비가 될 팔자이고, 여자에게 과숙살(寡宿殺)이 있으면 과부가 될 팔자가 된다는 것이고, 남녀 도화살(桃花殺)이 있으면 끼가 있다는 것이다. 이러한 것은 미신적인 방법이다.

궁합에는 겉궁합과 속궁합이 있다. 겉궁합은 출생한 해의 띠끼리 비교하여 원진(怨嗔)이 되면 안 좋다고 하는 것이다. 원진(怨嗔)의 뜻은 만나면 미워하고 떨어져 있으면 보고 싶어하는 관계이다.

원진(怨嗔)은 다음과 같다.

未-子, 午-丑, 酉-寅, 申-卯, 辰-亥, 戌-巳

1. 두 사람의 생월 비교

예부터 전해져 오는 궁합법은 여러 가지가 있지만 대표적으로 사용되는 방법은 다음과 같다. 두 사람의 사주를 비교하여 육합(六合), 삼합(三合)이나 반합(半合)이 되면 좋고 형(刑), 충(沖), 파(破), 해가 되면 나쁘고, 어느 것도 해당 사항이 없으면 보통인 것이다. 이 방법은 서로의 생년 지지(地支)와 생월 지지(地支)를 비교하여 판단하는데 생년보다 생월에 중점을 두고 판단한다. 육합(六合)이나 삼합(三合) 또는 반합(半合)이 되면 화목하여 좋지만, 형(刑), 충(沖), 파(破), 해가 되면 다음과 같이 좋지 않다.

- 형(形) : 서로의 생월 지지(地支)가 寅巳申 형(刑)이 되면 서로 세력을 다투어 융화하기 힘들다. 서로의 생월지지(生月地支)가 축술미(丑戌未) 형(刑)이 되면 서로 애정이 결핍하여 화합하지 못한다. 서로의 생월지지(生月地支)가 자묘형(子卯刑)이 되면 불륜(不倫) 때문에 서로 파탄되기 쉽다. 서로의 생월지지(生月地支)가 辰辰, 午午, 酉酉, 亥亥 自形이 되면 서로가 염오(嫌惡)하여 결합이 오래가기 힘들다.
- 충(沖) : 서로의 생월 지지(地支)가 충(沖)이 되면 서로 자기 마음대로 하려고 하므로 풍파를 당하기 쉽다.
- 파(破) : 서로의 생월지지(生月地支)가 파(破)가 되면 서로의 결합 관계는 영속하

지만, 서로가 원만하지도 않으면서 화합도 못하고 이별하기도 어렵다.
- 해(害) : 서로의 생월지지(生月地支)가 해가 되면 서로 상대방의 결점만 보고 장점을 보지 못하므로 서로가 신뢰와 경애심이 없게 된다.
  이 외에도 생년의 지지(地支)를 비교하여 원진(怨嗔), 과숙, 고진, 공망(空亡) 등을 참조하여 감정하는 방법도 있지만 큰 비중을 두지 않으므로 여기서는 생략한다.

2. 두 사람의 년간 비교

다음의 방법은 옛부터 많이 이용한 방법으로서 서로의 나이만 알면 판단할 수 있는데, 서로 간의 생년의 천간(天干)을 비교하여 판단한다.

2.1 남자의 年干을 기준으로 여자의 年干을 비교 판단하는 경우

- 비견(比肩) : 심한 흉(凶)은 아니지만 여자의 기세가 세어서 부창부수(夫唱婦隨)의 원만한 관계는 어렵다. 그러나 여자가 활동적인 사회생활을 하는 맞벌이 부부의 경우에는 오히려 더 좋게 된다. 이러한 경우에는 의견 대립 시 서로가 자신을 억제하여야 한다.
- 겁재(劫財) : 서로가 대적하여서 불화, 실패, 파재 등을 야기하여 이별하기 쉬우므로 나쁜 인연이다.
- 식신(食神) : 상부상조하고 처(妻)의 내조를 얻는 운이며, 의식주가 풍부하고 건강해지는 좋은 인연이며 처(妻)는 항상 정염(情艶)이 넘친다.
- 상관(傷官) : 처(妻)로 인하여 명예가 손상되고 사회적 지위를 잃으며 건강도 해롭게 되는 나쁜 인연이다.
- 편재(偏財) : 처(妻)의 내조가 표면적으로는 나타나지 안지만 내적으로는 항상 처(妻)가 내조하는 좋은 인연이다. 이러한 처(妻)의 내조적 힘으로 재산을 얻어서 이 재산으로 사회적 지위도 얻는다는 좋은 인연이다.
- 정재(正財) : 여자는 주부로서 가정 일을 능소능대하게 잘 처리하고 남자가 걱정이 없도록 잘 내조하는 좋은 인연이다.
- 편관(偏官) : 보통 영리한 여자와의 인연이지만 화합(和合)에는 방해가 될 수 있다. 정처와는 불리하게 되는 경향이 있지만 첩의 경우에는 괜찮다.
- 정관(正官) : 반드시 나쁜 인연은 아니지만 가정의 주도권이 여자에게 가기 쉽다.

성격(性格)이 유약한 남자의 경우에는 괜찮지만, 성격(性格)이 강한 남자이면 여자와 투쟁을 일으키기 쉽다.
- 편인(偏印) : 모든 일이 마음대로 되지 않고 불명예스러운 일이나 손재가 생기기 쉽고, 어느 한쪽의 건강을 해치는 좋지 않은 인연이다.
- 정인(正印) : 부부가 같이 세상의 신망을 얻으며 재산보다도 정신적으로 얻는 것이 많다는 좋은 인연이다.

2.2 여자의 年干을 기준으로 남자의 年干을 비교 판단하는 경우

- 비견(比肩) : 심한 흉(凶)은 아니지만 여자의 기세가 세어서 부창부수(夫唱婦隨)의 원만한 관계는 어렵다. 그러나 여자가 활동적인 사회생활을 하는 맞벌이 부부의 경우에는 오히려 더 좋게 된다. 이러한 경우에는 의견 대립 시 서로가 자신을 잘 억제하여야 한다.
- 겁재(劫財) : 서로가 대적하여서 불화, 실패, 파재 등을 야기하여 이별하기 쉬우므로 나쁜 인연이다.
- 식신(食神) : 의식주가 풍부하여 걱정이 없지만 남자에게 다른 여자가 생기기 쉽다.
- 상관(傷官) : 처(妻)로 인하여 명예가 손상되고 사회적 지위를 잃으며 건강도 해롭게 되는 나쁜 인연이다.
- 편재(偏財) : 여자는 남편으로 인해 고생이 많으며, 물질적 혜택은 누려도 정신적 참다운 행복을 누리기가 어렵다.
- 정재(正財) : 남자가 씩씩하고 힘이 넘치는 남자의 매력은 없고 온순한 것이 결점이다. 여자의 인품과 마음씨에 따라서 얼마든지 좋게 되는 인연이다.
- 편관(偏官) : 서로 간에 사소한 마찰은 있을 수 있지만, 부창부수(夫唱婦隨)의 사고를 가진 여자에게는 좋은 인연이다.
- 정관(正官) : 모든 일을 맡겨도 서로 신뢰하고 믿는 아주 좋은 인연이다. 사회적 지위 및 건강도 좋으며 자녀들에게도 경복(慶福)이 아주 많고 해로하는 아주 좋은 인연이다.
- 편인(偏印) : 모든 일이 마음대로 되지 않고 불명예스러운 일이나 손재가 생기기 쉽고, 어느 한쪽의 건강을 해치는 좋지 않은 인연이다.
- 정인(正印) : 부부가 같이 세상의 신망을 얻으며 재산보다도 정신적으로 얻는 것이 많다는 좋은 인연이다.

3. 두 사람의 일주 비교

우리나라에서는 위의 2가지 방식을 많이 이용하여 왔으나, 후학들이 이 방법이 불완전한 것을 알고 이를 다음과 같이 시정 하였다.

궁합의 길흉(吉凶)은 사주 상에서 본인을 나타내는 일주(日柱)를 중심으로 해야 하므로 서로의 일간(日干)이 간합(干合) 또는 일지(日支)가 육합(六合)이나 삼합(반합)되면 좋지만, 서로의 일주(日柱)가 형(刑), 충(沖), 파(破), 해가 되면 나쁘다. 갑자일생(甲子日生)은 상대방이 기일(己日) 또는 축일(丑日) 생(生)과는 서로 합(合)이 되어서 좋다는 것이다. 오행(五行)으로는 어떤 상대방과 결혼하면 좋은가는 본인의 사주에 필요한 오행(五行)을 많이 가지고 있는 사주를 가진 배우자를 선택하면 좋다. 즉, 사주에서 목(木)기가 부족하여 목(木)기가 필요한 사람은 갑을인묘(甲乙寅卯) 등의 목(木)기가 많은 사주를 가진 사람을 선택하여 결혼하면 좋다는 것이다.

속궁합은 두 사람 일주(日柱)의 간지(干支)를 서로 비교하여 원진(怨嗔), 형(刑), 충(沖), 파(破), 해가 되면 흉하고 합(合)이 되면 좋은 것으로 판단한다.

사주 오행으로 보는 궁합법은 남자사주 8자와 여자사주 8자 모두 16자의 오행(五行)이 적합하게 골고루 있어야 좋은 것으로 판단하는 것이다.

다른 혹자는 단식(單式)궁합을 겉궁합이라고도 부르며 복식(複式)궁합을 속궁합이라고도 부른다.

납음 오행(納音 五行)으로 궁합을 보는 방법이 있는데 적중률이 낮기 때문에 현대에서는 거의 사용을 하지 않는 방법이다.

궁합을 보는 순서는 먼저 겉궁합을 보고, 그 다음에 속궁합을 본 후에 사주 오행 방법으로 궁합을 본다. 주로 서로의 일주(日柱)가 주요한 요소가 되므로 서로의 일주(日柱)를 비교하여 판단한다.

(1) 남자와 여자의 연주(年柱)를 서로 비교하여, 서로가 년간(年干) 충(沖)이 되지 말아야 하며 년지(年支)의 형충(刑沖)은 더욱이 안된다.
(2) 연주(年柱)가 서로 간합(干合) 되더라도 년지(年支)끼리 서로 형충(刑沖)하지 않아야 한다.
(3) 연주(年柱)가 서로 제합(諸合)이 되면 좋다.
(4) 일간(日干)이 서로 상충(相沖)하지 말아야 하고, 일간(日干)이 서로 간합(干合)

이면 더욱 길(吉)하고, 일지(日支)가 서로 지충(支沖)되어서는 안 되며, 일지(日支)끼리 서로 삼합(三合)이나 육합(六合)이 되면 더욱 길(吉)하게 된다. 남녀의 일주(日柱)가 서로 천지덕합이 되면 궁합이 길(吉)하게 된다. 천지덕합은 천간(天干)과 지지(地支)가 서로 합(合)이 되는 것을 말한다.

(5) 일지(日支)가 서로 삼합(三合)이나 육합(六合)이 되면 궁합이 길(吉)하게 된다. 서로의 간지(干支)가 형충(刑沖) 되는 것은 금물이다. 형충(刑沖)이 되면 인생을 살아가는데 험난한 인생길이 되어서 고속도로가 되지 못하여 비포장으로 저속이 되어 파란곡절(波瀾曲折)이 뼈속에 사무쳐 한탄(恨歎)으로 인생(人生)을 살아가게 된다. 서로의 지지(地支)는 형충파해(刑沖破害)와 공망(空亡)이 없어야 한다. 서로의 지지(地支)를 비교하여 형충파해(刑沖破害)가 되면 서로 불합(不合)하여 이별(離別)이나 사별(死別)을 하게 되어 수많은 인생 고초(苦楚)를 겪으면서 고독세월(孤獨歲月)을 살아가는 한 많은 인생이 된다.

4. 두 사람의 오행 비교에 의한 방법

두 사람의 오행을 비교하여 궁합을 본다.

목(木)이 많은 남자는 금(金)이나 토(土)가 많은 여자와 적합하다. 화(火)가 많은 남자는 수(水)나 금(金)이 많은 여자와 적합하다. 토(土)가 많은 남자는 목(木)이나 수(水)가 많은 여자와 적합하다. 금(金)이 많은 남자는 화(火)나 목(木)이 많은 여자와 적합하다. 수(水)가 많은 남자는 토(土)나 화(火)가 많은 여자와 적합하다.

남자 사주(四柱) 8자와 여자 사주(四柱) 8자 모두 16자의 오행(五行)이 적합하게 골고루 있어야 한다. 다음 표를 살펴보자.

적합한 남녀 五行

오 행	남	여	합
木	0	3	3
火	3	1	4
土	3	0	3
金	1	2	3
水	1	2	3

위의 표에서 남자의 五行을 살펴보면 木은 없고, 火는 3개, 土는 3개, 金은 1개, 水는 1개로 五行 구성이 적절하지 못하다.

여자의 五行을 살펴보면 木이 3개, 火는 1개, 土는 없고 金이 2개, 水는 1개로 이들의 五行 구성도 적절하지 못하다. 그러나 이 두 사람의 五行을 각각 합하여 살펴보면 木은 3개, 火는 4개, 土는 3개, 金은 3개, 水는 3개로 五行이 적절하게 고루 갖추어져 있어서 두 사람의 궁합은 양호한 것이다.

그러나 남녀 각각의 四柱를 놓고 개별적으로 보았을 때 각자의 四柱에서 어느 한 五行이 심각한 문제가 발생되는 경우에는 이 궁합도 그러한 문제를 완전히 해소하기는 어렵다.

운명적으로 타고난 심각한 문제의 四柱를 원만하게 피해가기 위한 차선의 방법을 택하는 것이다. 즉, 죽을 운명의 四柱를 이러한 방법을 통하여 죽음만은 피하는 것이고, 엄청난 자산의 손실을 가져올 운명에서 자산의 손실을 최소화시키는 방법인 것이다.

남자 四柱에서 자식 성(星)의 五行이 없다면 자식 성(星)의 五行을 많이 가진 여자를 선택하면 여자에 의해서 자식을 얻을 수 있는 것이다.

다음 표를 살펴보자.

부적합한 남녀 五行

오 행	남	여	합
木	2	1	3
火	3	4	7
土	0	2	2
金	3	1	4
水	0	0	0

위의 표에서 남녀 각각의 개별적인 五行을 살펴보면 각각의 五行 구성이 적절하지 못하다. 어떤 五行은 태과하고, 어떤 五行은 없는 것이다.

또한, 이 두 사람의 五行을 합해서 살펴보아도 五行의 구성이 골고루 섞여 있지 않아서 적합하지 못하다.

이러한 사람들의 四柱는 개별적으로도 심각한 문제가 있지만 같이 생활 한다고 해도 더 어려운 문제가 발생되어 파란만장한 인생의 삶을 겪게 된다.

5. 나쁜 궁합

① 좋은 궁합법으로 조건이 좋다고 해도 복식판단으로 서로의 四柱가 불량하면 문제가 된다. 예를 들면, 남자 四柱에 재성(財星)이 강하게 혼잡되거나 여자 四柱에서 관성(官星)이 강하게 혼잡되는 경우 등이다.

② 본인의 四柱에서 기신(忌神)의 五行이 상대방 四柱에 많이 있어도 문제가 된다. 기신(忌神)이 많으면 살아가는데 여러 가지 어려운 문제가 많이 생긴다.

③ 남녀간의 日柱가 서로 천충지충 되어도 문제가 많다. 예를 들면, 남자의 日柱가 甲寅이고, 여자의 四柱가 庚申이면 天干 甲庚이 충, 地支 寅申충이 되어 서로 간의 성격 문제로 다툼이 자주 일어난다.

④ 남녀간의 日干만 충이 되어도 문제가 된다. 남자의 日干이 丙이고, 여자의 日干이 壬이면 서로의 天干이 丙壬 충 되어도 좋지 않다.

⑤ 남녀간의 日支가 서로 형, 충, 파, 해가 되어도 문제가 된다. 남자의 日支가 辰이고, 여자의 日支가 戌이면 서로의 地支가 辰戌 충이 되어 문제가 되는 것이다. 서로의 地支가 파가 되는 경우에는 큰 문제가 되지 않는다.

제 24 장
이사 택일

제24장 이사 택일

옛 부터 전해져 내려오는 이사 택일의 방법은 다음과 같은 같다.

1. 손이 있는 날과 방향

태백살(太白殺)은 날수를 따라 동, 서, 남, 북으로 돌아다니면서 사람의 활동을 방해하는 작용으로서, 이 날에 이 방향을 꺼려왔다. 즉, 손이 있는 날은 이사를 피하는 것이 좋다.

일(음력)	방 향
1, 11, 21일	正東
2, 12, 22일	東南
3. 13. 23일	正南
4, 14, 24일	南西
5, 15, 25일	正西
6, 16, 26일	西北
7, 17, 27일	正北
8, 18, 28일	北東
9, 10, 19, 20, 29, 30일	天上(손 없는 날)

2. 대장군(大將軍) 방위

해	방 위
인, 묘, 진	북
사, 오, 미	동
신, 유, 축	남
해, 자, 축	서

이 외에도 삼살방(三殺方), 월살방(月殺方), 연삼지(年三支), 월삼지(月三支), 일삼지(日三支) 등이 많이 있으나 큰 비중을 두지 않으므로 생략한다.

3. 현대적 감각으로 택일 선정하는 방법

3.1 손 없는 날을 먼저 선택한다.

3.2 대주(세대주)의 사주와 이사 일의 명식(命式)을 작성하여 서로 비교 감정한다.

- 合 관계를 검토한다. : 본인의 일주(日柱)와 이사 일의 일주(日柱)가 합(合)이 되면 좋다. 즉 본인의 일간(日干)이나 이사 일의 일간(日干)이 서로 합(合)이 되든가 또는 일지(日支)가 서로 합(合)이 되면 좋다. 일지(日支)는 육합(六合), 삼합(반합) 되면 좋다.
- 서로의 沖 관계를 검토한다. : 본인의 사주와 이사 일의 일주(日柱)가 서로 충(沖)이 되면 모두 피해야 한다. 즉 본인과 이사 일의 일간(日干)이 서로 충(沖)이 되거나, 본인의 사주와 이사 일의 일지(日支)가 서로 충(沖)이 되면 피해야 한다.
- 공망(空亡) 날을 검토한다. : 본인의 사주와 이사 일의 일주(日柱)가 서로 공망(空亡) 날은 피해야 한다. 즉, 본인과 이사 일의 일지(日支)가 서로 공망(空亡)이 되면 피해야 한다.
- 본인의 사주와 이사 날의 명식(命式)이 서로 합(合), 충(沖)에 해당되지 않으면 보통으로 본다.

만세력
서기 1930년~2030년

서기 1930년 (단기 4263년) 　 庚　午　年

正月 (戊寅)

절기						입춘															우수								
음력	1	2	3	4	5	6	7	8	9	10	11	12	13	14	15	16	17	18	19	20	21	22	23	24	25	26	27	28	29
양력 월/일	1/30	31	2/1	2	3	4	5	6	7	8	9	10	11	12	13	14	15	16	17	18	19	20	21	22	23	24	25	26	27
일진	庚辰	辛巳	壬午	癸未	甲申	乙酉	丙戌	丁亥	戊子	己丑	庚寅	辛卯	壬辰	癸巳	甲午	乙未	丙申	丁酉	戊戌	己亥	庚子	辛丑	壬寅	癸卯	甲辰	乙巳	丙午	丁未	戊申
절기시각						亥初															酉初								

2月 (己卯)

절기							경칩															춘분								
음력	1	2	3	4	5	6	7	8	9	10	11	12	13	14	15	16	17	18	19	20	21	22	23	24	25	26	27	28	29	30
양력 월/일	2/28	3/1	2	3	4	5	6	7	8	9	10	11	12	13	14	15	16	17	18	19	20	21	22	23	24	25	26	27	28	29
일진	己酉	庚戌	辛亥	壬子	癸丑	甲寅	乙卯	丙辰	丁巳	戊午	己未	庚申	辛酉	壬戌	癸亥	甲子	乙丑	丙寅	丁卯	戊辰	己巳	庚午	辛未	壬申	癸酉	甲戌	乙亥	丙子	丁丑	戊寅
절기시각							申初															申正								

3月 (庚辰)

절기						청명	한식															곡우								
음력	1	2	3	4	5	6	7	8	9	10	11	12	13	14	15	16	17	18	19	20	21	22	23	24	25	26	27	28	29	30
양력 월/일	3/30	31	4/1	2	3	4	5	6	7	8	9	10	11	12	13	14	15	16	17	18	19	20	21	22	23	24	25	26	27	28
일진	己卯	庚辰	辛巳	壬午	癸未	甲申	乙酉	丙戌	丁亥	戊子	己丑	庚寅	辛卯	壬辰	癸巳	甲午	乙未	丙申	丁酉	戊戌	己亥	庚子	辛丑	壬寅	癸卯	甲辰	乙巳	丙午	丁未	戊申
절기시각						亥初																寅正								

4月 (辛巳)

절기								입하															소만						
음력	1	2	3	4	5	6	7	8	9	10	11	12	13	14	15	16	17	18	19	20	21	22	23	24	25	26	27	28	29
양력 월/일	4/29	30	5/1	2	3	4	5	6	7	8	9	10	11	12	13	14	15	16	17	18	19	20	21	22	23	24	25	26	27
일진	己酉	庚戌	辛亥	壬子	癸丑	甲寅	乙卯	丙辰	丁巳	戊午	己未	庚申	辛酉	壬戌	癸亥	甲子	乙丑	丙寅	丁卯	戊辰	己巳	庚午	辛未	壬申	癸酉	甲戌	乙亥	丙子	丁丑
절기시각								申初															寅初						

5月 (壬午)

절기									망종															하지					
음력	1	2	3	4	5	6	7	8	9	10	11	12	13	14	15	16	17	18	19	20	21	22	23	24	25	26	27	28	29
양력 월/일	5/28	29	30	31	6/1	2	3	4	5	6	7	8	9	10	11	12	13	14	15	16	17	18	19	20	21	22	23	24	25
일진	戊寅	己卯	庚辰	辛巳	壬午	癸未	甲申	乙酉	丙戌	丁亥	戊子	己丑	庚寅	辛卯	壬辰	癸巳	甲午	乙未	丙申	丁酉	戊戌	己亥	庚子	辛丑	壬寅	癸卯	甲辰	乙巳	丙午
절기시각									戌初															午正					

6月 (癸未)

절기													소서									초복					대서			
음력	1	2	3	4	5	6	7	8	9	10	11	12	13	14	15	16	17	18	19	20	21	22	23	24	25	26	27	28	29	30
양력 월/일	6/26	27	28	29	30	7/1	2	3	4	5	6	7	8	9	10	11	12	13	14	15	16	17	18	19	20	21	22	23	24	25
일진	丁未	戊申	己酉	庚戌	辛亥	壬子	癸丑	甲寅	乙卯	丙辰	丁巳	戊午	己未	庚申	辛酉	壬戌	癸亥	甲子	乙丑	丙寅	丁卯	戊辰	己巳	庚午	辛未	壬申	癸酉	甲戌	乙亥	丙子
절기시각													卯正														子初			

閏6月 (癸未)

절기			중복											입추 말복																
음력	1	2	3	4	5	6	7	8	9	10	11	12	13	14	15	16	17	18	19	20	21	22	23	24	25	26	27	28	29
양력 월/일	7/26	27	28	29	30	31	8/1	2	3	4	5	6	7	8	9	10	11	12	13	14	15	16	17	18	19	20	21	22	23
일진	丁丑	戊寅	己卯	庚辰	辛巳	壬午	癸未	甲申	乙酉	丙戌	丁亥	戊子	己丑	庚寅	辛卯	壬辰	癸巳	甲午	乙未	丙申	丁酉	戊戌	己亥	庚子	辛丑	壬寅	癸卯	甲辰	乙巳
절기시각														申正															

7 月 （甲 申）

절 기	처서															백로													
음 력	1	2	3	4	5	6	7	8	9	10	11	12	13	14	15	16	17	18	19	20	21	22	23	24	25	26	27	28	29
양력 월/일	8/24	25	26	27	28	29	30	31	9/1	2	3	4	5	6	7	8	9	10	11	12	13	14	15	16	17	18	19	20	21
일 진	丙午	丁未	戊申	己酉	庚戌	辛亥	壬子	癸丑	甲寅	乙卯	丙辰	丁巳	戊午	己未	庚申	辛酉	壬戌	癸亥	甲子	乙丑	丙寅	丁卯	戊辰	己巳	庚午	辛未	壬申	癸酉	甲戌
절기시각	卯正															戌初													

8 月 （乙 酉）

절 기			추분														한로													
음 력	1	2	3	4	5	6	7	8	9	10	11	12	13	14	15	16	17	18	19	20	21	22	23	24	25	26	27	28	29	30
양력 월/일	9/22	23	24	25	26	27	28	29	30	10/1	2	3	4	5	6	7	8	9	10	11	12	13	14	15	16	17	18	19	20	21
일 진	乙亥	丙子	丁丑	戊寅	己卯	庚辰	辛巳	壬午	癸未	甲申	乙酉	丙戌	丁亥	戊子	己丑	庚寅	辛卯	壬辰	癸巳	甲午	乙未	丙申	丁酉	戊戌	己亥	庚子	辛丑	壬寅	癸卯	甲辰
절기시각			寅正														巳正													

9 月 （丙 戌）

절 기			상강														입동													
음 력	1	2	3	4	5	6	7	8	9	10	11	12	13	14	15	16	17	18	19	20	21	22	23	24	25	26	27	28	29
양력 월/일	10/22	23	24	25	26	27	28	29	30	31	11/1	2	3	4	5	6	7	8	9	10	11	12	13	14	15	16	17	18	19
일 진	乙巳	丙午	丁未	戊申	己酉	庚戌	申亥	壬子	癸丑	甲寅	乙卯	丙辰	丁巳	戊午	己未	庚申	辛酉	壬戌	癸亥	甲子	乙丑	丙寅	丁卯	戊辰	己巳	庚午	辛未	壬申	癸酉
절기시각			未初														午正												

10 月 （丁 亥）

절 기			소설														대설													
음 력	1	2	3	4	5	6	7	8	9	10	11	12	13	14	15	16	17	18	19	20	21	22	23	24	25	26	27	28	29	30
양력 월/일	11/20	21	22	23	24	25	26	27	28	29	30	12/1	2	3	4	5	6	7	8	9	10	11	12	13	14	15	16	17	18	19
일 진	甲戌	乙亥	丙子	丁丑	戊寅	己卯	庚辰	辛巳	壬午	癸未	甲申	乙酉	丙戌	丁亥	戊子	己丑	庚寅	辛卯	壬辰	癸巳	甲午	乙未	丙申	丁酉	戊戌	己亥	庚子	辛丑	壬寅	癸卯
절기시각			巳正														卯初													

11 月 （戊 子）

절 기			동지														소한													
음 력	1	2	3	4	5	6	7	8	9	10	11	12	13	14	15	16	17	18	19	20	21	22	23	24	25	26	27	28	29	30
양력 월/일	12/20	21	22	23	24	25	26	27	28	29	30	31	1/1	2	3	4	5	6	7	8	9	10	11	12	13	14	15	16	17	18
일 진	甲辰	乙巳	丙午	丁未	戊申	己酉	庚戌	辛亥	壬子	癸丑	甲寅	乙卯	丙辰	丁巳	戊午	己未	庚申	辛酉	壬戌	癸亥	甲子	乙丑	丙寅	丁卯	戊辰	己巳	庚午	辛未	壬申	癸酉
절기시각			亥正														申初													

12 月 （己 丑）

절 기			대한														입춘													
음 력	1	2	3	4	5	6	7	8	9	10	11	12	13	14	15	16	17	18	19	20	21	22	23	24	25	26	27	28	29
양력 월/일	1/19	20	21	22	23	24	25	26	27	28	29	30	31	2/1	2	3	4	5	6	7	8	9	10	11	12	13	14	15	16
일 진	甲戌	乙亥	丙子	丁丑	戊寅	己卯	庚辰	辛巳	壬午	癸未	甲申	乙酉	丙戌	丁亥	戊子	己丑	庚寅	辛卯	壬辰	癸巳	甲午	乙未	丙申	丁酉	戊戌	己亥	庚子	辛丑	壬寅
절기시각			巳初														寅初												

서기 1931년 (단기 4264년) 辛未年

正月 (庚寅)

절기				우수														경칩												
음력	1	2	3	4	5	6	7	8	9	10	11	12	13	14	15	16	17	18	19	20	21	22	23	24	25	26	27	28	29	30
양력 월/일	2/17	18	19	20	21	22	23	24	25	26	27	28	3/1	2	3	4	5	6	7	8	9	10	11	12	13	14	15	16	17	18
일진	癸卯	甲辰	乙巳	丙午	丁未	戊申	己酉	庚戌	辛亥	壬子	癸丑	甲寅	乙卯	丙辰	丁巳	戊午	己未	庚申	辛酉	壬戌	癸亥	甲子	乙丑	丙寅	丁卯	戊辰	己巳	庚午	辛未	壬申
절기시각			子初															亥初												

2月 (辛卯)

절기			춘분																청명 한식											
음력	1	2	3	4	5	6	7	8	9	10	11	12	13	14	15	16	17	18	19	20	21	22	23	24	25	26	27	28	29	30
양력 월/일	3/19	20	21	22	23	24	25	26	27	28	29	30	31	4/1	2	3	4	5	6	7	8	9	10	11	12	13	14	15	16	17
일진	癸酉	甲戌	乙亥	丙子	丁丑	戊寅	己卯	庚辰	辛巳	壬午	癸未	甲申	乙酉	丙戌	丁亥	戊子	己丑	庚寅	辛卯	壬辰	癸巳	甲午	乙未	丙申	丁酉	戊戌	己亥	庚子	辛丑	壬寅
절기시각			亥正																丑正											

3月 (壬辰)

절기			곡우																입하											
음력	1	2	3	4	5	6	7	8	9	10	11	12	13	14	15	16	17	18	19	20	21	22	23	24	25	26	27	28	29	30
양력 월/일	4/18	19	20	21	22	23	24	25	26	27	28	29	30	5/1	2	3	4	5	6	7	8	9	10	11	12	13	14	15	16	17
일진	癸卯	甲辰	乙巳	丙午	丁未	戊申	己酉	庚戌	辛亥	壬子	癸丑	甲寅	乙卯	丙辰	丁巳	戊午	己未	庚申	辛酉	壬戌	癸亥	甲子	乙丑	丙寅	丁卯	戊辰	己巳	庚午	辛未	壬申
절기시각			巳正																戌正											

4月 (癸巳)

절기			소만																망종											
음력	1	2	3	4	5	6	7	8	9	10	11	12	13	14	15	16	17	18	19	20	21	22	23	24	25	26	27	28	29	
양력 월/일	5/18	19	20	21	22	23	24	25	26	27	28	29	30	31	6/1	2	3	4	5	6	7	8	9	10	11	12	13	14	15	
일진	癸酉	甲戌	乙亥	丙子	丁丑	戊寅	己卯	庚辰	辛巳	壬午	癸未	甲申	乙酉	丙戌	丁亥	戊子	己丑	庚寅	辛卯	壬辰	癸巳	甲午	乙未	丙申	丁酉	戊戌	己亥	庚子	辛丑	
절기시각			巳正																丑初											

5月 (甲午)

절기					하지															소서				초복						
음력	1	2	3	4	5	6	7	8	9	10	11	12	13	14	15	16	17	18	19	20	21	22	23	24	25	26	27	28	29	
양력 월/일	6/16	17	18	19	20	21	22	23	24	25	26	27	28	29	30	7/1	2	3	4	5	6	7	8	9	10	11	12	13	14	
일진	壬寅	癸卯	甲辰	乙巳	丙午	丁未	戊申	己酉	庚戌	辛亥	壬子	癸丑	甲寅	乙卯	丙辰	丁巳	戊午	己未	庚申	辛酉	壬戌	癸亥	甲子	乙丑	丙寅	丁卯	戊辰	己巳	庚午	
절기시각					酉初															午正										

6月 (乙未)

절기						대서 중복													입추						말복					
음력	1	2	3	4	5	6	7	8	9	10	11	12	13	14	15	16	17	18	19	20	21	22	23	24	25	26	27	28	29	30
양력 월/일	7/15	16	17	18	19	20	21	22	23	24	25	26	27	28	29	30	31	8/1	2	3	4	5	6	7	8	9	10	11	12	13
일진	辛未	壬申	癸酉	甲戌	乙亥	丙子	丁丑	戊寅	己卯	庚辰	辛巳	壬午	癸未	甲申	乙酉	丙戌	丁亥	戊子	己丑	庚寅	辛卯	壬辰	癸巳	甲午	乙未	丙申	丁酉	戊戌	己亥	庚子
절기시각						卯初													亥正											

7 月 （丙申）

절기												처서															백로			
음력	1	2	3	4	5	6	7	8	9	10	11	12	13	14	15	16	17	18	19	20	21	22	23	24	25	26	27	28	29
양력 월/일	8/14	15	16	17	18	19	20	21	22	23	24	25	26	27	28	29	30	31	9/1	2	3	4	5	6	7	8	9	10	11
일진	辛丑	壬寅	癸卯	甲辰	乙巳	丙午	丁未	戊申	己酉	庚戌	辛亥	壬子	癸丑	甲寅	乙卯	丙辰	丁巳	戊午	己未	庚申	辛酉	壬戌	癸亥	甲子	乙丑	丙寅	丁卯	戊辰	己巳
절기시각												午初															子正		

8 月 （丁酉）

절기												추분															한로		
음력	1	2	3	4	5	6	7	8	9	10	11	12	13	14	15	16	17	18	19	20	21	22	23	24	25	26	27	28	29
양력 월/일	9/12	13	14	15	16	17	18	19	20	21	22	23	24	25	26	27	28	29	30	10/1	2	3	4	5	6	7	8	9	10
일진	庚午	辛未	壬申	癸酉	甲戌	乙亥	丙子	丁丑	戊寅	己卯	庚辰	辛巳	壬午	癸未	甲申	乙酉	丙戌	丁亥	戊子	己丑	庚寅	辛卯	壬辰	癸巳	甲午	乙未	丙申	丁酉	戊戌
절기시각												巳正															申正		

9 月 （戊戌）

절기														상강															입동	
음력	1	2	3	4	5	6	7	8	9	10	11	12	13	14	15	16	17	18	19	20	21	22	23	24	25	26	27	28	29	30
양력 월/일	10/1	12	13	14	15	16	17	18	19	20	21	22	23	24	25	26	27	28	29	30	31	11/1	2	3	4	5	6	7	8	9
일진	己亥	庚子	辛丑	壬寅	癸卯	甲辰	乙巳	丙午	丁未	戊申	己酉	庚戌	辛亥	壬子	癸丑	甲寅	乙卯	丙辰	丁巳	戊午	己未	庚申	辛酉	壬戌	癸亥	甲子	乙丑	丙寅	丁卯	戊辰
절기시각														戌初															酉正	

10 月 （己亥）

절기													소설														대설		
음력	1	2	3	4	5	6	7	8	9	10	11	12	13	14	15	16	17	18	19	20	21	22	23	24	25	26	27	28	29
양력 월/일	11/10	11	12	13	14	15	16	17	18	19	20	21	22	23	24	25	26	27	28	29	30	12/1	2	3	4	5	6	7	8
일진	己巳	庚午	辛未	壬申	癸酉	甲戌	乙亥	丙子	丁丑	戊寅	己卯	庚辰	辛巳	壬午	癸未	甲申	乙酉	丙戌	丁亥	戊子	己丑	庚寅	辛卯	壬辰	癸巳	甲午	乙未	丙申	丁酉
절기시각													申正														午初		

11 月 （庚子）

절기													동지														소한			
음력	1	2	3	4	5	6	7	8	9	10	11	12	13	14	15	16	17	18	19	20	21	22	23	24	25	26	27	28	29	30
양력 월/일	12/9	10	11	12	13	14	15	16	17	18	19	20	21	22	23	24	25	26	27	28	29	30	31	1/1	2	3	4	5	6	7
일진	戊戌	己亥	庚子	辛丑	壬寅	癸卯	甲辰	乙巳	丙午	丁未	戊申	己酉	庚戌	辛亥	壬子	癸丑	甲寅	乙卯	丙辰	丁巳	戊午	己未	庚申	辛酉	壬戌	癸亥	甲子	乙丑	丙寅	丁卯
절기시각													寅正														未正			

12 月 （辛丑）

절기												대한															입춘		
음력	1	2	3	4	5	6	7	8	9	10	11	12	13	14	15	16	17	18	19	20	21	22	23	24	25	26	27	28	29
양력 월/일	1/8	9	10	11	12	13	14	15	16	17	18	19	20	21	22	23	24	25	26	27	28	29	30	31	2/1	2	3	4	5
일진	戊辰	己巳	庚午	辛未	壬申	癸酉	甲戌	乙亥	丙子	丁丑	戊寅	己卯	庚辰	辛巳	壬午	癸未	甲申	乙酉	丙戌	丁亥	戊子	己丑	庚寅	辛卯	壬辰	癸巳	甲午	乙未	丙申
절기시각												未正															巳初		

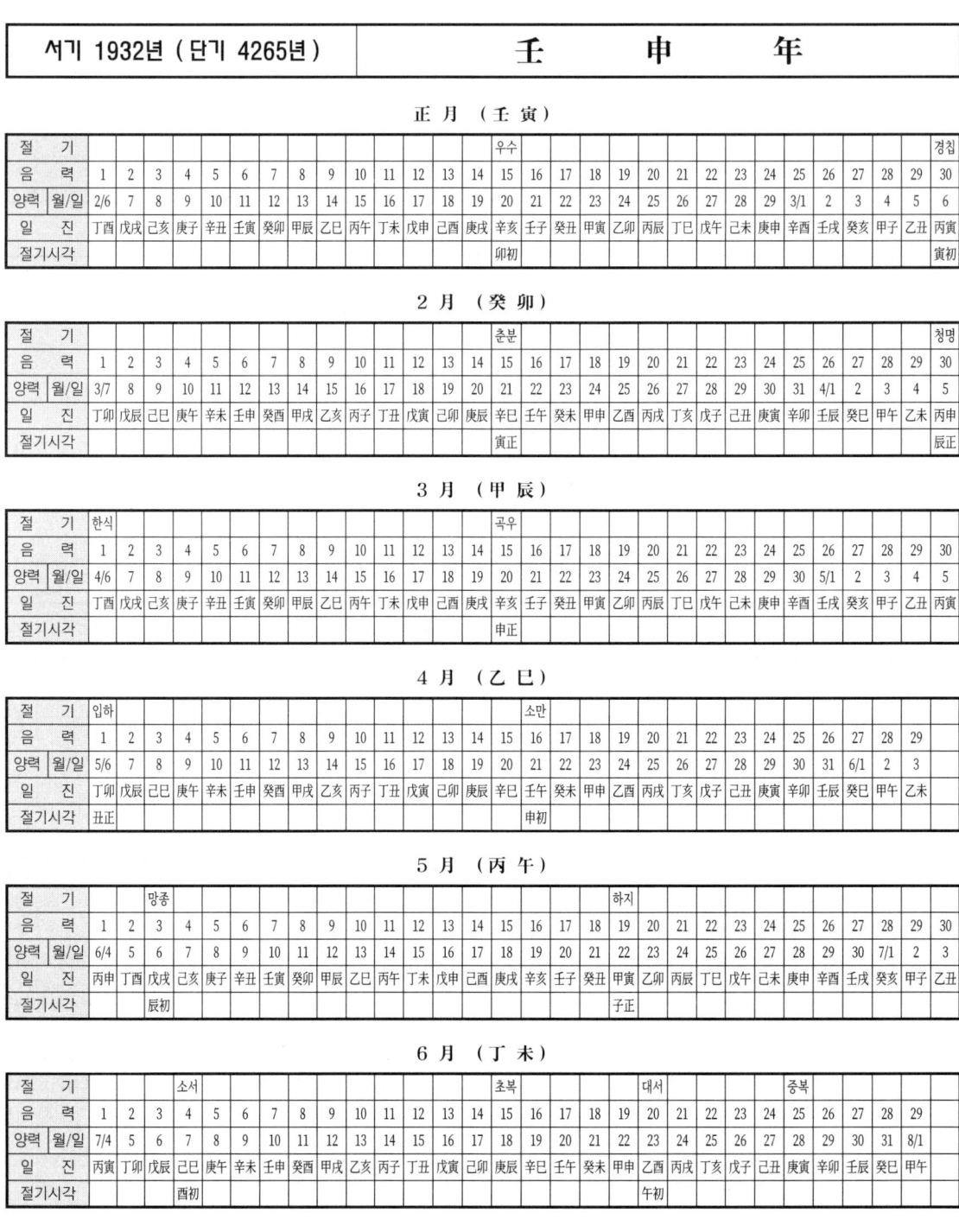

7 月 （戊 申）

절 기					말복	입추																처서									
음 력	1	2	3	4	5	6	7	8	9	10	11	12	13	14	15	16	17	18	19	20	21	22	23	24	25	26	27	28	29	30
양력 월/일	8/2	3	4	5	6	7	8	9	10	11	12	13	14	15	16	17	18	19	20	21	22	23	24	25	26	27	28	29	30	31
일 진	乙未	丙申	丁酉	戊戌	己亥	庚子	辛丑	壬寅	癸卯	甲辰	乙巳	丙午	丁未	戊申	己酉	庚戌	辛亥	壬子	癸丑	甲寅	乙卯	丙辰	丁巳	戊午	己未	庚申	辛酉	壬戌	癸亥	甲子
절기시각						寅初																酉正								

8 月 （己 酉）

절 기								백로															추분						
음 력	1	2	3	4	5	6	7	8	9	10	11	12	13	14	15	16	17	18	19	20	21	22	23	24	25	26	27	28	29
양력 월/일	9/1	2	3	4	5	6	7	8	9	10	11	12	13	14	15	16	17	18	19	20	21	22	23	24	25	26	27	28	29
일 진	乙丑	丙寅	丁卯	戊辰	己巳	庚午	辛未	壬申	癸酉	甲戌	乙亥	丙子	丁丑	戊寅	己卯	庚辰	辛巳	壬午	癸未	甲申	乙酉	丙戌	丁亥	戊子	己丑	庚寅	辛卯	壬辰	癸巳
절기시각								卯正															申初						

9 月 （庚 戌）

절 기						한로																상강							
음 력	1	2	3	4	5	6	7	8	9	10	11	12	13	14	15	16	17	18	19	20	21	22	23	24	25	26	27	28	29
양력 월/일	9/30	10/1	2	3	4	5	6	7	8	9	10	11	12	13	14	15	16	17	18	19	20	21	22	23	24	25	26	27	28
일 진	甲午	乙未	丙申	丁酉	戊戌	己亥	庚子	辛丑	壬寅	癸卯	甲辰	乙巳	丙午	丁未	戊申	己酉	庚戌	辛亥	壬子	癸丑	甲寅	乙卯	丙辰	丁巳	戊午	己未	庚申	辛酉	壬戌
절기시각						亥正																子正							

10 月 （辛 亥）

절 기										입동															소설					
음 력	1	2	3	4	5	6	7	8	9	10	11	12	13	14	15	16	17	18	19	20	21	22	23	24	25	26	27	28	29	30
양력 월/일	10/29	30	31	11/1	2	3	4	5	6	7	8	9	10	11	12	13	14	15	16	17	18	19	20	21	22	23	24	25	26	27
일 진	癸亥	甲子	乙丑	丙寅	丁卯	戊辰	己巳	庚午	辛未	壬申	癸酉	甲戌	乙亥	丙子	丁丑	戊寅	己卯	庚辰	辛巳	壬午	癸未	甲申	乙酉	丙戌	丁亥	戊子	己丑	庚寅	辛卯	壬辰
절기시각										子正															亥初					

11 月 （壬 子）

절 기							대설															동지							
음 력	1	2	3	4	5	6	7	8	9	10	11	12	13	14	15	16	17	18	19	20	21	22	23	24	25	26	27	28	29
양력 월/일	11/28	29	30	12/1	2	3	4	5	6	7	8	9	10	11	12	13	14	15	16	17	18	19	20	21	22	23	24	25	26
일 진	癸巳	甲午	乙未	丙申	丁酉	戊戌	己亥	庚子	辛丑	壬寅	癸卯	甲辰	乙巳	丙午	丁未	戊申	己酉	庚戌	辛亥	壬子	癸丑	甲寅	乙卯	丙辰	丁巳	戊午	己未	庚申	辛酉
절기시각							申正															巳正							

12 月 （癸 丑）

절 기							소한															대한								
음 력	1	2	3	4	5	6	7	8	9	10	11	12	13	14	15	16	17	18	19	20	21	22	23	24	25	26	27	28	29	30
양력 월/일	12/27	28	29	30	31	1/1	2	3	4	5	6	7	8	9	10	11	12	13	14	15	16	17	18	19	20	21	22	23	24	25
일 진	壬戌	癸亥	甲子	乙丑	丙寅	丁卯	戊辰	己巳	庚午	辛未	壬申	癸酉	甲戌	乙亥	丙子	丁丑	戊寅	己卯	庚辰	辛巳	壬午	癸未	甲申	乙酉	丙戌	丁亥	戊子	己丑	庚寅	辛卯
절기시각							寅初															戌正								

서기 1933년 (단기 4266년) 癸酉年

正月 (甲寅)

절기										입춘															우수					
음력	1	2	3	4	5	6	7	8	9	10	11	12	13	14	15	16	17	18	19	20	21	22	23	24	25	26	27	28	29	
양력 월/일	1/26	27	28	29	30	31	2/1	2	3	4	5	6	7	8	9	10	11	12	13	14	15	16	17	18	19	20	21	22	23	
일 진	壬辰	癸巳	甲午	乙未	丙申	丁酉	戊戌	己亥	庚子	辛丑	壬寅	癸卯	甲辰	乙巳	丙午	丁未	戊申	己酉	庚戌	辛亥	壬子	癸丑	甲寅	乙卯	丙辰	丁巳	戊午	己未	庚申	
절기시각										未正															巳正					

2月 (乙卯)

절기											경칩														춘분					
음력	1	2	3	4	5	6	7	8	9	10	11	12	13	14	15	16	17	18	19	20	21	22	23	24	25	26	27	28	29	30
양력 월/일	2/24	25	26	27	28	3/1	2	3	4	5	6	7	8	9	10	11	12	13	14	15	16	17	18	19	20	21	22	23	24	25
일 진	辛酉	壬戌	癸亥	甲子	乙丑	丙寅	丁卯	戊辰	己巳	庚午	辛未	壬申	癸酉	甲戌	乙亥	丙子	丁丑	戊寅	己卯	庚辰	辛巳	壬午	癸未	甲申	乙酉	丙戌	丁亥	戊子	己丑	庚寅
절기시각											巳初														巳正					

3月 (丙辰)

절기										청명	한식														곡우					
음력	1	2	3	4	5	6	7	8	9	10	11	12	13	14	15	16	17	18	19	20	21	22	23	24	25	26	27	28	29	30
양력 월/일	3/26	27	28	29	30	31	4/1	2	3	4	5	6	7	8	9	10	11	12	13	14	15	16	17	18	19	20	21	22	23	24
일 진	辛卯	壬辰	癸巳	甲午	乙未	丙申	丁酉	戊戌	己亥	庚子	辛丑	壬寅	癸卯	甲辰	乙巳	丙午	丁未	戊申	己酉	庚戌	辛亥	壬子	癸丑	甲寅	乙卯	丙辰	丁巳	戊午	己未	庚申
절기시각										未正															亥初					

4月 (丁巳)

절기											입하															소만				
음력	1	2	3	4	5	6	7	8	9	10	11	12	13	14	15	16	17	18	19	20	21	22	23	24	25	26	27	28	29	
양력 월/일	4/25	26	27	28	29	30	5/1	2	3	4	5	6	7	8	9	10	11	12	13	14	15	16	17	18	19	20	21	22	23	
일 진	辛酉	壬戌	癸亥	甲子	乙丑	丙寅	丁卯	戊辰	己巳	庚午	辛未	壬申	癸酉	甲戌	乙亥	丙子	丁丑	戊寅	己卯	庚辰	辛巳	壬午	癸未	甲申	乙酉	丙戌	丁亥	戊子	己丑	
절기시각											辰正															亥初				

5月 (戊午)

절기												망종																	하지	
음력	1	2	3	4	5	6	7	8	9	10	11	12	13	14	15	16	17	18	19	20	21	22	23	24	25	26	27	28	29	30
양력 월/일	5/24	25	26	27	28	29	30	31	6/1	2	3	4	5	6	7	8	9	10	11	12	13	14	15	16	17	18	19	20	21	22
일 진	庚寅	辛卯	壬辰	癸巳	甲午	乙未	丙申	丁酉	戊戌	己亥	庚子	辛丑	壬寅	癸卯	甲辰	乙巳	丙午	丁未	戊申	己酉	庚戌	辛亥	壬子	癸丑	甲寅	乙卯	丙辰	丁巳	戊午	己未
절기시각												未初																	卯正	

閏5月 (戊午)

절기															소서						초복									
음력	1	2	3	4	5	6	7	8	9	10	11	12	13	14	15	16	17	18	19	20	21	22	23	24	25	26	27	28	29	30
양력 월/일	6/23	24	25	26	27	28	29	30	7/1	2	3	4	5	6	7	8	9	10	11	12	13	14	15	16	17	18	19	20	21	22
일 진	庚申	辛酉	壬戌	癸亥	甲子	乙丑	丙寅	丁卯	戊辰	己巳	庚午	辛未	壬申	癸酉	甲戌	乙亥	丙子	丁丑	戊寅	己卯	庚辰	辛巳	壬午	癸未	甲申	乙酉	丙戌	丁亥	戊子	己丑
절기시각															子初															

6月 (己未)

절기		대서 중복															입추					말복								
음력	1	2	3	4	5	6	7	8	9	10	11	12	13	14	15	16	17	18	19	20	21	22	23	24	25	26	27	28	29	
양력 월/일	7/23	24	25	26	27	28	29	30	31	8/1	2	3	4	5	6	7	8	9	10	11	12	13	14	15	16	17	18	19	20	
일 진	庚寅	辛卯	壬辰	癸巳	甲午	乙未	丙申	丁酉	戊戌	己亥	庚子	辛丑	壬寅	癸卯	甲辰	乙巳	丙午	丁未	戊申	己酉	庚戌	辛亥	壬子	癸丑	甲寅	乙卯	丙辰	丁巳	戊午	
절기시각		酉初															巳初													

7 月 (庚申)

절 기			처서																백로											
음 력	1	2	3	4	5	6	7	8	9	10	11	12	13	14	15	16	17	18	19	20	21	22	23	24	25	26	27	28	29	30
양력 월/일	8/21	22	23	24	25	26	27	28	29	30	31	9/1	2	3	4	5	6	7	8	9	10	11	12	13	14	15	16	17	18	19
일 진	己未	庚申	辛酉	壬戌	癸亥	甲子	乙丑	丙寅	丁卯	戊辰	己巳	庚午	辛未	壬申	癸酉	甲戌	乙亥	丙子	丁丑	戊寅	己卯	庚辰	辛巳	壬午	癸未	甲申	乙酉	丙戌	丁亥	戊子
절기시각			子正																午正											

8 月 (辛酉)

절 기			추분																	한로									
음 력	1	2	3	4	5	6	7	8	9	10	11	12	13	14	15	16	17	18	19	20	21	22	23	24	25	26	27	28	29
양력 월/일	9/20	21	22	23	24	25	26	27	28	29	30	10/1	2	3	4	5	6	7	8	9	10	11	12	13	14	15	16	17	18
일 진	己丑	庚寅	辛卯	壬辰	癸巳	甲午	乙未	丙申	丁酉	戊戌	己亥	庚子	辛丑	壬寅	癸卯	甲辰	乙巳	丙午	丁未	戊申	己酉	庚戌	辛亥	壬子	癸丑	甲寅	乙卯	丙辰	丁巳
절기시각			亥初																	寅初									

9 月 (壬戌)

절 기				상강																입동										
음 력	1	2	3	4	5	6	7	8	9	10	11	12	13	14	15	16	17	18	19	20	21	22	23	24	25	26	27	28	29	30
양력 월/일	10/19	20	21	22	23	24	25	26	27	28	29	30	31	11/1	2	3	4	5	6	7	8	9	10	11	12	13	14	15	16	17
일 진	戊午	己未	庚申	辛酉	壬戌	癸亥	甲子	乙丑	丙寅	丁卯	戊辰	己巳	庚午	辛未	壬申	癸酉	甲戌	乙亥	丙子	丁丑	戊寅	己卯	庚辰	辛巳	壬午	癸未	甲申	乙酉	丙戌	丁亥
절기시각				卯正																卯正										

10 月 (癸亥)

절 기				소설																대설									
음 력	1	2	3	4	5	6	7	8	9	10	11	12	13	14	15	16	17	18	19	20	21	22	23	24	25	26	27	28	29
양력 월/일	11/18	19	20	21	22	23	24	25	26	27	28	29	30	12/1	2	3	4	5	6	7	8	9	10	11	12	13	14	15	16
일 진	戊子	己丑	庚寅	辛卯	壬辰	癸巳	甲午	乙未	丙申	丁酉	戊戌	己亥	庚子	辛丑	壬寅	癸卯	甲辰	乙巳	丙午	丁未	戊申	己酉	庚戌	辛亥	壬子	癸丑	甲寅	乙卯	丙辰
절기시각				寅初																亥正									

11 月 (甲子)

절 기				동지																소한									
음 력	1	2	3	4	5	6	7	8	9	10	11	12	13	14	15	16	17	18	19	20	21	22	23	24	25	26	27	28	29
양력 월/일	12/17	18	19	20	21	22	23	24	25	26	27	28	29	30	31	1/1	2	3	4	5	6	7	8	9	10	11	12	13	14
일 진	丁巳	戊午	己未	庚申	辛酉	壬戌	癸亥	甲子	乙丑	丙寅	丁卯	戊辰	己巳	庚午	辛未	壬申	癸酉	甲戌	乙亥	丙子	丁丑	戊寅	己卯	庚辰	辛巳	壬午	癸未	甲申	乙酉
절기시각				申正																巳初									

12 月 (乙丑)

절 기				대한																입춘										
음 력	1	2	3	4	5	6	7	8	9	10	11	12	13	14	15	16	17	18	19	20	21	22	23	24	25	26	27	28	29	30
양력 월/일	1/15	16	17	18	19	20	21	22	23	24	25	26	27	28	29	30	31	2/1	2	3	4	5	6	7	8	9	10	11	12	13
일 진	丙戌	丁亥	戊子	己丑	庚寅	辛卯	壬辰	癸巳	甲午	乙未	丙申	丁酉	戊戌	己亥	庚子	辛丑	壬寅	癸卯	甲辰	乙巳	丙午	丁未	戊申	己酉	庚戌	辛亥	壬子	癸丑	甲寅	乙卯
절기시각				丑正																戌正										

서기 1934년 (단기 4267년) 甲 戌 年

正月 (丙寅)

절기						우수															경칩								
음력	1	2	3	4	5	6	7	8	9	10	11	12	13	14	15	16	17	18	19	20	21	22	23	24	25	26	27	28	29
양력 월/일	2/14	15	16	17	18	19	20	21	22	23	24	25	26	27	28	3/1	2	3	4	5	6	7	8	9	10	11	12	13	14
일진	丙辰	丁巳	戊午	己未	庚申	辛酉	壬戌	癸亥	甲子	乙丑	丙寅	丁卯	戊辰	己巳	庚午	辛未	壬申	癸酉	甲戌	乙亥	丙子	丁丑	戊寅	己卯	庚辰	辛巳	壬午	癸未	甲申
절기시각						申正															未初								

2月 (丁卯)

절기							춘분														청명	한식								
음력	1	2	3	4	5	6	7	8	9	10	11	12	13	14	15	16	17	18	19	20	21	22	23	24	25	26	27	28	29	30
양력 월/일	3/15	16	17	18	19	20	21	22	23	24	25	26	27	28	29	30	31	4/1	2	3	4	5	6	7	8	9	10	11	12	13
일진	乙酉	丙戌	丁亥	戊子	己丑	庚寅	辛卯	壬辰	癸巳	甲午	乙未	丙申	丁酉	戊戌	己亥	庚子	辛丑	壬寅	癸卯	甲辰	乙巳	丙午	丁未	戊申	己酉	庚戌	辛亥	壬子	癸丑	甲寅
절기시각							申正														戌正									

3月 (戊辰)

절기							곡우														입하								
음력	1	2	3	4	5	6	7	8	9	10	11	12	13	14	15	16	17	18	19	20	21	22	23	24	25	26	27	28	29
양력 월/일	4/14	15	16	17	18	19	20	21	22	23	24	25	26	27	28	29	30	5/1	2	3	4	5	6	7	8	9	10	11	12
일진	乙卯	丙辰	丁巳	戊午	己未	庚申	辛酉	壬戌	癸亥	甲子	乙丑	丙寅	丁卯	戊辰	己巳	庚午	辛未	壬申	癸酉	甲戌	乙亥	丙子	丁丑	戊寅	己卯	庚辰	辛巳	壬午	癸未
절기시각							寅初														未正								

4月 (己巳)

절기										소만													망종							
음력	1	2	3	4	5	6	7	8	9	10	11	12	13	14	15	16	17	18	19	20	21	22	23	24	25	26	27	28	29	30
양력 월/일	5/13	14	15	16	17	18	19	20	21	22	23	24	25	26	27	28	29	30	31	6/1	2	3	4	5	6	7	8	9	10	11
일진	甲申	乙酉	丙戌	丁亥	戊子	己丑	庚寅	辛卯	壬辰	癸巳	甲午	乙未	丙申	丁酉	戊戌	己亥	庚子	辛丑	壬寅	癸卯	甲辰	乙巳	丙午	丁未	戊申	己酉	庚戌	辛亥	壬子	癸丑
절기시각										寅初													戌初							

5月 (庚午)

절기							하지															소서								
음력	1	2	3	4	5	6	7	8	9	10	11	12	13	14	15	16	17	18	19	20	21	22	23	24	25	26	27	28	29	30
양력 월/일	6/12	13	14	15	16	17	18	19	20	21	22	23	24	25	26	27	28	29	30	7/1	2	3	4	5	6	7	8	9	10	11
일진	甲寅	乙卯	丙辰	丁巳	戊午	己未	庚申	辛酉	壬戌	癸亥	甲子	乙丑	丙寅	丁卯	戊辰	己巳	庚午	辛未	壬申	癸酉	甲戌	乙亥	丙子	丁丑	戊寅	己卯	庚辰	辛巳	壬午	癸未
절기시각							午初															卯初								

6月 (辛未)

절기								대서															중복	입추					
음력	1	2	3	4	5	6	7	8	9	10	11	12	13	14	15	16	17	18	19	20	21	22	23	24	25	26	27	28	29
양력 월/일	7/12	13	14	15	16	17	18	19	20	21	22	23	24	25	26	27	28	29	30	31	8/1	2	3	4	5	6	7	8	9
일진	甲申	乙酉	丙戌	丁亥	戊子	己丑	庚寅	辛卯	壬辰	癸巳	甲午	乙未	丙申	丁酉	戊戌	己亥	庚子	辛丑	壬寅	癸卯	甲辰	乙巳	丙午	丁未	戊申	己酉	庚戌	辛亥	壬子
절기시각								子初															申初						

7月 (壬申)

절 기							말복								처서															백로
음 력	1	2	3	4	5	6	7	8	9	10	11	12	13	14	15	16	17	18	19	20	21	22	23	24	25	26	27	28	29	30
양력 월/일	8/10	11	12	13	14	15	16	17	18	19	20	21	22	23	24	25	26	27	28	29	30	31	9/1	2	3	4	5	6	7	8
일 진	癸丑	甲寅	乙卯	丙辰	丁巳	戊午	己未	庚申	辛酉	壬戌	癸亥	甲子	乙丑	丙寅	丁卯	戊辰	己巳	庚午	辛未	壬申	癸酉	甲戌	乙亥	丙子	丁丑	戊寅	己卯	庚辰	辛巳	壬午
절기시각															卯正															酉正

8月 (癸酉)

절 기															추분															
음 력	1	2	3	4	5	6	7	8	9	10	11	12	13	14	15	16	17	18	19	20	21	22	23	24	25	26	27	28	29	30
양력 월/일	9/9	10	11	12	13	14	15	16	17	18	19	20	21	22	23	24	25	26	27	28	29	30	10/1	2	3	4	5	6	7	8
일 진	癸未	甲申	乙酉	丙戌	丁亥	戊子	己丑	庚寅	辛卯	壬辰	癸巳	甲午	乙未	丙申	丁酉	戊戌	己亥	庚子	辛丑	壬寅	癸卯	甲辰	乙巳	丙午	丁未	戊申	己酉	庚戌	辛亥	壬子
절기시각															寅初															

9月 (甲戌)

절 기	한로																상강													
음 력	1	2	3	4	5	6	7	8	9	10	11	12	13	14	15	16	17	18	19	20	21	22	23	24	25	26	27	28	29	
양력 월/일	10/9	10	11	12	13	14	15	16	17	18	19	20	21	22	23	24	25	26	27	28	29	30	31	11/1	2	3	4	5	6	
일 진	癸丑	甲寅	乙卯	丙辰	丁巳	戊午	己未	庚申	辛酉	壬戌	癸亥	甲子	乙丑	丙寅	丁卯	戊辰	己巳	庚午	辛未	壬申	癸酉	甲戌	乙亥	丙子	丁丑	戊寅	己卯	庚辰	辛巳	
절기시각	巳初																午正													

10月 (乙亥)

절 기		입동															소설													
음 력	1	2	3	4	5	6	7	8	9	10	11	12	13	14	15	16	17	18	19	20	21	22	23	24	25	26	27	28	29	30
양력 월/일	11/7	8	9	10	11	12	13	14	15	16	17	18	19	20	21	22	23	24	25	26	27	28	29	30	12/1	2	3	4	5	6
일 진	壬午	癸未	甲申	乙酉	丙戌	丁亥	戊子	己丑	庚寅	辛卯	壬辰	癸巳	甲午	乙未	丙申	丁酉	戊戌	己亥	庚子	辛丑	壬寅	癸卯	甲辰	乙巳	丙午	丁未	戊申	己酉	庚戌	辛亥
절기시각		午正															巳初													

11月 (丙子)

절 기		대설															동지													
음 력	1	2	3	4	5	6	7	8	9	10	11	12	13	14	15	16	17	18	19	20	21	22	23	24	25	26	27	28	29	
양력 월/일	12/7	8	9	10	11	12	13	14	15	16	17	18	19	20	21	22	23	24	25	26	27	28	29	30	31	1/1	2	3	4	
일 진	壬子	癸丑	甲寅	乙卯	丙辰	丁巳	戊午	己未	庚申	辛酉	壬戌	癸亥	甲子	乙丑	丙寅	丁卯	戊辰	己巳	庚午	辛未	壬申	癸酉	甲戌	乙亥	丙子	丁丑	戊寅	己卯	庚辰	
절기시각		寅正															亥正													

12月 (丁丑)

절 기		소한															대한													
음 력	1	2	3	4	5	6	7	8	9	10	11	12	13	14	15	16	17	18	19	20	21	22	23	24	25	26	27	28	29	30
양력 월/일	1/5	6	7	8	9	10	11	12	13	14	15	16	17	18	19	20	21	22	23	24	25	26	27	28	29	30	31	2/1	2	3
일 진	辛巳	壬午	癸未	甲申	乙酉	丙戌	丁亥	戊子	己丑	庚寅	辛卯	壬辰	癸巳	甲午	乙未	丙申	丁酉	戊戌	己亥	庚子	辛丑	壬寅	癸卯	甲辰	乙巳	丙午	丁未	戊申	己酉	庚戌
절기시각		申初															辰正													

서기 1935년 (단기 4268년) 乙 亥 年

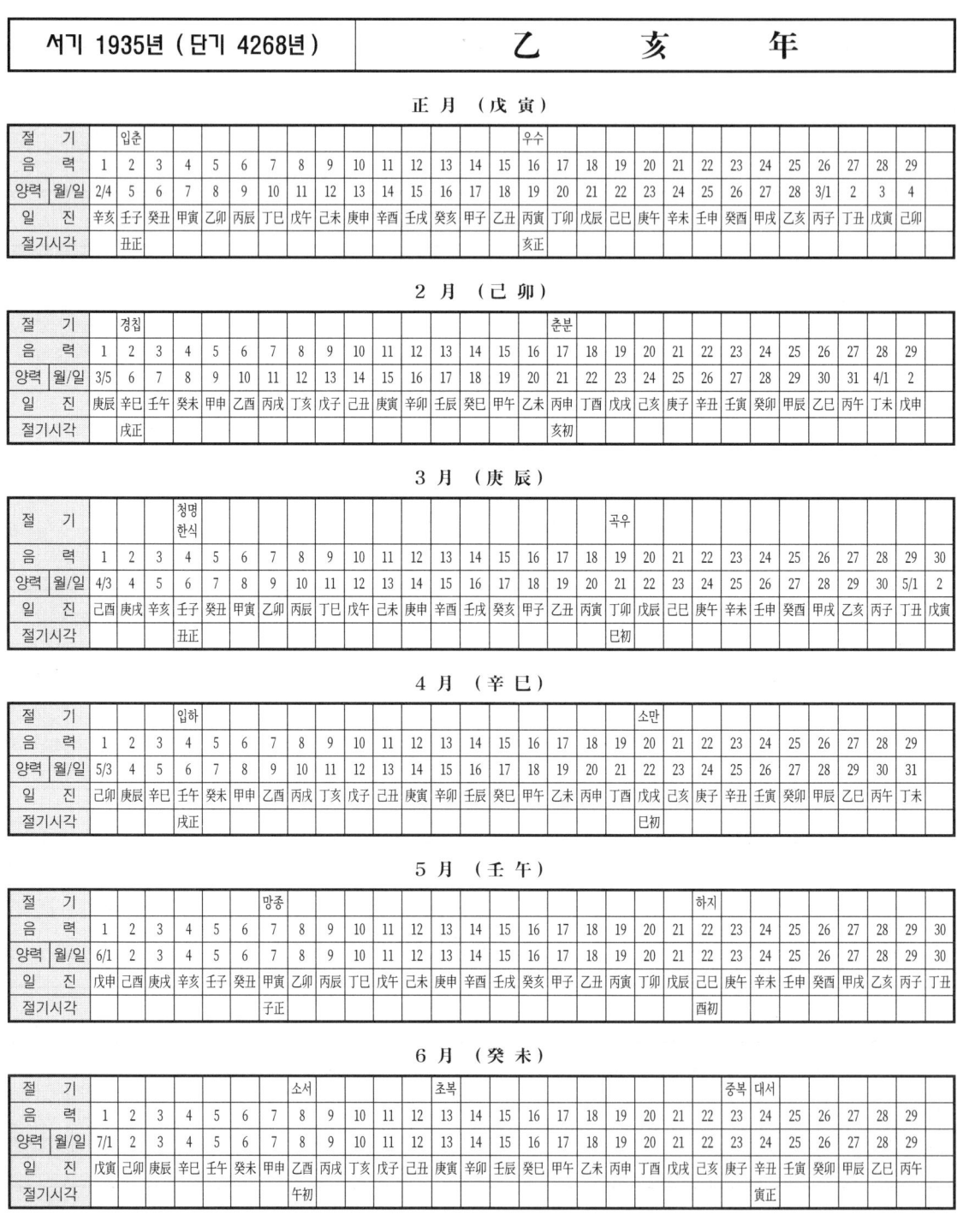

7月 (甲申)

절 기			말복							입추															처서					
음 력	1	2	3	4	5	6	7	8	9	10	11	12	13	14	15	16	17	18	19	20	21	22	23	24	25	26	27	28	29	30
양력 월/일	7/30	31	8/1	2	3	4	5	6	7	8	9	10	11	12	13	14	15	16	17	18	19	20	21	22	23	24	25	26	27	28
일 진	丁未	戊申	己酉	庚戌	辛亥	壬子	癸丑	甲寅	乙卯	丙辰	丁巳	戊午	己未	庚申	辛酉	壬戌	癸亥	甲子	乙丑	丙寅	丁卯	戊辰	己巳	庚午	辛未	壬申	癸酉	甲戌	乙亥	丙子
절기시각										亥初																午初				

8月 (乙酉)

절 기											백로															추분				
음 력	1	2	3	4	5	6	7	8	9	10	11	12	13	14	15	16	17	18	19	20	21	22	23	24	25	26	27	28	29	30
양력 월/일	8/29	30	31	9/1	2	3	4	5	6	7	8	9	10	11	12	13	14	15	16	17	18	19	20	21	22	23	24	25	26	27
일 진	丁丑	戊寅	己卯	庚辰	辛巳	壬午	癸未	甲申	乙酉	丙戌	丁亥	戊子	己丑	庚寅	辛卯	壬辰	癸巳	甲午	乙未	丙申	丁酉	戊戌	己亥	庚子	辛丑	壬寅	癸卯	甲辰	乙巳	丙午
절기시각											子正															巳初				

9月 (丙戌)

절 기											한로															상강			
음 력	1	2	3	4	5	6	7	8	9	10	11	12	13	14	15	16	17	18	19	20	21	22	23	24	25	26	27	28	29
양력 월/일	9/28	29	30	10/1	2	3	4	5	6	7	8	9	10	11	12	13	14	15	16	17	18	19	20	21	22	23	24	25	26
일 진	丁未	戊申	己酉	庚戌	辛亥	壬子	癸丑	甲寅	乙卯	丙辰	丁巳	戊午	己未	庚申	辛酉	壬戌	癸亥	甲子	乙丑	丙寅	丁卯	戊辰	己巳	庚午	辛未	壬申	癸酉	甲戌	乙亥
절기시각											申初															酉正			

10月 (丁亥)

절 기								입동															소설							
음 력	1	2	3	4	5	6	7	8	9	10	11	12	13	14	15	16	17	18	19	20	21	22	23	24	25	26	27	28	29	30
양력 월/일	10/27	28	29	30	31	11/1	2	3	4	5	6	7	8	9	10	11	12	13	14	15	16	17	18	19	20	21	22	23	24	25
일 진	丙子	丁丑	戊寅	己卯	庚辰	辛巳	壬午	癸未	甲申	乙酉	丙戌	丁亥	戊子	己丑	庚寅	辛卯	壬辰	癸巳	甲午	乙未	丙申	丁酉	戊戌	己亥	庚子	辛丑	壬寅	癸卯	甲辰	乙巳
절기시각								酉正															未正							

11月 (戊子)

절 기							대설																동지							
음 력	1	2	3	4	5	6	7	8	9	10	11	12	13	14	15	16	17	18	19	20	21	22	23	24	25	26	27	28	29	30
양력 월/일	11/26	27	28	29	30	12/1	2	3	4	5	6	7	8	9	10	11	12	13	14	15	16	17	18	19	20	21	22	23	24	25
일 진	丙午	丁未	戊申	己酉	庚戌	辛亥	壬子	癸丑	甲寅	乙卯	丙辰	丁巳	戊午	己未	庚申	辛酉	壬戌	癸亥	甲子	乙丑	丙寅	丁卯	戊辰	己巳	庚午	辛未	壬申	癸酉	甲戌	乙亥
절기시각							巳正																寅正							

12月 (己丑)

절 기									소한															대한					
음 력	1	2	3	4	5	6	7	8	9	10	11	12	13	14	15	16	17	18	19	20	21	22	23	24	25	26	27	28	29
양력 월/일	12/26	27	28	29	30	31	1/1	2	3	4	5	6	7	8	9	10	11	12	13	14	15	16	17	18	19	20	21	22	23
일 진	丙子	丁丑	戊寅	己卯	庚辰	辛巳	壬午	癸未	甲申	乙酉	丙戌	丁亥	戊子	己丑	庚寅	辛卯	壬辰	癸巳	甲午	乙未	丙申	丁酉	戊戌	己亥	庚子	辛丑	壬寅	癸卯	甲辰
절기시각									亥初															未正					

서기 1936년 (단기 4269년) — 丙子年

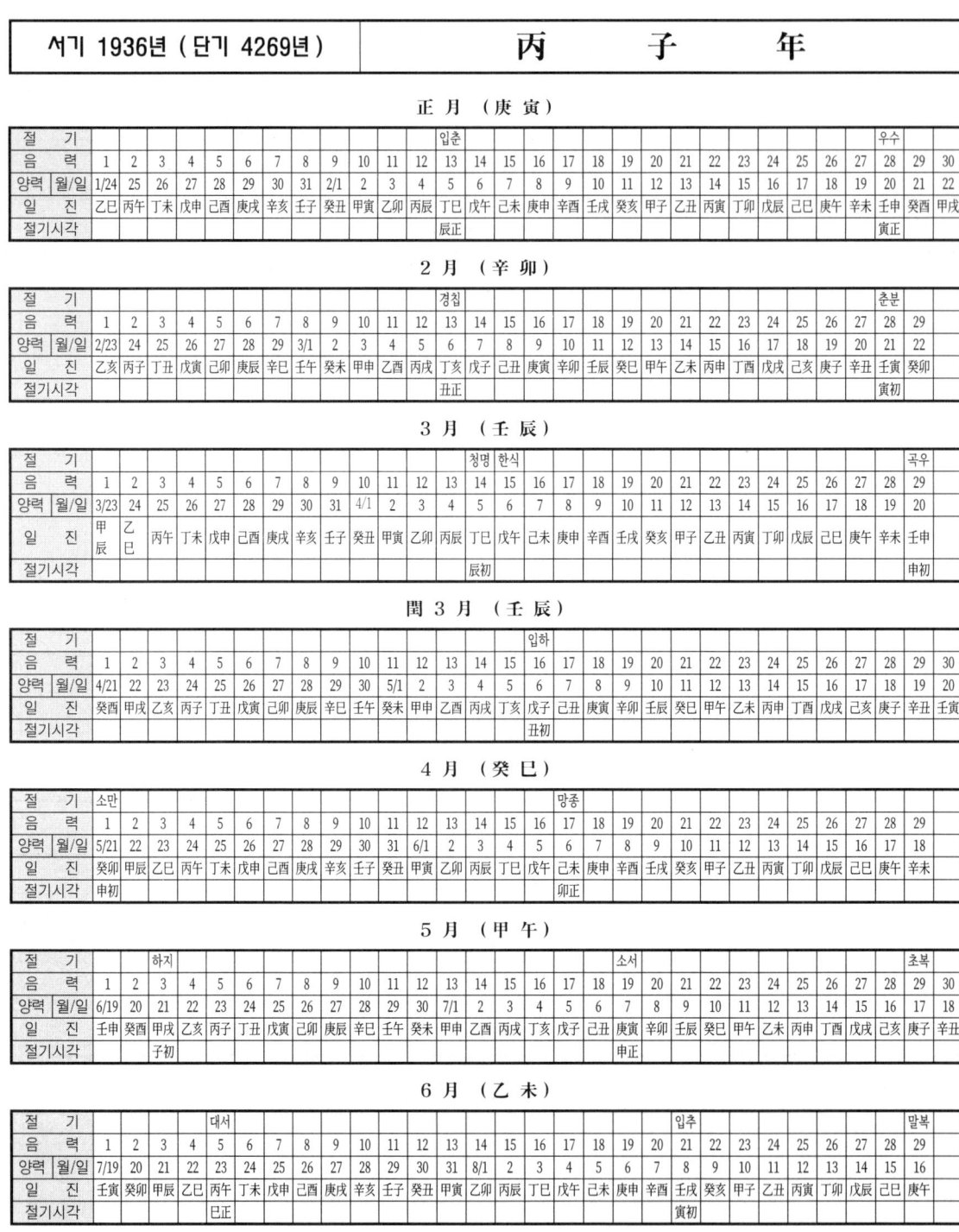

7 月 （丙申）

절 기								처서																백로							
음 력	1	2	3	4	5	6	7	8	9	10	11	12	13	14	15	16	17	18	19	20	21	22	23	24	25	26	27	28	29	30
양력 월/일	8/17	18	19	20	21	22	23	24	25	26	27	28	29	30	31	9/1	2	3	4	5	6	7	8	9	10	11	12	13	14	15
일 진	辛未	壬申	癸酉	甲戌	乙亥	丙子	丁丑	戊寅	己卯	庚辰	辛巳	壬午	癸未	甲申	乙酉	丙戌	丁亥	戊子	己丑	庚寅	辛卯	壬辰	癸巳	甲午	乙未	丙申	丁酉	戊戌	己亥	庚子
절기시각								酉初																卯初						

8 月 （丁酉）

절 기								추분																한로					
음 력	1	2	3	4	5	6	7	8	9	10	11	12	13	14	15	16	17	18	19	20	21	22	23	24	25	26	27	28	29
양력 월/일	9/16	17	18	19	20	21	22	23	24	25	26	27	28	29	30	10/1	2	3	4	5	6	7	8	9	10	11	12	13	14
일 진	辛丑	壬寅	癸卯	甲辰	乙巳	丙午	丁未	戊申	己酉	庚戌	辛亥	壬子	癸丑	甲寅	乙卯	丙辰	丁巳	戊午	己未	庚申	辛酉	壬戌	癸亥	甲子	乙丑	丙寅	丁卯	戊辰	己巳
절기시각								申初																亥初					

9 月 （戊戌）

절 기									상강															입동						
음 력	1	2	3	4	5	6	7	8	9	10	11	12	13	14	15	16	17	18	19	20	21	22	23	24	25	26	27	28	29	30
양력 월/일	10/15	16	17	18	19	20	21	22	23	24	25	26	27	28	29	30	31	11/1	2	3	4	5	6	7	8	9	10	11	12	13
일 진	庚午	辛未	壬申	癸酉	甲戌	乙亥	丙子	丁丑	戊寅	己卯	庚辰	辛巳	壬午	癸未	甲申	乙酉	丙戌	丁亥	戊子	己丑	庚寅	辛卯	壬辰	癸巳	甲午	乙未	丙申	丁酉	戊戌	己亥
절기시각									子正															子正						

10 月 （己亥）

절 기								소설																대설						
음 력	1	2	3	4	5	6	7	8	9	10	11	12	13	14	15	16	17	18	19	20	21	22	23	24	25	26	27	28	29	30
양력 월/일	11/14	15	16	17	18	19	20	21	22	23	24	25	26	27	28	29	30	12/1	2	3	4	5	6	7	8	9	10	11	12	13
일 진	庚子	辛丑	壬寅	癸卯	甲辰	乙巳	丙午	丁未	戊申	己酉	庚戌	辛亥	壬子	癸丑	甲寅	乙卯	丙辰	丁巳	戊午	己未	庚申	辛酉	壬戌	癸亥	甲子	乙丑	丙寅	丁卯	戊辰	己巳
절기시각								亥初																申正						

11 月 （庚子）

절 기								동지																소한						
음 력	1	2	3	4	5	6	7	8	9	10	11	12	13	14	15	16	17	18	19	20	21	22	23	24	25	26	27	28	29	30
양력 월/일	12/14	15	16	17	18	19	20	21	22	23	24	25	26	27	28	29	30	31	1/1	2	3	4	5	6	7	8	9	10	11	12
일 진	庚午	辛未	壬申	癸酉	甲戌	乙亥	丙子	丁丑	戊寅	己卯	庚辰	辛巳	壬午	癸未	甲申	乙酉	丙戌	丁亥	戊子	己丑	庚寅	辛卯	壬辰	癸巳	甲午	乙未	丙申	丁酉	戊戌	己亥
절기시각								巳初																丑正						

12 月 （辛丑）

절 기								대한																입춘					
음 력	1	2	3	4	5	6	7	8	9	10	11	12	13	14	15	16	17	18	19	20	21	22	23	24	25	26	27	28	29
양력 월/일	1/13	14	15	16	17	18	19	20	21	22	23	24	25	26	27	28	29	30	31	2/1	2	3	4	5	6	7	8	9	10
일 진	庚子	辛丑	壬寅	癸卯	甲辰	乙巳	丙午	丁未	戊申	己酉	庚戌	辛亥	壬子	癸丑	甲寅	乙卯	丙辰	丁巳	戊午	己未	庚申	辛酉	壬戌	癸亥	甲子	乙丑	丙寅	丁卯	戊辰
절기시각								亥初																未正					

서기 1937년 (단기 4270년) 丁 丑 年

正月 (壬寅)

절기									우수															경칩						
음력	1	2	3	4	5	6	7	8	9	10	11	12	13	14	15	16	17	18	19	20	21	22	23	24	25	26	27	28	29	30
양력 월/일	2/11	12	13	14	15	16	17	18	19	20	21	22	23	24	25	26	27	28	3/1	2	3	4	5	6	7	8	9	10	11	12
일진	己巳	庚午	辛未	壬申	癸酉	甲戌	乙亥	丙子	丁丑	戊寅	己卯	庚辰	辛巳	壬午	癸未	甲申	乙酉	丙戌	丁亥	戊子	己丑	庚寅	辛卯	壬辰	癸巳	甲午	乙未	丙申	丁酉	戊戌
절기시각									巳正															辰正						

2月 (癸卯)

절기									춘분															청명	한식				
음력	1	2	3	4	5	6	7	8	9	10	11	12	13	14	15	16	17	18	19	20	21	22	23	24	25	26	27	28	29
양력 월/일	3/13	14	15	16	17	18	19	20	21	22	23	24	25	26	27	28	29	30	31	4/1	2	3	4	5	6	7	8	9	10
일진	己亥	庚子	辛丑	壬寅	癸卯	甲辰	乙巳	丙午	丁未	戊申	己酉	庚戌	辛亥	壬子	癸丑	甲寅	乙卯	丙辰	丁巳	戊午	己未	庚申	辛酉	壬戌	癸亥	甲子	乙丑	丙寅	丁卯
절기시각									巳初															未初					

3月 (甲辰)

절기									곡우																입하				
음력	1	2	3	4	5	6	7	8	9	10	11	12	13	14	15	16	17	18	19	20	21	22	23	24	25	26	27	28	29
양력 월/일	4/11	12	13	14	15	16	17	18	19	20	21	22	23	24	25	26	27	28	29	30	5/1	2	3	4	5	6	7	8	9
일진	戊辰	己巳	庚午	辛未	壬申	癸酉	甲戌	乙亥	丙子	丁丑	戊寅	己卯	庚辰	辛巳	壬午	癸未	甲申	乙酉	丙戌	丁亥	戊子	己丑	庚寅	辛卯	壬辰	癸巳	甲午	乙未	丙申
절기시각									亥初																辰初				

4月 (乙巳)

절기										소만																망종				
음력	1	2	3	4	5	6	7	8	9	10	11	12	13	14	15	16	17	18	19	20	21	22	23	24	25	26	27	28	29	30
양력 월/일	5/10	11	12	13	14	15	16	17	18	19	20	21	22	23	24	25	26	27	28	29	30	31	6/1	2	3	4	5	6	7	8
일진	丁酉	戊戌	己亥	庚子	辛丑	壬寅	癸卯	甲辰	乙巳	丙午	丁未	戊申	己酉	庚戌	辛亥	壬子	癸丑	甲寅	乙卯	丙辰	丁巳	戊午	己未	庚申	辛酉	壬戌	癸亥	甲子	乙丑	丙寅
절기시각										戌正																午正				

5月 (丙午)

절기											하지																소서		
음력	1	2	3	4	5	6	7	8	9	10	11	12	13	14	15	16	17	18	19	20	21	22	23	24	25	26	27	28	29
양력 월/일	6/9	10	11	12	13	14	15	16	17	18	19	20	21	22	23	24	25	26	27	28	29	30	7/1	2	3	4	5	6	7
일진	丁卯	戊辰	己巳	庚午	辛未	壬申	癸酉	甲戌	乙亥	丙子	丁丑	戊寅	己卯	庚辰	辛巳	壬午	癸未	甲申	乙酉	丙戌	丁亥	戊子	己丑	庚寅	辛卯	壬辰	癸巳	甲午	乙未
절기시각											卯初																亥正		

6月 (丁未)

절기					초복							중복	대서																
음력	1	2	3	4	5	6	7	8	9	10	11	12	13	14	15	16	17	18	19	20	21	22	23	24	25	26	27	28	29
양력 월/일	7/8	9	10	11	12	13	14	15	16	17	18	19	20	21	22	23	24	25	26	27	28	29	30	31	8/1	2	3	4	5
일진	丙申	丁酉	戊戌	己亥	庚子	辛丑	壬寅	癸卯	甲辰	乙巳	丙午	丁未	戊申	己酉	庚戌	辛亥	壬子	癸丑	甲寅	乙卯	丙辰	丁巳	戊午	己未	庚申	辛酉	壬戌	癸亥	甲子
절기시각												申正																	

7 月 （戊 申）

절 기			입추		말복													처서												
음 력	1	2	3	4	5	6	7	8	9	10	11	12	13	14	15	16	17	18	19	20	21	22	23	24	25	26	27	28	29	30
양력 월/일	8/6	7	8	9	10	11	12	13	14	15	16	17	18	19	20	21	22	23	24	25	26	27	28	29	30	31	9/1	2	3	4
일 진	乙丑	丙寅	丁卯	戊辰	己巳	庚午	辛未	壬申	癸酉	甲戌	乙亥	丙子	丁丑	戊寅	己卯	庚辰	辛巳	壬午	癸未	甲申	乙酉	丙戌	丁亥	戊子	己丑	庚寅	辛卯	壬辰	癸巳	甲午
절기시각			亥正															子初												

8 月 （己 酉）

절 기			백로																추분											
음 력	1	2	3	4	5	6	7	8	9	10	11	12	13	14	15	16	17	18	19	20	21	22	23	24	25	26	27	28	29	
양력 월/일	9/5	6	7	8	9	10	11	12	13	14	15	16	17	18	19	20	21	22	23	24	25	26	27	28	29	30	10/1	2	3	
일 진	乙未	丙申	丁酉	戊戌	己亥	庚子	辛丑	壬寅	癸卯	甲辰	乙巳	丙午	丁未	戊申	己酉	庚戌	辛亥	壬子	癸丑	甲寅	乙卯	丙辰	丁巳	戊午	己未	庚申	辛酉	壬戌	癸亥	
절기시각			午初																亥初											

9 月 （庚 戌）

절 기					한로																상강									
음 력	1	2	3	4	5	6	7	8	9	10	11	12	13	14	15	16	17	18	19	20	21	22	23	24	25	26	27	28	29	30
양력 월/일	10/4	5	6	7	8	9	10	11	12	13	14	15	16	17	18	19	20	21	22	23	24	25	26	27	28	29	30	31	11/1	2
일 진	甲子	乙丑	丙寅	丁卯	戊辰	己巳	庚午	辛未	壬申	癸酉	甲戌	乙亥	丙子	丁丑	戊寅	己卯	庚辰	辛巳	壬午	癸未	甲申	乙酉	丙戌	丁亥	戊子	己丑	庚寅	辛卯	壬辰	癸巳
절기시각					寅初																卯正									

10 月 （辛 亥）

절 기				입동															소설											
음 력	1	2	3	4	5	6	7	8	9	10	11	12	13	14	15	16	17	18	19	20	21	22	23	24	25	26	27	28	29	30
양력 월/일	11/3	4	5	6	7	8	9	10	11	12	13	14	15	16	17	18	19	20	21	22	23	24	25	26	27	28	29	30	12/1	2
일 진	甲午	乙未	丙申	丁酉	戊戌	己亥	庚子	辛丑	壬寅	癸卯	甲辰	乙巳	丙午	丁未	戊申	己酉	庚戌	辛亥	壬子	癸丑	甲寅	乙卯	丙辰	丁巳	戊午	己未	庚申	辛酉	壬戌	癸亥
절기시각				卯初															寅初											

11 月 （壬 子）

절 기				대설															동지											
음 력	1	2	3	4	5	6	7	8	9	10	11	12	13	14	15	16	17	18	19	20	21	22	23	24	25	26	27	28	29	30
양력 월/일	12/3	4	5	6	7	8	9	10	11	12	13	14	15	16	17	18	19	20	21	22	23	24	25	26	27	28	29	30	31	1/1
일 진	甲子	乙丑	丙寅	丁卯	戊辰	己巳	庚午	辛未	壬申	癸酉	甲戌	乙亥	丙子	丁丑	戊寅	己卯	庚辰	辛巳	壬午	癸未	甲申	乙酉	丙戌	丁亥	戊子	己丑	庚寅	辛卯	壬辰	癸巳
절기시각				亥正															申初											

12 月 （癸 丑）

절 기				소한															대한											
음 력	1	2	3	4	5	6	7	8	9	10	11	12	13	14	15	16	17	18	19	20	21	22	23	24	25	26	27	28	29	
양력 월/일	1/2	3	4	5	6	7	8	9	10	11	12	13	14	15	16	17	18	19	20	21	22	23	24	25	26	27	28	29	30	
일 진	甲午	乙未	丙申	丁酉	戊戌	己亥	庚子	辛丑	壬寅	癸卯	甲辰	乙巳	丙午	丁未	戊申	己酉	庚戌	辛亥	壬子	癸丑	甲寅	乙卯	丙辰	丁巳	戊午	己未	庚申	辛酉	壬戌	
절기시각				辰初															丑初											

서기 1938년 (단기 4271년)   戊 寅 年

正月 (甲寅)

절기					입춘															우수										
음력	1	2	3	4	5	6	7	8	9	10	11	12	13	14	15	16	17	18	19	20	21	22	23	24	25	26	27	28	29	30
양력 월/일	1/31	2/1	2	3	4	5	6	7	8	9	10	11	12	13	14	15	16	17	18	19	20	21	22	23	24	25	26	27	28	3/1
일진	癸亥	甲子	乙丑	丙寅	丁卯	戊辰	己巳	庚午	辛未	壬申	癸酉	甲戌	乙亥	丙子	丁丑	戊寅	己卯	庚辰	辛巳	壬午	癸未	甲申	乙酉	丙戌	丁亥	戊子	己丑	庚寅	辛卯	壬辰
절기시각					戌正															申正										

2月 (乙卯)

절기					경칩															춘분										
음력	1	2	3	4	5	6	7	8	9	10	11	12	13	14	15	16	17	18	19	20	21	22	23	24	25	26	27	28	29	30
양력 월/일	3/2	3	4	5	6	7	8	9	10	11	12	13	14	15	16	17	18	19	20	21	22	23	24	25	26	27	28	29	30	31
일진	癸巳	甲午	乙未	丙申	丁酉	戊戌	己亥	庚子	辛丑	壬寅	癸卯	甲辰	乙巳	丙午	丁未	戊申	己酉	庚戌	辛亥	壬子	癸丑	甲寅	乙卯	丙辰	丁巳	戊午	己未	庚申	辛酉	壬戌
절기시각					未正															申初										

3月 (丙辰)

절기					청명	한식														곡우									
음력	1	2	3	4	5	6	7	8	9	10	11	12	13	14	15	16	17	18	19	20	21	22	23	24	25	26	27	28	29
양력 월/일	4/1	2	3	4	5	6	7	8	9	10	11	12	13	14	15	16	17	18	19	20	21	22	23	24	25	26	27	28	29
일진	癸亥	甲子	乙丑	丙寅	丁卯	戊辰	己巳	庚午	辛未	壬申	癸酉	甲戌	乙亥	丙子	丁丑	戊寅	己卯	庚辰	辛巳	壬午	癸未	甲申	乙酉	丙戌	丁亥	戊子	己丑	庚寅	辛卯
절기시각					戌初															寅初									

4月 (丁巳)

절기					입하															소만									
음력	1	2	3	4	5	6	7	8	9	10	11	12	13	14	15	16	17	18	19	20	21	22	23	24	25	26	27	28	29
양력 월/일	4/30	5/1	2	3	4	5	6	7	8	9	10	11	12	13	14	15	16	17	18	19	20	21	22	23	24	25	26	27	28
일진	壬辰	癸巳	甲午	乙未	丙申	丁酉	戊戌	己亥	庚子	辛丑	壬寅	癸卯	甲辰	乙巳	丙午	丁未	戊申	己酉	庚戌	辛亥	壬子	癸丑	甲寅	乙卯	丙辰	丁巳	戊午	己未	庚申
절기시각					未初															丑正									

5月 (戊午)

절기						망종															하지									
음력	1	2	3	4	5	6	7	8	9	10	11	12	13	14	15	16	17	18	19	20	21	22	23	24	25	26	27	28	29	30
양력 월/일	5/29	30	31	6/1	2	3	4	5	6	7	8	9	10	11	12	13	14	15	16	17	18	19	20	21	22	23	24	25	26	27
일진	辛酉	壬戌	癸亥	甲子	乙丑	丙寅	丁卯	戊辰	己巳	庚午	辛未	壬申	癸酉	甲戌	乙亥	丙子	丁丑	戊寅	己卯	庚辰	辛巳	壬午	癸未	甲申	乙酉	丙戌	丁亥	戊子	己丑	庚寅
절기시각						酉正															午初									

6月 (己未)

절기						소서										초복					대서									
음력	1	2	3	4	5	6	7	8	9	10	11	12	13	14	15	16	17	18	19	20	21	22	23	24	25	26	27	28	29	
양력 월/일	6/28	29	30	7/1	2	3	4	5	6	7	8	9	10	11	12	13	14	15	16	17	18	19	20	21	22	23	24	25	26	
일진	辛卯	壬辰	癸巳	甲午	乙未	丙申	丁酉	戊戌	己亥	庚子	辛丑	壬寅	癸卯	甲辰	乙巳	丙午	丁未	戊申	己酉	庚戌	辛亥	壬子	癸丑	甲寅	乙卯	丙辰	丁巳	戊午	己未	
절기시각						寅正															亥正									

7 月 （庚申）

절 기	중복												입추								말복								처서
음 력	1	2	3	4	5	6	7	8	9	10	11	12	13	14	15	16	17	18	19	20	21	22	23	24	25	26	27	28	29
양력 월/일	7/27	28	29	30	31	8/1	2	3	4	5	6	7	8	9	10	11	12	13	14	15	16	17	18	19	20	21	22	23	24
일 진	庚申	辛酉	壬戌	癸亥	甲子	乙丑	丙寅	丁卯	戊辰	己巳	庚午	辛未	壬申	癸酉	甲戌	乙亥	丙子	丁丑	戊寅	己卯	庚辰	辛巳	壬午	癸未	甲申	乙酉	丙戌	丁亥	戊子
절기시각													未正																卯初

閏 7 月 （庚申）

절 기														백로																
음 력	1	2	3	4	5	6	7	8	9	10	11	12	13	14	15	16	17	18	19	20	21	22	23	24	25	26	27	28	29	30
양력 월/일	8/25	26	27	28	29	30	31	9/1	2	3	4	5	6	7	8	9	10	11	12	13	14	15	16	17	18	19	20	21	22	23
일 진	己丑	庚寅	辛卯	壬辰	癸巳	甲午	乙未	丙申	丁酉	戊戌	己亥	庚子	辛丑	壬寅	癸卯	甲辰	乙巳	丙午	丁未	戊申	己酉	庚戌	辛亥	壬子	癸丑	甲寅	乙卯	丙辰	丁巳	戊午
절기시각														酉初																

8 月 （辛酉）

절 기	추분														한로														
음 력	1	2	3	4	5	6	7	8	9	10	11	12	13	14	15	16	17	18	19	20	21	22	23	24	25	26	27	28	29
양력 월/일	9/24	25	26	27	28	29	30	10/1	2	3	4	5	6	7	8	9	10	11	12	13	14	15	16	17	18	19	20	21	22
일 진	己未	庚申	辛酉	壬戌	癸亥	甲子	乙丑	丙寅	丁卯	戊辰	己巳	庚午	辛未	壬申	癸酉	甲戌	乙亥	丙子	丁丑	戊寅	己卯	庚辰	辛巳	壬午	癸未	甲申	乙酉	丙戌	丁亥
절기시각	丑正														辰正														

9 月 （壬戌）

절 기		상강															입동													
음 력	1	2	3	4	5	6	7	8	9	10	11	12	13	14	15	16	17	18	19	20	21	22	23	24	25	26	27	28	29	30
양력 월/일	10/23	24	25	26	27	28	29	30	31	11/1	2	3	4	5	6	7	8	9	10	11	12	13	14	15	16	17	18	19	20	21
일 진	戊子	己丑	庚寅	辛卯	壬辰	癸巳	甲午	乙未	丙申	丁酉	戊戌	己亥	庚子	辛丑	壬寅	癸卯	甲辰	乙巳	丙午	丁未	戊申	己酉	庚戌	辛亥	壬子	癸丑	甲寅	乙卯	丙辰	丁巳
절기시각		午初															午初													

10 月 （癸亥）

절 기	소설														대설															
음 력	1	2	3	4	5	6	7	8	9	10	11	12	13	14	15	16	17	18	19	20	21	22	23	24	25	26	27	28	29	30
양력 월/일	11/22	23	24	25	26	27	28	29	30	12/1	2	3	4	5	6	7	8	9	10	11	12	13	14	15	16	17	18	19	20	21
일 진	戊午	己未	庚申	辛酉	壬戌	癸亥	甲子	乙丑	丙寅	丁卯	戊辰	己巳	庚午	辛未	壬申	癸酉	甲戌	乙亥	丙子	丁丑	戊寅	己卯	庚辰	辛巳	壬午	癸未	甲申	乙酉	丙戌	丁亥
절기시각	辰正														寅初															

11 月 （甲子）

절 기	동지															소한													
음 력	1	2	3	4	5	6	7	8	9	10	11	12	13	14	15	16	17	18	19	20	21	22	23	24	25	26	27	28	29
양력 월/일	12/22	23	24	25	26	27	28	29	30	31	1/1	2	3	4	5	6	7	8	9	10	11	12	13	14	15	16	17	18	19
일 진	戊子	己丑	庚寅	辛卯	壬辰	癸巳	甲午	乙未	丙申	丁酉	戊戌	己亥	庚子	辛丑	壬寅	癸卯	甲辰	乙巳	丙午	丁未	戊申	己酉	庚戌	辛亥	壬子	癸丑	甲寅	乙卯	丙辰
절기시각	亥初															未正													

12 月 （乙丑）

절 기		대한												입춘																
음 력	1	2	3	4	5	6	7	8	9	10	11	12	13	14	15	16	17	18	19	20	21	22	23	24	25	26	27	28	29	30
양력 월/일	1/20	21	22	23	24	25	26	27	28	29	30	31	2/1	2	3	4	5	6	7	8	9	10	11	12	13	14	15	16	17	18
일 진	丁巳	戊午	己未	庚申	辛酉	壬戌	癸亥	甲子	乙丑	丙寅	丁卯	戊辰	己巳	庚午	辛未	壬申	癸酉	甲戌	乙亥	丙子	丁丑	戊寅	己卯	庚辰	辛巳	壬午	癸未	甲申	乙酉	丙戌
절기시각		辰初												丑正																

서기 1939년 (단기 4272년) 己卯年

正月 (丙寅)

절기		우수															경칩													
음력	1	2	3	4	5	6	7	8	9	10	11	12	13	14	15	16	17	18	19	20	21	22	23	24	25	26	27	28	29	30
양력 월/일	2/19	20	21	22	23	24	25	26	27	28	3/1	2	3	4	5	6	7	8	9	10	11	12	13	14	15	16	17	18	19	20
일진	丁亥	戊子	己丑	庚寅	辛卯	壬辰	癸巳	甲午	乙未	丙申	丁酉	戊戌	己亥	庚子	辛丑	壬寅	癸卯	甲辰	乙巳	丙午	丁未	戊申	己酉	庚戌	辛亥	壬子	癸丑	甲寅	乙卯	丙辰
절기시각	亥初															戌正														

2月 (丁卯)

절기		춘분															청명	한식												
음력	1	2	3	4	5	6	7	8	9	10	11	12	13	14	15	16	17	18	19	20	21	22	23	24	25	26	27	28	29	30
양력 월/일	3/21	22	23	24	25	26	27	28	29	30	31	4/1	2	3	4	5	6	7	8	9	10	11	12	13	14	15	16	17	18	19
일진	丁巳	戊午	己未	庚申	辛酉	壬戌	癸亥	甲子	乙丑	丙寅	丁卯	戊辰	己巳	庚午	辛未	壬申	癸酉	甲戌	乙亥	丙子	丁丑	戊寅	己卯	庚辰	辛巳	壬午	癸未	甲申	乙酉	丙戌
절기시각	亥初															丑初														

3月 (戊辰)

절기		곡우															입하												
음력	1	2	3	4	5	6	7	8	9	10	11	12	13	14	15	16	17	18	19	20	21	22	23	24	25	26	27	28	29
양력 월/일	4/20	21	22	23	24	25	26	27	28	29	30	5/1	2	3	4	5	6	7	8	9	10	11	12	13	14	15	16	17	18
일진	丁亥	戊子	己丑	庚寅	辛卯	壬辰	癸巳	甲午	乙未	丙申	丁酉	戊戌	己亥	庚子	辛丑	壬寅	癸卯	甲辰	乙巳	丙午	丁未	戊申	己酉	庚戌	辛亥	壬子	癸丑	甲寅	乙卯
절기시각	辰正															戌初														

4月 (己巳)

절기				소만													망종												
음력	1	2	3	4	5	6	7	8	9	10	11	12	13	14	15	16	17	18	19	20	21	22	23	24	25	26	27	28	29
양력 월/일	5/19	20	21	22	23	24	25	26	27	28	29	30	31	6/1	2	3	4	5	6	7	8	9	10	11	12	13	14	15	16
일진	丙辰	丁巳	戊午	己未	庚申	辛酉	壬戌	癸亥	甲子	乙丑	丙寅	丁卯	戊辰	己巳	庚午	辛未	壬申	癸酉	甲戌	乙亥	丙子	丁丑	戊寅	己卯	庚辰	辛巳	壬午	癸未	甲申
절기시각				辰正													子正												

5月 (庚午)

절기				하지													소서				초복									
음력	1	2	3	4	5	6	7	8	9	10	11	12	13	14	15	16	17	18	19	20	21	22	23	24	25	26	27	28	29	30
양력 월/일	6/17	18	19	20	21	22	23	24	25	26	27	28	29	30	7/1	2	3	4	5	6	7	8	9	10	11	12	13	14	15	16
일진	乙酉	丙戌	丁亥	戊子	己丑	庚寅	辛卯	壬辰	癸巳	甲午	乙未	丙申	丁酉	戊戌	己亥	庚子	辛丑	壬寅	癸卯	甲辰	乙巳	丙午	丁未	戊申	己酉	庚戌	辛亥	壬子	癸丑	甲寅
절기시각				申正													巳正													

6月 (辛未)

절기				중복		대서													입추			말복							
음력	1	2	3	4	5	6	7	8	9	10	11	12	13	14	15	16	17	18	19	20	21	22	23	24	25	26	27	28	29
양력 월/일	7/17	18	19	20	21	22	23	24	25	26	27	28	29	30	31	8/1	2	3	4	5	6	7	8	9	10	11	12	13	14
일진	乙卯	丙辰	丁巳	戊午	己未	庚申	辛酉	壬戌	癸亥	甲子	乙丑	丙寅	丁卯	戊辰	己巳	庚午	辛未	壬申	癸酉	甲戌	乙亥	丙子	丁丑	戊寅	己卯	庚辰	辛巳	壬午	癸未
절기시각				寅正															戌正										

7 月 （壬 申）

절 기						처서													백로					
음 력	1	2	3	4	5	6	7	8	9	10	11	12	13	14	15	16	17	18	19	20	21	22	23	24	25	26	27	28	29
양력 월/일	8/15	16	17	18	19	20	21	22	23	24	25	26	27	28	29	30	31	9/1	2	3	4	5	6	7	8	9	10	11	12
일 진	甲申	乙酉	丙戌	丁亥	戊子	己丑	庚寅	辛卯	壬辰	癸巳	甲午	乙未	丙申	丁酉	戊戌	己亥	庚子	辛丑	壬寅	癸卯	甲辰	乙巳	丙午	丁未	戊申	己酉	庚戌	辛亥	壬子
절기시각						午初													子初					

8 月 （癸 酉）

절 기												추분													한로					
음 력	1	2	3	4	5	6	7	8	9	10	11	12	13	14	15	16	17	18	19	20	21	22	23	24	25	26	27	28	29	30
양력 월/일	9/13	14	15	16	17	18	19	20	21	22	23	24	25	26	27	28	29	30	10/1	2	3	4	5	6	7	8	9	10	11	12
일 진	癸丑	甲寅	乙卯	丙辰	丁巳	戊午	己未	庚申	辛酉	壬戌	癸亥	甲子	乙丑	丙寅	丁卯	戊辰	己巳	庚午	辛未	壬申	癸酉	甲戌	乙亥	丙子	丁丑	戊寅	己卯	庚辰	辛巳	壬午
절기시각												辰正													未正					

9 月 （甲 戌）

절 기										상강															입동				
음 력	1	2	3	4	5	6	7	8	9	10	11	12	13	14	15	16	17	18	19	20	21	22	23	24	25	26	27	28	29
양력 월/일	10/13	14	15	16	17	18	19	20	21	22	23	24	25	26	27	28	29	30	31	11/1	2	3	4	5	6	7	8	9	10
일 진	癸未	甲申	乙酉	丙戌	丁亥	戊子	己丑	庚寅	辛卯	壬辰	癸巳	甲午	乙未	丙申	丁酉	戊戌	己亥	庚子	辛丑	壬寅	癸卯	甲辰	乙巳	丙午	丁未	戊申	己酉	庚戌	辛亥
절기시각										酉初															酉初				

10 月 （乙 亥）

절 기												소설														대설				
음 력	1	2	3	4	5	6	7	8	9	10	11	12	13	14	15	16	17	18	19	20	21	22	23	24	25	26	27	28	29	30
양력 월/일	11/11	12	13	14	15	16	17	18	19	20	21	22	23	24	25	26	27	28	29	30	12/1	2	3	4	5	6	7	8	9	10
일 진	壬子	癸丑	甲寅	乙卯	丙辰	丁巳	戊午	己未	庚申	辛酉	壬戌	癸亥	甲子	乙丑	丙寅	丁卯	戊辰	己巳	庚午	辛未	壬申	癸酉	甲戌	乙亥	丙子	丁丑	戊寅	己卯	庚辰	辛巳
절기시각												未正														巳初				

11 月 （丙 子）

절 기										동지															소한				
음 력	1	2	3	4	5	6	7	8	9	10	11	12	13	14	15	16	17	18	19	20	21	22	23	24	25	26	27	28	29
양력 월/일	12/11	12	13	14	15	16	17	18	19	20	21	22	23	24	25	26	27	28	29	30	31	1/1	2	3	4	5	6	7	8
일 진	壬午	癸未	甲申	乙酉	丙戌	丁亥	戊子	己丑	庚寅	辛卯	壬辰	癸巳	甲午	乙未	丙申	丁酉	戊戌	己亥	庚子	辛丑	壬寅	癸卯	甲辰	乙巳	丙午	丁未	戊申	己酉	庚戌
절기시각										寅初															戌正				

12 月 （丁 丑）

절 기												대한														입춘				
음 력	1	2	3	4	5	6	7	8	9	10	11	12	13	14	15	16	17	18	19	20	21	22	23	24	25	26	27	28	29	30
양력 월/일	1/9	10	11	12	13	14	15	16	17	18	19	20	21	22	23	24	25	26	27	28	29	30	31	2/1	2	3	4	5	6	7
일 진	辛亥	壬子	癸丑	甲寅	乙卯	丙辰	丁巳	戊午	己未	庚申	辛酉	壬戌	癸亥	甲子	乙丑	丙寅	丁卯	戊辰	己巳	庚午	辛未	壬申	癸酉	甲戌	乙亥	丙子	丁丑	戊寅	己卯	庚辰
절기시각												未初														辰初				

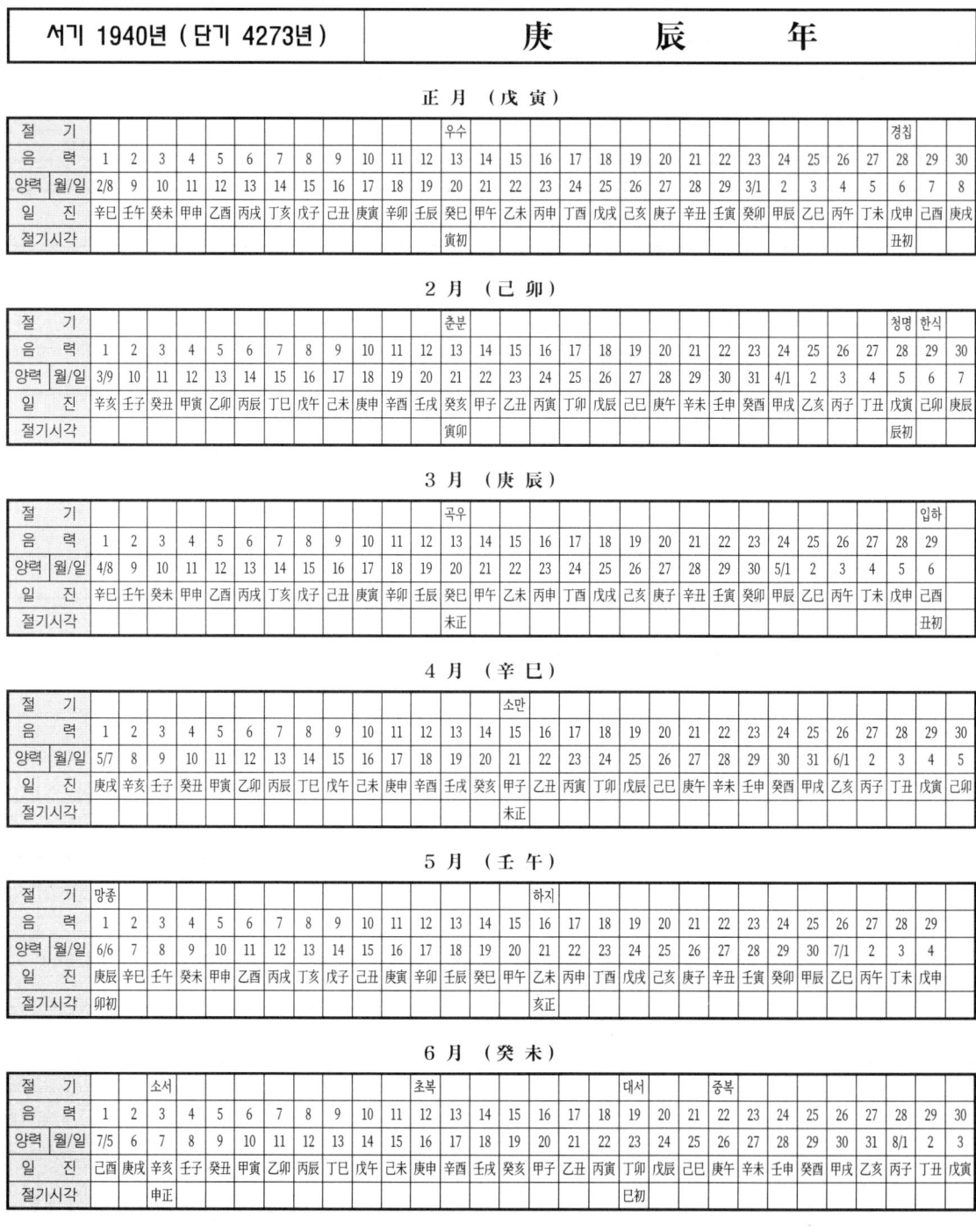

7 月 （甲申）

절기					입추								말복								처서									
음력	1	2	3	4	5	6	7	8	9	10	11	12	13	14	15	16	17	18	19	20	21	22	23	24	25	26	27	28	29
양력 월/일	8/4	5	6	7	8	9	10	11	12	13	14	15	16	17	18	19	20	21	22	23	24	25	26	27	28	29	30	31	9/1
일진	己卯	庚辰	辛巳	壬午	癸未	甲申	乙酉	丙戌	丁亥	戊子	己丑	庚寅	辛卯	壬辰	癸巳	甲午	乙未	丙申	丁酉	戊戌	己亥	庚子	辛丑	壬寅	癸卯	甲辰	乙巳	丙午	丁未
절기시각					丑正															申正									

8 月 （乙酉）

절기				백로																		추분							
음력	1	2	3	4	5	6	7	8	9	10	11	12	13	14	15	16	17	18	19	20	21	22	23	24	25	26	27	28	29
양력 월/일	9/2	3	4	5	6	7	8	9	10	11	12	13	14	15	16	17	18	19	20	21	22	23	24	25	26	27	28	29	30
일진	戊申	己酉	庚戌	辛亥	壬子	癸丑	甲寅	乙卯	丙辰	丁巳	戊午	己未	庚申	辛酉	壬戌	癸亥	甲子	乙丑	丙寅	丁卯	戊辰	己巳	庚午	辛未	壬申	癸酉	甲戌	乙亥	丙子
절기시각				卯初																		未正							

9 月 （丙戌）

절기							한로															상강								
음력	1	2	3	4	5	6	7	8	9	10	11	12	13	14	15	16	17	18	19	20	21	22	23	24	25	26	27	28	29	30
양력 월/일	10/1	2	3	4	5	6	7	8	9	10	11	12	13	14	15	16	17	18	19	20	21	22	23	24	25	26	27	28	29	30
일진	丁丑	戊寅	己卯	庚辰	辛巳	壬午	癸未	甲申	乙酉	丙戌	丁亥	戊子	己丑	庚寅	辛卯	壬辰	癸巳	甲午	乙未	丙申	丁酉	戊戌	己亥	庚子	辛丑	壬寅	癸卯	甲辰	乙巳	丙午
절기시각							戌正															子初								

10 月 （丁亥）

절기					입동																소설								
음력	1	2	3	4	5	6	7	8	9	10	11	12	13	14	15	16	17	18	19	20	21	22	23	24	25	26	27	28	29
양력 월/일	10/31	11/1	2	3	4	5	6	7	8	9	10	11	12	13	14	15	16	17	18	19	20	21	22	23	24	25	26	27	28
일진	丁未	戊申	己酉	庚戌	辛亥	壬子	癸丑	甲寅	乙卯	丙辰	丁巳	戊午	己未	庚申	辛酉	壬戌	癸亥	甲子	乙丑	丙寅	丁卯	戊辰	己巳	庚午	辛未	壬申	癸酉	甲戌	乙亥
절기시각					子初																戌正								

11 月 （戊子）

절기						대설																동지								
음력	1	2	3	4	5	6	7	8	9	10	11	12	13	14	15	16	17	18	19	20	21	22	23	24	25	26	27	28	29	30
양력 월/일	11/29	30	12/1	2	3	4	5	6	7	8	9	10	11	12	13	14	15	16	17	18	19	20	21	22	23	24	25	26	27	28
일진	丙子	丁丑	戊寅	己卯	庚辰	辛巳	壬午	癸未	甲申	乙酉	丙戌	丁亥	戊子	己丑	庚寅	辛卯	壬辰	癸巳	甲午	乙未	丙申	丁酉	戊戌	己亥	庚子	辛丑	壬寅	癸卯	甲辰	乙巳
절기시각						申初																巳初								

12 月 （己丑）

절기							소한															대한							
음력	1	2	3	4	5	6	7	8	9	10	11	12	13	14	15	16	17	18	19	20	21	22	23	24	25	26	27	28	29
양력 월/일	12/29	30	31	1/1	2	3	4	5	6	7	8	9	10	11	12	13	14	15	16	17	18	19	20	21	22	23	24	25	26
일진	丙午	丁未	戊申	己酉	庚戌	辛亥	壬子	癸丑	甲寅	乙卯	丙辰	丁巳	戊午	己未	庚申	辛酉	壬戌	癸亥	甲子	乙丑	丙寅	丁卯	戊辰	己巳	庚午	辛未	壬申	癸酉	甲戌
절기시각							丑正															戌初							

서기 1941년 (단기 4274년) 辛 巳 年

正 月 (庚寅)

절　기								입춘															우수							
음　력	1	2	3	4	5	6	7	8	9	10	11	12	13	14	15	16	17	18	19	20	21	22	23	24	25	26	27	28	29	30
양력 월/일	1/27	28	29	30	31	2/1	2	3	4	5	6	7	8	9	10	11	12	13	14	15	16	17	18	19	20	21	22	23	24	25
일　진	乙亥	丙子	丁丑	戊寅	己卯	庚辰	辛巳	壬午	癸未	甲申	乙酉	丙戌	丁亥	戊子	己丑	庚寅	辛卯	壬辰	癸巳	甲午	乙未	丙申	丁酉	戊戌	己亥	庚子	辛丑	壬寅	癸卯	甲辰
절기시각								未初																巳初						

2 月 (辛卯)

절　기									경칩															춘분						
음　력	1	2	3	4	5	6	7	8	9	10	11	12	13	14	15	16	17	18	19	20	21	22	23	24	25	26	27	28	29	30
양력 월/일	2/26	27	28	29	30	3/1	2	3	4	5	6	7	8	9	10	11	12	13	14	15	16	17	18	19	20	21	22	23	24	25
일　진	乙巳	丙午	丁未	戊申	己酉	庚戌	辛亥	壬子	癸丑	甲寅	乙卯	丙辰	丁巳	戊午	己未	庚申	辛酉	壬戌	癸亥	甲子	乙丑	丙寅	丁卯	戊辰	己巳	庚午	辛未	壬申	癸酉	甲戌
절기시각									辰正															巳初						

3 月 (壬辰)

절　기									청명															곡우					
음　력	1	2	3	4	5	6	7	8	9	10	11	12	13	14	15	16	17	18	19	20	21	22	23	24	25	26	27	28	29
양력 월/일	3/28	29	30	31	4/1	2	3	4	5	6	7	8	9	10	11	12	13	14	15	16	17	18	19	20	21	22	23	24	25
일　진	乙亥	丙子	丁丑	戊寅	己卯	庚辰	辛巳	壬午	癸未	甲申	乙酉	丙戌	丁亥	戊子	己丑	庚寅	辛卯	壬辰	癸巳	甲午	乙未	丙申	丁酉	戊戌	己亥	庚子	辛丑	壬寅	癸卯
절기시각									未初															戌正					

4 月 (癸巳)

절　기										입하																소만				
음　력	1	2	3	4	5	6	7	8	9	10	11	12	13	14	15	16	17	18	19	20	21	22	23	24	25	26	27	28	29	30
양력 월/일	4/26	27	28	29	30	5/1	2	3	4	5	6	7	8	9	10	11	12	13	14	15	16	17	18	19	20	21	22	23	24	25
일　진	甲辰	乙巳	丙午	丁未	戊申	己酉	庚戌	辛亥	壬子	癸丑	甲寅	乙卯	丙辰	丁巳	戊午	己未	庚申	辛酉	壬戌	癸亥	甲子	乙丑	丙寅	丁卯	戊辰	己巳	庚午	辛未	壬申	癸酉
절기시각										辰初																戌正				

5 月 (甲午)

절　기										망종																하지				
음　력	1	2	3	4	5	6	7	8	9	10	11	12	13	14	15	16	17	18	19	20	21	22	23	24	25	26	27	28	29	30
양력 월/일	5/26	27	28	29	30	31	6/1	2	3	4	5	6	7	8	9	10	11	12	13	14	15	16	17	18	19	20	21	22	23	24
일　진	甲戌	乙亥	丙子	丁丑	戊寅	己卯	庚辰	辛巳	壬午	癸未	甲申	乙酉	丙戌	丁亥	戊子	己丑	庚寅	辛卯	壬辰	癸巳	甲午	乙未	丙申	丁酉	戊戌	己亥	庚子	辛丑	壬寅	癸卯
절기시각										午初																寅正				

6 月 (乙未)

절　기									소서															대서					
음　력	1	2	3	4	5	6	7	8	9	10	11	12	13	14	15	16	17	18	19	20	21	22	23	24	25	26	27	28	29
양력 월/일	6/25	26	27	28	29	30	7/1	2	3	4	5	6	7	8	9	10	11	12	13	14	15	16	17	18	19	20	21	22	23
일　진	甲辰	乙巳	丙午	丁未	戊申	己酉	庚戌	辛亥	壬子	癸丑	甲寅	乙卯	丙辰	丁巳	戊午	己未	庚申	辛酉	壬戌	癸亥	甲子	乙丑	丙寅	丁卯	戊辰	己巳	庚午	辛未	壬申
절기시각									亥正															申初					

閏 6 月 (乙未)

절　기							중복							입추		말복														
음　력	1	2	3	4	5	6	7	8	9	10	11	12	13	14	15	16	17	18	19	20	21	22	23	24	25	26	27	28	29	30
양력 월/일	7/24	25	26	27	28	29	30	31	8/1	2	3	4	5	6	7	8	9	10	11	12	13	14	15	16	17	18	19	20	21	22
일　진	癸酉	甲戌	乙亥	丙子	丁丑	戊寅	己卯	庚辰	辛巳	壬午	癸未	甲申	乙酉	丙戌	丁亥	戊子	己丑	庚寅	辛卯	壬辰	癸巳	甲午	乙未	丙申	丁酉	戊戌	己亥	庚子	辛丑	壬寅
절기시각														辰初																

7月 (丙申)

절기	처서																백로												
음력	1	2	3	4	5	6	7	8	9	10	11	12	13	14	15	16	17	18	19	20	21	22	23	24	25	26	27	28	29
양력 월/일	8/23	24	25	26	27	28	29	30	31	9/1	2	3	4	5	6	7	8	9	10	11	12	13	14	15	16	17	18	19	20
일진	癸卯	甲辰	乙巳	丙午	丁未	戊申	己酉	庚戌	辛亥	壬子	癸丑	甲寅	乙卯	丙辰	丁巳	戊午	己未	庚申	辛酉	壬戌	癸亥	甲子	乙丑	丙寅	丁卯	戊辰	己巳	庚午	辛未
절기시각	亥正																巳正												

8月 (丁酉)

절기		추분																한로											
음력	1	2	3	4	5	6	7	8	9	10	11	12	13	14	15	16	17	18	19	20	21	22	23	24	25	26	27	28	29
양력 월/일	9/21	22	23	24	25	26	27	28	29	30	10/1	2	3	4	5	6	7	8	9	10	11	12	13	14	15	16	17	18	19
일진	壬申	癸酉	甲戌	乙亥	丙子	丁丑	戊寅	己卯	庚辰	辛巳	壬午	癸未	甲申	乙酉	丙戌	丁亥	戊子	己丑	庚寅	辛卯	壬辰	癸巳	甲午	乙未	丙申	丁酉	戊戌	己亥	庚子
절기시각		戌正																丑正											

9月 (戊戌)

절기				상강															입동											
음력	1	2	3	4	5	6	7	8	9	10	11	12	13	14	15	16	17	18	19	20	21	22	23	24	25	26	27	28	29	30
양력 월/일	10/20	21	22	23	24	25	26	27	28	29	30	31	11/1	2	3	4	5	6	7	8	9	10	11	12	13	14	15	16	17	18
일진	辛丑	壬寅	癸卯	甲辰	乙巳	丙午	丁未	戊申	己酉	庚戌	辛亥	壬子	癸丑	甲寅	乙卯	丙辰	丁巳	戊午	己未	庚申	辛酉	壬戌	癸亥	甲子	乙丑	丙寅	丁卯	戊辰	己巳	庚午
절기시각				寅正															寅正											

10月 (己亥)

절기				소설															대설										
음력	1	2	3	4	5	6	7	8	9	10	11	12	13	14	15	16	17	18	19	20	21	22	23	24	25	26	27	28	29
양력 월/일	11/19	20	21	22	23	24	25	26	27	28	29	30	12/1	2	3	4	5	6	7	8	9	10	11	12	13	14	15	16	17
일진	辛未	壬申	癸酉	甲戌	乙亥	丙子	丁丑	戊寅	己卯	庚辰	辛巳	壬午	癸未	甲申	乙酉	丙戌	丁亥	戊子	己丑	庚寅	辛卯	壬辰	癸巳	甲午	乙未	丙申	丁酉	戊戌	己亥
절기시각				丑初															戌正										

11月 (庚子)

절기			동지														소한													
음력	1	2	3	4	5	6	7	8	9	10	11	12	13	14	15	16	17	18	19	20	21	22	23	24	25	26	27	28	29	30
양력 월/일	12/18	19	20	21	22	23	24	25	26	27	28	29	30	31	1/1	2	3	4	5	6	7	8	9	10	11	12	13	14	15	16
일진	庚子	辛丑	壬寅	癸卯	甲辰	乙巳	丙午	丁未	戊申	己酉	庚戌	辛亥	壬子	癸丑	甲寅	乙卯	丙辰	丁巳	戊午	己未	庚申	辛酉	壬戌	癸亥	甲子	乙丑	丙寅	丁卯	戊辰	己巳
절기시각			未正														辰正													

12月 (辛丑)

절기				대한														입춘											
음력	1	2	3	4	5	6	7	8	9	10	11	12	13	14	15	16	17	18	19	20	21	22	23	24	25	26	27	28	29
양력 월/일	1/17	18	19	20	21	22	23	24	25	26	27	28	29	30	31	2/1	2	3	4	5	6	7	8	9	10	11	12	13	14
일진	庚午	辛未	壬申	癸酉	甲戌	乙亥	丙子	丁丑	戊寅	己卯	庚辰	辛巳	壬午	癸未	甲申	乙酉	丙戌	丁亥	戊子	己丑	庚寅	辛卯	壬辰	癸巳	甲午	乙未	丙申	丁酉	戊戌
절기시각				丑初														戌初											

서기 1942년 (단기 4275년)　　壬　午　年

正月 (壬寅)

절기					우수															경칩										
음력	1	2	3	4	5	6	7	8	9	10	11	12	13	14	15	16	17	18	19	20	21	22	23	24	25	26	27	28	29	30
양력 월/일	2/15	16	17	18	19	20	21	22	23	24	25	26	27	28	3/1	2	3	4	5	6	7	8	9	10	11	12	13	14	15	16
일진	己亥	庚子	辛丑	壬寅	癸卯	甲辰	乙巳	丙午	丁未	戊申	己酉	庚戌	辛亥	壬子	癸丑	甲寅	乙卯	丙辰	丁巳	戊午	己未	庚申	辛酉	壬戌	癸亥	甲子	乙丑	丙寅	丁卯	戊辰
절기시각					申初															未初										

2月 (癸卯)

절기					춘분															청명	한식								
음력	1	2	3	4	5	6	7	8	9	10	11	12	13	14	15	16	17	18	19	20	21	22	23	24	25	26	27	28	29
양력 월/일	3/17	18	19	20	21	22	23	24	25	26	27	28	29	30	31	4/1	2	3	4	5	6	7	8	9	10	11	12	13	14
일진	己巳	庚午	辛未	壬申	癸酉	甲戌	乙亥	丙子	丁丑	戊寅	己卯	庚辰	辛巳	壬午	癸未	甲申	乙酉	丙戌	丁亥	戊子	己丑	庚寅	辛卯	壬辰	癸巳	甲午	乙未	丙申	丁酉
절기시각					未正															酉正										

3月 (甲辰)

절기							곡우															입하								
음력	1	2	3	4	5	6	7	8	9	10	11	12	13	14	15	16	17	18	19	20	21	22	23	24	25	26	27	28	29	30
양력 월/일	4/15	16	17	18	19	20	21	22	23	24	25	26	27	28	29	30	5/1	2	3	4	5	6	7	8	9	10	11	12	13	14
일진	戊戌	己亥	庚子	辛丑	壬寅	癸卯	甲辰	乙巳	丙午	丁未	戊申	己酉	庚戌	辛亥	壬子	癸丑	甲寅	乙卯	丙辰	丁巳	戊午	己未	庚申	辛酉	壬戌	癸亥	甲子	乙丑	丙寅	丁卯
절기시각							丑正															午正								

4月 (乙巳)

절기								소만															망종							
음력	1	2	3	4	5	6	7	8	9	10	11	12	13	14	15	16	17	18	19	20	21	22	23	24	25	26	27	28	29	30
양력 월/일	5/15	16	17	18	19	20	21	22	23	24	25	26	27	28	29	30	31	6/1	2	3	4	5	6	7	8	9	10	11	12	13
일진	戊辰	己巳	庚午	辛未	壬申	癸酉	甲戌	乙亥	丙子	丁丑	戊寅	己卯	庚辰	辛巳	壬午	癸未	甲申	乙酉	丙戌	丁亥	戊子	己丑	庚寅	辛卯	壬辰	癸巳	甲午	乙未	丙申	丁酉
절기시각								丑正															酉初							

5月 (丙午)

절기									하지													소서							
음력	1	2	3	4	5	6	7	8	9	10	11	12	13	14	15	16	17	18	19	20	21	22	23	24	25	26	27	28	29
양력 월/일	6/14	15	16	17	18	19	20	21	22	23	24	25	26	27	28	29	30	7/1	2	3	4	5	6	7	8	9	10	11	12
일진	戊戌	己亥	庚子	辛丑	壬寅	癸卯	甲辰	乙巳	丙午	丁未	戊申	己酉	庚戌	辛亥	壬子	癸丑	甲寅	乙卯	丙辰	丁巳	戊午	己未	庚申	辛酉	壬戌	癸亥	甲子	乙丑	丙寅
절기시각									巳正													寅初							

6月 (丁未)

절기			초복						대서		중복									입추										
음력	1	2	3	4	5	6	7	8	9	10	11	12	13	14	15	16	17	18	19	20	21	22	23	24	25	26	27	28	29	30
양력 월/일	7/13	14	15	16	17	18	19	20	21	22	23	24	25	26	27	28	29	30	31	8/1	2	3	4	5	6	7	8	9	10	11
일진	丁卯	戊辰	己巳	庚午	辛未	壬申	癸酉	甲戌	乙亥	丙子	丁丑	戊寅	己卯	庚辰	辛巳	壬午	癸未	甲申	乙酉	丙戌	丁亥	戊子	己丑	庚寅	辛卯	壬辰	癸巳	甲午	乙未	丙申
절기시각									亥初											未初										

7月 (戊申)

절기			말복									처서														백로			
음력	1	2	3	4	5	6	7	8	9	10	11	12	13	14	15	16	17	18	19	20	21	22	23	24	25	26	27	28	29	30
양력 월/일	8/12	13	14	15	16	17	18	19	20	21	22	23	24	25	26	27	28	29	30	31	9/1	2	3	4	5	6	7	8	9	10
일진	丁酉	戊戌	己亥	庚子	辛丑	壬寅	癸卯	甲辰	乙巳	丙午	丁未	戊申	己酉	庚戌	辛亥	壬子	癸丑	甲寅	乙卯	丙辰	丁巳	戊午	己未	庚申	辛酉	壬戌	癸亥	甲子	乙丑	丙寅
절기시각												寅正														申正			

8月 (己酉)

절기													추분													한로		
음력	1	2	3	4	5	6	7	8	9	10	11	12	13	14	15	16	17	18	19	20	21	22	23	24	25	26	27	28	29
양력 월/일	9/11	12	13	14	15	16	17	18	19	20	21	22	23	24	25	26	27	28	29	30	10/1	2	3	4	5	6	7	8	9
일진	丁卯	戊辰	己巳	庚午	辛未	壬申	癸酉	甲戌	乙亥	丙子	丁丑	戊寅	己卯	庚辰	辛巳	壬午	癸未	甲申	乙酉	丙戌	丁亥	戊子	己丑	庚寅	辛卯	壬辰	癸巳	甲午	乙未
절기시각													丑正													辰正		

9月 (庚戌)

절기														상강															입동
음력	1	2	3	4	5	6	7	8	9	10	11	12	13	14	15	16	17	18	19	20	21	22	23	24	25	26	27	28	29	30
양력 월/일	10/10	11	12	13	14	15	16	17	18	19	20	21	22	23	24	25	26	27	28	29	30	31	11/1	2	3	4	5	6	7	8
일진	丙申	丁酉	戊戌	己亥	庚子	辛丑	壬寅	癸卯	甲辰	乙巳	丙午	丁未	戊申	己酉	庚戌	辛亥	壬子	癸丑	甲寅	乙卯	丙辰	丁巳	戊午	己未	庚申	辛酉	壬戌	癸亥	甲子	乙丑
절기시각														午初															巳正

10月 (辛亥)

절기														소설														
음력	1	2	3	4	5	6	7	8	9	10	11	12	13	14	15	16	17	18	19	20	21	22	23	24	25	26	27	28	29
양력 월/일	11/9	10	11	12	13	14	15	16	17	18	19	20	21	22	23	24	25	26	27	28	29	30	12/1	2	3	4	5	6	7
일진	丙寅	丁卯	戊辰	己巳	庚午	辛未	壬申	癸酉	甲戌	乙亥	丙子	丁丑	戊寅	己卯	庚辰	辛巳	壬午	癸未	甲申	乙酉	丙戌	丁亥	戊子	己丑	庚寅	辛卯	壬辰	癸巳	甲午
절기시각														辰正															

11月 (壬子)

절기	대설														동지														
음력	1	2	3	4	5	6	7	8	9	10	11	12	13	14	15	16	17	18	19	20	21	22	23	24	25	26	27	28	29
양력 월/일	12/8	9	10	11	12	13	14	15	16	17	18	19	20	21	22	23	24	25	26	27	28	29	30	31	1/1	2	3	4	5
일진	乙未	丙申	丁酉	戊戌	己亥	庚子	辛丑	壬寅	癸卯	甲辰	乙巳	丙午	丁未	戊申	己酉	庚戌	辛亥	壬子	癸丑	甲寅	乙卯	丙辰	丁巳	戊午	己未	庚申	辛酉	壬戌	癸亥
절기시각	寅初														未正														

12月 (癸丑)

절기	소한													대한																
음력	1	2	3	4	5	6	7	8	9	10	11	12	13	14	15	16	17	18	19	20	21	22	23	24	25	26	27	28	29	30
양력 월/일	1/6	7	8	9	10	11	12	13	14	15	16	17	18	19	20	21	22	23	24	25	26	27	28	29	30	31	2/1	2	3	4
일진	甲子	乙丑	丙寅	丁卯	戊辰	己巳	庚午	辛未	壬申	癸酉	甲戌	乙亥	丙子	丁丑	戊寅	己卯	庚辰	辛巳	壬午	癸未	甲申	乙酉	丙戌	丁亥	戊子	己丑	庚寅	辛卯	壬辰	癸巳
절기시각	未初													辰初																

서기 1943년 (단기 4276년) 癸未年

正月 (甲寅)

절 기	입춘														우수														
음 력	1	2	3	4	5	6	7	8	9	10	11	12	13	14	15	16	17	18	19	20	21	22	23	24	25	26	27	28	29
양력 월/일	2/5	6	7	8	9	10	11	12	13	14	15	16	17	18	19	20	21	22	23	24	25	26	27	28	3/1	2	3	4	5
일 진	甲午	乙未	丙申	丁酉	戊戌	己亥	庚子	辛丑	壬寅	癸卯	甲辰	乙巳	丙午	丁未	戊申	己酉	庚戌	辛亥	壬子	癸丑	甲寅	乙卯	丙辰	丁巳	戊午	己未	庚申	辛酉	壬戌
절기시각	축초														亥初														

2月 (乙卯)

절 기	경칩															춘분														
음 력	1	2	3	4	5	6	7	8	9	10	11	12	13	14	15	16	17	18	19	20	21	22	23	24	25	26	27	28	29	30
양력 월/일	3/6	7	8	9	10	11	12	13	14	15	16	17	18	19	20	21	22	23	24	25	26	27	28	29	30	31	4/1	2	3	4
일 진	癸亥	甲子	乙丑	丙寅	丁卯	戊辰	己巳	庚午	辛未	壬申	癸酉	甲戌	乙亥	丙子	丁丑	戊寅	己卯	庚辰	辛巳	壬午	癸未	甲申	乙酉	丙戌	丁亥	戊子	己丑	庚寅	辛卯	壬辰
절기시각	戌初															戌正														

3月 (丙辰)

절 기	청명	한식															곡우													
음 력	1	2	3	4	5	6	7	8	9	10	11	12	13	14	15	16	17	18	19	20	21	22	23	24	25	26	27	28	29
양력 월/일	4/5	6	7	8	9	10	11	12	13	14	15	16	17	18	19	20	21	22	23	24	25	26	27	28	29	30	5/1	2	3
일 진	癸巳	甲午	乙未	丙申	丁酉	戊戌	己亥	庚子	辛丑	壬寅	癸卯	甲辰	乙巳	丙午	丁未	戊申	己酉	庚戌	辛亥	壬子	癸丑	甲寅	乙卯	丙辰	丁巳	戊午	己未	庚申	辛酉
절기시각	子正																辰正												

4月 (丁巳)

절 기			입하																소만											
음 력	1	2	3	4	5	6	7	8	9	10	11	12	13	14	15	16	17	18	19	20	21	22	23	24	25	26	27	28	29	30
양력 월/일	5/4	5	6	7	8	9	10	11	12	13	14	15	16	17	18	19	20	21	22	23	24	25	26	27	28	29	30	31	6/1	2
일 진	壬戌	癸亥	甲子	乙丑	丙寅	丁卯	戊辰	己巳	庚午	辛未	壬申	癸酉	甲戌	乙亥	丙子	丁丑	戊寅	己卯	庚辰	辛巳	壬午	癸未	甲申	乙酉	丙戌	丁亥	戊子	己丑	庚寅	辛卯
절기시각			酉正																辰初											

5月 (戊午)

절 기			망종															하지											
음 력	1	2	3	4	5	6	7	8	9	10	11	12	13	14	15	16	17	18	19	20	21	22	23	24	25	26	27	28	29
양력 월/일	6/3	4	5	6	7	8	9	10	11	12	13	14	15	16	17	18	19	20	21	22	23	24	25	26	27	28	29	30	7/1
일 진	壬辰	癸巳	甲午	乙未	丙申	丁酉	戊戌	己亥	庚子	辛丑	壬寅	癸卯	甲辰	乙巳	丙午	丁未	戊申	己酉	庚戌	辛亥	壬子	癸丑	甲寅	乙卯	丙辰	丁巳	戊午	己未	庚申
절기시각			子初															申正											

6月 (己未)

절 기						소서											초복			대서										중복
음 력	1	2	3	4	5	6	7	8	9	10	11	12	13	14	15	16	17	18	19	20	21	22	23	24	25	26	27	28	29	30
양력 월/일	7/2	3	4	5	6	7	8	9	10	11	12	13	14	15	16	17	18	19	20	21	22	23	24	25	26	27	28	29	30	31
일 진	辛酉	壬戌	癸亥	甲子	乙丑	丙寅	丁卯	戊辰	己巳	庚午	辛未	壬申	癸酉	甲戌	乙亥	丙子	丁丑	戊寅	己卯	庚辰	辛巳	壬午	癸未	甲申	乙酉	丙戌	丁亥	戊子	己丑	庚寅
절기시각						巳初														寅初										

7 月 （庚申）

절기					입추	말복																	처서							
음력	1	2	3	4	5	6	7	8	9	10	11	12	13	14	15	16	17	18	19	20	21	22	23	24	25	26	27	28	29	30
양력 월/일	8/1	2	3	4	5	6	7	8	9	10	11	12	13	14	15	16	17	18	19	20	21	22	23	24	25	26	27	28	29	30
일진	辛卯	壬辰	癸巳	甲午	乙未	丙申	丁酉	戊戌	己亥	庚子	辛丑	壬寅	癸卯	甲辰	乙巳	丙午	丁未	戊申	己酉	庚戌	辛亥	壬子	癸丑	甲寅	乙卯	丙辰	丁巳	戊午	己未	庚申
절기시각					戌初																		巳正							

8 月 （辛酉）

절기								백로																추분					
음력	1	2	3	4	5	6	7	8	9	10	11	12	13	14	15	16	17	18	19	20	21	22	23	24	25	26	27	28	29
양력 월/일	8/31	9/1	2	3	4	5	6	7	8	9	10	11	12	13	14	15	16	17	18	19	20	21	22	23	24	25	26	27	28
일진	辛酉	壬戌	癸亥	甲子	乙丑	丙寅	丁卯	戊辰	己巳	庚午	辛未	壬申	癸酉	甲戌	乙亥	丙子	丁丑	戊寅	己卯	庚辰	辛巳	壬午	癸未	甲申	乙酉	丙戌	丁亥	戊子	己丑
절기시각								亥正																辰初					

9 月 （壬戌）

절기									한로																상강					
음력	1	2	3	4	5	6	7	8	9	10	11	12	13	14	15	16	17	18	19	20	21	22	23	24	25	26	27	28	29	30
양력 월/일	9/29	30	10/1	2	3	4	5	6	7	8	9	10	11	12	13	14	15	16	17	18	19	20	21	22	23	24	25	26	27	28
일진	庚寅	辛卯	壬辰	癸巳	甲午	乙未	丙申	丁酉	戊戌	己亥	庚子	辛丑	壬寅	癸卯	甲辰	乙巳	丙午	丁未	戊申	己酉	庚戌	辛亥	壬子	癸丑	甲寅	乙卯	丙辰	丁巳	戊午	己未
절기시각									未正																申初					

10 月 （癸亥）

절기										입동															소설					
음력	1	2	3	4	5	6	7	8	9	10	11	12	13	14	15	16	17	18	19	20	21	22	23	24	25	26	27	28	29	30
양력 월/일	10/29	30	31	11/1	2	3	4	5	6	7	8	9	10	11	12	13	14	15	16	17	18	19	20	21	22	23	24	25	26	27
일진	庚申	辛酉	壬戌	癸亥	甲子	乙丑	丙寅	丁卯	戊辰	己巳	庚午	辛未	壬申	癸酉	甲戌	乙亥	丙子	丁丑	戊寅	己卯	庚辰	辛巳	壬午	癸未	甲申	乙酉	丙戌	丁亥	戊子	己丑
절기시각										申正															未初					

11 月 （甲子）

절기									대설															동지					
음력	1	2	3	4	5	6	7	8	9	10	11	12	13	14	15	16	17	18	19	20	21	22	23	24	25	26	27	28	29
양력 월/일	11/28	29	30	12/1	2	3	4	5	6	7	8	9	10	11	12	13	14	15	16	17	18	19	20	21	22	23	24	25	26
일진	庚寅	辛卯	壬辰	癸巳	甲午	乙未	丙申	丁酉	戊戌	己亥	庚子	辛丑	壬寅	癸卯	甲辰	乙巳	丙午	丁未	戊申	己酉	庚戌	辛亥	壬子	癸丑	甲寅	乙卯	丙辰	丁巳	戊午
절기시각									巳初															丑正					

12 月 （乙丑）

절기							소한																대한							
음력	1	2	3	4	5	6	7	8	9	10	11	12	13	14	15	16	17	18	19	20	21	22	23	24	25	26	27	28	29	30
양력 월/일	12/27	28	29	30	31	1/1	2	3	4	5	6	7	8	9	10	11	12	13	14	15	16	17	18	19	20	21	22	23	24	25
일진	己未	庚申	辛酉	壬戌	癸亥	甲子	乙丑	丙寅	丁卯	戊辰	己巳	庚午	辛未	壬申	癸酉	甲戌	乙亥	丙子	丁丑	戊寅	己卯	庚辰	辛巳	壬午	癸未	甲申	乙酉	丙戌	丁亥	戊子
절기시각							戌初																午正							

서기 1944년 (단기 4277년)　　甲　申　年

正 月 （丙 寅）

절기											입춘															우수				
음력	1	2	3	4	5	6	7	8	9	10	11	12	13	14	15	16	17	18	19	20	21	22	23	24	25	26	27	28	29	
양력 월/일	1/26	27	28	29	30	31	2/1	2	3	4	5	6	7	8	9	10	11	12	13	14	15	16	17	18	19	20	21	22	23	
일 진	己丑	庚寅	辛卯	壬辰	癸巳	甲午	乙未	丙申	丁酉	戊戌	己亥	庚子	辛丑	壬寅	癸卯	甲辰	乙巳	丙午	丁未	戊申	己酉	庚戌	辛亥	壬子	癸丑	甲寅	乙卯	丙辰	丁巳	
절기시각											辰初															丑正				

2 月 （丁 卯）

절기												경칩															춘분			
음력	1	2	3	4	5	6	7	8	9	10	11	12	13	14	15	16	17	18	19	20	21	22	23	24	25	26	27	28	29	
양력 월/일	2/24	25	26	27	28	29	3/1	2	3	4	5	6	7	8	9	10	11	12	13	14	15	16	17	18	19	20	21	22	23	
일 진	戊午	己未	庚申	辛酉	壬戌	癸亥	甲子	乙丑	丙寅	丁卯	戊辰	己巳	庚午	辛未	壬申	癸酉	甲戌	乙亥	丙子	丁丑	戊寅	己卯	庚辰	辛巳	壬午	癸未	甲申	乙酉	丙戌	
절기시각												辰初															丑正			

3 月 （戊 辰）

절기												청명	한식															곡우		
음력	1	2	3	4	5	6	7	8	9	10	11	12	13	14	15	16	17	18	19	20	21	22	23	24	25	26	27	28	29	30
양력 월/일	3/24	25	26	27	28	29	30	31	4/1	2	3	4	5	6	7	8	9	10	11	12	13	14	15	16	17	18	19	20	21	22
일 진	丁亥	戊子	己丑	庚寅	辛卯	壬辰	癸巳	甲午	乙未	丙申	丁酉	戊戌	己亥	庚子	辛丑	壬寅	癸卯	甲辰	乙巳	丙午	丁未	戊申	己酉	庚戌	辛亥	壬子	癸丑	甲寅	乙卯	丙辰
절기시각												卯正																未初		

4 月 （己 巳）

절기														입하														소만		
음력	1	2	3	4	5	6	7	8	9	10	11	12	13	14	15	16	17	18	19	20	21	22	23	24	25	26	27	28	29	
양력 월/일	4/23	24	25	26	27	28	29	30	5/1	2	3	4	5	6	7	8	9	10	11	12	13	14	15	16	17	18	19	20	21	
일 진	丁巳	戊午	己未	庚申	辛酉	壬戌	癸亥	甲子	乙丑	丙寅	丁卯	戊辰	己巳	庚午	辛未	壬申	癸酉	甲戌	乙亥	丙子	丁丑	戊寅	己卯	庚辰	辛巳	壬午	癸未	甲申	乙酉	
절기시각														子正														未初		

閏 4 月 （己 巳）

절기															망종															
음력	1	2	3	4	5	6	7	8	9	10	11	12	13	14	15	16	17	18	19	20	21	22	23	24	25	26	27	28	29	30
양력 월/일	5/22	23	24	25	26	27	28	29	30	31	6/1	2	3	4	5	6	7	8	9	10	11	12	13	14	15	16	17	18	19	20
일 진	丙戌	丁亥	戊子	己丑	庚寅	辛卯	壬辰	癸巳	甲午	乙未	丙申	丁酉	戊戌	己亥	庚子	辛丑	壬寅	癸卯	甲辰	乙巳	丙午	丁未	戊申	己酉	庚戌	辛亥	壬子	癸丑	甲寅	乙卯
절기시각															卯初															

5 月 （庚 午）

절기	하지													소서												초복				
음력	1	2	3	4	5	6	7	8	9	10	11	12	13	14	15	16	17	18	19	20	21	22	23	24	25	26	27	28	29	
양력 월/일	6/21	22	23	24	25	26	27	28	29	30	7/1	2	3	4	5	6	7	8	9	10	11	12	13	14	15	16	17	18	19	
일 진	丙辰	丁巳	戊午	己未	庚申	辛酉	壬戌	癸亥	甲子	乙丑	丙寅	丁卯	戊辰	己巳	庚午	辛未	壬申	癸酉	甲戌	乙亥	丙子	丁丑	戊寅	己卯	庚辰	辛巳	壬午	癸未	甲申	
절기시각	亥初													申初																

6 月 （辛 未）

절기				대서	중복													입추							말복					
음력	1	2	3	4	5	6	7	8	9	10	11	12	13	14	15	16	17	18	19	20	21	22	23	24	25	26	27	28	29	30
양력 월/일	7/20	21	22	23	24	25	26	27	28	29	30	31	8/1	2	3	4	5	6	7	8	9	10	11	12	13	14	15	16	17	18
일 진	乙酉	丙戌	丁亥	戊子	己丑	庚寅	辛卯	壬辰	癸巳	甲午	乙未	丙申	丁酉	戊戌	己亥	庚子	辛丑	壬寅	癸卯	甲辰	乙巳	丙午	丁未	戊申	己酉	庚戌	辛亥	壬子	癸丑	甲寅
절기시각				巳初														丑初												

7月 (壬申)

절기					처서															백로									
음력	1	2	3	4	5	6	7	8	9	10	11	12	13	14	15	16	17	18	19	20	21	22	23	24	25	26	27	28	29
양력 월/일	8/19	20	21	22	23	24	25	26	27	28	29	30	31	9/1	2	3	4	5	6	7	8	9	10	11	12	13	14	15	16
일 진	乙卯	丙辰	丁巳	戊午	己未	庚申	辛酉	壬戌	癸亥	甲子	乙丑	丙寅	丁卯	戊辰	己巳	庚午	辛未	壬申	癸酉	甲戌	乙亥	丙子	丁丑	戊寅	己卯	庚辰	辛巳	壬午	癸未
절기시각					申正															寅正									

8月 (癸酉)

절기					추분															한로										
음력	1	2	3	4	5	6	7	8	9	10	11	12	13	14	15	16	17	18	19	20	21	22	23	24	25	26	27	28	29	30
양력 월/일	9/17	18	19	20	21	22	23	24	25	26	27	28	29	30	10/1	2	3	4	5	6	7	8	9	10	11	12	13	14	15	16
일 진	甲申	乙酉	丙戌	丁亥	戊子	己丑	庚寅	辛卯	壬辰	癸巳	甲午	乙未	丙申	丁酉	戊戌	己亥	庚子	辛丑	壬寅	癸卯	甲辰	乙巳	丙午	丁未	戊申	己酉	庚戌	辛亥	壬子	癸丑
절기시각					未初															戌初										

9月 (甲戌)

절기					상강															입동										
음력	1	2	3	4	5	6	7	8	9	10	11	12	13	14	15	16	17	18	19	20	21	22	23	24	25	26	27	28	29	30
양력 월/일	10/17	18	19	20	21	22	23	24	25	26	27	28	29	30	31	11/1	2	3	4	5	6	7	8	9	10	11	12	13	14	15
일 진	甲寅	乙卯	丙辰	丁巳	戊午	己未	庚申	辛酉	壬戌	癸亥	甲子	乙丑	丙寅	丁卯	戊辰	己巳	庚午	辛未	壬申	癸酉	甲戌	乙亥	丙子	丁丑	戊寅	己卯	庚辰	辛巳	壬午	癸未
절기시각					亥正															亥正										

10月 (乙亥)

절기					소설															대설									
음력	1	2	3	4	5	6	7	8	9	10	11	12	13	14	15	16	17	18	19	20	21	22	23	24	25	26	27	28	29
양력 월/일	11/16	17	18	19	20	21	22	23	24	25	26	27	28	29	30	12/1	2	3	4	5	6	7	8	9	10	11	12	13	14
일 진	甲申	乙酉	丙戌	丁亥	戊子	己丑	庚寅	辛卯	壬辰	癸巳	甲午	乙未	丙申	丁酉	戊戌	己亥	庚子	辛丑	壬寅	癸卯	甲辰	乙巳	丙午	丁未	戊申	己酉	庚戌	辛亥	壬子
절기시각					戌初															未正									

11月 (丙子)

절기					동지															소한										
음력	1	2	3	4	5	6	7	8	9	10	11	12	13	14	15	16	17	18	19	20	21	22	23	24	25	26	27	28	29	30
양력 월/일	12/15	16	17	18	19	20	21	22	23	24	25	26	27	28	29	30	31	1/1	2	3	4	5	6	7	8	9	10	11	12	13
일 진	癸丑	甲寅	乙卯	丙辰	丁巳	戊午	己未	庚申	辛酉	壬戌	癸亥	甲子	乙丑	丙寅	丁卯	戊辰	己巳	庚午	辛未	壬申	癸酉	甲戌	乙亥	丙子	丁丑	戊寅	己卯	庚辰	辛巳	壬午
절기시각					辰正															丑初										

12月 (丁丑)

절기					대한															입춘										
음력	1	2	3	4	5	6	7	8	9	10	11	12	13	14	15	16	17	18	19	20	21	22	23	24	25	26	27	28	29	30
양력 월/일	1/14	15	16	17	18	19	20	21	22	23	24	25	26	27	28	29	30	31	2/1	2	3	4	5	6	7	8	9	10	11	12
일 진	癸未	甲申	乙酉	丙戌	丁亥	戊子	己丑	庚寅	辛卯	壬辰	癸巳	甲午	乙未	丙申	丁酉	戊戌	己亥	庚子	辛丑	壬寅	癸卯	甲辰	乙巳	丙午	丁未	戊申	己酉	庚戌	辛亥	壬子
절기시각					酉正															午正										

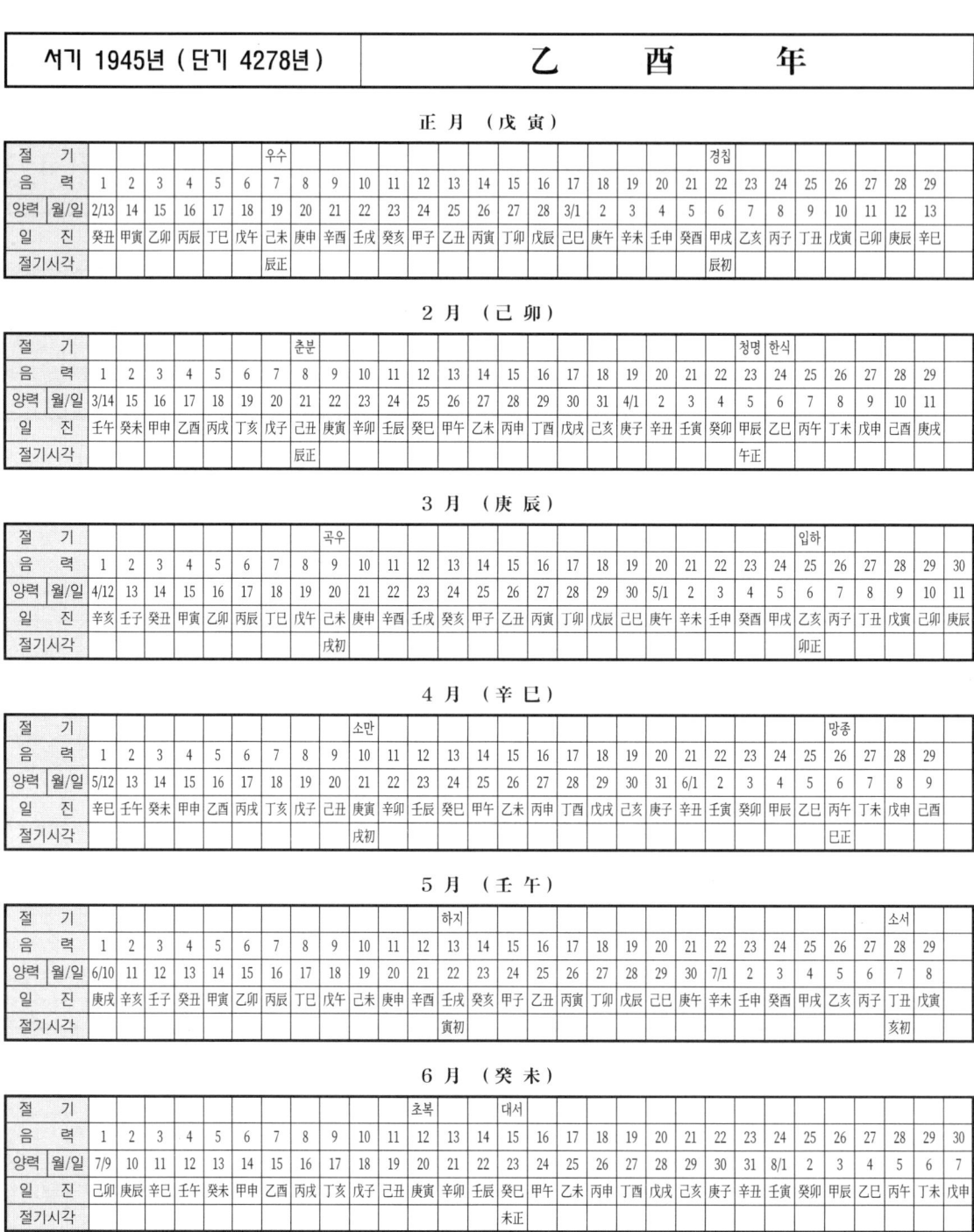

7 月 （甲 申）

절 기	입추	말복													처서														
음 력	1	2	3	4	5	6	7	8	9	10	11	12	13	14	15	16	17	18	19	20	21	22	23	24	25	26	27	28	29
양력 월/일	8/8	9	10	11	12	13	14	15	16	17	18	19	20	21	22	23	24	25	26	27	28	29	30	31	9/1	2	3	4	5
일 진	己酉	庚戌	辛亥	壬子	癸丑	甲寅	乙卯	丙辰	丁巳	戊午	己未	庚申	辛酉	壬戌	癸亥	甲子	乙丑	丙寅	丁卯	戊辰	己巳	庚午	辛未	壬申	癸酉	甲戌	乙亥	丙子	丁丑
절기시각	辰初														亥初														

8 月 （乙 酉）

절 기			백로														추분													
음 력	1	2	3	4	5	6	7	8	9	10	11	12	13	14	15	16	17	18	19	20	21	22	23	24	25	26	27	28	29	30
양력 월/일	9/6	7	8	9	10	11	12	13	14	15	16	17	18	19	20	21	22	23	24	25	26	27	28	29	30	10/1	2	3	4	5
일 진	戊寅	己卯	庚辰	辛巳	壬午	癸未	甲申	乙酉	丙戌	丁亥	戊子	己丑	庚寅	辛卯	壬辰	癸巳	甲午	乙未	丙申	丁酉	戊戌	己亥	庚子	辛丑	壬寅	癸卯	甲辰	乙巳	丙午	丁未
절기시각			巳正														戌初													

9 月 （丙 戌）

절 기			한로															상강												
음 력	1	2	3	4	5	6	7	8	9	10	11	12	13	14	15	16	17	18	19	20	21	22	23	24	25	26	27	28	29	30
양력 월/일	10/6	7	8	9	10	11	12	13	14	15	16	17	18	19	20	21	22	23	24	25	26	27	28	29	30	31	11/1	2	3	4
일 진	戊申	己酉	庚戌	辛亥	壬子	癸丑	甲寅	乙卯	丙辰	丁巳	戊午	己未	庚申	辛酉	壬戌	癸亥	甲子	乙丑	丙寅	丁卯	戊辰	己巳	庚午	辛未	壬申	癸酉	甲戌	乙亥	丙子	丁丑
절기시각			丑初															寅正												

10 月 （丁 亥）

절 기			입동															소설												
음 력	1	2	3	4	5	6	7	8	9	10	11	12	13	14	15	16	17	18	19	20	21	22	23	24	25	26	27	28	29	30
양력 월/일	11/5	6	7	8	9	10	11	12	13	14	15	16	17	18	19	20	21	22	23	24	25	26	27	28	29	30	12/1	2	3	4
일 진	戊寅	己卯	庚辰	辛巳	壬午	癸未	甲申	乙酉	丙戌	丁亥	戊子	己丑	庚寅	辛卯	壬辰	癸巳	甲午	乙未	丙申	丁酉	戊戌	己亥	庚子	辛丑	壬寅	癸卯	甲辰	乙巳	丙午	丁未
절기시각			寅初															子正												

11 月 （戊 子）

절 기			대설															동지											
음 력	1	2	3	4	5	6	7	8	9	10	11	12	13	14	15	16	17	18	19	20	21	22	23	24	25	26	27	28	29
양력 월/일	12/5	6	7	8	9	10	11	12	13	14	15	16	17	18	19	20	21	22	23	24	25	26	27	28	29	30	31	1/1	2
일 진	戊申	己酉	庚戌	辛亥	壬子	癸丑	甲寅	乙卯	丙辰	丁巳	戊午	己未	庚申	辛酉	壬戌	癸亥	甲子	乙丑	丙寅	丁卯	戊辰	己巳	庚午	辛未	壬申	癸酉	甲戌	乙亥	丙子
절기시각			戌初															未正											

12 月 （己 丑）

절 기			소한															대한												
음 력	1	2	3	4	5	6	7	8	9	10	11	12	13	14	15	16	17	18	19	20	21	22	23	24	25	26	27	28	29	30
양력 월/일	1/3	4	5	6	7	8	9	10	11	12	13	14	15	16	17	18	19	20	21	22	23	24	25	26	27	28	29	30	31	2/1
일 진	丁丑	戊寅	己卯	庚辰	辛巳	壬午	癸未	甲申	乙酉	丙戌	丁亥	戊子	己丑	庚寅	辛卯	壬辰	癸巳	甲午	乙未	丙申	丁酉	戊戌	己亥	庚子	辛丑	壬寅	癸卯	甲辰	乙巳	丙午
절기시각			辰初															子正												

서기 1946년 (단기 4279년) 丙戌年

正月 (庚寅)

절기		입춘															우수													
음력	1	2	3	4	5	6	7	8	9	10	11	12	13	14	15	16	17	18	19	20	21	22	23	24	25	26	27	28	29	30
양력 월/일	2/2	3	4	5	6	7	8	9	10	11	12	13	14	15	16	17	18	19	20	21	22	23	24	25	26	27	28	3/1	2	3
일진	丁未	戊申	己酉	庚戌	辛亥	壬子	癸丑	甲寅	乙卯	丙辰	丁巳	戊午	己未	庚申	辛酉	壬戌	癸亥	甲子	乙丑	丙寅	丁卯	戊辰	己巳	庚午	辛未	壬申	癸酉	甲戌	乙亥	丙子
절기시각			戌初															申初												

2月 (辛卯)

절기		경칩															춘분												
음력	1	2	3	4	5	6	7	8	9	10	11	12	13	14	15	16	17	18	19	20	21	22	23	24	25	26	27	28	29
양력 월/일	3/4	5	6	7	8	9	10	11	12	13	14	15	16	17	18	19	20	21	22	23	24	25	26	27	28	29	30	31	4/1
일진	丁丑	戊寅	己卯	庚辰	辛巳	壬午	癸未	甲申	乙酉	丙戌	丁亥	戊子	己丑	庚寅	辛卯	壬辰	癸巳	甲午	乙未	丙申	丁酉	戊戌	己亥	庚子	辛丑	壬寅	癸卯	甲辰	乙巳
절기시각			午正															未初											

3月 (壬辰)

절기				청명	한식															곡우									
음력	1	2	3	4	5	6	7	8	9	10	11	12	13	14	15	16	17	18	19	20	21	22	23	24	25	26	27	28	29
양력 월/일	4/2	3	4	5	6	7	8	9	10	11	12	13	14	15	16	17	18	19	20	21	22	23	24	25	26	27	28	29	30
일진	丙午	丁未	戊申	己酉	庚戌	辛亥	壬子	癸丑	甲寅	乙卯	丙辰	丁巳	戊午	己未	庚申	辛酉	壬戌	癸亥	甲子	乙丑	丙寅	丁卯	戊辰	己巳	庚午	辛未	壬申	癸酉	甲戌
절기시각				酉正																丑初									

4月 (癸巳)

절기					입하																소만									
음력	1	2	3	4	5	6	7	8	9	10	11	12	13	14	15	16	17	18	19	20	21	22	23	24	25	26	27	28	29	30
양력 월/일	5/1	2	3	4	5	6	7	8	9	10	11	12	13	14	15	16	17	18	19	20	21	22	23	24	25	26	27	28	29	30
일진	乙亥	丙子	丁丑	戊寅	己卯	庚辰	辛巳	壬午	癸未	甲申	乙酉	丙戌	丁亥	戊子	己丑	庚寅	辛卯	壬辰	癸巳	甲午	乙未	丙申	丁酉	戊戌	己亥	庚子	辛丑	壬寅	癸卯	甲辰
절기시각					午正																丑初									

5月 (甲午)

절기					망종																하지								
음력	1	2	3	4	5	6	7	8	9	10	11	12	13	14	15	16	17	18	19	20	21	22	23	24	25	26	27	28	29
양력 월/일	5/31	6/1	2	3	4	5	6	7	8	9	10	11	12	13	14	15	16	17	18	19	20	21	22	23	24	25	26	27	28
일진	乙巳	丙午	丁未	戊申	己酉	庚戌	辛亥	壬子	癸丑	甲寅	乙卯	丙辰	丁巳	戊午	己未	庚申	辛酉	壬戌	癸亥	甲子	乙丑	丙寅	丁卯	戊辰	己巳	庚午	辛未	壬申	癸酉
절기시각					申正																巳初								

6月 (乙未)

절기							소서										초복								대서	중복			
음력	1	2	3	4	5	6	7	8	9	10	11	12	13	14	15	16	17	18	19	20	21	22	23	24	25	26	27	28	29
양력 월/일	6/29	30	7/1	2	3	4	5	6	7	8	9	10	11	12	13	14	15	16	17	18	19	20	21	22	23	24	25	26	27
일진	甲戌	乙亥	丙子	丁丑	戊寅	己卯	庚辰	辛巳	壬午	癸未	甲申	乙酉	丙戌	丁亥	戊子	己丑	庚寅	辛卯	壬辰	癸巳	甲午	乙未	丙申	丁酉	戊戌	己亥	庚子	辛丑	壬寅
절기시각							寅初																		戌正				

7月 (丙申)

절기												입추								말복								처서			
음력	1	2	3	4	5	6	7	8	9	10	11	12	13	14	15	16	17	18	19	20	21	22	23	24	25	26	27	28	29	30
양력 월/일	7/28	29	30	31	8/1	2	3	4	5	6	7	8	9	10	11	12	13	14	15	16	17	18	19	20	21	22	23	24	25	26
일진	癸卯	甲辰	乙巳	丙午	丁未	戊申	己酉	庚戌	辛亥	壬子	癸丑	甲寅	乙卯	丙辰	丁巳	戊午	己未	庚申	辛酉	壬戌	癸亥	甲子	乙丑	丙寅	丁卯	戊辰	己巳	庚午	辛未	壬申
절기시각												未初																寅初		

8月 (丁酉)

절기													백로															추분	
음력	1	2	3	4	5	6	7	8	9	10	11	12	13	14	15	16	17	18	19	20	21	22	23	24	25	26	27	28	29
양력 월/일	8/27	28	29	30	31	9/1	2	3	4	5	6	7	8	9	10	11	12	13	14	15	16	17	18	19	20	21	22	23	24
일진	癸酉	甲戌	乙亥	丙子	丁丑	戊寅	己卯	庚辰	辛巳	壬午	癸未	甲申	乙酉	丙戌	丁亥	戊子	己丑	庚寅	辛卯	壬辰	癸巳	甲午	乙未	丙申	丁酉	戊戌	己亥	庚子	辛丑
절기시각													申正															丑初	

9月 (戊戌)

절기														한로																상강
음력	1	2	3	4	5	6	7	8	9	10	11	12	13	14	15	16	17	18	19	20	21	22	23	24	25	26	27	28	29	30
양력 월/일	9/25	26	27	28	29	30	10/1	2	3	4	5	6	7	8	9	10	11	12	13	14	15	16	17	18	19	20	21	22	23	24
일진	壬寅	癸卯	甲辰	乙巳	丙午	丁未	戊申	己酉	庚戌	辛亥	壬子	癸丑	甲寅	乙卯	丙辰	丁巳	戊午	己未	庚申	辛酉	壬戌	癸亥	甲子	乙丑	丙寅	丁卯	戊辰	己巳	庚午	辛未
절기시각														辰初																巳正

10月 (己亥)

절기									입동																					소설
음력	1	2	3	4	5	6	7	8	9	10	11	12	13	14	15	16	17	18	19	20	21	22	23	24	25	26	27	28	29	30
양력 월/일	10/25	26	27	28	29	30	31	11/1	2	3	4	5	6	7	8	9	10	11	12	13	14	15	16	17	18	19	20	21	22	23
일진	壬申	癸酉	甲戌	乙亥	丙子	丁丑	戊寅	己卯	庚辰	辛巳	壬午	癸未	甲申	乙酉	丙戌	丁亥	戊子	己丑	庚寅	辛卯	壬辰	癸巳	甲午	乙未	丙申	丁酉	戊戌	己亥	庚子	辛丑
절기시각									巳正																					辰初

11月 (庚子)

절기												대설															동지		
음력	1	2	3	4	5	6	7	8	9	10	11	12	13	14	15	16	17	18	19	20	21	22	23	24	25	26	27	28	29
양력 월/일	11/24	25	26	27	28	29	30	12/1	2	3	4	5	6	7	8	9	10	11	12	13	14	15	16	17	18	19	20	21	22
일진	壬寅	癸卯	甲辰	乙巳	丙午	丁未	戊申	己酉	庚戌	辛亥	壬子	癸丑	甲寅	乙卯	丙辰	丁巳	戊午	己未	庚申	辛酉	壬戌	癸亥	甲子	乙丑	丙寅	丁卯	戊辰	己巳	庚午
절기시각												丑正															戌正		

12月 (辛丑)

절기													소한																	대한
음력	1	2	3	4	5	6	7	8	9	10	11	12	13	14	15	16	17	18	19	20	21	22	23	24	25	26	27	28	29	30
양력 월/일	12/23	24	25	26	27	28	29	30	31	1/1	2	3	4	5	6	7	8	9	10	11	12	13	14	15	16	17	18	19	20	21
일진	辛未	壬申	癸酉	甲戌	乙亥	丙子	丁丑	戊寅	己卯	庚辰	辛巳	壬午	癸未	甲申	乙酉	丙戌	丁亥	戊子	己丑	庚寅	辛卯	壬辰	癸巳	甲午	乙未	丙申	丁酉	戊戌	己亥	庚子
절기시각													未正																	卯正

서기 1947년 (단기 4280년) 丁亥年

正月 (壬寅)

절기														입춘														우수		
음력	1	2	3	4	5	6	7	8	9	10	11	12	13	14	15	16	17	18	19	20	21	22	23	24	25	26	27	28	29	30
양력 월/일	1/22	23	24	25	26	27	28	29	30	31	2/1	2	3	4	5	6	7	8	9	10	11	12	13	14	15	16	17	18	19	20
일진	辛丑	壬寅	癸卯	甲辰	乙巳	丙午	丁未	戊申	己酉	庚戌	辛亥	壬子	癸丑	甲寅	乙卯	丙辰	丁巳	戊午	己未	庚申	辛酉	壬戌	癸亥	甲子	乙丑	丙寅	丁卯	戊辰	己巳	庚午
절기시각														子正															戌正	

2月 (癸卯)

절기														경칩															춘분	
음력	1	2	3	4	5	6	7	8	9	10	11	12	13	14	15	16	17	18	19	20	21	22	23	24	25	26	27	28	29	30
양력 월/일	2/21	22	23	24	25	26	27	28	3/1	2	3	4	5	6	7	8	9	10	11	12	13	14	15	16	17	18	19	20	21	22
일진	辛未	壬申	癸酉	甲戌	乙亥	丙子	丁丑	戊寅	己卯	庚辰	辛巳	壬午	癸未	甲申	乙酉	丙戌	丁亥	戊子	己丑	庚寅	辛卯	壬辰	癸巳	甲午	乙未	丙申	丁酉	戊戌	己亥	庚子
절기시각														酉正															戌初	

閏2月 (癸卯)

절기													청명	한식															
음력	1	2	3	4	5	6	7	8	9	10	11	12	13	14	15	16	17	18	19	20	21	22	23	24	25	26	27	28	29
양력 월/일	3/23	24	25	26	27	28	29	30	31	4/1	2	3	4	5	6	7	8	9	10	11	12	13	14	15	16	17	18	19	20
일진	辛丑	壬寅	癸卯	甲辰	乙巳	丙午	丁未	戊申	己酉	庚戌	辛亥	壬子	癸丑	甲寅	乙卯	丙辰	丁巳	戊午	己未	庚申	辛酉	壬戌	癸亥	甲子	乙丑	丙寅	丁卯	戊辰	己巳
절기시각													子初																

3月 (甲辰)

절기														입하															
음력	1	2	3	4	5	6	7	8	9	10	11	12	13	14	15	16	17	18	19	20	21	22	23	24	25	26	27	28	29
양력 월/일	4/21	22	23	24	25	26	27	28	29	30	5/1	2	3	4	5	6	7	8	9	10	11	12	13	14	15	16	17	18	19
일진	庚午	辛未	壬申	癸酉	甲戌	乙亥	丙子	丁丑	戊寅	己卯	庚辰	辛巳	壬午	癸未	甲申	乙酉	丙戌	丁亥	戊子	己丑	庚寅	辛卯	壬辰	癸巳	甲午	乙未	丙申	丁酉	戊戌
절기시각														酉初															

4月 (乙巳)

절기			소만													망종														
음력	1	2	3	4	5	6	7	8	9	10	11	12	13	14	15	16	17	18	19	20	21	22	23	24	25	26	27	28	29	30
양력 월/일	5/20	21	22	23	24	25	26	27	28	29	30	31	6/1	2	3	4	5	6	7	8	9	10	11	12	13	14	15	16	17	18
일진	己亥	庚子	辛丑	壬寅	癸卯	甲辰	乙巳	丙午	丁未	戊申	己酉	庚戌	辛亥	壬子	癸丑	甲寅	乙卯	丙辰	丁巳	戊午	己未	庚申	辛酉	壬戌	癸亥	甲子	乙丑	丙寅	丁卯	戊辰
절기시각			辰初													申初														

5月 (丙午)

절기			하지														소서												
음력	1	2	3	4	5	6	7	8	9	10	11	12	13	14	15	16	17	18	19	20	21	22	23	24	25	26	27	28	29
양력 월/일	6/19	20	21	22	23	24	25	26	27	28	29	30	7/1	2	3	4	5	6	7	8	9	10	11	12	13	14	15	16	17
일진	己巳	庚午	辛未	壬申	癸酉	甲戌	乙亥	丙子	丁丑	戊寅	己卯	庚辰	辛巳	壬午	癸未	甲申	乙酉	丙戌	丁亥	戊子	己丑	庚寅	辛卯	壬辰	癸巳	甲午	乙未	丙申	丁酉
절기시각			申初														辰正												

6月 (丁未)

절기			초복				대서						중복							입추	말복								
음력	1	2	3	4	5	6	7	8	9	10	11	12	13	14	15	16	17	18	19	20	21	22	23	24	25	26	27	28	29
양력 월/일	7/18	19	20	21	22	23	24	25	26	27	28	29	30	31	8/1	2	3	4	5	6	7	8	9	10	11	12	13	14	15
일진	戊戌	己亥	庚子	辛丑	壬寅	癸卯	甲辰	乙巳	丙午	丁未	戊申	己酉	庚戌	辛亥	壬子	癸丑	甲寅	乙卯	丙辰	丁巳	戊午	己未	庚申	辛酉	壬戌	癸亥	甲子	乙丑	丙寅
절기시각							丑正													寅正									

7 月 （戊申）

절 기								처서																백로						
음 력	1	2	3	4	5	6	7	8	9	10	11	12	13	14	15	16	17	18	19	20	21	22	23	24	25	26	27	28	29	30
양력 월/일	8/16	17	18	19	20	21	22	23	24	25	26	27	28	29	30	31	9/1	2	3	4	5	6	7	8	9	10	11	12	13	14
일 진	丁卯	戊辰	己巳	庚午	辛未	壬申	癸酉	甲戌	乙亥	丙子	丁丑	戊寅	己卯	庚辰	辛巳	壬午	癸未	甲申	乙酉	丙戌	丁亥	戊子	己丑	庚寅	辛卯	壬辰	癸巳	甲午	乙未	丙申
절기시각								巳初																亥初						

8 月 （己酉）

절 기					추분																			한로					
음 력	1	2	3	4	5	6	7	8	9	10	11	12	13	14	15	16	17	18	19	20	21	22	23	24	25	26	27	28	29
양력 월/일	9/15	16	17	18	19	20	21	22	23	24	25	26	27	28	29	30	10/1	2	3	4	5	6	7	8	9	10	11	12	13
일 진	丁酉	戊戌	己亥	庚子	辛丑	壬寅	癸卯	甲辰	乙巳	丙午	丁未	戊申	己酉	庚戌	辛亥	壬子	癸丑	甲寅	乙卯	丙辰	丁巳	戊午	己未	庚申	辛酉	壬戌	癸亥	甲子	乙丑
절기시각					辰初																			未初					

9 月 （庚戌）

절 기											상강															입동				
음 력	1	2	3	4	5	6	7	8	9	10	11	12	13	14	15	16	17	18	19	20	21	22	23	24	25	26	27	28	29	30
양력 월/일	10/14	15	16	17	18	19	20	21	22	23	24	25	26	27	28	29	30	31	11/1	2	3	4	5	6	7	8	9	10	11	12
일 진	丙寅	丁卯	戊辰	己巳	庚午	辛未	壬申	癸酉	甲戌	乙亥	丙子	丁丑	戊寅	己卯	庚辰	辛巳	壬午	癸未	甲申	乙酉	丙戌	丁亥	戊子	己丑	庚寅	辛卯	壬辰	癸巳	甲午	乙未
절기시각											申初															申正				

10 月 （辛亥）

절 기									소설															대설				
음 력	1	2	3	4	5	6	7	8	9	10	11	12	13	14	15	16	17	18	19	20	21	22	23	24	25	26	27	28	29
양력 월/일	11/13	14	15	16	17	18	19	20	21	22	23	24	25	26	27	28	29	30	12/1	2	3	4	5	6	7	8	9	10	11
일 진	丙申	丁酉	戊戌	己亥	庚子	辛丑	壬寅	癸卯	甲辰	乙巳	丙午	丁未	戊申	己酉	庚戌	辛亥	壬子	癸丑	甲寅	乙卯	丙辰	丁巳	戊午	己未	庚申	辛酉	壬戌	癸亥	甲子
절기시각									未初															辰正				

11 月 （壬子）

절 기								동지															소한						
음 력	1	2	3	4	5	6	7	8	9	10	11	12	13	14	15	16	17	18	19	20	21	22	23	24	25	26	27	28	29	30
양력 월/일	12/12	13	14	15	16	17	18	19	20	21	22	23	24	25	26	27	28	29	30	31	1/1	2	3	4	5	6	7	8	9	10
일 진	乙丑	丙寅	丁卯	戊辰	己巳	庚午	辛未	壬申	癸酉	甲戌	乙亥	丙子	丁丑	戊寅	己卯	庚辰	辛巳	壬午	癸未	甲申	乙酉	丙戌	丁亥	戊子	己丑	庚寅	辛卯	壬辰	癸巳	甲午
절기시각								丑正															戌初						

12 月 （亥丑）

절 기						대한															입춘								
음 력	1	2	3	4	5	6	7	8	9	10	11	12	13	14	15	16	17	18	19	20	21	22	23	24	25	26	27	28	29	30
양력 월/일	1/11	12	13	14	15	16	17	18	19	20	21	22	23	24	25	26	27	28	29	30	31	2/1	2	3	4	5	6	7	8	9
일 진	乙未	丙申	丁酉	戊戌	己亥	庚子	辛丑	壬寅	癸卯	甲辰	乙巳	丙午	丁未	戊申	己酉	庚戌	辛亥	壬子	癸丑	甲寅	乙卯	丙辰	丁巳	戊午	己未	庚申	辛酉	壬戌	癸亥	甲子
절기시각						午正															卯正									

서기 1948년 (단기 4281년) 戊子年

正月 (甲寅)

절기										우수																경칩				
음력	1	2	3	4	5	6	7	8	9	10	11	12	13	14	15	16	17	18	19	20	21	22	23	24	25	26	27	28	29	30
양력 월/일	2/10	11	12	13	14	15	16	17	18	19	20	21	22	23	24	25	26	27	28	29	7/1	2	3	4	5	6	7	8	9	10
일 진	乙丑	丙寅	丁卯	戊辰	己巳	庚午	辛未	壬申	癸酉	甲戌	乙亥	丙子	丁丑	戊寅	己卯	庚辰	辛巳	壬午	癸未	甲申	乙酉	丙戌	丁亥	戊子	己丑	庚寅	辛卯	壬辰	癸巳	甲午
절기시각											丑正															子正				

2月 (乙卯)

절기										춘분															청명	한식		
음력	1	2	3	4	5	6	7	8	9	10	11	12	13	14	15	16	17	18	19	20	21	22	23	24	25	26	27	28	29
양력 월/일	3/11	12	13	14	15	16	17	18	19	20	21	22	23	24	25	26	27	28	29	30	31	4/1	2	3	4	5	6	7	8
일 진	乙未	丙申	丁酉	戊戌	己亥	庚子	辛丑	壬寅	癸卯	甲辰	乙巳	丙午	丁未	戊申	己酉	庚戌	辛亥	壬子	癸丑	甲寅	乙卯	丙辰	丁巳	戊午	己未	庚申	辛酉	壬戌	癸亥
절기시각										丑初															卯初				

3月 (丙辰)

절기										곡우																입하				
음력	1	2	3	4	5	6	7	8	9	10	11	12	13	14	15	16	17	18	19	20	21	22	23	24	25	26	27	28	29	30
양력 월/일	4/9	10	11	12	13	14	15	16	17	18	19	20	21	22	23	24	25	26	27	28	29	30	5/1	2	3	4	5	6	7	8
일 진	甲子	乙丑	丙寅	丁卯	戊辰	己巳	庚午	辛未	壬申	癸酉	甲戌	乙亥	丙子	丁丑	戊寅	己卯	庚辰	辛巳	壬午	癸未	甲申	乙酉	丙戌	丁亥	戊子	己丑	庚寅	辛卯	壬辰	癸巳
절기시각										未初																子初				

4月 (丁巳)

절기										소만																망종		
음력	1	2	3	4	5	6	7	8	9	10	11	12	13	14	15	16	17	18	19	20	21	22	23	24	25	26	27	28	29
양력 월/일	5/9	10	11	12	13	14	15	16	17	18	19	20	21	22	23	24	25	26	27	28	29	30	31	6/1	2	3	4	5	6
일 진	甲午	乙未	丙申	丁酉	戊戌	己亥	庚子	辛丑	壬寅	癸卯	甲辰	乙巳	丙午	丁未	戊申	己酉	庚戌	辛亥	壬子	癸丑	甲寅	乙卯	丙辰	丁巳	戊午	己未	庚申	辛酉	壬戌
절기시각										午正																寅正			

5月 (戊午)

절기											하지																			
음력	1	2	3	4	5	6	7	8	9	10	11	12	13	14	15	16	17	18	19	20	21	22	23	24	25	26	27	28	29	30
양력 월/일	6/7	8	9	10	11	12	13	14	15	16	17	18	19	20	21	22	23	24	25	26	27	28	29	30	7/1	2	3	4	5	6
일 진	癸亥	甲子	乙丑	丙寅	丁卯	戊辰	己巳	庚午	辛未	壬申	癸酉	甲戌	乙亥	丙子	丁丑	戊寅	己卯	庚辰	辛巳	壬午	癸未	甲申	乙酉	丙戌	丁亥	戊子	己丑	庚寅	辛卯	壬辰
절기시각											亥初																			

6月 (己未)

절기	소서						초복										대서	중복											
음력	1	2	3	4	5	6	7	8	9	10	11	12	13	14	15	16	17	18	19	20	21	22	23	24	25	26	27	28	29
양력 월/일	7/7	8	9	10	11	12	13	14	15	16	17	18	19	20	21	22	23	24	25	26	27	28	29	30	31	8/1	2	3	4
일 진	癸巳	甲午	乙未	丙申	丁酉	戊戌	己亥	庚子	辛丑	壬寅	癸卯	甲辰	乙巳	丙午	丁未	戊申	己酉	庚戌	辛亥	壬子	癸丑	甲寅	乙卯	丙辰	丁巳	戊午	己未	庚申	辛酉
절기시각	未正																辰正												

7月 (庚申)

절기				입추					말복										처서										
음력	1	2	3	4	5	6	7	8	9	10	11	12	13	14	15	16	17	18	19	20	21	22	23	24	25	26	27	28	29
양력 월/일	8/5	6	7	8	9	10	11	12	13	14	15	16	17	18	19	20	21	22	23	24	25	26	27	28	29	30	31	9/1	2
일 진	壬戌	癸亥	甲子	乙丑	丙寅	丁卯	戊辰	己巳	庚午	辛未	壬申	癸酉	甲戌	乙亥	丙子	丁丑	戊寅	己卯	庚辰	辛巳	壬午	癸未	甲申	乙酉	丙戌	丁亥	戊子	己丑	庚寅
절기시각				子正															申初										

8月 (辛酉)

절기				백로																추분										
음력	1	2	3	4	5	6	7	8	9	10	11	12	13	14	15	16	17	18	19	20	21	22	23	24	25	26	27	28	29	30
양력 월/일	9/3	4	5	6	7	8	9	10	11	12	13	14	15	16	17	18	19	20	21	22	23	24	25	26	27	28	29	30	10/1	2
일 진	辛卯	壬辰	癸巳	甲午	乙未	丙申	丁酉	戊戌	己亥	庚子	辛丑	壬寅	癸卯	甲辰	乙巳	丙午	丁未	戊申	己酉	庚戌	辛亥	壬子	癸丑	甲寅	乙卯	丙辰	丁巳	戊午	己未	庚申
절기시각				寅初																午正										

9月 (壬戌)

절기				한로																상강									
음력	1	2	3	4	5	6	7	8	9	10	11	12	13	14	15	16	17	18	19	20	21	22	23	24	25	26	27	28	29
양력 월/일	10/3	4	5	6	7	8	9	10	11	12	13	14	15	16	17	18	19	20	21	22	23	24	25	26	27	28	29	30	31
일 진	辛酉	壬戌	癸亥	甲子	乙丑	丙寅	丁卯	戊辰	己巳	庚午	辛未	壬申	癸酉	甲戌	乙亥	丙子	丁丑	戊寅	己卯	庚辰	辛巳	壬午	癸未	甲申	乙酉	丙戌	丁亥	戊子	己丑
절기시각				戌初																亥正									

10月 (癸亥)

절기				입동																소설										
음력	1	2	3	4	5	6	7	8	9	10	11	12	13	14	15	16	17	18	19	20	21	22	23	24	25	26	27	28	29	30
양력 월/일	11/1	2	3	4	5	6	7	8	9	10	11	12	13	14	15	16	17	18	19	20	21	22	23	24	25	26	27	28	29	30
일 진	庚寅	辛卯	壬辰	癸巳	甲午	乙未	丙申	丁酉	戊戌	己亥	庚子	辛丑	壬寅	癸卯	甲辰	乙巳	丙午	丁未	戊申	己酉	庚戌	辛亥	壬子	癸丑	甲寅	乙卯	丙辰	丁巳	戊午	己未
절기시각				亥初																戌初										

11月 (甲子)

절기				대설																동지									
음력	1	2	3	4	5	6	7	8	9	10	11	12	13	14	15	16	17	18	19	20	21	22	23	24	25	26	27	28	29
양력 월/일	12/1	2	3	4	5	6	7	8	9	10	11	12	13	14	15	16	17	18	19	20	21	22	23	24	25	26	27	28	29
일 진	庚申	辛酉	壬戌	癸亥	甲子	乙丑	丙寅	丁卯	戊辰	己巳	庚午	辛未	壬申	癸酉	甲戌	乙亥	丙子	丁丑	戊寅	己卯	庚辰	辛巳	壬午	癸未	甲申	乙酉	丙戌	丁亥	戊子
절기시각				未正																辰初									

12月 (乙丑)

절기					소한															대한										
음력	1	2	3	4	5	6	7	8	9	10	11	12	13	14	15	16	17	18	19	20	21	22	23	24	25	26	27	28	29	30
양력 월/일	12/30	31	1/1	2	3	4	5	6	7	8	9	10	11	12	13	14	15	16	17	18	19	20	21	22	23	24	25	26	27	28
일 진	己丑	庚寅	辛卯	壬辰	癸巳	甲午	乙未	丙申	丁酉	戊戌	己亥	庚子	辛丑	壬寅	癸卯	甲辰	乙巳	丙午	丁未	戊申	己酉	庚戌	辛亥	壬子	癸丑	甲寅	乙卯	丙辰	丁巳	戊午
절기시각					子正															酉正										

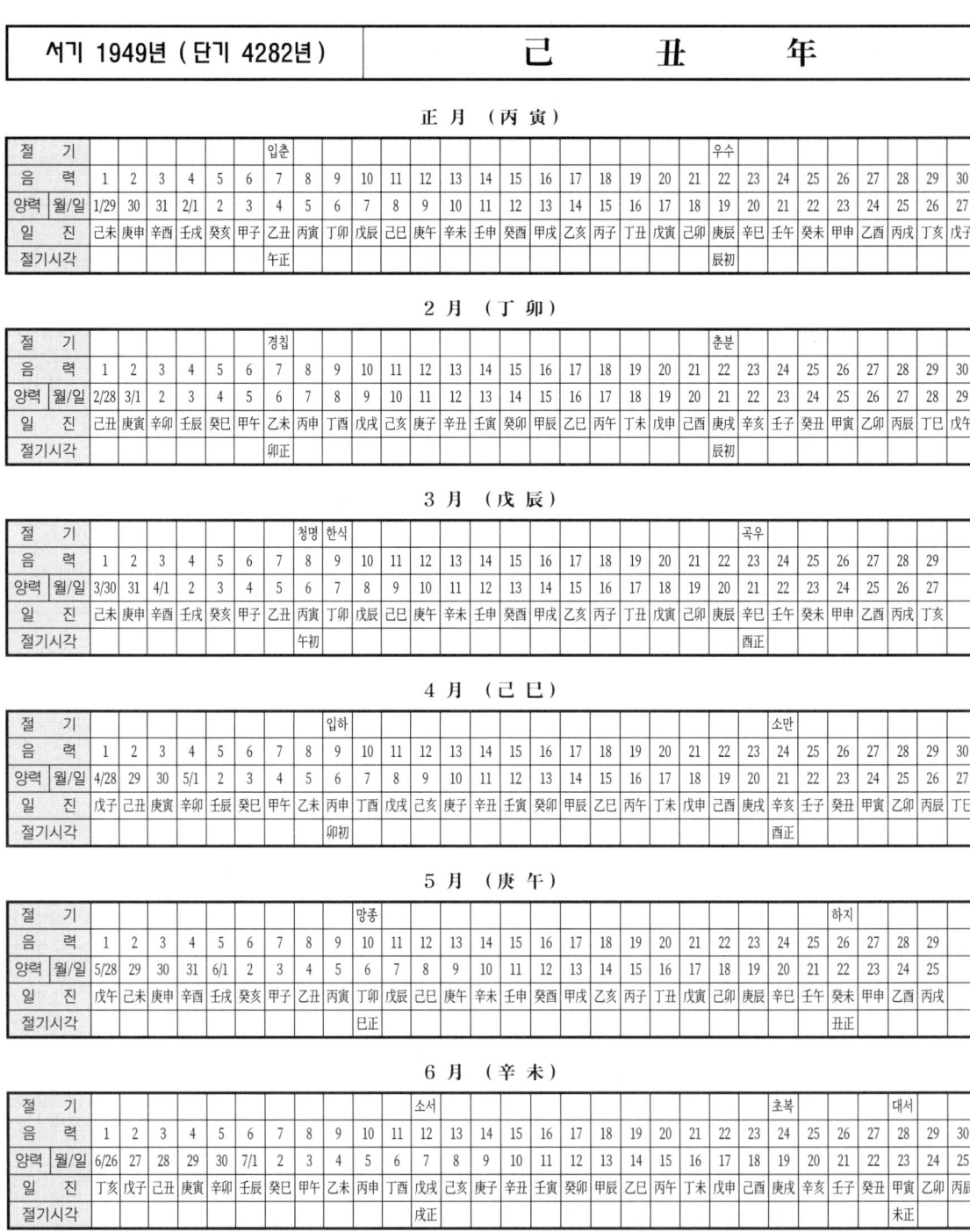

7 月 （壬 申）

절　기			중복											입추 말복															처서	
음　력	1	2	3	4	5	6	7	8	9	10	11	12	13	14	15	16	17	18	19	20	21	22	23	24	25	26	27	28	29	
양력 월/일	7/26	27	28	29	30	31	8/1	2	3	4	5	6	7	8	9	10	11	12	13	14	15	16	17	18	19	20	21	22	23	
일　　진	丁巳	戊午	己未	庚申	辛酉	壬戌	癸亥	甲子	乙丑	丙寅	丁卯	戊辰	己巳	庚午	辛未	壬申	癸酉	甲戌	乙亥	丙子	丁丑	戊寅	己卯	庚辰	辛巳	壬午	癸未	甲申	乙酉	
절기시각														卯正															亥初	

閏 7 月 （壬 申）

절　기															백로															
음　력	1	2	3	4	5	6	7	8	9	10	11	12	13	14	15	16	17	18	19	20	21	22	23	24	25	26	27	28	29	
양력 월/일	8/24	25	26	27	28	29	30	31	9/1	2	3	4	5	6	7	8	9	10	11	12	13	14	15	16	17	18	19	20	21	
일　　진	丙戌	丁亥	戊子	己丑	庚寅	辛卯	壬辰	癸巳	甲午	乙未	丙申	丁酉	戊戌	己亥	庚子	辛丑	壬寅	癸卯	甲辰	乙巳	丙午	丁未	戊申	己酉	庚戌	辛亥	壬子	癸丑	甲寅	
절기시각															巳初															

8 月 （癸 酉）

절　기		추분															한로													
음　력	1	2	3	4	5	6	7	8	9	10	11	12	13	14	15	16	17	18	19	20	21	22	23	24	25	26	27	28	29	30
양력 월/일	9/22	23	24	25	26	27	28	29	30	10/1	2	3	4	5	6	7	8	9	10	11	12	13	14	15	16	17	18	19	20	21
일　　진	乙卯	丙辰	丁巳	戊午	己未	庚申	辛酉	壬戌	癸亥	甲子	乙丑	丙寅	丁卯	戊辰	己巳	庚午	辛未	壬申	癸酉	甲戌	乙亥	丙子	丁丑	戊寅	己卯	庚辰	辛巳	壬午	癸未	甲申
절기시각		酉正															子正													

9 月 （甲 戌）

절　기			상강															입동											
음　력	1	2	3	4	5	6	7	8	9	10	11	12	13	14	15	16	17	18	19	20	21	22	23	24	25	26	27	28	29
양력 월/일	10/22	23	24	25	26	27	28	29	30	31	11/1	2	3	4	5	6	7	8	9	10	11	12	13	14	15	16	17	18	19
일　　진	乙酉	丙戌	丁亥	戊子	己丑	庚寅	辛卯	壬辰	癸巳	甲午	乙未	丙申	丁酉	戊戌	己亥	庚子	辛丑	壬寅	癸卯	甲辰	乙巳	丙午	丁未	戊申	己酉	庚戌	辛亥	壬子	癸丑
절기시각			寅初															寅正											

10 月 （乙 亥）

절　기			소설											대설																
음　력	1	2	3	4	5	6	7	8	9	10	11	12	13	14	15	16	17	18	19	20	21	22	23	24	25	26	27	28	29	30
양력 월/일	11/20	21	22	23	24	25	26	27	28	29	30	12/1	2	3	4	5	6	7	8	9	10	11	12	13	14	15	16	17	18	19
일　　진	甲寅	乙卯	丙辰	丁巳	戊午	己未	庚申	辛酉	壬戌	癸亥	甲子	乙丑	丙寅	丁卯	戊辰	己巳	庚午	辛未	壬申	癸酉	甲戌	乙亥	丙子	丁丑	戊寅	己卯	庚辰	辛巳	壬午	癸未
절기시각			子正											卯正																

11 月 （丙 子）

절　기		동지															소한													
음　력	1	2	3	4	5	6	7	8	9	10	11	12	13	14	15	16	17	18	19	20	21	22	23	24	25	26	27	28	29	
양력 월/일	12/20	21	22	23	24	25	26	27	28	29	30	31	1/1	2	3	4	5	6	7	8	9	10	11	12	13	14	15	16	17	
일　　진	甲申	乙酉	丙戌	丁亥	戊子	己丑	庚寅	辛卯	壬辰	癸巳	甲午	乙未	丙申	丁酉	戊戌	己亥	庚子	辛丑	壬寅	癸卯	甲辰	乙巳	丙午	丁未	戊申	己酉	庚戌	辛亥	壬子	
절기시각		未初															卯正													

12 月 （丁 丑）

절　기			대한															입춘												
음　력	1	2	3	4	5	6	7	8	9	10	11	12	13	14	15	16	17	18	19	20	21	22	23	24	25	26	27	28	29	30
양력 월/일	1/18	19	20	21	22	23	24	25	26	27	28	29	30	31	2/1	2	3	4	5	6	7	8	9	10	11	12	13	14	15	16
일　　진	癸丑	甲寅	乙卯	丙辰	丁巳	戊午	己未	庚申	辛酉	壬戌	癸亥	甲子	乙丑	丙寅	丁卯	戊辰	己巳	庚午	辛未	壬申	癸酉	甲戌	乙亥	丙子	丁丑	戊寅	己卯	庚辰	辛巳	壬午
절기시각			子初															酉正												

서기 1950년 (단기 4283년)　　庚　寅　年

正月 （戊寅）

절기				우수													경칩													
음력	1	2	3	4	5	6	7	8	9	10	11	12	13	14	15	16	17	18	19	20	21	22	23	24	25	26	27	28	29	30
양력 월/일	2/17	18	19	20	21	22	23	24	25	26	27	28	3/1	2	3	4	5	6	7	8	9	10	11	12	13	14	15	16	17	18
일진	癸未	甲申	乙酉	丙戌	丁亥	戊子	己丑	庚寅	辛卯	壬辰	癸巳	甲午	乙未	丙申	丁酉	戊戌	己亥	庚子	辛丑	壬寅	癸卯	甲辰	乙巳	丙午	丁未	戊申	己酉	庚戌	辛亥	壬子
절기시각				未初														午正												

2月 （己卯）

절기				춘분														청명	한식										
음력	1	2	3	4	5	6	7	8	9	10	11	12	13	14	15	16	17	18	19	20	21	22	23	24	25	26	27	28	29
양력 월/일	3/19	20	21	22	23	24	25	26	27	28	29	30	31	4/1	2	3	4	5	6	7	8	9	10	11	12	13	14	15	16
일진	癸丑	甲寅	乙卯	丙辰	丁巳	戊午	己未	庚申	辛酉	壬戌	癸亥	甲子	乙丑	丙寅	丁卯	戊辰	己巳	庚午	辛未	壬申	癸酉	甲戌	乙亥	丙子	丁丑	戊寅	己卯	庚辰	辛巳
절기시각				未初														酉初											

3月 （庚辰）

절기				곡우																입하										
음력	1	2	3	4	5	6	7	8	9	10	11	12	13	14	15	16	17	18	19	20	21	22	23	24	25	26	27	28	29	30
양력 월/일	4/17	18	19	20	21	22	23	24	25	26	27	28	29	30	5/1	2	3	4	5	6	7	8	9	10	11	12	13	14	15	16
일진	壬午	癸未	甲申	乙酉	丙戌	丁亥	戊子	己丑	庚寅	辛卯	壬辰	癸巳	甲午	乙未	丙申	丁酉	戊戌	己亥	庚子	辛丑	壬寅	癸卯	甲辰	乙巳	丙午	丁未	戊申	己酉	庚戌	辛亥
절기시각				丑初																午初										

4月 （辛巳）

절기				소만																망종										
음력	1	2	3	4	5	6	7	8	9	10	11	12	13	14	15	16	17	18	19	20	21	22	23	24	25	26	27	28	29	30
양력 월/일	5/17	18	19	20	21	22	23	24	25	26	27	28	29	30	31	6/1	2	3	4	5	6	7	8	9	10	11	12	13	14	15
일진	壬子	癸丑	甲寅	乙卯	丙辰	丁巳	戊午	己未	庚申	辛酉	壬戌	癸亥	甲子	乙丑	丙寅	丁卯	戊辰	己巳	庚午	辛未	壬申	癸酉	甲戌	乙亥	丙子	丁丑	戊寅	己卯	庚辰	辛巳
절기시각				子正																申初										

5月 （壬午）

절기					하지														소서										
음력	1	2	3	4	5	6	7	8	9	10	11	12	13	14	15	16	17	18	19	20	21	22	23	24	25	26	27	28	29
양력 월/일	6/16	17	18	19	20	21	22	23	24	25	26	27	28	29	30	7/1	2	3	4	5	6	7	8	9	10	11	12	13	14
일진	壬午	癸未	甲申	乙酉	丙戌	丁亥	戊子	己丑	庚寅	辛卯	壬辰	癸巳	甲午	乙未	丙申	丁酉	戊戌	己亥	庚子	辛丑	壬寅	癸卯	甲辰	乙巳	丙午	丁未	戊申	己酉	庚戌
절기시각					辰初														丑正										

6月 （癸未）

절기					대서														입추											
음력	1	2	3	4	5	6	7	8	9	10	11	12	13	14	15	16	17	18	19	20	21	22	23	24	25	26	27	28	29	30
양력 월/일	7/15	16	17	18	19	20	21	22	23	24	25	26	27	28	29	30	31	8/1	2	3	4	5	6	7	8	9	10	11	12	13
일진	辛亥	壬子	癸丑	甲寅	乙卯	丙辰	丁巳	戊午	己未	庚申	辛酉	壬戌	癸亥	甲子	乙丑	丙寅	丁卯	戊辰	己巳	庚午	辛未	壬申	癸酉	甲戌	乙亥	丙子	丁丑	戊寅	己卯	庚辰
절기시각					戌初														午正											

7 月 （甲 申）

절기										처서													백로						
음력	1	2	3	4	5	6	7	8	9	10	11	12	13	14	15	16	17	18	19	20	21	22	23	24	25	26	27	28	29
양력 월/일	8/14	15	16	17	18	19	20	21	22	23	24	25	26	27	28	29	30	31	9/1	2	3	4	5	6	7	8	9	10	11
일 진	辛巳	壬午	癸未	甲申	乙酉	丙戌	丁亥	戊子	己丑	庚寅	辛卯	壬辰	癸巳	甲午	乙未	丙申	丁酉	戊戌	己亥	庚子	辛丑	壬寅	癸卯	甲辰	乙巳	丙午	丁未	戊申	己酉
절기시각										丑正													辛初						

8 月 （乙 酉）

절기												추분														한로			
음력	1	2	3	4	5	6	7	8	9	10	11	12	13	14	15	16	17	18	19	20	21	22	23	24	25	26	27	28	29
양력 월/일	9/12	13	14	15	16	17	18	19	20	21	22	23	24	25	26	27	28	29	30	10/1	2	3	4	5	6	7	8	9	10
일 진	庚戌	辛亥	壬子	癸丑	甲寅	乙卯	丙辰	丁巳	戊午	己未	庚申	辛酉	壬戌	癸亥	甲子	乙丑	丙寅	丁卯	戊辰	己巳	庚午	辛未	壬申	癸酉	甲戌	乙亥	丙子	丁丑	戊寅
절기시각												子正														卯正			

9 月 （丙 戌）

절기														상강														입동		
음력	1	2	3	4	5	6	7	8	9	10	11	12	13	14	15	16	17	18	19	20	21	22	23	24	25	26	27	28	29	30
양력 월/일	10/11	12	13	14	15	16	17	18	19	20	21	22	23	24	25	26	27	28	29	30	31	11/1	2	3	4	5	6	7	8	9
일 진	己卯	庚辰	辛巳	壬午	癸未	甲申	乙酉	丙戌	丁亥	戊子	己丑	庚寅	辛卯	壬辰	癸巳	甲午	乙未	丙申	丁酉	戊戌	己亥	庚子	辛丑	壬寅	癸卯	甲辰	乙巳	丙午	丁未	戊申
절기시각														巳初														巳初		

10 月 （丁 亥）

절기											소설														대설				
음력	1	2	3	4	5	6	7	8	9	10	11	12	13	14	15	16	17	18	19	20	21	22	23	24	25	26	27	28	29
양력 월/일	11/10	11	12	13	14	15	16	17	18	19	20	21	22	23	24	25	26	27	28	29	30	12/10	2	3	4	5	6	7	8
일 진	己酉	庚戌	辛亥	壬子	癸丑	甲寅	乙卯	丙辰	丁巳	戊午	己未	庚申	辛酉	壬戌	癸亥	甲子	乙丑	丙寅	丁卯	戊辰	己巳	庚午	辛未	壬申	癸酉	甲戌	乙亥	丙子	丁丑
절기시각											卯正														丑初				

11 月 （戊 子）

절기												동지															소한			
음력	1	2	3	4	5	6	7	8	9	10	11	12	13	14	15	16	17	18	19	20	21	22	23	24	25	26	27	28	29	30
양력 월/일	12/9	10	11	12	13	14	15	16	17	18	19	20	21	22	23	24	25	26	27	28	29	30	31	2/1	2	3	4	5	6	7
일 진	戊寅	己卯	庚辰	辛巳	壬午	癸未	甲申	乙酉	丙戌	丁亥	戊子	己丑	庚寅	辛卯	壬辰	癸巳	甲午	乙未	丙申	丁酉	戊戌	己亥	庚子	辛丑	壬寅	癸卯	甲辰	乙巳	丙午	丁未
절기시각												戌初															午正			

12 月 （己 丑）

절기														대한														입춘		
음력	1	2	3	4	5	6	7	8	9	10	11	12	13	14	15	16	17	18	19	20	21	22	23	24	25	26	27	28	29
양력 월/일	1/8	9	10	11	12	13	14	15	16	17	18	19	20	21	22	23	24	25	26	27	28	29	30	31	2/1	2	3	4	5
일 진	戊申	己酉	庚戌	辛亥	壬子	癸丑	甲寅	乙卯	丙辰	丁巳	戊午	己未	庚申	辛酉	壬戌	癸亥	甲子	乙丑	丙寅	丁卯	戊辰	己巳	庚午	辛未	壬申	癸酉	甲戌	乙亥	丙子
절기시각														卯初														子初	

서기 1951년 (단기 4284년) 辛 卯 年

正月 (庚寅)

절기														우수															경칩	
음력	1	2	3	4	5	6	7	8	9	10	11	12	13	14	15	16	17	18	19	20	21	22	23	24	25	26	27	28	29	30
양력 월/일	2/6	7	8	9	10	11	12	13	14	15	16	17	18	19	20	21	22	23	24	25	26	27	28	3/1	2	3	4	5	6	7
일진	丁丑	戊寅	己卯	庚辰	辛巳	壬午	癸未	甲申	乙酉	丙戌	丁亥	戊子	己丑	庚寅	辛卯	壬辰	癸巳	甲午	乙未	丙申	丁酉	戊戌	己亥	庚子	辛丑	壬寅	癸卯	甲辰	乙巳	丙午
절기시각														戌初															酉初	

2月 (辛卯)

절기														춘분														청명	
음력	1	2	3	4	5	6	7	8	9	10	11	12	13	14	15	16	17	18	19	20	21	22	23	24	25	26	27	28	29
양력 월/일	3/8	9	10	11	12	13	14	15	16	17	18	19	20	21	22	23	24	25	26	27	28	29	30	31	4/1	2	3	4	5
일진	丁未	戊申	己酉	庚戌	辛亥	壬子	癸丑	甲寅	乙卯	丙辰	丁巳	戊午	己未	庚申	辛酉	壬戌	癸亥	甲子	乙丑	丙寅	丁卯	戊辰	己巳	庚午	辛未	壬申	癸酉	甲戌	乙亥
절기시각														戌初														子初	

3月 (壬辰)

절기		한식													곡우															
음력	1	2	3	4	5	6	7	8	9	10	11	12	13	14	15	16	17	18	19	20	21	22	23	24	25	26	27	28	29	30
양력 월/일	4/6	7	8	9	10	11	12	13	14	15	16	17	18	19	20	21	22	23	24	25	26	27	28	29	30	5/1	2	3	4	5
일진	丙子	丁丑	戊寅	己卯	庚辰	辛巳	壬午	癸未	甲申	乙酉	丙戌	丁亥	戊子	己丑	庚寅	辛卯	壬辰	癸巳	甲午	乙未	丙申	丁酉	戊戌	己亥	庚子	辛丑	壬寅	癸卯	甲辰	乙巳
절기시각															卯正															

4月 (癸巳)

절기	입하															소만														
음력	1	2	3	4	5	6	7	8	9	10	11	12	13	14	15	16	17	18	19	20	21	22	23	24	25	26	27	28	29	30
양력 월/일	5/6	7	8	9	10	11	12	13	14	15	16	17	18	19	20	21	22	23	24	25	26	27	28	29	30	31	6/1	2	3	4
일진	丙午	丁未	戊申	己酉	庚戌	辛亥	壬子	癸丑	甲寅	乙卯	丙辰	丁巳	戊午	己未	庚申	辛酉	壬戌	癸亥	甲子	乙丑	丙寅	丁卯	戊辰	己巳	庚午	辛未	壬申	癸酉	甲戌	乙亥
절기시각	酉初															卯正														

5月 (甲午)

절기		망종															하지												
음력	1	2	3	4	5	6	7	8	9	10	11	12	13	14	15	16	17	18	19	20	21	22	23	24	25	26	27	28	29
양력 월/일	6/5	6	7	8	9	10	11	12	13	14	15	16	17	18	19	20	21	22	23	24	25	26	27	28	29	30	7/1	2	3
일진	丙子	丁丑	戊寅	己卯	庚辰	辛巳	壬午	癸未	甲申	乙酉	丙戌	丁亥	戊子	己丑	庚寅	辛卯	壬辰	癸巳	甲午	乙未	丙申	丁酉	戊戌	己亥	庚子	辛丑	壬寅	癸卯	甲辰
절기시각	亥初																未正												

6月 (乙未)

절기				소서											초복					대서				중복						
음력	1	2	3	4	5	6	7	8	9	10	11	12	13	14	15	16	17	18	19	20	21	22	23	24	25	26	27	28	29	30
양력 월/일	7/4	5	6	7	8	9	10	11	12	13	14	15	16	17	18	19	20	21	22	23	24	25	26	27	28	29	30	31	8/1	2
일진	乙巳	丙午	丁未	戊申	己酉	庚戌	辛亥	壬子	癸丑	甲寅	乙卯	丙辰	丁巳	戊午	己未	庚申	辛酉	壬戌	癸亥	甲子	乙丑	丙寅	丁卯	戊辰	己巳	庚午	辛未	壬申	癸酉	甲戌
절기시각				辰正																丑初										

7 月 （丙申）

절 기				입추 말복																처서									
음 력	1	2	3	4	5	6	7	8	9	10	11	12	13	14	15	16	17	18	19	20	21	22	23	24	25	26	27	28	29	
양력 월/일	8/3	4	5	6	7	8	9	10	11	12	13	14	15	16	17	18	19	20	21	22	23	24	25	26	27	28	29	30	31	
일 진	乙亥	丙子	丁丑	戊寅	己卯	庚辰	辛巳	壬午	癸未	甲申	乙酉	丙戌	丁亥	戊子	己丑	庚寅	辛卯	壬辰	癸巳	甲午	乙未	丙申	丁酉	戊戌	己亥	庚子	辛丑	壬寅	癸卯	
절기시각				酉正																	辰正									

8 月 （丁酉）

절 기							백로																추분							
음 력	1	2	3	4	5	6	7	8	9	10	11	12	13	14	15	16	17	18	19	20	21	22	23	24	25	26	27	28	29	30
양력 월/일	9/1	2	3	4	5	6	7	8	9	10	11	12	13	14	15	16	17	18	19	20	21	22	23	24	25	26	27	28	29	30
일 진	甲辰	乙巳	丙午	丁未	戊申	己酉	庚戌	辛亥	壬子	癸丑	甲寅	乙卯	丙辰	丁巳	戊午	己未	庚申	辛酉	壬戌	癸亥	甲子	乙丑	丙寅	丁卯	戊辰	己巳	庚午	辛未	壬申	癸酉
절기시각							亥初																卯正							

9 月 （戊戌）

절 기								한로																상강					
음 력	1	2	3	4	5	6	7	8	9	10	11	12	13	14	15	16	17	18	19	20	21	22	23	24	25	26	27	28	29
양력 월/일	10/1	2	3	4	5	6	7	8	9	10	11	12	13	14	15	16	17	18	19	20	21	22	23	24	25	26	27	28	29
일 진	甲戌	乙亥	丙子	丁丑	戊寅	己卯	庚辰	辛巳	壬午	癸未	甲申	乙酉	丙戌	丁亥	戊子	己丑	庚寅	辛卯	壬辰	癸巳	甲午	乙未	丙申	丁酉	戊戌	己亥	庚子	辛丑	壬寅
절기시각								午正																申初					

10 月 （己亥）

절 기									입동															소설						
음 력	1	2	3	4	5	6	7	8	9	10	11	12	13	14	15	16	17	18	19	20	21	22	23	24	25	26	27	28	29	30
양력 월/일	11/30	31	11/1	2	3	4	5	6	7	8	9	10	11	12	13	14	15	16	17	18	19	20	21	22	23	24	25	26	27	28
일 진	癸卯	甲辰	乙巳	丙午	丁未	戊申	己酉	庚戌	辛亥	壬子	癸丑	甲寅	乙卯	丙辰	丁巳	戊午	己未	庚申	辛酉	壬戌	癸亥	甲子	乙丑	丙寅	丁卯	戊辰	己巳	庚午	辛未	壬申
절기시각									申初															午正						

11 月 （庚子）

절 기								대설															동지						
음 력	1	2	3	4	5	6	7	8	9	10	11	12	13	14	15	16	17	18	19	20	21	22	23	24	25	26	27	28	29
양력 월/일	11/29	30	11/1	2	3	4	5	6	7	8	9	10	11	12	13	14	15	16	17	18	19	20	21	22	23	24	25	26	27
일 진	癸酉	甲戌	乙亥	丙子	丁丑	戊寅	己卯	庚辰	辛巳	壬午	癸未	甲申	乙酉	丙戌	丁亥	戊子	己丑	庚寅	辛卯	壬辰	癸巳	甲午	乙未	丙申	丁酉	戊戌	己亥	庚子	辛丑
절기시각								辰初															丑初						

12 月 （辛丑）

절 기									소한															대한						
음 력	1	2	3	4	5	6	7	8	9	10	11	12	13	14	15	16	17	18	19	20	21	22	23	24	25	26	27	28	29	30
양력 월/일	12/28	29	30	31	1/1	2	3	4	5	6	7	8	9	10	11	12	13	14	15	16	17	18	19	20	21	22	23	24	25	26
일 진	壬寅	癸卯	甲辰	乙巳	丙午	丁未	戊申	己酉	庚戌	辛亥	壬子	癸丑	甲寅	乙卯	丙辰	丁巳	戊午	己未	庚申	辛酉	壬戌	癸亥	甲子	乙丑	丙寅	丁卯	戊辰	己巳	庚午	辛未
절기시각									酉正															午初						

서기 1952년 (단기 4285년) | 壬 辰 年

正月 (壬寅)

절기										입춘															우수					
음력	1	2	3	4	5	6	7	8	9	10	11	12	13	14	15	16	17	18	19	20	21	22	23	24	25	26	27	28	29	
양력 월/일	1/27	28	29	30	31	2/1	2	3	4	5	6	7	8	9	10	11	12	13	14	15	16	17	18	19	20	21	22	23	24	
일진	壬申	癸酉	甲戌	乙亥	丙子	丁丑	戊寅	己卯	庚辰	辛巳	壬午	癸未	甲申	乙酉	丙戌	丁亥	戊子	己丑	庚寅	辛卯	壬辰	癸巳	甲午	乙未	丙申	丁酉	戊戌	己亥	庚子	
절기시각										卯正															丑初					

2月 (癸卯)

절기										경칩															춘분					
음력	1	2	3	4	5	6	7	8	9	10	11	12	13	14	15	16	17	18	19	20	21	22	23	24	25	26	27	28	29	30
양력 월/일	2/25	26	27	28	29	3/1	2	3	4	5	6	7	8	9	10	11	12	13	14	15	16	17	18	19	20	21	22	23	24	25
일진	辛丑	壬寅	癸卯	甲辰	乙巳	丙午	丁未	戊申	己酉	庚戌	辛亥	壬子	癸丑	甲寅	乙卯	丙辰	丁巳	戊午	己未	庚申	辛酉	壬戌	癸亥	甲子	乙丑	丙寅	丁卯	戊辰	己巳	庚午
절기시각										子初															子丑					

3月 (甲辰)

절기								청명	한식																곡우					
음력	1	2	3	4	5	6	7	8	9	10	11	12	13	14	15	16	17	18	19	20	21	22	23	24	25	26	27	28	29	
양력 월/일	3/26	27	28	29	30	31	4/1	2	3	4	5	6	7	8	9	10	11	12	13	14	15	16	17	18	19	20	21	22	23	
일진	辛未	壬申	癸酉	甲戌	乙亥	丙子	丁丑	戊寅	己卯	庚辰	辛巳	壬午	癸未	甲申	乙酉	丙戌	丁亥	戊子	己丑	庚寅	辛卯	壬辰	癸巳	甲午	乙未	丙申	丁酉	戊戌	己亥	
절기시각								卯初																	午正					

4月 (乙巳)

절기										입하																소만				
음력	1	2	3	4	5	6	7	8	9	10	11	12	13	14	15	16	17	18	19	20	21	22	23	24	25	26	27	28	29	30
양력 월/일	4/24	25	26	27	28	29	30	5/1	2	3	4	5	6	7	8	9	10	11	12	13	14	15	16	17	18	19	20	21	22	23
일진	庚子	辛丑	壬寅	癸卯	甲辰	乙巳	丙午	丁未	戊申	己酉	庚戌	辛亥	壬子	癸丑	甲寅	乙卯	丙辰	丁巳	戊午	己未	庚申	辛酉	壬戌	癸亥	甲子	乙丑	丙寅	丁卯	戊辰	己巳
절기시각										亥正																卯初				

5月 (丙午)

절기										망종																하지				
음력	1	2	3	4	5	6	7	8	9	10	11	12	13	14	15	16	17	18	19	20	21	22	23	24	25	26	27	28	29	
양력 월/일	5/24	25	26	27	28	29	30	31	6/1	2	3	4	5	6	7	8	9	10	11	12	13	14	15	16	17	18	19	20	21	
일진	庚午	辛未	壬申	癸酉	甲戌	乙亥	丙子	丁丑	戊寅	己卯	庚辰	辛巳	壬午	癸未	甲申	乙酉	丙戌	丁亥	戊子	己丑	庚寅	辛卯	壬辰	癸巳	甲午	乙未	丙申	丁酉	戊戌	
절기시각										寅初																戌正				

閏5月 (丙午)

절기												소서						초복												
음력	1	2	3	4	5	6	7	8	9	10	11	12	13	14	15	16	17	18	19	20	21	22	23	24	25	26	27	28	29	30
양력 월/일	6/22	23	24	25	26	27	28	29	30	7/1	2	3	4	5	6	7	8	9	10	11	12	13	14	15	16	17	18	19	20	21
일진	己亥	庚子	辛丑	壬寅	癸卯	甲辰	乙巳	丙午	丁未	戊申	己酉	庚戌	辛亥	壬子	癸丑	甲寅	乙卯	丙辰	丁巳	戊午	己未	庚申	辛酉	壬戌	癸亥	甲子	乙丑	丙寅	丁卯	戊辰
절기시각												未初																		

6月 (丁未)

절기	대서 중복																입추					말복								
음력	1	2	3	4	5	6	7	8	9	10	11	12	13	14	15	16	17	18	19	20	21	22	23	24	25	26	27	28	29	30
양력 월/일	7/22	23	24	25	26	27	28	29	30	31	8/1	2	3	4	5	6	7	8	9	10	11	12	13	14	15	16	17	18	19	20
일진	己巳	庚午	辛未	壬申	癸酉	甲戌	乙亥	丙子	丁丑	戊寅	己卯	庚辰	辛巳	壬午	癸未	甲申	乙酉	丙戌	丁亥	戊子	己丑	庚寅	辛卯	壬辰	癸巳	甲午	乙未	丙申	丁酉	戊戌
절기시각	辰初																子初													

7 月 (戊申)

절기				처서															백로										
음력	1	2	3	4	5	6	7	8	9	10	11	12	13	14	15	16	17	18	19	20	21	22	23	24	25	26	27	28	29
양력 월/일	8/21	22	23	24	25	26	27	28	29	30	31	9/1	2	3	4	5	6	7	8	9	10	11	12	13	14	15	16	17	18
일 진	己亥	庚子	辛丑	壬寅	癸卯	甲辰	乙巳	丙午	丁未	戊申	己酉	庚戌	辛亥	壬子	癸丑	甲寅	乙卯	丙辰	丁巳	戊午	己未	庚申	辛酉	壬戌	癸亥	甲子	乙丑	丙寅	丁卯
절기시각				未正															丑正										

8 月 (己酉)

절기					추분																한로									
음력	1	2	3	4	5	6	7	8	9	10	11	12	13	14	15	16	17	18	19	20	21	22	23	24	25	26	27	28	29	30
양력 월/일	9/19	20	21	22	23	24	25	26	27	28	29	30	10/1	2	3	4	5	6	7	8	9	10	11	12	13	14	15	16	17	18
일 진	戊辰	己巳	庚午	辛未	壬申	癸酉	甲戌	乙亥	丙子	丁丑	戊寅	己卯	庚辰	辛巳	壬午	癸未	甲申	乙酉	丙戌	丁亥	戊子	己丑	庚寅	辛卯	壬辰	癸巳	甲午	乙未	丙申	丁酉
절기시각					午正																戌正									

9 月 (庚戌)

절기				상강																입동									
음력	1	2	3	4	5	6	7	8	9	10	11	12	13	14	15	16	17	18	19	20	21	22	23	24	25	26	27	28	29
양력 월/일	10/19	20	21	22	23	24	25	26	27	28	29	30	31	11/1	2	3	4	5	6	7	8	9	10	11	12	13	14	15	16
일 진	戊戌	己亥	庚子	辛丑	壬寅	癸卯	甲辰	乙巳	丙午	丁未	戊申	己酉	庚戌	辛亥	壬子	癸丑	甲寅	乙卯	丙辰	丁巳	戊午	己未	庚申	辛酉	壬戌	癸亥	甲子	乙丑	丙寅
절기시각				亥初																亥初									

10 月 (辛亥)

절기					소설															대설										
음력	1	2	3	4	5	6	7	8	9	10	11	12	13	14	15	16	17	18	19	20	21	22	23	24	25	26	27	28	29	30
양력 월/일	11/17	18	19	20	21	22	23	24	25	26	27	28	29	30	12/1	2	3	4	5	6	7	8	9	10	11	12	13	14	15	16
일 진	丁卯	戊辰	己巳	庚午	辛未	壬申	癸酉	甲戌	乙亥	丙子	丁丑	戊寅	己卯	庚辰	辛巳	壬午	癸未	甲申	乙酉	丙戌	丁亥	戊子	己丑	庚寅	辛卯	壬辰	癸巳	甲午	乙未	丙申
절기시각					酉正															未初										

11 月 (壬子)

절기				동지																소한									
음력	1	2	3	4	5	6	7	8	9	10	11	12	13	14	15	16	17	18	19	20	21	22	23	24	25	26	27	28	29
양력 월/일	12/17	18	19	20	21	22	23	24	25	26	27	28	29	30	31	1/1	2	3	4	5	6	7	8	9	10	11	12	13	14
일 진	丁酉	戊戌	己亥	庚子	辛丑	壬寅	癸卯	甲辰	乙巳	丙午	丁未	戊申	己酉	庚戌	辛亥	壬子	癸丑	甲寅	乙卯	丙辰	丁巳	戊午	己未	庚申	辛酉	壬戌	癸亥	甲子	乙丑
절기시각				辰初																子正									

12 月 (癸丑)

절기				대한																입춘										
음력	1	2	3	4	5	6	7	8	9	10	11	12	13	14	15	16	17	18	19	20	21	22	23	24	25	26	27	28	29	30
양력 월/일	1/15	16	17	18	19	20	21	22	23	24	25	26	27	28	29	30	31	2/11	2	3	4	5	6	7	8	9	10	11	12	13
일 진	丙寅	丁卯	戊辰	己巳	庚午	辛未	壬申	癸酉	甲戌	乙亥	丙子	丁丑	戊寅	己卯	庚辰	辛巳	壬午	癸未	甲申	乙酉	丙戌	丁亥	戊子	己丑	庚寅	辛卯	壬辰	癸巳	甲午	乙未
절기시각				酉初																午初										

서기 1953년 (단기 4286년) 癸巳年

正月 (甲寅)

절기						우수															경칩									
음력	1	2	3	4	5	6	7	8	9	10	11	12	13	14	15	16	17	18	19	20	21	22	23	24	25	26	27	28	29	
양력 월/일	2/14	15	16	17	18	19	20	21	22	23	24	25	26	27	28	3/1	2	3	4	5	6	7	8	9	10	11	12	13	14	
일진	丙申	丁酉	戊戌	己亥	庚子	辛丑	壬寅	癸卯	甲辰	乙巳	丙午	丁未	戊申	己酉	庚戌	辛亥	壬子	癸丑	甲寅	乙卯	丙辰	丁巳	戊午	己未	庚申	辛酉	壬戌	癸亥	甲子	
절기시각						辰初															卯初									

2月 (乙卯)

절기							춘분															청명	한식							
음력	1	2	3	4	5	6	7	8	9	10	11	12	13	14	15	16	17	18	19	20	21	22	23	24	25	26	27	28	29	30
양력 월/일	3/15	16	17	18	19	20	21	22	23	24	25	26	27	28	29	30	31	4/1	2	3	4	5	6	7	8	9	10	11	12	13
일진	乙丑	丙寅	丁卯	戊辰	己巳	庚午	辛未	壬申	癸酉	甲戌	乙亥	丙子	丁丑	戊寅	己卯	庚辰	辛巳	壬午	癸未	甲申	乙酉	丙戌	丁亥	戊子	己丑	庚寅	辛卯	壬辰	癸巳	甲午
절기시각							卯正															巳正								

3月 (丙辰)

절기							곡우															입하								
음력	1	2	3	4	5	6	7	8	9	10	11	12	13	14	15	16	17	18	19	20	21	22	23	24	25	26	27	28	29	
양력 월/일	4/14	15	16	17	18	19	20	21	22	23	24	25	26	27	28	29	30	5/1	2	3	4	5	6	7	8	9	10	11	12	
일진	乙未	丙申	丁酉	戊戌	己亥	庚子	辛丑	壬寅	癸卯	甲辰	乙巳	丙午	丁未	戊申	己酉	庚戌	辛亥	壬子	癸丑	甲寅	乙卯	丙辰	丁巳	戊午	己未	庚申	辛酉	壬戌	癸亥	
절기시각							酉正															寅正								

4月 (丁巳)

절기									소만													망종								
음력	1	2	3	4	5	6	7	8	9	10	11	12	13	14	15	16	17	18	19	20	21	22	23	24	25	26	27	28	29	
양력 월/일	5/13	14	15	16	17	18	19	20	21	22	23	24	25	26	27	28	29	30	31	6/1	2	3	4	5	6	7	8	9	10	
일진	甲子	乙丑	丙寅	丁卯	戊辰	己巳	庚午	辛未	壬申	癸酉	甲戌	乙亥	丙子	丁丑	戊寅	己卯	庚辰	辛巳	壬午	癸未	甲申	乙酉	丙戌	丁亥	戊子	己丑	庚寅	辛卯	壬辰	
절기시각									酉初													巳初								

5月 (戊午)

절기								하지														소서								
음력	1	2	3	4	5	6	7	8	9	10	11	12	13	14	15	16	17	18	19	20	21	22	23	24	25	26	27	28	29	30
양력 월/일	6/11	12	13	14	15	16	17	18	19	20	21	22	23	24	25	26	27	28	29	30	7/1	2	3	4	5	6	7	8	9	10
일진	癸巳	甲午	乙未	丙申	丁酉	戊戌	己亥	庚子	辛丑	壬寅	癸卯	甲辰	乙巳	丙午	丁未	戊申	己酉	庚戌	辛亥	壬子	癸丑	甲寅	乙卯	丙辰	丁巳	戊午	己未	庚申	辛酉	壬戌
절기시각								丑正														戌初								

6月 (己未)

절기						초복				대서																			입추	
음력	1	2	3	4	5	6	7	8	9	10	11	12	13	14	15	16	17	18	19	20	21	22	23	24	25	26	27	28	29	30
양력 월/일	7/11	12	13	14	15	16	17	18	19	20	21	22	23	24	25	26	27	28	29	30	31	8/1	2	3	4	5	6	7	8	9
일진	癸亥	甲子	乙丑	丙寅	丁卯	戊辰	己巳	庚午	辛未	壬申	癸酉	甲戌	乙亥	丙子	丁丑	戊寅	己卯	庚辰	辛巳	壬午	癸未	甲申	乙酉	丙戌	丁亥	戊子	己丑	庚寅	辛卯	壬辰
절기시각										未初																			卯初	

7 月 （庚 申）

절 기															처서															
음 력	1	2	3	4	5	6	7	8	9	10	11	12	13	14	15	16	17	18	19	20	21	22	23	24	25	26	27	28	29	
양력 월/일	8/10	11	12	13	14	15	16	17	18	19	20	21	22	23	24	25	26	27	28	29	30	31	9/1	2	3	4	5	6	7	
일 진	癸巳	甲午	乙未	丙申	丁酉	戊戌	己亥	庚子	辛丑	壬寅	癸卯	甲辰	乙巳	丙午	丁未	戊申	己酉	庚戌	辛亥	壬子	癸丑	甲寅	乙卯	丙辰	丁巳	戊午	己未	庚申	辛酉	
절기시각															戌初															

8 月 （辛 酉）

절 기	백로															추분														
음 력	1	2	3	4	5	6	7	8	9	10	11	12	13	14	15	16	17	18	19	20	21	22	23	24	25	26	27	28	29	30
양력 월/일	9/8	9	10	11	12	13	14	15	16	17	18	19	20	21	22	23	24	25	26	27	28	29	30	10/1	2	3	4	5	6	7
일 진	壬戌	癸亥	甲子	乙丑	丙寅	丁卯	戊辰	己巳	庚午	辛未	壬申	癸酉	甲戌	乙亥	丙子	丁丑	戊寅	己卯	庚辰	辛巳	壬午	癸未	甲申	乙酉	丙戌	丁亥	戊子	己丑	庚寅	辛卯
절기시각	辰正															酉正														

9 月 （壬 戌）

절 기	한로																상강													
음 력	1	2	3	4	5	6	7	8	9	10	11	12	13	14	15	16	17	18	19	20	21	22	23	24	25	26	27	28	29	30
양력 월/일	10/8	9	10	11	12	13	14	15	16	17	18	19	20	21	22	23	24	25	26	27	28	29	30	31	11/1	2	3	4	5	6
일 진	壬辰	癸巳	甲午	乙未	丙申	丁酉	戊戌	己亥	庚子	辛丑	壬寅	癸卯	甲辰	乙巳	丙午	丁未	戊申	己酉	庚戌	辛亥	壬子	癸丑	甲寅	乙卯	丙辰	丁巳	戊午	己未	庚申	辛酉
절기시각	子正																寅初													

10 月 （癸 亥）

절 기	입동															소설														
음 력	1	2	3	4	5	6	7	8	9	10	11	12	13	14	15	16	17	18	19	20	21	22	23	24	25	26	27	28	29	
양력 월/일	11/7	8	9	10	11	12	13	14	15	16	17	18	19	20	21	22	23	24	25	26	27	28	29	30	12/1	2	3	4	5	
일 진	壬戌	癸亥	甲子	乙丑	丙寅	丁卯	戊辰	己巳	庚午	辛未	壬申	癸酉	甲戌	乙亥	丙子	丁丑	戊寅	己卯	庚辰	辛巳	壬午	癸未	甲申	乙酉	丙戌	丁亥	戊子	己丑	庚寅	
절기시각	寅初															子正														

11 月 （甲 子）

절 기		대설															동지													
음 력	1	2	3	4	5	6	7	8	9	10	11	12	13	14	15	16	17	18	19	20	21	22	23	24	25	26	27	28	29	30
양력 월/일	12/6	7	8	9	10	11	12	13	14	15	16	17	18	19	20	21	22	23	24	25	26	27	28	29	30	31	1/1	2	3	4
일 진	辛卯	壬辰	癸巳	甲午	乙未	丙申	丁酉	戊戌	己亥	庚子	辛丑	壬寅	癸卯	甲辰	乙巳	丙午	丁未	戊申	己酉	庚戌	辛亥	壬子	癸丑	甲寅	乙卯	丙辰	丁巳	戊午	己未	庚申
절기시각		戌初															午正													

12 月 （乙 丑）

절 기		소한														대한														
음 력	1	2	3	4	5	6	7	8	9	10	11	12	13	14	15	16	17	18	19	20	21	22	23	24	25	26	27	28	29	30
양력 월/일	1/5	6	7	8	9	10	11	12	13	14	15	16	17	18	19	20	21	22	23	24	25	26	27	28	29	30	31	2/1	2	3
일 진	辛酉	壬戌	癸亥	甲子	乙丑	丙寅	丁卯	戊辰	己巳	庚午	辛未	壬申	癸酉	甲戌	乙亥	丙子	丁丑	戊寅	己卯	庚辰	辛巳	壬午	癸未	甲申	乙酉	丙戌	丁亥	戊子	己丑	庚寅
절기시각		卯正														子初														

서기 1954년 (단기 4287년) 甲午年

正月 (丙寅)

절기	입춘															우수													
음력	1	2	3	4	5	6	7	8	9	10	11	12	13	14	15	16	17	18	19	20	21	22	23	24	25	26	27	28	29
양력 월/일	2/4	5	6	7	8	9	10	11	12	13	14	15	16	17	18	19	20	21	22	23	24	25	26	27	28	3/1	2	3	4
일진	辛卯	壬辰	癸巳	甲午	乙未	丙申	丁酉	戊戌	己亥	庚子	辛丑	壬寅	癸卯	甲辰	乙巳	丙午	丁未	戊申	己酉	庚戌	辛亥	壬子	癸丑	甲寅	乙卯	丙辰	丁巳	戊午	己未
절기시각	酉初															午初													

2月 (丁卯)

절기		경칩															춘분												
음력	1	2	3	4	5	6	7	8	9	10	11	12	13	14	15	16	17	18	19	20	21	22	23	24	25	26	27	28	29
양력 월/일	3/5	6	7	8	9	10	11	12	13	14	15	16	17	18	19	20	21	22	23	24	25	26	27	28	29	30	31	4/1	2
일진	庚申	辛酉	壬戌	癸亥	甲子	乙丑	丙寅	丁卯	戊辰	己巳	庚午	辛未	壬申	癸酉	甲戌	乙亥	丙子	丁丑	戊寅	己卯	庚辰	辛巳	壬午	癸未	甲申	乙酉	丙戌	丁亥	戊子
절기시각		午初															午正												

3月 (戊辰)

절기			청명	한식													곡우													
음력	1	2	3	4	5	6	7	8	9	10	11	12	13	14	15	16	17	18	19	20	21	22	23	24	25	26	27	28	29	30
양력 월/일	4/3	4	5	6	7	8	9	10	11	12	13	14	15	16	17	18	19	20	21	22	23	24	25	26	27	28	29	30	5/1	2
일진	己丑	庚寅	辛卯	壬辰	癸巳	甲午	乙未	丙申	丁酉	戊戌	己亥	庚子	辛丑	壬寅	癸卯	甲辰	乙巳	丙午	丁未	戊申	己酉	庚戌	辛亥	壬子	癸丑	甲寅	乙卯	丙辰	丁巳	戊午
절기시각			申正														子正													

4月 (己巳)

절기				입하													소만													
음력	1	2	3	4	5	6	7	8	9	10	11	12	13	14	15	16	17	18	19	20	21	22	23	24	25	26	27	28	29	
양력 월/일	5/3	4	5	6	7	8	9	10	11	12	13	14	15	16	17	18	19	20	21	22	23	24	25	26	27	28	29	30	31	
일진	己未	庚申	辛酉	壬戌	癸亥	甲子	乙丑	丙寅	丁卯	戊辰	己巳	庚午	辛未	壬申	癸酉	甲戌	乙亥	丙子	丁丑	戊寅	己卯	庚辰	辛巳	壬午	癸未	甲申	乙酉	丙戌	丁亥	
절기시각				巳正													子初													

5月 (庚午)

절기				망종													하지													
음력	1	2	3	4	5	6	7	8	9	10	11	12	13	14	15	16	17	18	19	20	21	22	23	24	25	26	27	28	29	
양력 월/일	6/1	2	3	4	5	6	7	8	9	10	11	12	13	14	15	16	17	18	19	20	21	22	23	24	25	26	27	28	29	
일진	戊子	己丑	庚寅	辛卯	壬辰	癸巳	甲午	乙未	丙申	丁酉	戊戌	己亥	庚子	辛丑	壬寅	癸卯	甲辰	乙巳	丙午	丁未	戊申	己酉	庚戌	辛亥	壬子	癸丑	甲寅	乙卯	丙辰	
절기시각				申初													辰初													

6月 (辛未)

절기							소서					초복									대서 중복									
음력	1	2	3	4	5	6	7	8	9	10	11	12	13	14	15	16	17	18	19	20	21	22	23	24	25	26	27	28	29	30
양력 월/일	6/30	7/1	2	3	4	5	6	7	8	9	10	11	12	13	14	15	16	17	18	19	20	21	22	23	24	25	26	27	28	29
일진	丁巳	戊午	己未	庚申	辛酉	壬戌	癸亥	甲子	乙丑	丙寅	丁卯	戊辰	己巳	庚午	辛未	壬申	癸酉	甲戌	乙亥	丙子	丁丑	戊寅	己卯	庚辰	辛巳	壬午	癸未	甲申	乙酉	丙戌
절기시각							丑初														戌初									

7月 (壬申)

절 기										입추				말복												처서				
음 력	1	2	3	4	5	6	7	8	9	10	11	12	13	14	15	16	17	18	19	20	21	22	23	24	25	26	27	28	29
양력 월/일	7/30	31	8/1	2	3	4	5	6	7	8	9	10	11	12	13	14	15	16	17	18	19	20	21	22	23	24	25	26	27
일 진	丁亥	戊子	己丑	庚寅	辛卯	壬辰	癸巳	甲午	乙未	丙申	丁酉	戊戌	己亥	庚子	辛丑	壬寅	癸卯	甲辰	乙巳	丙午	丁未	戊申	己酉	庚戌	辛亥	壬子	癸丑	甲寅	乙卯
절기시각										午初																丑正			

8月 (癸酉)

절 기												백로															처서			
음 력	1	2	3	4	5	6	7	8	9	10	11	12	13	14	15	16	17	18	19	20	21	22	23	24	25	26	27	28	29	30
양력 월/일	8/28	29	30	31	9/1	2	3	4	5	6	7	8	9	10	11	12	13	14	15	16	17	18	19	20	21	22	23	24	25	26
일 진	丙辰	丁巳	戊午	己未	庚申	辛酉	壬戌	癸亥	甲子	乙丑	丙寅	丁卯	戊辰	己巳	庚午	辛未	壬申	癸酉	甲戌	乙亥	丙子	丁丑	戊寅	己卯	庚辰	辛巳	壬午	癸未	甲申	乙酉
절기시각												未正															亥正			

9月 (甲戌)

절 기												한로															상강			
음 력	1	2	3	4	5	6	7	8	9	10	11	12	13	14	15	16	17	18	19	20	21	22	23	24	25	26	27	28	29	30
양력 월/일	9/27	28	29	30	10/1	2	3	4	5	6	7	8	9	10	11	12	13	14	15	16	17	18	19	20	21	22	23	24	25	26
일 진	丙戌	丁亥	戊子	己丑	庚寅	辛卯	壬辰	癸巳	甲午	乙未	丙申	丁酉	戊戌	己亥	庚子	辛丑	壬寅	癸卯	甲辰	乙巳	丙午	丁未	戊申	己酉	庚戌	辛亥	壬子	癸丑	甲寅	乙卯
절기시각												卯正															辰正			

10月 (乙亥)

절 기										입동																소설			
음 력	1	2	3	4	5	6	7	8	9	10	11	12	13	14	15	16	17	18	19	20	21	22	23	24	25	26	27	28	29
양력 월/일	10/27	28	29	30	31	11/1	2	3	4	5	6	7	8	9	10	11	12	13	14	15	16	17	18	19	20	21	22	23	24
일 진	丙辰	丁巳	戊午	己未	庚申	辛酉	壬戌	癸亥	甲子	乙丑	丙寅	丁卯	戊辰	己巳	庚午	辛未	壬申	癸酉	甲戌	乙亥	丙子	丁丑	戊寅	己卯	庚辰	辛巳	壬午	癸未	甲申
절기시각										辰正																卯正			

11月 (丙子)

절 기								대설																		동지				
음 력	1	2	3	4	5	6	7	8	9	10	11	12	13	14	15	16	17	18	19	20	21	22	23	24	25	26	27	28	29	30
양력 월/일	11/25	26	27	28	29	30	12/1	2	3	4	5	6	7	8	9	10	11	12	13	14	15	16	17	18	19	20	21	22	23	24
일 진	乙酉	丙戌	丁亥	戊子	己丑	庚寅	辛卯	壬辰	癸巳	甲午	乙未	丙申	丁酉	戊戌	己亥	庚子	辛丑	壬寅	癸卯	甲辰	乙巳	丙午	丁未	戊申	己酉	庚戌	辛亥	壬子	癸丑	甲寅
절기시각								丑初																		酉正				

12月 (丁丑)

절 기										소한																대한				
음 력	1	2	3	4	5	6	7	8	9	10	11	12	13	14	15	16	17	18	19	20	21	22	23	24	25	26	27	28	29	30
양력 월/일	12/25	26	27	28	29	30	31	1/1	2	3	4	5	6	7	8	9	10	11	12	13	14	15	16	17	18	19	20	21	22	23
일 진	乙卯	丙辰	丁巳	戊午	己未	庚申	辛酉	壬戌	癸亥	甲子	乙丑	丙寅	丁卯	戊辰	己巳	庚午	辛未	壬申	癸酉	甲戌	乙亥	丙子	丁丑	戊寅	己卯	庚辰	辛巳	壬午	癸未	甲申
절기시각										卯初																卯初				

서기 1955년 (단기 4288년) — 乙未年

正月 (戊寅)

절기												입춘														우수				
음력	1	2	3	4	5	6	7	8	9	10	11	12	13	14	15	16	17	18	19	20	21	22	23	24	25	26	27	28	29	30
양력 월/일	1/24	25	26	27	28	29	30	31	2/1	2	3	4	5	6	7	8	9	10	11	12	13	14	15	16	17	18	19	20	21	22
일진	乙酉	丙戌	丁亥	戊子	己丑	庚寅	辛卯	壬辰	癸巳	甲午	乙未	丙申	丁酉	戊戌	己亥	庚子	辛丑	壬寅	癸卯	甲辰	乙巳	丙午	丁未	戊申	己酉	庚戌	辛亥	壬子	癸丑	甲寅
절기시각												亥正															戌初			

2月 (己卯)

절기												경칩														춘분			
음력	1	2	3	4	5	6	7	8	9	10	11	12	13	14	15	16	17	18	19	20	21	22	23	24	25	26	27	28	29
양력 월/일	2/23	24	25	26	27	28	3/1	2	3	4	5	6	7	8	9	10	11	12	13	14	15	16	17	18	19	20	21	22	23
일진	乙卯	丙辰	丁巳	戊午	己未	庚申	辛酉	壬戌	癸亥	甲子	乙丑	丙寅	丁卯	戊辰	己巳	庚午	辛未	壬申	癸酉	甲戌	乙亥	丙子	丁丑	戊寅	己卯	庚辰	辛巳	壬午	癸未
절기시각												亥正														酉正			

3月 (庚辰)

절기												청명 한식															곡우		
음력	1	2	3	4	5	6	7	8	9	10	11	12	13	14	15	16	17	18	19	20	21	22	23	24	25	26	27	28	29
양력 월/일	3/24	25	26	27	28	29	30	31	4/1	2	3	4	5	6	7	8	9	10	11	12	13	14	15	16	17	18	19	20	21
일진	甲申	乙酉	丙戌	丁亥	戊子	己丑	庚寅	辛卯	壬辰	癸巳	甲午	乙未	丙申	丁酉	戊戌	己亥	庚子	辛丑	壬寅	癸卯	甲辰	乙巳	丙午	丁未	戊申	己酉	庚戌	辛亥	壬子
절기시각												亥正															卯初		

閏3月 (庚辰)

절기														입하																
음력	1	2	3	4	5	6	7	8	9	10	11	12	13	14	15	16	17	18	19	20	21	22	23	24	25	26	27	28	29	30
양력 월/일	4/22	23	24	25	26	27	28	29	30	5/1	2	3	4	5	6	7	8	9	10	11	12	13	14	15	16	17	18	19	20	21
일진	癸丑	甲寅	乙卯	丙辰	丁巳	戊午	己未	庚申	辛酉	壬戌	癸亥	甲子	乙丑	丙寅	丁卯	戊辰	己巳	庚午	辛未	壬申	癸酉	甲戌	乙亥	丙子	丁丑	戊寅	己卯	庚辰	辛巳	壬午
절기시각														申正																

4月 (辛巳)

절기													망종																
음력	1	2	3	4	5	6	7	8	9	10	11	12	13	14	15	16	17	18	19	20	21	22	23	24	25	26	27	28	29
양력 월/일	5/22	23	24	25	26	27	28	29	30	31	6/1	2	3	4	5	6	7	8	9	10	11	12	13	14	15	16	17	18	19
일진	癸未	甲申	乙酉	丙戌	丁亥	戊子	己丑	庚寅	辛卯	壬辰	癸巳	甲午	乙未	丙申	丁酉	戊戌	己亥	庚子	辛丑	壬寅	癸卯	甲辰	乙巳	丙午	丁未	戊申	己酉	庚戌	辛亥
절기시각													辰初																

5月 (壬午)

절기		하지												소서															
음력	1	2	3	4	5	6	7	8	9	10	11	12	13	14	15	16	17	18	19	20	21	22	23	24	25	26	27	28	29
양력 월/일	6/20	21	22	23	24	25	26	27	28	29	30	7/1	2	3	4	5	6	7	8	9	10	11	12	13	14	15	16	17	18
일진	壬子	癸丑	甲寅	乙卯	丙辰	丁巳	戊午	己未	庚申	辛酉	壬戌	癸亥	甲子	乙丑	丙寅	丁卯	戊辰	己巳	庚午	辛未	壬申	癸酉	甲戌	乙亥	丙子	丁丑	戊寅	己卯	庚辰
절기시각		未初												辰初															

6月 (癸未)

절기					대서				중복										입추											
음력	1	2	3	4	5	6	7	8	9	10	11	12	13	14	15	16	17	18	19	20	21	22	23	24	25	26	27	28	29	30
양력 월/일	7/19	20	21	22	23	24	25	26	27	28	29	30	31	8/1	2	3	4	5	6	7	8	9	10	11	12	13	14	15	16	17
일진	辛巳	壬午	癸未	甲申	乙酉	丙戌	丁亥	戊子	己丑	庚寅	辛卯	壬辰	癸巳	甲午	乙未	丙申	丁酉	戊戌	己亥	庚子	辛丑	壬寅	癸卯	甲辰	乙巳	丙午	丁未	戊申	己酉	庚戌
절기시각					子正														酉初											

7 月 (甲 申)

절 기							처서															백로							
음 력	1	2	3	4	5	6	7	8	9	10	11	12	13	14	15	16	17	18	19	20	21	22	23	24	25	26	27	28	29
양력 월/일	8/18	19	20	21	22	23	24	25	26	27	28	29	30	31	9/1	2	3	4	5	6	7	8	9	10	11	12	13	14	15
일 진	辛亥	壬子	癸丑	甲寅	乙卯	丙辰	丁巳	戊午	己未	庚申	辛酉	壬戌	癸亥	甲子	乙丑	丙寅	丁卯	戊辰	己巳	庚午	辛未	壬申	癸酉	甲戌	乙亥	丙子	丁丑	戊寅	己卯
절기시각							辰正															戌正							

8 月 (乙 酉)

절 기								추분															한로							
음 력	1	2	3	4	5	6	7	8	9	10	11	12	13	14	15	16	17	18	19	20	21	22	23	24	25	26	27	28	29	30
양력 월/일	9/16	17	18	19	20	21	22	23	24	25	26	27	28	29	30	10/1	2	3	4	5	6	7	8	9	10	11	12	13	14	15
일 진	庚辰	辛巳	壬午	癸未	甲申	乙酉	丙戌	丁亥	戊子	己丑	庚寅	辛卯	壬辰	癸巳	甲午	乙未	丙申	丁酉	戊戌	己亥	庚子	辛丑	壬寅	癸卯	甲辰	乙巳	丙午	丁未	戊申	己酉
절기시각								卯初															未正							

9 月 (丙 戌)

절 기									상강															입동						
음 력	1	2	3	4	5	6	7	8	9	10	11	12	13	14	15	16	17	18	19	20	21	22	23	24	25	26	27	28	29	
양력 월/일	10/16	17	18	19	20	21	22	23	24	25	26	27	28	29	30	31	11/1	2	3	4	5	6	7	8	9	10	11	12	13	
일 진	庚戌	辛亥	壬子	癸丑	甲寅	乙卯	丙辰	丁巳	戊午	己未	庚申	辛酉	壬戌	癸亥	甲子	乙丑	丙寅	丁卯	戊辰	己巳	庚午	辛未	壬申	癸酉	甲戌	乙亥	丙子	丁丑	戊寅	
절기시각									午正															丑正						

10 月 (丁 亥)

절 기									소설															대설						
음 력	1	2	3	4	5	6	7	8	9	10	11	12	13	14	15	16	17	18	19	20	21	22	23	24	25	26	27	28	29	30
양력 월/일	11/14	15	16	17	18	19	20	21	22	23	24	25	26	27	28	29	30	12/1	2	3	4	5	6	7	8	9	10	11	12	13
일 진	己卯	庚辰	辛巳	壬午	癸未	甲申	乙酉	丙戌	丁亥	戊子	己丑	庚寅	辛卯	壬辰	癸巳	甲午	乙未	丙申	丁酉	戊戌	己亥	庚子	辛丑	壬寅	癸卯	甲辰	乙巳	丙午	丁未	戊申
절기시각									午初															卯正						

11 月 (戊 子)

절 기							동지															소한								
음 력	1	2	3	4	5	6	7	8	9	10	11	12	13	14	15	16	17	18	19	20	21	22	23	24	25	26	27	28	29	30
양력 월/일	12/14	15	16	17	18	19	20	21	22	23	24	25	26	27	28	29	30	31	1/1	2	3	4	5	6	7	8	9	10	11	12
일 진	己酉	庚戌	辛亥	壬子	癸丑	甲寅	乙卯	丙辰	丁巳	戊午	己未	庚申	辛酉	壬戌	癸亥	甲子	乙丑	丙寅	丁卯	戊辰	己巳	庚午	辛未	壬申	癸酉	甲戌	乙亥	丙子	丁丑	戊寅
절기시각							子正															酉初								

12 月 (己 丑)

절 기									대한															입춘						
음 력	1	2	3	4	5	6	7	8	9	10	11	12	13	14	15	16	17	18	19	20	21	22	23	24	25	26	27	28	29	30
양력 월/일	1/13	14	15	16	17	18	19	20	21	22	23	24	25	26	27	28	29	30	31	2/1	2	3	4	5	6	7	8	9	10	11
일 진	己卯	庚辰	辛巳	壬午	癸未	甲申	乙酉	丙戌	丁亥	戊子	己丑	庚寅	辛卯	壬辰	癸巳	甲午	乙未	丙申	丁酉	戊戌	己亥	庚子	辛丑	壬寅	癸卯	甲辰	乙巳	丙午	丁未	戊申
절기시각									巳正															卯初						

서기 1956년 (단기 4289년) 丙申年

正月 (庚寅)

절기									우수														경칩						
음력	1	2	3	4	5	6	7	8	9	10	11	12	13	14	15	16	17	18	19	20	21	22	23	24	25	26	27	28	29
양력 월/일	2/12	13	14	15	16	17	18	19	20	21	22	23	24	25	26	27	28	29	3/1	2	3	4	5	6	7	8	9	10	11
일진	己酉	庚戌	辛亥	壬子	癸丑	甲寅	乙卯	丙辰	丁巳	戊午	己未	庚申	辛酉	壬戌	癸亥	甲子	乙丑	丙寅	丁卯	戊辰	己巳	庚午	辛未	壬申	癸酉	甲戌	乙亥	丙子	丁丑
절기시각									子正														子初						

2月 (辛卯)

절기									춘분														청명							
음력	1	2	3	4	5	6	7	8	9	10	11	12	13	14	15	16	17	18	19	20	21	22	23	24	25	26	27	28	29	30
양력 월/일	3/12	13	14	15	16	17	18	19	20	21	22	23	24	25	26	27	28	29	30	31	4/1	2	3	4	5	6	7	8	9	10
일진	戊寅	己卯	庚辰	辛巳	壬午	癸未	甲申	乙酉	丙戌	丁亥	戊子	己丑	庚寅	辛卯	壬辰	癸巳	甲午	乙未	丙申	丁酉	戊戌	己亥	庚子	辛丑	壬寅	癸卯	甲辰	乙巳	丙午	丁未
절기시각									子正														寅正							

3月 (壬辰)

절기									곡우														입하						
음력	1	2	3	4	5	6	7	8	9	10	11	12	13	14	15	16	17	18	19	20	21	22	23	24	25	26	27	28	29
양력 월/일	4/11	12	13	14	15	16	17	18	19	20	21	22	23	24	25	26	27	28	29	30	5/1	2	3	4	5	6	7	8	9
일진	戊申	己酉	庚戌	辛亥	壬子	癸丑	甲寅	乙卯	丙辰	丁巳	戊午	己未	庚申	辛酉	壬戌	癸亥	甲子	乙丑	丙寅	丁卯	戊辰	己巳	庚午	辛未	壬申	癸酉	甲戌	乙亥	丙子
절기시각									午初														亥正						

4月 (癸巳)

절기										소만													망종							
음력	1	2	3	4	5	6	7	8	9	10	11	12	13	14	15	16	17	18	19	20	21	22	23	24	25	26	27	28	29	30
양력 월/일	5/10	11	12	13	14	15	16	17	18	19	20	21	22	23	24	25	26	27	28	29	30	31	6/1	2	3	4	5	6	7	8
일진	丁丑	戊寅	己卯	庚辰	辛巳	壬午	癸未	甲申	乙酉	丙戌	丁亥	戊子	己丑	庚寅	辛卯	壬辰	癸巳	甲午	乙未	丙申	丁酉	戊戌	己亥	庚子	辛丑	壬寅	癸卯	甲辰	乙巳	丙午
절기시각										午初													丑正							

5月 (甲午)

절기											하지																소서		
음력	1	2	3	4	5	6	7	8	9	10	11	12	13	14	15	16	17	18	19	20	21	22	23	24	25	26	27	28	29
양력 월/일	6/9	10	11	12	13	14	15	16	17	18	19	20	21	22	23	24	25	26	27	28	29	30	7/1	2	3	4	5	6	7
일진	丁未	戊申	己酉	庚戌	辛亥	壬子	癸丑	甲寅	乙卯	丙辰	丁巳	戊午	己未	庚申	辛酉	壬戌	癸亥	甲子	乙丑	丙寅	丁卯	戊辰	己巳	庚午	辛未	壬申	癸酉	甲戌	乙亥
절기시각											戌初																未初		

6月 (乙未)

절기				초복									중복	대서															
음력	1	2	3	4	5	6	7	8	9	10	11	12	13	14	15	16	17	18	19	20	21	22	23	24	25	26	27	28	29
양력 월/일	7/8	9	10	11	12	13	14	15	16	17	18	19	20	21	22	23	24	25	26	27	28	29	30	31	8/1	2	3	4	5
일진	丙子	丁丑	戊寅	己卯	庚辰	辛巳	壬午	癸未	甲申	乙酉	丙戌	丁亥	戊子	己丑	庚寅	辛卯	壬辰	癸巳	甲午	乙未	丙申	丁酉	戊戌	己亥	庚子	辛丑	壬寅	癸卯	甲辰
절기시각														卯正															

7 月 （丙 申）

절 기		입추			말복													처서												
음 력	1	2	3	4	5	6	7	8	9	10	11	12	13	14	15	16	17	18	19	20	21	22	23	24	25	26	27	28	29	30
양력 월/일	8/6	7	8	9	10	11	12	13	14	15	16	17	18	19	20	21	22	23	24	25	26	27	28	29	30	31	9/1	2	3	4
일 진	乙巳	丙午	丁未	戊申	己酉	庚戌	辛亥	壬子	癸丑	甲寅	乙卯	丙辰	丁巳	戊午	己未	庚申	辛酉	壬戌	癸亥	甲子	乙丑	丙寅	丁卯	戊辰	己巳	庚午	辛未	壬申	癸酉	甲戌
절기시각		子初																未初												

8 月 （丁 酉）

절 기				백로															추분										
음 력	1	2	3	4	5	6	7	8	9	10	11	12	13	14	15	16	17	18	19	20	21	22	23	24	25	26	27	28	29
양력 월/일	9/5	6	7	8	9	10	11	12	13	14	15	16	17	18	19	20	21	22	23	24	25	26	27	28	29	30	10/1	2	3
일 진	乙亥	丙子	丁丑	戊寅	己卯	庚辰	辛巳	壬午	癸未	甲申	乙酉	丙戌	丁亥	戊子	己丑	庚寅	辛卯	壬辰	癸巳	甲午	乙未	丙申	丁酉	戊戌	己亥	庚子	辛丑	壬寅	癸卯
절기시각				丑正															午初										

9 月 （戊 戌）

절 기				한로																상강										
음 력	1	2	3	4	5	6	7	8	9	10	11	12	13	14	15	16	17	18	19	20	21	22	23	24	25	26	27	28	29	30
양력 월/일	10/4	5	6	7	8	9	10	11	12	13	14	15	16	17	18	19	20	21	22	23	24	25	26	27	28	29	30	31	11/1	2
일 진	甲辰	乙巳	丙午	丁未	戊申	己酉	庚戌	辛亥	壬子	癸丑	甲寅	乙卯	丙辰	丁巳	戊午	己未	庚申	辛酉	壬戌	癸亥	甲子	乙丑	丙寅	丁卯	戊辰	己巳	庚午	辛未	壬申	癸酉
절기시각				酉初																戌初										

10 月 （己 亥）

절 기				입동																소설									
음 력	1	2	3	4	5	6	7	8	9	10	11	12	13	14	15	16	17	18	19	20	21	22	23	24	25	26	27	28	29
양력 월/일	11/3	4	5	6	7	8	9	10	11	12	13	14	15	16	17	18	19	20	21	22	23	24	25	26	27	28	29	30	12/1
일 진	甲戌	乙亥	丙子	丁丑	戊寅	己卯	庚辰	辛巳	壬午	癸未	甲申	乙酉	丙戌	丁亥	戊子	己丑	庚寅	辛卯	壬辰	癸巳	甲午	乙未	丙申	丁酉	戊戌	己亥	庚子	辛丑	壬寅
절기시각				戌正																酉初									

11 月 （庚 子）

절 기				대설																동지										
음 력	1	2	3	4	5	6	7	8	9	10	11	12	13	14	15	16	17	18	19	20	21	22	23	24	25	26	27	28	29	30
양력 월/일	12/2	3	4	5	6	7	8	9	10	11	12	13	14	15	16	17	18	19	20	21	22	23	24	25	26	27	28	29	30	31
일 진	癸卯	甲辰	乙巳	丙午	丁未	戊申	己酉	庚戌	辛亥	壬子	癸丑	甲寅	乙卯	丙辰	丁巳	戊午	己未	庚申	辛酉	壬戌	癸亥	甲子	乙丑	丙寅	丁卯	戊辰	己巳	庚午	辛未	壬申
절기시각				午正																卯正										

12 月 （辛 丑）

절 기				소한																대한										
음 력	1	2	3	4	5	6	7	8	9	10	11	12	13	14	15	16	17	18	19	20	21	22	23	24	25	26	27	28	29	30
양력 월/일	1/1	2	3	4	5	6	7	8	9	10	11	12	13	14	15	16	17	18	19	20	21	22	23	24	25	26	27	28	29	30
일 진	癸酉	甲戌	乙亥	丙子	丁丑	戊寅	己卯	庚辰	辛巳	壬午	癸未	甲申	乙酉	丙戌	丁亥	戊子	己丑	庚寅	辛卯	壬辰	癸巳	甲午	乙未	丙申	丁酉	戊戌	己亥	庚子	辛丑	壬寅
절기시각				子初																申正										

서기 1957년 (단기 4290년) 丁酉年

正月 (壬寅)

절기					입춘															우수										
음력	1	2	3	4	5	6	7	8	9	10	11	12	13	14	15	16	17	18	19	20	21	22	23	24	25	26	27	28	29	30
양력 월/일	1/31	2/1	2	3	4	5	6	7	8	9	10	11	12	13	14	15	16	17	18	19	20	21	22	23	24	25	26	27	28	3/1
일 진	癸卯	甲辰	乙巳	丙午	丁未	戊申	己酉	庚戌	辛亥	壬子	癸丑	甲寅	乙卯	丙辰	丁巳	戊午	己未	庚申	辛酉	壬戌	癸亥	甲子	乙丑	丙寅	丁卯	戊辰	己巳	庚午	辛未	壬申
절기시각					巳正															卯正										

2月 (癸卯)

절기					경칩															춘분									
음력	1	2	3	4	5	6	7	8	9	10	11	12	13	14	15	16	17	18	19	20	21	22	23	24	25	26	27	28	29
양력 월/일	3/2	3	4	5	6	7	8	9	10	11	12	13	14	15	16	17	18	19	20	21	22	23	24	25	26	27	28	29	30
일 진	癸酉	甲戌	乙亥	丙子	丁丑	戊寅	己卯	庚辰	辛巳	壬午	癸未	甲申	乙酉	丙戌	丁亥	戊子	己丑	庚寅	辛卯	壬辰	癸巳	甲午	乙未	丙申	丁酉	戊戌	己亥	庚子	辛丑
절기시각					寅正															卯初									

3月 (甲辰)

절기					청명	한식														곡우										
음력	1	2	3	4	5	6	7	8	9	10	11	12	13	14	15	16	17	18	19	20	21	22	23	24	25	26	27	28	29	30
양력 월/일	3/31	4/1	2	3	4	5	6	7	8	9	10	11	12	13	14	15	16	17	18	19	20	21	22	23	24	25	26	27	28	29
일 진	壬寅	癸卯	甲辰	乙巳	丙午	丁未	戊申	己酉	庚戌	辛亥	壬子	癸丑	甲寅	乙卯	丙辰	丁巳	戊午	己未	庚申	辛酉	壬戌	癸亥	甲子	乙丑	丙寅	丁卯	戊辰	己巳	庚午	辛未
절기시각					巳正															酉初										

4月 (乙巳)

절기						입하															소만								
음력	1	2	3	4	5	6	7	8	9	10	11	12	13	14	15	16	17	18	19	20	21	22	23	24	25	26	27	28	29
양력 월/일	4/30	5/1	2	3	4	5	6	7	8	9	10	11	12	13	14	15	16	17	18	19	20	21	22	23	24	25	26	27	28
일 진	壬申	癸酉	甲戌	乙亥	丙子	丁丑	戊寅	己卯	庚辰	辛巳	壬午	癸未	甲申	乙酉	丙戌	丁亥	戊子	己丑	庚寅	辛卯	壬辰	癸巳	甲午	乙未	丙申	丁酉	戊戌	己亥	庚子
절기시각						寅初															酉初								

5月 (丙午)

절기						망종															하지									
음력	1	2	3	4	5	6	7	8	9	10	11	12	13	14	15	16	17	18	19	20	21	22	23	24	25	26	27	28	29	30
양력 월/일	5/29	30	31	6/1	2	3	4	5	6	7	8	9	10	11	12	13	14	15	16	17	18	19	20	21	22	23	24	25	26	27
일 진	辛丑	壬寅	癸卯	甲辰	乙巳	丙午	丁未	戊申	己酉	庚戌	辛亥	壬子	癸丑	甲寅	乙卯	丙辰	丁巳	戊午	己未	庚申	辛酉	壬戌	癸亥	甲子	乙丑	丙寅	丁卯	戊辰	己巳	庚午
절기시각						辰正															丑初									

6月 (丁未)

절기						소서										초복					대서								
음력	1	2	3	4	5	6	7	8	9	10	11	12	13	14	15	16	17	18	19	20	21	22	23	24	25	26	27	28	29
양력 월/일	6/28	29	30	7/1	2	3	4	5	6	7	8	9	10	11	12	13	14	15	16	17	18	19	20	21	22	23	24	25	26
일 진	辛未	壬申	癸酉	甲戌	乙亥	丙子	丁丑	戊寅	己卯	庚辰	辛巳	壬午	癸未	甲申	乙酉	丙戌	丁亥	戊子	己丑	庚寅	辛卯	壬辰	癸巳	甲午	乙未	丙申	丁酉	戊戌	己亥
절기시각						酉正															午正								

7 月 (戊申)

절 기		중복											입추									말복					처서			
음 력		1	2	3	4	5	6	7	8	9	10	11	12	13	14	15	16	17	18	19	20	21	22	23	24	25	26	27	28	29
양력	월/일	7/27	28	29	30	31	8/1	2	3	4	5	6	7	8	9	10	11	12	13	14	15	16	17	18	19	20	21	22	23	24
일 진		庚子	辛丑	壬寅	癸卯	甲辰	乙巳	丙午	丁未	戊申	己酉	庚戌	辛亥	壬子	癸丑	甲寅	乙卯	丙辰	丁巳	戊午	己未	庚申	辛酉	壬戌	癸亥	甲子	乙丑	丙寅	丁卯	戊辰
절기시각														寅正									戌初							

8 月 (己酉)

절 기															백로														추분	
음 력		1	2	3	4	5	6	7	8	9	10	11	12	13	14	15	16	17	18	19	20	21	22	23	24	25	26	27	28	29	30
양력	월/일	8/25	26	27	28	29	30	31	9/1	2	3	4	5	6	7	8	9	10	11	12	13	14	15	16	17	18	19	20	21	22	23
일 진		己巳	庚午	辛未	壬申	癸酉	甲戌	乙亥	丙子	丁丑	戊寅	己卯	庚辰	辛巳	壬午	癸未	甲申	乙酉	丙戌	丁亥	戊子	己丑	庚寅	辛卯	壬辰	癸巳	甲午	乙未	丙申	丁酉	戊戌
절기시각															辰初														酉初	

閏 8 月 (己酉)

절 기																한로														
음 력		1	2	3	4	5	6	7	8	9	10	11	12	13	14	15	16	17	18	19	20	21	22	23	24	25	26	27	28	29
양력	월/일	9/24	25	26	27	28	29	30	10/1	2	3	4	5	6	7	8	9	10	11	12	13	14	15	16	17	18	19	20	21	22
일 진		己亥	庚子	辛丑	壬寅	癸卯	甲辰	乙巳	丙午	丁未	戊申	己酉	庚戌	辛亥	壬子	癸丑	甲寅	乙卯	丙辰	丁巳	戊午	己未	庚申	辛酉	壬戌	癸亥	甲子	乙丑	丙寅	丁卯
절기시각																子初														

9 月 (庚戌)

절 기		상강																입동													
음 력		1	2	3	4	5	6	7	8	9	10	11	12	13	14	15	16	17	18	19	20	21	22	23	24	25	26	27	28	29	30
양력	월/일	10/23	24	25	26	27	28	29	30	31	11/1	2	3	4	5	6	7	8	9	10	11	12	13	14	15	16	17	18	19	20	21
일 진		戊辰	己巳	庚午	辛未	壬申	癸酉	甲戌	乙亥	丙子	丁丑	戊寅	己卯	庚辰	辛巳	壬午	癸未	甲申	乙酉	丙戌	丁亥	戊子	己丑	庚寅	辛卯	壬辰	癸巳	甲午	乙未	丙申	丁酉
절기시각		丑正																丑正													

10 月 (辛亥)

절 기		소설																대설												
음 력		1	2	3	4	5	6	7	8	9	10	11	12	13	14	15	16	17	18	19	20	21	22	23	24	25	26	27	28	29
양력	월/일	11/22	23	24	25	26	27	28	29	30	12/1	2	3	4	5	6	7	8	9	10	11	12	13	14	15	16	17	18	19	20
일 진		戊戌	己亥	庚子	辛丑	壬寅	癸卯	甲辰	乙巳	丙午	丁未	戊申	己酉	庚戌	辛亥	壬子	癸丑	甲寅	乙卯	丙辰	丁巳	戊午	己未	庚申	辛酉	壬戌	癸亥	甲子	乙丑	丙寅
절기시각		子初																酉正												

11 月 (壬子)

절 기		동지															소한														
음 력		1	2	3	4	5	6	7	8	9	10	11	12	13	14	15	16	17	18	19	20	21	22	23	24	25	26	27	28	29	30
양력	월/일	12/21	22	23	24	25	26	27	28	29	30	31	1/1	2	3	4	5	6	7	8	9	10	11	12	13	14	15	16	17	18	19
일 진		丁卯	戊辰	己巳	庚午	辛未	壬申	癸酉	甲戌	乙亥	丙子	丁丑	戊寅	己卯	庚辰	辛巳	壬午	癸未	甲申	乙酉	丙戌	丁亥	戊子	己丑	庚寅	辛卯	壬辰	癸巳	甲午	乙未	丙申
절기시각		午正																卯初													

12 月 (癸丑)

절 기		대한															입춘														
음 력		1	2	3	4	5	6	7	8	9	10	11	12	13	14	15	16	17	18	19	20	21	22	23	24	25	26	27	28	29	30
양력	월/일	1/20	21	22	23	24	25	26	27	28	29	30	31	2/1	2	3	4	5	6	7	8	9	10	11	12	13	14	15	16	17	18
일 진		丁酉	戊戌	己亥	庚子	辛丑	壬寅	癸卯	甲辰	乙巳	丙午	丁未	戊申	己酉	庚戌	辛亥	壬子	癸丑	甲寅	乙卯	丙辰	丁巳	戊午	己未	庚申	辛酉	壬戌	癸亥	甲子	乙丑	丙寅
절기시각		亥正																申正													

서기 1958년 (단기 4291년)	戊 戌 年

正 月 （甲寅）

절기		우수															경칩													
음력	1	2	3	4	5	6	7	8	9	10	11	12	13	14	15	16	17	18	19	20	21	22	23	24	25	26	27	28	29	
양력 월/일	2/19	20	21	22	23	24	25	26	27	28	3/1	2	3	4	5	6	7	8	9	10	11	12	13	14	15	16	17	18	19	
일 진	丁卯	戊辰	己巳	庚午	辛未	壬申	癸酉	甲戌	乙亥	丙子	丁丑	戊寅	己卯	庚辰	辛巳	壬午	癸未	甲申	乙酉	丙戌	丁亥	戊子	己丑	庚寅	辛卯	壬辰	癸巳	甲午	乙未	
절기시각		午正														巳正														

2月 （乙卯）

절기		춘분															청명	한식													
음력	1	2	3	4	5	6	7	8	9	10	11	12	13	14	15	16	17	18	19	20	21	22	23	24	25	26	27	28	29	30
양력 월/일	3/20	21	22	23	24	25	26	27	28	29	30	31	4/1	2	3	4	5	6	7	8	9	10	11	12	13	14	15	16	17	18
일 진	丙申	丁酉	戊戌	己亥	庚子	辛丑	壬寅	癸卯	甲辰	乙巳	丙午	丁未	戊申	己酉	庚戌	辛亥	壬子	癸丑	甲寅	乙卯	丙辰	丁巳	戊午	己未	庚申	辛酉	壬戌	癸亥	甲子	乙丑
절기시각		午初															申初													

3月 （丙辰）

절기		곡우																입하													
음력	1	2	3	4	5	6	7	8	9	10	11	12	13	14	15	16	17	18	19	20	21	22	23	24	25	26	27	28	29	30
양력 월/일	4/19	20	21	22	23	24	25	26	27	28	29	30	5/1	2	3	4	5	6	7	8	9	10	11	12	13	14	15	16	17	18
일 진	丙寅	丁卯	戊辰	己巳	庚午	辛未	壬申	癸酉	甲戌	乙亥	丙子	丁丑	戊寅	己卯	庚辰	辛巳	壬午	癸未	甲申	乙酉	丙戌	丁亥	戊子	己丑	庚寅	辛卯	壬辰	癸巳	甲午	乙未
절기시각		子初																巳初												

4月 （丁巳）

절기			소만															망종												
음력	1	2	3	4	5	6	7	8	9	10	11	12	13	14	15	16	17	18	19	20	21	22	23	24	25	26	27	28	29	
양력 월/일	5/19	20	21	22	23	24	25	26	27	28	29	30	31	6/1	2	3	4	5	6	7	8	9	10	11	12	13	14	15	16	
일 진	丙申	丁酉	戊戌	己亥	庚子	辛丑	壬寅	癸卯	甲辰	乙巳	丙午	丁未	戊申	己酉	庚戌	辛亥	壬子	癸丑	甲寅	乙卯	丙辰	丁巳	戊午	己未	庚申	辛酉	壬戌	癸亥	甲子	
절기시각			亥正															午初												

5月 （戊午）

절기				하지													소서					초복									
음력	1	2	3	4	5	6	7	8	9	10	11	12	13	14	15	16	17	18	19	20	21	22	23	24	25	26	27	28	29	30
양력 월/일	6/17	18	19	20	21	22	23	24	25	26	27	28	29	30	7/1	2	3	4	5	6	7	8	9	10	11	12	13	14	15	16
일 진	乙丑	丙寅	丁卯	戊辰	己巳	庚午	辛未	壬申	癸酉	甲戌	乙亥	丙子	丁丑	戊寅	己卯	庚辰	辛巳	壬午	癸未	甲申	乙酉	丙戌	丁亥	戊子	己丑	庚寅	辛卯	壬辰	癸巳	甲午
절기시각				辰初													子正													

6月 （己未）

절기				중복	대서														입추			말복								
음력	1	2	3	4	5	6	7	8	9	10	11	12	13	14	15	16	17	18	19	20	21	22	23	24	25	26	27	28	29	
양력 월/일	7/17	18	19	20	21	22	23	24	25	26	27	28	29	30	31	8/1	2	3	4	5	6	7	8	9	10	11	12	13	14	
일 진	乙未	丙申	丁酉	戊戌	己亥	庚子	辛丑	壬寅	癸卯	甲辰	乙巳	丙午	丁未	戊申	己酉	庚戌	辛亥	壬子	癸丑	甲寅	乙卯	丙辰	丁巳	戊午	己未	庚申	辛酉	壬戌	癸亥	
절기시각					酉正														巳正											

7 月 （庚 申）

절 기										처서															백로				
음 력	1	2	3	4	5	6	7	8	9	10	11	12	13	14	15	16	17	18	19	20	21	22	23	24	25	26	27	28	29
양력 월/일	8/15	16	17	18	19	20	21	22	23	24	25	26	27	28	29	30	31	9/1	2	3	4	5	6	7	8	9	10	11	12
일 진	甲子	乙丑	丙寅	丁卯	戊辰	己巳	庚午	辛未	壬申	癸酉	甲戌	乙亥	丙子	丁丑	戊寅	己卯	庚辰	辛巳	壬午	癸未	甲申	乙酉	丙戌	丁亥	戊子	己丑	庚寅	辛卯	壬辰
절기시각										丑初															未初				

8 月 （辛 酉）

절 기											추분															한로				
음 력	1	2	3	4	5	6	7	8	9	10	11	12	13	14	15	16	17	18	19	20	21	22	23	24	25	26	27	28	29	30
양력 월/일	9/13	14	15	16	17	18	19	20	21	22	23	24	25	26	27	28	29	30	10/1	2	3	4	5	6	7	8	9	10	11	12
일 진	癸巳	甲午	乙未	丙申	丁酉	戊戌	己亥	庚子	辛丑	壬寅	癸卯	甲辰	乙巳	丙午	丁未	戊申	己酉	庚戌	辛亥	壬子	癸丑	甲寅	乙卯	丙辰	丁巳	戊午	己未	庚申	辛酉	壬戌
절기시각											子初															卯初				

9 月 （壬 戌）

절 기										상강															입동				
음 력	1	2	3	4	5	6	7	8	9	10	11	12	13	14	15	16	17	18	19	20	21	22	23	24	25	26	27	28	29
양력 월/일	10/13	14	15	16	17	18	19	20	21	22	23	24	25	26	27	28	29	30	31	11/1	2	3	4	5	6	7	8	9	10
일 진	癸亥	甲子	乙丑	丙寅	丁卯	戊辰	己巳	庚午	辛未	壬申	癸酉	甲戌	乙亥	丙子	丁丑	戊寅	己卯	庚辰	辛巳	壬午	癸未	甲申	乙酉	丙戌	丁亥	戊子	己丑	庚寅	辛卯
절기시각										辰正															辰正				

10 月 （癸 亥）

절 기										소설															대설					
음 력	1	2	3	4	5	6	7	8	9	10	11	12	13	14	15	16	17	18	19	20	21	22	23	24	25	26	27	28	29	30
양력 월/일	11/11	12	13	14	15	16	17	18	19	20	21	22	23	24	25	26	27	28	29	30	12/1	2	3	4	5	6	7	8	9	10
일 진	壬辰	癸巳	甲午	乙未	丙申	丁酉	戊戌	己亥	庚子	辛丑	壬寅	癸卯	甲辰	乙巳	丙午	丁未	戊申	己酉	庚戌	辛亥	壬子	癸丑	甲寅	乙卯	丙辰	丁巳	戊午	己未	庚申	辛酉
절기시각										卯初															午初					

11 月 （甲 子）

절 기										동지															소한				
음 력	1	2	3	4	5	6	7	8	9	10	11	12	13	14	15	16	17	18	19	20	21	22	23	24	25	26	27	28	29
양력 월/일	12/11	12	13	14	15	16	17	18	19	20	21	22	23	24	25	26	27	28	29	30	31	1/1	2	3	4	5	6	7	8
일 진	壬戌	癸亥	甲子	乙丑	丙寅	丁卯	戊辰	己巳	庚午	辛未	壬申	癸酉	甲戌	乙亥	丙子	丁丑	戊寅	己卯	庚辰	辛巳	壬午	癸未	甲申	乙酉	丙戌	丁亥	戊子	己丑	庚寅
절기시각										酉正															午初				

12 月 （乙 丑）

절 기												대한														입춘				
음 력	1	2	3	4	5	6	7	8	9	10	11	12	13	14	15	16	17	18	19	20	21	22	23	24	25	26	27	28	29	30
양력 월/일	1/9	10	11	12	13	14	15	16	17	18	19	20	21	22	23	24	25	26	27	28	29	30	31	2/1	2	3	4	5	6	7
일 진	辛卯	壬辰	癸巳	甲午	乙未	丙申	丁酉	戊戌	己亥	庚子	辛丑	壬寅	癸卯	甲辰	乙巳	丙午	丁未	戊申	己酉	庚戌	辛亥	壬子	癸丑	甲寅	乙卯	丙辰	丁巳	戊午	己未	庚申
절기시각												寅正														亥正				

서기 1959년 (단기 4292년) 己 亥 年

正 月 (丙 寅)

절기												우수															경칩		
음력	1	2	3	4	5	6	7	8	9	10	11	12	13	14	15	16	17	18	19	20	21	22	23	24	25	26	27	28	29
양력 월/일	2/8	9	10	11	12	13	14	15	16	17	18	19	20	21	22	23	24	25	26	27	28	3/1	2	3	4	5	6	7	8
일진	辛酉	壬戌	癸亥	甲子	乙丑	丙寅	丁卯	戊辰	己巳	庚午	辛未	壬申	癸酉	甲戌	乙亥	丙子	丁丑	戊寅	己卯	庚辰	辛巳	壬午	癸未	甲申	乙酉	丙戌	丁亥	戊子	己丑
절기시각												酉正															申正		

2 月 (丁 卯)

절기													춘분															청명	한식	
음력	1	2	3	4	5	6	7	8	9	10	11	12	13	14	15	16	17	18	19	20	21	22	23	24	25	26	27	28	29	30
양력 월/일	3/9	10	11	12	13	14	15	16	17	18	19	20	21	22	23	24	25	26	27	28	29	30	31	4/1	2	3	4	5	6	7
일진	庚寅	辛卯	壬辰	癸巳	甲午	乙未	丙申	丁酉	戊戌	己亥	庚子	辛丑	壬寅	癸卯	甲辰	乙巳	丙午	丁未	戊申	己酉	庚戌	辛亥	壬子	癸丑	甲寅	乙卯	丙辰	丁巳	戊午	己未
절기시각													酉初															亥初		

3 月 (戊 辰)

절기														곡우														입하		
음력	1	2	3	4	5	6	7	8	9	10	11	12	13	14	15	16	17	18	19	20	21	22	23	24	25	26	27	28	29	30
양력 월/일	4/8	9	10	11	12	13	14	15	16	17	18	19	20	21	22	23	24	25	26	27	28	29	30	5/1	2	3	4	5	6	7
일진	庚申	辛酉	壬戌	癸亥	甲子	乙丑	丙寅	丁卯	戊辰	己巳	庚午	辛未	壬申	癸酉	甲戌	乙亥	丙子	丁丑	戊寅	己卯	庚辰	辛巳	壬午	癸未	甲申	乙酉	丙戌	丁亥	戊子	己丑
절기시각														卯初														申初		

4 月 (己 巳)

절기														소만																
음력	1	2	3	4	5	6	7	8	9	10	11	12	13	14	15	16	17	18	19	20	21	22	23	24	25	26	27	28	29
양력 월/일	5/8	9	10	11	12	13	14	15	16	17	18	19	20	21	22	23	24	25	26	27	28	29	30	31	6/1	2	3	4	5
일진	庚寅	辛卯	壬辰	癸巳	甲午	乙未	丙申	丁酉	戊戌	己亥	庚子	辛丑	壬寅	癸卯	甲辰	乙巳	丙午	丁未	戊申	己酉	庚戌	辛亥	壬子	癸丑	甲寅	乙卯	丙辰	丁巳	戊午
절기시각														寅正															

5 月 (庚 午)

절기	망종															하지														
음력	1	2	3	4	5	6	7	8	9	10	11	12	13	14	15	16	17	18	19	20	21	22	23	24	25	26	27	28	29	30
양력 월/일	6/6	7	8	9	10	11	12	13	14	15	16	17	18	19	20	21	22	23	24	25	26	27	28	29	30	7/1	2	3	4	5
일진	己未	庚申	辛酉	壬戌	癸亥	甲子	乙丑	丙寅	丁卯	戊辰	己巳	庚午	辛未	壬申	癸酉	甲戌	乙亥	丙子	丁丑	戊寅	己卯	庚辰	辛巳	壬午	癸未	甲申	乙酉	丙戌	丁亥	戊子
절기시각	戌正															午正														

6 月 (辛 未)

절기			소서													초복					대서		중복							
음력	1	2	3	4	5	6	7	8	9	10	11	12	13	14	15	16	17	18	19	20	21	22	23	24	25	26	27	28	29	
양력 월/일	7/6	7	8	9	10	11	12	13	14	15	16	17	18	19	20	21	22	23	24	25	26	27	28	29	30	31	8/1	2	3	
일진	己丑	庚寅	辛卯	壬辰	癸巳	甲午	乙未	丙申	丁酉	戊戌	己亥	庚子	辛丑	壬寅	癸卯	甲辰	乙巳	丙午	丁未	戊申	己酉	庚戌	辛亥	壬子	癸丑	甲寅	乙卯	丙辰	丁巳	
절기시각			卯正																		子正									

7 月 (壬 申)

절 기				입추							말복										처서									
음력	1	2	3	4	5	6	7	8	9	10	11	12	13	14	15	16	17	18	19	20	21	22	23	24	25	26	27	28	29	30
양력 월/일	8/4	5	6	7	8	9	10	11	12	13	14	15	16	17	18	19	20	21	22	23	24	25	26	27	28	29	30	31	9/1	2
일 진	戊午	己未	庚申	辛酉	壬戌	癸亥	甲子	乙丑	丙寅	丁卯	戊辰	己巳	庚午	辛未	壬申	癸酉	甲戌	乙亥	丙子	丁丑	戊寅	己卯	庚辰	辛巳	壬午	癸未	甲申	乙酉	丙戌	丁亥
절기시각				申正																	辰初									

8 月 (癸 酉)

절 기				백로																	추분								
음력	1	2	3	4	5	6	7	8	9	10	11	12	13	14	15	16	17	18	19	20	21	22	23	24	25	26	27	28	29
양력 월/일	9/3	4	5	6	7	8	9	10	11	12	13	14	15	16	17	18	19	20	21	22	23	24	25	26	27	28	29	30	10/1
일 진	戊子	己丑	庚寅	辛卯	壬辰	癸巳	甲午	乙未	丙申	丁酉	戊戌	己亥	庚子	辛丑	壬寅	癸卯	甲辰	乙巳	丙午	丁未	戊申	己酉	庚戌	辛亥	壬子	癸丑	甲寅	乙卯	丙辰
절기시각				戌初																	寅正								

9 月 (甲 戌)

절 기					한로																		상강							
음력	1	2	3	4	5	6	7	8	9	10	11	12	13	14	15	16	17	18	19	20	21	22	23	24	25	26	27	28	29	30
양력 월/일	10/2	3	4	5	6	7	8	9	10	11	12	13	14	15	16	17	18	19	20	21	22	23	24	25	26	27	28	29	30	31
일 진	丁巳	戊午	己未	庚申	辛酉	壬戌	癸亥	甲子	乙丑	丙寅	丁卯	戊辰	己巳	庚午	辛未	壬申	癸酉	甲戌	乙亥	丙子	丁丑	戊寅	己卯	庚辰	辛巳	壬午	癸未	甲申	乙酉	丙戌
절기시각					午初																		未正							

10 月 (乙 亥)

절 기				입동																		소설							
음력	1	2	3	4	5	6	7	8	9	10	11	12	13	14	15	16	17	18	19	20	21	22	23	24	25	26	27	28	29
양력 월/일	11/1	2	3	4	5	6	7	8	9	10	11	12	13	14	15	16	17	18	19	20	21	22	23	24	25	26	27	28	29
일 진	丁亥	戊子	己丑	庚寅	辛卯	壬辰	癸巳	甲午	乙未	丙申	丁酉	戊戌	己亥	庚子	辛丑	壬寅	癸卯	甲辰	乙巳	丙午	丁未	戊申	己酉	庚戌	辛亥	壬子	癸丑	甲寅	乙卯
절기시각				未正																		午初							

11 月 (丙 子)

절 기					대설																		동지							
음력	1	2	3	4	5	6	7	8	9	10	11	12	13	14	15	16	17	18	19	20	21	22	23	24	25	26	27	28	29	30
양력 월/일	11/30	12/1	2	3	4	5	6	7	8	9	10	11	12	13	14	15	16	17	18	19	20	21	22	23	24	25	26	27	28	29
일 진	丙辰	丁巳	戊午	己未	庚申	辛酉	壬戌	癸亥	甲子	乙丑	丙寅	丁卯	戊辰	己巳	庚午	辛未	壬申	癸酉	甲戌	乙亥	丙子	丁丑	戊寅	己卯	庚辰	辛巳	壬午	癸未	甲申	乙酉
절기시각					卯正																		子初							

12 月 (丁 丑)

절 기					소한																대한								
음력	1	2	3	4	5	6	7	8	9	10	11	12	13	14	15	16	17	18	19	20	21	22	23	24	25	26	27	28	29
양력 월/일	12/30	31	1/1	2	3	4	5	6	7	8	9	10	11	12	13	14	15	16	17	18	19	20	21	22	23	24	25	26	27
일 진	丙戌	丁亥	戊子	己丑	庚寅	辛卯	壬辰	癸巳	甲午	乙未	丙申	丁酉	戊戌	己亥	庚子	辛丑	壬寅	癸卯	甲辰	乙巳	丙午	丁未	戊申	己酉	庚戌	辛亥	壬子	癸丑	甲寅
절기시각					申正																巳正								

서기 1960년 (단기 4293년) 庚子年

正月 (戊寅)

절기									입춘															우수						
음력	1	2	3	4	5	6	7	8	9	10	11	12	13	14	15	16	17	18	19	20	21	22	23	24	25	26	27	28	29	30
양력 월/일	1/28	29	30	31	2/1	2	3	4	5	6	7	8	9	10	11	12	13	14	15	16	17	18	19	20	21	22	23	24	25	26
일진	乙卯	丙辰	丁巳	戊午	己未	庚申	辛酉	壬戌	癸亥	甲子	乙丑	丙寅	丁卯	戊辰	己巳	庚午	辛未	壬申	癸酉	甲戌	乙亥	丙子	丁丑	戊寅	己卯	庚辰	辛巳	壬午	癸未	甲申
절기시각									寅正															子正						

2月 (己卯)

절기									경칩													춘분							
음력	1	2	3	4	5	6	7	8	9	10	11	12	13	14	15	16	17	18	19	20	21	22	23	24	25	26	27	28	29
양력 월/일	2/27	28	29	3/1	2	3	4	5	6	7	8	9	10	11	12	13	14	15	16	17	18	19	20	21	22	23	24	25	26
일진	乙酉	丙戌	丁亥	戊子	己丑	庚寅	辛卯	壬辰	癸巳	甲午	乙未	丙申	丁酉	戊戌	己亥	庚子	辛丑	壬寅	癸卯	甲辰	乙巳	丙午	丁未	戊申	己酉	庚戌	辛亥	壬子	癸丑
절기시각									亥正													子初							

3月 (庚辰)

절기									청명	한식														곡우						
음력	1	2	3	4	5	6	7	8	9	10	11	12	13	14	15	16	17	18	19	20	21	22	23	24	25	26	27	28	29	30
양력 월/일	3/27	28	29	30	31	4/1	2	3	4	5	6	7	8	9	10	11	12	13	14	15	16	17	18	19	20	21	22	23	24	25
일진	甲寅	乙卯	丙辰	丁巳	戊午	己未	庚申	辛酉	壬戌	癸亥	甲子	乙丑	丙寅	丁卯	戊辰	己巳	庚午	辛未	壬申	癸酉	甲戌	乙亥	丙子	丁丑	戊寅	己卯	庚辰	辛巳	壬午	癸未
절기시각									寅初															巳正						

4月 (辛巳)

절기								입하																	소만					
음력	1	2	3	4	5	6	7	8	9	10	11	12	13	14	15	16	17	18	19	20	21	22	23	24	25	26	27	28	29	
양력 월/일	4/26	27	28	29	30	5/1	2	3	4	5	6	7	8	9	10	11	12	13	14	15	16	17	18	19	20	21	22	23	24	
일진	甲申	乙酉	丙戌	丁亥	戊子	己丑	庚寅	辛卯	壬辰	癸巳	甲午	乙未	丙申	丁酉	戊戌	己亥	庚子	辛丑	壬寅	癸卯	甲辰	乙巳	丙午	丁未	戊申	己酉	庚戌	辛亥	壬子	
절기시각								亥初																	巳正					

5月 (壬午)

절기										망종												하지								
음력	1	2	3	4	5	6	7	8	9	10	11	12	13	14	15	16	17	18	19	20	21	22	23	24	25	26	27	28	29	30
양력 월/일	5/25	26	27	28	29	30	31	6/1	2	3	4	5	6	7	8	9	10	11	12	13	14	15	16	17	18	19	20	21	22	23
일진	癸丑	甲寅	乙卯	丙辰	丁巳	戊午	己未	庚申	辛酉	壬戌	癸亥	甲子	乙丑	丙寅	丁卯	戊辰	己巳	庚午	辛未	壬申	癸酉	甲戌	乙亥	丙子	丁丑	戊寅	己卯	庚辰	辛巳	壬午
절기시각										丑初												酉正								

6月 (癸未)

절기											소서					초복									중복	대서				
음력	1	2	3	4	5	6	7	8	9	10	11	12	13	14	15	16	17	18	19	20	21	22	23	24	25	26	27	28	29	30
양력 월/일	6/24	25	26	27	28	29	30	7/1	2	3	4	5	6	7	8	9	10	11	12	13	14	15	16	17	18	19	20	21	22	23
일진	癸未	甲申	乙酉	丙戌	丁亥	戊子	己丑	庚寅	辛卯	壬辰	癸巳	甲午	乙未	丙申	丁酉	戊戌	己亥	庚子	辛丑	壬寅	癸卯	甲辰	乙巳	丙午	丁未	戊申	己酉	庚戌	辛亥	壬子
절기시각											午正															卯初				

閏6月 (癸未)

절기													입추			말복														
음력	1	2	3	4	5	6	7	8	9	10	11	12	13	14	15	16	17	18	19	20	21	22	23	24	25	26	27	28	29	
양력 월/일	7/24	25	26	27	28	29	30	31	8/1	2	3	4	5	6	7	8	9	10	11	12	13	14	15	16	17	18	19	20	21	
일진	癸丑	甲寅	乙卯	丙辰	丁巳	戊午	己未	庚申	辛酉	壬戌	癸亥	甲子	乙丑	丙寅	丁卯	戊辰	己巳	庚午	辛未	壬申	癸酉	甲戌	乙亥	丙子	丁丑	戊寅	己卯	庚辰	辛巳	
절기시각													亥正																	

7 月 （甲 申）

절기		처서																백로											
음력	1	2	3	4	5	6	7	8	9	10	11	12	13	14	15	16	17	18	19	20	21	22	23	24	25	26	27	28	29	30
양력 월/일	8/22	23	24	25	26	27	28	29	30	31	9/1	2	3	4	5	6	7	8	9	10	11	12	13	14	15	16	17	18	19	20
일 진	壬午	癸未	甲申	乙酉	丙戌	丁亥	戊子	己丑	庚寅	辛卯	壬辰	癸巳	甲午	乙未	丙申	丁酉	戊戌	己亥	庚子	辛丑	壬寅	癸卯	甲辰	乙巳	丙午	丁未	戊申	己酉	庚戌	辛亥
절기시각	未初																丑初													

8 月 （乙 酉）

절기			추분															한로											
음력	1	2	3	4	5	6	7	8	9	10	11	12	13	14	15	16	17	18	19	20	21	22	23	24	25	26	27	28	29
양력 월/일	9/21	22	23	24	25	26	27	28	29	30	10/1	2	3	4	5	6	7	8	9	10	11	12	13	14	15	16	17	18	19
일 진	壬子	癸丑	甲寅	乙卯	丙辰	丁巳	戊午	己未	庚申	辛酉	壬戌	癸亥	甲子	乙丑	丙寅	丁卯	戊辰	己巳	庚午	辛未	壬申	癸酉	甲戌	乙亥	丙子	丁丑	戊寅	己卯	庚辰
절기시각			巳正															申正											

9 月 （丙 戌）

절기			상강															입동												
음력	1	2	3	4	5	6	7	8	9	10	11	12	13	14	15	16	17	18	19	20	21	22	23	24	25	26	27	28	29	30
양력 월/일	10/20	21	22	23	24	25	26	27	28	29	30	31	11/1	2	3	4	5	6	7	8	9	10	11	12	13	14	15	16	17	18
일 진	辛巳	壬午	癸未	甲申	乙酉	丙戌	丁亥	戊子	己丑	庚寅	辛卯	壬辰	癸巳	甲午	乙未	丙申	丁酉	戊戌	己亥	庚子	辛丑	壬寅	癸卯	甲辰	乙巳	丙午	丁未	戊申	己酉	庚戌
절기시각			戌初															戌初												

10 月 （丁 亥）

절기			소설															대설											
음력	1	2	3	4	5	6	7	8	9	10	11	12	13	14	15	16	17	18	19	20	21	22	23	24	25	26	27	28	29
양력 월/일	11/19	20	21	22	23	24	25	26	27	28	29	30	12/1	2	3	4	5	6	7	8	9	10	11	12	13	14	15	16	17
일 진	辛亥	壬子	癸丑	甲寅	乙卯	丙辰	丁巳	戊午	己未	庚申	辛酉	壬戌	癸亥	甲子	乙丑	丙寅	丁卯	戊辰	己巳	庚午	辛未	壬申	癸酉	甲戌	乙亥	丙子	丁丑	戊寅	己卯
절기시각			酉初															午正											

11 月 （戊 子）

절기			동지															소한												
음력	1	2	3	4	5	6	7	8	9	10	11	12	13	14	15	16	17	18	19	20	21	22	23	24	25	26	27	28	29	30
양력 월/일	12/18	19	20	21	22	23	24	25	26	27	28	29	30	31	1/1	2	3	4	5	6	7	8	9	10	11	12	13	14	15	16
일 진	庚辰	辛巳	壬午	癸未	甲申	乙酉	丙戌	丁亥	戊子	己丑	庚寅	辛卯	壬辰	癸巳	甲午	乙未	丙申	丁酉	戊戌	己亥	庚子	辛丑	壬寅	癸卯	甲辰	乙巳	丙午	丁未	戊申	己酉
절기시각			卯初															亥正												

12 月 （己 丑）

절기			대한															입춘											
음력	1	2	3	4	5	6	7	8	9	10	11	12	13	14	15	16	17	18	19	20	21	22	23	24	25	26	27	28	29
양력 월/일	1/17	18	19	20	21	22	23	24	25	26	27	28	29	30	31	2/1	2	3	4	5	6	7	8	9	10	11	12	13	14
일 진	庚戌	辛亥	壬子	癸丑	甲寅	乙卯	丙辰	丁巳	戊午	己未	庚申	辛酉	壬戌	癸亥	甲子	乙丑	丙寅	丁卯	戊辰	己巳	庚午	辛未	壬申	癸酉	甲戌	乙亥	丙子	丁丑	戊寅
절기시각			申初															巳正											

서기 1961년 (단기 4294년) 辛 丑 年

正月 (庚寅)

절기					우수															경칩										
음력	1	2	3	4	5	6	7	8	9	10	11	12	13	14	15	16	17	18	19	20	21	22	23	24	25	26	27	28	29	30
양력 월/일	2/15	16	17	18	19	20	21	22	23	24	25	26	27	28	3/1	2	3	4	5	6	7	8	9	10	11	12	13	14	15	16
일진	己卯	庚辰	辛巳	壬午	癸未	甲申	乙酉	丙戌	丁亥	戊子	己丑	庚寅	辛卯	壬辰	癸巳	甲午	乙未	丙申	丁酉	戊戌	己亥	庚子	辛丑	壬寅	癸卯	甲辰	乙巳	丙午	丁未	戊申
절기시각		*			卯正															寅正										

2月 (辛卯)

절기					춘분															청명	한식								
음력	1	2	3	4	5	6	7	8	9	10	11	12	13	14	15	16	17	18	19	20	21	22	23	24	25	26	27	28	29
양력 월/일	3/17	18	19	20	21	22	23	24	25	26	27	28	29	30	31	4/1	2	3	4	5	6	7	8	9	10	11	12	13	14
일진	己酉	庚戌	辛亥	壬子	癸丑	甲寅	乙卯	丙辰	丁巳	戊午	己未	庚申	辛酉	壬戌	癸亥	甲子	乙丑	丙寅	丁卯	戊辰	己巳	庚午	辛未	壬申	癸酉	甲戌	乙亥	丙子	丁丑
절기시각					卯初															巳初									

3月 (壬辰)

절기					곡우															입하										
음력	1	2	3	4	5	6	7	8	9	10	11	12	13	14	15	16	17	18	19	20	21	22	23	24	25	26	27	28	29	30
양력 월/일	4/15	16	17	18	19	20	21	22	23	24	25	26	27	28	29	30	5/1	2	3	4	5	6	7	8	9	10	11	12	13	14
일진	戊寅	己卯	庚辰	辛巳	壬午	癸未	甲申	乙酉	丙戌	丁亥	戊子	己丑	庚寅	辛卯	壬辰	癸巳	甲午	乙未	丙申	丁酉	戊戌	己亥	庚子	辛丑	壬寅	癸卯	甲辰	乙巳	丙午	丁未
절기시각					申正															寅初										

4月 (癸巳)

절기					소만															망종									
음력	1	2	3	4	5	6	7	8	9	10	11	12	13	14	15	16	17	18	19	20	21	22	23	24	25	26	27	28	29
양력 월/일	5/15	16	17	18	19	20	21	22	23	24	25	26	27	28	29	30	31	6/1	2	3	4	5	6	7	8	9	10	11	12
일진	戊申	己酉	庚戌	辛亥	壬子	癸丑	甲寅	乙卯	丙辰	丁巳	戊午	己未	庚申	辛酉	壬戌	癸亥	甲子	乙丑	丙寅	丁卯	戊辰	己巳	庚午	辛未	壬申	癸酉	甲戌	乙亥	丙子
절기시각					申正															辰初									

5月 (甲午)

절기									하지															소서						
음력	1	2	3	4	5	6	7	8	9	10	11	12	13	14	15	16	17	18	19	20	21	22	23	24	25	26	27	28	29	30
양력 월/일	6/13	14	15	16	17	18	19	20	21	22	23	24	25	26	27	28	29	30	7/1	2	3	4	5	6	7	8	9	10	11	12
일진	丁丑	戊寅	己卯	庚辰	辛巳	壬午	癸未	甲申	乙酉	丙戌	丁亥	戊子	己丑	庚寅	辛卯	壬辰	癸巳	甲午	乙未	丙申	丁酉	戊戌	己亥	庚子	辛丑	壬寅	癸卯	甲辰	乙巳	丙午
절기시각									子正															酉正						

6月 (乙未)

절기				초복					대서			중복												입추					
음력	1	2	3	4	5	6	7	8	9	10	11	12	13	14	15	16	17	18	19	20	21	22	23	24	25	26	27	28	29
양력 월/일	7/13	14	15	16	17	18	19	20	21	22	23	24	25	26	27	28	29	30	31	8/1	2	3	4	5	6	7	8	9	10
일진	丁未	戊申	己酉	庚戌	辛亥	壬子	癸丑	甲寅	乙卯	丙辰	丁巳	戊午	己未	庚申	辛酉	壬戌	癸亥	甲子	乙丑	丙寅	丁卯	戊辰	己巳	庚午	辛未	壬申	癸酉	甲戌	乙亥
절기시각									午初															寅正					

7 月 （丙 申）

절기				말복									처서																백로	
음력	1	2	3	4	5	6	7	8	9	10	11	12	13	14	15	16	17	18	19	20	21	22	23	24	25	26	27	28	29	30
양력 월/일	8/11	12	13	14	15	16	17	18	19	20	21	22	23	24	25	26	27	28	29	30	31	9/1	2	3	4	5	6	7	8	9
일 진	丙子	丁丑	戊寅	己卯	庚辰	辛巳	壬午	癸未	甲申	乙酉	丙戌	丁亥	戊子	己丑	庚寅	辛卯	壬辰	癸巳	甲午	乙未	丙申	丁酉	戊戌	己亥	庚子	辛丑	壬寅	癸卯	甲辰	乙巳
절기시각														酉正															辰初	

8 月 （丁 酉）

절기													추분																한로	
음력	1	2	3	4	5	6	7	8	9	10	11	12	13	14	15	16	17	18	19	20	21	22	23	24	25	26	27	28	29	30
양력 월/일	9/10	11	12	13	14	15	16	17	18	19	20	21	22	23	24	25	26	27	28	29	30	10/1	2	3	4	5	6	7	8	9
일 진	丙午	丁未	戊申	己酉	庚戌	辛亥	壬子	癸丑	甲寅	乙卯	丙辰	丁巳	戊午	己未	庚申	辛酉	壬戌	癸亥	甲子	乙丑	丙寅	丁卯	戊辰	己巳	庚午	辛未	壬申	癸酉	甲戌	乙亥
절기시각													申正																亥正	

9 月 （戊 戌）

절기														상강															
음력	1	2	3	4	5	6	7	8	9	10	11	12	13	14	15	16	17	18	19	20	21	22	23	24	25	26	27	28	29
양력 월/일	10/10	11	12	13	14	15	16	17	18	19	20	21	22	23	24	25	26	27	28	29	30	31	11/1	2	3	4	5	6	7
일 진	丙子	丁丑	戊寅	己卯	庚辰	辛巳	壬午	癸未	甲申	乙酉	丙戌	丁亥	戊子	己丑	庚寅	辛卯	壬辰	癸巳	甲午	乙未	丙申	丁酉	戊戌	己亥	庚子	辛丑	壬寅	癸卯	甲辰
절기시각														丑初															

10 月 （己 亥）

절기	입동														소설															대설
음력	1	2	3	4	5	6	7	8	9	10	11	12	13	14	15	16	17	18	19	20	21	22	23	24	25	26	27	28	29	30
양력 월/일	11/8	9	10	11	12	13	14	15	16	17	18	19	20	21	22	23	24	25	26	27	28	29	30	12/1	2	3	4	5	6	7
일 진	乙巳	丙午	丁未	戊申	己酉	庚戌	辛亥	壬子	癸丑	甲寅	乙卯	丙辰	丁巳	戊午	己未	庚申	辛酉	壬戌	癸亥	甲子	乙丑	丙寅	丁卯	戊辰	己巳	庚午	辛未	壬申	癸酉	甲戌
절기시각	丑初														亥正															酉初

11 月 （庚 子）

절기													동지																
음력	1	2	3	4	5	6	7	8	9	10	11	12	13	14	15	16	17	18	19	20	21	22	23	24	25	26	27	28	29
양력 월/일	12/8	9	10	11	12	13	14	15	16	17	18	19	20	21	22	23	24	25	26	27	28	29	30	31	1/1	2	3	4	5
일 진	乙亥	丙子	丁丑	戊寅	己卯	庚辰	辛巳	壬午	癸未	甲申	乙酉	丙戌	丁亥	戊子	己丑	庚寅	辛卯	壬辰	癸巳	甲午	乙未	丙申	丁酉	戊戌	己亥	庚子	辛丑	壬寅	癸卯
절기시각													午初																

12 月 （辛 丑）

절기	소한													대한															입춘	
음력	1	2	3	4	5	6	7	8	9	10	11	12	13	14	15	16	17	18	19	20	21	22	23	24	25	26	27	28	29	30
양력 월/일	1/6	7	8	9	10	11	12	13	14	15	16	17	18	19	20	21	22	23	24	25	26	27	28	29	30	31	2/1	2	3	4
일 진	甲辰	乙巳	丙午	丁未	戊申	己酉	庚戌	辛亥	壬子	癸丑	甲寅	乙卯	丙辰	丁巳	戊午	己未	庚申	辛酉	壬戌	癸亥	甲子	乙丑	丙寅	丁卯	戊辰	己巳	庚午	辛未	壬申	癸酉
절기시각	寅正													亥初															申正	

서기 1962년 (단기 4295년) — 壬 寅 年

正 月 (壬寅)

절기															우수														
음력	1	2	3	4	5	6	7	8	9	10	11	12	13	14	15	16	17	18	19	20	21	22	23	24	25	26	27	28	29
양력 월/일	2/5	6	7	8	9	10	11	12	13	14	15	16	17	18	19	20	21	22	23	24	25	26	27	28	3/1	2	3	4	5
일진	甲戌	乙亥	丙子	丁丑	戊寅	己卯	庚辰	辛巳	壬午	癸未	甲申	乙酉	丙戌	丁亥	戊子	己丑	庚寅	辛卯	壬辰	癸巳	甲午	乙未	丙申	丁酉	戊戌	己亥	庚子	辛丑	壬寅
절기시각															午正														

2月 (癸卯)

절기	경칩															춘분														
음력	1	2	3	4	5	6	7	8	9	10	11	12	13	14	15	16	17	18	19	20	21	22	23	24	25	26	27	28	29	30
양력 월/일	3/6	7	8	9	10	11	12	13	14	15	16	17	18	19	20	21	22	23	24	25	26	27	28	29	30	31	4/1	2	3	4
일진	癸卯	甲辰	乙巳	丙午	丁未	戊申	己酉	庚戌	辛亥	壬子	癸丑	甲寅	乙卯	丙辰	丁巳	戊午	己未	庚申	辛酉	壬戌	癸亥	甲子	乙丑	丙寅	丁卯	戊辰	己巳	庚午	辛未	壬申
절기시각	巳正															午初														

3月 (甲辰)

절기	청명	한식														곡우													
음력	1	2	3	4	5	6	7	8	9	10	11	12	13	14	15	16	17	18	19	20	21	22	23	24	25	26	27	28	29
양력 월/일	4/5	6	7	8	9	10	11	12	13	14	15	16	17	18	19	20	21	22	23	24	25	26	27	28	29	30	5/1	2	3
일진	癸酉	甲戌	乙亥	丙子	丁丑	戊寅	己卯	庚辰	辛巳	壬午	癸未	甲申	乙酉	丙戌	丁亥	戊子	己丑	庚寅	辛卯	壬辰	癸巳	甲午	乙未	丙申	丁酉	戊戌	己亥	庚子	辛丑
절기시각	申初															亥正													

4月 (乙巳)

절기			입하													소만													
음력	1	2	3	4	5	6	7	8	9	10	11	12	13	14	15	16	17	18	19	20	21	22	23	24	25	26	27	28	29
양력 월/일	5/4	5	6	7	8	9	10	11	12	13	14	15	16	17	18	19	20	21	22	23	24	25	26	27	28	29	30	31	6/1
일진	壬寅	癸卯	甲辰	乙巳	丙午	丁未	戊申	己酉	庚戌	辛亥	壬子	癸丑	甲寅	乙卯	丙辰	丁巳	戊午	己未	庚申	辛酉	壬戌	癸亥	甲子	乙丑	丙寅	丁卯	戊辰	己巳	庚午
절기시각			辰正													亥正													

5月 (丙午)

절기				망종																하지										
음력	1	2	3	4	5	6	7	8	9	10	11	12	13	14	15	16	17	18	19	20	21	22	23	24	25	26	27	28	29	30
양력 월/일	6/2	3	4	5	6	7	8	9	10	11	12	13	14	15	16	17	18	19	20	21	22	23	24	25	26	27	28	29	30	7/1
일진	辛未	壬申	癸酉	甲戌	乙亥	丙子	丁丑	戊寅	己卯	庚辰	辛巳	壬午	癸未	甲申	乙酉	丙戌	丁亥	戊子	己丑	庚寅	辛卯	壬辰	癸巳	甲午	乙未	丙申	丁酉	戊戌	己亥	庚子
절기시각				未初																卯正										

6月 (丁未)

절기					소서												초복	대서											
음력	1	2	3	4	5	6	7	8	9	10	11	12	13	14	15	16	17	18	19	20	21	22	23	24	25	26	27	28	29
양력 월/일	7/2	3	4	5	6	7	8	9	10	11	12	13	14	15	16	17	18	19	20	21	22	23	24	25	26	27	28	29	30
일진	辛丑	壬寅	癸卯	甲辰	乙巳	丙午	丁未	戊申	己酉	庚戌	辛亥	壬子	癸丑	甲寅	乙卯	丙辰	丁巳	戊午	己未	庚申	辛酉	壬戌	癸亥	甲子	乙丑	丙寅	丁卯	戊辰	己巳
절기시각					子初												酉初												

7 月 （戊申）

절기									입추		말복														처서					
음력	1	2	3	4	5	6	7	8	9	10	11	12	13	14	15	16	17	18	19	20	21	22	23	24	25	26	27	28	29	30
양력 월/일	7/31	8/1	2	3	4	5	6	7	8	9	10	11	12	13	14	15	16	17	18	19	20	21	22	23	24	25	26	27	28	29
일진	庚午	辛未	壬申	癸酉	甲戌	乙亥	丙子	丁丑	戊寅	己卯	庚辰	辛巳	壬午	癸未	甲申	乙酉	丙戌	丁亥	戊子	己丑	庚寅	辛卯	壬辰	癸巳	甲午	乙未	丙申	丁酉	戊戌	己亥
절기시각									巳初																子正					

8 月 （己酉）

절기											백로														추분					
음력	1	2	3	4	5	6	7	8	9	10	11	12	13	14	15	16	17	18	19	20	21	22	23	24	25	26	27	28	29	30
양력 월/일	8/30	31	9/1	2	3	4	5	6	7	8	9	10	11	12	13	14	15	16	17	18	19	20	21	22	23	24	25	26	27	28
일진	庚子	辛丑	壬寅	癸卯	甲辰	乙巳	丙午	丁未	戊申	己酉	庚戌	辛亥	壬子	癸丑	甲寅	乙卯	丙辰	丁巳	戊午	己未	庚申	辛酉	壬戌	癸亥	甲子	乙丑	丙寅	丁卯	戊辰	己巳
절기시각											午正														亥正					

9 月 （庚戌）

절기										한로															상강				
음력	1	2	3	4	5	6	7	8	9	10	11	12	13	14	15	16	17	18	19	20	21	22	23	24	25	26	27	28	29
양력 월/일	9/29	30	10/1	2	3	4	5	6	7	8	9	10	11	12	13	14	15	16	17	18	19	20	21	22	23	24	25	26	27
일진	庚午	辛未	壬申	癸酉	甲戌	乙亥	丙子	丁丑	戊寅	己卯	庚辰	辛巳	壬午	癸未	甲申	乙酉	丙戌	丁亥	戊子	己丑	庚寅	辛卯	壬辰	癸巳	甲午	乙未	丙申	丁酉	戊戌
절기시각										寅正															辰初				

10 月 （辛亥）

절기										입동															소설					
음력	1	2	3	4	5	6	7	8	9	10	11	12	13	14	15	16	17	18	19	20	21	22	23	24	25	26	27	28	29	30
양력 월/일	10/28	29	30	31	11/1	2	3	4	5	6	7	8	9	10	11	12	13	14	15	16	17	18	19	20	21	22	23	24	25	26
일진	己亥	庚子	辛丑	壬寅	癸卯	甲辰	乙巳	丙午	丁未	戊申	己酉	庚戌	辛亥	壬子	癸丑	甲寅	乙卯	丙辰	丁巳	戊午	己未	庚申	辛酉	壬戌	癸亥	甲子	乙丑	丙寅	丁卯	戊辰
절기시각										辰初															寅正					

11 月 （壬子）

절기							대설																동지							
음력	1	2	3	4	5	6	7	8	9	10	11	12	13	14	15	16	17	18	19	20	21	22	23	24	25	26	27	28	29	30
양력 월/일	11/27	28	29	30	12/1	2	3	4	5	6	7	8	9	10	11	12	13	14	15	16	17	18	19	20	21	22	23	24	25	26
일진	己巳	庚午	辛未	壬申	癸酉	甲戌	乙亥	丙子	丁丑	戊寅	己卯	庚辰	辛巳	壬午	癸未	甲申	乙酉	丙戌	丁亥	戊子	己丑	庚寅	辛卯	壬辰	癸巳	甲午	乙未	丙申	丁酉	戊戌
절기시각							子初																酉初							

12 月 （癸丑）

절기								소한															대한						
음력	1	2	3	4	5	6	7	8	9	10	11	12	13	14	15	16	17	18	19	20	21	22	23	24	25	26	27	28	29
양력 월/일	12/27	28	29	30	31	1/1	2	3	4	5	6	7	8	9	10	11	12	13	14	15	16	17	18	19	20	21	22	23	24
일진	己亥	庚子	辛丑	壬寅	癸卯	甲辰	乙巳	丙午	丁未	戊申	己酉	庚戌	辛亥	壬子	癸丑	甲寅	乙卯	丙辰	丁巳	戊午	己未	庚申	辛酉	壬戌	癸亥	甲子	乙丑	丙寅	丁卯
절기시각								巳正															寅初						

서기 1963년 (단기 4296년) 癸卯年

正月 (甲寅)

절기											입춘															우수				
음력	1	2	3	4	5	6	7	8	9	10	11	12	13	14	15	16	17	18	19	20	21	22	23	24	25	26	27	28	29	30
양력 월/일	1/25	26	27	28	29	30	31	2/1	2	3	4	5	6	7	8	9	10	11	12	13	14	15	16	17	18	19	20	21	22	23
일진	戊辰	己巳	庚午	辛未	壬申	癸酉	甲戌	乙亥	丙子	丁丑	戊寅	己卯	庚辰	辛巳	壬午	癸未	甲申	乙酉	丙戌	丁亥	戊子	己丑	庚寅	辛卯	壬辰	癸巳	甲午	乙未	丙申	丁酉
절기시각											亥初															酉初				

2月 (乙卯)

절기											경칩															춘분			
음력	1	2	3	4	5	6	7	8	9	10	11	12	13	14	15	16	17	18	19	20	21	22	23	24	25	26	27	28	29
양력 월/일	2/24	25	26	27	28	3/1	2	3	4	5	6	7	8	9	10	11	12	13	14	15	16	17	18	19	20	21	22	23	24
일진	戊戌	己亥	庚子	辛丑	壬寅	癸卯	甲辰	乙巳	丙午	丁未	戊申	己酉	庚戌	辛亥	壬子	癸丑	甲寅	乙卯	丙辰	丁巳	戊午	己未	庚申	辛酉	壬戌	癸亥	甲子	乙丑	丙寅
절기시각											申初															申正			

3月 (丙辰)

절기											청명	한식														곡우				
음력	1	2	3	4	5	6	7	8	9	10	11	12	13	14	15	16	17	18	19	20	21	22	23	24	25	26	27	28	29	30
양력 월/일	3/25	26	27	28	29	30	31	4/1	2	3	4	5	6	7	8	9	10	11	12	13	14	15	16	17	18	19	20	21	22	23
일진	丁卯	戊辰	己巳	庚午	辛未	壬申	癸酉	甲戌	乙亥	丙子	丁丑	戊寅	己卯	庚辰	辛巳	壬午	癸未	甲申	乙酉	丙戌	丁亥	戊子	己丑	庚寅	辛卯	壬辰	癸巳	甲午	乙未	丙申
절기시각											戌正															寅正				

4月 (丁巳)

절기											입하															소만			
음력	1	2	3	4	5	6	7	8	9	10	11	12	13	14	15	16	17	18	19	20	21	22	23	24	25	26	27	28	29
양력 월/일	4/24	25	26	27	28	29	30	5/1	2	3	4	5	6	7	8	9	10	11	12	13	14	15	16	17	18	19	20	21	22
일진	丁酉	戊戌	己亥	庚子	辛丑	壬寅	癸卯	甲辰	乙巳	丙午	丁未	戊申	己酉	庚戌	辛亥	壬子	癸丑	甲寅	乙卯	丙辰	丁巳	戊午	己未	庚申	辛酉	壬戌	癸亥	甲子	乙丑
절기시각											未正															寅初			

閏 4月 (丁巳)

절기															망종														
음력	1	2	3	4	5	6	7	8	9	10	11	12	13	14	15	16	17	18	19	20	21	22	23	24	25	26	27	28	29
양력 월/일	5/23	24	25	26	27	28	29	30	31	6/1	2	3	4	5	6	7	8	9	10	11	12	13	14	15	16	17	18	19	20
일진	丙寅	丁卯	戊辰	己巳	庚午	辛未	壬申	癸酉	甲戌	乙亥	丙子	丁丑	戊寅	己卯	庚辰	辛巳	壬午	癸未	甲申	乙酉	丙戌	丁亥	戊子	己丑	庚寅	辛卯	壬辰	癸巳	甲午
절기시각															戌初														

5月 (戊午)

절기		하지															소서							초복						
음력	1	2	3	4	5	6	7	8	9	10	11	12	13	14	15	16	17	18	19	20	21	22	23	24	25	26	27	28	29	30
양력 월/일	6/21	22	23	24	25	26	27	28	29	30	7/1	2	3	4	5	6	7	8	9	10	11	12	13	14	15	16	17	18	19	20
일진	乙未	丙申	丁酉	戊戌	己亥	庚子	辛丑	壬寅	癸卯	甲辰	乙巳	丙午	丁未	戊申	己酉	庚戌	辛亥	壬子	癸丑	甲寅	乙卯	丙辰	丁巳	戊午	己未	庚申	辛酉	壬戌	癸亥	甲子
절기시각		午正															卯初													

6月 (己未)

절기			대서									중복				입추						말복							
음력	1	2	3	4	5	6	7	8	9	10	11	12	13	14	15	16	17	18	19	20	21	22	23	24	25	26	27	28	29
양력 월/일	7/21	22	23	24	25	26	27	28	29	30	31	8/1	2	3	4	5	6	7	8	9	10	11	12	13	14	15	16	17	18
일진	乙丑	丙寅	丁卯	戊辰	己巳	庚午	辛未	壬申	癸酉	甲戌	乙亥	丙子	丁丑	戊寅	己卯	庚辰	辛巳	壬午	癸未	甲申	乙酉	丙戌	丁亥	戊子	己丑	庚寅	辛卯	壬辰	癸巳
절기시각			子初									申初																	

7 月 （庚 申）

절 기					처서														백로										
음 력	1	2	3	4	5	6	7	8	9	10	11	12	13	14	15	16	17	18	19	20	21	22	23	24	25	26	27	28	29	30
양력 월/일	8/19	20	21	22	23	24	25	26	27	28	29	30	31	9/1	2	3	4	5	6	7	8	9	10	11	12	13	14	15	16	17
일 진	甲午	乙未	丙申	丁酉	戊戌	己亥	庚子	辛丑	壬寅	癸卯	甲辰	乙巳	丙午	丁未	戊申	己酉	庚戌	辛亥	壬子	癸丑	甲寅	乙卯	丙辰	丁巳	戊午	己未	庚申	辛酉	壬戌	癸亥
절기시각					卯正														酉正											

8 月 （辛 酉）

절 기					추분														한로										
음 력	1	2	3	4	5	6	7	8	9	10	11	12	13	14	15	16	17	18	19	20	21	22	23	24	25	26	27	28	29
양력 월/일	9/18	19	20	21	22	23	24	25	26	27	28	29	30	10/1	2	3	4	5	6	7	8	9	10	11	12	13	14	15	16
일 진	甲子	乙丑	丙寅	丁卯	戊辰	己巳	庚午	辛未	壬申	癸酉	甲戌	乙亥	丙子	丁丑	戊寅	己卯	庚辰	辛巳	壬午	癸未	甲申	乙酉	丙戌	丁亥	戊子	己丑	庚寅	辛卯	壬辰
절기시각					寅正														巳正											

9 月 （壬 戌）

절 기					상강														입동											
음 력	1	2	3	4	5	6	7	8	9	10	11	12	13	14	15	16	17	18	19	20	21	22	23	24	25	26	27	28	29	30
양력 월/일	10/17	18	19	20	21	22	23	24	25	26	27	28	29	30	31	11/1	2	3	4	5	6	7	8	9	10	11	12	13	14	15
일 진	癸巳	甲午	乙未	丙申	丁酉	戊戌	己亥	庚子	辛丑	壬寅	癸卯	甲辰	乙巳	丙午	丁未	戊申	己酉	庚戌	辛亥	壬子	癸丑	甲寅	乙卯	丙辰	丁巳	戊午	己未	庚申	辛酉	壬戌
절기시각					未初														未初											

10 月 （癸 亥）

절 기					소설														대설											
음 력	1	2	3	4	5	6	7	8	9	10	11	12	13	14	15	16	17	18	19	20	21	22	23	24	25	26	27	28	29	30
양력 월/일	11/16	17	18	19	20	21	22	23	24	25	26	27	28	29	30	12/1	2	3	4	5	6	7	8	9	10	11	12	13	14	15
일 진	癸亥	甲子	乙丑	丙寅	丁卯	戊辰	己巳	庚午	辛未	壬申	癸酉	甲戌	乙亥	丙子	丁丑	戊寅	己卯	庚辰	辛巳	壬午	癸未	甲申	乙酉	丙戌	丁亥	戊子	己丑	庚寅	辛卯	壬辰
절기시각					巳正														卯初											

11 月 （甲 子）

절 기					동지														소한											
음 력	1	2	3	4	5	6	7	8	9	10	11	12	13	14	15	16	17	18	19	20	21	22	23	24	25	26	27	28	29	30
양력 월/일	12/16	17	18	19	20	21	22	23	24	25	26	27	28	29	30	31	1/1	2	3	4	5	6	7	8	9	10	11	12	13	14
일 진	癸巳	甲午	乙未	丙申	丁酉	戊戌	己亥	庚子	辛丑	壬寅	癸卯	甲辰	乙巳	丙午	丁未	戊申	己酉	庚戌	辛亥	壬子	癸丑	甲寅	乙卯	丙辰	丁巳	戊午	己未	庚申	辛酉	壬戌
절기시각					子初														申正											

12 月 （乙 丑）

절 기					대한														입춘										
음 력	1	2	3	4	5	6	7	8	9	10	11	12	13	14	15	16	17	18	19	20	21	22	23	24	25	26	27	28	29
양력 월/일	1/15	16	17	18	19	20	21	22	23	24	25	26	27	28	29	30	31	2/1	2	3	4	5	6	7	8	9	10	11	12
일 진	癸亥	甲子	乙丑	丙寅	丁卯	戊辰	己巳	庚午	辛未	壬申	癸酉	甲戌	乙亥	丙子	丁丑	戊寅	己卯	庚辰	辛巳	壬午	癸未	甲申	乙酉	丙戌	丁亥	戊子	己丑	庚寅	辛卯
절기시각					巳初														寅初										

| 서기 1964년 (단기 4297년) | 甲 辰 年 |

正 月 （丙 寅）

절 기							우수															경칩								
음 력	1	2	3	4	5	6	7	8	9	10	11	12	13	14	15	16	17	18	19	20	21	22	23	24	25	26	27	28	29	30
양력 월/일	2/13	14	15	16	17	18	19	20	21	22	23	24	25	26	27	28	29	3/1	2	3	4	5	6	7	8	9	10	11	12	13
일 진	壬辰	癸巳	甲午	乙未	丙申	丁酉	戊戌	己亥	庚子	辛丑	壬寅	癸卯	甲辰	乙巳	丙午	丁未	戊申	己酉	庚戌	辛亥	壬子	癸丑	甲寅	乙卯	丙辰	丁巳	戊午	己未	庚申	辛酉
절기시각							子初															亥初								

2 月 （丁 卯）

절 기							춘분															청명	한식						
음 력	1	2	3	4	5	6	7	8	9	10	11	12	13	14	15	16	17	18	19	20	21	22	23	24	25	26	27	28	29
양력 월/일	3/14	15	16	17	18	19	20	21	22	23	24	25	26	27	28	29	30	31	4/1	2	3	4	5	6	7	8	9	10	11
일 진	壬戌	癸亥	甲子	乙丑	丙寅	丁卯	戊辰	己巳	庚午	辛未	壬申	癸酉	甲戌	乙亥	丙子	丁丑	戊寅	己卯	庚辰	辛巳	壬午	癸未	甲申	乙酉	丙戌	丁亥	戊子	己丑	庚寅
절기시각							亥正															丑正							

3 月 （戊 辰）

절 기									곡우															입하						
음 력	1	2	3	4	5	6	7	8	9	10	11	12	13	14	15	16	17	18	19	20	21	22	23	24	25	26	27	28	29	30
양력 월/일	4/12	13	14	15	16	17	18	19	20	21	22	23	24	25	26	27	28	29	30	5/1	2	3	4	5	6	7	8	9	10	11
일 진	辛卯	壬辰	癸巳	甲午	乙未	丙申	丁酉	戊戌	己亥	庚子	辛丑	壬寅	癸卯	甲辰	乙巳	丙午	丁未	戊申	己酉	庚戌	辛亥	壬子	癸丑	甲寅	乙卯	丙辰	丁巳	戊午	己未	庚申
절기시각									巳正															戌正						

4 月 （己 巳）

절 기								소만														망종							
음 력	1	2	3	4	5	6	7	8	9	10	11	12	13	14	15	16	17	18	19	20	21	22	23	24	25	26	27	28	29
양력 월/일	5/12	13	14	15	16	17	18	19	20	21	22	23	24	25	26	27	28	29	30	31	6/1	2	3	4	5	6	7	8	9
일 진	辛酉	壬戌	癸亥	甲子	乙丑	丙寅	丁卯	戊辰	己巳	庚午	辛未	壬申	癸酉	甲戌	乙亥	丙子	丁丑	戊寅	己卯	庚辰	辛巳	壬午	癸未	甲申	乙酉	丙戌	丁亥	戊子	己丑
절기시각								巳初														丑初							

5 月 （庚 午）

절 기									하지															소서					
음 력	1	2	3	4	5	6	7	8	9	10	11	12	13	14	15	16	17	18	19	20	21	22	23	24	25	26	27	28	29
양력 월/일	6/10	11	12	13	14	15	16	17	18	19	20	21	22	23	24	25	26	27	28	29	30	7/1	2	3	4	5	6	7	8
일 진	庚寅	辛卯	壬辰	癸巳	甲午	乙未	丙申	丁酉	戊戌	己亥	庚子	辛丑	壬寅	癸卯	甲辰	乙巳	丙午	丁未	戊申	己酉	庚戌	辛亥	壬子	癸丑	甲寅	乙卯	丙辰	丁巳	戊午
절기시각									亥正															午初					

6 月 （辛 未）

절 기								초복					대서						중복											입추
음 력	1	2	3	4	5	6	7	8	9	10	11	12	13	14	15	16	17	18	19	20	21	22	23	24	25	26	27	28	29	30
양력 월/일	7/9	10	11	12	13	14	15	16	17	18	19	20	21	22	23	24	25	26	27	28	29	30	31	8/1	2	3	4	5	6	7
일 진	己未	庚申	辛酉	壬戌	癸亥	甲子	乙丑	丙寅	丁卯	戊辰	己巳	庚午	辛未	壬申	癸酉	甲戌	乙亥	丙子	丁丑	戊寅	己卯	庚辰	辛巳	壬午	癸未	甲申	乙酉	丙戌	丁亥	戊子
절기시각								卯初																						亥初

7 月 （壬 申）

절기		말복														처서													
음력	1	2	3	4	5	6	7	8	9	10	11	12	13	14	15	16	17	18	19	20	21	22	23	24	25	26	27	28	29
양력 월/일	8/8	9	10	11	12	13	14	15	16	17	18	19	20	21	22	23	24	25	26	27	28	29	30	31	9/1	2	3	4	5
일진	己丑	庚寅	辛卯	壬辰	癸巳	甲午	乙未	丙申	丁酉	戊戌	己亥	庚子	辛丑	壬寅	癸卯	甲辰	乙巳	丙午	丁未	戊申	己酉	庚戌	辛亥	壬子	癸丑	甲寅	乙卯	丙辰	丁巳
절기시각																午初													

8 月 （癸 酉）

절기		백로																추분												
음력	1	2	3	4	5	6	7	8	9	10	11	12	13	14	15	16	17	18	19	20	21	22	23	24	25	26	27	28	29	30
양력 월/일	9/6	7	8	9	10	11	12	13	14	15	16	17	18	19	20	21	22	23	24	25	26	27	28	29	30	10/1	2	3	4	5
일진	戊午	己未	庚申	辛酉	壬戌	癸亥	甲子	乙丑	丙寅	丁卯	戊辰	己巳	庚午	辛未	壬申	癸酉	甲戌	乙亥	丙子	丁丑	戊寅	己卯	庚辰	辛巳	壬午	癸未	甲申	乙酉	丙戌	丁亥
절기시각			子正															巳初												

9 月 （甲 戌）

절기		한로																상강												
음력	1	2	3	4	5	6	7	8	9	10	11	12	13	14	15	16	17	18	19	20	21	22	23	24	25	26	27	28	29	
양력 월/일	10/6	7	8	9	10	11	12	13	14	15	16	17	18	19	20	21	22	23	24	25	26	27	28	29	30	31	11/1	2	3	
일진	戊子	己丑	庚寅	辛卯	壬辰	癸巳	甲午	乙未	丙申	丁酉	戊戌	己亥	庚子	辛丑	壬寅	癸卯	甲辰	乙巳	丙午	丁未	戊申	己酉	庚戌	辛亥	壬子	癸丑	甲寅	乙卯	丙辰	
절기시각			申正															戌初												

10 月 （乙 亥）

절기		입동																소설												
음력	1	2	3	4	5	6	7	8	9	10	11	12	13	14	15	16	17	18	19	20	21	22	23	24	25	26	27	28	29	30
양력 월/일	11/4	5	6	7	8	9	10	11	12	13	14	15	16	17	18	19	20	21	22	23	24	25	26	27	28	29	30	12/1	2	3
일진	丁巳	戊午	己未	庚申	辛酉	壬戌	癸亥	甲子	乙丑	丙寅	丁卯	戊辰	己巳	庚午	辛未	壬申	癸酉	甲戌	乙亥	丙子	丁丑	戊寅	己卯	庚辰	辛巳	壬午	癸未	甲申	乙酉	丙戌
절기시각			戌初															申正												

11 月 （丙 子）

절기		대설															동지													
음력	1	2	3	4	5	6	7	8	9	10	11	12	13	14	15	16	17	18	19	20	21	22	23	24	25	26	27	28	29	30
양력 월/일	12/4	5	6	7	8	9	10	11	12	13	14	15	16	17	18	19	20	21	22	23	24	25	26	27	28	29	30	31	1/1	2
일진	丁亥	戊子	己丑	庚寅	辛卯	壬辰	癸巳	甲午	乙未	丙申	丁酉	戊戌	己亥	庚子	辛丑	壬寅	癸卯	甲辰	乙巳	丙午	丁未	戊申	己酉	庚戌	辛亥	壬子	癸丑	甲寅	乙卯	丙辰
절기시각			午初														卯初													

12 月 （丁 丑）

절기		소한															대한													
음력	1	2	3	4	5	6	7	8	9	10	11	12	13	14	15	16	17	18	19	20	21	22	23	24	25	26	27	28	29	30
양력 월/일	1/3	4	5	6	7	8	9	10	11	12	13	14	15	16	17	18	19	20	21	22	23	24	25	26	27	28	29	30	31	2/1
일진	丁巳	戊午	己未	庚申	辛酉	壬戌	癸亥	甲子	乙丑	丙寅	丁卯	戊辰	己巳	庚午	辛未	壬申	癸酉	甲戌	乙亥	丙子	丁丑	戊寅	己卯	庚辰	辛巳	壬午	癸未	甲申	乙酉	丙戌
절기시각			亥正														申初													

서기 1965년 (단기 4298년) 乙巳年

正月 (戊寅)

절 기			입춘															우수											
음 력	1	2	3	4	5	6	7	8	9	10	11	12	13	14	15	16	17	18	19	20	21	22	23	24	25	26	27	28	29
양력 월/일	2/2	3	4	5	6	7	8	9	10	11	12	13	14	15	16	17	18	19	20	21	22	23	24	25	26	27	28	3/1	2
일 진	丁亥	戊子	己丑	庚寅	辛卯	壬辰	癸巳	甲午	乙未	丙申	丁酉	戊戌	己亥	庚子	辛丑	壬寅	癸卯	甲辰	乙巳	丙午	丁未	戊申	己酉	庚戌	辛亥	壬子	癸丑	甲寅	乙卯
절기시각			巳初															卯初											

2月 (己卯)

절 기			경칩															춘분												
음 력	1	2	3	4	5	6	7	8	9	10	11	12	13	14	15	16	17	18	19	20	21	22	23	24	25	26	27	28	29	30
양력 월/일	3/3	4	5	6	7	8	9	10	11	12	13	14	15	16	17	18	19	20	21	22	23	24	25	26	27	28	29	30	31	4/1
일 진	丙辰	丁巳	戊午	己未	庚申	辛酉	壬戌	癸亥	甲子	乙丑	丙寅	丁卯	戊辰	己巳	庚午	辛未	壬申	癸酉	甲戌	乙亥	丙子	丁丑	戊寅	己卯	庚辰	辛巳	壬午	癸未	甲申	乙酉
절기시각			寅初															寅正												

3月 (庚辰)

절 기			청명	한식															곡우										
음 력	1	2	3	4	5	6	7	8	9	10	11	12	13	14	15	16	17	18	19	20	21	22	23	24	25	26	27	28	29
양력 월/일	4/2	3	4	5	6	7	8	9	10	11	12	13	14	15	16	17	18	19	20	21	22	23	24	25	26	27	28	29	30
일 진	丙戌	丁亥	戊子	己丑	庚寅	辛卯	壬辰	癸巳	甲午	乙未	丙申	丁酉	戊戌	己亥	庚子	辛丑	壬寅	癸卯	甲辰	乙巳	丙午	丁未	戊申	己酉	庚戌	辛亥	壬子	癸丑	甲寅
절기시각			辰正																申初										

4月 (辛巳)

절 기						입하															소만									
음 력	1	2	3	4	5	6	7	8	9	10	11	12	13	14	15	16	17	18	19	20	21	22	23	24	25	26	27	28	29	30
양력 월/일	5/1	2	3	4	5	6	7	8	9	10	11	12	13	14	15	16	17	18	19	20	21	22	23	24	25	26	27	28	29	30
일 진	乙卯	丙辰	丁巳	戊午	己未	庚申	辛酉	壬戌	癸亥	甲子	乙丑	丙寅	丁卯	戊辰	己巳	庚午	辛未	壬申	癸酉	甲戌	乙亥	丙子	丁丑	戊寅	己卯	庚辰	辛巳	壬午	癸未	甲申
절기시각						丑正															申正									

5月 (壬午)

절 기						망종															하지								
음 력	1	2	3	4	5	6	7	8	9	10	11	12	13	14	15	16	17	18	19	20	21	22	23	24	25	26	27	28	29
양력 월/일	5/31	6/1	2	3	4	5	6	7	8	9	10	11	12	13	14	15	16	17	18	19	20	21	22	23	24	25	26	27	28
일 진	乙酉	丙戌	丁亥	戊子	己丑	庚寅	辛卯	壬辰	癸巳	甲午	乙未	丙申	丁酉	戊戌	己亥	庚子	辛丑	壬寅	癸卯	甲辰	乙巳	丙午	丁未	戊申	己酉	庚戌	辛亥	壬子	癸丑
절기시각						卯正															子初								

6月 (癸未)

절 기						소서								초복								대서	중복						
음 력	1	2	3	4	5	6	7	8	9	10	11	12	13	14	15	16	17	18	19	20	21	22	23	24	25	26	27	28	29
양력 월/일	6/29	30	7/1	2	3	4	5	6	7	8	9	10	11	12	13	14	15	16	17	18	19	20	21	22	23	24	25	26	27
일 진	甲寅	乙卯	丙辰	丁巳	戊午	己未	庚申	辛酉	壬戌	癸亥	甲子	乙丑	丙寅	丁卯	戊辰	己巳	庚午	辛未	壬申	癸酉	甲戌	乙亥	丙子	丁丑	戊寅	己卯	庚辰	辛巳	壬午
절기시각						酉初																巳正							

7月 （甲申）

절기								입추				말복						처서			
음력	1	2	3	4	5	6	7	8	9	10	11	12	13	14	15	16	17	18	19	20	21	22	23	24	25	26	27	28	29	30
양력 월/일	7/28	29	30	31	8/1	2	3	4	5	6	7	8	9	10	11	12	13	14	15	16	17	18	19	20	21	22	23	24	25	26
일진	癸未	甲申	乙酉	丙戌	丁亥	戊子	己丑	庚寅	辛卯	壬辰	癸巳	甲午	乙未	丙申	丁酉	戊戌	己亥	庚子	辛丑	壬寅	癸卯	甲辰	乙巳	丙午	丁未	戊申	己酉	庚戌	辛亥	壬子
절기시각								寅初																			酉正			

8月 （乙酉）

절기												백로															추분		
음력	1	2	3	4	5	6	7	8	9	10	11	12	13	14	15	16	17	18	19	20	21	22	23	24	25	26	27	28	29
양력 월/일	8/27	28	29	30	31	9/1	2	3	4	5	6	7	8	9	10	11	12	13	14	15	16	17	18	19	20	21	22	23	24
일진	癸丑	甲寅	乙卯	丙辰	丁巳	戊午	己未	庚申	辛酉	壬戌	癸亥	甲子	乙丑	丙寅	丁卯	戊辰	己巳	庚午	辛未	壬申	癸酉	甲戌	乙亥	丙子	丁丑	戊寅	己卯	庚辰	辛巳
절기시각												卯正															申初		

9月 （丙戌）

절기														한로															
음력	1	2	3	4	5	6	7	8	9	10	11	12	13	14	15	16	17	18	19	20	21	22	23	24	25	26	27	28	29
양력 월/일	9/25	26	27	28	29	30	10/1	2	3	4	5	6	7	8	9	10	11	12	13	14	15	16	17	18	19	20	21	22	23
일진	壬午	癸未	甲申	乙酉	丙戌	丁亥	戊子	己丑	庚寅	辛卯	壬辰	癸巳	甲午	乙未	丙申	丁酉	戊戌	己亥	庚子	辛丑	壬寅	癸卯	甲辰	乙巳	丙午	丁未	戊申	己酉	庚戌
절기시각														亥正															

10月 （丁亥）

절기	상강															입동														소설
음력	1	2	3	4	5	6	7	8	9	10	11	12	13	14	15	16	17	18	19	20	21	22	23	24	25	26	27	28	29	30
양력 월/일	10/24	25	26	27	28	29	30	31	11/1	2	3	4	5	6	7	8	9	10	11	12	13	14	15	16	17	18	19	20	21	22
일진	辛亥	壬子	癸丑	甲寅	乙卯	丙辰	丁巳	戊午	己未	庚申	辛酉	壬戌	癸亥	甲子	乙丑	丙寅	丁卯	戊辰	己巳	庚午	辛未	壬申	癸酉	甲戌	乙亥	丙子	丁丑	戊寅	己卯	庚辰
절기시각	子正															子正														亥正

11月 （戊子）

절기													대설																동지	
음력	1	2	3	4	5	6	7	8	9	10	11	12	13	14	15	16	17	18	19	20	21	22	23	24	25	26	27	28	29	30
양력 월/일	11/23	24	25	26	27	28	29	30	12/1	2	3	4	5	6	7	8	9	10	11	12	13	14	15	16	17	18	19	20	21	22
일진	辛巳	壬午	癸未	甲申	乙酉	丙戌	丁亥	戊子	己丑	庚寅	辛卯	壬辰	癸巳	甲午	乙未	丙申	丁酉	戊戌	己亥	庚子	辛丑	壬寅	癸卯	甲辰	乙巳	丙午	丁未	戊申	己酉	庚戌
절기시각													酉初																巳正	

12月 （己丑）

절기														소한													대한			
음력	1	2	3	4	5	6	7	8	9	10	11	12	13	14	15	16	17	18	19	20	21	22	23	24	25	26	27	28	29	30
양력 월/일	12/23	24	25	26	27	28	29	30	31	1/1	2	3	4	5	6	7	8	9	10	11	12	13	14	15	16	17	18	19	20	21
일진	辛亥	壬子	癸丑	甲寅	乙卯	丙辰	丁巳	戊午	己未	庚申	辛酉	壬戌	癸亥	甲子	乙丑	丙寅	丁卯	戊辰	己巳	庚午	辛未	壬申	癸酉	甲戌	乙亥	丙子	丁丑	戊寅	己卯	庚辰
절기시각														寅初													亥初			

서기 1966년 (단기 4299년)   丙 午 年

正月 （庚寅）

절기														입춘													우수		
음력	1	2	3	4	5	6	7	8	9	10	11	12	13	14	15	16	17	18	19	20	21	22	23	24	25	26	27	28	29
양력 월/일	1/22	23	24	25	26	27	28	29	30	31	2/1	2	3	4	5	6	7	8	9	10	11	12	13	14	15	16	17	18	19
일진	辛巳	壬午	癸未	甲申	乙酉	丙戌	丁亥	戊子	己丑	庚寅	辛卯	壬辰	癸巳	甲午	乙未	丙申	丁酉	戊戌	己亥	庚子	辛丑	壬寅	癸卯	甲辰	乙巳	丙午	丁未	戊申	己酉
절기시각														申初														午初	

2月 （辛卯）

절기														경칩															춘분	
음력	1	2	3	4	5	6	7	8	9	10	11	12	13	14	15	16	17	18	19	20	21	22	23	24	25	26	27	28	29	30
양력 월/일	2/20	21	22	23	24	25	26	27	28	3/1	2	3	4	5	6	7	8	9	10	11	12	13	14	15	16	17	18	19	20	21
일진	庚戌	辛亥	壬子	癸丑	甲寅	乙卯	丙辰	丁巳	戊午	己未	庚申	辛酉	壬戌	癸亥	甲子	乙丑	丙寅	丁卯	戊辰	己巳	庚午	辛未	壬申	癸酉	甲戌	乙亥	丙子	丁丑	戊寅	己卯
절기시각														巳初															巳正	

3月 （壬辰）

절기														청명	한식														곡우	
음력	1	2	3	4	5	6	7	8	9	10	11	12	13	14	15	16	17	18	19	20	21	22	23	24	25	26	27	28	29	30
양력 월/일	3/22	23	24	25	26	27	28	29	30	31	4/1	2	3	4	5	6	7	8	9	10	11	12	13	14	15	16	17	18	19	20
일진	庚辰	辛巳	壬午	癸未	甲申	乙酉	丙戌	丁亥	戊子	己丑	庚寅	辛卯	壬辰	癸巳	甲午	乙未	丙申	丁酉	戊戌	己亥	庚子	辛丑	壬寅	癸卯	甲辰	乙巳	丙午	丁未	戊申	己酉
절기시각														未正															亥初	

閏3月 （壬辰）

절기															입하															
음력	1	2	3	4	5	6	7	8	9	10	11	12	13	14	15	16	17	18	19	20	21	22	23	24	25	26	27	28	29	
양력 월/일	4/21	22	23	24	25	26	27	28	29	30	5/1	2	3	4	5	6	7	8	9	10	11	12	13	14	15	16	17	18	19	
일진	庚戌	辛亥	壬子	癸丑	甲寅	乙卯	丙辰	丁巳	戊午	己未	庚申	辛酉	壬戌	癸亥	甲子	乙丑	丙寅	丁卯	戊辰	己巳	庚午	辛未	壬申	癸酉	甲戌	乙亥	丙子	丁丑	戊寅	
절기시각															辰正															

4月 （癸巳）

절기		소만												망종																
음력	1	2	3	4	5	6	7	8	9	10	11	12	13	14	15	16	17	18	19	20	21	22	23	24	25	26	27	28	29	30
양력 월/일	5/20	21	22	23	24	25	26	27	28	29	30	31	6/1	2	3	4	5	6	7	8	9	10	11	12	13	14	15	16	17	18
일진	己卯	庚辰	辛巳	壬午	癸未	甲申	乙酉	丙戌	丁亥	戊子	己丑	庚寅	辛卯	壬辰	癸巳	甲午	乙未	丙申	丁酉	戊戌	己亥	庚子	辛丑	壬寅	癸卯	甲辰	乙巳	丙午	丁未	戊申
절기시각		亥初												午正																

5月 （甲午）

절기			하지														소서													
음력	1	2	3	4	5	6	7	8	9	10	11	12	13	14	15	16	17	18	19	20	21	22	23	24	25	26	27	28	29	
양력 월/일	6/19	20	21	22	23	24	25	26	27	28	29	30	7/1	2	3	4	5	6	7	8	9	10	11	12	13	14	15	16	17	
일진	己酉	庚戌	辛亥	壬子	癸丑	甲寅	乙卯	丙辰	丁巳	戊午	己未	庚申	辛酉	壬戌	癸亥	甲子	乙丑	丙寅	丁卯	戊辰	己巳	庚午	辛未	壬申	癸酉	甲戌	乙亥	丙子	丁丑	
절기시각			卯初														子正													

6月 （乙未）

절기			초복			대서							중복							입추	말복									
음력	1	2	3	4	5	6	7	8	9	10	11	12	13	14	15	16	17	18	19	20	21	22	23	24	25	26	27	28	29	
양력 월/일	7/18	19	20	21	22	23	24	25	26	27	28	29	30	31	8/1	2	3	4	5	6	7	8	9	10	11	12	13	14	15	
일진	戊寅	己卯	庚辰	辛巳	壬午	癸未	甲申	乙酉	丙戌	丁亥	戊子	己丑	庚寅	辛卯	壬辰	癸巳	甲午	乙未	丙申	丁酉	戊戌	己亥	庚子	辛丑	壬寅	癸卯	甲辰	乙巳	丙午	
절기시각						申正														巳初										

7月 (丙申)

절기							처서												백로											
음력	1	2	3	4	5	6	7	8	9	10	11	12	13	14	15	16	17	18	19	20	21	22	23	24	25	26	27	28	29	30
양력 월/일	8/16	17	18	19	20	21	22	23	24	25	26	27	28	29	30	31	9/1	2	3	4	5	6	7	8	9	10	11	12	13	14
일진	丁未	戊申	己酉	庚戌	辛亥	壬子	癸丑	甲寅	乙卯	丙辰	丁巳	戊午	己未	庚申	辛酉	壬戌	癸亥	甲子	乙丑	丙寅	丁卯	戊辰	己巳	庚午	辛未	壬申	癸酉	甲戌	乙亥	丙子
절기시각							子初												午正											

8月 (丁酉)

절기							추분												한로										
음력	1	2	3	4	5	6	7	8	9	10	11	12	13	14	15	16	17	18	19	20	21	22	23	24	25	26	27	28	29
양력 월/일	9/15	16	17	18	19	20	21	22	23	24	25	26	27	28	29	30	10/1	2	3	4	5	6	7	8	9	10	11	12	13
일진	丁丑	戊寅	己卯	庚辰	辛巳	壬午	癸未	甲申	乙酉	丙戌	丁亥	戊子	己丑	庚寅	辛卯	壬辰	癸巳	甲午	乙未	丙申	丁酉	戊戌	己亥	庚子	辛丑	壬寅	癸卯	甲辰	乙巳
절기시각							亥初												寅初										

9月 (戊戌)

절기											상강														입동				
음력	1	2	3	4	5	6	7	8	9	10	11	12	13	14	15	16	17	18	19	20	21	22	23	24	25	26	27	28	29
양력 월/일	10/14	15	16	17	18	19	20	21	22	23	24	25	26	27	28	29	30	31	11/1	2	3	4	5	6	7	8	9	10	11
일진	丙午	丁未	戊申	己酉	庚戌	辛亥	壬子	癸丑	甲寅	乙卯	丙辰	丁巳	戊午	己未	庚申	辛酉	壬戌	癸亥	甲子	乙丑	丙寅	丁卯	戊辰	己巳	庚午	辛未	壬申	癸酉	甲戌
절기시각											卯正														卯正				

10月 (己亥)

절기								소설												대설										
음력	1	2	3	4	5	6	7	8	9	10	11	12	13	14	15	16	17	18	19	20	21	22	23	24	25	26	27	28	29	30
양력 월/일	11/12	13	14	15	16	17	18	19	20	21	22	23	24	25	26	27	28	29	30	12/1	2	3	4	5	6	7	8	9	10	11
일진	乙亥	丙子	丁丑	戊寅	己卯	庚辰	辛巳	壬午	癸未	甲申	乙酉	丙戌	丁亥	戊子	己丑	庚寅	辛卯	壬辰	癸巳	甲午	乙未	丙申	丁酉	戊戌	己亥	庚子	辛丑	壬寅	癸卯	甲辰
절기시각								寅正												子初										

11月 (庚子)

절기								동지														소한								
음력	1	2	3	4	5	6	7	8	9	10	11	12	13	14	15	16	17	18	19	20	21	22	23	24	25	26	27	28	29	30
양력 월/일	12/12	13	14	15	16	17	18	19	20	21	22	23	24	25	26	27	28	29	30	31	1/1	2	3	4	5	6	7	8	9	10
일진	乙巳	丙午	丁未	戊申	己酉	庚戌	辛亥	壬子	癸丑	甲寅	乙卯	丙辰	丁巳	戊午	己未	庚申	辛酉	壬戌	癸亥	甲子	乙丑	丙寅	丁卯	戊辰	己巳	庚午	辛未	壬申	癸酉	甲戌
절기시각								申正														巳初								

12月 (辛丑)

절기										대한															입춘				
음력	1	2	3	4	5	6	7	8	9	10	11	12	13	14	15	16	17	18	19	20	21	22	23	24	25	26	27	28	29
양력 월/일	1/11	12	13	14	15	16	17	18	19	20	21	22	23	24	25	26	27	28	29	30	31	2/1	2	3	4	5	6	7	8
일진	乙亥	丙子	丁丑	戊寅	己卯	庚辰	辛巳	壬午	癸未	甲申	乙酉	丙戌	丁亥	戊子	己丑	庚寅	辛卯	壬辰	癸巳	甲午	乙未	丙申	丁酉	戊戌	己亥	庚子	辛丑	壬寅	癸卯
절기시각										丑正															亥初				

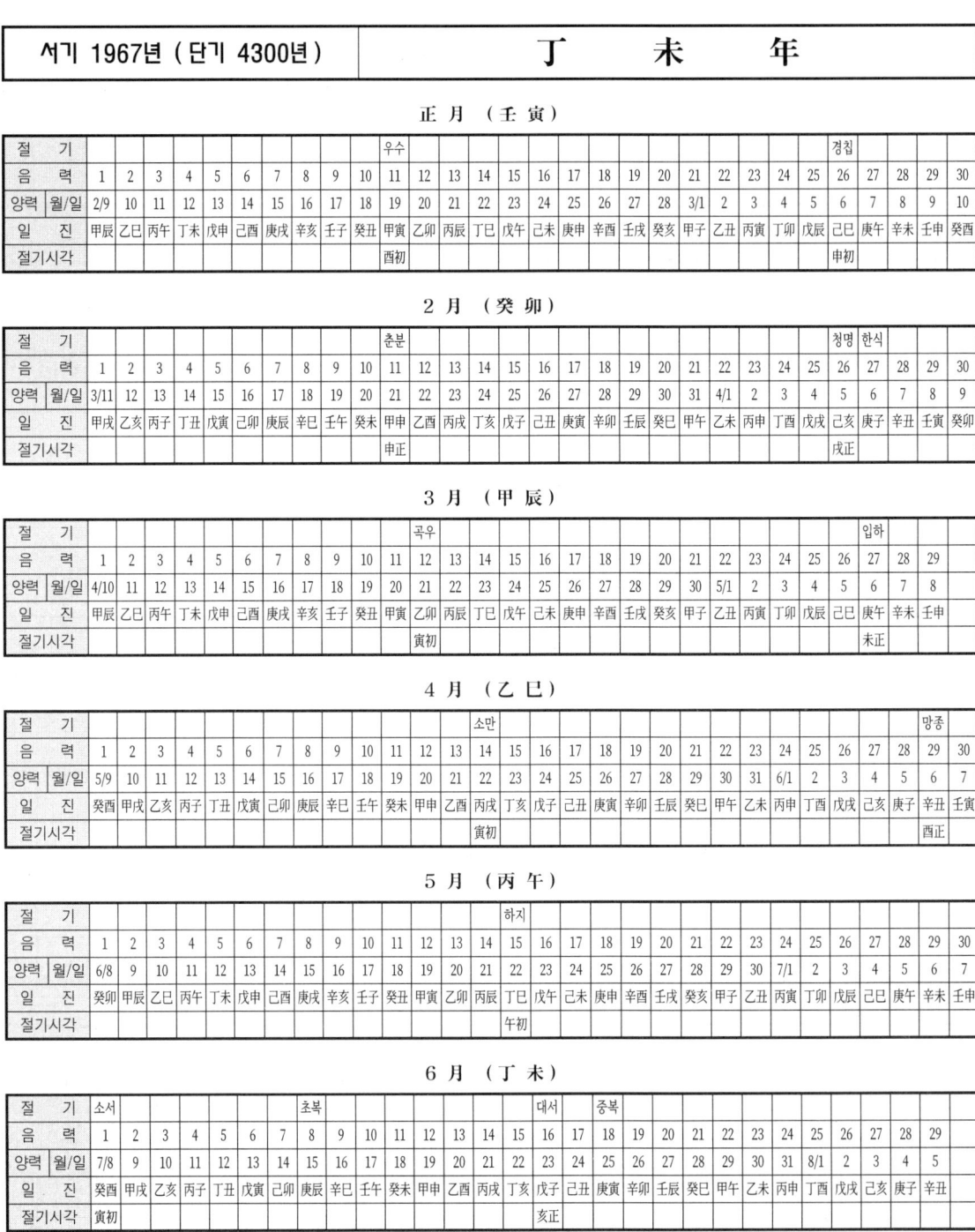

7 月 （戊申）

절 기			입추							말복										처서										
음 력	1	2	3	4	5	6	7	8	9	10	11	12	13	14	15	16	17	18	19	20	21	22	23	24	25	26	27	28	29
양력 월/일	8/6	7	8	9	10	11	12	13	14	15	16	17	18	19	20	21	22	23	24	25	26	27	28	29	30	31	9/1	2	3
일 진	壬寅	癸卯	甲辰	乙巳	丙午	丁未	戊申	己酉	庚戌	辛亥	壬子	癸丑	甲寅	乙卯	丙辰	丁巳	戊午	己未	庚申	辛酉	壬戌	癸亥	甲子	乙丑	丙寅	丁卯	戊辰	己巳	庚午
절기시각			未正																卯初										

8 月 （己酉）

절 기				백로																	추분									
음 력	1	2	3	4	5	6	7	8	9	10	11	12	13	14	15	16	17	18	19	20	21	22	23	24	25	26	27	28	29	30
양력 월/일	9/4	5	6	7	8	9	10	11	12	13	14	15	16	17	18	19	20	21	22	23	24	25	26	27	28	29	30	10/1	2	3
일 진	辛未	壬申	癸酉	甲戌	乙亥	丙子	丁丑	戊寅	己卯	庚辰	辛巳	壬午	癸未	甲申	乙酉	丙戌	丁亥	戊子	己丑	庚寅	辛卯	壬辰	癸巳	甲午	乙未	丙申	丁酉	戊戌	己亥	庚子
절기시각				酉初																	丑正									

9 月 （庚戌）

절 기					한로																상강									
음 력	1	2	3	4	5	6	7	8	9	10	11	12	13	14	15	16	17	18	19	20	21	22	23	24	25	26	27	28	29	
양력 월/일	10/4	5	6	7	8	9	10	11	12	13	14	15	16	17	18	19	20	21	22	23	24	25	26	27	28	29	30	31	11/1	
일 진	辛丑	壬寅	癸卯	甲辰	乙巳	丙午	丁未	戊申	己酉	庚戌	辛亥	壬子	癸丑	甲寅	乙卯	丙辰	丁巳	戊午	己未	庚申	辛酉	壬戌	癸亥	甲子	乙丑	丙寅	丁卯	戊辰	己巳	
절기시각					辰正																午初									

10 月 （辛亥）

절 기					입동																소설									
음 력	1	2	3	4	5	6	7	8	9	10	11	12	13	14	15	16	17	18	19	20	21	22	23	24	25	26	27	28	29	30
양력 월/일	11/2	3	4	5	6	7	8	9	10	11	12	13	14	15	16	17	18	19	20	21	22	23	24	25	26	27	28	29	30	12/1
일 진	庚午	辛未	壬申	癸酉	甲戌	乙亥	丙子	丁丑	戊寅	己卯	庚辰	辛巳	壬午	癸未	甲申	乙酉	丙戌	丁亥	戊子	己丑	庚寅	辛卯	壬辰	癸巳	甲午	乙未	丙申	丁酉	戊戌	己亥
절기시각					午初																巳初									

11 月 （壬子）

절 기				대설																	동지									
음 력	1	2	3	4	5	6	7	8	9	10	11	12	13	14	15	16	17	18	19	20	21	22	23	24	25	26	27	28	29	
양력 월/일	12/2	3	4	5	6	7	8	9	10	11	12	13	14	15	16	17	18	19	20	21	22	23	24	25	26	27	28	29	30	
일 진	庚子	辛丑	壬寅	癸卯	甲辰	乙巳	丙午	丁未	戊申	己酉	庚戌	辛亥	壬子	癸丑	甲寅	乙卯	丙辰	丁巳	戊午	己未	庚申	辛酉	壬戌	癸亥	甲子	乙丑	丙寅	丁卯	戊辰	
절기시각				寅正																	亥正									

12 月 （癸丑）

절 기					소한																대한									
음 력	1	2	3	4	5	6	7	8	9	10	11	12	13	14	15	16	17	18	19	20	21	22	23	24	25	26	27	28	29	30
양력 월/일	12/31	1/1	2	3	4	5	6	7	8	9	10	11	12	13	14	15	16	17	18	19	20	21	22	23	24	25	26	27	28	29
일 진	己巳	庚午	辛未	壬申	癸酉	甲戌	乙亥	丙子	丁丑	戊寅	己卯	庚辰	辛巳	壬午	癸未	甲申	乙酉	丙戌	丁亥	戊子	己丑	庚寅	辛卯	壬辰	癸巳	甲午	乙未	丙申	丁酉	戊戌
절기시각					申初																辰正									

서기 1968년 (단기 4301년) 戊申年

正月 (甲寅)

절기						입춘															우수								
음력	1	2	3	4	5	6	7	8	9	10	11	12	13	14	15	16	17	18	19	20	21	22	23	24	25	26	27	28	29
양력 월/일	1/30	31	2/1	2	3	4	5	6	7	8	9	10	11	12	13	14	15	16	17	18	19	20	21	22	23	24	25	26	27
일진	己亥	庚子	辛丑	壬寅	癸卯	甲辰	乙巳	丙午	丁未	戊申	己酉	庚戌	辛亥	壬子	癸丑	甲寅	乙卯	丙辰	丁巳	戊午	己未	庚申	辛酉	壬戌	癸亥	甲子	乙丑	丙寅	丁卯
절기시각						寅初															子初								

2月 (乙卯)

절기							경칩															춘분								
음력	1	2	3	4	5	6	7	8	9	10	11	12	13	14	15	16	17	18	19	20	21	22	23	24	25	26	27	28	29	30
양력 월/일	2/28	29	3/1	2	3	4	5	6	7	8	9	10	11	12	13	14	15	16	17	18	19	20	21	22	23	24	25	26	27	28
일진	戊辰	己巳	庚午	辛未	壬申	癸酉	甲戌	乙亥	丙子	丁丑	戊寅	己卯	庚辰	辛巳	壬午	癸未	甲申	乙酉	丙戌	丁亥	戊子	己丑	庚寅	辛卯	壬辰	癸巳	甲午	乙未	丙申	丁酉
절기시각							戌正															亥正								

3月 (丙辰)

절기							청명																곡우							
음력	1	2	3	4	5	6	7	8	9	10	11	12	13	14	15	16	17	18	19	20	21	22	23	24	25	26	27	28	29	30
양력 월/일	3/29	30	31	4/1	2	3	4	5	6	7	8	9	10	11	12	13	14	15	16	17	18	19	20	21	22	23	24	25	26	27
일진	戊戌	己亥	庚子	辛丑	壬寅	癸卯	甲辰	乙巳	丙午	丁未	戊申	己酉	庚戌	辛亥	壬子	癸丑	甲寅	乙卯	丙辰	丁巳	戊午	己未	庚申	辛酉	壬戌	癸亥	甲子	乙丑	丙寅	丁卯
절기시각							丑正																巳初							

4月 (丁巳)

절기							입하																소만						
음력	1	2	3	4	5	6	7	8	9	10	11	12	13	14	15	16	17	18	19	20	21	22	23	24	25	26	27	28	29
양력 월/일	4/28	29	30	5/1	2	3	4	5	6	7	8	9	10	11	12	13	14	15	16	17	18	19	20	21	22	23	24	25	26
일진	戊辰	己巳	庚午	辛未	壬申	癸酉	甲戌	乙亥	丙子	丁丑	戊寅	己卯	庚辰	辛巳	壬午	癸未	甲申	乙酉	丙戌	丁亥	戊子	己丑	庚寅	辛卯	壬辰	癸巳	甲午	乙未	丙申
절기시각							巳初																巳初						

5月 (戊午)

절기								망종																하지						
음력	1	2	3	4	5	6	7	8	9	10	11	12	13	14	15	16	17	18	19	20	21	22	23	24	25	26	27	28	29	30
양력 월/일	5/27	28	29	30	31	6/1	2	3	4	5	6	7	8	9	10	11	12	13	14	15	16	17	18	19	20	21	22	23	24	25
일진	丁酉	戊戌	己亥	庚子	辛丑	壬寅	癸卯	甲辰	乙巳	丙午	丁未	戊申	己酉	庚戌	辛亥	壬子	癸丑	甲寅	乙卯	丙辰	丁巳	戊午	己未	庚申	辛酉	壬戌	癸亥	甲子	乙丑	丙寅
절기시각								子正																酉初						

6月 (己未)

절기							소서															초복					대서			
음력	1	2	3	4	5	6	7	8	9	10	11	12	13	14	15	16	17	18	19	20	21	22	23	24	25	26	27	28	29
양력 월/일	6/26	27	28	29	30	7/1	2	3	4	5	6	7	8	9	10	11	12	13	14	15	16	17	18	19	20	21	22	23	24
일진	丁卯	戊辰	己巳	庚午	辛未	壬申	癸酉	甲戌	乙亥	丙子	丁丑	戊寅	己卯	庚辰	辛巳	壬午	癸未	甲申	乙酉	丙戌	丁亥	戊子	己丑	庚寅	辛卯	壬辰	癸巳	甲午	乙未
절기시각							巳初																				寅正			

7月 (庚申)

절기					중복									입추	말복														처서
음력	1	2	3	4	5	6	7	8	9	10	11	12	13	14	15	16	17	18	19	20	21	22	23	24	25	26	27	28	29	30
양력 월/일	7/25	26	27	28	29	30	31	8/1	2	3	4	5	6	7	8	9	10	11	12	13	14	15	16	17	18	19	20	21	22	23
일진	丙申	丁酉	戊戌	己亥	庚子	辛丑	壬寅	癸卯	甲辰	乙巳	丙午	丁未	戊申	己酉	庚戌	辛亥	壬子	癸丑	甲寅	乙卯	丙辰	丁巳	戊午	己未	庚申	辛酉	壬戌	癸亥	甲子	乙丑
절기시각														戌正																午初

閏 7月 (庚申)

절기															백로														
음력	1	2	3	4	5	6	7	8	9	10	11	12	13	14	15	16	17	18	19	20	21	22	23	24	25	26	27	28	29
양력 월/일	8/24	25	26	27	28	29	30	31	9/1	2	3	4	5	6	7	8	9	10	11	12	13	14	15	16	17	18	19	20	21
일진	丙寅	丁卯	戊辰	己巳	庚午	辛未	壬申	癸酉	甲戌	乙亥	丙子	丁丑	戊寅	己卯	庚辰	辛巳	壬午	癸未	甲申	乙酉	丙戌	丁亥	戊子	己丑	庚寅	辛卯	壬辰	癸巳	甲午
절기시각															子初														

8月 (辛酉)

절기		추분														한로														
음력	1	2	3	4	5	6	7	8	9	10	11	12	13	14	15	16	17	18	19	20	21	22	23	24	25	26	27	28	29	30
양력 월/일	9/22	23	24	25	26	27	28	29	30	10/1	2	3	4	5	6	7	8	9	10	11	12	13	14	15	16	17	18	19	20	21
일진	乙未	丙申	丁酉	戊戌	己亥	庚子	辛丑	壬寅	癸卯	甲辰	乙巳	丙午	丁未	戊申	己酉	庚戌	辛亥	壬子	癸丑	甲寅	乙卯	丙辰	丁巳	戊午	己未	庚申	辛酉	壬戌	癸亥	甲子
절기시각		辰正														未正														

9月 (壬戌)

절기		상강															입동												
음력	1	2	3	4	5	6	7	8	9	10	11	12	13	14	15	16	17	18	19	20	21	22	23	24	25	26	27	28	29
양력 월/일	10/22	23	24	25	26	27	28	29	30	31	11/1	2	3	4	5	6	7	8	9	10	11	12	13	14	15	16	17	18	19
일진	乙丑	丙寅	丁卯	戊辰	己巳	庚午	辛未	壬申	癸酉	甲戌	乙亥	丙子	丁丑	戊寅	己卯	庚辰	辛巳	壬午	癸未	甲申	乙酉	丙戌	丁亥	戊子	己丑	庚寅	辛卯	壬辰	癸巳
절기시각		酉初															酉初												

10月 (癸亥)

절기			소설													대설														
음력	1	2	3	4	5	6	7	8	9	10	11	12	13	14	15	16	17	18	19	20	21	22	23	24	25	26	27	28	29	30
양력 월/일	11/20	21	22	23	24	25	26	27	28	29	30	12/1	2	3	4	5	6	7	8	9	10	11	12	13	14	15	16	17	18	19
일진	甲午	乙未	丙申	丁酉	戊戌	己亥	庚子	辛丑	壬寅	癸卯	甲辰	乙巳	丙午	丁未	戊申	己酉	庚戌	辛亥	壬子	癸丑	甲寅	乙卯	丙辰	丁巳	戊午	己未	庚申	辛酉	壬戌	癸亥
절기시각			未正													巳正														

11月 (甲子)

절기			동지													소한													
음력	1	2	3	4	5	6	7	8	9	10	11	12	13	14	15	16	17	18	19	20	21	22	23	24	25	26	27	28	29
양력 월/일	12/20	21	22	23	24	25	26	27	28	29	30	31	1/1	2	3	4	5	6	7	8	9	10	11	12	13	14	15	16	17
일진	甲子	乙丑	丙寅	丁卯	戊辰	己巳	庚午	辛未	壬申	癸酉	甲戌	乙亥	丙子	丁丑	戊寅	己卯	庚辰	辛巳	壬午	癸未	甲申	乙酉	丙戌	丁亥	戊子	己丑	庚寅	辛卯	壬辰
절기시각			寅正													亥初													

12月 (乙丑)

절기			대한													입춘														
음력	1	2	3	4	5	6	7	8	9	10	11	12	13	14	15	16	17	18	19	20	21	22	23	24	25	26	27	28	29	30
양력 월/일	1/18	19	20	21	22	23	24	25	26	27	28	29	30	31	2/1	2	3	4	5	6	7	8	9	10	11	12	13	14	15	16
일진	癸巳	甲午	乙未	丙申	丁酉	戊戌	己亥	庚子	辛丑	壬寅	癸卯	甲辰	乙巳	丙午	丁未	戊申	己酉	庚戌	辛亥	壬子	癸丑	甲寅	乙卯	丙辰	丁巳	戊午	己未	庚申	辛酉	壬戌
절기시각			未正													辰正														

서기 1969년 (단기 4302년)   己 酉 年

正月 (丙寅)

절기				우수														경칩											
음력	1	2	3	4	5	6	7	8	9	10	11	12	13	14	15	16	17	18	19	20	21	22	23	24	25	26	27	28	29
양력 월/일	2/17	18	19	20	21	22	23	24	25	26	27	28	3/1	2	3	4	5	6	7	8	9	10	11	12	13	14	15	16	17
일진	癸亥	甲子	乙丑	丙寅	丁卯	戊辰	己巳	庚午	辛未	壬申	癸酉	甲戌	乙亥	丙子	丁丑	戊寅	己卯	庚辰	辛巳	壬午	癸未	甲申	乙酉	丙戌	丁亥	戊子	己丑	庚寅	辛卯
절기시각			寅正															寅初											

2月 (丁卯)

절기				춘분															청명	한식										
음력	1	2	3	4	5	6	7	8	9	10	11	12	13	14	15	16	17	18	19	20	21	22	23	24	25	26	27	28	29	30
양력 월/일	3/18	19	20	21	22	23	24	25	26	27	28	29	30	31	4/1	2	3	4	5	6	7	8	9	10	11	12	13	14	15	16
일진	壬辰	癸巳	甲午	乙未	丙申	丁酉	戊戌	己亥	庚子	辛丑	壬寅	癸卯	甲辰	乙巳	丙午	丁未	戊申	己酉	庚戌	辛亥	壬子	癸丑	甲寅	乙卯	丙辰	丁巳	戊午	己未	庚申	辛酉
절기시각				寅正															辰正											

3月 (戊辰)

절기				곡우															입하										
음력	1	2	3	4	5	6	7	8	9	10	11	12	13	14	15	16	17	18	19	20	21	22	23	24	25	26	27	28	29
양력 월/일	4/17	18	19	20	21	22	23	24	25	26	27	28	29	30	5/1	2	3	4	5	6	7	8	9	10	11	12	13	14	15
일진	壬戌	癸亥	甲子	乙丑	丙寅	丁卯	戊辰	己巳	庚午	辛未	壬申	癸酉	甲戌	乙亥	丙子	丁丑	戊寅	己卯	庚辰	辛巳	壬午	癸未	甲申	乙酉	丙戌	丁亥	戊子	己丑	庚寅
절기시각				申初															丑初										

4月 (己巳)

절기					소만															망종										
음력	1	2	3	4	5	6	7	8	9	10	11	12	13	14	15	16	17	18	19	20	21	22	23	24	25	26	27	28	29	30
양력 월/일	5/16	17	18	19	20	21	22	23	24	25	26	27	28	29	30	31	6/1	2	3	4	5	6	7	8	9	10	11	12	13	14
일진	辛卯	壬辰	癸巳	甲午	乙未	丙申	丁酉	戊戌	己亥	庚子	辛丑	壬寅	癸卯	甲辰	乙巳	丙午	丁未	戊申	己酉	庚戌	辛亥	壬子	癸丑	甲寅	乙卯	丙辰	丁巳	戊午	己未	庚申
절기시각					未正															申正										

5月 (庚午)

절기					하지															소서										
음력	1	2	3	4	5	6	7	8	9	10	11	12	13	14	15	16	17	18	19	20	21	22	23	24	25	26	27	28	29
양력 월/일	6/15	16	17	18	19	20	21	22	23	24	25	26	27	28	29	30	7/1	2	3	4	5	6	7	8	9	10	11	12	13
일진	辛酉	壬戌	癸亥	甲子	乙丑	丙寅	丁卯	戊辰	己巳	庚午	辛未	壬申	癸酉	甲戌	乙亥	丙子	丁丑	戊寅	己卯	庚辰	辛巳	壬午	癸未	甲申	乙酉	丙戌	丁亥	戊子	己丑
절기시각					亥正															申正										

6月 (辛未)

절기						대서	중복													입추										
음력	1	2	3	4	5	6	7	8	9	10	11	12	13	14	15	16	17	18	19	20	21	22	23	24	25	26	27	28	29	30
양력 월/일	7/14	15	16	17	18	19	20	21	22	23	24	25	26	27	28	29	30	31	8/1	2	3	4	5	6	7	8	9	10	11	12
일진	庚寅	辛卯	壬辰	癸巳	甲午	乙未	丙申	丁酉	戊戌	己亥	庚子	辛丑	壬寅	癸卯	甲辰	乙巳	丙午	丁未	戊申	己酉	庚戌	辛亥	壬子	癸丑	甲寅	乙卯	丙辰	丁巳	戊午	己未
절기시각						巳初														丑正										

7月 (壬申)

절기											처서																백로			
음력	1	2	3	4	5	6	7	8	9	10	11	12	13	14	15	16	17	18	19	20	21	22	23	24	25	26	27	28	29	30
양력 월/일	8/13	14	15	16	17	18	19	20	21	22	23	24	25	26	27	28	29	30	31	9/1	2	3	4	5	6	7	8	9	10	11
일진	庚申	辛酉	壬戌	癸亥	甲子	乙丑	丙寅	丁卯	戊辰	己巳	庚午	辛未	壬申	癸酉	甲戌	乙亥	丙子	丁丑	戊寅	己卯	庚辰	辛巳	壬午	癸未	甲申	乙酉	丙戌	丁亥	戊子	己丑
절기시각											申正																寅正			

8月 (癸酉)

절기												추분															한로		
음력	1	2	3	4	5	6	7	8	9	10	11	12	13	14	15	16	17	18	19	20	21	22	23	24	25	26	27	28	29
양력 월/일	9/12	13	14	15	16	17	18	19	20	21	22	23	24	25	26	27	28	29	30	10/1	2	3	4	5	6	7	8	9	10
일진	庚寅	辛卯	壬辰	癸巳	甲午	乙未	丙申	丁酉	戊戌	己亥	庚子	辛丑	壬寅	癸卯	甲辰	乙巳	丙午	丁未	戊申	己酉	庚戌	辛亥	壬子	癸丑	甲寅	乙卯	丙辰	丁巳	戊午
절기시각												未正															戌正		

9月 (甲戌)

절기												상강															입동			
음력	1	2	3	4	5	6	7	8	9	10	11	12	13	14	15	16	17	18	19	20	21	22	23	24	25	26	27	28	29	30
양력 월/일	10/11	12	13	14	15	16	17	18	19	20	21	22	23	24	25	26	27	28	29	30	31	11/1	2	3	4	5	6	7	8	9
일진	己未	庚申	辛酉	壬戌	癸亥	甲子	乙丑	丙寅	丁卯	戊辰	己巳	庚午	辛未	壬申	癸酉	甲戌	乙亥	丙子	丁丑	戊寅	己卯	庚辰	辛巳	壬午	癸未	甲申	乙酉	丙戌	丁亥	戊子
절기시각												子初															子初			

10月 (乙亥)

절기											소설																대설		
음력	1	2	3	4	5	6	7	8	9	10	11	12	13	14	15	16	17	18	19	20	21	22	23	24	25	26	27	28	29
양력 월/일	11/10	11	12	13	14	15	16	17	18	19	20	21	22	23	24	25	26	27	28	29	30	12/1	2	3	4	5	6	7	8
일진	己丑	庚寅	辛卯	壬辰	癸巳	甲午	乙未	丙申	丁酉	戊戌	己亥	庚子	辛丑	壬寅	癸卯	甲辰	乙巳	丙午	丁未	戊申	己酉	庚戌	辛亥	壬子	癸丑	甲寅	乙卯	丙辰	丁巳
절기시각											戌正																申初		

11月 (丙子)

절기												동지																소한		
음력	1	2	3	4	5	6	7	8	9	10	11	12	13	14	15	16	17	18	19	20	21	22	23	24	25	26	27	28	29	30
양력 월/일	12/9	10	11	12	13	14	15	16	17	18	19	20	21	22	23	24	25	26	27	28	29	30	31	1/1	2	3	4	5	6	7
일진	戊午	己未	庚申	辛酉	壬戌	癸亥	甲子	乙丑	丙寅	丁卯	戊辰	己巳	庚午	辛未	壬申	癸酉	甲戌	乙亥	丙子	丁丑	戊寅	己卯	庚辰	辛巳	壬午	癸未	甲申	乙酉	丙戌	丁亥
절기시각												巳初																寅初		

12月 (丁丑)

절기												대한															입춘		
음력	1	2	3	4	5	6	7	8	9	10	11	12	13	14	15	16	17	18	19	20	21	22	23	24	25	26	27	28	29
양력 월/일	1/8	9	10	11	12	13	14	15	16	17	18	19	20	21	22	23	24	25	26	27	28	29	30	31	2/1	2	3	4	5
일진	戊子	己丑	庚寅	辛卯	壬辰	癸巳	甲午	乙未	丙申	丁酉	戊戌	己亥	庚子	辛丑	壬寅	癸卯	甲辰	乙巳	丙午	丁未	戊申	己酉	庚戌	辛亥	壬子	癸丑	甲寅	乙卯	丙辰
절기시각												戌正															未正		

서기 1970년 (단기 4303년) 　 庚 戌 年

正 月 (戊 寅)

절기														우수											경칩					
음력	1	2	3	4	5	6	7	8	9	10	11	12	13	14	15	16	17	18	19	20	21	22	23	24	25	26	27	28	29	30
양력 월/일	2/6	7	8	9	10	11	12	13	14	15	16	17	18	19	20	21	22	23	24	25	26	27	28	3/1	2	3	4	5	6	7
일 진	丁巳	戊午	己未	庚申	辛酉	壬戌	癸亥	甲子	乙丑	丙寅	丁卯	戊辰	己巳	庚午	辛未	壬申	癸酉	甲戌	乙亥	丙子	丁丑	戊寅	己卯	庚辰	辛巳	壬午	癸未	甲申	乙酉	丙戌
절기시각														巳正														辰正		

2 月 (己 卯)

절기														춘분											청명				
음력	1	2	3	4	5	6	7	8	9	10	11	12	13	14	15	16	17	18	19	20	21	22	23	24	25	26	27	28	29
양력 월/일	3/8	9	10	11	12	13	14	15	16	17	18	19	20	21	22	23	24	25	26	27	28	29	30	31	4/1	2	3	4	5
일 진	丁亥	戊子	己丑	庚寅	辛卯	壬辰	癸巳	甲午	乙未	丙申	丁酉	戊戌	己亥	庚子	辛丑	壬寅	癸卯	甲辰	乙巳	丙午	丁未	戊申	己酉	庚戌	辛亥	壬子	癸丑	甲寅	乙卯
절기시각														巳初											未正				

3 月 (庚 辰)

절기														곡우															
음력	1	2	3	4	5	6	7	8	9	10	11	12	13	14	15	16	17	18	19	20	21	22	23	24	25	26	27	28	29
양력 월/일	4/6	7	8	9	10	11	12	13	14	15	16	17	18	19	20	21	22	23	24	25	26	27	28	29	30	5/1	2	3	4
일 진	丙辰	丁巳	戊午	己未	庚申	辛酉	壬戌	癸亥	甲子	乙丑	丙寅	丁卯	戊辰	己巳	庚午	辛未	壬申	癸酉	甲戌	乙亥	丙子	丁丑	戊寅	己卯	庚辰	辛巳	壬午	癸未	甲申
절기시각														亥初															

4 月 (辛 巳)

절기		입하														소만														
음력	1	2	3	4	5	6	7	8	9	10	11	12	13	14	15	16	17	18	19	20	21	22	23	24	25	26	27	28	29	30
양력 월/일	5/5	6	7	8	9	10	11	12	13	14	15	16	17	18	19	20	21	22	23	24	25	26	27	28	29	30	31	6/1	2	3
일 진	乙酉	丙戌	丁亥	戊子	己丑	庚寅	辛卯	壬辰	癸巳	甲午	乙未	丙申	丁酉	戊戌	己亥	庚子	辛丑	壬寅	癸卯	甲辰	乙巳	丙午	丁未	戊申	己酉	庚戌	辛亥	壬子	癸丑	甲寅
절기시각		戌初														戌正														

5 月 (壬 午)

절기		망종																하지												
음력	1	2	3	4	5	6	7	8	9	10	11	12	13	14	15	16	17	18	19	20	21	22	23	24	25	26	27	28	29	30
양력 월/일	6/4	5	6	7	8	9	10	11	12	13	14	15	16	17	18	19	20	21	22	23	24	25	26	27	28	29	30	7/1	2	3
일 진	乙卯	丙辰	丁巳	戊午	己未	庚申	辛酉	壬戌	癸亥	甲子	乙丑	丙寅	丁卯	戊辰	己巳	庚午	辛未	壬申	癸酉	甲戌	乙亥	丙子	丁丑	戊寅	己卯	庚辰	辛巳	壬午	癸未	甲申
절기시각		午初																寅正												

6 月 (癸 未)

절기			소서														대서												
음력	1	2	3	4	5	6	7	8	9	10	11	12	13	14	15	16	17	18	19	20	21	22	23	24	25	26	27	28	29
양력 월/일	7/4	5	6	7	8	9	10	11	12	13	14	15	16	17	18	19	20	21	22	23	24	25	26	27	28	29	30	31	8/1
일 진	乙酉	丙戌	丁亥	戊子	己丑	庚寅	辛卯	壬辰	癸巳	甲午	乙未	丙申	丁酉	戊戌	己亥	庚子	辛丑	壬寅	癸卯	甲辰	乙巳	丙午	丁未	戊申	己酉	庚戌	辛亥	壬子	癸丑
절기시각			亥正														申初												

7 月 （甲申）

절기							입추															처서								
음력	1	2	3	4	5	6	7	8	9	10	11	12	13	14	15	16	17	18	19	20	21	22	23	24	25	26	27	28	29	30
양력 월/일	8/2	3	4	5	6	7	8	9	10	11	12	13	14	15	16	17	18	19	20	21	22	23	24	25	26	27	28	29	30	31
일진	甲寅	乙卯	丙辰	丁巳	戊午	己未	庚申	辛酉	壬戌	癸亥	甲子	乙丑	丙寅	丁卯	戊辰	己巳	庚午	辛未	壬申	癸酉	甲戌	乙亥	丙子	丁丑	戊寅	己卯	庚辰	辛巳	壬午	癸未
절기시각							辰初															亥正								

8 月 （乙酉）

절기								백로														추분							
음력	1	2	3	4	5	6	7	8	9	10	11	12	13	14	15	16	17	18	19	20	21	22	23	24	25	26	27	28	29
양력 월/일	9/1	2	3	4	5	6	7	8	9	10	11	12	13	14	15	16	17	18	19	20	21	22	23	24	25	26	27	28	29
일진	甲申	乙酉	丙戌	丁亥	戊子	己丑	庚寅	辛卯	壬辰	癸巳	甲午	乙未	丙申	丁酉	戊戌	己亥	庚子	辛丑	壬寅	癸卯	甲辰	乙巳	丙午	丁未	戊申	己酉	庚戌	辛亥	壬子
절기시각								巳正														戌初							

9 月 （丙戌）

절기								한로																상강						
음력	1	2	3	4	5	6	7	8	9	10	11	12	13	14	15	16	17	18	19	20	21	22	23	24	25	26	27	28	29	30
양력 월/일	9/30	10/1	2	3	4	5	6	7	8	9	10	11	12	13	14	15	16	17	18	19	20	21	22	23	24	25	26	27	28	29
일진	癸丑	甲寅	乙卯	丙辰	丁巳	戊午	己未	庚申	辛酉	壬戌	癸亥	甲子	乙丑	丙寅	丁卯	戊辰	己巳	庚午	辛未	壬申	癸酉	甲戌	乙亥	丙子	丁丑	戊寅	己卯	庚辰	辛巳	壬午
절기시각								丑正																卯初						

10 月 （丁亥）

절기										입동															소설					
음력	1	2	3	4	5	6	7	8	9	10	11	12	13	14	15	16	17	18	19	20	21	22	23	24	25	26	27	28	29	30
양력 월/일	10/30	31	11/1	2	3	4	5	6	7	8	9	10	11	12	13	14	15	16	17	18	19	20	21	22	23	24	25	26	27	28
일진	癸未	甲申	乙酉	丙戌	丁亥	戊子	己丑	庚寅	辛卯	壬辰	癸巳	甲午	乙未	丙申	丁酉	戊戌	己亥	庚子	辛丑	壬寅	癸卯	甲辰	乙巳	丙午	丁未	戊申	己酉	庚戌	辛亥	壬子
절기시각										寅正															寅正					

11 月 （戊子）

절기								대설															동지						
음력	1	2	3	4	5	6	7	8	9	10	11	12	13	14	15	16	17	18	19	20	21	22	23	24	25	26	27	28	29
양력 월/일	11/29	30	12/1	2	3	4	5	6	7	8	9	10	11	12	13	14	15	16	17	18	19	20	21	22	23	24	25	26	27
일진	癸丑	甲寅	乙卯	丙辰	丁巳	戊午	己未	庚申	辛酉	壬戌	癸亥	甲子	乙丑	丙寅	丁卯	戊辰	己巳	庚午	辛未	壬申	癸酉	甲戌	乙亥	丙子	丁丑	戊寅	己卯	庚辰	辛巳
절기시각								亥正															申正						

12 月 （己丑）

절기							소한																대한							
음력	1	2	3	4	5	6	7	8	9	10	11	12	13	14	15	16	17	18	19	20	21	22	23	24	25	26	27	28	29	30
양력 월/일	12/28	29	30	31	1/1	2	3	4	5	6	7	8	9	10	11	12	13	14	15	16	17	18	19	20	21	22	23	24	25	26
일진	壬午	癸未	甲申	乙酉	丙戌	丁亥	戊子	己丑	庚寅	辛卯	壬辰	癸巳	甲午	乙未	丙申	丁酉	戊戌	己亥	庚子	辛丑	壬寅	癸卯	甲辰	乙巳	丙午	丁未	戊申	己酉	庚戌	辛亥
절기시각							辰正																丑正							

서기 1971년 (단기 4304년) 辛 亥 年

正月 (庚寅)

절기									입춘															우수					
음력	1	2	3	4	5	6	7	8	9	10	11	12	13	14	15	16	17	18	19	20	21	22	23	24	25	26	27	28	29
양력 월/일	1/27	28	29	30	31	2/1	2	3	4	5	6	7	8	9	10	11	12	13	14	15	16	17	18	19	20	21	22	23	24
일진	壬子	癸丑	甲寅	乙卯	丙辰	丁巳	戊午	己未	庚申	辛酉	壬戌	癸亥	甲子	乙丑	丙寅	丁卯	戊辰	己巳	庚午	辛未	壬申	癸酉	甲戌	乙亥	丙子	丁丑	戊寅	己卯	庚辰
절기시각									戌正															申正					

2月 (辛卯)

절기									경칩															춘분						
음력	1	2	3	4	5	6	7	8	9	10	11	12	13	14	15	16	17	18	19	20	21	22	23	24	25	26	27	28	29	30
양력 월/일	2/25	26	27	28	3/1	2	3	4	5	6	7	8	9	10	11	12	13	14	15	16	17	18	19	20	21	22	23	24	25	26
일진	辛巳	壬午	癸未	甲申	乙酉	丙戌	丁亥	戊子	己丑	庚寅	辛卯	壬辰	癸巳	甲午	乙未	丙申	丁酉	戊戌	己亥	庚子	辛丑	壬寅	癸卯	甲辰	乙巳	丙午	丁未	戊申	己酉	庚戌
절기시각									未正															申初						

3月 (壬辰)

절기							청명	한식																	곡우				
음력	1	2	3	4	5	6	7	8	9	10	11	12	13	14	15	16	17	18	19	20	21	22	23	24	25	26	27	28	29
양력 월/일	3/27	28	29	30	31	4/1	2	3	4	5	6	7	8	9	10	11	12	13	14	15	16	17	18	19	20	21	22	23	24
일진	辛亥	壬子	癸丑	甲寅	乙卯	丙辰	丁巳	戊午	己未	庚申	辛酉	壬戌	癸亥	甲子	乙丑	丙寅	丁卯	戊辰	己巳	庚午	辛未	壬申	癸酉	甲戌	乙亥	丙子	丁丑	戊寅	己卯
절기시각							戌初																		丑正				

4月 (癸巳)

절기									입하															소만					
음력	1	2	3	4	5	6	7	8	9	10	11	12	13	14	15	16	17	18	19	20	21	22	23	24	25	26	27	28	29
양력 월/일	4/25	26	27	28	29	30	5/1	2	3	4	5	6	7	8	9	10	11	12	13	14	15	16	17	18	19	20	21	22	23
일진	庚辰	辛巳	壬午	癸未	甲申	乙酉	丙戌	丁亥	戊子	己丑	庚寅	辛卯	壬辰	癸巳	甲午	乙未	丙申	丁酉	戊戌	己亥	庚子	辛丑	壬寅	癸卯	甲辰	乙巳	丙午	丁未	戊申
절기시각									未初															丑正					

5月 (甲午)

절기										망종																			하지	
음력	1	2	3	4	5	6	7	8	9	10	11	12	13	14	15	16	17	18	19	20	21	22	23	24	25	26	27	28	29	30
양력 월/일	5/24	25	26	27	28	29	30	31	6/1	2	3	4	5	6	7	8	9	10	11	12	13	14	15	16	17	18	19	20	21	22
일진	己酉	庚戌	辛亥	壬子	癸丑	甲寅	乙卯	丙辰	丁巳	戊午	己未	庚申	辛酉	壬戌	癸亥	甲子	乙丑	丙寅	丁卯	戊辰	己巳	庚午	辛未	壬申	癸酉	甲戌	乙亥	丙子	丁丑	戊寅
절기시각										酉初																			巳正	

閏 5月 (甲午)

절기															소서							초복							
음력	1	2	3	4	5	6	7	8	9	10	11	12	13	14	15	16	17	18	19	20	21	22	23	24	25	26	27	28	29
양력 월/일	6/23	24	25	26	27	28	29	30	7/1	2	3	4	5	6	7	8	9	10	11	12	13	14	15	16	17	18	19	20	21
일진	己卯	庚辰	辛巳	壬午	癸未	甲申	乙酉	丙戌	丁亥	戊子	己丑	庚寅	辛卯	壬辰	癸巳	甲午	乙未	丙申	丁酉	戊戌	己亥	庚子	辛丑	壬寅	癸卯	甲辰	乙巳	丙午	丁未
절기시각															寅初														

6月 (乙未)

절기			대서	중복											입추									말복						
음력	1	2	3	4	5	6	7	8	9	10	11	12	13	14	15	16	17	18	19	20	21	22	23	24	25	26	27	28	29	30
양력 월/일	7/22	23	24	25	26	27	28	29	30	31	8/1	2	3	4	5	6	7	8	9	10	11	12	13	14	15	16	17	18	19	20
일진	戊申	己酉	庚戌	辛亥	壬子	癸丑	甲寅	乙卯	丙辰	丁巳	戊午	己未	庚申	辛酉	壬戌	癸亥	甲子	乙丑	丙寅	丁卯	戊辰	己巳	庚午	辛未	壬申	癸酉	甲戌	乙亥	丙子	丁丑
절기시각			亥初												未初															

7 月 （丙 申）

절기				처서															백로										
음력	1	2	3	4	5	6	7	8	9	10	11	12	13	14	15	16	17	18	19	20	21	22	23	24	25	26	27	28	29
양력 월/일	8/21	22	23	24	25	26	27	28	29	30	31	9/1	2	3	4	5	6	7	8	9	10	11	12	13	14	15	16	17	18
일 진	戊寅	己卯	庚辰	辛巳	壬午	癸未	甲申	乙酉	丙戌	丁亥	戊子	己丑	庚寅	辛卯	壬辰	癸巳	甲午	乙未	丙申	丁酉	戊戌	己亥	庚子	辛丑	壬寅	癸卯	甲辰	乙巳	丙午
절기시각				寅正															申正										

8 月 （丁 酉）

절기				추분																한로										
음력	1	2	3	4	5	6	7	8	9	10	11	12	13	14	15	16	17	18	19	20	21	22	23	24	25	26	27	28	29	30
양력 월/일	9/19	20	21	22	23	24	25	26	27	28	29	30	10/1	2	3	4	5	6	7	8	9	10	11	12	13	14	15	16	17	18
일 진	丁未	戊申	己酉	庚戌	辛亥	壬子	癸丑	甲寅	乙卯	丙辰	丁巳	戊午	己未	庚申	辛酉	壬戌	癸亥	甲子	乙丑	丙寅	丁卯	戊辰	己巳	庚午	辛未	壬申	癸酉	甲戌	乙亥	丙子
절기시각				丑正																辰正										

9 月 （戊 戌）

절기				상강																입동										
음력	1	2	3	4	5	6	7	8	9	10	11	12	13	14	15	16	17	18	19	20	21	22	23	24	25	26	27	28	29	30
양력 월/일	10/19	20	21	22	23	24	25	26	27	28	29	30	31	11/1	2	3	4	5	6	7	8	9	10	11	12	13	14	15	16	17
일 진	丁丑	戊寅	己卯	庚辰	辛巳	壬午	癸未	甲申	乙酉	丙戌	丁亥	戊子	己丑	庚寅	辛卯	壬辰	癸巳	甲午	乙未	丙申	丁酉	戊戌	己亥	庚子	辛丑	壬寅	癸卯	甲辰	乙巳	丙午
절기시각				巳正																巳正										

10 月 （己 亥）

절기				소설																대설										
음력	1	2	3	4	5	6	7	8	9	10	11	12	13	14	15	16	17	18	19	20	21	22	23	24	25	26	27	28	29	30
양력 월/일	11/18	19	20	21	22	23	24	25	26	27	28	29	30	12/1	2	3	4	5	6	7	8	9	10	11	12	13	14	15	16	17
일 진	丁未	戊申	己酉	庚戌	辛亥	壬子	癸丑	甲寅	乙卯	丙辰	丁巳	戊午	己未	庚申	辛酉	壬戌	癸亥	甲子	乙丑	丙寅	丁卯	戊辰	己巳	庚午	辛未	壬申	癸酉	甲戌	乙亥	丙子
절기시각				辰正																寅初										

11 月 （庚 子）

절기				동지																소한									
음력	1	2	3	4	5	6	7	8	9	10	11	12	13	14	15	16	17	18	19	20	21	22	23	24	25	26	27	28	29
양력 월/일	12/18	19	20	21	22	23	24	25	26	27	28	29	30	31	1/1	2	3	4	5	6	7	8	9	10	11	12	13	14	15
일 진	丁丑	戊寅	己卯	庚辰	辛巳	壬午	癸未	甲申	乙酉	丙戌	丁亥	戊子	己丑	庚寅	辛卯	壬辰	癸巳	甲午	乙未	丙申	丁酉	戊戌	己亥	庚子	辛丑	壬寅	癸卯	甲辰	乙巳
절기시각				亥初																未正									

12 月 （辛 丑）

절기				대한																입춘										
음력	1	2	3	4	5	6	7	8	9	10	11	12	13	14	15	16	17	18	19	20	21	22	23	24	25	26	27	28	29	30
양력 월/일	1/16	17	18	19	20	21	22	23	24	25	26	27	28	29	30	31	2/1	2	3	4	5	6	7	8	9	10	11	12	13	14
일 진	丙午	丁未	戊申	己酉	庚戌	辛亥	壬子	癸丑	甲寅	乙卯	丙辰	丁巳	戊午	己未	庚申	辛酉	壬戌	癸亥	甲子	乙丑	丙寅	丁卯	戊辰	己巳	庚午	辛未	壬申	癸酉	甲戌	乙亥
절기시각				辰初																丑正										

서기 1972년 (단기 4305년) 壬 子 年

正月 (壬寅)

절기				우수																경칩									
음력	1	2	3	4	5	6	7	8	9	10	11	12	13	14	15	16	17	18	19	20	21	22	23	24	25	26	27	28	29
양력 월/일	2/15	16	17	18	19	20	21	22	23	24	25	26	27	28	29	3/1	2	3	4	5	6	7	8	9	10	11	12	13	14
일진	丙子	丁丑	戊寅	己卯	庚辰	辛巳	壬午	癸未	甲申	乙酉	丙戌	丁亥	戊子	己丑	庚寅	辛卯	壬辰	癸巳	甲午	乙未	丙申	丁酉	戊戌	己亥	庚子	辛丑	壬寅	癸卯	甲辰
절기시각					亥正															戌正									

2月 (癸卯)

절기					춘분																	청명	한식							
음력	1	2	3	4	5	6	7	8	9	10	11	12	13	14	15	16	17	18	19	20	21	22	23	24	25	26	27	28	29	30
양력 월/일	3/15	16	17	18	19	20	21	22	23	24	25	26	27	28	29	30	31	4/1	2	3	4	5	6	7	8	9	10	11	12	13
일진	乙巳	丙午	丁未	戊申	己酉	庚戌	辛亥	壬子	癸丑	甲寅	乙卯	丙辰	丁巳	戊午	己未	庚申	辛酉	壬戌	癸亥	甲子	乙丑	丙寅	丁卯	戊辰	己巳	庚午	辛未	壬申	癸酉	甲戌
절기시각					亥初																	丑初								

3月 (甲辰)

절기					곡우																	입하								
음력	1	2	3	4	5	6	7	8	9	10	11	12	13	14	15	16	17	18	19	20	21	22	23	24	25	26	27	28	29
양력 월/일	4/14	15	16	17	18	19	20	21	22	23	24	25	26	27	28	29	30	5/1	2	3	4	5	6	7	8	9	10	11	12
일진	乙亥	丙子	丁丑	戊寅	己卯	庚辰	辛巳	壬午	癸未	甲申	乙酉	丙戌	丁亥	戊子	己丑	庚寅	辛卯	壬辰	癸巳	甲午	乙未	丙申	丁酉	戊戌	己亥	庚子	辛丑	壬寅	癸卯
절기시각					辰正																	戌初								

4月 (乙巳)

절기							소만														망종								
음력	1	2	3	4	5	6	7	8	9	10	11	12	13	14	15	16	17	18	19	20	21	22	23	24	25	26	27	28	29
양력 월/일	5/13	14	15	16	17	18	19	20	21	22	23	24	25	26	27	28	29	30	31	6/1	2	3	4	5	6	7	8	9	10
일진	甲辰	乙巳	丙午	丁未	戊申	己酉	庚戌	辛亥	壬子	癸丑	甲寅	乙卯	丙辰	丁巳	戊午	己未	庚申	辛酉	壬戌	癸亥	甲子	乙丑	丙寅	丁卯	戊辰	己巳	庚午	辛未	壬申
절기시각							辰正														子初								

5月 (丙午)

절기								하지															소서							
음력	1	2	3	4	5	6	7	8	9	10	11	12	13	14	15	16	17	18	19	20	21	22	23	24	25	26	27	28	29	30
양력 월/일	6/11	12	13	14	15	16	17	18	19	20	21	22	23	24	25	26	27	28	29	30	7/1	2	3	4	5	6	7	8	9	10
일진	癸酉	甲戌	乙亥	丙子	丁丑	戊寅	己卯	庚辰	辛巳	壬午	癸未	甲申	乙酉	丙戌	丁亥	戊子	己丑	庚寅	辛卯	壬辰	癸巳	甲午	乙未	丙申	丁酉	戊戌	己亥	庚子	辛丑	壬寅
절기시각								申正															巳初							

6月 (丁未)

절기						초복				대서					중복							입추 말복							
음력	1	2	3	4	5	6	7	8	9	10	11	12	13	14	15	16	17	18	19	20	21	22	23	24	25	26	27	28	29
양력 월/일	7/11	12	13	14	15	16	17	18	19	20	21	22	23	24	25	26	27	28	29	30	31	8/1	2	3	4	5	6	7	8
일진	癸卯	甲辰	乙巳	丙午	丁未	戊申	己酉	庚戌	辛亥	壬子	癸丑	甲寅	乙卯	丙辰	丁巳	戊午	己未	庚申	辛酉	壬戌	癸亥	甲子	乙丑	丙寅	丁卯	戊辰	己巳	庚午	辛未
절기시각										寅初												戌初							

7月 (戊申)

절 기															처서															백로
음 력	1	2	3	4	5	6	7	8	9	10	11	12	13	14	15	16	17	18	19	20	21	22	23	24	25	26	27	28	29	30
양력 월/일	8/9	10	11	12	13	14	15	16	17	18	19	20	21	22	23	24	25	26	27	28	29	30	31	9/1	2	3	4	5	6	7
일 진	壬申	癸酉	甲戌	乙亥	丙子	丁丑	戊寅	己卯	庚辰	辛巳	壬午	癸未	甲申	乙酉	丙戌	丁亥	戊子	己丑	庚寅	辛卯	壬辰	癸巳	甲午	乙未	丙申	丁酉	戊戌	己亥	庚子	辛丑
절기시각															巳正															亥正

8月 (己酉)

절 기																추분													
음 력	1	2	3	4	5	6	7	8	9	10	11	12	13	14	15	16	17	18	19	20	21	22	23	24	25	26	27	28	29
양력 월/일	9/8	9	10	11	12	13	14	15	16	17	18	19	20	21	22	23	24	25	26	27	28	29	30	10/1	2	3	4	5	6
일 진	壬寅	癸卯	甲辰	乙巳	丙午	丁未	戊申	己酉	庚戌	辛亥	壬子	癸丑	甲寅	乙卯	丙辰	丁巳	戊午	己未	庚申	辛酉	壬戌	癸亥	甲子	乙丑	丙寅	丁卯	戊辰	己巳	庚午
절기시각																辰初													

9月 (庚戌)

절 기		한로														상강														
음 력	1	2	3	4	5	6	7	8	9	10	11	12	13	14	15	16	17	18	19	20	21	22	23	24	25	26	27	28	29	30
양력 월/일	10/7	8	9	10	11	12	13	14	15	16	17	18	19	20	21	22	23	24	25	26	27	28	29	30	31	11/1	2	3	4	5
일 진	辛未	壬申	癸酉	甲戌	乙亥	丙子	丁丑	戊寅	己卯	庚辰	辛巳	壬午	癸未	甲申	乙酉	丙戌	丁亥	戊子	己丑	庚寅	辛卯	壬辰	癸巳	甲午	乙未	丙申	丁酉	戊戌	己亥	庚子
절기시각		未初														申正														

10月 (辛亥)

절 기		입동														소설														
음 력	1	2	3	4	5	6	7	8	9	10	11	12	13	14	15	16	17	18	19	20	21	22	23	24	25	26	27	28	29	30
양력 월/일	11/6	7	8	9	10	11	12	13	14	15	16	17	18	19	20	21	22	23	24	25	26	27	28	29	30	12/1	2	3	4	5
일 진	辛丑	壬寅	癸卯	甲辰	乙巳	丙午	丁未	戊申	己酉	庚戌	辛亥	壬子	癸丑	甲寅	乙卯	丙辰	丁巳	戊午	己未	庚申	辛酉	壬戌	癸亥	甲子	乙丑	丙寅	丁卯	戊辰	己巳	庚午
절기시각		申正														未正														

11月 (壬子)

절 기		대설															동지													
음 력	1	2	3	4	5	6	7	8	9	10	11	12	13	14	15	16	17	18	19	20	21	22	23	24	25	26	27	28	29	30
양력 월/일	12/6	7	8	9	10	11	12	13	14	15	16	17	18	19	20	21	22	23	24	25	26	27	28	29	30	31	1/1	2	3	4
일 진	辛未	壬申	癸酉	甲戌	乙亥	丙子	丁丑	戊寅	己卯	庚辰	辛巳	壬午	癸未	甲申	乙酉	丙戌	丁亥	戊子	己丑	庚寅	辛卯	壬辰	癸巳	甲午	乙未	丙申	丁酉	戊戌	己亥	庚子
절기시각		巳初															寅初													

12月 (癸丑)

절 기		소한															대한												
음 력	1	2	3	4	5	6	7	8	9	10	11	12	13	14	15	16	17	18	19	20	21	22	23	24	25	26	27	28	29
양력 월/일	1/5	6	7	8	9	10	11	12	13	14	15	16	17	18	19	20	21	22	23	24	25	26	27	28	29	30	31	2/1	2
일 진	辛丑	壬寅	癸卯	甲辰	乙巳	丙午	丁未	戊申	己酉	庚戌	辛亥	壬子	癸丑	甲寅	乙卯	丙辰	丁巳	戊午	己未	庚申	辛酉	壬戌	癸亥	甲子	乙丑	丙寅	丁卯	戊辰	己巳
절기시각	戌正																未初												

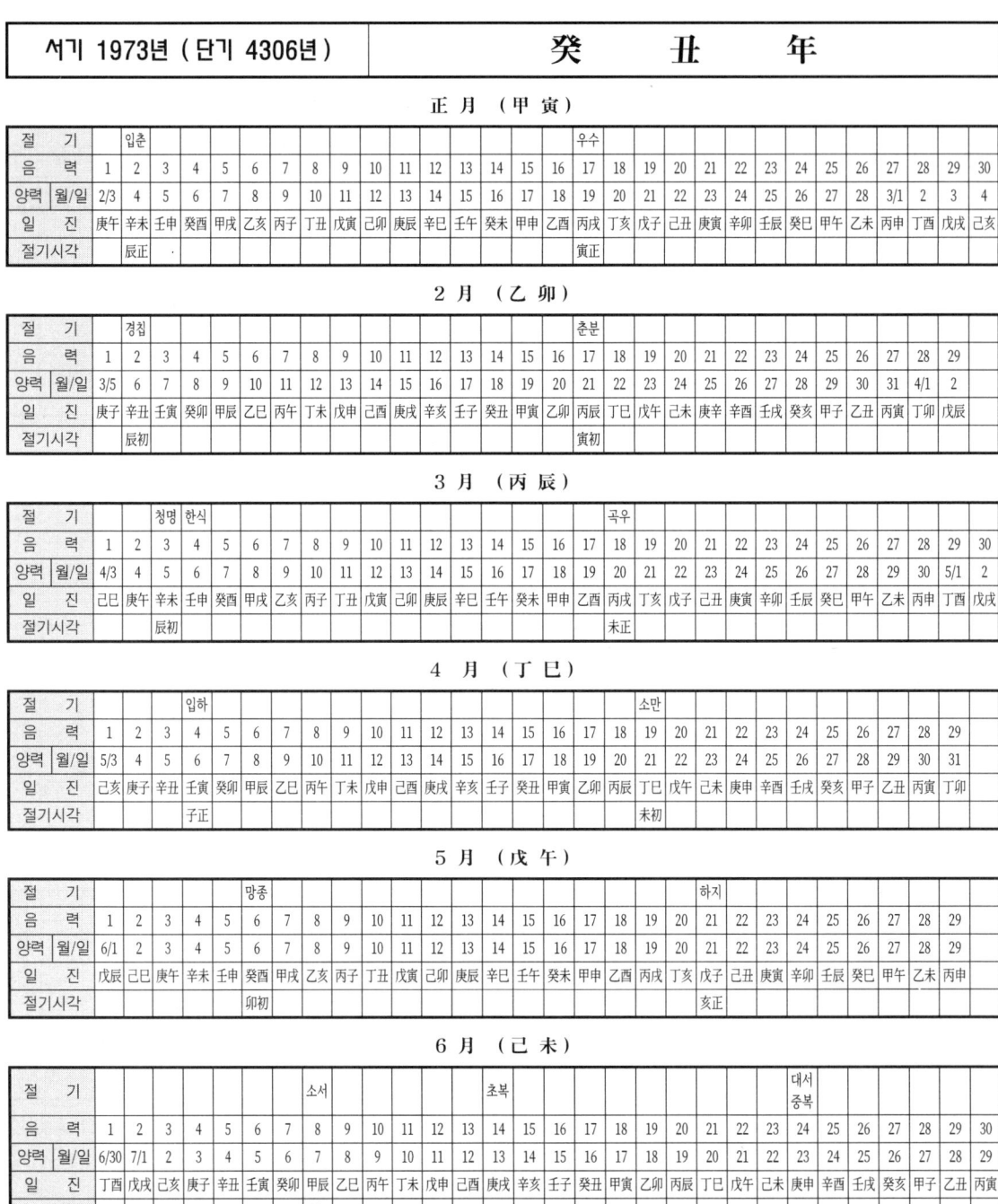

7 月 (庚申)

절 기										입추			말복												처서				
음 력	1	2	3	4	5	6	7	8	9	10	11	12	13	14	15	16	17	18	19	20	21	22	23	24	25	26	27	28	29
양력 월/일	7/30	31	8/1	2	3	4	5	6	7	8	9	10	11	12	13	14	15	16	17	18	19	20	21	22	23	24	25	26	27
일 진	丁卯	戊辰	己巳	庚午	辛未	壬申	癸酉	甲戌	乙亥	丙子	丁丑	戊寅	己卯	庚辰	辛巳	壬午	癸未	甲申	乙酉	丙戌	丁亥	戊子	己丑	庚寅	辛卯	壬辰	癸巳	甲午	乙未
절기시각										丑初															申初				

8 月 (辛酉)

절 기													백로													추분			
음 력	1	2	3	4	5	6	7	8	9	10	11	12	13	14	15	16	17	18	19	20	21	22	23	24	25	26	27	28	29
양력 월/일	8/28	29	30	31	9/1	2	3	4	5	6	7	8	9	10	11	12	13	14	15	16	17	18	19	20	21	22	23	24	25
일 진	丙申	丁酉	戊戌	己亥	庚子	辛丑	壬寅	癸卯	甲辰	乙巳	丙午	丁未	戊申	己酉	庚戌	辛亥	壬子	癸丑	甲寅	乙卯	丙辰	丁巳	戊午	己未	庚申	辛酉	壬戌	癸亥	甲子
절기시각													寅正													未初			

9 月 (壬戌)

절 기													한로														상강			
음 력	1	2	3	4	5	6	7	8	9	10	11	12	13	14	15	16	17	18	19	20	21	22	23	24	25	26	27	28	29	30
양력 월/일	9/26	27	28	29	30	10/1	2	3	4	5	6	7	8	9	10	11	12	13	14	15	16	17	18	19	20	21	22	23	24	25
일 진	乙丑	丙寅	丁卯	戊辰	己巳	庚午	辛未	壬申	癸酉	甲戌	乙亥	丙子	丁丑	戊寅	己卯	庚辰	辛巳	壬午	癸未	甲申	乙酉	丙戌	丁亥	戊子	己丑	庚寅	辛卯	壬辰	癸巳	甲午
절기시각													戌初														亥正			

10 月 (癸亥)

절 기												입동															소설			
음 력	1	2	3	4	5	6	7	8	9	10	11	12	13	14	15	16	17	18	19	20	21	22	23	24	25	26	27	28	29	30
양력 월/일	10/26	27	28	29	30	31	11/1	2	3	4	5	6	7	8	9	10	11	12	13	14	15	16	17	18	19	20	21	22	23	24
일 진	乙未	丙申	丁酉	戊戌	己亥	庚子	辛丑	壬寅	癸卯	甲辰	乙巳	丙午	丁未	戊申	己酉	庚戌	辛亥	壬子	癸丑	甲寅	乙卯	丙辰	丁巳	戊午	己未	庚申	辛酉	壬戌	癸亥	甲子
절기시각												亥正															戌初			

11 月 (甲子)

절 기								대설														동지							
음 력	1	2	3	4	5	6	7	8	9	10	11	12	13	14	15	16	17	18	19	20	21	22	23	24	25	26	27	28	29	30
양력 월/일	11/25	26	27	28	29	30	12/1	2	3	4	5	6	7	8	9	10	11	12	13	14	15	16	17	18	19	20	21	22	23	24
일 진	乙丑	丙寅	丁卯	戊辰	己巳	庚午	辛未	壬申	癸酉	甲戌	乙亥	丙子	丁丑	戊寅	己卯	庚辰	辛巳	壬午	癸未	甲申	乙酉	丙戌	丁亥	戊子	己丑	庚寅	辛卯	壬辰	癸巳	甲午
절기시각								申初														巳初								

12 月 (乙丑)

절 기													소한														대한			
음 력	1	2	3	4	5	6	7	8	9	10	11	12	13	14	15	16	17	18	19	20	21	22	23	24	25	26	27	28	29
양력 월/일	12/25	26	27	28	29	30	31	1/1	2	3	4	5	6	7	8	9	10	11	12	13	14	15	16	17	18	19	20	21	22
일 진	乙未	丙申	丁酉	戊戌	己亥	庚子	辛丑	壬寅	癸卯	甲辰	乙巳	丙午	丁未	戊申	己酉	庚戌	辛亥	壬子	癸丑	甲寅	乙卯	丙辰	丁巳	戊午	己未	庚申	辛酉	壬戌	癸亥
절기시각													丑正														戌初			

서기 1974년 (단기 4307년) 甲 寅 年

正 月 （丙寅）

절기													입춘															우수		
음력	1	2	3	4	5	6	7	8	9	10	11	12	13	14	15	16	17	18	19	20	21	22	23	24	25	26	27	28	29	30
양력 월/일	1/23	24	25	26	27	28	29	30	31	2/1	2	3	4	5	6	7	8	9	10	11	12	13	14	15	16	17	18	19	20	21
일진	甲子	乙丑	丙寅	丁卯	戊辰	己巳	庚午	辛未	壬申	癸酉	甲戌	乙亥	丙子	丁丑	戊寅	己卯	庚辰	辛巳	壬午	癸未	甲申	乙酉	丙戌	丁亥	戊子	己丑	庚寅	辛卯	壬辰	癸巳
절기시각													未正															巳初		

2 月 （丁卯）

절기													경칩															춘분		
음력	1	2	3	4	5	6	7	8	9	10	11	12	13	14	15	16	17	18	19	20	21	22	23	24	25	26	27	28	29	30
양력 월/일	2/22	23	24	25	26	27	28	3/1	2	3	4	5	6	7	8	9	10	11	12	13	14	15	16	17	18	19	20	21	22	23
일진	甲午	乙未	丙申	丁酉	戊戌	己亥	庚子	辛丑	壬寅	癸卯	甲辰	乙巳	丙午	丁未	戊申	己酉	庚戌	辛亥	壬子	癸丑	甲寅	乙卯	丙辰	丁巳	戊午	己未	庚申	辛酉	壬戌	癸亥
절기시각													辰正															巳初		

3 月 （戊辰）

절기													청명	한식													곡우		
음력	1	2	3	4	5	6	7	8	9	10	11	12	13	14	15	16	17	18	19	20	21	22	23	24	25	26	27	28	29
양력 월/일	3/24	25	26	27	28	29	30	31	4/1	2	3	4	5	6	7	8	9	10	11	12	13	14	15	16	17	18	19	20	21
일진	甲子	乙丑	丙寅	丁卯	戊辰	己巳	庚午	辛未	壬申	癸酉	甲戌	乙亥	丙子	丁丑	戊寅	己卯	庚辰	辛巳	壬午	癸未	甲申	乙酉	丙戌	丁亥	戊子	己丑	庚寅	辛卯	壬辰
절기시각													未初														戌正		

4 月 （己巳）

절기														입하															소만	
음력	1	2	3	4	5	6	7	8	9	10	11	12	13	14	15	16	17	18	19	20	21	22	23	24	25	26	27	28	29	30
양력 월/일	4/22	23	24	25	26	27	28	29	30	5/1	2	3	4	5	6	7	8	9	10	11	12	13	14	15	16	17	18	19	20	21
일진	癸巳	甲午	乙未	丙申	丁酉	戊戌	己亥	庚子	辛丑	壬寅	癸卯	甲辰	乙巳	丙午	丁未	戊申	己酉	庚戌	辛亥	壬子	癸丑	甲寅	乙卯	丙辰	丁巳	戊午	己未	庚申	辛酉	壬戌
절기시각														卯正															戌初	

閏 4 月 （己巳）

절기														망종															
음력	1	2	3	4	5	6	7	8	9	10	11	12	13	14	15	16	17	18	19	20	21	22	23	24	25	26	27	28	29
양력 월/일	5/22	23	24	25	26	27	28	29	30	31	6/1	2	3	4	5	6	7	8	9	10	11	12	13	14	15	16	17	18	19
일진	癸亥	甲子	乙丑	丙寅	丁卯	戊辰	己巳	庚午	辛未	壬申	癸酉	甲戌	乙亥	丙子	丁丑	戊寅	己卯	庚辰	辛巳	壬午	癸未	甲申	乙酉	丙戌	丁亥	戊子	己丑	庚寅	辛卯
절기시각														巳正															

5 月 （庚午）

절기		하지															소서											초복	
음력	1	2	3	4	5	6	7	8	9	10	11	12	13	14	15	16	17	18	19	20	21	22	23	24	25	26	27	28	29
양력 월/일	6/20	21	22	23	24	25	26	27	28	29	30	7/1	2	3	4	5	6	7	8	9	10	11	12	13	14	15	16	17	18
일진	壬辰	癸巳	甲午	乙未	丙申	丁酉	戊戌	己亥	庚子	辛丑	壬寅	癸卯	甲辰	乙巳	丙午	丁未	戊申	己酉	庚戌	辛亥	壬子	癸丑	甲寅	乙卯	丙辰	丁巳	戊午	己未	庚申
절기시각		寅初															亥初												

6 月 （辛未）

절기				대서			중복												입추										말복	
음력	1	2	3	4	5	6	7	8	9	10	11	12	13	14	15	16	17	18	19	20	21	22	23	24	25	26	27	28	29	30
양력 월/일	7/19	20	21	22	23	24	25	26	27	28	29	30	31	8/1	2	3	4	5	6	7	8	9	10	11	12	13	14	15	16	17
일진	辛酉	壬戌	癸亥	甲子	乙丑	丙寅	丁卯	戊辰	己巳	庚午	辛未	壬申	癸酉	甲戌	乙亥	丙子	丁丑	戊寅	己卯	庚辰	辛巳	壬午	癸未	甲申	乙酉	丙戌	丁亥	戊子	己丑	庚寅
절기시각				未正															卯正											

7 月 (壬 申)

절기						처서															백로									
음력	1	2	3	4	5	6	7	8	9	10	11	12	13	14	15	16	17	18	19	20	21	22	23	24	25	26	27	28	29	
양력 월/일	8/18	19	20	21	22	23	24	25	26	27	28	29	30	31	9/1	2	3	4	5	6	7	8	9	10	11	12	13	14	15	
일 진	辛卯	壬辰	癸巳	甲午	乙未	丙申	丁酉	戊戌	己亥	庚子	辛丑	壬寅	癸卯	甲辰	乙巳	丙午	丁未	戊申	己酉	庚戌	辛亥	壬子	癸丑	甲寅	乙卯	丙辰	丁巳	戊午	己未	
절기시각						未初															已初									

8 月 (癸 酉)

절기						추분															한로									
음력	1	2	3	4	5	6	7	8	9	10	11	12	13	14	15	16	17	18	19	20	21	22	23	24	25	26	27	28	29	
양력 월/일	9/16	17	18	19	20	21	22	23	24	25	26	27	28	29	30	10/1	2	3	4	5	6	7	8	9	10	11	12	13	14	
일 진	庚申	辛酉	壬戌	癸亥	甲子	乙丑	丙寅	丁卯	戊辰	己巳	庚午	辛未	壬申	癸酉	甲戌	乙亥	丙子	丁丑	戊寅	己卯	庚辰	辛巳	壬午	癸未	甲申	乙酉	丙戌	丁亥	戊子	
절기시각						酉正															丑初									

9 月 (甲 戌)

절기										상강														입동						
음력	1	2	3	4	5	6	7	8	9	10	11	12	13	14	15	16	17	18	19	20	21	22	23	24	25	26	27	28	29	30
양력 월/일	10/15	16	17	18	19	20	21	22	23	24	25	26	27	28	29	30	31	11/1	2	3	4	5	6	7	8	9	10	11	12	13
일 진	己丑	庚寅	辛卯	壬辰	癸巳	甲午	乙未	丙申	丁酉	戊戌	己亥	庚子	辛丑	壬寅	癸卯	甲辰	乙巳	丙午	丁未	戊申	己酉	庚戌	辛亥	壬子	癸丑	甲寅	乙卯	丙辰	丁巳	戊午
절기시각										寅正														寅正						

10 月 (乙 亥)

절기										소설														대설						
음력	1	2	3	4	5	6	7	8	9	10	11	12	13	14	15	16	17	18	19	20	21	22	23	24	25	26	27	28	29	30
양력 월/일	11/14	15	16	17	18	19	20	21	22	23	24	25	26	27	28	29	30	12/1	2	3	4	5	6	7	8	9	10	11	12	13
일 진	己未	庚申	辛酉	壬戌	癸亥	甲子	乙丑	丙寅	丁卯	戊辰	己巳	庚午	辛未	壬申	癸酉	甲戌	乙亥	丙子	丁丑	戊寅	己卯	庚辰	辛巳	壬午	癸未	甲申	乙酉	丙戌	丁亥	戊子
절기시각										丑初														亥初						

11 月 (丙 子)

절기						동지															소한									
음력	1	2	3	4	5	6	7	8	9	10	11	12	13	14	15	16	17	18	19	20	21	22	23	24	25	26	27	28	29	
양력 월/일	12/14	15	16	17	18	19	20	21	22	23	24	25	26	27	28	29	30	31	1/1	2	3	4	5	6	7	8	9	10	11	
일 진	己丑	庚寅	辛卯	壬辰	癸巳	甲午	乙未	丙申	丁酉	戊戌	己亥	庚子	辛丑	壬寅	癸卯	甲辰	乙巳	丙午	丁未	戊申	己酉	庚戌	辛亥	壬子	癸丑	甲寅	乙卯	丙辰	丁巳	
절기시각						申初															辰正									

12 月 (丁 丑)

절기									대한														입춘							
음력	1	2	3	4	5	6	7	8	9	10	11	12	13	14	15	16	17	18	19	20	21	22	23	24	25	26	27	28	29	30
양력 월/일	1/12	13	14	15	16	17	18	19	20	21	22	23	24	25	26	27	28	29	30	31	2/1	2	3	4	5	6	7	8	9	10
일 진	戊午	己未	庚申	辛酉	壬戌	癸亥	甲子	乙丑	丙寅	丁卯	戊辰	己巳	庚午	辛未	壬申	癸酉	甲戌	乙亥	丙子	丁丑	戊寅	己卯	庚辰	辛巳	壬午	癸未	甲申	乙酉	丙戌	丁亥
절기시각									丑初														戌初							

서기 1975년 (단기 4308년)　　　乙　卯　年

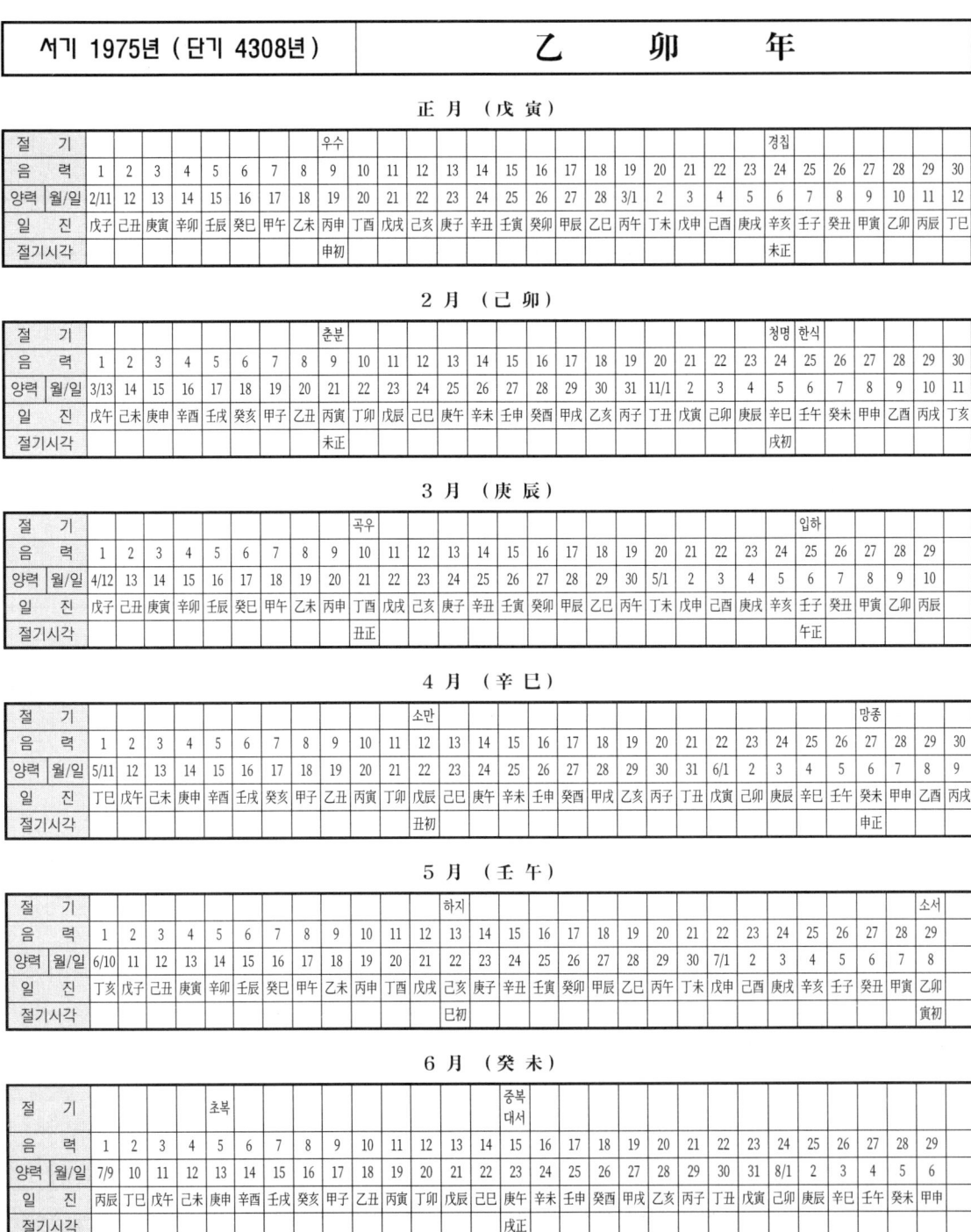

7月 （甲申）

절 기		입추			말복													처서												
음 력	1	2	3	4	5	6	7	8	9	10	11	12	13	14	15	16	17	18	19	20	21	22	23	24	25	26	27	28	29	30
양력 월/일	8/7	8	9	10	11	12	13	14	15	16	17	18	19	20	21	22	23	24	25	26	27	28	29	30	31	9/1	2	3	4	5
일 진	乙酉	丙戌	丁亥	戊子	己丑	庚寅	辛卯	壬辰	癸巳	甲午	乙未	丙申	丁酉	戊戌	己亥	庚子	辛丑	壬寅	癸卯	甲辰	乙巳	丙午	丁未	戊申	己酉	庚戌	辛亥	壬子	癸丑	甲寅
절기시각		午正																	寅初											

8月 （乙酉）

절 기			백로																	추분									
음 력	1	2	3	4	5	6	7	8	9	10	11	12	13	14	15	16	17	18	19	20	21	22	23	24	25	26	27	28	29
양력 월/일	9/6	7	8	9	10	11	12	13	14	15	16	17	18	19	20	21	22	23	24	25	26	27	28	29	30	10/1	2	3	4
일 진	乙卯	丙辰	丁巳	戊午	己未	庚申	辛酉	壬戌	癸亥	甲子	乙丑	丙寅	丁卯	戊辰	己巳	庚午	辛未	壬申	癸酉	甲戌	乙亥	丙子	丁丑	戊寅	己卯	庚辰	辛巳	壬午	癸未
절기시각			申初																	子正									

9月 （丙戌）

절 기				한로																상강									
음 력	1	2	3	4	5	6	7	8	9	10	11	12	13	14	15	16	17	18	19	20	21	22	23	24	25	26	27	28	29
양력 월/일	10/5	6	7	8	9	10	11	12	13	14	15	16	17	18	19	20	21	22	23	24	25	26	27	28	29	30	31	11/1	2
일 진	甲申	乙酉	丙戌	丁亥	戊子	己丑	庚寅	辛卯	壬辰	癸巳	甲午	乙未	丙申	丁酉	戊戌	己亥	庚子	辛丑	壬寅	癸卯	甲辰	乙巳	丙午	丁未	戊申	己酉	庚戌	辛亥	壬子
절기시각				辰初																巳正									

10月 （丁亥）

절 기				입동																소설										
음 력	1	2	3	4	5	6	7	8	9	10	11	12	13	14	15	16	17	18	19	20	21	22	23	24	25	26	27	28	29	30
양력 월/일	11/3	4	5	6	7	8	9	10	11	12	13	14	15	16	17	18	19	20	21	22	23	24	25	26	27	28	29	30	12/1	2
일 진	癸丑	甲寅	乙卯	丙辰	丁巳	戊午	己未	庚申	辛酉	壬戌	癸亥	甲子	乙丑	丙寅	丁卯	戊辰	己巳	庚午	辛未	壬申	癸酉	甲戌	乙亥	丙子	丁丑	戊寅	己卯	庚辰	辛巳	壬午
절기시각				巳正																辰初										

11月 （戊子）

절 기				대설																동지									
음 력	1	2	3	4	5	6	7	8	9	10	11	12	13	14	15	16	17	18	19	20	21	22	23	24	25	26	27	28	29
양력 월/일	12/3	4	5	6	7	8	9	10	11	12	13	14	15	16	17	18	19	20	21	22	23	24	25	26	27	28	29	30	31
일 진	癸未	甲申	乙酉	丙戌	丁亥	戊子	己丑	庚寅	辛卯	壬辰	癸巳	甲午	乙未	丙申	丁酉	戊戌	己亥	庚子	辛丑	壬寅	癸卯	甲辰	乙巳	丙午	丁未	戊申	己酉	庚戌	辛亥
절기시각				丑初																戌正									

12月 （己丑）

절 기				소한																대한										
음 력	1	2	3	4	5	6	7	8	9	10	11	12	13	14	15	16	17	18	19	20	21	22	23	24	25	26	27	28	29	30
양력 월/일	1/1	2	3	4	5	6	7	8	9	10	11	12	13	14	15	16	17	18	19	20	21	22	23	24	25	26	27	28	29	30
일 진	壬子	癸丑	甲寅	乙卯	丙辰	丁巳	戊午	己未	庚申	辛酉	壬戌	癸亥	甲子	乙丑	丙寅	丁卯	戊辰	己巳	庚午	辛未	壬申	癸酉	甲戌	乙亥	丙子	丁丑	戊寅	己卯	庚辰	辛巳
절기시각				未初																辰初										

서기 1976년 (단기 4309년) 丙 辰 年

正 月 （庚 寅）

절기					입춘															우수										
음력	1	2	3	4	5	6	7	8	9	10	11	12	13	14	15	16	17	18	19	20	21	22	23	24	25	26	27	28	29	30
양력 월/일	1/31	2/1	2	3	4	5	6	7	8	9	10	11	12	13	14	15	16	17	18	19	20	21	22	23	24	25	26	27	28	29
일 진	壬午	癸未	甲申	乙酉	丙戌	丁亥	戊子	己丑	庚寅	辛卯	壬辰	癸巳	甲午	乙未	丙申	丁酉	戊戌	己亥	庚子	辛丑	壬寅	癸卯	甲辰	乙巳	丙午	丁未	戊申	己酉	庚戌	辛亥
절기시각					丑初															亥初										

2月 （辛 卯）

절기					경칩															춘분										
음력	1	2	3	4	5	6	7	8	9	10	11	12	13	14	15	16	17	18	19	20	21	22	23	24	25	26	27	28	29	30
양력 월/일	3/1	2	3	4	5	6	7	8	9	10	11	12	13	14	15	16	17	18	19	20	21	22	23	24	25	26	27	28	29	30
일 진	壬子	癸丑	甲寅	乙卯	丙辰	丁巳	戊午	己未	庚申	辛酉	壬戌	癸亥	甲子	乙丑	丙寅	丁卯	戊辰	己巳	庚午	辛未	壬申	癸酉	甲戌	乙亥	丙子	丁丑	戊寅	己卯	庚辰	辛巳
절기시각					戌初															戌正										

3月 （壬 辰）

절기					청명															곡우									
음력	1	2	3	4	5	6	7	8	9	10	11	12	13	14	15	16	17	18	19	20	21	22	23	24	25	26	27	28	29
양력 월/일	3/31	4/1	2	3	4	5	6	7	8	9	10	11	12	13	14	15	16	17	18	19	20	21	22	23	24	25	26	27	28
일 진	壬午	癸未	甲申	乙酉	丙戌	丁亥	戊子	己丑	庚寅	辛卯	壬辰	癸巳	甲午	乙未	丙申	丁酉	戊戌	己亥	庚子	辛丑	壬寅	癸卯	甲辰	乙巳	丙午	丁未	戊申	己酉	庚戌
절기시각					子正															辰正									

4月 （癸 巳）

절기					입하															소만										
음력	1	2	3	4	5	6	7	8	9	10	11	12	13	14	15	16	17	18	19	20	21	22	23	24	25	26	27	28	29	30
양력 월/일	4/29	30	5/1	2	3	4	5	6	7	8	9	10	11	12	13	14	15	16	17	18	19	20	21	22	23	24	25	26	27	28
일 진	辛亥	壬子	癸丑	甲寅	乙卯	丙辰	丁巳	戊午	己未	庚申	辛酉	壬戌	癸亥	甲子	乙丑	丙寅	丁卯	戊辰	己巳	庚午	辛未	壬申	癸酉	甲戌	乙亥	丙子	丁丑	戊寅	己卯	庚辰
절기시각					酉正															辰初										

5月 （甲 午）

절기					망종															하지									
음력	1	2	3	4	5	6	7	8	9	10	11	12	13	14	15	16	17	18	19	20	21	22	23	24	25	26	27	28	29
양력 월/일	5/29	30	31	6/1	2	3	4	5	6	7	8	9	10	11	12	13	14	15	16	17	18	19	20	21	22	23	24	25	26
일 진	辛巳	壬午	癸未	甲申	乙酉	丙戌	丁亥	戊子	己丑	庚寅	辛卯	壬辰	癸巳	甲午	乙未	丙申	丁酉	戊戌	己亥	庚子	辛丑	壬寅	癸卯	甲辰	乙巳	丙午	丁未	戊申	己酉
절기시각					亥正															申初									

6月 （乙 未）

절기					소서															초복						대서				
음력	1	2	3	4	5	6	7	8	9	10	11	12	13	14	15	16	17	18	19	20	21	22	23	24	25	26	27	28	29	30
양력 월/일	6/27	28	29	30	7/1	2	3	4	5	6	7	8	9	10	11	12	13	14	15	16	17	18	19	20	21	22	23	24	25	26
일 진	庚戌	辛亥	壬子	癸丑	甲寅	乙卯	丙辰	丁巳	戊午	己未	庚申	辛酉	壬戌	癸亥	甲子	乙丑	丙寅	丁卯	戊辰	己巳	庚午	辛未	壬申	癸酉	甲戌	乙亥	丙子	丁丑	戊寅	己卯
절기시각					辰正															申初						丑正				

7 月 （丙申）

절기	중복											입추									말복						처서		
음력	1	2	3	4	5	6	7	8	9	10	11	12	13	14	15	16	17	18	19	20	21	22	23	24	25	26	27	28	29
양력 월/일	7/27	28	29	30	31	8/1	2	3	4	5	6	7	8	9	10	11	12	13	14	15	16	17	18	19	20	21	22	23	24
일 진	庚辰	辛巳	壬午	癸未	甲申	乙酉	丙戌	丁亥	戊子	己丑	庚寅	辛卯	壬辰	癸巳	甲午	乙未	丙申	丁酉	戊戌	己亥	庚子	辛丑	壬寅	癸卯	甲辰	乙巳	丙午	丁未	戊申
절기시각												酉正															辰正		

8 月 （丁酉）

절기											백로																			추분
음력	1	2	3	4	5	6	7	8	9	10	11	12	13	14	15	16	17	18	19	20	21	22	23	24	25	26	27	28	29	30
양력 월/일	8/25	26	27	28	29	30	31	9/1	2	3	4	5	6	7	8	9	10	11	12	13	14	15	16	17	18	19	20	21	22	23
일 진	己酉	庚戌	辛亥	壬子	癸丑	甲寅	乙卯	丙辰	丁巳	戊午	己未	庚申	辛酉	壬戌	癸亥	甲子	乙丑	丙寅	丁卯	戊辰	己巳	庚午	辛未	壬申	癸酉	甲戌	乙亥	丙子	丁丑	戊寅
절기시각											亥初																			卯正

閏 8 月 （丁酉）

절기														한로															
음력	1	2	3	4	5	6	7	8	9	10	11	12	13	14	15	16	17	18	19	20	21	22	23	24	25	26	27	28	29
양력 월/일	9/24	25	26	27	28	29	30	10/1	2	3	4	5	6	7	8	9	10	11	12	13	14	15	16	17	18	19	20	21	22
일 진	己卯	庚辰	辛巳	壬午	癸未	甲申	乙酉	丙戌	丁亥	戊子	己丑	庚寅	辛卯	壬辰	癸巳	甲午	乙未	丙申	丁酉	戊戌	己亥	庚子	辛丑	壬寅	癸卯	甲辰	乙巳	丙午	丁未
절기시각														午正															

9 月 （戊戌）

절기	상강															입동														
음력	1	2	3	4	5	6	7	8	9	10	11	12	13	14	15	16	17	18	19	20	21	22	23	24	25	26	27	28	29	30
양력 월/일	10/23	24	25	26	27	28	29	30	31	11/1	2	3	4	5	6	7	8	9	10	11	12	13	14	15	16	17	18	19	20	21
일 진	戊申	己酉	庚戌	辛亥	壬子	癸丑	甲寅	乙卯	丙辰	丁巳	戊午	己未	庚申	辛酉	壬戌	癸亥	甲子	乙丑	丙寅	丁卯	戊辰	己巳	庚午	辛未	壬申	癸酉	甲戌	乙亥	丙子	丁丑
절기시각	申初															申初														

10 月 （己亥）

절기	소설															대설													
음력	1	2	3	4	5	6	7	8	9	10	11	12	13	14	15	16	17	18	19	20	21	22	23	24	25	26	27	28	29
양력 월/일	11/22	23	24	25	26	27	28	29	30	12/1	2	3	4	5	6	7	8	9	10	11	12	13	14	15	16	17	18	19	20
일 진	戊寅	己卯	庚辰	辛巳	壬午	癸未	甲申	乙酉	丙戌	丁亥	戊子	己丑	庚寅	辛卯	壬辰	癸巳	甲午	乙未	丙申	丁酉	戊戌	己亥	庚子	辛丑	壬寅	癸卯	甲辰	乙巳	丙午
절기시각	未初															巳正													

11 月 （庚子）

절기	동지															소한													
음력	1	2	3	4	5	6	7	8	9	10	11	12	13	14	15	16	17	18	19	20	21	22	23	24	25	26	27	28	29
양력 월/일	12/21	22	23	24	25	26	27	28	29	30	31	1/1	2	3	4	5	6	7	8	9	10	11	12	13	14	15	16	17	18
일 진	丁未	戊申	己酉	庚戌	辛亥	壬子	癸丑	甲寅	乙卯	丙辰	丁巳	戊午	己未	庚申	辛酉	壬戌	癸亥	甲子	乙丑	丙寅	丁卯	戊辰	己巳	庚午	辛未	壬申	癸酉	甲戌	乙亥
절기시각	丑正															戌初													

12 月 （辛丑）

절기	대한													입춘																
음력	1	2	3	4	5	6	7	8	9	10	11	12	13	14	15	16	17	18	19	20	21	22	23	24	25	26	27	28	29	30
양력 월/일	1/19	20	21	22	23	24	25	26	27	28	29	30	31	2/1	2	3	4	5	6	7	8	9	10	11	12	13	14	15	16	17
일 진	丙子	丁丑	戊寅	己卯	庚辰	辛巳	壬午	癸未	甲申	乙酉	丙戌	丁亥	戊子	己丑	庚寅	辛卯	壬辰	癸巳	甲午	乙未	丙申	丁酉	戊戌	己亥	庚子	辛丑	壬寅	癸卯	甲辰	乙巳
절기시각	未初													辰初																

서기 1977년 (단기 4310년)　　丁　巳　年

正月 (壬寅)

절기		우수															경칩													
음력	1	2	3	4	5	6	7	8	9	10	11	12	13	14	15	16	17	18	19	20	21	22	23	24	25	26	27	28	29	30
양력 월/일	2/18	19	20	21	22	23	24	25	26	27	28	3/1	2	3	4	5	6	7	8	9	10	11	12	13	14	15	16	17	18	19
일진	丙午	丁未	戊申	己酉	庚戌	辛亥	壬子	癸丑	甲寅	乙卯	丙辰	丁巳	戊午	己未	庚申	辛酉	壬戌	癸亥	甲子	乙丑	丙寅	丁卯	戊辰	己巳	庚午	辛未	壬申	癸酉	甲戌	乙亥
절기시각		寅初															丑初													

2月 (癸卯)

절기		춘분															청명	한식											
음력	1	2	3	4	5	6	7	8	9	10	11	12	13	14	15	16	17	18	19	20	21	22	23	24	25	26	27	28	29
양력 월/일	3/20	21	22	23	24	25	26	27	28	29	30	31	4/1	2	3	4	5	6	7	8	9	10	11	12	13	14	15	16	17
일진	丙子	丁丑	戊寅	己卯	庚辰	辛巳	壬午	癸未	甲申	乙酉	丙戌	丁亥	戊子	己丑	庚寅	辛卯	壬辰	癸巳	甲午	乙未	丙申	丁酉	戊戌	己亥	庚子	辛丑	壬寅	癸卯	甲辰
절기시각		丑正															卯正												

3月 (甲辰)

절기		곡우															입하													
음력	1	2	3	4	5	6	7	8	9	10	11	12	13	14	15	16	17	18	19	20	21	22	23	24	25	26	27	28	29	30
양력 월/일	4/18	19	20	21	22	23	24	25	26	27	28	29	30	5/1	2	3	4	5	6	7	8	9	10	11	12	13	14	15	16	17
일진	乙巳	丙午	丁未	戊申	己酉	庚戌	辛亥	壬子	癸丑	甲寅	乙卯	丙辰	丁巳	戊午	己未	庚申	辛酉	壬戌	癸亥	甲子	乙丑	丙寅	丁卯	戊辰	己巳	庚午	辛未	壬申	癸酉	甲戌
절기시각		未初															子正													

4月 (乙巳)

절기				소만										중복						망종										
음력	1	2	3	4	5	6	7	8	9	10	11	12	13	14	15	16	17	18	19	20	21	22	23	24	25	26	27	28	29	30
양력 월/일	5/18	19	20	21	22	23	24	25	26	27	28	29	30	31	6/1	2	3	4	5	6	7	8	9	10	11	12	13	14	15	16
일진	乙亥	丙子	丁丑	戊寅	己卯	庚辰	辛巳	壬午	癸未	甲申	乙酉	丙戌	丁亥	戊子	己丑	庚寅	辛卯	壬辰	癸巳	甲午	乙未	丙申	丁酉	戊戌	己亥	庚子	辛丑	壬寅	癸卯	甲辰
절기시각				未初																寅正										

5月 (丙午)

절기				하지													소서			초복									
음력	1	2	3	4	5	6	7	8	9	10	11	12	13	14	15	16	17	18	19	20	21	22	23	24	25	26	27	28	29
양력 월/일	6/17	18	19	20	21	22	23	24	25	26	27	28	29	30	7/1	2	3	4	5	6	7	8	9	10	11	12	13	14	15
일진	乙巳	丙午	丁未	戊申	己酉	庚戌	辛亥	壬子	癸丑	甲寅	乙卯	丙辰	丁巳	戊午	己未	庚申	辛酉	壬戌	癸亥	甲子	乙丑	丙寅	丁卯	戊辰	己巳	庚午	辛未	壬申	癸酉
절기시각				未初													未正												

6月 (丁未)

절기				중복	대서												입추			말복										
음력	1	2	3	4	5	6	7	8	9	10	11	12	13	14	15	16	17	18	19	20	21	22	23	24	25	26	27	28	29	30
양력 월/일	7/16	17	18	19	20	21	22	23	24	25	26	27	28	29	30	31	8/1	2	3	4	5	6	7	8	9	10	11	12	13	14
일진	甲戌	乙亥	丙子	丁丑	戊寅	己卯	庚辰	辛巳	壬午	癸未	甲申	乙酉	丙戌	丁亥	戊子	己丑	庚寅	辛卯	壬辰	癸巳	甲午	乙未	丙申	丁酉	戊戌	己亥	庚子	辛丑	壬寅	癸卯
절기시각					辰正												子正													

7 月 （戊 申）

절기									처서																백로					
음력	1	2	3	4	5	6	7	8	9	10	11	12	13	14	15	16	17	18	19	20	21	22	23	24	25	26	27	28	29	
양력 월/일	8/15	16	17	18	19	20	21	22	23	24	25	26	27	28	29	30	31	9/1	2	3	4	5	6	7	8	9	10	11	12	
일 진	甲辰	乙巳	丙午	丁未	戊申	己酉	庚戌	辛亥	壬子	癸丑	甲寅	乙卯	丙辰	丁巳	戊午	己未	庚申	辛酉	壬戌	癸亥	甲子	乙丑	丙寅	丁卯	戊辰	己巳	庚午	辛未	壬申	
절기시각									申初																寅初					

8 月 （己 酉）

절기										추분															한로					
음력	1	2	3	4	5	6	7	8	9	10	11	12	13	14	15	16	17	18	19	20	21	22	23	24	25	26	27	28	29	30
양력 월/일	9/13	14	15	16	17	18	19	20	21	22	23	24	25	26	27	28	29	30	10/1	2	3	4	5	6	7	8	9	10	11	12
일 진	癸酉	甲戌	乙亥	丙子	丁丑	戊寅	己卯	庚辰	辛巳	壬午	癸未	甲申	乙酉	丙戌	丁亥	戊子	己丑	庚寅	辛卯	壬辰	癸巳	甲午	乙未	丙申	丁酉	戊戌	己亥	庚子	辛丑	壬寅
절기시각										子正															酉正					

9 月 （庚 戌）

절기										상강															입동					
음력	1	2	3	4	5	6	7	8	9	10	11	12	13	14	15	16	17	18	19	20	21	22	23	24	25	26	27	28	29	
양력 월/일	10/13	14	15	16	17	18	19	20	21	22	23	24	25	26	27	28	29	30	31	11/1	2	3	4	5	6	7	8	9	10	
일 진	癸卯	甲辰	乙巳	丙午	丁未	戊申	己酉	庚戌	辛亥	壬子	癸丑	甲寅	乙卯	丙辰	丁巳	戊午	己未	庚申	辛酉	壬戌	癸亥	甲子	乙丑	丙寅	丁卯	戊辰	己巳	庚午	辛未	
절기시각										亥初															亥初					

10 月 （辛 亥）

절기									소설																대설					
음력	1	2	3	4	5	6	7	8	9	10	11	12	13	14	15	16	17	18	19	20	21	22	23	24	25	26	27	28	29	30
양력 월/일	11/11	12	13	14	15	16	17	18	19	20	21	22	23	24	25	26	27	28	29	30	12/1	2	3	4	5	6	7	8	9	10
일 진	壬申	癸酉	甲戌	乙亥	丙子	丁丑	戊寅	己卯	庚辰	辛巳	壬午	癸未	甲申	乙酉	丙戌	丁亥	戊子	己丑	庚寅	辛卯	壬辰	癸巳	甲午	乙未	丙申	丁酉	戊戌	己亥	庚子	辛丑
절기시각									戌初																未正					

11 月 （壬 子）

절기									동지																소한					
음력	1	2	3	4	5	6	7	8	9	10	11	12	13	14	15	16	17	18	19	20	21	22	23	24	25	26	27	28	29	
양력 월/일	12/11	12	13	14	15	16	17	18	19	20	21	22	23	24	25	26	27	28	29	30	31	1/1	2	3	4	5	6	7	8	
일 진	壬寅	癸卯	甲辰	乙巳	丙午	丁未	戊申	己酉	庚戌	辛亥	壬子	癸丑	甲寅	乙卯	丙辰	丁巳	戊午	己未	庚申	辛酉	壬戌	癸亥	甲子	乙丑	丙寅	丁卯	戊辰	己巳	庚午	
절기시각									辰正																丑初					

12 月 （癸 丑）

절기										대한																입춘				
음력	1	2	3	4	5	6	7	8	9	10	11	12	13	14	15	16	17	18	19	20	21	22	23	24	25	26	27	28	29	
양력 월/일	1/9	10	11	12	13	14	15	16	17	18	19	20	21	22	23	24	25	26	27	28	29	30	31	2/1	2	3	4	5	6	
일 진	辛未	壬申	癸酉	甲戌	乙亥	丙子	丁丑	戊寅	己卯	庚辰	辛巳	壬午	癸未	甲申	乙酉	丙戌	丁亥	戊子	己丑	庚寅	辛卯	壬辰	癸巳	甲午	乙未	丙申	丁酉	戊戌	己亥	
절기시각										戌初																未初				

| 서기 1978년 (단기 4311년) | 戊　午　年 |

正 月 （甲寅）

절기													우수															경칩			
음력	1	2	3	4	5	6	7	8	9	10	11	12	13	14	15	16	17	18	19	20	21	22	23	24	25	26	27	28	29	30
양력 월/일	2/7	8	9	10	11	12	13	14	15	16	17	18	19	20	21	22	23	24	25	26	27	28	3/1	2	3	4	5	6	7	8
일 진	庚子	辛丑	壬寅	癸卯	甲辰	乙巳	丙午	丁未	戊申	己酉	庚戌	辛亥	壬子	癸丑	甲寅	乙卯	丙辰	丁巳	戊午	己未	庚申	辛酉	壬戌	癸亥	甲子	乙丑	丙寅	丁卯	戊辰	己巳
절기시각													巳初															辰初		

2月 （乙卯）

절기													춘분															청명		
음력	1	2	3	4	5	6	7	8	9	10	11	12	13	14	15	16	17	18	19	20	21	22	23	24	25	26	27	28	29	30
양력 월/일	3/9	10	11	12	13	14	15	16	17	18	19	20	21	22	23	24	25	26	27	28	29	30	31	4/1	2	3	4	5	6	7
일 진	庚午	辛未	壬申	癸酉	甲戌	乙亥	丙子	丁丑	戊寅	己卯	庚辰	辛巳	壬午	癸未	甲申	乙酉	丙戌	丁亥	戊子	己丑	庚寅	辛卯	壬辰	癸巳	甲午	乙未	丙申	丁酉	戊戌	己亥
절기시각													辰正															午正		

3月 （丙辰）

절기													곡우															입하	
음력	1	2	3	4	5	6	7	8	9	10	11	12	13	14	15	16	17	18	19	20	21	22	23	24	25	26	27	28	29
양력 월/일	4/8	9	10	11	12	13	14	15	16	17	18	19	20	21	22	23	24	25	26	27	28	29	30	5/1	2	3	4	5	6
일 진	庚子	辛丑	壬寅	癸卯	甲辰	乙巳	丙午	丁未	戊申	己酉	庚戌	辛亥	壬子	癸丑	甲寅	乙卯	丙辰	丁巳	戊午	己未	庚申	辛酉	壬戌	癸亥	甲子	乙丑	丙寅	丁卯	戊辰
절기시각													戌初															卯正	

4月 （丁巳）

절기														소만																
음력	1	2	3	4	5	6	7	8	9	10	11	12	13	14	15	16	17	18	19	20	21	22	23	24	25	26	27	28	29	30
양력 월/일	5/7	8	9	10	11	12	13	14	15	16	17	18	19	20	21	22	23	24	25	26	27	28	29	30	31	6/1	2	3	4	5
일 진	己巳	庚午	辛未	壬申	癸酉	甲戌	乙亥	丙子	丁丑	戊寅	己卯	庚辰	辛巳	壬午	癸未	甲申	乙酉	丙戌	丁亥	戊子	己丑	庚寅	辛卯	壬辰	癸巳	甲午	乙未	丙申	丁酉	戊戌
절기시각														卯初																

5月 （戊午）

절기	망종															하지													
음력	1	2	3	4	5	6	7	8	9	10	11	12	13	14	15	16	17	18	19	20	21	22	23	24	25	26	27	28	29
양력 월/일	6/6	7	8	9	10	11	12	13	14	15	16	17	18	19	20	21	22	23	24	25	26	27	28	29	30	7/1	2	3	4
일 진	己亥	庚子	辛丑	壬寅	癸卯	甲辰	乙巳	丙午	丁未	戊申	己酉	庚戌	辛亥	壬子	癸丑	甲寅	乙卯	丙辰	丁巳	戊午	己未	庚申	辛酉	壬戌	癸亥	甲子	乙丑	丙寅	丁卯
절기시각	申正															寅初													

6月 （己未）

절기			소서												대서															
음력	1	2	3	4	5	6	7	8	9	10	11	12	13	14	15	16	17	18	19	20	21	22	23	24	25	26	27	28	29	30
양력 월/일	7/5	6	7	8	9	10	11	12	13	14	15	16	17	18	19	20	21	22	23	24	25	26	27	28	29	30	31	8/1	2	3
일 진	戊辰	己巳	庚午	辛未	壬申	癸酉	甲戌	乙亥	丙子	丁丑	戊寅	己卯	庚辰	辛巳	壬午	癸未	甲申	乙酉	丙戌	丁亥	戊子	己丑	庚寅	辛卯	壬辰	癸巳	甲午	乙未	丙申	丁酉
절기시각			戌正												未正															

7月 (庚申)

절기					입추															처서										
음력	1	2	3	4	5	6	7	8	9	10	11	12	13	14	15	16	17	18	19	20	21	22	23	24	25	26	27	28	29	30
양력 월/일	8/4	5	6	7	8	9	10	11	12	13	14	15	16	17	18	19	20	21	22	23	24	25	26	27	28	29	30	31	9/1	2
일진	戊戌	己亥	庚子	辛丑	壬寅	癸卯	甲辰	乙巳	丙午	丁未	戊申	己酉	庚戌	辛亥	壬子	癸丑	甲寅	乙卯	丙辰	丁巳	戊午	己未	庚申	辛酉	壬戌	癸亥	甲子	乙丑	丙寅	丁卯
절기시각					卯正															戌正										

8月 (辛酉)

절기					백로															추분									
음력	1	2	3	4	5	6	7	8	9	10	11	12	13	14	15	16	17	18	19	20	21	22	23	24	25	26	27	28	29
양력 월/일	9/3	4	5	6	7	8	9	10	11	12	13	14	15	16	17	18	19	20	21	22	23	24	25	26	27	28	29	30	10/1
일진	戊辰	己巳	庚午	辛未	壬申	癸酉	甲戌	乙亥	丙子	丁丑	戊寅	己卯	庚辰	辛巳	壬午	癸未	甲申	乙酉	丙戌	丁亥	戊子	己丑	庚寅	辛卯	壬辰	癸巳	甲午	乙未	丙申
절기시각					巳初															酉正									

9月 (壬戌)

절기							한로															상강								
음력	1	2	3	4	5	6	7	8	9	10	11	12	13	14	15	16	17	18	19	20	21	22	23	24	25	26	27	28	29	30
양력 월/일	10/2	3	4	5	6	7	8	9	10	11	12	13	14	15	16	17	18	19	20	21	22	23	24	25	26	27	28	29	30	31
일진	丁酉	戊戌	己亥	庚子	辛丑	壬寅	癸卯	甲辰	乙巳	丙午	丁未	戊申	己酉	庚戌	辛亥	壬子	癸丑	甲寅	乙卯	丙辰	丁巳	戊午	己未	庚申	辛酉	壬戌	癸亥	甲子	乙丑	丙寅
절기시각							子正															寅初								

10月 (癸亥)

절기							입동															소설							
음력	1	2	3	4	5	6	7	8	9	10	11	12	13	14	15	16	17	18	19	20	21	22	23	24	25	26	27	28	29
양력 월/일	11/1	2	3	4	5	6	7	8	9	10	11	12	13	14	15	16	17	18	19	20	21	22	23	24	25	26	27	28	29
일진	丁卯	戊辰	己巳	庚午	辛未	壬申	癸酉	甲戌	乙亥	丙子	丁丑	戊寅	己卯	庚辰	辛巳	壬午	癸未	甲申	乙酉	丙戌	丁亥	戊子	己丑	庚寅	辛卯	壬辰	癸巳	甲午	乙未
절기시각							寅初															子初							

11月 (甲子)

절기							대설															동지								
음력	1	2	3	4	5	6	7	8	9	10	11	12	13	14	15	16	17	18	19	20	21	22	23	24	25	26	27	28	29	30
양력 월/일	11/30	12/1	2	3	4	5	6	7	8	9	10	11	12	13	14	15	16	17	18	19	20	21	22	23	24	25	26	27	28	29
일진	丙申	丁酉	戊戌	己亥	庚子	辛丑	壬寅	癸卯	甲辰	乙巳	丙午	丁未	戊申	己酉	庚戌	辛亥	壬子	癸丑	甲寅	乙卯	丙辰	丁巳	戊午	己未	庚申	辛酉	壬戌	癸亥	甲子	乙丑
절기시각							戌正															未正								

12月 (乙丑)

절기							소한															대한								
음력	1	2	3	4	5	6	7	8	9	10	11	12	13	14	15	16	17	18	19	20	21	22	23	24	25	26	27	28	29	
양력 월/일	12/30	31	1/1	2	3	4	5	6	7	8	9	10	11	12	13	14	15	16	17	18	19	20	21	22	23	24	25	26	27	
일진	丙寅	丁卯	戊辰	己巳	庚午	辛未	壬申	癸酉	甲戌	乙亥	丙子	丁丑	戊寅	己卯	庚辰	辛巳	壬午	癸未	甲申	乙酉	丙戌	丁亥	戊子	己丑	庚寅	辛卯	壬辰	癸巳	甲午	
절기시각							辰初															丑初								

서기 1979년 (단기 4312년) 己未年

正月 (丙寅)

절기					입춘											우수								
음력	1	2	3	4	5	6	7	8	9	10	11	12	13	14	15	16	17	18	19	20	21	22	23	24	25	26	27	28	29	30
양력 월/일	1/28	29	30	31	2/1	2	3	4	5	6	7	8	9	10	11	12	13	14	15	16	17	18	19	20	21	22	23	24	25	26
일진	乙未	丙申	丁酉	戊戌	己亥	庚子	辛丑	壬寅	癸卯	甲辰	乙巳	丙午	丁未	戊申	己酉	庚戌	辛亥	壬子	癸丑	甲寅	乙卯	丙辰	丁巳	戊午	己未	庚申	辛酉	壬戌	癸亥	甲子
절기시각					戌初																	申初								

2月 (丁卯)

절기							경칩														춘분							
음력	1	2	3	4	5	6	7	8	9	10	11	12	13	14	15	16	17	18	19	20	21	22	23	24	25	26	27	28	29
양력 월/일	2/27	28	3/1	2	3	4	5	6	7	8	9	10	11	12	13	14	15	16	17	18	19	20	21	22	23	24	25	26	27
일진	乙丑	丙寅	丁卯	戊辰	己巳	庚午	辛未	壬申	癸酉	甲戌	乙亥	丙子	丁丑	戊寅	己卯	庚辰	辛巳	壬午	癸未	甲申	乙酉	丙戌	丁亥	戊子	己丑	庚寅	辛卯	壬辰	癸巳
절기시각							未初														未正								

3月 (戊辰)

절기								청명																곡우				
음력	1	2	3	4	5	6	7	8	9	10	11	12	13	14	15	16	17	18	19	20	21	22	23	24	25	26	27	28	29
양력 월/일	3/28	29	30	31	4/1	2	3	4	5	6	7	8	9	10	11	12	13	14	15	16	17	18	19	20	21	22	23	24	25
일진	甲午	乙未	丙申	丁酉	戊戌	己亥	庚子	辛丑	壬寅	癸卯	甲辰	乙巳	丙午	丁未	戊申	己酉	庚戌	辛亥	壬子	癸丑	甲寅	乙卯	丙辰	丁巳	戊午	己未	庚申	辛酉	壬戌
절기시각								酉正																丑初					

4月 (己巳)

절기									입하																소만					
음력	1	2	3	4	5	6	7	8	9	10	11	12	13	14	15	16	17	18	19	20	21	22	23	24	25	26	27	28	29	30
양력 월/일	4/26	27	28	29	30	5/1	2	3	4	5	6	7	8	9	10	11	12	13	14	15	16	17	18	19	20	21	22	23	24	25
일진	癸亥	甲子	乙丑	丙寅	丁卯	戊辰	己巳	庚午	辛未	壬申	癸酉	甲戌	乙亥	丙子	丁丑	戊寅	己卯	庚辰	辛巳	壬午	癸未	甲申	乙酉	丙戌	丁亥	戊子	己丑	庚寅	辛卯	壬辰
절기시각									午初																子正					

5月 (庚午)

절기										망종																하지			
음력	1	2	3	4	5	6	7	8	9	10	11	12	13	14	15	16	17	18	19	20	21	22	23	24	25	26	27	28	29
양력 월/일	5/26	27	28	29	30	31	6/1	2	3	4	5	6	7	8	9	10	11	12	13	14	15	16	17	18	19	20	21	22	23
일진	癸巳	甲午	乙未	丙申	丁酉	戊戌	己亥	庚子	辛丑	壬寅	癸卯	甲辰	乙巳	丙午	丁未	戊申	己酉	庚戌	辛亥	壬子	癸丑	甲寅	乙卯	丙辰	丁巳	戊午	己未	庚申	辛酉
절기시각										申正																辰正			

6月 (辛未)

절기											소서																대서			
음력	1	2	3	4	5	6	7	8	9	10	11	12	13	14	15	16	17	18	19	20	21	22	23	24	25	26	27	28	29	30
양력 월/일	6/24	25	26	27	28	29	30	7/1	2	3	4	5	6	7	8	9	10	11	12	13	14	15	16	17	18	19	20	21	22	23
일진	壬戌	癸亥	甲子	乙丑	丙寅	丁卯	戊辰	己巳	庚午	辛未	壬申	癸酉	甲戌	乙亥	丙子	丁丑	戊寅	己卯	庚辰	辛巳	壬午	癸未	甲申	乙酉	丙戌	丁亥	戊子	己丑	庚寅	辛卯
절기시각											丑正																戌初			

閏 6 月 （辛 未）

절 기															입추															
음 력	1	2	3	4	5	6	7	8	9	10	11	12	13	14	15	16	17	18	19	20	21	22	23	24	25	26	27	28	29	30
양력 월/일	7/24	25	26	27	28	29	30	31	8/1	2	3	4	5	6	7	8	9	10	11	12	13	14	15	16	17	18	19	20	21	22
일 진	壬辰	癸巳	甲午	乙未	丙申	丁酉	戊戌	己亥	庚子	辛丑	壬寅	癸卯	甲辰	乙巳	丙午	丁未	戊申	己酉	庚戌	辛亥	壬子	癸丑	甲寅	乙卯	丙辰	丁巳	戊午	己未	庚申	辛酉
절기시각																午正														

7 月 （壬 申）

절 기		처서														백로													
음 력	1	2	3	4	5	6	7	8	9	10	11	12	13	14	15	16	17	18	19	20	21	22	23	24	25	26	27	28	29
양력 월/일	8/23	24	25	26	27	28	29	30	31	9/1	2	3	4	5	6	7	8	9	10	11	12	13	14	15	16	17	18	19	20
일 진	壬戌	癸亥	甲子	乙丑	丙寅	丁卯	戊辰	己巳	庚午	辛未	壬申	癸酉	甲戌	乙亥	丙子	丁丑	戊寅	己卯	庚辰	辛巳	壬午	癸未	甲申	乙酉	丙戌	丁亥	戊子	己丑	庚寅
절기시각		丑正														申初													

8 月 （癸 酉）

절 기				추분														한로												
음 력	1	2	3	4	5	6	7	8	9	10	11	12	13	14	15	16	17	18	19	20	21	22	23	24	25	26	27	28	29	30
양력 월/일	9/21	22	23	24	25	26	27	28	29	30	10/1	2	3	4	5	6	7	8	9	10	11	12	13	14	15	16	17	18	19	20
일 진	辛卯	壬辰	癸巳	甲午	乙未	丙申	丁酉	戊戌	己亥	庚子	辛丑	壬寅	癸卯	甲辰	乙巳	丙午	丁未	戊申	己酉	庚戌	辛亥	壬子	癸丑	甲寅	乙卯	丙辰	丁巳	戊午	己未	庚申
절기시각				子正														卯正												

9 月 （甲 戌）

절 기				상강															입동											
음 력	1	2	3	4	5	6	7	8	9	10	11	12	13	14	15	16	17	18	19	20	21	22	23	24	25	26	27	28	29	30
양력 월/일	10/21	22	23	24	25	26	27	28	29	30	31	11/1	2	3	4	5	6	7	8	9	10	11	12	13	14	15	16	17	18	19
일 진	辛酉	壬戌	癸亥	甲子	乙丑	丙寅	丁卯	戊辰	己巳	庚午	辛未	壬申	癸酉	甲戌	乙亥	丙子	丁丑	戊寅	己卯	庚辰	辛巳	壬午	癸未	甲申	乙酉	丙戌	丁亥	戊子	己丑	庚寅
절기시각				巳初															巳初											

10 月 （乙 亥）

절 기				소설															대설										
음 력	1	2	3	4	5	6	7	8	9	10	11	12	13	14	15	16	17	18	19	20	21	22	23	24	25	26	27	28	29
양력 월/일	11/20	21	22	23	24	25	26	27	28	29	30	12/1	2	3	4	5	6	7	8	9	10	11	12	13	14	15	16	17	18
일 진	辛卯	壬辰	癸巳	甲午	乙未	丙申	丁酉	戊戌	己亥	庚子	辛丑	壬寅	癸卯	甲辰	乙巳	丙午	丁未	戊申	己酉	庚戌	辛亥	壬子	癸丑	甲寅	乙卯	丙辰	丁巳	戊午	己未
절기시각				卯正															丑正										

11 月 （丙 子）

절 기			동지															소한												
음 력	1	2	3	4	5	6	7	8	9	10	11	12	13	14	15	16	17	18	19	20	21	22	23	24	25	26	27	28	29	30
양력 월/일	12/19	20	21	22	23	24	25	26	27	28	29	30	31	1/1	2	3	4	5	6	7	8	9	10	11	12	13	14	15	16	17
일 진	庚申	辛酉	壬戌	癸亥	甲子	乙丑	丙寅	丁卯	戊辰	己巳	庚午	辛未	壬申	癸酉	甲戌	乙亥	丙子	丁丑	戊寅	己卯	庚辰	辛巳	壬午	癸未	甲申	乙酉	丙戌	丁亥	戊子	己丑
절기시각			戌正															未初												

12 月 （丁 丑）

절 기				대한															입춘										
음 력	1	2	3	4	5	6	7	8	9	10	11	12	13	14	15	16	17	18	19	20	21	22	23	24	25	26	27	28	29
양력 월/일	1/18	19	20	21	22	23	24	25	26	27	28	29	30	31	2/1	2	3	4	5	6	7	8	9	10	11	12	13	14	15
일 진	庚寅	辛卯	壬辰	癸巳	甲午	乙未	丙申	丁酉	戊戌	己亥	庚子	辛丑	壬寅	癸卯	甲辰	乙巳	丙午	丁未	戊申	己酉	庚戌	辛亥	壬子	癸丑	甲寅	乙卯	丙辰	丁巳	戊午
절기시각				卯正															丑初										

서기 1980년 (단기 4313년)	庚 申 年

正月 (戊寅)

절기				우수																경칩										
음력	1	2	3	4	5	6	7	8	9	10	11	12	13	14	15	16	17	18	19	20	21	22	23	24	25	26	27	28	29	30
양력 월/일	2/16	17	18	19	20	21	22	23	24	25	26	27	28	29	3/1	2	3	4	5	6	7	8	9	10	11	12	13	14	15	16
일진	己未	庚申	辛酉	壬戌	癸亥	甲子	乙丑	丙寅	丁卯	戊辰	己巳	庚午	辛未	壬申	癸酉	甲戌	乙亥	丙子	丁丑	戊寅	己卯	庚辰	辛巳	壬午	癸未	甲申	乙酉	丙戌	丁亥	戊子
절기시각				亥初															戌初											

2月 (己卯)

절기				춘분																청명									
음력	1	2	3	4	5	6	7	8	9	10	11	12	13	14	15	16	17	18	19	20	21	22	23	24	25	26	27	28	29
양력 월/일	3/17	18	19	20	21	22	23	24	25	26	27	28	29	30	31	4/1	2	3	4	5	6	7	8	9	10	11	12	13	14
일진	己丑	庚寅	辛卯	壬辰	癸巳	甲午	乙未	丙申	丁酉	戊戌	己亥	庚子	辛丑	壬寅	癸卯	甲辰	乙巳	丙午	丁未	戊申	己酉	庚戌	辛亥	壬子	癸丑	甲寅	乙卯	丙辰	丁巳
절기시각				戌正																子正									

3月 (庚辰)

절기					곡우															입하									
음력	1	2	3	4	5	6	7	8	9	10	11	12	13	14	15	16	17	18	19	20	21	22	23	24	25	26	27	28	29
양력 월/일	4/15	16	17	18	19	20	21	22	23	24	25	26	27	28	29	30	5/1	2	3	4	5	6	7	8	9	10	11	12	13
일진	戊午	己未	庚申	辛酉	壬戌	癸亥	甲子	乙丑	丙寅	丁卯	戊辰	己巳	庚午	辛未	壬申	癸酉	甲戌	乙亥	丙子	丁丑	戊寅	己卯	庚辰	辛巳	壬午	癸未	甲申	乙酉	丙戌
절기시각					辰初															酉初									

4月 (辛巳)

절기							소만															망종								
음력	1	2	3	4	5	6	7	8	9	10	11	12	13	14	15	16	17	18	19	20	21	22	23	24	25	26	27	28	29	30
양력 월/일	5/14	15	16	17	18	19	20	21	22	23	24	25	26	27	28	29	30	31	6/1	2	3	4	5	6	7	8	9	10	11	12
일진	丁亥	戊子	己丑	庚寅	辛卯	壬辰	癸巳	甲午	乙未	丙申	丁酉	戊戌	己亥	庚子	辛丑	壬寅	癸卯	甲辰	乙巳	丙午	丁未	戊申	己酉	庚戌	辛亥	壬子	癸丑	甲寅	乙卯	丙辰
절기시각							卯正															亥初								

5月 (壬午)

절기						하지															소서								
음력	1	2	3	4	5	6	7	8	9	10	11	12	13	14	15	16	17	18	19	20	21	22	23	24	25	26	27	28	29
양력 월/일	6/13	14	15	16	17	18	19	20	21	22	23	24	25	26	27	28	29	30	7/1	2	3	4	5	6	7	8	9	10	11
일진	丁巳	戊午	己未	庚申	辛酉	壬戌	癸亥	甲子	乙丑	丙寅	丁卯	戊辰	己巳	庚午	辛未	壬申	癸酉	甲戌	乙亥	丙子	丁丑	戊寅	己卯	庚辰	辛巳	壬午	癸未	甲申	乙酉
절기시각						未正															辰正								

6月 (癸未)

절기							대서															입추								
음력	1	2	3	4	5	6	7	8	9	10	11	12	13	14	15	16	17	18	19	20	21	22	23	24	25	26	27	28	29	30
양력 월/일	7/12	13	14	15	16	17	18	19	20	21	22	23	24	25	26	27	28	29	30	31	8/1	2	3	4	5	6	7	8	9	10
일진	丙戌	丁亥	戊子	己丑	庚寅	辛卯	壬辰	癸巳	甲午	乙未	丙申	丁酉	戊戌	己亥	庚子	辛丑	壬寅	癸卯	甲辰	乙巳	丙午	丁未	戊申	己酉	庚戌	辛亥	壬子	癸丑	甲寅	乙卯
절기시각							丑初															酉正								

7月 (甲申)

절기												처서																백로	
음력	1	2	3	4	5	6	7	8	9	10	11	12	13	14	15	16	17	18	19	20	21	22	23	24	25	26	27	28	29
양력 월/일	8/11	12	13	14	15	16	17	18	19	20	21	22	23	24	25	26	27	28	29	30	31	9/1	2	3	4	5	6	7	8
일진	丙辰	丁巳	戊午	己未	庚申	辛酉	壬戌	癸亥	甲子	乙丑	丙寅	丁卯	戊辰	己巳	庚午	辛未	壬申	癸酉	甲戌	乙亥	丙子	丁丑	戊寅	己卯	庚辰	辛巳	壬午	癸未	甲申
절기시각												辰正																戌正	

8月 (乙酉)

절기														추분															한로	
음력	1	2	3	4	5	6	7	8	9	10	11	12	13	14	15	16	17	18	19	20	21	22	23	24	25	26	27	28	29	30
양력 월/일	9/9	10	11	12	13	14	15	16	17	18	19	20	21	22	23	24	25	26	27	28	29	30	10/1	2	3	4	5	6	7	8
일진	乙酉	丙戌	丁亥	戊子	己丑	庚寅	辛卯	壬辰	癸巳	甲午	乙未	丙申	丁酉	戊戌	己亥	庚子	辛丑	壬寅	癸卯	甲辰	乙巳	丙午	丁未	戊申	己酉	庚戌	辛亥	壬子	癸丑	甲寅
절기시각														卯正															午正	

9月 (丙戌)

절기														상강															입동	
음력	1	2	3	4	5	6	7	8	9	10	11	12	13	14	15	16	17	18	19	20	21	22	23	24	25	26	27	28	29	30
양력 월/일	10/9	10	11	12	13	14	15	16	17	18	19	20	21	22	23	24	25	26	27	28	29	30	31	11/1	2	3	4	5	6	7
일진	乙卯	丙辰	丁巳	戊午	己未	庚申	辛酉	壬戌	癸亥	甲子	乙丑	丙寅	丁卯	戊辰	己巳	庚午	辛未	壬申	癸酉	甲戌	乙亥	丙子	丁丑	戊寅	己卯	庚辰	辛巳	壬午	癸未	甲申
절기시각														申初															申初	

10月 (丁亥)

절기													소설																
음력	1	2	3	4	5	6	7	8	9	10	11	12	13	14	15	16	17	18	19	20	21	22	23	24	25	26	27	28	29
양력 월/일	11/8	9	10	11	12	13	14	15	16	17	18	19	20	21	22	23	24	25	26	27	28	29	30	12/1	2	3	4	5	6
일진	乙酉	丙戌	丁亥	戊子	己丑	庚寅	辛卯	壬辰	癸巳	甲午	乙未	丙申	丁酉	戊戌	己亥	庚子	辛丑	壬寅	癸卯	甲辰	乙巳	丙午	丁未	戊申	己酉	庚戌	辛亥	壬子	癸丑
절기시각													午正																

11月 (戊子)

절기	대설												동지																	소한
음력	1	2	3	4	5	6	7	8	9	10	11	12	13	14	15	16	17	18	19	20	21	22	23	24	25	26	27	28	29	30
양력 월/일	12/7	8	9	10	11	12	13	14	15	16	17	18	19	20	21	22	23	24	25	26	27	28	29	30	31	1/1	2	3	4	5
일진	甲寅	乙卯	丙辰	丁巳	戊午	己未	庚申	辛酉	壬戌	癸亥	甲子	乙丑	丙寅	丁卯	戊辰	己巳	庚午	辛未	壬申	癸酉	甲戌	乙亥	丙子	丁丑	戊寅	己卯	庚辰	辛巳	壬午	癸未
절기시각	辰正												丑初																	戌初

12月 (己丑)

절기														대한																입춘
음력	1	2	3	4	5	6	7	8	9	10	11	12	13	14	15	16	17	18	19	20	21	22	23	24	25	26	27	28	29	30
양력 월/일	1/6	7	8	9	10	11	12	13	14	15	16	17	18	19	20	21	22	23	24	25	26	27	28	29	30	31	2/1	2	3	4
일진	甲申	乙酉	丙戌	丁亥	戊子	己丑	庚寅	辛卯	壬辰	癸巳	甲午	乙未	丙申	丁酉	戊戌	己亥	庚子	辛丑	壬寅	癸卯	甲辰	乙巳	丙午	丁未	戊申	己酉	庚戌	辛亥	壬子	癸丑
절기시각														午正																卯正

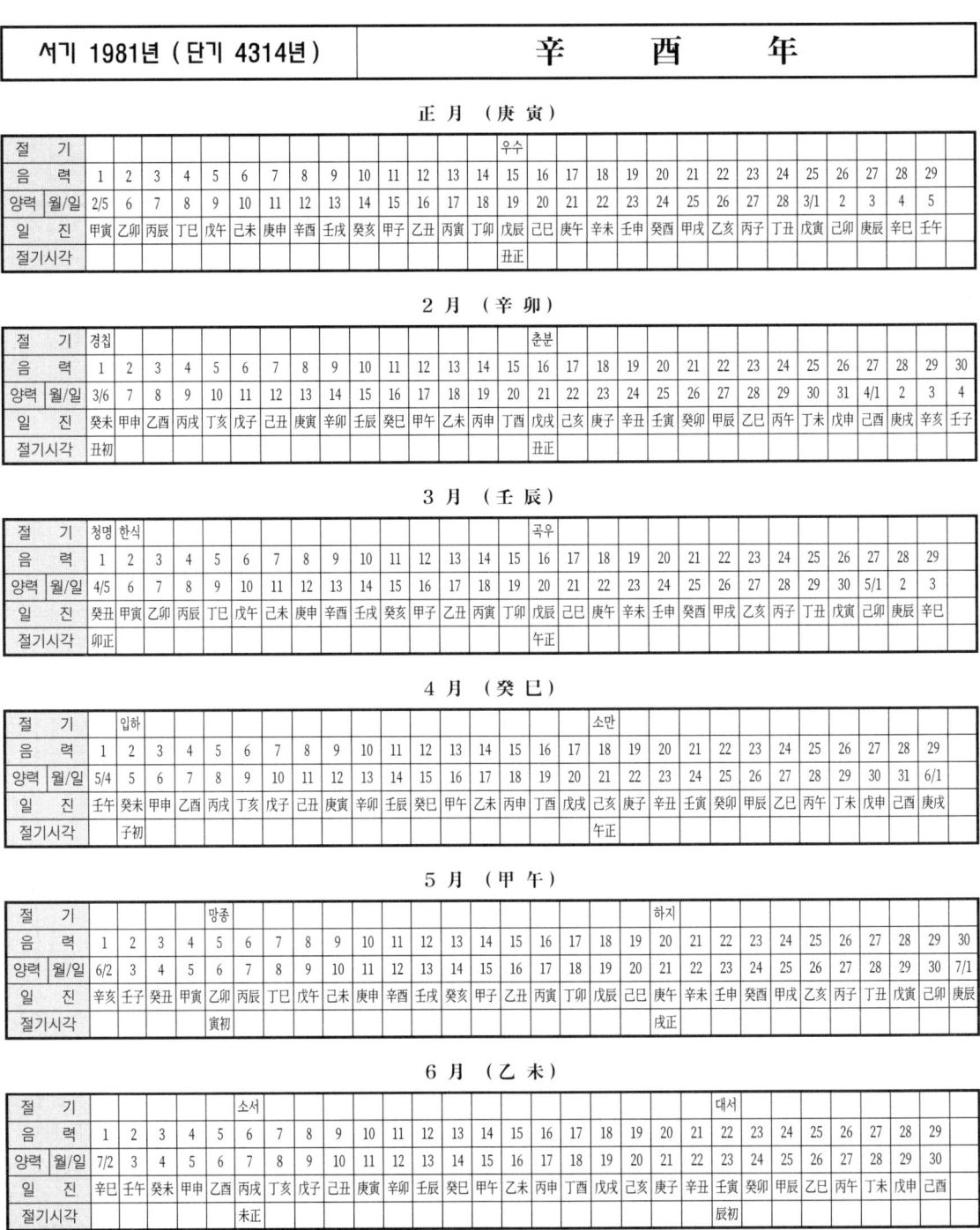

7月 （丙申）

절기								입추																	처서					
음력	1	2	3	4	5	6	7	8	9	10	11	12	13	14	15	16	17	18	19	20	21	22	23	24	25	26	27	28	29	
양력 월/일	7/31	8/1	2	3	4	5	6	7	8	9	10	11	12	13	14	15	16	17	18	19	20	21	22	23	24	25	26	27	28	
일진	庚戌	辛亥	壬子	癸丑	甲寅	乙卯	丙辰	丁巳	戊午	己未	庚申	辛酉	壬戌	癸亥	甲子	乙丑	丙寅	丁卯	戊辰	己巳	庚午	辛未	壬申	癸酉	甲戌	乙亥	丙子	丁丑	戊寅	
절기시각								子初																	未正					

8月 （丁酉）

절기											백로															추분				
음력	1	2	3	4	5	6	7	8	9	10	11	12	13	14	15	16	17	18	19	20	21	22	23	24	25	26	27	28	29	30
양력 월/일	8/29	30	31	9/1	2	3	4	5	6	7	8	9	10	11	12	13	14	15	16	17	18	19	20	21	22	23	24	25	26	27
일진	己卯	庚辰	辛巳	壬午	癸未	甲申	乙酉	丙戌	丁亥	戊子	己丑	庚寅	辛卯	壬辰	癸巳	甲午	乙未	丙申	丁酉	戊戌	己亥	庚子	辛丑	壬寅	癸卯	甲辰	乙巳	丙午	丁未	戊申
절기시각											丑正															午初				

9月 （戊戌）

절기											한로															상강				
음력	1	2	3	4	5	6	7	8	9	10	11	12	13	14	15	16	17	18	19	20	21	22	23	24	25	26	27	28	29	30
양력 월/일	9/28	29	30	10/1	2	3	4	5	6	7	8	9	10	11	12	13	14	15	16	17	18	19	20	21	22	23	24	25	26	27
일진	己酉	庚戌	辛亥	壬子	癸丑	甲寅	乙卯	丙辰	丁巳	戊午	己未	庚申	辛酉	壬戌	癸亥	甲子	乙丑	丙寅	丁卯	戊辰	己巳	庚午	辛未	壬申	癸酉	甲戌	乙亥	丙子	丁丑	戊寅
절기시각											酉正															亥初				

10月 （己亥）

절기											입동															소설				
음력	1	2	3	4	5	6	7	8	9	10	11	12	13	14	15	16	17	18	19	20	21	22	23	24	25	26	27	28	29	
양력 월/일	10/28	29	30	31	11/1	2	3	4	5	6	7	8	9	10	11	12	13	14	15	16	17	18	19	20	21	22	23	24	25	
일진	己卯	庚辰	辛巳	壬午	癸未	甲申	乙酉	丙戌	丁亥	戊子	己丑	庚寅	辛卯	壬辰	癸巳	甲午	乙未	丙申	丁酉	戊戌	己亥	庚子	辛丑	壬寅	癸卯	甲辰	乙巳	丙午	丁未	
절기시각											亥初															酉正				

11月 （庚子）

절기											대설															동지				
음력	1	2	3	4	5	6	7	8	9	10	11	12	13	14	15	16	17	18	19	20	21	22	23	24	25	26	27	28	29	30
양력 월/일	11/26	27	28	29	30	12/1	2	3	4	5	6	7	8	9	10	11	12	13	14	15	16	17	18	19	20	21	22	23	24	25
일진	戊申	己酉	庚戌	辛亥	壬子	癸丑	甲寅	乙卯	丙辰	丁巳	戊午	己未	庚申	辛酉	壬戌	癸亥	甲子	乙丑	丙寅	丁卯	戊辰	己巳	庚午	辛未	壬申	癸酉	甲戌	乙亥	丙子	丁丑
절기시각											未初															辰初				

12月 （辛丑）

절기								소한																대한						
음력	1	2	3	4	5	6	7	8	9	10	11	12	13	14	15	16	17	18	19	20	21	22	23	24	25	26	27	28	29	30
양력 월/일	12/26	27	28	29	30	31	1/1	2	3	4	5	6	7	8	9	10	11	12	13	14	15	16	17	18	19	20	21	22	23	24
일진	戊寅	己卯	庚辰	辛巳	壬午	癸未	甲申	乙酉	丙戌	丁亥	戊子	己丑	庚寅	辛卯	壬辰	癸巳	甲午	乙未	丙申	丁酉	戊戌	己亥	庚子	辛丑	壬寅	癸卯	甲辰	乙巳	丙午	丁未
절기시각								子正																酉正						

서기 1982년 (단기 4315년) 壬戌年

正月 (壬寅)

절기											입춘															우수					
음력	1	2	3	4	5	6	7	8	9	10	11	12	13	14	15	16	17	18	19	20	21	22	23	24	25	26	27	28	29	30
양력 월/일	1/25	26	27	28	29	30	31	2/1	2	3	4	5	6	7	8	9	10	11	12	13	14	15	16	17	18	19	20	21	22	23
일진	戊申	己酉	庚戌	辛亥	壬子	癸丑	甲寅	乙卯	丙辰	丁巳	戊午	己未	庚申	辛酉	壬戌	癸亥	甲子	乙丑	丙寅	丁卯	戊辰	己巳	庚午	辛未	壬申	癸酉	甲戌	乙亥	丙子	丁丑
절기시각											午正															辰正				

2月 (癸卯)

절기										경칩															춘분				
음력	1	2	3	4	5	6	7	8	9	10	11	12	13	14	15	16	17	18	19	20	21	22	23	24	25	26	27	28	29
양력 월/일	2/24	25	26	27	28	3/1	2	3	4	5	6	7	8	9	10	11	12	13	14	15	16	17	18	19	20	21	22	23	24
일진	戊寅	己卯	庚辰	辛巳	壬午	癸未	甲申	乙酉	丙戌	丁亥	戊子	己丑	庚寅	辛卯	壬辰	癸巳	甲午	乙未	丙申	丁酉	戊戌	己亥	庚子	辛丑	壬寅	癸卯	甲辰	乙巳	丙午
절기시각										卯正															辰初				

3月 (甲辰)

절기											청명 한식															곡우				
음력	1	2	3	4	5	6	7	8	9	10	11	12	13	14	15	16	17	18	19	20	21	22	23	24	25	26	27	28	29	30
양력 월/일	3/25	26	27	28	29	30	31	4/1	2	3	4	5	6	7	8	9	10	11	12	13	14	15	16	17	18	19	20	21	22	23
일진	丁未	戊申	己酉	庚戌	辛亥	壬子	癸丑	甲寅	乙卯	丙辰	丁巳	戊午	己未	庚申	辛酉	壬戌	癸亥	甲子	乙丑	丙寅	丁卯	戊辰	己巳	庚午	辛未	壬申	癸酉	甲戌	乙亥	丙子
절기시각											午初															戌初				

4月 (乙巳)

절기										입하															소만				
음력	1	2	3	4	5	6	7	8	9	10	11	12	13	14	15	16	17	18	19	20	21	22	23	24	25	26	27	28	29
양력 월/일	4/24	25	26	27	28	29	30	5/1	2	3	4	5	6	7	8	9	10	11	12	13	14	15	16	17	18	19	20	21	22
일진	丁丑	戊寅	己卯	庚辰	辛巳	壬午	癸未	甲申	乙酉	丙戌	丁亥	戊子	己丑	庚寅	辛卯	壬辰	癸巳	甲午	乙未	丙申	丁酉	戊戌	己亥	庚子	辛丑	壬寅	癸卯	甲辰	乙巳
절기시각										卯初															酉正				

閏4月 (乙巳)

절기												망종																	
음력	1	2	3	4	5	6	7	8	9	10	11	12	13	14	15	16	17	18	19	20	21	22	23	24	25	26	27	28	29
양력 월/일	5/23	24	25	26	27	28	29	30	31	6/1	2	3	4	5	6	7	8	9	10	11	12	13	14	15	16	17	18	19	20
일진	丙午	丁未	戊申	己酉	庚戌	辛亥	壬子	癸丑	甲寅	乙卯	丙辰	丁巳	戊午	己未	庚申	辛酉	壬戌	癸亥	甲子	乙丑	丙寅	丁卯	戊辰	己巳	庚午	辛未	壬申	癸酉	甲戌
절기시각												巳初																	

5月 (丙午)

절기		하지														소서														
음력	1	2	3	4	5	6	7	8	9	10	11	12	13	14	15	16	17	18	19	20	21	22	23	24	25	26	27	28	29	30
양력 월/일	6/21	22	23	24	25	26	27	28	29	30	7/1	2	3	4	5	6	7	8	9	10	11	12	13	14	15	16	17	18	19	20
일진	乙亥	丙子	丁丑	戊寅	己卯	庚辰	辛巳	壬午	癸未	甲申	乙酉	丙戌	丁亥	戊子	己丑	庚寅	辛卯	壬辰	癸巳	甲午	乙未	丙申	丁酉	戊戌	己亥	庚子	辛丑	壬寅	癸卯	甲辰
절기시각		丑正														戌初														

6月 (丁未)

절기			대서														입추												
음력	1	2	3	4	5	6	7	8	9	10	11	12	13	14	15	16	17	18	19	20	21	22	23	24	25	26	27	28	29
양력 월/일	7/21	22	23	24	25	26	27	28	29	30	31	8/1	2	3	4	5	6	7	8	9	10	11	12	13	14	15	16	17	18
일진	乙巳	丙午	丁未	戊申	己酉	庚戌	辛亥	壬子	癸丑	甲寅	乙卯	丙辰	丁巳	戊午	己未	庚申	辛酉	壬戌	癸亥	甲子	乙丑	丙寅	丁卯	戊辰	己巳	庚午	辛未	壬申	癸酉
절기시각			未初														卯初												

7 月 （戊 申）

절 기					처서																백로									
음 력	1	2	3	4	5	6	7	8	9	10	11	12	13	14	15	16	17	18	19	20	21	22	23	24	25	26	27	28	29	
양력 월/일	8/19	20	21	22	23	24	25	26	27	28	29	30	31	9/1	2	3	4	5	6	7	8	9	10	11	12	13	14	15	16	
일 진	甲戌	乙亥	丙子	丁丑	戊寅	己卯	庚辰	辛巳	壬午	癸未	甲申	乙酉	丙戌	丁亥	戊子	己丑	庚寅	辛卯	壬辰	癸巳	甲午	乙未	丙申	丁酉	戊戌	己亥	庚子	辛丑	壬寅	
절기시각					戌正																辰正									

8 月 （己 酉）

절 기					추분																한로									
음 력	1	2	3	4	5	6	7	8	9	10	11	12	13	14	15	16	17	18	19	20	21	22	23	24	25	26	27	28	29	30
양력 월/일	9/17	18	19	20	21	22	23	24	25	26	27	28	29	30	10/1	2	3	4	5	6	7	8	9	10	11	12	13	14	15	16
일 진	癸卯	甲辰	乙巳	丙午	丁未	戊申	己酉	庚戌	辛亥	壬子	癸丑	甲寅	乙卯	丙辰	丁巳	戊午	己未	庚申	辛酉	壬戌	癸亥	甲子	乙丑	丙寅	丁卯	戊辰	己巳	庚午	辛未	壬申
절기시각					酉初																子正									

9 月 （庚 戌）

절 기					상강																입동									
음 력	1	2	3	4	5	6	7	8	9	10	11	12	13	14	15	16	17	18	19	20	21	22	23	24	25	26	27	28	29	30
양력 월/일	10/17	18	19	20	21	22	23	24	25	26	27	28	29	30	31	11/1	2	3	4	5	6	7	8	9	10	11	12	13	14	15
일 진	癸酉	甲戌	乙亥	丙子	丁丑	戊寅	己卯	庚辰	辛巳	壬午	癸未	甲申	乙酉	丙戌	丁亥	戊子	己丑	庚寅	辛卯	壬辰	癸巳	甲午	乙未	丙申	丁酉	戊戌	己亥	庚子	辛丑	壬寅
절기시각					丑正																寅初									

10 月 （辛 亥）

절 기					소설																대설									
음 력	1	2	3	4	5	6	7	8	9	10	11	12	13	14	15	16	17	18	19	20	21	22	23	24	25	26	27	28	29	
양력 월/일	11/16	17	18	19	20	21	22	23	24	25	26	27	28	29	30	12/1	2	3	4	5	6	7	8	9	10	11	12	13	14	
일 진	癸卯	甲辰	乙巳	丙午	丁未	戊申	己酉	庚戌	辛亥	壬子	癸丑	甲寅	乙卯	丙辰	丁巳	戊午	己未	庚申	辛酉	壬戌	癸亥	甲子	乙丑	丙寅	丁卯	戊辰	己巳	庚午	辛未	
절기시각					子正																戌初									

11 月 （壬 子）

절 기					동지																소한									
음 력	1	2	3	4	5	6	7	8	9	10	11	12	13	14	15	16	17	18	19	20	21	22	23	24	25	26	27	28	29	30
양력 월/일	12/15	16	17	18	19	20	21	22	23	24	25	26	27	28	29	30	31	1/1	2	3	4	5	6	7	8	9	10	11	12	13
일 진	壬申	癸酉	甲戌	乙亥	丙子	丁丑	戊寅	己卯	庚辰	辛巳	壬午	癸未	甲申	乙酉	丙戌	丁亥	戊子	己丑	庚寅	辛卯	壬辰	癸巳	甲午	乙未	丙申	丁酉	戊戌	己亥	庚子	辛丑
절기시각					未初																辰初									

12 月 （癸 丑）

절 기					대한																입춘									
음 력	1	2	3	4	5	6	7	8	9	10	11	12	13	14	15	16	17	18	19	20	21	22	23	24	25	26	27	28	29	30
양력 월/일	1/14	15	16	17	18	19	20	21	22	23	24	25	26	27	28	29	30	31	2/1	2	3	4	5	6	7	8	9	10	11	12
일 진	壬寅	癸卯	甲辰	乙巳	丙午	丁未	戊申	己酉	庚戌	辛亥	壬子	癸丑	甲寅	乙卯	丙辰	丁巳	戊午	己未	庚申	辛酉	壬戌	癸亥	甲子	乙丑	丙寅	丁卯	戊辰	己巳	庚午	辛未
절기시각					子正																酉正									

서기 1983년 (단기 4316년) 癸 亥 年

正 月 （ 甲 寅 ）

절기							우수															경칩								
음력	1	2	3	4	5	6	7	8	9	10	11	12	13	14	15	16	17	18	19	20	21	22	23	24	25	26	27	28	29	30
양력 월/일	2/13	14	15	16	17	18	19	20	21	22	23	24	25	26	27	28	3/1	2	3	4	5	6	7	8	9	10	11	12	13	14
일진	壬申	癸酉	甲戌	乙亥	丙子	丁丑	戊寅	己卯	庚辰	辛巳	壬午	癸未	甲申	乙酉	丙戌	丁亥	戊子	己丑	庚寅	辛卯	壬辰	癸巳	甲午	乙未	丙申	丁酉	戊戌	己亥	庚子	辛丑
절기시각							未正															午正								

2 月 （ 乙 卯 ）

절기							춘분															청명							
음력	1	2	3	4	5	6	7	8	9	10	11	12	13	14	15	16	17	18	19	20	21	22	23	24	25	26	27	28	29
양력 월/일	3/15	16	17	18	19	20	21	22	23	24	25	26	27	28	29	30	31	4/1	2	3	4	5	6	7	8	9	10	11	12
일진	壬寅	癸卯	甲辰	乙巳	丙午	丁未	戊申	己酉	庚戌	辛亥	壬子	癸丑	甲寅	乙卯	丙辰	丁巳	戊午	己未	庚申	辛酉	壬戌	癸亥	甲子	乙丑	丙寅	丁卯	戊辰	己巳	庚午
절기시각							未初															酉初							

3 月 （ 丙 辰 ）

절기										곡우															입하					
음력	1	2	3	4	5	6	7	8	9	10	11	12	13	14	15	16	17	18	19	20	21	22	23	24	25	26	27	28	29	30
양력 월/일	4/13	14	15	16	17	18	19	20	21	22	23	24	25	26	27	28	29	30	5/1	2	3	4	5	6	7	8	9	10	11	12
일진	辛未	壬申	癸酉	甲戌	乙亥	丙子	丁丑	戊寅	己卯	庚辰	辛巳	壬午	癸未	甲申	乙酉	丙戌	丁亥	戊子	己丑	庚寅	辛卯	壬辰	癸巳	甲午	乙未	丙申	丁酉	戊戌	己亥	庚子
절기시각										子正															巳正					

4 月 （ 丁 巳 ）

절기							소만															망종							
음력	1	2	3	4	5	6	7	8	9	10	11	12	13	14	15	16	17	18	19	20	21	22	23	24	25	26	27	28	29
양력 월/일	5/13	14	15	16	17	18	19	20	21	22	23	24	25	26	27	28	29	30	31	6/1	2	3	4	5	6	7	8	9	10
일진	辛丑	壬寅	癸卯	甲辰	乙巳	丙午	丁未	戊申	己酉	庚戌	辛亥	壬子	癸丑	甲寅	乙卯	丙辰	丁巳	戊午	己未	庚申	辛酉	壬戌	癸亥	甲子	乙丑	丙寅	丁卯	戊辰	己巳
절기시각							子初															申初							

5 月 （ 戊 午 ）

절기							하지															소서							
음력	1	2	3	4	5	6	7	8	9	10	11	12	13	14	15	16	17	18	19	20	21	22	23	24	25	26	27	28	29
양력 월/일	6/11	12	13	14	15	16	17	18	19	20	21	22	23	24	25	26	27	28	29	30	7/1	2	3	4	5	6	7	8	9
일진	庚午	辛未	壬申	癸酉	甲戌	乙亥	丙子	丁丑	戊寅	己卯	庚辰	辛巳	壬午	癸未	甲申	乙酉	丙戌	丁亥	戊子	己丑	庚寅	辛卯	壬辰	癸巳	甲午	乙未	丙申	丁酉	戊戌
절기시각							辰初															丑初							

6 月 （ 己 未 ）

절기								대서																					입추	
음력	1	2	3	4	5	6	7	8	9	10	11	12	13	14	15	16	17	18	19	20	21	22	23	24	25	26	27	28	29	30
양력 월/일	7/10	11	12	13	14	15	16	17	18	19	20	21	22	23	24	25	26	27	28	29	30	31	8/1	2	3	4	5	6	7	8
일진	己亥	庚子	辛丑	壬寅	癸卯	甲辰	乙巳	丙午	丁未	戊申	己酉	庚戌	辛亥	壬子	癸丑	甲寅	乙卯	丙辰	丁巳	戊午	己未	庚申	辛酉	壬戌	癸亥	甲子	乙丑	丙寅	丁卯	戊辰
절기시각								酉正																					午初	

7 月 (庚申)

절기																처서													
음력	1	2	3	4	5	6	7	8	9	10	11	12	13	14	15	16	17	18	19	20	21	22	23	24	25	26	27	28	29
양력 월/일	8/9	10	11	12	13	14	15	16	17	18	19	20	21	22	23	24	25	26	27	28	29	30	31	9/1	2	3	4	5	6
일 진	己巳	庚午	辛未	壬申	癸酉	甲戌	乙亥	丙子	丁丑	戊寅	己卯	庚辰	辛巳	壬午	癸未	甲申	乙酉	丙戌	丁亥	戊子	己丑	庚寅	辛卯	壬辰	癸巳	甲午	乙未	丙申	丁酉
절기시각																丑初													

8 月 (辛酉)

절기		백로															추분												
음력	1	2	3	4	5	6	7	8	9	10	11	12	13	14	15	16	17	18	19	20	21	22	23	24	25	26	27	28	29
양력 월/일	9/7	8	9	10	11	12	13	14	15	16	17	18	19	20	21	22	23	24	25	26	27	28	29	30	10/1	2	3	4	5
일 진	戊戌	己亥	庚子	辛丑	壬寅	癸卯	甲辰	乙巳	丙午	丁未	戊申	己酉	庚戌	辛亥	壬子	癸丑	甲寅	乙卯	丙辰	丁巳	戊午	己未	庚申	辛酉	壬戌	癸亥	甲子	乙丑	丙寅
절기시각		未正															子初												

9 月 (壬戌)

절기			한로															상강												
음력	1	2	3	4	5	6	7	8	9	10	11	12	13	14	15	16	17	18	19	20	21	22	23	24	25	26	27	28	29	30
양력 월/일	10/6	7	8	9	10	11	12	13	14	15	16	17	18	19	20	21	22	23	24	25	26	27	28	29	30	31	11/1	2	3	4
일 진	丁卯	戊辰	己巳	庚午	辛未	壬申	癸酉	甲戌	乙亥	丙子	丁丑	戊寅	己卯	庚辰	辛巳	壬午	癸未	甲申	乙酉	丙戌	丁亥	戊子	己丑	庚寅	辛卯	壬辰	癸巳	甲午	乙未	丙申
절기시각			卯初															辰正												

10 月 (癸亥)

절기			입동														소설												
음력	1	2	3	4	5	6	7	8	9	10	11	12	13	14	15	16	17	18	19	20	21	22	23	24	25	26	27	28	29
양력 월/일	11/5	6	7	8	9	10	11	12	13	14	15	16	17	18	19	20	21	22	23	24	25	26	27	28	29	30	12/1	2	3
일 진	丁酉	戊戌	己亥	庚子	辛丑	壬寅	癸卯	甲辰	乙巳	丙午	丁未	戊申	己酉	庚戌	辛亥	壬子	癸丑	甲寅	乙卯	丙辰	丁巳	戊午	己未	庚申	辛酉	壬戌	癸亥	甲子	乙丑
절기시각			辰正														卯正												

11 月 (甲子)

절기			대설														동지													
음력	1	2	3	4	5	6	7	8	9	10	11	12	13	14	15	16	17	18	19	20	21	22	23	24	25	26	27	28	29	30
양력 월/일	12/4	5	6	7	8	9	10	11	12	13	14	15	16	17	18	19	20	21	22	23	24	25	26	27	28	29	30	31	1/1	2
일 진	丙寅	丁卯	戊辰	己巳	庚午	辛未	壬申	癸酉	甲戌	乙亥	丙子	丁丑	戊寅	己卯	庚辰	辛巳	壬午	癸未	甲申	乙酉	丙戌	丁亥	戊子	己丑	庚寅	辛卯	壬辰	癸巳	甲午	乙未
절기시각			午正														戌初													

12 月 (乙丑)

절기			소한															대한													
음력	1	2	3	4	5	6	7	8	9	10	11	12	13	14	15	16	17	18	19	20	21	22	23	24	25	26	27	28	29	30
양력 월/일	1/3	4	5	6	7	8	9	10	11	12	13	14	15	16	17	18	19	20	21	22	23	24	25	26	27	28	29	30	31	2/1
일 진	丙申	丁酉	戊戌	己亥	庚子	辛丑	壬寅	癸卯	甲辰	乙巳	丙午	丁未	戊申	己酉	庚戌	辛亥	壬子	癸丑	甲寅	乙卯	丙辰	丁巳	戊午	己未	庚申	辛酉	壬戌	癸亥	甲子	乙丑
절기시각			午正															卯初													

서기 1984년 (단기 4317년)　　甲　子　年

正 月 （丙 寅）

절기				입춘														우수												
음력	1	2	3	4	5	6	7	8	9	10	11	12	13	14	15	16	17	18	19	20	21	22	23	24	25	26	27	28	29	30
양력 월/일	2/2	3	4	5	6	7	8	9	10	11	12	13	14	15	16	17	18	19	20	21	22	23	24	25	26	27	28	29	3/1	2
일 진	丙寅	丁卯	戊辰	己巳	庚午	辛未	壬申	癸酉	甲戌	乙亥	丙子	丁丑	戊寅	己卯	庚辰	辛巳	壬午	癸未	甲申	乙酉	丙戌	丁亥	戊子	己丑	庚寅	辛卯	壬辰	癸巳	甲午	乙未
절기시각				子正														戌正												

2 月 （丁 卯）

절기			경칩															춘분											
음력	1	2	3	4	5	6	7	8	9	10	11	12	13	14	15	16	17	18	19	20	21	22	23	24	25	26	27	28	29
양력 월/일	3/3	4	5	6	7	8	9	10	11	12	13	14	15	16	17	18	19	20	21	22	23	24	25	26	27	28	29	30	31
일 진	丙申	丁酉	戊戌	己亥	庚子	辛丑	壬寅	癸卯	甲辰	乙巳	丙午	丁未	戊申	己酉	庚戌	辛亥	壬子	癸丑	甲寅	乙卯	丙辰	丁巳	戊午	己未	庚申	辛酉	壬戌	癸亥	甲子
절기시각			酉正															戌初											

3 月 （戊 辰）

절기				청명																곡우										
음력	1	2	3	4	5	6	7	8	9	10	11	12	13	14	15	16	17	18	19	20	21	22	23	24	25	26	27	28	29	30
양력 월/일	4/1	2	3	4	5	6	7	8	9	10	11	12	13	14	15	16	17	18	19	20	21	22	23	24	25	26	27	28	29	30
일 진	乙丑	丙寅	丁卯	戊辰	己巳	庚午	辛未	壬申	癸酉	甲戌	乙亥	丙子	丁丑	戊寅	己卯	庚辰	辛巳	壬午	癸未	甲申	乙酉	丙戌	丁亥	戊子	己丑	庚寅	辛卯	壬辰	癸巳	甲午
절기시각				子初																卯正										

4 月 （己 巳）

절기				입하																소만										
음력	1	2	3	4	5	6	7	8	9	10	11	12	13	14	15	16	17	18	19	20	21	22	23	24	25	26	27	28	29	30
양력 월/일	5/1	2	3	4	5	6	7	8	9	10	11	12	13	14	15	16	17	18	19	20	21	22	23	24	25	26	27	28	29	30
일 진	乙未	丙申	丁酉	戊戌	己亥	庚子	辛丑	壬寅	癸卯	甲辰	乙巳	丙午	丁未	戊申	己酉	庚戌	辛亥	壬子	癸丑	甲寅	乙卯	丙辰	丁巳	戊午	己未	庚申	辛酉	壬戌	癸亥	甲子
절기시각				申正																卯初										

5 月 （庚 午）

절기				망종															하지										
음력	1	2	3	4	5	6	7	8	9	10	11	12	13	14	15	16	17	18	19	20	21	22	23	24	25	26	27	28	29
양력 월/일	5/31	6/1	2	3	4	5	6	7	8	9	10	11	12	13	14	15	16	17	18	19	20	21	22	23	24	25	26	27	28
일 진	乙丑	丙寅	丁卯	戊辰	己巳	庚午	辛未	壬申	癸酉	甲戌	乙亥	丙子	丁丑	戊寅	己卯	庚辰	辛巳	壬午	癸未	甲申	乙酉	丙戌	丁亥	戊子	己丑	庚寅	辛卯	壬辰	癸巳
절기시각				戌正															未初										

6 月 （辛 未）

절기								소서														대서							
음력	1	2	3	4	5	6	7	8	9	10	11	12	13	14	15	16	17	18	19	20	21	22	23	24	25	26	27	28	29
양력 월/일	6/29	30	7/1	2	3	4	5	6	7	8	9	10	11	12	13	14	15	16	17	18	19	20	21	22	23	24	25	26	27
일 진	甲午	乙未	丙申	丁酉	戊戌	己亥	庚子	辛丑	壬寅	癸卯	甲辰	乙巳	丙午	丁未	戊申	己酉	庚戌	辛亥	壬子	癸丑	甲寅	乙卯	丙辰	丁巳	戊午	己未	庚申	辛酉	壬戌
절기시각								辰初														子正							

7月 (壬申)

절기											입추																처서				
음력	1	2	3	4	5	6	7	8	9	10	11	12	13	14	15	16	17	18	19	20	21	22	23	24	25	26	27	28	29	30
양력 월/일	7/28	29	30	31	8/1	2	3	4	5	6	7	8	9	10	11	12	13	14	15	16	17	18	19	20	21	22	23	24	25	26
일진	癸亥	甲子	乙丑	丙寅	丁卯	戊辰	己巳	庚午	辛未	壬申	癸酉	甲戌	乙亥	丙子	丁丑	戊寅	己卯	庚辰	辛巳	壬午	癸未	甲申	乙酉	丙戌	丁亥	戊子	己丑	庚寅	辛卯	壬辰
절기시각											酉初																辰初			

8月 (癸酉)

절기											백로																추분		
음력	1	2	3	4	5	6	7	8	9	10	11	12	13	14	15	16	17	18	19	20	21	22	23	24	25	26	27	28	29
양력 월/일	8/27	28	29	30	31	9/1	2	3	4	5	6	7	8	9	10	11	12	13	14	15	16	17	18	19	20	21	22	23	24
일진	癸巳	甲午	乙未	丙申	丁酉	戊戌	己亥	庚子	辛丑	壬寅	癸卯	甲辰	乙巳	丙午	丁未	戊申	己酉	庚戌	辛亥	壬子	癸丑	甲寅	乙卯	丙辰	丁巳	戊午	己未	庚申	辛酉
절기시각											戌初																卯初		

9月 (甲戌)

절기														한로													상강		
음력	1	2	3	4	5	6	7	8	9	10	11	12	13	14	15	16	17	18	19	20	21	22	23	24	25	26	27	28	29
양력 월/일	9/25	26	27	28	29	30	10/1	2	3	4	5	6	7	8	9	10	11	12	13	14	15	16	17	18	19	20	21	22	23
일진	壬戌	癸亥	甲子	乙丑	丙寅	丁卯	戊辰	己巳	庚午	辛未	壬申	癸酉	甲戌	乙亥	丙子	丁丑	戊寅	己卯	庚辰	辛巳	壬午	癸未	甲申	乙酉	丙戌	丁亥	戊子	己丑	庚寅
절기시각														午初													未正		

10月 (乙亥)

절기												입동																		소설
음력	1	2	3	4	5	6	7	8	9	10	11	12	13	14	15	16	17	18	19	20	21	22	23	24	25	26	27	28	29	30
양력 월/일	10/24	25	26	27	28	29	30	31	11/1	2	3	4	5	6	7	8	9	10	11	12	13	14	15	16	17	18	19	20	21	22
일진	辛卯	壬辰	癸巳	甲午	乙未	丙申	丁酉	戊戌	己亥	庚子	辛丑	壬寅	癸卯	甲辰	乙巳	丙午	丁未	戊申	己酉	庚戌	辛亥	壬子	癸丑	甲寅	乙卯	丙辰	丁巳	戊午	己未	庚申
절기시각												未正																		午初

閏 10月 (乙亥)

절기														대설															
음력	1	2	3	4	5	6	7	8	9	10	11	12	13	14	15	16	17	18	19	20	21	22	23	24	25	26	27	28	29
양력 월/일	11/23	24	25	26	27	28	29	30	12/1	2	3	4	5	6	7	8	s 9	10	11	12	13	14	15	16	17	18	19	20	21
일진	辛酉	壬戌	癸亥	甲子	乙丑	丙寅	丁卯	戊辰	己巳	庚午	辛未	壬申	癸酉	甲戌	乙亥	丙子	丁丑	戊寅	己卯	庚辰	辛巳	壬午	癸未	甲申	乙酉	丙戌	丁亥	戊子	己丑
절기시각														辰初															

11月 (丙子)

절기	동지											소한																		대한
음력	1	2	3	4	5	6	7	8	9	10	11	12	13	14	15	16	17	18	19	20	21	22	23	24	25	26	27	28	29	30
양력 월/일	12/22	23	24	25	26	27	28	29	30	31	1/1	2	3	4	5	6	7	8	9	10	11	12	13	14	15	16	17	18	19	20
일진	庚寅	辛卯	壬辰	癸巳	甲午	乙未	丙申	丁酉	戊戌	己亥	庚子	辛丑	壬寅	癸卯	甲辰	乙巳	丙午	丁未	戊申	己酉	庚戌	辛亥	壬子	癸丑	甲寅	乙卯	丙辰	丁巳	戊午	己未
절기시각	丑初											酉正																		午初

12月 (丁丑)

절기														입춘															우수	
음력	1	2	3	4	5	6	7	8	9	10	11	12	13	14	15	16	17	18	19	20	21	22	23	24	25	26	27	28	29	30
양력 월/일	1/21	22	23	24	25	26	27	28	29	30	31	2/1	2	3	4	5	6	7	8	9	10	11	12	13	14	15	16	17	18	19
일진	庚申	辛酉	壬戌	癸亥	甲子	乙丑	丙寅	丁卯	戊辰	己巳	庚午	辛未	壬申	癸酉	甲戌	乙亥	丙子	丁丑	戊寅	己卯	庚辰	辛巳	壬午	癸未	甲申	乙酉	丙戌	丁亥	戊子	己丑
절기시각														卯初															丑初	

서기 1985년 (단기 4318년)   乙 丑 年

正 月 (戊寅)

절 기														경칩															
음력	1	2	3	4	5	6	7	8	9	10	11	12	13	14	15	16	17	18	19	20	21	22	23	24	25	26	27	28	29
양력 월/일	2/20	21	22	23	24	25	26	27	28	3/1	2	3	4	5	6	7	8	9	10	11	12	13	14	15	16	17	18	19	20
일 진	庚寅	辛卯	壬辰	癸巳	甲午	乙未	丙申	丁酉	戊戌	己亥	庚子	辛丑	壬寅	癸卯	甲辰	乙巳	丙午	丁未	戊申	己酉	庚戌	辛亥	壬子	癸丑	甲寅	乙卯	丙辰	丁巳	戊午
절기시각														子正															

2月 (己卯)

절 기	춘분															청명														
음력	1	2	3	4	5	6	7	8	9	10	11	12	13	14	15	16	17	18	19	20	21	22	23	24	25	26	27	28	29	30
양력 월/일	3/21	22	23	24	25	26	27	28	29	30	31	4/1	2	3	4	5	6	7	8	9	10	11	12	13	14	15	16	17	18	19
일 진	己未	庚申	辛酉	壬戌	癸亥	甲子	乙丑	丙寅	丁卯	戊辰	己巳	庚午	辛未	壬申	癸酉	甲戌	乙亥	丙子	丁丑	戊寅	己卯	庚辰	辛巳	壬午	癸未	甲申	乙酉	丙戌	丁亥	戊子
절기시각	子正															寅正														

3月 (庚辰)

절 기	곡우															입하														
음력	1	2	3	4	5	6	7	8	9	10	11	12	13	14	15	16	17	18	19	20	21	22	23	24	25	26	27	28	29	30
양력 월/일	4/20	21	22	23	24	25	26	27	28	29	30	5/1	2	3	4	5	6	7	8	9	10	11	12	13	14	15	16	17	18	19
일 진	己丑	庚寅	辛卯	壬辰	癸巳	甲午	乙未	丙申	丁酉	戊戌	己亥	庚子	辛丑	壬寅	癸卯	甲辰	乙巳	丙午	丁未	戊申	己酉	庚戌	辛亥	壬子	癸丑	甲寅	乙卯	丙辰	丁巳	戊午
절기시각	午正															亥正														

4月 (辛巳)

절 기		소만													망종														
음력	1	2	3	4	5	6	7	8	9	10	11	12	13	14	15	16	17	18	19	20	21	22	23	24	25	26	27	28	29
양력 월/일	5/20	21	22	23	24	25	26	27	28	29	30	31	6/1	2	3	4	5	6	7	8	9	10	11	12	13	14	15	16	17
일 진	己未	庚申	辛酉	壬戌	癸亥	甲子	乙丑	丙寅	丁卯	戊辰	己巳	庚午	辛未	壬申	癸酉	甲戌	乙亥	丙子	丁丑	戊寅	己卯	庚辰	辛巳	壬午	癸未	甲申	乙酉	丙戌	丁亥
절기시각		午初													丑正														

5月 (壬午)

절 기			하지														소서													
음력	1	2	3	4	5	6	7	8	9	10	11	12	13	14	15	16	17	18	19	20	21	22	23	24	25	26	27	28	29	30
양력 월/일	6/18	19	20	21	22	23	24	25	26	27	28	29	30	7/1	2	3	4	5	6	7	8	9	10	11	12	13	14	15	16	17
일 진	戊子	己丑	庚寅	辛卯	壬辰	癸巳	甲午	乙未	丙申	丁酉	戊戌	己亥	庚子	辛丑	壬寅	癸卯	甲辰	乙巳	丙午	丁未	戊申	己酉	庚戌	辛亥	壬子	癸丑	甲寅	乙卯	丙辰	丁巳
절기시각			戌初														未初													

6月 (癸未)

절 기				대서														입추											
음력	1	2	3	4	5	6	7	8	9	10	11	12	13	14	15	16	17	18	19	20	21	22	23	24	25	26	27	28	29
양력 월/일	7/18	19	20	21	22	23	24	25	26	27	28	29	30	31	8/1	2	3	4	5	6	7	8	9	10	11	12	13	14	15
일 진	戊午	己未	庚申	辛酉	壬戌	癸亥	甲子	乙丑	丙寅	丁卯	戊辰	己巳	庚午	辛未	壬申	癸酉	甲戌	乙亥	丙子	丁丑	戊寅	己卯	庚辰	辛巳	壬午	癸未	甲申	乙酉	丙戌
절기시각				卯正														亥正											

7 月 (甲 申)

절 기								처서																	백로						
음 력	1	2	3	4	5	6	7	8	9	10	11	12	13	14	15	16	17	18	19	20	21	22	23	24	25	26	27	28	29	30
양력 월/일	8/16	17	18	19	20	21	22	23	24	25	26	27	28	29	30	31	9/1	2	3	4	5	6	7	8	9	10	11	12	13	14
일 진	丁亥	戊子	己丑	庚寅	辛卯	壬辰	癸巳	甲午	乙未	丙申	丁酉	戊戌	己亥	庚子	辛丑	壬寅	癸卯	甲辰	乙巳	丙午	丁未	戊申	己酉	庚戌	辛亥	壬子	癸丑	甲寅	乙卯	丙辰
절기시각								未初																	丑初						

8 月 (乙 酉)

절 기								추분																한로					
음 력	1	2	3	4	5	6	7	8	9	10	11	12	13	14	15	16	17	18	19	20	21	22	23	24	25	26	27	28	29
양력 월/일	9/15	16	17	18	19	20	21	22	23	24	25	26	27	28	29	30	10/1	2	3	4	5	6	7	8	9	10	11	12	13
일 진	丁巳	戊午	己未	庚申	辛酉	壬戌	癸亥	甲子	乙丑	丙寅	丁卯	戊辰	己巳	庚午	辛未	壬申	癸酉	甲戌	乙亥	丙子	丁丑	戊寅	己卯	庚辰	辛巳	壬午	癸未	甲申	乙酉
절기시각								午初																酉初					

9 月 (丙 戌)

절 기										상강															입동				
음 력	1	2	3	4	5	6	7	8	9	10	11	12	13	14	15	16	17	18	19	20	21	22	23	24	25	26	27	28	29
양력 월/일	10/14	15	16	17	18	19	20	21	22	23	24	25	26	27	28	29	30	31	11/1	2	3	4	5	6	7	8	9	10	11
일 진	丙戌	丁亥	戊子	己丑	庚寅	辛卯	壬辰	癸巳	甲午	乙未	丙申	丁酉	戊戌	己亥	庚子	辛丑	壬寅	癸卯	甲辰	乙巳	丙午	丁未	戊申	己酉	庚戌	辛亥	壬子	癸丑	甲寅
절기시각										戌正															戌正				

10 月 (丁 亥)

절 기										소설															대설					
음 력	1	2	3	4	5	6	7	8	9	10	11	12	13	14	15	16	17	18	19	20	21	22	23	24	25	26	27	28	29	30
양력 월/일	11/12	13	14	15	16	17	18	19	20	21	22	23	24	25	26	27	28	29	30	12/1	2	3	4	5	6	7	8	9	10	11
일 진	乙卯	丙辰	丁巳	戊午	己未	庚申	辛酉	壬戌	癸亥	甲子	乙丑	丙寅	丁卯	戊辰	己巳	庚午	辛未	壬申	癸酉	甲戌	乙亥	丙子	丁丑	戊寅	己卯	庚辰	辛巳	壬午	癸未	甲申
절기시각										酉初															未初					

11 月 (戊 子)

절 기										동지															소한				
음 력	1	2	3	4	5	6	7	8	9	10	11	12	13	14	15	16	17	18	19	20	21	22	23	24	25	26	27	28	29
양력 월/일	12/12	13	14	15	16	17	18	19	20	21	22	23	24	25	26	27	28	29	30	31	1/1	2	3	4	5	6	7	8	9
일 진	乙酉	丙戌	丁亥	戊子	己丑	庚寅	辛卯	壬辰	癸巳	甲午	乙未	丙申	丁酉	戊戌	己亥	庚子	辛丑	壬寅	癸卯	甲辰	乙巳	丙午	丁未	戊申	己酉	庚戌	辛亥	壬子	癸丑
절기시각										卯正															子正				

12 月 (己 丑)

절 기										대한															입춘					
음 력	1	2	3	4	5	6	7	8	9	10	11	12	13	14	15	16	17	18	19	20	21	22	23	24	25	26	27	28	29	30
양력 월/일	1/10	11	12	13	14	15	16	17	18	19	20	21	22	23	24	25	26	27	28	29	30	31	2/1	2	3	4	5	6	7	8
일 진	甲寅	乙卯	丙辰	丁巳	戊午	己未	庚申	辛酉	壬戌	癸亥	甲子	乙丑	丙寅	丁卯	戊辰	己巳	庚午	辛未	壬申	癸酉	甲戌	乙亥	丙子	丁丑	戊寅	己卯	庚辰	辛巳	壬午	癸未
절기시각										酉初															午初					

서기 1986년 (단기 4319년) 丙寅年

正月 (庚寅)

절기											우수															경칩				
음력	1	2	3	4	5	6	7	8	9	10	11	12	13	14	15	16	17	18	19	20	21	22	23	24	25	26	27	28	29	
양력 월/일	2/9	10	11	12	13	14	15	16	17	18	19	20	21	22	23	24	25	26	27	28	3/1	2	3	4	5	6	7	8	9	
일진	甲申	乙酉	丙戌	丁亥	戊子	己丑	庚寅	辛卯	壬辰	癸巳	甲午	乙未	丙申	丁酉	戊戌	己亥	庚子	辛丑	壬寅	癸卯	甲辰	乙巳	丙午	丁未	戊申	己酉	庚戌	辛亥	壬子	
절기시각											辰初															卯初				

2月 (辛卯)

절기											춘분															청명				
음력	1	2	3	4	5	6	7	8	9	10	11	12	13	14	15	16	17	18	19	20	21	22	23	24	25	26	27	28	29	30
양력 월/일	3/10	11	12	13	14	15	16	17	18	19	20	21	22	23	24	25	26	27	28	29	30	31	4/1	2	3	4	5	6	7	8
일진	癸丑	甲寅	乙卯	丙辰	丁巳	戊午	己未	庚申	辛酉	壬戌	癸亥	甲子	乙丑	丙寅	丁卯	戊辰	己巳	庚午	辛未	壬申	癸酉	甲戌	乙亥	丙子	丁丑	戊寅	己卯	庚辰	辛巳	壬午
절기시각											卯正															巳初				

3月 (壬辰)

절기											곡우															입하				
음력	1	2	3	4	5	6	7	8	9	10	11	12	13	14	15	16	17	18	19	20	21	22	23	24	25	26	27	28	29	30
양력 월/일	4/9	10	11	12	13	14	15	16	17	18	19	20	21	22	23	24	25	26	27	28	29	30	5/1	2	3	4	5	6	7	8
일진	癸未	甲申	乙酉	丙戌	丁亥	戊子	己丑	庚寅	辛卯	壬辰	癸巳	甲午	乙未	丙申	丁酉	戊戌	己亥	庚子	辛丑	壬寅	癸卯	甲辰	乙巳	丙午	丁未	戊申	己酉	庚戌	辛亥	壬子
절기시각											酉初															寅正				

4月 (癸巳)

절기											소만															망종			
음력	1	2	3	4	5	6	7	8	9	10	11	12	13	14	15	16	17	18	19	20	21	22	23	24	25	26	27	28	29
양력 월/일	5/9	10	11	12	13	14	15	16	17	18	19	20	21	22	23	24	25	26	27	28	29	30	31	6/1	2	3	4	5	6
일진	癸丑	甲寅	乙卯	丙辰	丁巳	戊午	己未	庚申	辛酉	壬戌	癸亥	甲子	乙丑	丙寅	丁卯	戊辰	己巳	庚午	辛未	壬申	癸酉	甲戌	乙亥	丙子	丁丑	戊寅	己卯	庚辰	辛巳
절기시각											酉初															辰正			

5月 (甲午)

절기											하지																			
음력	1	2	3	4	5	6	7	8	9	10	11	12	13	14	15	16	17	18	19	20	21	22	23	24	25	26	27	28	29	30
양력 월/일	6/7	8	9	10	11	12	13	14	15	16	17	18	19	20	21	22	23	24	25	26	27	28	29	30	7/1	2	3	4	5	6
일진	壬午	癸未	甲申	乙酉	丙戌	丁亥	戊子	己丑	庚寅	辛卯	壬辰	癸巳	甲午	乙未	丙申	丁酉	戊戌	己亥	庚子	辛丑	壬寅	癸卯	甲辰	乙巳	丙午	丁未	戊申	己酉	庚戌	辛亥
절기시각											丑初																			

6月 (乙未)

절기	소서												대서																	
음력	1	2	3	4	5	6	7	8	9	10	11	12	13	14	15	16	17	18	19	20	21	22	23	24	25	26	27	28	29	30
양력 월/일	7/7	8	9	10	11	12	13	14	15	16	17	18	19	20	21	22	23	24	25	26	27	28	29	30	31	8/1	2	3	4	5
일진	壬子	癸丑	甲寅	乙卯	丙辰	丁巳	戊午	己未	庚申	辛酉	壬戌	癸亥	甲子	乙丑	丙寅	丁卯	戊辰	己巳	庚午	辛未	壬申	癸酉	甲戌	乙亥	丙子	丁丑	戊寅	己卯	庚辰	辛巳
절기시각	酉正												午正																	

7 月 （丙申）

절 기			입추															처서										
음 력	1	2	3	4	5	6	7	8	9	10	11	12	13	14	15	16	17	18	19	20	21	22	23	24	25	26	27	28	29
양력 월/일	8/6	7	8	9	10	11	12	13	14	15	16	17	18	19	20	21	22	23	24	25	26	27	28	29	30	31	9/1	2	3
일 진	壬午	癸未	甲申	乙酉	丙戌	丁亥	戊子	己丑	庚寅	辛卯	壬辰	癸巳	甲午	乙未	丙申	丁酉	戊戌	己亥	庚子	辛丑	壬寅	癸卯	甲辰	乙巳	丙午	丁未	戊申	己酉	庚戌
절기시각			寅正															戌初											

8 月 （丁酉）

절 기				백로																	추분									
음 력	1	2	3	4	5	6	7	8	9	10	11	12	13	14	15	16	17	18	19	20	21	22	23	24	25	26	27	28	29	30
양력 월/일	9/4	5	6	7	8	9	10	11	12	13	14	15	16	17	18	19	20	21	22	23	24	25	26	27	28	29	30	10/1	2	3
일 진	辛亥	壬子	癸丑	甲寅	乙卯	丙辰	丁巳	戊午	己未	庚申	辛酉	壬戌	癸亥	甲子	乙丑	丙寅	丁卯	戊辰	己巳	庚午	辛未	壬申	癸酉	甲戌	乙亥	丙子	丁丑	戊寅	己卯	庚辰
절기시각				辰初																	申正									

9 月 （戊戌）

절 기				한로																	상강								
음 력	1	2	3	4	5	6	7	8	9	10	11	12	13	14	15	16	17	18	19	20	21	22	23	24	25	26	27	28	29
양력 월/일	10/4	5	6	7	8	9	10	11	12	13	14	15	16	17	18	19	20	21	22	23	24	25	26	27	28	29	30	31	11/1
일 진	辛巳	壬午	癸未	甲申	乙酉	丙戌	丁亥	戊子	己丑	庚寅	辛卯	壬辰	癸巳	甲午	乙未	丙申	丁酉	戊戌	己亥	庚子	辛丑	壬寅	癸卯	甲辰	乙巳	丙午	丁未	戊申	己酉
절기시각				子初																	丑正								

10 月 （己亥）

절 기					입동																소설									
음 력	1	2	3	4	5	6	7	8	9	10	11	12	13	14	15	16	17	18	19	20	21	22	23	24	25	26	27	28	29	30
양력 월/일	11/2	3	4	5	6	7	8	9	10	11	12	13	14	15	16	17	18	19	20	21	22	23	24	25	26	27	28	29	30	12/1
일 진	庚戌	辛亥	壬子	癸丑	甲寅	乙卯	丙辰	丁巳	戊午	己未	庚申	辛酉	壬戌	癸亥	甲子	乙丑	丙寅	丁卯	戊辰	己巳	庚午	辛未	壬申	癸酉	甲戌	乙亥	丙子	丁丑	戊寅	己卯
절기시각					丑正																子初									

11 月 （庚子）

절 기				대설																동지									
음 력	1	2	3	4	5	6	7	8	9	10	11	12	13	14	15	16	17	18	19	20	21	22	23	24	25	26	27	28	29
양력 월/일	12/2	3	4	5	6	7	8	9	10	11	12	13	14	15	16	17	18	19	20	21	22	23	24	25	26	27	28	29	30
일 진	庚辰	辛巳	壬午	癸未	甲申	乙酉	丙戌	丁亥	戊子	己丑	庚寅	辛卯	壬辰	癸巳	甲午	乙未	丙申	丁酉	戊戌	己亥	庚子	辛丑	壬寅	癸卯	甲辰	乙巳	丙午	丁未	戊申
절기시각				酉正																午正									

12 月 （辛丑）

절 기					소한															대한									
음 력	1	2	3	4	5	6	7	8	9	10	11	12	13	14	15	16	17	18	19	20	21	22	23	24	25	26	27	28	29
양력 월/일	12/31	1/1	2	3	4	5	6	7	8	9	10	11	12	13	14	15	16	17	18	19	20	21	22	23	24	25	26	27	28
일 진	己酉	庚戌	辛亥	壬子	癸丑	甲寅	乙卯	丙辰	丁巳	戊午	己未	庚申	辛酉	壬戌	癸亥	甲子	乙丑	丙寅	丁卯	戊辰	己巳	庚午	辛未	壬申	癸酉	甲戌	乙亥	丙子	丁丑
절기시각					卯正															子初									

서기 1987년 (단기 4320년) 丁卯年

正月 (壬寅)

절기							입춘														우수									
음력	1	2	3	4	5	6	7	8	9	10	11	12	13	14	15	16	17	18	19	20	21	22	23	24	25	26	27	28	29	30
양력 월/일	1/29	30	31	2/1	2	3	4	5	6	7	8	9	10	11	12	13	14	15	16	17	18	19	20	21	22	23	24	25	26	27
일진	戊寅	己卯	庚辰	辛巳	壬午	癸未	甲申	乙酉	丙戌	丁亥	戊子	己丑	庚寅	辛卯	壬辰	癸巳	甲午	乙未	丙申	丁酉	戊戌	己亥	庚子	辛丑	壬寅	癸卯	甲辰	乙巳	丙午	丁未
절기시각							酉初															未初								

2月 (癸卯)

절기							경칩														춘분								
음력	1	2	3	4	5	6	7	8	9	10	11	12	13	14	15	16	17	18	19	20	21	22	23	24	25	26	27	28	29
양력 월/일	2/28	3/1	2	3	4	5	6	7	8	9	10	11	12	13	14	15	16	17	18	19	20	21	22	23	24	25	26	27	28
일진	戊申	己酉	庚戌	辛亥	壬子	癸丑	甲寅	乙卯	丙辰	丁巳	戊午	己未	庚申	辛酉	壬戌	癸亥	甲子	乙丑	丙寅	丁卯	戊辰	己巳	庚午	辛未	壬申	癸酉	甲戌	乙亥	丙子
절기시각							午初														午正								

3月 (甲辰)

절기								청명														곡우								
음력	1	2	3	4	5	6	7	8	9	10	11	12	13	14	15	16	17	18	19	20	21	22	23	24	25	26	27	28	29	30
양력 월/일	3/29	30	31	4/1	2	3	4	5	6	7	8	9	10	11	12	13	14	15	16	17	18	19	20	21	22	23	24	25	26	27
일진	丁丑	戊寅	己卯	庚辰	辛巳	壬午	癸未	甲申	乙酉	丙戌	丁亥	戊子	己丑	庚寅	辛卯	壬辰	癸巳	甲午	乙未	丙申	丁酉	戊戌	己亥	庚子	辛丑	壬寅	癸卯	甲辰	乙巳	丙午
절기시각								申正														子初								

4月 (乙巳)

절기								입하															소만							
음력	1	2	3	4	5	6	7	8	9	10	11	12	13	14	15	16	17	18	19	20	21	22	23	24	25	26	27	28	29	30
양력 월/일	4/28	29	30	5/1	2	3	4	5	6	7	8	9	10	11	12	13	14	15	16	17	18	19	20	21	22	23	24	25	26	27
일진	丁未	戊申	己酉	庚戌	辛亥	壬子	癸丑	甲寅	乙卯	丙辰	丁巳	戊午	己未	庚申	辛酉	壬戌	癸亥	甲子	乙丑	丙寅	丁卯	戊辰	己巳	庚午	辛未	壬申	癸酉	甲戌	乙亥	丙子
절기시각								巳正															子初							

5月 (丙午)

절기						망종																하지							
음력	1	2	3	4	5	6	7	8	9	10	11	12	13	14	15	16	17	18	19	20	21	22	23	24	25	26	27	28	29
양력 월/일	5/28	29	30	31	6/1	2	3	4	5	6	7	8	9	10	11	12	13	14	15	16	17	18	19	20	21	22	23	24	25
일진	丁丑	戊寅	己卯	庚辰	辛巳	壬午	癸未	甲申	乙酉	丙戌	丁亥	戊子	己丑	庚寅	辛卯	壬辰	癸巳	甲午	乙未	丙申	丁酉	戊戌	己亥	庚子	辛丑	壬寅	癸卯	甲辰	乙巳
절기시각						未正																辰初							

6月 (丁未)

절기								소서															대서							
음력	1	2	3	4	5	6	7	8	9	10	11	12	13	14	15	16	17	18	19	20	21	22	23	24	25	26	27	28	29	30
양력 월/일	6/26	27	28	29	30	7/1	2	3	4	5	6	7	8	9	10	11	12	13	14	15	16	17	18	19	20	21	22	23	24	25
일진	丙午	丁未	戊申	己酉	庚戌	辛亥	壬子	癸丑	甲寅	乙卯	丙辰	丁巳	戊午	己未	庚申	辛酉	壬戌	癸亥	甲子	乙丑	丙寅	丁卯	戊辰	己巳	庚午	辛未	壬申	癸酉	甲戌	乙亥
절기시각								子正															酉正							

閏6月 (丁未)

절기								입추																					
음력	1	2	3	4	5	6	7	8	9	10	11	12	13	14	15	16	17	18	19	20	21	22	23	24	25	26	27	28	29
양력 월/일	7/26	27	28	29	30	31	8/1	2	3	4	5	6	7	8	9	10	11	12	13	14	15	16	17	18	19	20	21	22	23
일진	丙子	丁丑	戊寅	己卯	庚辰	辛巳	壬午	癸未	甲申	乙酉	丙戌	丁亥	戊子	己丑	庚寅	辛卯	壬辰	癸巳	甲午	乙未	丙申	丁酉	戊戌	己亥	庚子	辛丑	壬寅	癸卯	甲辰
절기시각								巳正																					

7 月 (戊申)

절기		처서									백로																				
음력		1	2	3	4	5	6	7	8	9	10	11	12	13	14	15	16	17	18	19	20	21	22	23	24	25	26	27	28	29	30
양력	월/일	8/24	25	26	27	28	29	30	31	9/1	2	3	4	5	6	7	8	9	10	11	12	13	14	15	16	17	18	19	20	21	22
일	진	乙巳	丙午	丁未	戊申	己酉	庚戌	辛亥	壬子	癸丑	甲寅	乙卯	丙辰	丁巳	戊午	己未	庚申	辛酉	壬戌	癸亥	甲子	乙丑	丙寅	丁卯	戊辰	己巳	庚午	辛未	壬申	癸酉	甲戌
절기시각		丑初										未初																			

8 月 (己酉)

절기		추분																한로														
음력		1	2	3	4	5	6	7	8	9	10	11	12	13	14	15	16	17	18	19	20	21	22	23	24	25	26	27	28	29	30
양력	월/일	9/23	24	25	26	28	28	29	30	10/1	2	3	4	5	6	7	8	9	10	11	12	13	14	15	16	17	18	19	20	21	22
일	진	乙亥	丙子	丁丑	戊寅	己卯	庚辰	辛巳	壬午	癸未	甲申	乙酉	丙戌	丁亥	戊戌	己丑	庚寅	辛卯	壬辰	癸巳	甲午	乙未	丙申	丁酉	戊戌	己亥	庚子	辛丑	壬寅	癸卯	甲辰
절기시각		亥正																寅正													

9 月 (庚戌)

절기		상강																입동													
음력		1	2	3	4	5	6	7	8	9	10	11	12	13	14	15	16	17	18	19	20	21	22	23	24	25	26	27	28	29	
양력	월/일	10/23	24	25	26	27	28	29	30	31	11/1	2	3	4	5	6	7	8	9	10	11	12	13	14	15	16	17	18	19	20	
일	진	乙巳	丙午	丁未	戊申	己酉	庚戌	辛亥	壬子	癸丑	甲寅	乙卯	丙辰	丁巳	戊午	己未	庚申	辛酉	壬戌	癸亥	甲子	乙丑	丙寅	丁卯	戊辰	己巳	庚午	辛未	壬申	癸酉	
절기시각		辰初																辰初													

10 月 (辛亥)

절기		소설															대설														
음력		1	2	3	4	5	6	7	8	9	10	11	12	13	14	15	16	17	18	19	20	21	22	23	24	25	26	27	28	29	30
양력	월/일	11/21	22	23	24	25	26	27	28	29	30	12/1	2	3	4	5	6	7	8	9	10	11	12	13	14	15	16	17	18	19	20
일	진	甲戌	乙亥	丙子	丁丑	戊寅	己卯	庚辰	辛巳	壬午	癸未	甲申	乙酉	丙戌	丁亥	戊戌	己丑	庚寅	辛卯	壬辰	癸巳	甲午	乙未	丙申	丁酉	戊戌	己亥	庚子	辛丑	壬寅	癸卯
절기시각		卯初															子正														

11 月 (壬子)

절기		동지															소한													
음력		1	2	3	4	5	6	7	8	9	10	11	12	13	14	15	16	17	18	19	20	21	22	23	24	25	26	27	28	29
양력	월/일	12/21	22	23	24	25	26	27	28	29	30	31	1/1	2	3	4	5	6	7	8	9	10	11	12	13	14	15	16	17	18
일	진	甲辰	乙巳	丙午	丁未	戊申	己酉	庚戌	辛亥	壬子	癸丑	甲寅	乙卯	丙辰	丁巳	戊午	己未	庚申	辛酉	壬戌	癸亥	甲子	乙丑	丙寅	丁卯	戊辰	己巳	庚午	辛未	壬申
절기시각		酉正															午初													

12 月 (癸丑)

절기		처서		대한													입춘														
음력		1	2	3	4	5	6	7	8	9	10	11	12	13	14	15	16	17	18	19	20	21	22	23	24	25	26	27	28	29	30
양력	월/일	1/19	20	21	22	23	24	25	26	27	28	29	30	31	2/1	2	3	4	5	6	7	8	9	10	11	12	13	14	15	16	17
일	진	癸酉	甲戌	乙亥	丙子	丁丑	戊寅	己卯	庚辰	辛巳	壬午	癸未	甲申	乙酉	丙戌	丁亥	戊子	己丑	庚寅	辛卯	壬辰	癸巳	甲午	乙未	丙申	丁酉	戊戌	己亥	庚子	辛丑	壬寅
절기시각		卯初															子初														

서기 1988년 (단기 4321년)　　戊　辰　年

正 月 （甲寅）

절기			우수														경칩											
음력	1	2	3	4	5	6	7	8	9	10	11	12	13	14	15	16	17	18	19	20	21	22	23	24	25	26	27	28	29
양력 월/일	2/18	19	20	21	22	23	24	25	26	27	28	29	3/1	2	3	4	5	6	7	8	9	10	11	12	13	14	15	16	17
일진	癸卯	甲辰	乙巳	丙午	丁未	戊申	己酉	庚戌	辛亥	壬子	癸丑	甲寅	乙卯	丙辰	丁巳	戊午	己未	庚申	辛酉	壬戌	癸亥	甲子	乙丑	丙寅	丁卯	戊辰	己巳	庚午	辛未
절기시각			戌初														酉初												

2月 （乙卯）

절기			춘분														청명											
음력	1	2	3	4	5	6	7	8	9	10	11	12	13	14	15	16	17	18	19	20	21	22	23	24	25	26	27	28	29
양력 월/일	3/18	19	20	21	22	23	24	25	26	27	28	29	30	31	4/1	2	3	4	5	6	7	8	9	10	11	12	13	14	15
일진	壬申	癸酉	甲戌	乙亥	丙子	丁丑	戊寅	己卯	庚辰	辛巳	壬午	癸未	甲申	乙酉	丙戌	丁亥	戊子	己丑	庚寅	辛卯	壬辰	癸巳	甲午	乙未	丙申	丁酉	戊戌	己亥	庚子
절기시각			酉正														亥正												

3月 （丙辰）

절기				곡우															입하											
음력	1	2	3	4	5	6	7	8	9	10	11	12	13	14	15	16	17	18	19	20	21	22	23	24	25	26	27	28	29	30
양력 월/일	4/16	17	18	19	20	21	22	23	24	25	26	27	28	29	30	5/1	2	3	4	5	6	7	8	9	10	11	12	13	14	15
일진	辛丑	壬寅	癸卯	甲辰	乙巳	丙午	丁未	戊申	己酉	庚戌	辛亥	壬子	癸丑	甲寅	乙卯	丙辰	丁巳	戊午	己未	庚申	辛酉	壬戌	癸亥	甲子	乙丑	丙寅	丁卯	戊辰	己巳	庚午
절기시각				卯初															申初											

4月 （丁巳）

절기					소만															망종									
음력	1	2	3	4	5	6	7	8	9	10	11	12	13	14	15	16	17	18	19	20	21	22	23	24	25	26	27	28	29
양력 월/일	5/16	17	18	19	20	21	22	23	24	25	26	27	28	29	30	31	6/1	2	3	4	5	6	7	8	9	10	11	12	13
일진	辛未	壬申	癸酉	甲戌	乙亥	丙子	丁丑	戊寅	己卯	庚辰	辛巳	壬午	癸未	甲申	乙酉	丙戌	丁亥	戊子	己丑	庚寅	辛卯	壬辰	癸巳	甲午	乙未	丙申	丁酉	戊戌	己亥
절기시각					寅正															戌初									

5月 （戊午）

절기						하지													소서											
음력	1	2	3	4	5	6	7	8	9	10	11	12	13	14	15	16	17	18	19	20	21	22	23	24	25	26	27	28	29	30
양력 월/일	6/14	15	16	17	18	19	20	21	22	23	24	25	26	27	28	29	30	7/1	2	3	4	5	6	7	8	9	10	11	12	13
일진	庚子	辛丑	壬寅	癸卯	甲辰	乙巳	丙午	丁未	戊申	己酉	庚戌	辛亥	壬子	癸丑	甲寅	乙卯	丙辰	丁巳	戊午	己未	庚申	辛酉	壬戌	癸亥	甲子	乙丑	丙寅	丁卯	戊辰	己巳
절기시각						午正													卯正											

6月 （己未）

절기							대서													입추									
음력	1	2	3	4	5	6	7	8	9	10	11	12	13	14	15	16	17	18	19	20	21	22	23	24	25	26	27	28	29
양력 월/일	7/14	15	16	17	18	19	20	21	22	23	24	25	26	27	28	29	30	31	8/1	2	3	4	5	6	7	8	9	10	11
일진	庚午	辛未	壬申	癸酉	甲戌	乙亥	丙子	丁丑	戊寅	己卯	庚辰	辛巳	壬午	癸未	甲申	乙酉	丙戌	丁亥	戊子	己丑	庚寅	辛卯	壬辰	癸巳	甲午	乙未	丙申	丁酉	戊戌
절기시각							子初													申正									

7 月 （庚 申）

절 기												처서															백로				
음 력	1	2	3	4	5	6	7	8	9	10	11	12	13	14	15	16	17	18	19	20	21	22	23	24	25	26	27	28	29	30
양력 월/일	8/12	13	14	15	16	17	18	19	20	21	22	23	24	25	26	27	28	29	30	31	9/1	2	3	4	5	6	7	8	9	10
일 진	己亥	庚子	辛丑	壬寅	癸卯	甲辰	乙巳	丙午	丁未	戊申	己酉	庚戌	辛亥	壬子	癸丑	甲寅	乙卯	丙辰	丁巳	戊午	己未	庚申	辛酉	壬戌	癸亥	甲子	乙丑	丙寅	丁卯	戊辰
절기시각												卯正															戌初			

8 月 （辛 酉）

절 기												추분															한로			
음 력	1	2	3	4	5	6	7	8	9	10	11	12	13	14	15	16	17	18	19	20	21	22	23	24	25	26	27	28	29	30
양력 월/일	9/11	12	13	14	15	16	17	18	19	20	21	22	23	24	25	26	27	28	29	30	10/1	2	3	4	5	6	7	8	9	10
일 진	己巳	庚午	辛未	壬申	癸酉	甲戌	乙亥	丙子	丁丑	戊寅	己卯	庚辰	辛巳	壬午	癸未	甲申	乙酉	丙戌	丁亥	戊子	己丑	庚寅	辛卯	壬辰	癸巳	甲午	乙未	丙申	丁酉	戊戌
절기시각												寅正															巳正			

9 月 （壬 戌）

절 기												상강															입동		
음 력	1	2	3	4	5	6	7	8	9	10	11	12	13	14	15	16	17	18	19	20	21	22	23	24	25	26	27	28	29
양력 월/일	10/11	12	13	14	15	16	17	18	19	20	21	22	23	24	25	26	27	28	29	30	31	11/1	2	3	4	5	6	7	8
일 진	己亥	庚子	辛丑	壬寅	癸卯	甲辰	乙巳	丙午	丁未	戊申	己酉	庚戌	辛亥	壬子	癸丑	甲寅	乙卯	丙辰	丁巳	戊午	己未	庚申	辛酉	壬戌	癸亥	甲子	乙丑	丙寅	丁卯
절기시각												未初															未初		

10 月 （癸 亥）

절 기													소설														대설			
음 력	1	2	3	4	5	6	7	8	9	10	11	12	13	14	15	16	17	18	19	20	21	22	23	24	25	26	27	28	29	30
양력 월/일	11/9	10	11	12	13	14	15	16	17	18	19	20	21	22	23	24	25	26	27	28	29	30	12/1	2	3	4	5	6	7	8
일 진	戊辰	己巳	庚午	辛未	壬申	癸酉	甲戌	乙亥	丙子	丁丑	戊寅	己卯	庚辰	辛巳	壬午	癸未	甲申	乙酉	丙戌	丁亥	戊子	己丑	庚寅	辛卯	壬辰	癸巳	甲午	乙未	丙申	丁酉
절기시각													午初														卯正			

11 月 （甲 子）

절 기													동지														소한			
음 력	1	2	3	4	5	6	7	8	9	10	11	12	13	14	15	16	17	18	19	20	21	22	23	24	25	26	27	28	29	30
양력 월/일	12/9	10	11	12	13	14	15	16	17	18	19	20	21	22	23	24	25	26	27	28	29	30	31	1/1	2	3	4	5	6	7
일 진	戊戌	己亥	庚子	辛丑	壬寅	癸卯	甲辰	乙巳	丙午	丁未	戊申	己酉	庚戌	辛亥	壬子	癸丑	甲寅	乙卯	丙辰	丁巳	戊午	己未	庚申	辛酉	壬戌	癸亥	甲子	乙丑	丙寅	丁卯
절기시각													子正														酉初			

12 月 （乙 丑）

절 기												대한															입춘		
음 력	1	2	3	4	5	6	7	8	9	10	11	12	13	14	15	16	17	18	19	20	21	22	23	24	25	26	27	28	29
양력 월/일	1/8	9	10	11	12	13	14	15	16	17	18	19	20	21	22	23	24	25	26	27	28	29	30	31	2/1	2	3	4	5
일 진	戊辰	己巳	庚午	辛未	壬申	癸酉	甲戌	乙亥	丙子	丁丑	戊寅	己卯	庚辰	辛巳	壬午	癸未	甲申	乙酉	丙戌	丁亥	戊子	己丑	庚寅	辛卯	壬辰	癸巳	甲午	乙未	丙申
절기시각												午初															卯正		

서기 1989년 (단기 4322년) 己 巳 年

正 月 （丙 寅）

절 기														우수														경칩		
음 력	1	2	3	4	5	6	7	8	9	10	11	12	13	14	15	16	17	18	19	20	21	22	23	24	25	26	27	28	29	30
양력 월/일	2/6	7	8	9	10	11	12	13	14	15	16	17	18	19	20	21	22	23	24	25	26	27	28	3/1	2	3	4	5	6	7
일 진	丁酉	戊戌	己亥	庚子	辛丑	壬寅	癸卯	甲辰	乙巳	丙午	丁未	戊申	己酉	庚戌	辛亥	壬子	癸丑	甲寅	乙卯	丙辰	丁巳	戊午	己未	庚申	辛酉	壬戌	癸亥	甲子	乙丑	丙寅
절기시각														丑初														子初		

2 月 （丁 卯）

절 기														춘분														청명	
음 력	1	2	3	4	5	6	7	8	9	10	11	12	13	14	15	16	17	18	19	20	21	22	23	24	25	26	27	28	29
양력 월/일	3/8	9	10	11	12	13	14	15	16	17	18	19	20	21	22	23	24	25	26	27	28	29	30	31	4/1	2	3	4	5
일 진	丁卯	戊辰	己巳	庚午	辛未	壬申	癸酉	甲戌	乙亥	丙子	丁丑	戊寅	己卯	庚辰	辛巳	壬午	癸未	甲申	乙酉	丙戌	丁亥	戊子	己丑	庚寅	辛卯	壬辰	癸巳	甲午	乙未
절기시각														子正														寅正	

3 月 （戊 辰）

절 기														곡우															
음 력	1	2	3	4	5	6	7	8	9	10	11	12	13	14	15	16	17	18	19	20	21	22	23	24	25	26	27	28	29
양력 월/일	4/6	7	8	9	10	11	12	13	14	15	16	17	18	19	20	21	22	23	24	25	26	27	28	29	30	5/1	2	3	4
일 진	丙申	丁酉	戊戌	己亥	庚子	辛丑	壬寅	癸卯	甲辰	乙巳	丙午	丁未	戊申	己酉	庚戌	辛亥	壬子	癸丑	甲寅	乙卯	丙辰	丁巳	戊午	己未	庚申	辛酉	壬戌	癸亥	甲子
절기시각														午初															

4 月 （己 巳）

절 기	입하														소만															
음 력	1	2	3	4	5	6	7	8	9	10	11	12	13	14	15	16	17	18	19	20	21	22	23	24	25	26	27	28	29	30
양력 월/일	5/5	6	7	8	9	10	11	12	13	14	15	16	17	18	19	20	21	22	23	24	25	26	27	28	29	30	31	6/1	2	3
일 진	乙丑	丙寅	丁卯	戊辰	己巳	庚午	辛未	壬申	癸酉	甲戌	乙亥	丙子	丁丑	戊寅	己卯	庚辰	辛巳	壬午	癸未	甲申	乙酉	丙戌	丁亥	戊子	己丑	庚寅	辛卯	壬辰	癸巳	甲午
절기시각	亥初														巳正															

5 月 （庚 午）

절 기			망종															하지											
음 력	1	2	3	4	5	6	7	8	9	10	11	12	13	14	15	16	17	18	19	20	21	22	23	24	25	26	27	28	29
양력 월/일	6/4	5	6	7	8	9	10	11	12	13	14	15	16	17	18	19	20	21	22	23	24	25	26	27	28	29	30	7/1	2
일 진	乙未	丙申	丁酉	戊戌	己亥	庚子	辛丑	壬寅	癸卯	甲辰	乙巳	丙午	丁未	戊申	己酉	庚戌	辛亥	壬子	癸丑	甲寅	乙卯	丙辰	丁巳	戊午	己未	庚申	辛酉	壬戌	癸亥
절기시각			丑初															酉正											

6 月 （辛 未）

절 기					소서															대서										
음 력	1	2	3	4	5	6	7	8	9	10	11	12	13	14	15	16	17	18	19	20	21	22	23	24	25	26	27	28	29	30
양력 월/일	7/3	4	5	6	7	8	9	10	11	12	13	14	15	16	17	18	19	20	21	22	23	24	25	26	27	28	29	30	31	8/1
일 진	甲子	乙丑	丙寅	丁卯	戊辰	己巳	庚午	辛未	壬申	癸酉	甲戌	乙亥	丙子	丁丑	戊寅	己卯	庚辰	辛巳	壬午	癸未	甲申	乙酉	丙戌	丁亥	戊子	己丑	庚寅	辛卯	壬辰	癸巳
절기시각					酉正															卯初										

7月 (壬申)

절 기					입추																	처서							
음 력	1	2	3	4	5	6	7	8	9	10	11	12	13	14	15	16	17	18	19	20	21	22	23	24	25	26	27	28	29
양력 월/일	8/2	3	4	5	6	7	8	9	10	11	12	13	14	15	16	17	18	19	20	21	22	23	24	25	26	27	28	29	30
일 진	甲午	乙未	丙申	丁酉	戊戌	己亥	庚子	辛丑	壬寅	癸卯	甲辰	乙巳	丙午	丁未	戊申	己酉	庚戌	辛亥	壬子	癸丑	甲寅	乙卯	丙辰	丁巳	戊午	己未	庚申	辛酉	壬戌
절기시각					亥正																	午正							

8月 (癸酉)

절 기					백로																			추분						
음 력	1	2	3	4	5	6	7	8	9	10	11	12	13	14	15	16	17	18	19	20	21	22	23	24	25	26	27	28	29	30
양력 월/일	8/31	9/1	2	3	4	5	6	7	8	9	10	11	12	13	14	15	16	17	18	19	20	21	22	23	24	25	26	27	28	29
일 진	癸亥	甲子	乙丑	丙寅	丁卯	戊辰	己巳	庚午	辛未	壬申	癸酉	甲戌	乙亥	丙子	丁丑	戊寅	己卯	庚辰	辛巳	壬午	癸未	甲申	乙酉	丙戌	丁亥	戊子	己丑	庚寅	辛卯	壬辰
절기시각					子正																			巳正						

9月 (甲戌)

절 기									한로															상강						
음 력	1	2	3	4	5	6	7	8	9	10	11	12	13	14	15	16	17	18	19	20	21	22	23	24	25	26	27	28	29	30
양력 월/일	9/30	10/1	2	3	4	5	6	7	8	9	10	11	12	13	14	15	16	17	18	19	20	21	22	23	24	25	26	27	28	29
일 진	癸巳	甲午	乙未	丙申	丁酉	戊戌	己亥	庚子	辛丑	壬寅	癸卯	甲辰	乙巳	丙午	丁未	戊申	己酉	庚戌	辛亥	壬子	癸丑	甲寅	乙卯	丙辰	丁巳	戊午	己未	庚申	辛酉	壬戌
절기시각					申正																			戌初						

10月 (乙亥)

절 기									입동															소설						
음 력	1	2	3	4	5	6	7	8	9	10	11	12	13	14	15	16	17	18	19	20	21	22	23	24	25	26	27	28	29	
양력 월/일	10/30	31	11/1	2	3	4	5	6	7	8	9	10	11	12	13	14	15	16	17	18	19	20	21	22	23	24	25	26	27	
일 진	癸亥	甲子	乙丑	丙寅	丁卯	戊辰	己巳	庚午	辛未	壬申	癸酉	甲戌	乙亥	丙子	丁丑	戊寅	己卯	庚辰	辛巳	壬午	癸未	甲申	乙酉	丙戌	丁亥	戊子	己丑	庚寅	辛卯	
절기시각									戌初															申正						

11月 (丙子)

절 기									대설															동지						
음 력	1	2	3	4	5	6	7	8	9	10	11	12	13	14	15	16	17	18	19	20	21	22	23	24	25	26	27	28	29	30
양력 월/일	11/28	29	30	12/1	2	3	4	5	6	7	8	9	10	11	12	13	14	15	16	17	18	19	20	21	22	23	24	25	26	27
일 진	壬辰	癸巳	甲午	乙未	丙申	丁酉	戊戌	己亥	庚子	辛丑	壬寅	癸卯	甲辰	乙巳	丙午	丁未	戊申	己酉	庚戌	辛亥	壬子	癸丑	甲寅	乙卯	丙辰	丁巳	戊午	己未	庚申	辛酉
절기시각									午正															卯正						

12月 (丁丑)

절 기							소한																	대한						
음 력	1	2	3	4	5	6	7	8	9	10	11	12	13	14	15	16	17	18	19	20	21	22	23	24	25	26	27	28	29	30
양력 월/일	12/28	29	30	31	1/1	2	3	4	5	6	7	8	9	10	11	12	13	14	15	16	17	18	19	20	21	22	23	24	25	26
일 진	壬戌	癸亥	甲子	乙丑	丙寅	丁卯	戊辰	己巳	庚午	辛未	壬申	癸酉	甲戌	乙亥	丙子	丁丑	戊寅	己卯	庚辰	辛巳	壬午	癸未	甲申	乙酉	丙戌	丁亥	戊子	己丑	庚寅	辛卯
절기시각							子初																	申正						

서기 1990년 (단기 4323년)   庚 午 年

正 月 (戊 寅)

절기									입춘															우수						
음력	1	2	3	4	5	6	7	8	9	10	11	12	13	14	15	16	17	18	19	20	21	22	23	24	25	26	27	28	29	
양력 월/일	1/27	28	29	30	31	2/1	2	3	4	5	6	7	8	9	10	11	12	13	14	15	16	17	18	19	20	21	22	23	24	
일진	壬辰	癸巳	甲午	乙未	丙申	丁酉	戊戌	己亥	庚子	辛丑	壬寅	癸卯	甲辰	乙巳	丙午	丁未	戊申	己酉	庚戌	辛亥	壬子	癸丑	甲寅	乙卯	丙辰	丁巳	戊午	己未	庚申	
절기시각									午初															卯正						

2 月 (己 卯)

절기										경칩															춘분					
음력	1	2	3	4	5	6	7	8	9	10	11	12	13	14	15	16	17	18	19	20	21	22	23	24	25	26	27	28	29	30
양력 월/일	2/25	26	27	28	3/1	2	3	4	5	6	7	8	9	10	11	12	13	14	15	16	17	18	19	20	21	22	23	24	25	26
일진	辛酉	壬戌	癸亥	甲子	乙丑	丙寅	丁卯	戊辰	己巳	庚午	辛未	壬申	癸酉	甲戌	乙亥	丙子	丁丑	戊寅	己卯	庚辰	辛巳	壬午	癸未	甲申	乙酉	丙戌	丁亥	戊子	己丑	庚寅
절기시각										卯初															卯正					

3 月 (庚 辰)

절기									청명															곡우						
음력	1	2	3	4	5	6	7	8	9	10	11	12	13	14	15	16	17	18	19	20	21	22	23	24	25	26	27	28	29	
양력 월/일	3/27	28	29	30	31	4/1	2	3	4	5	6	7	8	9	10	11	12	13	14	15	16	17	18	19	20	21	22	23	24	
일진	辛卯	壬辰	癸巳	甲午	乙未	丙申	丁酉	戊戌	己亥	庚子	辛丑	壬寅	癸卯	甲辰	乙巳	丙午	丁未	戊申	己酉	庚戌	辛亥	壬子	癸丑	甲寅	乙卯	丙辰	丁巳	戊午	己未	
절기시각									巳正															酉初						

4 月 (辛 巳)

절기									입하																소만					
음력	1	2	3	4	5	6	7	8	9	10	11	12	13	14	15	16	17	18	19	20	21	22	23	24	25	26	27	28	29	
양력 월/일	4/25	26	27	28	29	30	5/1	2	3	4	5	6	7	8	9	10	11	12	13	14	15	16	17	18	19	20	21	22	23	
일진	庚申	辛酉	壬戌	癸亥	甲子	乙丑	丙寅	丁卯	戊辰	己巳	庚午	辛未	壬申	癸酉	甲戌	乙亥	丙子	丁丑	戊寅	己卯	庚辰	辛巳	壬午	癸未	甲申	乙酉	丙戌	丁亥	戊子	
절기시각									寅初																申正					

5 月 (壬 午)

절기										망종																			하지	
음력	1	2	3	4	5	6	7	8	9	10	11	12	13	14	15	16	17	18	19	20	21	22	23	24	25	26	27	28	29	30
양력 월/일	5/24	25	26	27	28	29	30	31	6/1	2	3	4	5	6	7	8	9	10	11	12	13	14	15	16	17	18	19	20	21	22
일진	己丑	庚寅	辛卯	壬辰	癸巳	甲午	乙未	丙申	丁酉	戊戌	己亥	庚子	辛丑	壬寅	癸卯	甲辰	乙巳	丙午	丁未	戊申	己酉	庚戌	辛亥	壬子	癸丑	甲寅	乙卯	丙辰	丁巳	戊午
절기시각										辰初																			子正	

閏 5 月 (壬 午)

절기														소서																
음력	1	2	3	4	5	6	7	8	9	10	11	12	13	14	15	16	17	18	19	20	21	22	23	24	25	26	27	28	29	
양력 월/일	6/23	24	25	26	27	28	29	30	7/1	2	3	4	5	6	7	8	9	10	11	12	13	14	15	16	17	18	19	20	21	
일진	己未	庚申	辛酉	壬戌	癸亥	甲子	乙丑	丙寅	丁卯	戊辰	己巳	庚午	辛未	壬申	癸酉	甲戌	乙亥	丙子	丁丑	戊寅	己卯	庚辰	辛巳	壬午	癸未	甲申	乙酉	丙戌	丁亥	
절기시각														酉正																

6 月 (癸 未)

절기	대서												입추																	
음력	1	2	3	4	5	6	7	8	9	10	11	12	13	14	15	16	17	18	19	20	21	22	23	24	25	26	27	28	29	
양력 월/일	7/22	23	24	25	26	27	28	29	30	31	8/1	2	3	4	5	6	7	8	9	10	11	12	13	14	15	16	17	18	19	
일진	戊子	己丑	庚寅	辛卯	壬辰	癸巳	甲午	乙未	丙申	丁酉	戊戌	己亥	庚子	辛丑	壬寅	癸卯	甲辰	乙巳	丙午	丁未	戊申	己酉	庚戌	辛亥	壬子	癸丑	甲寅	乙卯	丙辰	
절기시각	午初												寅初																	

7 月 （甲 申）

절 기				처서																백로										
음 력	1	2	3	4	5	6	7	8	9	10	11	12	13	14	15	16	17	18	19	20	21	22	23	24	25	26	27	28	29	30
양력 월/일	8/20	21	22	23	24	25	26	27	28	29	30	31	9/1	2	3	4	5	6	7	8	9	10	11	12	13	14	15	16	17	18
일 진	丁巳	戊午	己未	庚申	辛酉	壬戌	癸亥	甲子	乙丑	丙寅	丁卯	戊辰	己巳	庚午	辛未	壬申	癸酉	甲戌	乙亥	丙子	丁丑	戊寅	己卯	庚辰	辛巳	壬午	癸未	甲申	乙酉	丙戌
절기시각				酉正																卯正										

8 月 （乙 酉）

절 기				추분																한로										
음 력	1	2	3	4	5	6	7	8	9	10	11	12	13	14	15	16	17	18	19	20	21	22	23	24	25	26	27	28	29	30
양력 월/일	9/19	20	21	22	23	24	25	26	27	28	29	30	10/1	2	3	4	5	6	7	8	9	10	11	12	13	14	15	16	17	18
일 진	丁亥	戊子	己丑	庚寅	辛卯	壬辰	癸巳	甲午	乙未	丙申	丁酉	戊戌	己亥	庚子	辛丑	壬寅	癸卯	甲辰	乙巳	丙午	丁未	戊申	己酉	庚戌	辛亥	壬子	癸丑	甲寅	乙卯	丙辰
절기시각				申正																亥正										

9 月 （丙 戌）

절 기				상강																입동									
음 력	1	2	3	4	5	6	7	8	9	10	11	12	13	14	15	16	17	18	19	20	21	22	23	24	25	26	27	28	29
양력 월/일	10/19	20	21	22	23	24	25	26	27	28	29	30	31	11/1	2	3	4	5	6	7	8	9	10	11	12	13	14	15	16
일 진	丁巳	戊午	己未	庚申	辛酉	壬戌	癸亥	甲子	乙丑	丙寅	丁卯	戊辰	己巳	庚午	辛未	壬申	癸酉	甲戌	乙亥	丙子	丁丑	戊寅	己卯	庚辰	辛巳	壬午	癸未	甲申	乙酉
절기시각				丑初																丑初									

10 月 （丁 亥）

절 기				소설																대설										
음 력	1	2	3	4	5	6	7	8	9	10	11	12	13	14	15	16	17	18	19	20	21	22	23	24	25	26	27	28	29	30
양력 월/일	11/17	18	19	20	21	22	23	24	25	26	27	28	29	30	12/1	2	3	4	5	6	7	8	9	10	11	12	13	14	15	16
일 진	丙戌	丁亥	戊子	己丑	庚寅	辛卯	壬辰	癸巳	甲午	乙未	丙申	丁酉	戊戌	己亥	庚子	辛丑	壬寅	癸卯	甲辰	乙巳	丙午	丁未	戊申	己酉	庚戌	辛亥	壬子	癸丑	甲寅	乙卯
절기시각				亥正																酉正										

11 月 （戊 子）

절 기				동지																소한										
음 력	1	2	3	4	5	6	7	8	9	10	11	12	13	14	15	16	17	18	19	20	21	22	23	24	25	26	27	28	29	30
양력 월/일	12/17	18	19	20	21	22	23	24	25	26	27	28	29	30	31	1/1	2	3	4	5	6	7	8	9	10	11	12	13	14	15
일 진	丙辰	丁巳	戊午	己未	庚申	辛酉	壬戌	癸亥	甲子	乙丑	丙寅	丁卯	戊辰	己巳	庚午	辛未	壬申	癸酉	甲戌	乙亥	丙子	丁丑	戊寅	己卯	庚辰	辛巳	壬午	癸未	甲申	乙酉
절기시각				午正																卯初										

12 月 （己 丑）

절 기				대한																입춘										
음 력	1	2	3	4	5	6	7	8	9	10	11	12	13	14	15	16	17	18	19	20	21	22	23	24	25	26	27	28	29	30
양력 월/일	1/16	17	18	19	20	21	22	23	24	25	26	27	28	29	30	31	2/1	2	3	4	5	6	7	8	9	10	11	12	13	14
일 진	丙戌	丁亥	戊子	己丑	庚寅	辛卯	壬辰	癸巳	甲午	乙未	丙申	丁酉	戊戌	己亥	庚子	辛丑	壬寅	癸卯	甲辰	乙巳	丙午	丁未	戊申	己酉	庚戌	辛亥	壬子	癸丑	甲寅	乙卯
절기시각				亥正																申正										

서기 1991년 (단기 4324년)　　辛　未　年

正 月 （庚寅）

절기					우수														경칩										
음력	1	2	3	4	5	6	7	8	9	10	11	12	13	14	15	16	17	18	19	20	21	22	23	24	25	26	27	28	29
양력 월/일	2/15	16	17	18	19	20	21	22	23	24	25	26	27	28	3/1	2	3	4	5	6	7	8	9	10	11	12	13	14	15
일 진	丙辰	丁巳	戊午	己未	庚申	辛酉	壬戌	癸亥	甲子	乙丑	丙寅	丁卯	戊辰	己巳	庚午	辛未	壬申	癸酉	甲戌	乙亥	丙子	丁丑	戊寅	己卯	庚辰	辛巳	壬午	癸未	甲申
절기시각					午正										巳正														

2 月 （辛卯）

절기					춘분														청명											
음력	1	2	3	4	5	6	7	8	9	10	11	12	13	14	15	16	17	18	19	20	21	22	23	24	25	26	27	28	29	30
양력 월/일	3/16	17	18	19	20	21	22	23	24	25	26	27	28	29	30	31	4/1	2	3	4	5	6	7	8	9	10	11	12	13	14
일 진	乙酉	丙戌	丁亥	戊子	己丑	庚寅	辛卯	壬辰	癸巳	甲午	乙未	丙申	丁酉	戊戌	己亥	庚子	辛丑	壬寅	癸卯	甲辰	乙巳	丙午	丁未	戊申	己酉	庚戌	辛亥	壬子	癸丑	甲寅
절기시각					午初														申初											

3 月 （壬辰）

절기					곡우															입하									
음력	1	2	3	4	5	6	7	8	9	10	11	12	13	14	15	16	17	18	19	20	21	22	23	24	25	26	27	28	29
양력 월/일	4/15	16	17	18	19	20	21	22	23	24	25	26	27	28	29	30	5/1	2	3	4	5	6	7	8	9	10	11	12	13
일 진	乙卯	丙辰	丁巳	戊午	己未	庚申	辛酉	壬戌	癸亥	甲子	乙丑	丙寅	丁卯	戊辰	己巳	庚午	辛未	壬申	癸酉	甲戌	乙亥	丙子	丁丑	戊寅	己卯	庚辰	辛巳	壬午	癸未
절기시각					亥正															巳初									

4 月 （癸巳）

절기									소만												망종								
음력	1	2	3	4	5	6	7	8	9	10	11	12	13	14	15	16	17	18	19	20	21	22	23	24	25	26	27	28	29
양력 월/일	5/14	15	16	17	18	19	20	21	22	23	24	25	26	27	28	29	30	31	6/1	2	3	4	5	6	7	8	9	10	11
일 진	甲申	乙酉	丙戌	丁亥	戊子	己丑	庚寅	辛卯	壬辰	癸巳	甲午	乙未	丙申	丁酉	戊戌	己亥	庚子	辛丑	壬寅	癸卯	甲辰	乙巳	丙午	丁未	戊申	己酉	庚戌	辛亥	壬子
절기시각									亥正												未初								

5 月 （甲午）

절기							하지															소서								
음력	1	2	3	4	5	6	7	8	9	10	11	12	13	14	15	16	17	18	19	20	21	22	23	24	25	26	27	28	29	30
양력 월/일	6/12	13	14	15	16	17	18	19	20	21	22	23	24	25	26	27	28	29	30	7/1	2	3	4	5	6	7	8	9	10	11
일 진	癸丑	甲寅	乙卯	丙辰	丁巳	戊午	己未	庚申	辛酉	壬戌	癸亥	甲子	乙丑	丙寅	丁卯	戊辰	己巳	庚午	辛未	壬申	癸酉	甲戌	乙亥	丙子	丁丑	戊寅	己卯	庚辰	辛巳	壬午
절기시각							卯正															子初								

6 月 （乙未）

절기							대서																입추						
음력	1	2	3	4	5	6	7	8	9	10	11	12	13	14	15	16	17	18	19	20	21	22	23	24	25	26	27	28	29
양력 월/일	7/12	13	14	15	16	17	18	19	20	21	22	23	24	25	26	27	28	29	30	31	8/1	2	3	4	5	6	7	8	9
일 진	癸未	甲申	乙酉	丙戌	丁亥	戊子	己丑	庚寅	辛卯	壬辰	癸巳	甲午	乙未	丙申	丁酉	戊戌	己亥	庚子	辛丑	壬寅	癸卯	甲辰	乙巳	丙午	丁未	戊申	己酉	庚戌	辛亥
절기시각							酉初																巳初						

7月 (丙申)

절 기															처서														
음 력	1	2	3	4	5	6	7	8	9	10	11	12	13	14	15	16	17	18	19	20	21	22	23	24	25	26	27	28	29
양력 월/일	8/10	11	12	13	14	15	16	17	18	19	20	21	22	23	24	25	26	27	28	29	30	31	9/1	2	3	4	5	6	7
일 진	壬子	癸丑	甲寅	乙卯	丙辰	丁巳	戊午	己未	庚申	辛酉	壬戌	癸亥	甲子	乙丑	丙寅	丁卯	戊辰	己巳	庚午	辛未	壬申	癸酉	甲戌	乙亥	丙子	丁丑	戊寅	己卯	庚辰
절기시각															子正														

8月 (丁酉)

절 기	백로														추분															
음 력	1	2	3	4	5	6	7	8	9	10	11	12	13	14	15	16	17	18	19	20	21	22	23	24	25	26	27	28	29	30
양력 월/일	9/8	9	10	11	12	13	14	15	16	17	18	19	20	21	22	23	24	25	26	27	28	29	30	10/1	2	3	4	5	6	7
일 진	辛巳	壬午	癸未	甲申	乙酉	丙戌	丁亥	戊子	己丑	庚寅	辛卯	壬辰	癸巳	甲午	乙未	丙申	丁酉	戊戌	己亥	庚子	辛丑	壬寅	癸卯	甲辰	乙巳	丙午	丁未	戊申	己酉	庚戌
절기시각	午正														亥初															

9月 (戊戌)

절 기	한로																상강												
음 력	1	2	3	4	5	6	7	8	9	10	11	12	13	14	15	16	17	18	19	20	21	22	23	24	25	26	27	28	29
양력 월/일	10/8	9	10	11	12	13	14	15	16	17	18	19	20	21	22	23	24	25	26	27	28	29	30	31	11/1	2	3	4	5
일 진	辛亥	壬子	癸丑	甲寅	乙卯	丙辰	丁巳	戊午	己未	庚申	辛酉	壬戌	癸亥	甲子	乙丑	丙寅	丁卯	戊辰	己巳	庚午	辛未	壬申	癸酉	甲戌	乙亥	丙子	丁丑	戊寅	己卯
절기시각	寅正																辰初												

10月 (己亥)

절 기				입동														소설												
음 력	1	2	3	4	5	6	7	8	9	10	11	12	13	14	15	16	17	18	19	20	21	22	23	24	25	26	27	28	29	30
양력 월/일	11/6	7	8	9	10	11	12	13	14	15	16	17	18	19	20	21	22	23	24	25	26	27	28	29	30	12/1	2	3	4	5
일 진	庚辰	辛巳	壬午	癸未	甲申	乙酉	丙戌	丁亥	戊子	己丑	庚寅	辛卯	壬辰	癸巳	甲午	乙未	丙申	丁酉	戊戌	己亥	庚子	辛丑	壬寅	癸卯	甲辰	乙巳	丙午	丁未	戊申	己酉
절기시각				辰初														寅正												

11月 (庚子)

절 기		대설													동지															
음 력	1	2	3	4	5	6	7	8	9	10	11	12	13	14	15	16	17	18	19	20	21	22	23	24	25	26	27	28	29	30
양력 월/일	12/6	7	8	9	10	11	12	13	14	15	16	17	18	19	20	21	22	23	24	25	26	27	28	29	30	31	1/1	2	3	4
일 진	庚戌	辛亥	壬子	癸丑	甲寅	乙卯	丙辰	丁巳	戊午	己未	庚申	辛酉	壬戌	癸亥	甲子	乙丑	丙寅	丁卯	戊辰	己巳	庚午	辛未	壬申	癸酉	甲戌	乙亥	丙子	丁丑	戊寅	己卯
절기시각		子初													酉初															

12月 (辛丑)

절 기		소한															대한													
음 력	1	2	3	4	5	6	7	8	9	10	11	12	13	14	15	16	17	18	19	20	21	22	23	24	25	26	27	28	29	30
양력 월/일	1/5	6	7	8	9	10	11	12	13	14	15	16	17	18	19	20	21	22	23	24	25	26	27	28	29	30	31	2/1	2	3
일 진	庚辰	辛巳	壬午	癸未	甲申	乙酉	丙戌	丁亥	戊子	己丑	庚寅	辛卯	壬辰	癸巳	甲午	乙未	丙申	丁酉	戊戌	己亥	庚子	辛丑	壬寅	癸卯	甲辰	乙巳	丙午	丁未	戊申	己酉
절기시각		午初															寅正													

서기 1992년 (단기 4325년) 壬申年

正月 (壬寅)

절기	입춘															우수													
음력	1	2	3	4	5	6	7	8	9	10	11	12	13	14	15	16	17	18	19	20	21	22	23	24	25	26	27	28	29
양력월/일	2/4	5	6	7	8	9	10	11	12	13	14	15	16	17	18	19	20	21	22	23	24	25	26	27	28	29	3/1	2	3
일진	庚戌	辛亥	壬子	癸丑	甲寅	乙卯	丙辰	丁巳	戊午	己未	庚申	辛酉	壬戌	癸亥	甲子	乙丑	丙寅	丁卯	戊辰	己巳	庚午	辛未	壬申	癸酉	甲戌	乙亥	丙子	丁丑	戊寅
절기시각	亥正															酉正													

2月 (癸卯)

절기	경칩															춘분														
음력	1	2	3	4	5	6	7	8	9	10	11	12	13	14	15	16	17	18	19	20	21	22	23	24	25	26	27	28	29	30
양력월/일	3/4	5	6	7	8	9	10	11	12	13	14	15	16	17	18	19	20	21	22	23	24	25	26	27	28	29	30	31	4/1	2
일진	己卯	庚辰	辛巳	壬午	癸未	甲申	乙酉	丙戌	丁亥	戊子	己丑	庚寅	辛卯	壬辰	癸巳	甲午	乙未	丙申	丁酉	戊戌	己亥	庚子	辛丑	壬寅	癸卯	甲辰	乙巳	丙午	丁未	戊申
절기시각	申正															酉初														

3月 (甲辰)

절기	청명															곡우														
음력	1	2	3	4	5	6	7	8	9	10	11	12	13	14	15	16	17	18	19	20	21	22	23	24	25	26	27	28	29	30
양력월/일	4/3	4	5	6	7	8	9	10	11	12	13	14	15	16	17	18	19	20	21	22	23	24	25	26	27	28	29	30	5/1	2
일진	己酉	庚戌	辛亥	壬子	癸丑	甲寅	乙卯	丙辰	丁巳	戊午	己未	庚申	辛酉	壬戌	癸亥	甲子	乙丑	丙寅	丁卯	戊辰	己巳	庚午	辛未	壬申	癸酉	甲戌	乙亥	丙子	丁丑	戊寅
절기시각	亥初															寅正														

4月 (乙巳)

절기					입하												소만												
음력	1	2	3	4	5	6	7	8	9	10	11	12	13	14	15	16	17	18	19	20	21	22	23	24	25	26	27	28	29
양력월/일	5/3	4	5	6	7	8	9	10	11	12	13	14	15	16	17	18	19	20	21	22	23	24	25	26	27	28	29	30	31
일진	己卯	庚辰	辛巳	壬午	癸未	甲申	乙酉	丙戌	丁亥	戊子	己丑	庚寅	辛卯	壬辰	癸巳	甲午	乙未	丙申	丁酉	戊戌	己亥	庚子	辛丑	壬寅	癸卯	甲辰	乙巳	丙午	丁未
절기시각					申初												寅正												

5月 (丙午)

절기				망종																하지									
음력	1	2	3	4	5	6	7	8	9	10	11	12	13	14	15	16	17	18	19	20	21	22	23	24	25	26	27	28	29
양력월/일	6/1	2	3	4	5	6	7	8	9	10	11	12	13	14	15	16	17	18	19	20	21	22	23	24	25	26	27	28	29
일진	戊申	己酉	庚戌	辛亥	壬子	癸丑	甲寅	乙卯	丙辰	丁巳	戊午	己未	庚申	辛酉	壬戌	癸亥	甲子	乙丑	丙寅	丁卯	戊辰	己巳	庚午	辛未	壬申	癸酉	甲戌	乙亥	丙子
절기시각				戌初																午正									

6月 (丁未)

절기						소서													대서											
음력	1	2	3	4	5	6	7	8	9	10	11	12	13	14	15	16	17	18	19	20	21	22	23	24	25	26	27	28	29	30
양력월/일	6/30	7/1	2	3	4	5	6	7	8	9	10	11	12	13	14	15	16	17	18	19	20	21	22	23	24	25	26	27	28	29
일진	丁丑	戊寅	己卯	庚辰	辛巳	壬午	癸未	甲申	乙酉	丙戌	丁亥	戊子	己丑	庚寅	辛卯	壬辰	癸巳	甲午	乙未	丙申	丁酉	戊戌	己亥	庚子	辛丑	壬寅	癸卯	甲辰	乙巳	丙午
절기시각						卯初													子初											

7 月 （戊 申）

절기									입추																처서				
음력	1	2	3	4	5	6	7	8	9	10	11	12	13	14	15	16	17	18	19	20	21	22	23	24	25	26	27	28	29
양력 월/일	7/30	31	8/1	2	3	4	5	6	7	8	9	10	11	12	13	14	15	16	17	18	19	20	21	22	23	24	25	26	27
일 진	丁未	戊申	己酉	庚戌	辛亥	壬子	癸丑	甲寅	乙卯	丙辰	丁巳	戊午	己未	庚申	辛酉	壬戌	癸亥	甲子	乙丑	丙寅	丁卯	戊辰	己巳	庚午	辛未	壬申	癸酉	甲戌	乙亥
절기시각									申正																卯正				

8 月 （己 酉）

절기											백로																추분		
음력	1	2	3	4	5	6	7	8	9	10	11	12	13	14	15	16	17	18	19	20	21	22	23	24	25	26	27	28	29
양력 월/일	8/28	29	30	31	9/1	2	3	4	5	6	7	8	9	10	11	12	13	14	15	16	17	18	19	20	21	22	23	24	25
일 진	丙子	丁丑	戊寅	己卯	庚辰	辛巳	壬午	癸未	甲申	乙酉	丙戌	丁亥	戊子	己丑	庚寅	辛卯	壬辰	癸巳	甲午	乙未	丙申	丁酉	戊戌	己亥	庚子	辛丑	壬寅	癸卯	甲辰
절기시각											酉正																寅初		

9 月 （庚 戌）

절기								한로																상강					
음력	1	2	3	4	5	6	7	8	9	10	11	12	13	14	15	16	17	18	19	20	21	22	23	24	25	26	27	28	29	30
양력 월/일	9/26	27	28	29	30	10/1	2	3	4	5	6	7	8	9	10	11	12	13	14	15	16	17	18	19	20	21	22	23	24	25
일 진	乙巳	丙午	丁未	戊申	己酉	庚戌	辛亥	壬子	癸丑	甲寅	乙卯	丙辰	丁巳	戊午	己未	庚申	辛酉	壬戌	癸亥	甲子	乙丑	丙寅	丁卯	戊辰	己巳	庚午	辛未	壬申	癸酉	甲戌
절기시각								巳初																未初						

10 月 （辛 亥）

절기								입동																소설					
음력	1	2	3	4	5	6	7	8	9	10	11	12	13	14	15	16	17	18	19	20	21	22	23	24	25	26	27	28	29
양력 월/일	10/26	27	28	29	30	31	11/1	2	3	4	5	6	7	8	9	10	11	12	13	14	15	16	17	18	19	20	21	22	23
일 진	乙亥	丙子	丁丑	戊寅	己卯	庚辰	辛巳	壬午	癸未	甲申	乙酉	丙戌	丁亥	戊子	己丑	庚寅	辛卯	壬辰	癸巳	甲午	乙未	丙申	丁酉	戊戌	己亥	庚子	辛丑	壬寅	癸卯
절기시각								未初																巳正					

11 月 （壬 子）

절기									대설																동지					
음력	1	2	3	4	5	6	7	8	9	10	11	12	13	14	15	16	17	18	19	20	21	22	23	24	25	26	27	28	29	30
양력 월/일	11/24	25	26	27	28	29	30	12/1	2	3	4	5	6	7	8	9	10	11	12	13	14	15	16	17	18	19	20	21	22	23
일 진	甲辰	乙巳	丙午	丁未	戊申	己酉	庚戌	辛亥	壬子	癸丑	甲寅	乙卯	丙辰	丁巳	戊午	己未	庚申	辛酉	壬戌	癸亥	甲子	乙丑	丙寅	丁卯	戊辰	己巳	庚午	辛未	壬申	癸酉
절기시각									卯初																子初					

12 月 （癸 丑）

절기									소한																	대한				
음력	1	2	3	4	5	6	7	8	9	10	11	12	13	14	15	16	17	18	19	20	21	22	23	24	25	26	27	28	29	30
양력 월/일	12/24	25	26	27	28	29	30	31	1/1	2	3	4	5	6	7	8	9	10	11	12	13	14	15	16	17	18	19	20	21	22
일 진	甲戌	乙亥	丙子	丁丑	戊寅	己卯	庚辰	辛巳	壬午	癸未	甲申	乙酉	丙戌	丁亥	戊子	己丑	庚寅	辛卯	壬辰	癸巳	甲午	乙未	丙申	丁酉	戊戌	己亥	庚子	辛丑	壬寅	癸卯
절기시각									申正																	巳正				

서기 1993년 (단기 4326년) 癸 酉 年

正 月 （ 甲 寅 ）

절기												입춘															우수		
음력	1	2	3	4	5	6	7	8	9	10	11	12	13	14	15	16	17	18	19	20	21	22	23	24	25	26	27	28	29
양력 월/일	1/23	24	25	26	27	28	29	30	31	2/1	2	3	4	5	6	7	8	9	10	11	12	13	14	15	16	17	18	19	20
일진	甲辰	乙巳	丙午	丁未	戊申	己酉	庚戌	辛亥	壬子	癸丑	甲寅	乙卯	丙辰	丁巳	戊午	己未	庚申	辛酉	壬戌	癸亥	甲子	乙丑	丙寅	丁卯	戊辰	己巳	庚午	辛未	壬申
절기시각												寅初															子正		

2 月 （ 乙 卯 ）

절기													경칩															춘분		
음력	1	2	3	4	5	6	7	8	9	10	11	12	13	14	15	16	17	18	19	20	21	22	23	24	25	26	27	28	29	30
양력 월/일	2/21	22	23	24	25	26	27	28	3/1	2	3	4	5	6	7	8	9	10	11	12	13	14	15	16	17	18	19	20	21	22
일진	癸酉	甲戌	乙亥	丙子	丁丑	戊寅	己卯	庚辰	辛巳	壬午	癸未	甲申	乙酉	丙戌	丁亥	戊子	己丑	庚寅	辛卯	壬辰	癸巳	甲午	乙未	丙申	丁酉	戊戌	己亥	庚子	辛丑	壬寅
절기시각													亥正															子初		

3 月 （ 丙 辰 ）

절기													청명															곡우		
음력	1	2	3	4	5	6	7	8	9	10	11	12	13	14	15	16	17	18	19	20	21	22	23	24	25	26	27	28	29	30
양력 월/일	3/23	24	25	26	27	28	29	30	31	4/1	2	3	4	5	6	7	8	9	10	11	12	13	14	15	16	17	18	19	20	21
일진	癸卯	甲辰	乙巳	丙午	丁未	戊申	己酉	庚戌	辛亥	壬子	癸丑	甲寅	乙卯	丙辰	丁巳	戊午	己未	庚申	辛酉	壬戌	癸亥	甲子	乙丑	丙寅	丁卯	戊辰	己巳	庚午	辛未	壬申
절기시각													寅初															巳正		

閏 3 月 （ 丙 辰 ）

절기													입하																	
음력	1	2	3	4	5	6	7	8	9	10	11	12	13	14	15	16	17	18	19	20	21	22	23	24	25	26	27	28	29
양력 월/일	4/22	23	24	25	26	27	28	29	30	5/1	2	3	4	5	6	7	8	9	10	11	12	13	14	15	16	17	18	19	20
일진	癸酉	甲戌	乙亥	丙子	丁丑	戊寅	己卯	庚辰	辛巳	壬午	癸未	甲申	乙酉	丙戌	丁亥	戊子	己丑	庚寅	辛卯	壬辰	癸巳	甲午	乙未	丙申	丁酉	戊戌	己亥	庚子	辛丑
절기시각													戌初																

4 月 （ 丁 巳 ）

절기	소만															망종														
음력	1	2	3	4	5	6	7	8	9	10	11	12	13	14	15	16	17	18	19	20	21	22	23	24	25	26	27	28	29	30
양력 월/일	5/21	22	23	24	25	26	27	28	29	30	31	6/1	2	3	4	5	6	7	8	9	10	11	12	13	14	15	16	17	18	19
일진	壬寅	癸卯	甲辰	乙巳	丙午	丁未	戊申	己酉	庚戌	辛亥	壬子	癸丑	甲寅	乙卯	丙辰	丁巳	戊午	己未	庚申	辛酉	壬戌	癸亥	甲子	乙丑	丙寅	丁卯	戊辰	己巳	庚午	辛未
절기시각	巳初															丑正														

5 月 （ 戊 午 ）

절기	하지															소서													
음력	1	2	3	4	5	6	7	8	9	10	11	12	13	14	15	16	17	18	19	20	21	22	23	24	25	26	27	28	29
양력 월/일	6/20	21	22	23	24	25	26	27	28	29	30	7/1	2	3	4	5	6	7	8	9	10	11	12	13	14	15	16	17	18
일진	壬申	癸酉	甲戌	乙亥	丙子	丁丑	戊寅	己卯	庚辰	辛巳	壬午	癸未	甲申	乙酉	丙戌	丁亥	戊子	己丑	庚寅	辛卯	壬辰	癸巳	甲午	乙未	丙申	丁酉	戊戌	己亥	庚子
절기시각	午初															午正													

6 月 （ 乙 未 ）

절기				대서														입추												
음력	1	2	3	4	5	6	7	8	9	10	11	12	13	14	15	16	17	18	19	20	21	22	23	24	25	26	27	28	29	30
양력 월/일	7/19	20	21	22	23	24	25	26	27	28	29	30	31	8/1	2	3	4	5	6	7	8	9	10	11	12	13	14	15	16	17
일진	辛丑	壬寅	癸卯	甲辰	乙巳	丙午	丁未	戊申	己酉	庚戌	辛亥	壬子	癸丑	甲寅	乙卯	丙辰	丁巳	戊午	己未	庚申	辛酉	壬戌	癸亥	甲子	乙丑	丙寅	丁卯	戊辰	己巳	庚午
절기시각				寅正														亥初												

7 月 （庚申）

절기					처서																	백로							
음력	1	2	3	4	5	6	7	8	9	10	11	12	13	14	15	16	17	18	19	20	21	22	23	24	25	26	27	28	29
양력 월/일	8/18	19	20	21	22	23	24	25	26	27	28	29	30	31	9/1	2	3	4	5	6	7	8	9	10	11	12	13	14	15
일진	辛未	壬申	癸酉	甲戌	乙亥	丙子	丁丑	戊寅	己卯	庚辰	辛巳	壬午	癸未	甲申	乙酉	丙戌	丁亥	戊子	己丑	庚寅	辛卯	壬辰	癸巳	甲午	乙未	丙申	丁酉	戊戌	己亥
절기시각					午初																	子正							

8 月 （辛酉）

절기							추분																한로						
음력	1	2	3	4	5	6	7	8	9	10	11	12	13	14	15	16	17	18	19	20	21	22	23	24	25	26	27	28	29
양력 월/일	9/16	17	18	19	20	21	22	23	24	25	26	27	28	29	30	10/1	2	3	4	5	6	7	8	9	10	11	12	13	14
일진	庚子	辛丑	壬寅	癸卯	甲辰	乙巳	丙午	丁未	戊申	己酉	庚戌	辛亥	壬子	癸丑	甲寅	乙卯	丙辰	丁巳	戊午	己未	庚申	辛酉	壬戌	癸亥	甲子	乙丑	丙寅	丁卯	戊辰
절기시각							巳初																申初						

9 月 （壬戌）

절기									상강															입동						
음력	1	2	3	4	5	6	7	8	9	10	11	12	13	14	15	16	17	18	19	20	21	22	23	24	25	26	27	28	29	30
양력 월/일	10/15	16	17	18	19	20	21	22	23	24	25	26	27	28	29	30	31	11/1	2	3	4	5	6	7	8	9	10	11	12	13
일진	己巳	庚午	辛未	壬申	癸酉	甲戌	乙亥	丙子	丁丑	戊寅	己卯	庚辰	辛巳	壬午	癸未	甲申	乙酉	丙戌	丁亥	戊子	己丑	庚寅	辛卯	壬辰	癸巳	甲午	乙未	丙申	丁酉	戊戌
절기시각									酉正															酉正						

10 月 （癸亥）

절기						소설																		대설					
음력	1	2	3	4	5	6	7	8	9	10	11	12	13	14	15	16	17	18	19	20	21	22	23	24	25	26	27	28	29
양력 월/일	11/14	15	16	17	18	19	20	21	22	23	24	25	26	27	28	29	30	12/1	2	3	4	5	6	7	8	9	10	11	12
일진	己亥	庚子	辛丑	壬寅	癸卯	甲辰	乙巳	丙午	丁未	戊申	己酉	庚戌	辛亥	壬子	癸丑	甲寅	乙卯	丙辰	丁巳	戊午	己未	庚申	辛酉	壬戌	癸亥	甲子	乙丑	丙寅	丁卯
절기시각						申正																		午初					

11 月 （甲子）

절기									동지															소한						
음력	1	2	3	4	5	6	7	8	9	10	11	12	13	14	15	16	17	18	19	20	21	22	23	24	25	26	27	28	29	30
양력 월/일	12/13	14	15	16	17	18	19	20	21	22	23	24	25	26	27	28	29	30	31	1/1	2	3	4	5	6	7	8	9	10	11
일진	戊辰	己巳	庚午	辛未	壬申	癸酉	甲戌	乙亥	丙子	丁丑	戊寅	己卯	庚辰	辛巳	壬午	癸未	甲申	乙酉	丙戌	丁亥	戊子	己丑	庚寅	辛卯	壬辰	癸巳	甲午	乙未	丙申	丁酉
절기시각									卯初															亥正						

12 月 （乙丑）

절기						대한																	입춘						
음력	1	2	3	4	5	6	7	8	9	10	11	12	13	14	15	16	17	18	19	20	21	22	23	24	25	26	27	28	29
양력 월/일	1/12	13	14	15	16	17	18	19	20	21	22	23	24	25	26	27	28	29	30	31	2/1	2	3	4	5	6	7	8	9
일진	戊戌	己亥	庚子	辛丑	壬寅	癸卯	甲辰	乙巳	丙午	丁未	戊申	己酉	庚戌	辛亥	壬子	癸丑	甲寅	乙卯	丙辰	丁巳	戊午	己未	庚申	辛酉	壬戌	癸亥	甲子	乙丑	丙寅
절기시각						申正																	巳正						

서기 1994년 (단기 4327년) 甲 戌 年

正月 (丙寅)

절기										우수															경칩					
음력	1	2	3	4	5	6	7	8	9	10	11	12	13	14	15	16	17	18	19	20	21	22	23	24	25	26	27	28	29	30
양력 월/일	2/10	11	12	13	14	15	16	17	18	19	20	21	22	23	24	25	26	27	28	3/1	2	3	4	5	6	7	8	9	10	11
일진	丁卯	戊辰	己巳	庚午	辛未	壬申	癸酉	甲戌	乙亥	丙子	丁丑	戊寅	己卯	庚辰	辛巳	壬午	癸未	甲申	乙酉	丙戌	丁亥	戊子	己丑	庚寅	辛卯	壬辰	癸巳	甲午	乙未	丙申
절기시각										卯正															寅正					

2月 (丁卯)

절기										춘분															청명					
음력	1	2	3	4	5	6	7	8	9	10	11	12	13	14	15	16	17	18	19	20	21	22	23	24	25	26	27	28	29	30
양력 월/일	3/12	13	14	15	16	17	18	19	20	21	22	23	24	25	26	27	28	29	30	31	4/1	2	3	4	5	6	7	8	9	10
일진	丁酉	戊戌	己亥	庚子	辛丑	壬寅	癸卯	甲辰	乙巳	丙午	丁未	戊申	己酉	庚戌	辛亥	壬子	癸丑	甲寅	乙卯	丙辰	丁巳	戊午	己未	庚申	辛酉	壬戌	癸亥	甲子	乙丑	丙寅
절기시각										卯初															巳初					

3月 (戊辰)

절기										곡우															입하					
음력	1	2	3	4	5	6	7	8	9	10	11	12	13	14	15	16	17	18	19	20	21	22	23	24	25	26	27	28	29	30
양력 월/일	4/11	12	13	14	15	16	17	18	19	20	21	22	23	24	25	26	27	28	29	30	5/1	2	3	4	5	6	7	8	9	10
일진	丁卯	戊辰	己巳	庚午	辛未	壬申	癸酉	甲戌	乙亥	丙子	丁丑	戊寅	己卯	庚辰	辛巳	壬午	癸未	甲申	乙酉	丙戌	丁亥	戊子	己丑	庚寅	辛卯	壬辰	癸巳	甲午	乙未	丙申
절기시각										申正															丑正					

4月 (己巳)

절기										소만															망종					
음력	1	2	3	4	5	6	7	8	9	10	11	12	13	14	15	16	17	18	19	20	21	22	23	24	25	26	27	28	29	
양력 월/일	5/11	12	13	14	15	16	17	18	19	20	21	22	23	24	25	26	27	28	29	30	31	6/1	2	3	4	5	6	7	8	
일진	丁酉	戊戌	己亥	庚子	辛丑	壬寅	癸卯	甲辰	乙巳	丙午	丁未	戊申	己酉	庚戌	辛亥	壬子	癸丑	甲寅	乙卯	丙辰	丁巳	戊午	己未	庚申	辛酉	壬戌	癸亥	甲子	乙丑	
절기시각										申初															卯正					

5月 (庚午)

절기										하지															소서					
음력	1	2	3	4	5	6	7	8	9	10	11	12	13	14	15	16	17	18	19	20	21	22	23	24	25	26	27	28	29	30
양력 월/일	6/9	10	11	12	13	14	15	16	17	18	19	20	21	22	23	24	25	26	27	28	29	30	7/1	2	3	4	5	6	7	8
일진	丙寅	丁卯	戊辰	己巳	庚午	辛未	壬申	癸酉	甲戌	乙亥	丙子	丁丑	戊寅	己卯	庚辰	辛巳	壬午	癸未	甲申	乙酉	丙戌	丁亥	戊子	己丑	庚寅	辛卯	壬辰	癸巳	甲午	乙未
절기시각										子初															酉初					

6月 (辛未)

절기										대서																				
음력	1	2	3	4	5	6	7	8	9	10	11	12	13	14	15	16	17	18	19	20	21	22	23	24	25	26	27	28	29	
양력 월/일	7/9	10	11	12	13	14	15	16	17	18	19	20	21	22	23	24	25	26	27	28	29	30	31	8/1	2	3	4	5	6	
일진	丙申	丁酉	戊戌	己亥	庚子	辛丑	壬寅	癸卯	甲辰	乙巳	丙午	丁未	戊申	己酉	庚戌	辛亥	壬子	癸丑	甲寅	乙卯	丙辰	丁巳	戊午	己未	庚申	辛酉	壬戌	癸亥	甲子	
절기시각										巳正																				

7 月 (壬 申)

절 기		입추															처서														
음 력	1	2	3	4	5	6	7	8	9	10	11	12	13	14	15	16	17	18	19	20	21	22	23	24	25	26	27	28	29	30
양력 월/일	8/7	8	9	10	11	12	13	14	15	16	17	18	19	20	21	22	23	24	25	26	27	28	29	30	31	9/1	2	3	4	5
일 진	乙丑	丙寅	丁卯	戊辰	己巳	庚午	辛未	壬申	癸酉	甲戌	乙亥	丙子	丁丑	戊寅	己卯	庚辰	辛巳	壬午	癸未	甲申	乙酉	丙戌	丁亥	戊子	己丑	庚寅	辛卯	壬辰	癸巳	甲午
절기시각		寅初															酉初													

8 月 (癸 酉)

절 기		백로															추분												
음 력	1	2	3	4	5	6	7	8	9	10	11	12	13	14	15	16	17	18	19	20	21	22	23	24	25	26	27	28	29
양력 월/일	9/6	7	8	9	10	11	12	13	14	15	16	17	18	19	20	21	22	23	24	25	26	27	28	29	30	10/1	2	3	4
일 진	乙未	丙申	丁酉	戊戌	己亥	庚子	辛丑	壬寅	癸卯	甲辰	乙巳	丙午	丁未	戊申	己酉	庚戌	辛亥	壬子	癸丑	甲寅	乙卯	丙辰	丁巳	戊午	己未	庚申	辛酉	壬戌	癸亥
절기시각		卯初															申初												

9 月 (甲 戌)

절 기			한로																상강										
음 력	1	2	3	4	5	6	7	8	9	10	11	12	13	14	15	16	17	18	19	20	21	22	23	24	25	26	27	28	29
양력 월/일	10/5	6	7	8	9	10	11	12	13	14	15	16	17	18	19	20	21	22	23	24	25	26	27	28	29	30	31	11/1	2
일 진	甲子	乙丑	丙寅	丁卯	戊辰	己巳	庚午	辛未	壬申	癸酉	甲戌	乙亥	丙子	丁丑	戊寅	己卯	庚辰	辛巳	壬午	癸未	甲申	乙酉	丙戌	丁亥	戊子	己丑	庚寅	辛卯	壬辰
절기시각			亥初																子正										

10 月 (乙 亥)

절 기				입동															소설											
음 력	1	2	3	4	5	6	7	8	9	10	11	12	13	14	15	16	17	18	19	20	21	22	23	24	25	26	27	28	29	30
양력 월/일	11/3	4	5	6	7	8	9	10	11	12	13	14	15	16	17	18	19	20	21	22	23	24	25	26	27	28	29	30	12/1	2
일 진	癸巳	甲午	乙未	丙申	丁酉	戊戌	己亥	庚子	辛丑	壬寅	癸卯	甲辰	乙巳	丙午	丁未	戊申	己酉	庚戌	辛亥	壬子	癸丑	甲寅	乙卯	丙辰	丁巳	戊午	己未	庚申	辛酉	壬戌
절기시각				子正															亥正											

11 月 (丙 子)

절 기			대설																동지										
음 력	1	2	3	4	5	6	7	8	9	10	11	12	13	14	15	16	17	18	19	20	21	22	23	24	25	26	27	28	29
양력 월/일	12/3	4	5	6	7	8	9	10	11	12	13	14	15	16	17	18	19	20	21	22	23	24	25	26	27	28	29	30	31
일 진	癸亥	甲子	乙丑	丙寅	丁卯	戊辰	己巳	庚午	辛未	壬申	癸酉	甲戌	乙亥	丙子	丁丑	戊寅	己卯	庚辰	辛巳	壬午	癸未	甲申	乙酉	丙戌	丁亥	戊子	己丑	庚寅	辛卯
절기시각			酉初																午初										

12 月 (丁 丑)

절 기				소한																대한										
음 력	1	2	3	4	5	6	7	8	9	10	11	12	13	14	15	16	17	18	19	20	21	22	23	24	25	26	27	28	29	30
양력 월/일	1/1	2	3	4	5	6	7	8	9	10	11	12	13	14	15	16	17	18	19	20	21	22	23	24	25	26	27	28	29	30
일 진	壬辰	癸巳	甲午	乙未	丙申	丁酉	戊戌	己亥	庚子	辛丑	壬寅	癸卯	甲辰	乙巳	丙午	丁未	戊申	己酉	庚戌	辛亥	壬子	癸丑	甲寅	乙卯	丙辰	丁巳	戊午	己未	庚申	辛酉
절기시각				寅正																亥初										

서기 1995년 (단기 4328년)　　乙 亥 年

正 月 （戊寅）

절기					입춘															우수									
음력	1	2	3	4	5	6	7	8	9	10	11	12	13	14	15	16	17	18	19	20	21	22	23	24	25	26	27	28	29
양력 월/일	1/31	2/1	2	3	4	5	6	7	8	9	10	11	12	13	14	15	16	17	18	19	20	21	22	23	24	25	26	27	28
일 진	壬戌	癸亥	甲子	乙丑	丙寅	丁卯	戊辰	己巳	庚午	辛未	壬申	癸酉	甲戌	乙亥	丙子	丁丑	戊寅	己卯	庚辰	辛巳	壬午	癸未	甲申	乙酉	丙戌	丁亥	戊子	己丑	庚寅
절기시각					申正															午正									

2 月 （己卯）

절기					경칩																춘분									
음력	1	2	3	4	5	6	7	8	9	10	11	12	13	14	15	16	17	18	19	20	21	22	23	24	25	26	27	28	29	30
양력 월/일	3/1	2	3	4	5	6	7	8	9	10	11	12	13	14	15	16	17	18	19	20	21	22	23	24	25	26	27	28	29	30
일 진	辛卯	壬辰	癸巳	甲午	乙未	丙申	丁酉	戊戌	己亥	庚子	辛丑	壬寅	癸卯	甲辰	乙巳	丙午	丁未	戊申	己酉	庚戌	辛亥	壬子	癸丑	甲寅	乙卯	丙辰	丁巳	戊午	己未	庚申
절기시각					巳正																午初									

3 月 （庚辰）

절기					청명															곡우										
음력	1	2	3	4	5	6	7	8	9	10	11	12	13	14	15	16	17	18	19	20	21	22	23	24	25	26	27	28	29	30
양력 월/일	3/31	4/1	2	3	4	5	6	7	8	9	10	11	12	13	14	15	16	17	18	19	20	21	22	23	24	25	26	27	28	29
일 진	辛酉	壬戌	癸亥	甲子	乙丑	丙寅	丁卯	戊辰	己巳	庚午	辛未	壬申	癸酉	甲戌	乙亥	丙子	丁丑	戊寅	己卯	庚辰	辛巳	壬午	癸未	甲申	乙酉	丙戌	丁亥	戊子	己丑	庚寅
절기시각					申初															亥正										

4 月 （辛巳）

절기						입하																소만								
음력	1	2	3	4	5	6	7	8	9	10	11	12	13	14	15	16	17	18	19	20	21	22	23	24	25	26	27	28	29
양력 월/일	4/30	5/1	2	3	4	5	6	7	8	9	10	11	12	13	14	15	16	17	18	19	20	21	22	23	24	25	26	27	28
일 진	辛卯	壬辰	癸巳	甲午	乙未	丙申	丁酉	戊戌	己亥	庚子	辛丑	壬寅	癸卯	甲辰	乙巳	丙午	丁未	戊申	己酉	庚戌	辛亥	壬子	癸丑	甲寅	乙卯	丙辰	丁巳	戊午	己未
절기시각						辰正																亥初								

5 月 （壬午）

절기						망종																하지								
음력	1	2	3	4	5	6	7	8	9	10	11	12	13	14	15	16	17	18	19	20	21	22	23	24	25	26	27	28	29	30
양력 월/일	5/29	30	31	6/1	2	3	4	5	6	7	8	9	10	11	12	13	14	15	16	17	18	19	20	21	22	23	24	25	26	27
일 진	庚申	辛酉	壬戌	癸亥	甲子	乙丑	丙寅	丁卯	戊辰	己巳	庚午	辛未	壬申	癸酉	甲戌	乙亥	丙子	丁丑	戊寅	己卯	庚辰	辛巳	壬午	癸未	甲申	乙酉	丙戌	丁亥	戊子	己丑
절기시각						午正																卯初								

6 月 （癸未）

절기							소서															대서								
음력	1	2	3	4	5	6	7	8	9	10	11	12	13	14	15	16	17	18	19	20	21	22	23	24	25	26	27	28	29	30
양력 월/일	6/28	29	30	7/1	2	3	4	5	6	7	8	9	10	11	12	13	14	15	16	17	18	19	20	21	22	23	24	25	26	27
일 진	庚寅	辛卯	壬辰	癸巳	甲午	乙未	丙申	丁酉	戊戌	己亥	庚子	辛丑	壬寅	癸卯	甲辰	乙巳	丙午	丁未	戊申	己酉	庚戌	辛亥	壬子	癸丑	甲寅	乙卯	丙辰	丁巳	戊午	己未
절기시각							子初															申正								

7月 (甲申)

절 기												입추															처서			
음 력	1	2	3	4	5	6	7	8	9	10	11	12	13	14	15	16	17	18	19	20	21	22	23	24	25	26	27	28	29	
양력 월/일	7/28	29	30	31	8/1	2	3	4	5	6	7	8	9	10	11	12	13	14	15	16	17	18	19	20	21	22	23	24	25	
일 진	庚申	辛酉	壬戌	癸亥	甲子	乙丑	丙寅	丁卯	戊辰	己巳	庚午	辛未	壬申	癸酉	甲戌	乙亥	丙子	丁丑	戊寅	己卯	庚辰	辛巳	壬午	癸未	甲申	乙酉	丙戌	丁亥	戊子	
절기시각												辰正															子初			

8月 (乙酉)

절 기													백로															추분		
음 력	1	2	3	4	5	6	7	8	9	10	11	12	13	14	15	16	17	18	19	20	21	22	23	24	25	26	27	28	29	30
양력 월/일	8/26	27	28	29	30	31	9/1	2	3	4	5	6	7	8	9	10	11	12	13	14	15	16	17	18	19	20	21	23	23	24
일 진	己丑	庚寅	辛卯	壬辰	癸巳	甲午	乙未	丙申	丁酉	戊戌	己亥	庚子	辛丑	壬寅	癸卯	甲辰	乙巳	丙午	丁未	戊申	己酉	庚戌	辛亥	壬子	癸丑	甲寅	乙卯	丙辰	丁巳	戊午
절기시각													午初															亥初		

閏8月 (乙酉)

절 기															한로														
음 력	1	2	3	4	5	6	7	8	9	10	11	12	13	14	15	16	17	18	19	20	21	22	23	24	25	26	27	28	29
양력 월/일	9/25	26	27	28	29	30	10/1	2	3	4	5	6	7	8	9	10	11	12	13	14	15	16	17	18	19	20	21	22	23
일 진	己未	庚申	辛酉	壬戌	癸亥	甲子	乙丑	丙寅	丁卯	戊辰	己巳	庚午	辛未	壬申	癸酉	甲戌	乙亥	丙子	丁丑	戊寅	己卯	庚辰	辛巳	壬午	癸未	甲申	乙酉	丙戌	丁亥
절기시각															寅初														

9月 (丙戌)

절 기	상강															입동														
음 력	1	2	3	4	5	6	7	8	9	10	11	12	13	14	15	16	17	18	19	20	21	22	23	24	25	26	27	28	29	30
양력 월/일	10/24	25	26	27	28	29	30	31	11/1	2	3	4	5	6	7	8	9	10	11	12	13	14	15	16	17	18	19	20	21	22
일 진	戊子	己丑	庚寅	辛卯	壬辰	癸巳	甲午	乙未	丙申	丁酉	戊戌	己亥	庚子	辛丑	壬寅	癸卯	甲辰	乙巳	丙午	丁未	戊申	己酉	庚戌	辛亥	壬子	癸丑	甲寅	乙卯	丙辰	丁巳
절기시각	卯正															卯正														

10月 (丁亥)

절 기	소설												대설																	
음 력	1	2	3	4	5	6	7	8	9	10	11	12	13	14	15	16	17	18	19	20	21	22	23	24	25	26	27	28	29	
양력 월/일	11/23	24	25	26	27	28	29	30	12/1	2	3	4	5	6	7	8	9	10	11	12	13	14	15	16	17	18	19	20	21	
일 진	戊午	己未	庚申	辛酉	壬戌	癸亥	甲子	乙丑	丙寅	丁卯	戊辰	己巳	庚午	辛未	壬申	癸酉	甲戌	乙亥	丙子	丁丑	戊寅	己卯	庚辰	辛巳	壬午	癸未	甲申	乙酉	丙戌	
절기시각	寅初												子初																	

11月 (戊子)

절 기	동지															소한														
음 력	1	2	3	4	5	6	7	8	9	10	11	12	13	14	15	16	17	18	19	20	21	22	23	24	25	26	27	28	29	
양력 월/일	12/22	23	24	25	26	27	28	29	30	31	1/1	2	3	4	5	6	7	8	9	10	11	12	13	14	15	16	17	18	19	
일 진	丁亥	戊子	己丑	庚寅	辛卯	壬辰	癸巳	甲午	乙未	丙申	丁酉	戊戌	己亥	庚子	辛丑	壬寅	癸卯	甲辰	乙巳	丙午	丁未	戊申	己酉	庚戌	辛亥	壬子	癸丑	甲寅	乙卯	
절기시각	酉初															巳正														

12月 (乙丑)

절 기			대한											입춘																
음 력	1	2	3	4	5	6	7	8	9	10	11	12	13	14	15	16	17	18	19	20	21	22	23	24	25	26	27	28	29	30
양력 월/일	1/20	21	22	23	24	25	26	27	28	29	30	31	2/1	2	3	4	5	6	7	8	9	10	11	12	13	14	15	16	17	18
일 진	丙辰	丁巳	戊午	己未	庚申	辛酉	壬戌	癸亥	甲子	乙丑	丙寅	丁卯	戊辰	己巳	庚午	辛未	壬申	癸酉	甲戌	乙亥	丙子	丁丑	戊寅	己卯	庚辰	辛巳	壬午	癸未	甲申	乙酉
절기시각			寅初											亥正																

서기 1996년 (단기 4329년) 丙子年

正月 (庚寅)

절기	우수															경칩													
음력	1	2	3	4	5	6	7	8	9	10	11	12	13	14	15	16	17	18	19	20	21	22	23	24	25	26	27	28	29
양력 월/일	2/19	20	21	22	23	24	25	26	27	28	29	3/1	2	3	4	5	6	7	8	9	10	11	12	13	14	15	16	17	18
일진	丙戌	丁亥	戊子	己丑	庚寅	辛卯	壬辰	癸巳	甲午	乙未	丙申	丁酉	戊戌	己亥	庚子	辛丑	壬寅	癸卯	甲辰	乙巳	丙午	丁未	戊申	己酉	庚戌	辛亥	壬子	癸丑	甲寅
절기시각	酉初															申正													

2月 (辛卯)

절기			춘분														청명													
음력	1	2	3	4	5	6	7	8	9	10	11	12	13	14	15	16	17	18	19	20	21	22	23	24	25	26	27	28	29	30
양력 월/일	3/19	20	21	22	23	24	25	26	27	28	29	30	31	4/1	2	3	4	5	6	7	8	9	10	11	12	13	14	15	16	17
일진	乙卯	丙辰	丁巳	戊午	己未	庚申	辛酉	壬戌	癸亥	甲子	乙丑	丙寅	丁卯	戊辰	己巳	庚午	辛未	壬申	癸酉	甲戌	乙亥	丙子	丁丑	戊寅	己卯	庚辰	辛巳	壬午	癸未	甲申
절기시각			申正														戌正													

3月 (壬辰)

절기			곡우															입하											
음력	1	2	3	4	5	6	7	8	9	10	11	12	13	14	15	16	17	18	19	20	21	22	23	24	25	26	27	28	29
양력 월/일	4/18	19	20	21	22	23	24	25	26	27	28	29	30	5/1	2	3	4	5	6	7	8	9	10	11	12	13	14	15	16
일진	乙酉	丙戌	丁亥	戊子	己丑	庚寅	辛卯	壬辰	癸巳	甲午	乙未	丙申	丁酉	戊戌	己亥	庚子	辛丑	壬寅	癸卯	甲辰	乙巳	丙午	丁未	戊申	己酉	庚戌	辛亥	壬子	癸丑
절기시각			寅正															未正											

4月 (癸巳)

절기					소만												망종													
음력	1	2	3	4	5	6	7	8	9	10	11	12	13	14	15	16	17	18	19	20	21	22	23	24	25	26	27	28	29	30
양력 월/일	5/17	18	19	20	21	22	23	24	25	26	27	28	29	30	31	6/1	2	3	4	5	6	7	8	9	10	11	12	13	14	15
일진	甲寅	乙卯	丙辰	丁巳	戊午	己未	庚申	辛酉	壬戌	癸亥	甲子	乙丑	丙寅	丁卯	戊辰	己巳	庚午	辛未	壬申	癸酉	甲戌	乙亥	丙子	丁丑	戊寅	己卯	庚辰	辛巳	壬午	癸未
절기시각					寅初												酉正													

5月 (甲午)

절기					하지																소서									
음력	1	2	3	4	5	6	7	8	9	10	11	12	13	14	15	16	17	18	19	20	21	22	23	24	25	26	27	28	29	30
양력 월/일	6/16	17	18	19	20	21	22	23	24	25	26	27	28	29	30	7/1	2	3	4	5	6	7	8	9	10	11	12	13	14	15
일진	甲申	乙酉	丙戌	丁亥	戊子	己丑	庚寅	辛卯	壬辰	癸巳	甲午	乙未	丙申	丁酉	戊戌	己亥	庚子	辛丑	壬寅	癸卯	甲辰	乙巳	丙午	丁未	戊申	己酉	庚戌	辛亥	壬子	癸丑
절기시각					午初																寅正									

6月 (乙未)

절기					대서													입추											
음력	1	2	3	4	5	6	7	8	9	10	11	12	13	14	15	16	17	18	19	20	21	22	23	24	25	26	27	28	29
양력 월/일	7/16	17	18	19	20	21	22	23	24	25	26	27	28	29	30	31	8/1	2	3	4	5	6	7	8	9	10	11	12	13
일진	甲寅	乙卯	丙辰	丁巳	戊午	己未	庚午	辛酉	壬戌	癸亥	甲子	乙丑	丙寅	丁卯	戊辰	己巳	庚午	辛未	壬申	癸酉	甲戌	乙亥	丙子	丁丑	戊寅	己卯	庚辰	辛巳	壬午
절기시각					亥正													未正											

7 月 （丙 申）

절 기											처서															백로					
음 력		1	2	3	4	5	6	7	8	9	10	11	12	13	14	15	16	17	18	19	20	21	22	23	24	25	26	27	28	29	30
양력	월/일	8/14	15	16	17	18	19	20	21	22	23	24	25	26	27	28	29	30	31	9/1	2	3	4	5	6	7	8	9	10	11	12
일 진		癸未	甲申	乙酉	丙戌	丁亥	戊子	己丑	庚寅	辛卯	壬辰	癸巳	甲午	乙未	丙申	丁酉	戊戌	己亥	庚子	辛丑	壬寅	癸卯	甲辰	乙巳	丙午	丁未	戊申	己酉	庚戌	辛亥	壬子
절기시각												卯初															酉初					

8 月 （丁 酉）

절 기												추분														한로				
음 력		1	2	3	4	5	6	7	8	9	10	11	12	13	14	15	16	17	18	19	20	21	22	23	24	25	26	27	28	29
양력	월/일	9/13	14	15	16	17	18	19	20	21	22	23	24	25	26	27	28	29	30	10/1	2	3	4	5	6	7	8	9	10	11
일 진		癸丑	甲寅	乙卯	丙辰	丁巳	戊午	己未	庚申	辛酉	壬戌	癸亥	甲子	乙丑	丙寅	丁卯	戊辰	己巳	庚午	辛未	壬申	癸酉	甲戌	乙亥	丙子	丁丑	戊寅	己卯	庚辰	辛巳
절기시각												丑正														巳初				

9 月 （戊 戌）

절 기											상강															입동					
음 력		1	2	3	4	5	6	7	8	9	10	11	12	13	14	15	16	17	18	19	20	21	22	23	24	25	26	27	28	29	30
양력	월/일	10/12	13	14	15	16	17	18	19	20	21	22	23	24	25	26	27	28	29	30	31	11/1	2	3	4	5	6	7	8	9	10
일 진		壬午	癸未	甲申	乙酉	丙戌	丁亥	戊子	己丑	庚寅	辛卯	壬辰	癸巳	甲午	乙未	丙申	丁酉	戊戌	己亥	庚子	辛丑	壬寅	癸卯	甲辰	乙巳	丙午	丁未	戊申	己酉	庚戌	辛亥
절기시각												午正															午正					

10 月 （己 亥）

절 기											소설															대설					
음 력		1	2	3	4	5	6	7	8	9	10	11	12	13	14	15	16	17	18	19	20	21	22	23	24	25	26	27	28	29	30
양력	월/일	11/11	12	13	14	15	16	17	18	19	20	21	22	23	24	25	26	27	28	29	30	12/1	2	3	4	5	6	7	8	9	10
일 진		壬子	癸丑	甲寅	乙卯	丙辰	丁巳	戊午	己未	庚申	辛酉	壬戌	癸亥	甲子	乙丑	丙寅	丁卯	戊辰	己巳	庚午	辛未	壬申	癸酉	甲戌	乙亥	丙子	丁丑	戊寅	己卯	庚辰	辛巳
절기시각												巳初															卯初					

11 月 （庚 子）

절 기												동지														소한				
음 력		1	2	3	4	5	6	7	8	9	10	11	12	13	14	15	16	17	18	19	20	21	22	23	24	25	26	27	28	29
양력	월/일	12/11	12	13	14	15	16	17	18	19	20	21	22	23	24	25	26	27	28	29	30	31	1/1	2	3	4	5	6	7	8
일 진		壬午	癸未	甲申	乙酉	丙戌	丁亥	戊子	己丑	庚寅	辛卯	壬辰	癸巳	甲午	乙未	丙申	丁酉	戊戌	己亥	庚子	辛丑	壬寅	癸卯	甲辰	乙巳	丙午	丁未	戊申	己酉	庚戌
절기시각												子初														申正				

12 月 （辛 丑）

절 기												대한														입춘					
음 력		1	2	3	4	5	6	7	8	9	10	11	12	13	14	15	16	17	18	19	20	21	22	23	24	25	26	27	28	29	30
양력	월/일	1/9	10	11	12	13	14	15	16	17	18	19	20	21	22	23	24	25	26	27	28	29	30	31	2/1	2	3	4	5	6	7
일 진		辛亥	壬子	癸丑	甲寅	乙卯	丙辰	丁巳	戊午	己未	庚申	辛酉	壬戌	癸亥	甲子	乙丑	丙寅	丁卯	戊辰	己巳	庚午	辛未	壬申	癸酉	甲戌	乙亥	丙子	丁丑	戊寅	己卯	庚辰
절기시각												巳初														寅初					

서기 1997년 (단기 4330년) 丁丑年

正 月 (壬寅)

절기											우수															경칩			
음력	1	2	3	4	5	6	7	8	9	10	11	12	13	14	15	16	17	18	19	20	21	22	23	24	25	26	27	28	29
양력 월/일	2/8	9	10	11	12	13	14	15	16	17	18	19	20	21	22	23	24	25	26	27	28	3/1	2	3	4	5	6	7	8
일 진	辛巳	壬午	癸未	甲申	乙酉	丙戌	丁亥	戊子	己丑	庚寅	辛卯	壬辰	癸巳	甲午	乙未	丙申	丁酉	戊戌	己亥	庚子	辛丑	壬寅	癸卯	甲辰	乙巳	丙午	丁未	戊申	己酉
절기시각											子初															亥初			

2 月 (癸卯)

절기											춘분															청명			
음력	1	2	3	4	5	6	7	8	9	10	11	12	13	14	15	16	17	18	19	20	21	22	23	24	25	26	27	28	29
양력 월/일	3/9	10	11	12	13	14	15	16	17	18	19	20	21	22	23	24	25	26	27	28	29	30	31	4/1	2	3	4	5	6
일 진	庚戌	辛亥	壬子	癸丑	甲寅	乙卯	丙辰	丁巳	戊午	己未	庚申	辛酉	壬戌	癸亥	甲子	乙丑	丙寅	丁卯	戊辰	己巳	庚午	辛未	壬申	癸酉	甲戌	乙亥	丙子	丁丑	戊寅
절기시각											亥正															丑正			

3 月 (甲辰)

절기														곡우															입하	
음력	1	2	3	4	5	6	7	8	9	10	11	12	13	14	15	16	17	18	19	20	21	22	23	24	25	26	27	28	29	30
양력 월/일	4/7	8	9	10	11	12	13	14	15	16	17	18	19	20	21	22	23	24	25	26	27	28	29	30	5/1	2	3	4	5	6
일 진	己卯	庚辰	辛巳	壬午	癸未	甲申	乙酉	丙戌	丁亥	戊子	己丑	庚寅	辛卯	壬辰	癸巳	甲午	乙未	丙申	丁酉	戊戌	己亥	庚子	辛丑	壬寅	癸卯	甲辰	乙巳	丙午	丁未	戊申
절기시각														巳初															戌正	

4 月 (乙巳)

절기															소만														
음력	1	2	3	4	5	6	7	8	9	10	11	12	13	14	15	16	17	18	19	20	21	22	23	24	25	26	27	28	29
양력 월/일	5/7	8	9	10	11	12	13	14	15	16	17	18	19	20	21	22	23	24	25	26	27	28	29	30	31	6/1	2	3	4
일 진	己酉	庚戌	辛亥	壬子	癸丑	甲寅	乙卯	丙辰	丁巳	戊午	己未	庚申	辛酉	壬戌	癸亥	甲子	乙丑	丙寅	丁卯	戊辰	己巳	庚午	辛未	壬申	癸酉	甲戌	乙亥	丙子	丁丑
절기시각															巳初														

5 月 (丙午)

절기		망종															하지													
음력	1	2	3	4	5	6	7	8	9	10	11	12	13	14	15	16	17	18	19	20	21	22	23	24	25	26	27	28	29	30
양력 월/일	6/5	6	7	8	9	10	11	12	13	14	15	16	17	18	19	20	21	22	23	24	25	26	27	28	29	30	7/1	2	3	4
일 진	戊寅	己卯	庚辰	辛巳	壬午	癸未	甲申	乙酉	丙戌	丁亥	戊子	己丑	庚寅	辛卯	壬辰	癸巳	甲午	乙未	丙申	丁酉	戊戌	己亥	庚子	辛丑	壬寅	癸卯	甲辰	乙巳	丙午	丁未
절기시각		子初															酉初													

6 月 (丁未)

절기			소서															대서												
음력	1	2	3	4	5	6	7	8	9	10	11	12	13	14	15	16	17	18	19	20	21	22	23	24	25	26	27	28	29	
양력 월/일	7/5	6	7	8	9	10	11	12	13	14	15	16	17	18	19	20	21	22	23	24	25	26	27	28	29	30	31	8/1	2	
일 진	戊申	己酉	庚戌	辛亥	壬子	癸丑	甲寅	乙卯	丙辰	丁巳	戊午	己未	庚申	辛酉	壬戌	癸亥	甲子	乙丑	丙寅	丁卯	戊辰	己巳	庚午	辛未	壬申	癸酉	甲戌	乙亥	丙子	
절기시각			巳正															寅正												

7月 (戊申)

절기				입추																	처서									
음력	1	2	3	4	5	6	7	8	9	10	11	12	13	14	15	16	17	18	19	20	21	22	23	24	25	26	27	28	29	30
양력 월/일	8/3	4	5	6	7	8	9	10	11	12	13	14	15	16	17	18	19	20	21	22	23	24	25	26	27	28	29	30	31	9/1
일 진	丁丑	戊寅	己卯	庚辰	辛巳	壬午	癸未	甲申	乙酉	丙戌	丁亥	戊子	己丑	庚寅	辛卯	壬辰	癸巳	甲午	乙未	丙申	丁酉	戊戌	己亥	庚子	辛丑	壬寅	癸卯	甲辰	乙巳	丙午
절기시각				戌正																	午初									

8月 (己酉)

절기					백로																	추분								
음력	1	2	3	4	5	6	7	8	9	10	11	12	13	14	15	16	17	18	19	20	21	22	23	24	25	26	27	28	29	30
양력 월/일	9/2	3	4	5	6	7	8	9	10	11	12	13	14	15	16	17	18	19	20	21	22	23	24	25	26	27	28	29	30	10/1
일 진	丁未	戊申	己酉	庚戌	辛亥	壬子	癸丑	甲寅	乙卯	丙辰	丁巳	戊午	己未	庚申	辛酉	壬戌	癸亥	甲子	乙丑	丙寅	丁卯	戊辰	己巳	庚午	辛未	壬申	癸酉	甲戌	乙亥	丙子
절기시각					子初																	辰正								

9月 (庚戌)

절기				한로																	상강								
음력	1	2	3	4	5	6	7	8	9	10	11	12	13	14	15	16	17	18	19	20	21	22	23	24	25	26	27	28	29
양력 월/일	10/2	3	4	5	6	7	8	9	10	11	12	13	14	15	16	17	18	19	20	21	10/2	23	24	25	26	27	28	29	30
일 진	丁丑	戊寅	己卯	庚辰	辛巳	壬午	癸未	甲申	乙酉	丙戌	丁亥	戊子	己丑	庚寅	辛卯	壬辰	癸巳	甲午	乙未	丙申	丁酉	戊戌	己亥	庚子	辛丑	壬寅	癸卯	甲辰	乙巳
절기시각				申初																	酉正								

10月 (辛亥)

절기						입동																소설								
음력	1	2	3	4	5	6	7	8	9	10	11	12	13	14	15	16	17	18	19	20	21	22	23	24	25	26	27	28	29	30
양력 월/일	10/31	11/1	2	3	4	5	6	7	8	9	10	11	12	13	14	15	16	17	18	19	20	21	22	23	24	25	26	27	28	29
일 진	丙午	丁未	戊申	己酉	庚戌	辛亥	壬子	癸丑	甲寅	乙卯	丙辰	丁巳	戊午	己未	庚申	辛酉	壬戌	癸亥	甲子	乙丑	丙寅	丁卯	戊辰	己巳	庚午	辛未	壬申	癸酉	甲戌	乙亥
절기시각						酉正																申初								

11月 (壬子)

절기					대설																동지									
음력	1	2	3	4	5	6	7	8	9	10	11	12	13	14	15	16	17	18	19	20	21	22	23	24	25	26	27	28	29	30
양력 월/일	11/30	12/1	2	3	4	5	6	7	8	9	10	11	12	13	14	15	16	17	18	19	20	21	22	23	24	25	26	27	28	29
일 진	丙子	丁丑	戊寅	己卯	庚辰	辛巳	壬午	癸未	甲申	乙酉	丙戌	丁亥	戊子	己丑	庚寅	辛卯	壬辰	癸巳	甲午	乙未	丙申	丁酉	戊戌	己亥	庚子	辛丑	壬寅	癸卯	甲辰	乙巳
절기시각					巳正																寅正									

12月 (癸丑)

절기					소한																대한								
음력	1	2	3	4	5	6	7	8	9	10	11	12	13	14	15	16	17	18	19	20	21	22	23	24	25	26	27	28	29
양력 월/일	12/30	31	1/1	2	3	4	5	6	7	8	9	10	11	12	13	14	15	16	17	18	19	20	21	22	23	24	25	26	27
일 진	丙午	丁未	戊申	己酉	庚戌	辛亥	壬子	癸丑	甲寅	乙卯	丙辰	丁巳	戊午	己未	庚申	辛酉	壬戌	癸亥	甲子	乙丑	丙寅	丁卯	戊辰	己巳	庚午	辛未	壬申	癸酉	甲戌
절기시각					亥正																申初								

서기 1998년 (단기 4331년)	戊 寅 年

正月 (甲寅)

절기							입춘															우수								
음력	1	2	3	4	5	6	7	8	9	10	11	12	13	14	15	16	17	18	19	20	21	22	23	24	25	26	27	28	29	30
양력 월/일	1/28	29	30	31	2/1	2	3	4	5	6	7	8	9	10	11	12	13	14	15	16	17	18	19	20	21	22	23	24	25	26
일진	乙亥	丙子	丁丑	戊寅	己卯	庚辰	辛巳	壬午	癸未	甲申	乙酉	丙戌	丁亥	戊子	己丑	庚寅	辛卯	壬辰	癸巳	甲午	乙未	丙申	丁酉	戊戌	己亥	庚子	辛丑	壬寅	癸卯	甲辰
절기시각							巳初															卯初								

2月 (乙卯)

절기								경칩															춘분						
음력	1	2	3	4	5	6	7	8	9	10	11	12	13	14	15	16	17	18	19	20	21	22	23	24	25	26	27	28	29
양력 월/일	2/27	28	3/1	2	3	4	5	6	7	8	9	10	11	12	13	14	15	16	17	18	19	20	21	22	23	24	25	26	27
일진	乙巳	丙午	丁未	戊申	己酉	庚戌	辛亥	壬子	癸丑	甲寅	乙卯	丙辰	丁巳	戊午	己未	庚申	辛酉	壬戌	癸亥	甲子	乙丑	丙寅	丁卯	戊辰	己巳	庚午	辛未	壬申	癸酉
절기시각								寅初															寅正						

3月 (庚辰)

절기							청명															곡우							
음력	1	2	3	4	5	6	7	8	9	10	11	12	13	14	15	16	17	18	19	20	21	22	23	24	25	26	27	28	29
양력 월/일	3/28	29	30	31	4/1	2	3	4	5	6	7	8	9	10	11	12	13	14	15	16	17	18	19	20	21	22	23	24	25
일진	甲戌	乙亥	丙子	丁丑	戊寅	己卯	庚辰	辛巳	壬午	癸未	甲申	乙酉	丙戌	丁亥	戊子	己丑	庚寅	辛卯	壬辰	癸巳	甲午	乙未	丙申	丁酉	戊戌	己亥	庚子	辛丑	壬寅
절기시각							辰正															申初							

4月 (丁巳)

절기								입하															소만							
음력	1	2	3	4	5	6	7	8	9	10	11	12	13	14	15	16	17	18	19	20	21	22	23	24	25	26	27	28	29	30
양력 월/일	4/26	27	28	29	30	5/1	2	3	4	5	6	7	8	9	10	11	12	13	14	15	16	17	18	19	20	21	22	23	24	25
일진	癸卯	甲辰	乙巳	丙午	丁未	戊申	己酉	庚戌	辛亥	壬子	癸丑	甲寅	乙卯	丙辰	丁巳	戊午	己未	庚申	辛酉	壬戌	癸亥	甲子	乙丑	丙寅	丁卯	戊辰	己巳	庚午	辛未	壬申
절기시각								丑初															未正							

5月 (戊午)

절기								망종																하지					
음력	1	2	3	4	5	6	7	8	9	10	11	12	13	14	15	16	17	18	19	20	21	22	23	24	25	26	27	28	29
양력 월/일	5/26	27	28	29	30	31	6/1	2	3	4	5	6	7	8	9	10	11	12	13	14	15	16	17	18	19	20	21	22	23
일진	癸酉	甲戌	乙亥	丙子	丁丑	戊寅	己卯	庚辰	辛巳	壬午	癸未	甲申	乙酉	丙戌	丁亥	戊子	己丑	庚寅	辛卯	壬辰	癸巳	甲午	乙未	丙申	丁酉	戊戌	己亥	庚子	辛丑
절기시각								卯初																亥正					

閏5月 (戊午)

절기							소서																						
음력	1	2	3	4	5	6	7	8	9	10	11	12	13	14	15	16	17	18	19	20	21	22	23	24	25	26	27	28	29
양력 월/일	6/24	25	26	27	28	29	30	7/1	2	3	4	5	6	7	8	9	10	11	12	13	14	15	16	17	18	19	20	21	22
일진	壬寅	癸卯	甲辰	乙巳	丙午	丁未	戊申	己酉	庚戌	辛亥	壬子	癸丑	甲寅	乙卯	丙辰	丁巳	戊午	己未	庚申	辛酉	壬戌	癸亥	甲子	乙丑	丙寅	丁卯	戊辰	己巳	庚午
절기시각							申正																						

6月 (己未)

절기	대서																입추													
음력	1	2	3	4	5	6	7	8	9	10	11	12	13	14	15	16	17	18	19	20	21	22	23	24	25	26	27	28	29	30
양력 월/일	7/23	24	25	26	27	28	29	30	31	8/1	2	3	4	5	6	7	8	9	10	11	12	13	14	15	16	17	18	19	20	21
일진	辛未	壬申	癸酉	甲戌	乙亥	丙子	丁丑	戊寅	己卯	庚辰	辛巳	壬午	癸未	甲申	乙酉	丙戌	丁亥	戊子	己丑	庚寅	辛卯	壬辰	癸巳	甲午	乙未	丙申	丁酉	戊戌	己亥	庚子
절기시각	巳初																丑正													

7 月 (庚 申)

절 기		처서																	백로												
음 력	1	2	3	4	5	6	7	8	9	10	11	12	13	14	15	16	17	18	19	20	21	22	23	24	25	26	27	28	29	30
양력 월/일	8/22	23	24	25	26	27	28	29	30	31	9/1	2	3	4	5	6	7	8	9	10	11	12	13	14	15	16	17	18	19	20
일 진	辛丑	壬寅	癸卯	甲辰	乙巳	丙午	丁未	戊申	己酉	庚戌	辛亥	壬子	癸丑	甲寅	乙卯	丙辰	丁巳	戊午	己未	庚申	辛酉	壬戌	癸亥	甲子	乙丑	丙寅	丁卯	戊辰	己巳	庚午
절기시각		申正																卯初												

8 月 (辛 酉)

절 기		추분																	한로											
음 력	1	2	3	4	5	6	7	8	9	10	11	12	13	14	15	16	17	18	19	20	21	22	23	24	25	26	27	28	29	
양력 월/일	9/21	22	23	24	25	26	27	28	29	30	10/1	2	3	4	5	6	7	8	9	10	11	12	13	14	15	16	17	18	19	
일 진	辛未	壬申	癸酉	甲戌	乙亥	丙子	丁丑	戊寅	己卯	庚辰	辛巳	壬午	癸未	甲申	乙酉	丙戌	丁亥	戊子	己丑	庚寅	辛卯	壬辰	癸巳	甲午	乙未	丙申	丁酉	戊戌	己亥	
절기시각		未正																戌正												

9 月 (壬 戌)

절 기			상강															입동												
음 력	1	2	3	4	5	6	7	8	9	10	11	12	13	14	15	16	17	18	19	20	21	22	23	24	25	26	27	28	29	30
양력 월/일	10/20	21	22	23	24	25	26	27	28	29	30	31	11/1	2	3	4	5	6	7	8	9	10	11	12	13	14	15	16	17	18
일 진	庚子	辛丑	壬寅	癸卯	甲辰	乙巳	丙午	丁未	戊申	己酉	庚戌	辛亥	壬子	癸丑	甲寅	乙卯	丙辰	丁巳	戊午	己未	庚申	辛酉	壬戌	癸亥	甲子	乙丑	丙寅	丁卯	戊辰	己巳
절기시각			子初															子初												

10 月 (癸 亥)

절 기			소설															대설												
음 력	1	2	3	4	5	6	7	8	9	10	11	12	13	14	15	16	17	18	19	20	21	22	23	24	25	26	27	28	29	30
양력 월/일	11/19	20	21	22	23	24	25	26	27	28	29	30	12/1	2	3	4	5	6	7	8	9	10	11	12	13	14	15	16	17	18
일 진	庚午	辛未	壬申	癸酉	甲戌	乙亥	丙子	丁丑	戊寅	己卯	庚辰	辛巳	壬午	癸未	甲申	乙酉	丙戌	丁亥	戊子	己丑	庚寅	辛卯	壬辰	癸巳	甲午	乙未	丙申	丁酉	戊戌	己亥
절기시각			亥初															申正												

11 月 (甲 子)

절 기			동지															소한												
음 력	1	2	3	4	5	6	7	8	9	10	11	12	13	14	15	16	17	18	19	20	21	22	23	24	25	26	27	28	29	30
양력 월/일	12/19	20	21	22	23	24	25	26	27	28	29	30	31	1/1	2	3	4	5	6	7	8	9	10	11	12	13	14	15	16	17
일 진	庚子	辛丑	壬寅	癸卯	甲辰	乙巳	丙午	丁未	戊申	己酉	庚戌	辛亥	壬子	癸丑	甲寅	乙卯	丙辰	丁巳	戊午	己未	庚申	辛酉	壬戌	癸亥	甲子	乙丑	丙寅	丁卯	戊辰	己巳
절기시각			巳正															寅初												

12 月 (乙 丑)

절 기			대한															입춘												
음 력	1	2	3	4	5	6	7	8	9	10	11	12	13	14	15	16	17	18	19	20	21	22	23	24	25	26	27	28	29	
양력 월/일	1/18	19	20	21	22	23	24	25	26	27	28	29	30	31	2/1	2	3	4	5	6	7	8	9	10	11	12	13	14	15	
일 진	庚午	辛未	壬申	癸酉	甲戌	乙亥	丙子	丁丑	戊寅	己卯	庚辰	辛巳	壬午	癸未	甲申	乙酉	丙戌	丁亥	戊子	己丑	庚寅	辛卯	壬辰	癸巳	甲午	乙未	丙申	丁酉	戊戌	
절기시각			亥初															申初												

서기 1999년 (단기 4332년) 己 卯 年

正月 (丙寅)

절기				우수															경칩											
음력	1	2	3	4	5	6	7	8	9	10	11	12	13	14	15	16	17	18	19	20	21	22	23	24	25	26	27	28	29	30
양력 월/일	2/16	17	18	19	20	21	22	23	24	25	26	27	28	3/1	2	3	4	5	6	7	8	9	10	11	12	13	14	15	16	17
일진	己亥	庚子	辛丑	壬寅	癸卯	甲辰	乙巳	丙午	丁未	戊申	己酉	庚戌	辛亥	壬子	癸丑	甲寅	乙卯	丙辰	丁巳	戊午	己未	庚申	辛酉	壬戌	癸亥	甲子	乙丑	丙寅	丁卯	戊辰
절기시각				午初															巳初											

2月 (丁卯)

절기				춘분															청명										
음력	1	2	3	4	5	6	7	8	9	10	11	12	13	14	15	16	17	18	19	20	21	22	23	24	25	26	27	28	29
양력 월/일	3/18	19	20	21	22	23	24	25	26	27	28	29	30	31	4/1	2	3	4	5	6	7	8	9	10	11	12	13	14	15
일진	己巳	庚午	辛未	壬申	癸酉	甲戌	乙亥	丙子	丁丑	戊寅	己卯	庚辰	辛巳	壬午	癸未	甲申	乙酉	丙戌	丁亥	戊子	己丑	庚寅	辛卯	壬辰	癸巳	甲午	乙未	丙申	丁酉
절기시각				巳正															未正										

3月 (戊辰)

절기				곡우															입하										
음력	1	2	3	4	5	6	7	8	9	10	11	12	13	14	15	16	17	18	19	20	21	22	23	24	25	26	27	28	29
양력 월/일	4/16	17	18	19	20	21	22	23	24	25	26	27	28	29	30	5/1	2	3	4	5	6	7	8	9	10	11	12	13	14
일진	戊戌	己亥	庚子	辛丑	壬寅	癸卯	甲辰	乙巳	丙午	丁未	戊申	己酉	庚戌	辛亥	壬子	癸丑	甲寅	乙卯	丙辰	丁巳	戊午	己未	庚申	辛酉	壬戌	癸亥	甲子	乙丑	丙寅
절기시각				亥初															辰初										

4月 (己巳)

절기					소만															망종										
음력	1	2	3	4	5	6	7	8	9	10	11	12	13	14	15	16	17	18	19	20	21	22	23	24	25	26	27	28	29	30
양력 월/일	5/15	16	17	18	19	20	21	22	23	24	25	26	27	28	29	30	31	6/1	2	3	4	5	6	7	8	9	10	11	12	13
일진	丁卯	戊辰	己巳	庚午	辛未	壬申	癸酉	甲戌	乙亥	丙子	丁丑	戊寅	己卯	庚辰	辛巳	壬午	癸未	甲申	乙酉	丙戌	丁亥	戊子	己丑	庚寅	辛卯	壬辰	癸巳	甲午	乙未	丙申
절기시각					戌正															午初										

5月 (庚午)

절기						하지															소서								
음력	1	2	3	4	5	6	7	8	9	10	11	12	13	14	15	16	17	18	19	20	21	22	23	24	25	26	27	28	29
양력 월/일	6/14	15	16	17	18	19	20	21	22	23	24	25	26	27	28	29	30	7/1	2	3	4	5	6	7	8	9	10	11	12
일진	丁酉	戊戌	己亥	庚子	辛丑	壬寅	癸卯	甲辰	乙巳	丙午	丁未	戊申	己酉	庚戌	辛亥	壬子	癸丑	甲寅	乙卯	丙辰	丁巳	戊午	己未	庚申	辛酉	壬戌	癸亥	甲子	乙丑
절기시각						寅正															亥正								

6月 (辛未)

절기						대서																입추							
음력	1	2	3	4	5	6	7	8	9	10	11	12	13	14	15	16	17	18	19	20	21	22	23	24	25	26	27	28	29
양력 월/일	7/13	14	15	16	17	18	19	20	21	22	23	24	25	26	27	28	29	30	31	8/1	2	3	4	5	6	7	8	9	10
일진	丙寅	丁卯	戊辰	己巳	庚午	辛未	壬申	癸酉	甲戌	乙亥	丙子	丁丑	戊寅	己卯	庚辰	辛巳	壬午	癸未	甲申	乙酉	丙戌	丁亥	戊子	己丑	庚寅	辛卯	壬辰	癸巳	甲午
절기시각						申初																辰正							

7 月 （壬 申）

절 기													처서																백로	
음 력	1	2	3	4	5	6	7	8	9	10	11	12	13	14	15	16	17	18	19	20	21	22	23	24	25	26	27	28	29	30
양력 월/일	8/11	12	13	14	15	16	17	18	19	20	21	22	23	24	25	26	27	28	29	30	31	9/1	2	3	4	5	6	7	8	9
일 진	乙未	丙申	丁酉	戊戌	己亥	庚子	辛丑	壬寅	癸卯	甲辰	乙巳	丙午	丁未	戊申	己酉	庚戌	辛亥	壬子	癸丑	甲寅	乙卯	丙辰	丁巳	戊午	己未	庚申	辛酉	壬戌	癸亥	甲子
절기시각													亥正																午初	

8 月 （癸 酉）

절 기													추분																
음 력	1	2	3	4	5	6	7	8	9	10	11	12	13	14	15	16	17	18	19	20	21	22	23	24	25	26	27	28	29
양력 월/일	9/10	11	12	13	14	15	16	17	18	19	20	21	22	23	24	25	26	27	28	29	30	10/1	2	3	4	5	6	7	8
일 진	乙丑	丙寅	丁卯	戊辰	己巳	庚午	辛未	壬申	癸酉	甲戌	乙亥	丙子	丁丑	戊寅	己卯	庚辰	辛巳	壬午	癸未	甲申	乙酉	丙戌	丁亥	戊子	己丑	庚寅	辛卯	壬辰	癸巳
절기시각													戌正																

9 月 （甲 戌）

절 기	한로															상강														
음 력	1	2	3	4	5	6	7	8	9	10	11	12	13	14	15	16	17	18	19	20	21	22	23	24	25	26	27	28	29	30
양력 월/일	10/9	10	11	12	13	14	15	16	17	18	19	20	21	22	23	24	25	26	27	28	29	30	31	11/1	2	3	4	5	6	7
일 진	甲午	乙未	丙申	丁酉	戊戌	己亥	庚子	辛丑	壬寅	癸卯	甲辰	乙巳	丙午	丁未	戊申	己酉	庚戌	辛亥	壬子	癸丑	甲寅	乙卯	丙辰	丁巳	戊午	己未	庚申	辛酉	壬戌	癸亥
절기시각	丑正															卯初														

10 月 （乙 亥）

절 기	입동															소설														대설
음 력	1	2	3	4	5	6	7	8	9	10	11	12	13	14	15	16	17	18	19	20	21	22	23	24	25	26	27	28	29	30
양력 월/일	11/8	9	10	11	12	13	14	15	16	17	18	19	20	21	22	23	24	25	26	27	28	29	30	12/1	2	3	4	5	6	7
일 진	甲子	乙丑	丙寅	丁卯	戊辰	己巳	庚午	辛未	壬申	癸酉	甲戌	乙亥	丙子	丁丑	戊寅	己卯	庚辰	辛巳	壬午	癸未	甲申	乙酉	丙戌	丁亥	戊子	己丑	庚寅	辛卯	壬辰	癸巳
절기시각	卯初															寅初														亥正

11 月 （丙 子）

절 기													동지																	소한
음 력	1	2	3	4	5	6	7	8	9	10	11	12	13	14	15	16	17	18	19	20	21	22	23	24	25	26	27	28	29	30
양력 월/일	12/8	9	10	11	12	13	14	15	16	17	18	19	20	21	22	23	24	25	26	27	28	29	30	31	1/1	2	3	4	5	6
일 진	甲午	乙未	丙申	丁酉	戊戌	己亥	庚子	辛丑	壬寅	癸卯	甲辰	乙巳	丙午	丁未	戊申	己酉	庚戌	辛亥	壬子	癸丑	甲寅	乙卯	丙辰	丁巳	戊午	己未	庚申	辛酉	壬戌	癸亥
절기시각													申正																	巳初

12 月 （丁 丑）

절 기													대한														입춘		
음 력	1	2	3	4	5	6	7	8	9	10	11	12	13	14	15	16	17	18	19	20	21	22	23	24	25	26	27	28	29
양력 월/일	1/7	8	9	10	11	12	13	14	15	16	17	18	19	20	21	22	23	24	25	26	27	28	29	30	31	2/1	2	3	4
일 진	甲子	乙丑	丙寅	丁卯	戊辰	己巳	庚午	辛未	壬申	癸酉	甲戌	乙亥	丙子	丁丑	戊寅	己卯	庚辰	辛巳	壬午	癸未	甲申	乙酉	丙戌	丁亥	戊子	己丑	庚寅	辛卯	壬辰
절기시각													寅初														亥初		

서기 2000년 (단기 4333년)   庚 辰 年

正 月 (戊 寅)

절기															우수															경칩
음력	1	2	3	4	5	6	7	8	9	10	11	12	13	14	15	16	17	18	19	20	21	22	23	24	25	26	27	28	29	30
양력 월/일	2/5	6	7	8	9	10	11	12	13	14	15	16	17	18	19	20	21	22	23	24	25	26	27	28	29	3/1	2	3	4	5
일 진	癸巳	甲午	乙未	丙申	丁酉	戊戌	己亥	庚子	辛丑	壬寅	癸卯	甲辰	乙巳	丙午	丁未	戊申	己酉	庚戌	辛亥	壬子	癸丑	甲寅	乙卯	丙辰	丁巳	戊午	己未	庚申	辛酉	壬戌
절기시각															酉初															申初

2 月 (己 卯)

절기															춘분															청명
음력	1	2	3	4	5	6	7	8	9	10	11	12	13	14	15	16	17	18	19	20	21	22	23	24	25	26	27	28	29	30
양력 월/일	3/6	7	8	9	10	11	12	13	14	15	16	17	18	19	20	21	22	23	24	25	26	27	28	29	30	31	4/1	2	3	4
일 진	癸亥	甲子	乙丑	丙寅	丁卯	戊辰	己巳	庚午	辛未	壬申	癸酉	甲戌	乙亥	丙子	丁丑	戊寅	己卯	庚辰	辛巳	壬午	癸未	甲申	乙酉	丙戌	丁亥	戊子	己丑	庚寅	辛卯	壬辰
절기시각															申正															戌正

3 月 (庚 辰)

절기															곡우															
음력	1	2	3	4	5	6	7	8	9	10	11	12	13	14	15	16	17	18	19	20	21	22	23	24	25	26	27	28	29	
양력 월/일	4/5	6	7	8	9	10	11	12	13	14	15	16	17	18	19	20	21	22	23	24	25	26	27	28	29	30	5/1	2	3	
일 진	癸巳	甲午	乙未	丙申	丁酉	戊戌	己亥	庚子	辛丑	壬寅	癸卯	甲辰	乙巳	丙午	丁未	戊申	己酉	庚戌	辛亥	壬子	癸丑	甲寅	乙卯	丙辰	丁巳	戊午	己未	庚申	辛酉	
절기시각															寅初															

4 月 (辛 巳)

절기		입하														소만														
음력	1	2	3	4	5	6	7	8	9	10	11	12	13	14	15	16	17	18	19	20	21	22	23	24	25	26	27	28	29	
양력 월/일	5/4	5	6	7	8	9	10	11	12	13	14	15	16	17	18	19	20	21	22	23	24	25	26	27	28	29	30	31	6/1	
일 진	壬戌	癸亥	甲子	乙丑	丙寅	丁卯	戊辰	己巳	庚午	辛未	壬申	癸酉	甲戌	乙亥	丙子	丁丑	戊寅	己卯	庚辰	辛巳	壬午	癸未	甲申	乙酉	丙戌	丁亥	戊子	己丑	庚寅	
절기시각		未初														丑正														

5 月 (壬 午)

절기				망종																하지										
음력	1	2	3	4	5	6	7	8	9	10	11	12	13	14	15	16	17	18	19	20	21	22	23	24	25	26	27	28	29	30
양력 월/일	6/2	3	4	5	6	7	8	9	10	11	12	13	14	15	16	17	18	19	20	21	22	23	24	25	26	27	28	29	30	7/1
일 진	辛卯	壬辰	癸巳	甲午	乙未	丙申	丁酉	戊戌	己亥	庚子	辛丑	壬寅	癸卯	甲辰	乙巳	丙午	丁未	戊申	己酉	庚戌	辛亥	壬子	癸丑	甲寅	乙卯	丙辰	丁巳	戊午	己未	庚申
절기시각				未初																巳初										

6 月 (癸 未)

절기					소서															대서										
음력	1	2	3	4	5	6	7	8	9	10	11	12	13	14	15	16	17	18	19	20	21	22	23	24	25	26	27	28	29	
양력 월/일	7/2	3	4	5	6	7	8	9	10	11	12	13	14	15	16	17	18	19	20	21	22	23	24	25	26	27	28	29	30	
일 진	辛酉	壬戌	癸亥	甲子	乙丑	丙寅	丁卯	戊辰	己巳	庚午	辛未	壬申	癸酉	甲戌	乙亥	丙子	丁丑	戊寅	己卯	庚辰	辛巳	壬午	癸未	甲申	乙酉	丙戌	丁亥	戊子	己丑	
절기시각					寅正															亥初										

7 月 (甲申)

절기								입추																처서					
음력	1	2	3	4	5	6	7	8	9	10	11	12	13	14	15	16	17	18	19	20	21	22	23	24	25	26	27	28	29
양력 월/일	7/31	8/1	2	3	4	5	6	7	8	9	10	11	12	7/31	14	15	16	17	18	19	20	21	22	23	24	25	26	27	28
일진	庚寅	辛卯	壬辰	癸巳	甲午	乙未	丙申	丁酉	戊戌	己亥	庚子	辛丑	壬寅	癸卯	甲辰	乙巳	丙午	丁未	戊申	己酉	庚戌	辛亥	壬子	癸丑	甲寅	乙卯	丙辰	丁巳	戊午
절기시각								未初																寅正					

8 月 (乙酉)

절기										백로																추분				
음력	1	2	3	4	5	6	7	8	9	10	11	12	13	14	15	16	17	18	19	20	21	22	23	24	25	26	27	28	29	30
양력 월/일	8/29	30	31	9/1	2	3	4	5	6	7	8	9	10	11	12	13	14	15	16	17	18	19	20	21	22	23	24	25	26	27
일진	己未	庚申	辛酉	壬戌	癸亥	甲子	乙丑	丙寅	丁卯	戊辰	己巳	庚午	辛未	壬申	癸酉	甲戌	乙亥	丙子	丁丑	戊寅	己卯	庚辰	辛巳	壬午	癸未	甲申	乙酉	丙戌	丁亥	戊子
절기시각										申正																丑正				

9 月 (丙戌)

절기									한로																상강				
음력	1	2	3	4	5	6	7	8	9	10	11	12	13	14	15	16	17	18	19	20	21	22	23	24	25	26	27	28	29
양력 월/일	9/28	29	30	10/1	2	3	4	5	6	7	8	9	10	11	12	13	14	15	16	17	18	19	20	21	22	23	24	25	26
일진	己丑	庚寅	辛卯	壬辰	癸巳	甲午	乙未	丙申	丁酉	戊戌	己亥	庚子	辛丑	壬寅	癸卯	甲辰	乙巳	丙午	丁未	戊申	己酉	庚戌	辛亥	壬子	癸丑	甲寅	乙卯	丙辰	丁巳
절기시각									辰正																午初				

10 月 (丁亥)

절기										입동																소설				
음력	1	2	3	4	5	6	7	8	9	10	11	12	13	14	15	16	17	18	19	20	21	22	23	24	25	26	27	28	29	30
양력 월/일	10/27	28	29	30	31	11/1	2	3	4	5	6	7	8	9	10	11	12	13	14	15	16	17	18	19	20	21	22	23	24	25
일진	戊午	己未	庚申	辛酉	壬戌	癸亥	甲子	乙丑	丙寅	丁卯	戊辰	己巳	庚午	辛未	壬申	癸酉	甲戌	乙亥	丙子	丁丑	戊寅	己卯	庚辰	辛巳	壬午	癸未	甲申	乙酉	丙戌	丁亥
절기시각										午初																巳初				

11 月 (戊子)

절기										대설																동지				
음력	1	2	3	4	5	6	7	8	9	10	11	12	13	14	15	16	17	18	19	20	21	22	23	24	25	26	27	28	29	30
양력 월/일	11/26	27	28	29	30	12/1	2	3	4	5	6	7	8	9	10	11	12	13	14	15	16	17	18	19	20	21	22	23	24	25
일진	戊子	己丑	庚寅	辛卯	壬辰	癸巳	甲午	乙未	丙申	丁酉	戊戌	己亥	庚子	辛丑	壬寅	癸卯	甲辰	乙巳	丙午	丁未	戊申	己酉	庚戌	辛亥	壬子	癸丑	甲寅	乙卯	丙辰	丁巳
절기시각										寅正																亥正				

12 月 (己丑)

절기										소한																대한				
음력	1	2	3	4	5	6	7	8	9	10	11	12	13	14	15	16	17	18	19	20	21	22	23	24	25	26	27	28	29
양력 월/일	12/26	27	28	29	30	31	1/1	2	3	4	5	6	7	8	9	10	11	12	13	14	15	16	17	18	19	20	21	23	23
일진	戊午	己未	庚申	辛酉	壬戌	癸亥	甲子	乙丑	丙寅	丁卯	戊辰	己巳	庚午	辛未	壬申	癸酉	甲戌	乙亥	丙子	丁丑	戊寅	己卯	庚辰	辛巳	壬午	癸未	甲申	乙酉	丙戌
절기시각										申初																辰正			

서기 2001년 (단기 4334년)　　　　辛　巳　年

正 月 （庚 寅）

절기												입춘														우수					
음력	1	2	3	4	5	6	7	8	9	10	11	12	13	14	15	16	17	18	19	20	21	22	23	24	25	26	27	28	29	30
양력 월/일	1/24	25	26	27	28	29	30	31	2/1	2	3	4	5	6	7	8	9	10	11	12	13	14	15	16	17	18	19	20	21	22
일진	丁亥	戊子	己丑	庚寅	辛卯	壬辰	癸巳	甲午	乙未	丙申	丁酉	戊戌	己亥	庚子	辛丑	壬寅	癸卯	甲辰	乙巳	丙午	丁未	戊申	己酉	庚戌	辛亥	壬子	癸丑	甲寅	乙卯	丙辰
절기시각												寅初														子初				

2 月 （辛 卯）

절기												경칩														춘분				
음력	1	2	3	4	5	6	7	8	9	10	11	12	13	14	15	16	17	18	19	20	21	22	23	24	25	26	27	28	29	30
양력 월/일	2/23	24	25	26	27	28	3/1	2	3	4	5	6	7	8	9	10	11	12	13	14	15	16	17	18	19	20	21	22	23	24
일진	丁巳	戊午	己未	庚申	辛酉	壬戌	癸亥	甲子	乙丑	丙寅	丁卯	戊辰	己巳	庚午	辛未	壬申	癸酉	甲戌	乙亥	丙子	丁丑	戊寅	己卯	庚辰	辛巳	壬午	癸未	甲申	乙酉	丙戌
절기시각												亥正														亥正				

3 月 （壬 辰）

절기												청명														곡우				
음력	1	2	3	4	5	6	7	8	9	10	11	12	13	14	15	16	17	18	19	20	21	22	23	24	25	26	27	28	29	30
양력 월/일	3/25	26	27	28	29	30	31	4/1	2	3	4	5	6	7	8	9	10	11	12	13	14	15	16	17	18	19	20	21	22	23
일진	丁亥	戊子	己丑	庚寅	辛卯	壬辰	癸巳	甲午	乙未	丙申	丁酉	戊戌	己亥	庚子	辛丑	壬寅	癸卯	甲辰	乙巳	丙午	丁未	戊申	己酉	庚戌	辛亥	壬子	癸丑	甲寅	乙卯	丙辰
절기시각												丑初														巳初				

4 月 （癸 巳）

절기												입하														소만			
음력	1	2	3	4	5	6	7	8	9	10	11	12	13	14	15	16	17	18	19	20	21	22	23	24	25	26	27	28	29
양력 월/일	4/24	25	26	27	28	29	30	5/1	2	3	4	5	6	7	8	9	10	11	12	13	14	15	16	17	18	19	20	21	22
일진	丁巳	戊午	己未	庚申	辛酉	壬戌	癸亥	甲子	乙丑	丙寅	丁卯	戊辰	己巳	庚午	辛未	壬申	癸酉	甲戌	乙亥	丙子	丁丑	戊寅	己卯	庚辰	辛巳	壬午	癸未	甲申	乙酉
절기시각												戌初														辰正			

閏 4 月 （癸 巳）

절기												망종																	
음력	1	2	3	4	5	6	7	8	9	10	11	12	13	14	15	16	17	18	19	20	21	22	23	24	25	26	27	28	29
양력 월/일	5/23	24	25	26	27	28	29	30	31	6/1	2	3	4	5	6	7	8	9	10	11	12	13	14	15	16	17	18	19	20
일진	丙戌	丁亥	戊子	己丑	庚寅	辛卯	壬辰	癸巳	甲午	乙未	丙申	丁酉	戊戌	己亥	庚子	辛丑	壬寅	癸卯	甲辰	乙巳	丙午	丁未	戊申	己酉	庚戌	辛亥	壬子	癸丑	甲寅
절기시각												子初																	

5 月 （甲 午）

절기	하지																소서													
음력	1	2	3	4	5	6	7	8	9	10	11	12	13	14	15	16	17	18	19	20	21	22	23	24	25	26	27	28	29	30
양력 월/일	6/21	22	23	24	25	26	27	28	29	30	7/1	2	3	4	5	6	7	8	9	10	11	12	13	14	15	16	17	18	19	20
일진	乙卯	丙辰	丁巳	戊午	己未	庚申	辛酉	壬戌	癸亥	甲子	乙丑	丙寅	丁卯	戊辰	己巳	庚午	辛未	壬申	癸酉	甲戌	乙亥	丙子	丁丑	戊寅	己卯	庚辰	辛巳	壬午	癸未	甲申
절기시각	申正																巳初													

6 月 （乙 未）

절기			대서													입추													
음력	1	2	3	4	5	6	7	8	9	10	11	12	13	14	15	16	17	18	19	20	21	22	23	24	25	26	27	28	29
양력 월/일	7/21	22	23	24	25	26	27	28	29	30	31	8/1	2	3	4	5	6	7	8	9	10	11	12	13	14	15	16	17	18
일진	乙酉	丙戌	丁亥	戊子	己丑	庚寅	辛卯	壬辰	癸巳	甲午	乙未	丙申	丁酉	戊戌	己亥	庚子	辛丑	壬寅	癸卯	甲辰	乙巳	丙午	丁未	戊申	己酉	庚戌	辛亥	壬子	癸丑
절기시각			寅初													戌初													

7月 (丙申)

절 기				처서													백로										
음 력	1	2	3	4	5	6	7	8	9	10	11	12	13	14	15	16	17	18	19	20	21	22	23	24	25	26	27	28	29
양력 월/일	8/19	20	21	22	23	24	25	26	27	28	29	30	31	9/1	2	3	4	5	6	7	8	9	10	11	12	13	14	15	16
일 진	甲寅	乙卯	丙辰	丁巳	戊午	己未	庚申	辛酉	壬戌	癸亥	甲子	乙丑	丙寅	丁卯	戊辰	己巳	庚午	辛未	壬申	癸酉	甲戌	乙亥	丙子	丁丑	戊寅	己卯	庚辰	辛巳	壬午
절기시각					巳正													亥正											

8月 (丁酉)

절 기				추분													한로											
음 력	1	2	3	4	5	6	7	8	9	10	11	12	13	14	15	16	17	18	19	20	21	22	23	24	25	26	27	28	29	30
양력 월/일	9/17	18	19	20	21	22	23	24	25	26	27	28	29	30	10/1	2	3	4	5	6	7	8	9	10	11	12	13	14	15	16
일 진	癸未	甲申	乙酉	丙戌	丁亥	戊子	己丑	庚寅	辛卯	壬辰	癸巳	甲午	乙未	丙申	丁酉	戊戌	己亥	庚子	辛丑	壬寅	癸卯	甲辰	乙巳	丙午	丁未	戊申	己酉	庚戌	辛亥	壬子
절기시각				辰正													未正													

9月 (戊戌)

절 기				상강													입동											
음 력	1	2	3	4	5	6	7	8	9	10	11	12	13	14	15	16	17	18	19	20	21	22	23	24	25	26	27	28	29
양력 월/일	10/17	18	19	20	21	22	23	24	25	26	27	28	29	30	31	11/1	2	3	4	5	6	7	8	9	10	11	12	13	14
일 진	癸丑	甲寅	乙卯	丙辰	丁巳	戊午	己未	庚申	辛酉	壬戌	癸亥	甲子	乙丑	丙寅	丁卯	戊辰	己巳	庚午	辛未	壬申	癸酉	甲戌	乙亥	丙子	丁丑	戊寅	己卯	庚辰	辛巳
절기시각				酉初													酉初												

10月 (己亥)

절 기					소설													대설											
음 력	1	2	3	4	5	6	7	8	9	10	11	12	13	14	15	16	17	18	19	20	21	22	23	24	25	26	27	28	29	30
양력 월/일	11/15	16	17	18	19	20	21	22	23	24	25	26	27	28	29	30	12/1	2	3	4	5	6	7	8	9	10	11	12	13	14
일 진	壬午	癸未	甲申	乙酉	丙戌	丁亥	戊子	己丑	庚寅	辛卯	壬辰	癸巳	甲午	乙未	丙申	丁酉	戊戌	己亥	庚子	辛丑	壬寅	癸卯	甲辰	乙巳	丙午	丁未	戊申	己酉	庚戌	辛亥
절기시각					未正													巳正												

11月 (庚子)

절 기					동지													소한										
음 력	1	2	3	4	5	6	7	8	9	10	11	12	13	14	15	16	17	18	19	20	21	22	23	24	25	26	27	28	29
양력 월/일	12/15	16	17	18	19	20	21	22	23	24	25	26	27	28	29	30	31	1/1	2	3	4	5	6	7	8	9	10	11	12
일 진	壬子	癸丑	甲寅	乙卯	丙辰	丁巳	戊午	己未	庚申	辛酉	壬戌	癸亥	甲子	乙丑	丙寅	丁卯	戊辰	己巳	庚午	辛未	壬申	癸酉	甲戌	乙亥	丙子	丁丑	戊寅	己卯	庚辰
절기시각					寅正													亥初											

12月 (辛丑)

절 기					대한														입춘											
음 력	1	2	3	4	5	6	7	8	9	10	11	12	13	14	15	16	17	18	19	20	21	22	23	24	25	26	27	28	29	30
양력 월/일	1/13	14	15	16	17	18	19	20	21	22	23	24	25	26	27	28	29	30	31	2/1	2	3	4	5	6	7	8	9	10	11
일 진	辛巳	壬午	癸未	甲申	乙酉	丙戌	丁亥	戊子	己丑	庚寅	辛卯	壬辰	癸巳	甲午	乙未	丙申	丁酉	戊戌	己亥	庚子	辛丑	壬寅	癸卯	甲辰	乙巳	丙午	丁未	戊申	己酉	庚戌
절기시각					未正														巳初											

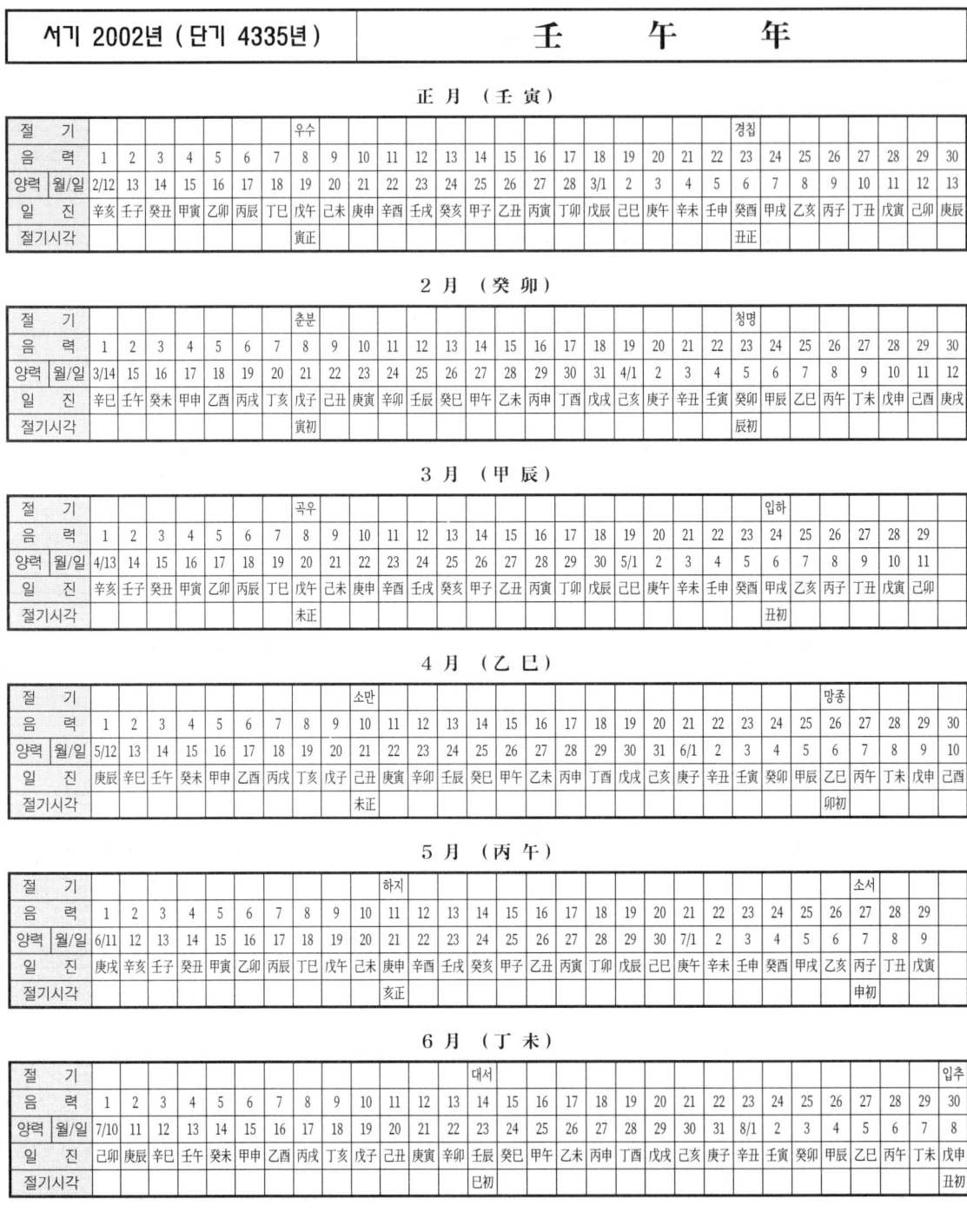

7 月 （戊申）

절 기															처서														
음 력	1	2	3	4	5	6	7	8	9	10	11	12	13	14	15	16	17	18	19	20	21	22	23	24	25	26	27	28	29
양력 월/일	8/9	10	11	12	13	14	15	16	17	18	19	20	21	22	23	24	25	26	27	28	29	30	31	9/1	2	3	4	5	6
일 진	己酉	庚戌	辛亥	壬子	癸丑	甲寅	乙卯	丙辰	丁巳	戊午	己未	庚申	辛酉	壬戌	癸亥	甲子	乙丑	丙寅	丁卯	戊辰	己巳	庚午	辛未	壬申	癸酉	甲戌	乙亥	丙子	丁丑
절기시각															申正														

8 月 （己酉）

절 기	백로															추분													
음 력	1	2	3	4	5	6	7	8	9	10	11	12	13	14	15	16	17	18	19	20	21	22	23	24	25	26	27	28	29
양력 월/일	9/7	8	9	10	11	12	13	14	15	16	17	18	19	20	21	22	23	24	25	26	27	28	29	30	10/1	2	3	4	5
일 진	戊寅	己卯	庚辰	辛巳	壬午	癸未	甲申	乙酉	丙戌	丁亥	戊子	己丑	庚寅	辛卯	壬辰	癸巳	甲午	乙未	丙申	丁酉	戊戌	己亥	庚子	辛丑	壬寅	癸卯	甲辰	乙巳	丙午
절기시각	寅正															亥初													

9 月 （庚戌）

절 기		한로													상강															
음 력	1	2	3	4	5	6	7	8	9	10	11	12	13	14	15	16	17	18	19	20	21	22	23	24	25	26	27	28	29	30
양력 월/일	10/6	7	8	9	10	11	12	13	14	15	16	17	18	19	20	21	22	23	24	25	26	27	28	29	30	31	11/1	2	3	4
일 진	丁未	戊申	己酉	庚戌	辛亥	壬子	癸丑	甲寅	乙卯	丙辰	丁巳	戊午	己未	庚申	辛酉	壬戌	癸亥	甲子	乙丑	丙寅	丁卯	戊辰	己巳	庚午	辛未	壬申	癸酉	甲戌	乙亥	丙子
절기시각		戌正													子初															

10 月 （辛亥）

절 기		입동													소설														
음 력	1	2	3	4	5	6	7	8	9	10	11	12	13	14	15	16	17	18	19	20	21	22	23	24	25	26	27	28	29
양력 월/일	11/5	6	7	8	9	10	11	12	13	14	15	16	17	18	19	20	21	22	23	24	25	26	27	28	29	30	12/1	2	3
일 진	丁丑	戊寅	己卯	庚辰	辛巳	壬午	癸未	甲申	乙酉	丙戌	丁亥	戊子	己丑	庚寅	辛卯	壬辰	癸巳	甲午	乙未	丙申	丁酉	戊戌	己亥	庚子	辛丑	壬寅	癸卯	甲辰	乙巳
절기시각		子初													戌正														

11 月 （壬子）

절 기			대설													동지														
음 력	1	2	3	4	5	6	7	8	9	10	11	12	13	14	15	16	17	18	19	20	21	22	23	24	25	26	27	28	29	30
양력 월/일	12/4	5	6	7	8	9	10	11	12	13	14	15	16	17	18	19	20	21	22	23	24	25	26	27	28	29	30	31	1/1	2
일 진	丙午	丁未	戊申	己酉	庚戌	辛亥	壬子	癸丑	甲寅	乙卯	丙辰	丁巳	戊午	己未	庚申	辛酉	壬戌	癸亥	甲子	乙丑	丙寅	丁卯	戊辰	己巳	庚午	辛未	壬申	癸酉	甲戌	乙亥
절기시각			申正													巳初														

12 月 （癸丑）

절 기			소한												대한														
음 력	1	2	3	4	5	6	7	8	9	10	11	12	13	14	15	16	17	18	19	20	21	22	23	24	25	26	27	28	29
양력 월/일	1/3	4	5	6	7	8	9	10	11	12	13	14	15	16	17	18	19	20	21	22	23	24	25	26	27	28	29	30	31
일 진	丙子	丁丑	戊寅	己卯	庚辰	辛巳	壬午	癸未	甲申	乙酉	丙戌	丁亥	戊子	己丑	庚寅	辛卯	壬辰	癸巳	甲午	乙未	丙申	丁酉	戊戌	己亥	庚子	辛丑	壬寅	癸卯	甲辰
절기시각			寅初												戌正														

서기 2003년 (단기 4336년) 癸未年

正月 (甲寅)

절기				입춘															우수												
음력	1	2	3	4	5	6	7	8	9	10	11	12	13	14	15	16	17	18	19	20	21	22	23	24	25	26	27	28	29	30
양력 월/일	2/1	2	3	4	5	6	7	8	9	10	11	12	13	14	15	16	17	18	19	20	21	22	23	24	25	26	27	28	3/1	2
일진	乙巳	丙午	丁未	戊申	己酉	庚戌	辛亥	壬子	癸丑	甲寅	乙卯	丙辰	丁巳	戊午	己未	庚申	辛酉	壬戌	癸亥	甲子	乙丑	丙寅	丁卯	戊辰	己巳	庚午	辛未	壬申	癸酉	甲戌
절기시각				未正															巳正											

2月 (乙卯)

절기				경칩															춘분												
음력	1	2	3	4	5	6	7	8	9	10	11	12	13	14	15	16	17	18	19	20	21	22	23	24	25	26	27	28	29	30
양력 월/일	3/3	4	5	6	7	8	9	10	11	12	13	14	15	16	17	18	19	20	21	22	23	24	25	26	27	28	29	30	31	4/1
일진	乙亥	丙子	丁丑	戊寅	己卯	庚辰	辛巳	壬午	癸未	甲申	乙酉	丙戌	丁亥	戊子	己丑	庚寅	辛卯	壬辰	癸巳	甲午	乙未	丙申	丁酉	戊戌	己亥	庚子	辛丑	壬寅	癸卯	甲辰
절기시각				辰正															巳初											

3月 (丙辰)

절기				청명															곡우										
음력	1	2	3	4	5	6	7	8	9	10	11	12	13	14	15	16	17	18	19	20	21	22	23	24	25	26	27	28	29
양력 월/일	4/2	3	4	5	6	7	8	9	10	11	12	13	14	15	16	17	18	19	20	21	22	23	24	25	26	27	28	29	30
일진	乙巳	丙午	丁未	戊申	己酉	庚戌	辛亥	壬子	癸丑	甲寅	乙卯	丙辰	丁巳	戊午	己未	庚申	辛酉	壬戌	癸亥	甲子	乙丑	丙寅	丁卯	戊辰	己巳	庚午	辛未	壬申	癸酉
절기시각				未初															戌正										

4月 (丁巳)

절기				입하															소만												
음력	1	2	3	4	5	6	7	8	9	10	11	12	13	14	15	16	17	18	19	20	21	22	23	24	25	26	27	28	29	30
양력 월/일	5/1	2	3	4	5	6	7	8	9	10	11	12	13	14	15	16	17	18	19	20	21	22	23	24	25	26	27	28	29	30
일진	甲戌	乙亥	丙子	丁丑	戊寅	己卯	庚辰	辛巳	壬午	癸未	甲申	乙酉	丙戌	丁亥	戊子	己丑	庚寅	辛卯	壬辰	癸巳	甲午	乙未	丙申	丁酉	戊戌	己亥	庚子	辛丑	壬寅	癸卯
절기시각				卯正															戌初											

5月 (戊午)

절기				망종															하지												
음력	1	2	3	4	5	6	7	8	9	10	11	12	13	14	15	16	17	18	19	20	21	22	23	24	25	26	27	28	29	30
양력 월/일	5/31	6/1	2	3	4	5	6	7	8	9	10	11	12	13	14	15	16	17	18	19	20	21	22	23	24	25	26	27	28	29
일진	甲辰	乙巳	丙午	丁未	戊申	己酉	庚戌	辛亥	壬子	癸丑	甲寅	乙卯	丙辰	丁巳	戊午	己未	庚申	辛酉	壬戌	癸亥	甲子	乙丑	丙寅	丁卯	戊辰	己巳	庚午	辛未	壬申	癸酉
절기시각				午初															寅初											

6月 (己未)

절기					소서															대서									
음력	1	2	3	4	5	6	7	8	9	10	11	12	13	14	15	16	17	18	19	20	21	22	23	24	25	26	27	28	29
양력 월/일	6/30	7/1	2	3	4	5	6	7	8	9	10	11	12	13	14	15	16	17	18	19	20	21	22	23	24	25	26	27	28
일진	甲戌	乙亥	丙子	丁丑	戊寅	己卯	庚辰	辛巳	壬午	癸未	甲申	乙酉	丙戌	丁亥	戊子	己丑	庚寅	辛卯	壬辰	癸巳	甲午	乙未	丙申	丁酉	戊戌	己亥	庚子	辛丑	壬寅
절기시각					亥初															未正									

7月 (庚申)

절 기											입추															처서				
음 력	1	2	3	4	5	6	7	8	9	10	11	12	13	14	15	16	17	18	19	20	21	22	23	24	25	26	27	28	29	30
양력 월/일	7/29	30	31	8/1	2	3	4	5	6	7	8	9	10	11	12	13	14	15	16	17	18	19	20	21	22	23	24	25	26	27
일 진	癸卯	甲辰	乙巳	丙午	丁未	戊申	己酉	庚戌	辛亥	壬子	癸丑	甲寅	乙卯	丙辰	丁巳	戊午	己未	庚申	辛酉	壬戌	癸亥	甲子	乙丑	丙寅	丁卯	戊辰	己巳	庚午	辛未	壬申
절기시각											辰初															亥初				

8月 (辛酉)

절 기												백로															추분		
음 력	1	2	3	4	5	6	7	8	9	10	11	12	13	14	15	16	17	18	19	20	21	22	23	24	25	26	27	28	29
양력 월/일	8/28	29	30	31	9/1	2	3	4	5	6	7	8	9	10	11	12	13	14	15	16	17	18	19	20	21	22	23	24	25
일 진	癸酉	甲戌	乙亥	丙子	丁丑	戊寅	己卯	庚辰	辛巳	壬午	癸未	甲申	乙酉	丙戌	丁亥	戊子	己丑	庚寅	辛卯	壬辰	癸巳	甲午	乙未	丙申	丁酉	戊戌	己亥	庚子	辛丑
절기시각												巳正															戌初		

9月 (壬戌)

절 기												한로																상강	
음 력	1	2	3	4	5	6	7	8	9	10	11	12	13	14	15	16	17	18	19	20	21	22	23	24	25	26	27	28	29
양력 월/일	9/26	27	28	29	30	10/1	2	3	4	5	6	7	8	9	10	11	12	13	14	15	16	17	18	19	20	21	22	23	24
일 진	壬寅	癸卯	甲辰	乙巳	丙午	丁未	戊申	己酉	庚戌	辛亥	壬子	癸丑	甲寅	乙卯	丙辰	丁巳	戊午	己未	庚申	辛酉	壬戌	癸亥	甲子	乙丑	丙寅	丁卯	戊辰	己巳	庚午
절기시각												丑初																寅正	

10月 (癸亥)

절 기											입동																		소설	
음 력	1	2	3	4	5	6	7	8	9	10	11	12	13	14	15	16	17	18	19	20	21	22	23	24	25	26	27	28	29	30
양력 월/일	10/25	26	27	28	29	30	31	11/1	2	3	4	5	6	7	8	9	10	11	12	13	14	15	16	17	18	19	20	21	22	23
일 진	辛未	壬申	癸酉	甲戌	乙亥	丙子	丁丑	戊寅	己卯	庚辰	辛巳	壬午	癸未	甲申	乙酉	丙戌	丁亥	戊子	己丑	庚寅	辛卯	壬辰	癸巳	甲午	乙未	丙申	丁酉	戊戌	己亥	庚子
절기시각											卯初																		丑正	

11月 (甲子)

절 기												대설															동지		
음 력	1	2	3	4	5	6	7	8	9	10	11	12	13	14	15	16	17	18	19	20	21	22	23	24	25	26	27	28	29
양력 월/일	11/24	25	26	27	28	29	30	12/1	2	3	4	5	6	7	8	9	10	11	12	13	14	15	16	17	18	19	20	21	22
일 진	辛丑	壬寅	癸卯	甲辰	乙巳	丙午	丁未	戊申	己酉	庚戌	辛亥	壬子	癸丑	甲寅	乙卯	丙辰	丁巳	戊午	己未	庚申	辛酉	壬戌	癸亥	甲子	乙丑	丙寅	丁卯	戊辰	己巳
절기시각												亥初															申初		

12月 (乙丑)

절 기														소한																대한
음 력	1	2	3	4	5	6	7	8	9	10	11	12	13	14	15	16	17	18	19	20	21	22	23	24	25	26	27	28	29	30
양력 월/일	12/23	24	25	26	27	28	29	30	31	1/1	2	3	4	5	6	7	8	9	10	11	12	13	14	15	16	17	18	19	20	21
일 진	庚午	辛未	壬申	癸酉	甲戌	乙亥	丙子	丁丑	戊寅	己卯	庚辰	辛巳	壬午	癸未	甲申	乙酉	丙戌	丁亥	戊子	己丑	庚寅	辛卯	壬辰	癸巳	甲午	乙未	丙申	丁酉	戊戌	己亥
절기시각														巳初																丑正

서기 2004년 (단기 4337년) 甲申年

正月 (丙寅)

절기														입춘													우수		
음력	1	2	3	4	5	6	7	8	9	10	11	12	13	14	15	16	17	18	19	20	21	22	23	24	25	26	27	28	29
양력 월/일	1/22	23	24	25	26	27	28	29	30	31	2/1	2	3	4	5	6	7	8	9	10	11	12	13	14	15	16	17	18	19
일진	庚子	辛丑	壬寅	癸卯	甲辰	乙巳	丙午	丁未	戊申	己酉	庚戌	辛亥	壬子	癸丑	甲寅	乙卯	丙辰	丁巳	戊午	己未	庚申	辛酉	壬戌	癸亥	甲子	乙丑	丙寅	丁卯	戊辰
절기시각														戌正														申正	

2月 (丁卯)

절기											경칩																		춘분	
음력	1	2	3	4	5	6	7	8	9	10	11	12	13	14	15	16	17	18	19	20	21	22	23	24	25	26	27	28	29	30
양력 월/일	2/20	21	22	23	24	25	26	27	28	29	3/1	2	3	4	5	6	7	8	9	10	11	12	13	14	15	16	17	18	19	20
일진	己巳	庚午	辛未	壬申	癸酉	甲戌	乙亥	丙子	丁丑	戊寅	己卯	庚辰	辛巳	壬午	癸未	甲申	乙酉	丙戌	丁亥	戊子	己丑	庚寅	辛卯	壬辰	癸巳	甲午	乙未	丙申	丁酉	戊戌
절기시각											未正																		申初	

閏2月 (丁卯)

절기														청명															
음력	1	2	3	4	5	6	7	8	9	10	11	12	13	14	15	16	17	18	19	20	21	22	23	24	25	26	27	28	29
양력 월/일	3/21	22	23	24	25	26	27	28	29	30	31	4/1	2	3	4	5	6	7	8	9	10	11	12	13	14	15	16	17	18
일진	己亥	庚子	辛丑	壬寅	癸卯	甲辰	乙巳	丙午	丁未	戊申	己酉	庚戌	辛亥	壬子	癸丑	甲寅	乙卯	丙辰	丁巳	戊午	己未	庚申	辛酉	壬戌	癸亥	甲子	乙丑	丙寅	丁卯
절기시각														戌初															

3月 (戊辰)

절기		곡우													입하															
음력	1	2	3	4	5	6	7	8	9	10	11	12	13	14	15	16	17	18	19	20	21	22	23	24	25	26	27	28	29	30
양력 월/일	4/19	20	21	22	23	24	25	26	27	28	29	30	5/1	2	3	4	5	6	7	8	9	10	11	12	13	14	15	16	17	18
일진	戊辰	己巳	庚午	辛未	壬申	癸酉	甲戌	乙亥	丙子	丁丑	戊寅	己卯	庚辰	辛巳	壬午	癸未	甲申	乙酉	丙戌	丁亥	戊子	己丑	庚寅	辛卯	壬辰	癸巳	甲午	乙未	丙申	丁酉
절기시각		丑正													午正															

4月 (己巳)

절기			소만													망종														
음력	1	2	3	4	5	6	7	8	9	10	11	12	13	14	15	16	17	18	19	20	21	22	23	24	25	26	27	28	29	30
양력 월/일	5/19	20	21	22	23	24	25	26	27	28	29	30	31	6/1	2	3	4	5	6	7	8	9	10	11	12	13	14	15	16	17
일진	戊戌	己亥	庚子	辛丑	壬寅	癸卯	甲辰	乙巳	丙午	丁未	戊申	己酉	庚戌	辛亥	壬子	癸丑	甲寅	乙卯	丙辰	丁巳	戊午	己未	庚申	辛酉	壬戌	癸亥	甲子	乙丑	丙寅	丁卯
절기시각			丑初													申正														

5月 (庚午)

절기			하지														소서													
음력	1	2	3	4	5	6	7	8	9	10	11	12	13	14	15	16	17	18	19	20	21	22	23	24	25	26	27	28	29
양력 월/일	6/18	19	20	21	22	23	24	25	26	27	28	29	30	7/1	2	3	4	5	6	7	8	9	10	11	12	13	14	15	16
일진	戊辰	己巳	庚午	辛未	壬申	癸酉	甲戌	乙亥	丙子	丁丑	戊寅	己卯	庚辰	辛巳	壬午	癸未	甲申	乙酉	丙戌	丁亥	戊子	己丑	庚寅	辛卯	壬辰	癸巳	甲午	乙未	丙申
절기시각			巳正														寅初												

6月 (辛未)

절기					대서																입추									
음력	1	2	3	4	5	6	7	8	9	10	11	12	13	14	15	16	17	18	19	20	21	22	23	24	25	26	27	28	29	30
양력 월/일	7/17	18	19	20	21	22	23	24	25	26	27	28	29	30	31	8/1	2	3	4	5	6	7	8	9	10	11	12	13	14	15
일진	丁酉	戊戌	己亥	庚子	辛丑	壬寅	癸卯	甲辰	乙巳	丙午	丁未	戊辛	己酉	庚戌	辛亥	壬子	癸丑	甲寅	乙卯	丙辰	丁巳	戊午	己未	庚辛	辛酉	壬戌	癸亥	甲子	乙丑	丙寅
절기시각					戌正																未初									

464 · 명리학 실무자를 위한 **사주 해설**

7 月 （壬 申）

절 기								처서														백로						
음 력	1	2	3	4	5	6	7	8	9	10	11	12	13	14	15	16	17	18	19	20	21	22	23	24	25	26	27	28	29
양력 월/일	8/16	17	18	19	20	21	22	23	24	25	26	27	28	29	30	31	9/1	2	3	4	5	6	7	8	9	10	11	12	13
일 진	丁卯	戊辰	己巳	庚午	辛未	壬申	癸酉	甲戌	乙亥	丙子	丁丑	戊寅	己卯	庚辰	辛巳	壬午	癸未	甲申	乙酉	丙戌	丁亥	戊子	己丑	庚寅	辛卯	壬辰	癸巳	甲午	乙未
절기시각								寅初														申正							

8 月 （癸 酉）

절 기									추분														한로							
음 력	1	2	3	4	5	6	7	8	9	10	11	12	13	14	15	16	17	18	19	20	21	22	23	24	25	26	27	28	29	30
양력 월/일	9/14	15	16	17	18	19	20	21	22	23	24	25	26	27	28	29	30	10/1	2	3	4	5	6	7	8	9	10	11	12	13
일 진	丙申	丁酉	戊戌	己亥	庚子	辛丑	壬寅	癸卯	甲辰	乙巳	丙午	丁未	戊申	己酉	庚戌	辛亥	壬子	癸丑	甲寅	乙卯	丙辰	丁巳	戊午	己未	庚申	辛酉	壬戌	癸亥	甲子	乙丑
절기시각									丑正														辰初							

9 月 （甲 戌）

절 기										상강														입동					
음 력	1	2	3	4	5	6	7	8	9	10	11	12	13	14	15	16	17	18	19	20	21	22	23	24	25	26	27	28	29
양력 월/일	10/14	15	16	17	18	19	20	21	22	23	24	25	26	27	28	29	30	31	11/1	2	3	4	5	6	7	8	9	10	11
일 진	丙寅	丁卯	戊辰	己巳	庚午	辛未	壬申	癸酉	甲戌	乙亥	丙子	丁丑	戊寅	己卯	庚辰	辛巳	壬午	癸未	甲申	乙酉	丙戌	丁亥	戊子	己丑	庚寅	辛卯	壬辰	癸巳	甲午
절기시각										巳正														巳正					

10 月 （乙 亥）

절 기										소설															대설					
음 력	1	2	3	4	5	6	7	8	9	10	11	12	13	14	15	16	17	18	19	20	21	22	23	24	25	26	27	28	29	30
양력 월/일	11/12	13	14	15	16	17	18	19	20	21	22	23	24	25	26	27	28	29	30	12/1	2	3	4	5	6	7	8	9	10	11
일 진	乙未	丙申	丁酉	戊戌	己亥	庚子	辛丑	壬寅	癸卯	甲辰	乙巳	丙午	丁未	戊申	己酉	庚戌	辛亥	壬子	癸丑	甲寅	乙卯	丙辰	丁巳	戊午	己未	庚申	辛酉	壬戌	癸亥	甲子
절기시각										辰正															寅初					

11 月 （丙 子）

절 기										동지															소한				
음 력	1	2	3	4	5	6	7	8	9	10	11	12	13	14	15	16	17	18	19	20	21	22	23	24	25	26	27	28	29
양력 월/일	12/12	13	14	15	16	17	18	19	20	21	22	23	24	25	26	27	28	29	30	31	1/1	2	3	4	5	6	7	8	9
일 진	乙丑	丙寅	丁卯	戊辰	己巳	庚午	辛未	壬申	癸酉	甲戌	乙亥	丙子	丁丑	戊寅	己卯	庚辰	辛巳	壬午	癸未	甲申	乙酉	丙戌	丁亥	戊子	己丑	庚寅	辛卯	壬辰	癸巳
절기시각										亥初															未正				

12 月 （丁 丑）

절 기										대한															입춘					
음 력	1	2	3	4	5	6	7	8	9	10	11	12	13	14	15	16	17	18	19	20	21	22	23	24	25	26	27	28	29	30
양력 월/일	1/10	11	12	13	14	15	16	17	18	19	20	21	22	23	24	25	26	27	28	29	30	31	2/1	2	3	4	5	6	7	8
일 진	甲午	乙未	丙申	丁酉	戊戌	己亥	庚子	辛丑	壬寅	癸卯	甲辰	乙巳	丙午	丁未	戊申	己酉	庚戌	辛亥	壬子	癸丑	甲寅	乙卯	丙辰	丁巳	戊午	己未	庚申	辛酉	壬戌	癸亥
절기시각										辰正															丑正					

서기 2005년 (단기 4338년) 乙 酉 年

正 月 (戊寅)

절기										우수															경칩				
음력	1	2	3	4	5	6	7	8	9	10	11	12	13	14	15	16	17	18	19	20	21	22	23	24	25	26	27	28	29
양력 월/일	2/9	10	11	12	13	14	15	16	17	18	19	20	21	22	23	24	25	26	27	28	3/1	2	3	4	5	6	7	8	9
일 진	甲子	乙丑	丙寅	丁卯	戊辰	己巳	庚午	辛未	壬申	癸酉	甲戌	乙亥	丙子	丁丑	戊寅	己卯	庚辰	辛巳	壬午	癸未	甲申	乙酉	丙戌	丁亥	戊子	己丑	庚寅	辛卯	壬辰
절기시각										亥正															戊正				

2 月 (己卯)

절기										춘분																청명			
음력	1	2	3	4	5	6	7	8	9	10	11	12	13	14	15	16	17	18	19	20	21	22	23	24	25	26	27	28	29	30
양력 월/일	3/10	11	12	13	14	15	16	17	18	19	20	21	22	23	24	25	26	27	28	29	30	31	4/1	2	3	4	5	6	7	8
일 진	癸巳	甲午	乙未	丙申	丁酉	戊戌	己亥	庚子	辛丑	壬寅	癸卯	甲辰	乙巳	丙午	丁未	戊申	己酉	庚戌	辛亥	壬子	癸丑	甲寅	乙卯	丙辰	丁巳	戊午	己未	庚申	辛酉	壬戌
절기시각										亥初																丑初			

3 月 (庚辰)

절기												곡우														입하			
음력	1	2	3	4	5	6	7	8	9	10	11	12	13	14	15	16	17	18	19	20	21	22	23	24	25	26	27	28	29
양력 월/일	4/9	10	11	12	13	14	15	16	17	18	19	20	21	22	23	24	25	26	27	28	29	30	5/1	2	3	4	5	6	7
일 진	癸亥	甲子	乙丑	丙寅	丁卯	戊辰	己巳	庚午	辛未	壬申	癸酉	甲戌	乙亥	丙子	丁丑	戊寅	己卯	庚辰	辛巳	壬午	癸未	甲申	乙酉	丙戌	丁亥	戊子	己丑	庚寅	辛卯
절기시각												辰正														酉正			

4 月 (辛巳)

절기															소만											망종				
음력	1	2	3	4	5	6	7	8	9	10	11	12	13	14	15	16	17	18	19	20	21	22	23	24	25	26	27	28	29	30
양력 월/일	5/8	9	10	11	12	13	14	15	16	17	18	19	20	21	22	23	24	25	26	27	28	29	30	31	6/1	2	3	4	5	6
일 진	壬辰	癸巳	甲午	乙未	丙申	丁酉	戊戌	己亥	庚子	辛丑	壬寅	癸卯	甲辰	乙巳	丙午	丁未	戊申	己酉	庚戌	辛亥	壬子	癸丑	甲寅	乙卯	丙辰	丁巳	戊午	己未	庚申	辛酉
절기시각															辰初											亥正				

5 月 (壬午)

절기											하지																		
음력	1	2	3	4	5	6	7	8	9	10	11	12	13	14	15	16	17	18	19	20	21	22	23	24	25	26	27	28	29
양력 월/일	6/7	8	9	10	11	12	13	14	15	16	17	18	19	20	21	22	23	24	25	26	27	28	29	30	7/1	2	3	4	5
일 진	壬戌	癸亥	甲子	乙丑	丙寅	丁卯	戊辰	己巳	庚午	辛未	壬申	癸酉	甲戌	乙亥	丙子	丁丑	戊寅	己卯	庚辰	辛巳	壬午	癸未	甲申	乙酉	丙戌	丁亥	戊子	己丑	庚寅
절기시각											申初																		

6 月 (癸未)

절기		소서													대서															
음력	1	2	3	4	5	6	7	8	9	10	11	12	13	14	15	16	17	18	19	20	21	22	23	24	25	26	27	28	29	30
양력 월/일	7/6	7	8	9	10	11	12	13	14	15	16	17	18	19	20	21	22	23	24	25	26	27	28	29	30	31	8/1	2	3	4
일 진	辛卯	壬辰	癸巳	甲午	乙未	丙申	丁酉	戊戌	己亥	庚子	辛丑	壬寅	癸卯	甲辰	乙巳	丙午	丁未	戊申	己酉	庚戌	辛亥	壬子	癸丑	甲寅	乙卯	丙辰	丁巳	戊午	己未	庚申
절기시각		巳初													丑正															

7 月 (甲申)

절 기			입추																	처서										
음 력	1	2	3	4	5	6	7	8	9	10	11	12	13	14	15	16	17	18	19	20	21	22	23	24	25	26	27	28	29	30
양력 월/일	8/5	6	7	8	9	10	11	12	13	14	15	16	17	18	19	20	21	22	23	24	25	26	27	28	29	30	31	9/1	2	3
일 진	辛酉	壬戌	癸亥	甲子	乙丑	丙寅	丁卯	戊辰	己巳	庚午	辛未	壬申	癸酉	甲戌	乙亥	丙子	丁丑	戊寅	己卯	庚辰	辛巳	壬午	癸未	甲申	乙酉	丙戌	丁亥	戊子	己丑	庚寅
절기시각			酉正																	巳初										

8 月 (乙酉)

절 기			백로																	추분										
음 력	1	2	3	4	5	6	7	8	9	10	11	12	13	14	15	16	17	18	19	20	21	22	23	24	25	26	27	28	29	
양력 월/일	9/4	5	6	7	8	9	10	11	12	13	14	15	16	17	18	19	20	21	22	23	24	25	26	27	28	29	30	10/1	2	
일 진	辛卯	壬辰	癸巳	甲午	乙未	丙申	丁酉	戊戌	己亥	庚子	辛丑	壬寅	癸卯	甲辰	乙巳	丙午	丁未	戊申	己酉	庚戌	辛亥	壬子	癸丑	甲寅	乙卯	丙辰	丁巳	戊午	己未	
절기시각			亥初																	辰初										

9 月 (丙戌)

절 기					한로																상강									
음 력	1	2	3	4	5	6	7	8	9	10	11	12	13	14	15	16	17	18	19	20	21	22	23	24	25	26	27	28	29	30
양력 월/일	10/3	4	5	6	7	8	9	10	11	12	13	14	15	16	17	18	19	20	21	22	23	24	25	26	27	28	29	30	31	11/1
일 진	庚申	辛酉	壬戌	癸亥	甲子	乙丑	丙寅	丁卯	戊辰	己巳	庚午	辛未	壬申	癸酉	甲戌	乙亥	丙子	丁丑	戊寅	己卯	庚辰	辛巳	壬午	癸未	甲申	乙酉	丙戌	丁亥	戊子	己丑
절기시각					未初																申正									

10 月 (丁亥)

절 기				입동																	소설									
음 력	1	2	3	4	5	6	7	8	9	10	11	12	13	14	15	16	17	18	19	20	21	22	23	24	25	26	27	28	29	30
양력 월/일	11/2	3	4	5	6	7	8	9	10	11	12	13	14	15	16	17	18	19	20	21	22	23	24	25	26	27	28	29	30	12/1
일 진	庚寅	辛卯	壬辰	癸巳	甲午	乙未	丙申	丁酉	戊戌	己亥	庚子	辛丑	壬寅	癸卯	甲辰	乙巳	丙午	丁未	戊申	己酉	庚戌	辛亥	壬子	癸丑	甲寅	乙卯	丙辰	丁巳	戊午	己未
절기시각				申正																	未正									

11 月 (戊子)

절 기				대설																	동지									
음 력	1	2	3	4	5	6	7	8	9	10	11	12	13	14	15	16	17	18	19	20	21	22	23	24	25	26	27	28	29	
양력 월/일	12/2	3	4	5	6	7	8	9	10	11	12	13	14	15	16	17	18	19	20	21	22	23	24	25	26	27	28	29	30	
일 진	庚申	辛酉	壬戌	癸亥	甲子	乙丑	丙寅	丁卯	戊辰	己巳	庚午	辛未	壬申	癸酉	甲戌	乙亥	丙子	丁丑	戊寅	己卯	庚辰	辛巳	壬午	癸未	甲申	乙酉	丙戌	丁亥	戊子	
절기시각				巳初																	寅初									

12 月 (己丑)

절 기				소한																대한										
음 력	1	2	3	4	5	6	7	8	9	10	11	12	13	14	15	16	17	18	19	20	21	22	23	24	25	26	27	28	29	30
양력 월/일	12/31	1/1	2	3	4	5	6	7	8	9	10	11	12	13	14	15	16	17	18	19	20	21	22	23	24	25	26	27	28	29
일 진	己丑	庚寅	辛卯	壬辰	癸巳	甲午	乙未	丙申	丁酉	戊戌	己亥	庚子	辛丑	壬寅	癸卯	甲辰	乙巳	丙午	丁未	戊申	己酉	庚戌	辛亥	壬子	癸丑	甲寅	乙卯	丙辰	丁巳	戊午
절기시각				戌正																未正										

서기 2006년 (단기 4339년) 丙戌年

正月 (庚寅)

절기					입춘															우수									
음력	1	2	3	4	5	6	7	8	9	10	11	12	13	14	15	16	17	18	19	20	21	22	23	24	25	26	27	28	29
양력 월/일	1/30	31	2/1	2	3	4	5	6	7	8	9	10	11	12	13	14	15	16	17	18	19	20	21	22	23	24	25	26	27
일진	己未	庚申	辛酉	壬戌	癸亥	甲子	乙丑	丙寅	丁卯	戊辰	己巳	庚午	辛未	壬申	癸酉	甲戌	乙亥	丙子	丁丑	戊寅	己卯	庚辰	辛巳	壬午	癸未	甲申	乙酉	丙戌	丁亥
절기시각					辰正																寅正								

2月 (辛卯)

절기						경칩															춘분								
음력	1	2	3	4	5	6	7	8	9	10	11	12	13	14	15	16	17	18	19	20	21	22	23	24	25	26	27	28	29
양력 월/일	2/28	3/1	2	3	4	5	6	7	8	9	10	11	12	13	14	15	16	17	18	19	20	21	22	23	24	25	26	27	28
일진	戊子	己丑	庚寅	辛卯	壬辰	癸巳	甲午	乙未	丙申	丁酉	戊戌	己亥	庚子	辛丑	壬寅	癸卯	甲辰	乙巳	丙午	丁未	戊申	己酉	庚戌	辛亥	壬子	癸丑	甲寅	乙卯	丙辰
절기시각						丑正															寅初								

3月 (壬辰)

절기							청명															곡우								
음력	1	2	3	4	5	6	7	8	9	10	11	12	13	14	15	16	17	18	19	20	21	22	23	24	25	26	27	28	29	30
양력 월/일	3/29	30	31	4/1	2	3	4	5	6	7	8	9	10	11	12	13	14	15	16	17	18	19	20	21	22	23	24	25	26	27
일진	丁巳	戊午	己未	庚申	辛酉	壬戌	癸亥	甲子	乙丑	丙寅	丁卯	戊辰	己巳	庚午	辛未	壬申	癸酉	甲戌	乙亥	丙子	丁丑	戊寅	己卯	庚辰	辛巳	壬午	癸未	甲申	乙酉	丙戌
절기시각							辰初															未正								

4月 (癸巳)

절기									입하															소만					
음력	1	2	3	4	5	6	7	8	9	10	11	12	13	14	15	16	17	18	19	20	21	22	23	24	25	26	27	28	29
양력 월/일	4/28	29	30	5/1	2	3	4	5	6	7	8	9	10	11	12	13	14	15	16	17	18	19	20	21	22	23	24	25	26
일진	丁亥	戊子	己丑	庚寅	辛卯	壬辰	癸巳	甲午	乙未	丙申	丁酉	戊戌	己亥	庚子	辛丑	壬寅	癸卯	甲辰	乙巳	丙午	丁未	戊申	己酉	庚戌	辛亥	壬子	癸丑	甲寅	乙卯
절기시각									子正															未初					

5月 (甲午)

절기									망종															하지						
음력	1	2	3	4	5	6	7	8	9	10	11	12	13	14	15	16	17	18	19	20	21	22	23	24	25	26	27	28	29	30
양력 월/일	5/27	28	29	30	31	6/1	2	3	4	5	6	7	8	9	10	11	12	13	14	15	16	17	18	19	20	21	22	23	24	25
일진	丙辰	丁巳	戊午	己未	庚申	辛酉	壬戌	癸亥	甲子	乙丑	丙寅	丁卯	戊辰	己巳	庚午	辛未	壬申	癸酉	甲戌	乙亥	丙子	丁丑	戊寅	己卯	庚辰	辛巳	壬午	癸未	甲申	乙酉
절기시각									寅正															亥正						

6月 (乙未)

절기							소서																대서						
음력	1	2	3	4	5	6	7	8	9	10	11	12	13	14	15	16	17	18	19	20	21	22	23	24	25	26	27	28	29
양력 월/일	6/26	27	28	29	30	7/1	2	3	4	5	6	7	8	9	10	11	12	13	14	15	16	17	18	19	20	21	22	23	24
일진	丙戌	丁亥	戊子	己丑	庚寅	辛卯	壬辰	癸巳	甲午	乙未	丙申	丁酉	戊戌	己亥	庚子	辛丑	壬寅	癸卯	甲辰	乙巳	丙午	丁未	戊申	己酉	庚戌	辛亥	壬子	癸丑	甲寅
절기시각							未正																辰正						

7 月 （丙 申）

절기															입추													처서		
음력	1	2	3	4	5	6	7	8	9	10	11	12	13	14	15	16	17	18	19	20	21	22	23	24	25	26	27	28	29	30
양력 월/일	7/25	26	27	28	29	30	31	8/1	2	3	4	5	6	7	8	9	10	11	12	13	14	15	16	17	18	19	20	21	22	23
일 진	乙卯	丙辰	丁巳	戊午	己未	庚申	辛酉	壬戌	癸亥	甲子	乙丑	丙寅	丁卯	戊辰	己巳	庚午	辛未	壬申	癸酉	甲戌	乙亥	丙子	丁丑	戊寅	己卯	庚辰	辛巳	壬午	癸未	甲申
절기시각															子正													申初		

閏 7 月 （丙 申）

절기																백로													
음력	1	2	3	4	5	6	7	8	9	10	11	12	13	14	15	16	17	18	19	20	21	22	23	24	25	26	27	28	29
양력 월/일	8/24	25	26	27	28	29	30	31	9/1	2	3	4	5	6	7	8	9	10	11	12	13	14	15	16	17	18	19	20	21
일 진	乙酉	丙戌	丁亥	戊子	己丑	庚寅	辛卯	壬辰	癸巳	甲午	乙未	丙申	丁酉	戊戌	己亥	庚子	辛丑	壬寅	癸卯	甲辰	乙巳	丙午	丁未	戊申	己酉	庚戌	辛亥	壬子	癸丑
절기시각																寅初													

8 月 （丁 酉）

절기		추분															한로													
음력	1	2	3	4	5	6	7	8	9	10	11	12	13	14	15	16	17	18	19	20	21	22	23	24	25	26	27	28	29	30
양력 월/일	9/22	23	24	25	26	27	28	29	30	10/1	2	3	4	5	6	7	8	9	10	11	12	13	14	15	16	17	18	19	20	21
일 진	甲寅	乙卯	丙辰	丁巳	戊午	己未	庚申	辛酉	壬戌	癸亥	甲子	乙丑	丙寅	丁卯	戊辰	己巳	庚午	辛未	壬申	癸酉	甲戌	乙亥	丙子	丁丑	戊寅	己卯	庚辰	辛巳	壬午	癸未
절기시각		未初															戌初													

9 月 （戊 戌）

절기		상강															입동													
음력	1	2	3	4	5	6	7	8	9	10	11	12	13	14	15	16	17	18	19	20	21	22	23	24	25	26	27	28	29	30
양력 월/일	10/22	23	24	25	26	27	28	29	30	31	11/1	2	3	4	5	6	7	8	9	10	11	12	13	14	15	16	17	18	19	20
일 진	甲申	乙酉	丙戌	丁亥	戊子	己丑	庚寅	辛卯	壬辰	癸巳	甲午	乙未	丙申	丁酉	戊戌	己亥	庚子	辛丑	壬寅	癸卯	甲辰	乙巳	丙午	丁未	戊申	己酉	庚戌	辛亥	壬子	癸丑
절기시각		亥正															亥正													

10 月 （己 亥）

절기		소설															대설													
음력	1	2	3	4	5	6	7	8	9	10	11	12	13	14	15	16	17	18	19	20	21	22	23	24	25	26	27	28	29
양력 월/일	11/21	22	23	24	25	26	27	28	29	30	12/1	2	3	4	5	6	7	8	9	10	11	12	13	14	15	16	17	18	19
일 진	甲寅	乙卯	丙辰	丁巳	戊午	己未	庚申	辛酉	壬戌	癸亥	甲子	乙丑	丙寅	丁卯	戊辰	己巳	庚午	辛未	壬申	癸酉	甲戌	乙亥	丙子	丁丑	戊寅	己卯	庚辰	辛巳	壬午
절기시각		戌初															申初												

11 月 （庚 子）

절기			동지														소한													
음력	1	2	3	4	5	6	7	8	9	10	11	12	13	14	15	16	17	18	19	20	21	22	23	24	25	26	27	28	29	30
양력 월/일	12/20	21	22	23	24	25	26	27	28	29	30	31	1/1	2	3	4	5	6	7	8	9	10	11	12	13	14	15	16	17	18
일 진	癸未	甲申	乙酉	丙戌	丁亥	戊子	己丑	庚寅	辛卯	壬辰	癸巳	甲午	乙未	丙申	丁酉	戊戌	己亥	庚子	辛丑	壬寅	癸卯	甲辰	乙巳	丙午	丁未	戊申	己酉	庚戌	辛亥	壬子
절기시각			巳初														丑正													

12 月 （辛 丑）

절기		대한															입춘													
음력	1	2	3	4	5	6	7	8	9	10	11	12	13	14	15	16	17	18	19	20	21	22	23	24	25	26	27	28	29	30
양력 월/일	1/19	20	21	22	23	24	25	26	27	28	29	30	31	2/1	2	3	4	5	6	7	8	9	10	11	12	13	14	15	16	17
일 진	癸丑	甲寅	乙卯	丙辰	丁巳	戊午	己未	庚申	辛酉	壬戌	癸亥	甲子	乙丑	丙寅	丁卯	戊辰	己巳	庚午	辛未	壬申	癸酉	甲戌	乙亥	丙子	丁丑	戊寅	己卯	庚辰	辛巳	壬午
절기시각		戌初															未正													

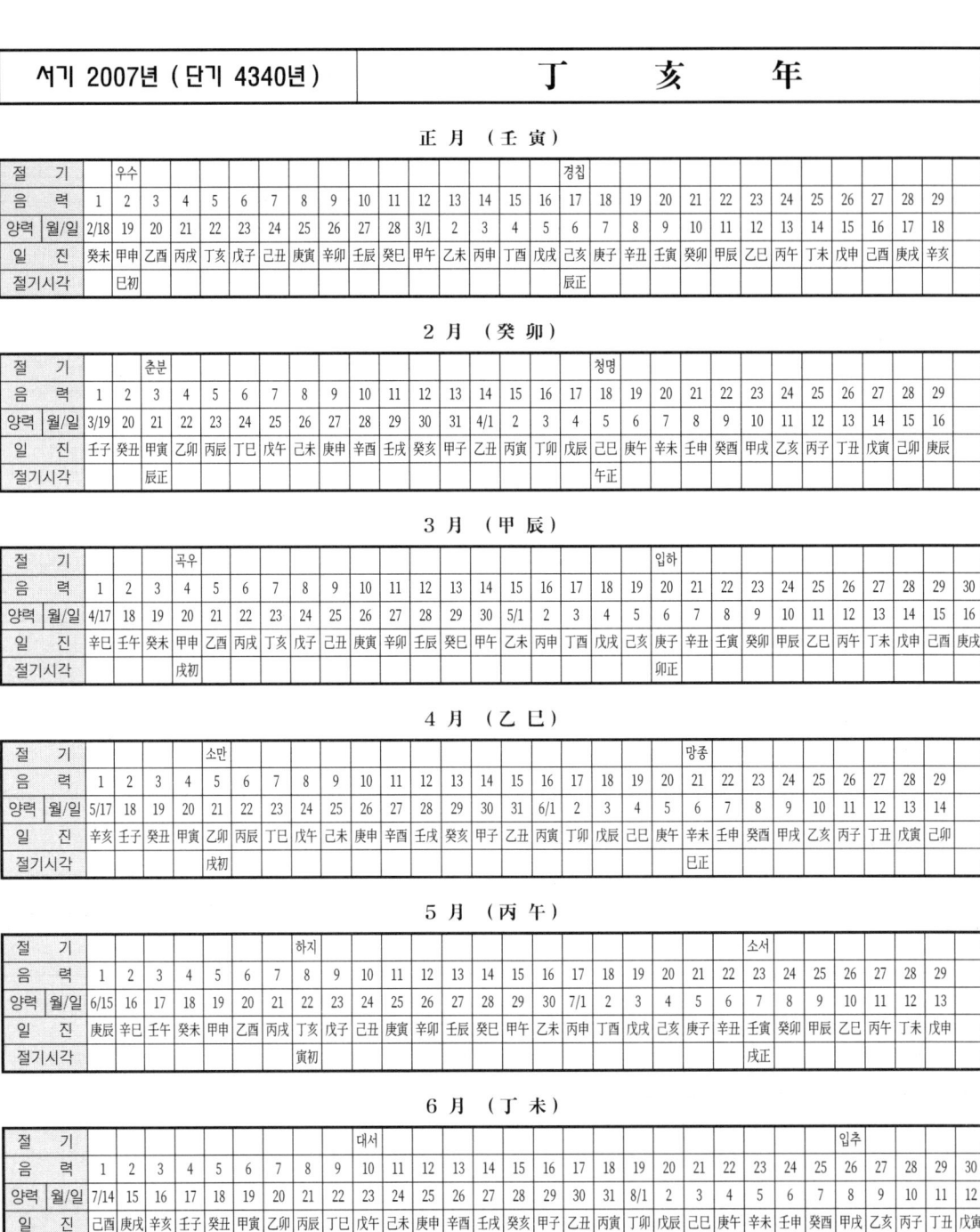

7月 (戊申)

절기											처서															백로				
음력	1	2	3	4	5	6	7	8	9	10	11	12	13	14	15	16	17	18	19	20	21	22	23	24	25	26	27	28	29	
양력 월/일	8/13	14	15	16	17	18	19	20	21	22	23	24	25	26	27	28	29	30	31	9/1	2	3	4	5	6	7	8	9	10	
일 진	己卯	庚辰	辛巳	壬午	癸未	甲申	乙酉	丙戌	丁亥	戊子	己丑	庚寅	辛卯	壬辰	癸巳	甲午	乙未	丙申	丁酉	戊戌	己亥	庚子	辛丑	壬寅	癸卯	甲辰	乙巳	丙午	丁未	
절기시각											亥正															巳初				

8月 (己酉)

절기												추분															한로			
음력	1	2	3	4	5	6	7	8	9	10	11	12	13	14	15	16	17	18	19	20	21	22	23	24	25	26	27	28	29	30
양력 월/일	9/11	12	13	14	15	16	17	18	19	20	21	22	23	24	25	26	27	28	29	30	10/1	2	3	4	5	6	7	8	9	10
일 진	戊申	己酉	庚戌	辛亥	壬子	癸丑	甲寅	乙卯	丙辰	丁巳	戊午	己未	庚申	辛酉	壬戌	癸亥	甲子	乙丑	丙寅	丁卯	戊辰	己巳	庚午	辛未	壬申	癸酉	甲戌	乙亥	丙子	丁丑
절기시각												酉正															丑初			

9月 (庚戌)

절기													상강														입동			
음력	1	2	3	4	5	6	7	8	9	10	11	12	13	14	15	16	17	18	19	20	21	22	23	24	25	26	27	28	29	30
양력 월/일	10/11	12	13	14	15	16	17	18	19	20	21	22	23	24	25	26	27	28	29	30	31	11/1	2	3	4	5	6	7	8	9
일 진	戊寅	己卯	庚辰	辛巳	壬午	癸未	甲申	乙酉	丙戌	丁亥	戊子	己丑	庚寅	辛卯	壬辰	癸巳	甲午	乙未	丙申	丁酉	戊戌	己亥	庚子	辛丑	壬寅	癸卯	甲辰	乙巳	丙午	丁未
절기시각													寅正														寅正			

10月 (辛亥)

절기											소설															대설				
음력	1	2	3	4	5	6	7	8	9	10	11	12	13	14	15	16	17	18	19	20	21	22	23	24	25	26	27	28	29	30
양력 월/일	11/10	11	12	13	14	15	16	17	18	19	20	21	22	23	24	25	26	27	28	29	30	12/1	2	3	4	5	6	7	8	9
일 진	戊申	己酉	庚戌	辛亥	壬子	癸丑	甲寅	乙卯	丙辰	丁巳	戊午	己未	庚申	辛酉	壬戌	癸亥	甲子	乙丑	丙寅	丁卯	戊辰	己巳	庚午	辛未	壬申	癸酉	甲戌	乙亥	丙子	丁丑
절기시각											丑正															亥初				

11月 (壬子)

절기											동지														소한				
음력	1	2	3	4	5	6	7	8	9	10	11	12	13	14	15	16	17	18	19	20	21	22	23	24	25	26	27	28	29
양력 월/일	12/10	11	12	13	14	15	16	17	18	19	20	21	22	23	24	25	26	27	28	29	30	31	1/1	2	3	4	5	6	7
일 진	戊寅	己卯	庚辰	辛巳	壬午	癸未	甲申	乙酉	丙戌	丁亥	戊子	己丑	庚寅	辛卯	壬辰	癸巳	甲午	乙未	丙申	丁酉	戊戌	己亥	庚子	辛丑	壬寅	癸卯	甲辰	乙巳	丙午
절기시각											申初														辰正				

12月 (癸丑)

절기												대한															입춘			
음력	1	2	3	4	5	6	7	8	9	10	11	12	13	14	15	16	17	18	19	20	21	22	23	24	25	26	27	28	29	30
양력 월/일	1/8	9	10	11	12	13	14	15	16	17	18	19	20	21	22	23	24	25	26	27	28	29	30	31	2/1	2	3	4	5	6
일 진	丁未	戊申	己酉	庚戌	辛亥	壬子	癸丑	甲寅	乙卯	丙辰	丁巳	戊午	己未	庚申	辛酉	壬戌	癸亥	甲子	乙丑	丙寅	丁卯	戊辰	己巳	庚午	辛未	壬申	癸酉	甲戌	乙亥	丙子
절기시각												丑初															戌初			

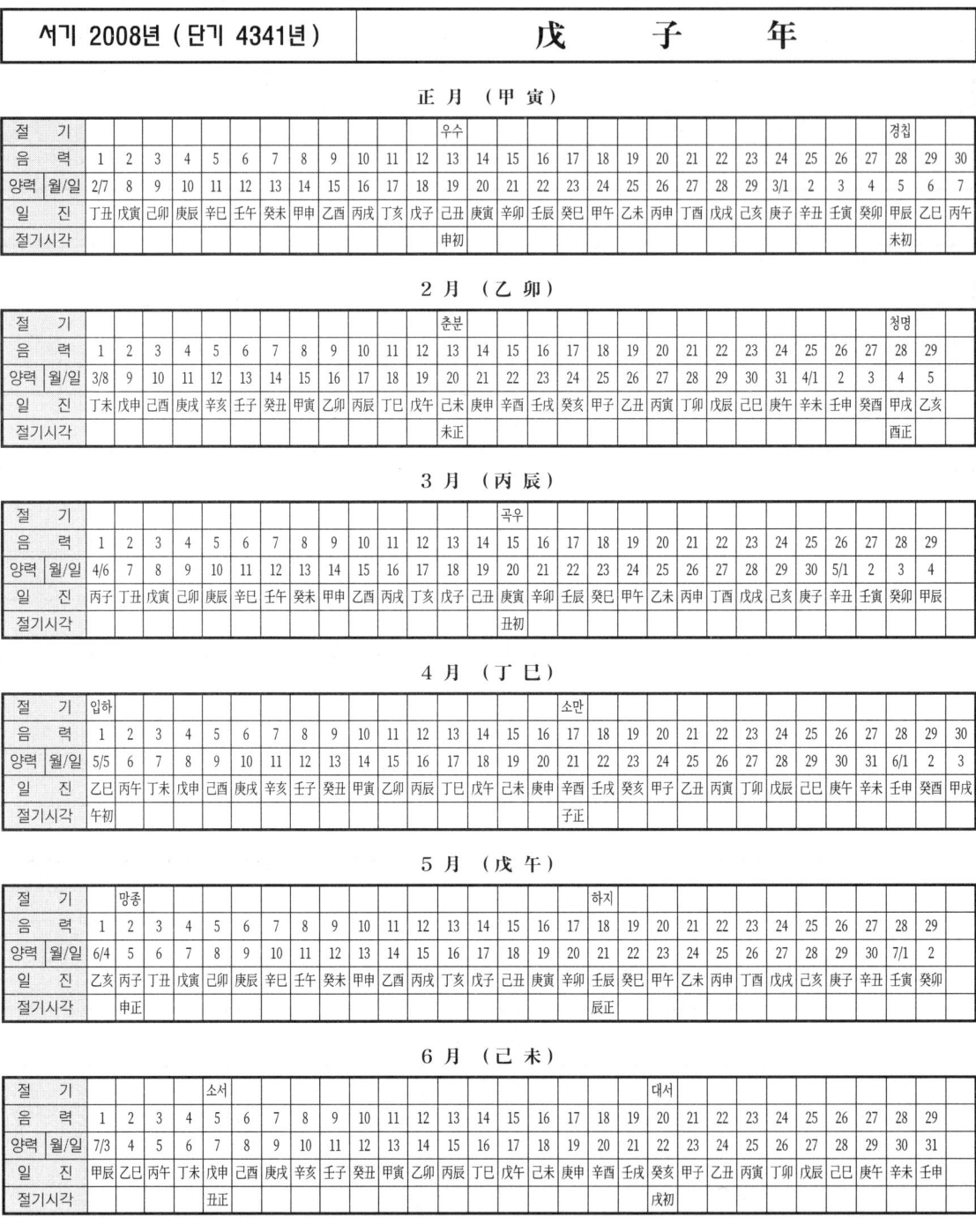

7 月 (庚 申)

절 기							입추																처서							
음 력	1	2	3	4	5	6	7	8	9	10	11	12	13	14	15	16	17	18	19	20	21	22	23	24	25	26	27	28	29	30
양력 월/일	8/1	2	3	4	5	6	7	8	9	10	11	12	13	14	15	16	17	18	19	20	21	22	23	24	25	26	27	28	29	30
일 진	癸酉	甲戌	乙亥	丙子	丁丑	戊寅	己卯	庚辰	辛巳	壬午	癸未	甲申	乙酉	丙戌	丁亥	戊子	己丑	庚寅	辛卯	壬辰	癸巳	甲午	乙未	丙申	丁酉	戊戌	己亥	庚子	辛丑	壬寅
절기시각							午正																丑正							

8 月 (辛 酉)

절 기								백로																추분						
음 력	1	2	3	4	5	6	7	8	9	10	11	12	13	14	15	16	17	18	19	20	21	22	23	24	25	26	27	28	29	
양력 월/일	8/31	9/1	2	3	4	5	6	7	8	9	10	11	12	13	14	15	16	17	18	19	20	21	22	23	24	25	26	27	28	
일 진	癸卯	甲辰	乙巳	丙午	丁未	戊申	己酉	庚戌	辛亥	壬子	癸丑	甲寅	乙卯	丙辰	丁巳	戊午	己未	庚申	辛酉	壬戌	癸亥	甲子	乙丑	丙寅	丁卯	戊辰	己巳	庚午	辛未	
절기시각								申初																子正						

9 月 (壬 戌)

절 기										한로															상강					
음 력	1	2	3	4	5	6	7	8	9	10	11	12	13	14	15	16	17	18	19	20	21	22	23	24	25	26	27	28	29	30
양력 월/일	9/29	30	10/1	2	3	4	5	6	7	8	9	10	11	12	13	14	15	16	17	18	19	20	21	22	23	24	25	26	27	28
일 진	壬申	癸酉	甲戌	乙亥	丙子	丁丑	戊寅	己卯	庚辰	辛巳	壬午	癸未	甲申	乙酉	丙戌	丁亥	戊子	己丑	庚寅	辛卯	壬辰	癸巳	甲午	乙未	丙申	丁酉	戊戌	己亥	庚子	辛丑
절기시각										卯正															巳正					

10 月 (癸 亥)

절 기										입동															소설					
음 력	1	2	3	4	5	6	7	8	9	10	11	12	13	14	15	16	17	18	19	20	21	22	23	24	25	26	27	28	29	30
양력 월/일	10/29	30	31	11/1	2	3	4	5	6	7	8	9	10	11	12	13	14	15	16	17	18	19	20	21	22	23	24	25	26	27
일 진	壬寅	癸卯	甲辰	乙巳	丙午	丁未	戊申	己酉	庚戌	辛亥	壬子	癸丑	甲寅	乙卯	丙辰	丁巳	戊午	己未	庚申	辛酉	壬戌	癸亥	甲子	乙丑	丙寅	丁卯	戊辰	己巳	庚午	辛未
절기시각										巳正															辰初					

11 月 (甲 子)

절 기										대설														동지						
음 력	1	2	3	4	5	6	7	8	9	10	11	12	13	14	15	16	17	18	19	20	21	22	23	24	25	26	27	28	29	
양력 월/일	11/28	29	30	12/1	2	3	4	5	6	7	8	9	10	11	12	13	14	15	16	17	18	19	20	21	22	23	24	25	26	
일 진	壬申	癸酉	甲戌	乙亥	丙子	丁丑	戊寅	己卯	庚辰	辛巳	壬午	癸未	甲申	乙酉	丙戌	丁亥	戊子	己丑	庚寅	辛卯	壬辰	癸巳	甲午	乙未	丙申	丁酉	戊戌	己亥	庚子	
절기시각										寅初														戌正						

12 月 (乙 丑)

절 기										소한															대한					
음 력	1	2	3	4	5	6	7	8	9	10	11	12	13	14	15	16	17	18	19	20	21	22	23	24	25	26	27	28	29	30
양력 월/일	12/27	28	29	30	31	1/1	2	3	4	5	6	7	8	9	10	11	12	13	14	15	16	17	18	19	20	21	22	23	24	25
일 진	辛丑	壬寅	癸卯	甲辰	乙巳	丙午	丁未	戊申	己酉	庚戌	辛亥	壬子	癸丑	甲寅	乙卯	丙辰	丁巳	戊午	己未	庚申	辛酉	壬戌	癸亥	甲子	乙丑	丙寅	丁卯	戊辰	己巳	庚午
절기시각										未正															辰初					

서기 2009년 (단기 4342년)   己 丑 年

正 月 (丙 寅)

절기										입춘													우수							
음력	1	2	3	4	5	6	7	8	9	10	11	12	13	14	15	16	17	18	19	20	21	22	23	24	25	26	27	28	29	30
양력 월/일	1/26	27	28	29	30	31	2/1	2	3	4	5	6	7	8	9	10	11	12	13	14	15	16	17	18	19	20	21	22	23	24
일진	辛未	壬申	癸酉	甲戌	乙亥	丙子	丁丑	戊寅	己卯	庚辰	辛巳	壬午	癸未	甲申	乙酉	丙戌	丁亥	戊子	己丑	庚寅	辛卯	壬辰	癸巳	甲午	乙未	丙申	丁酉	戊戌	己亥	庚子
절기시각										丑初														亥初						

2 月 (丁 卯)

절기										경칩													춘분							
음력	1	2	3	4	5	6	7	8	9	10	11	12	13	14	15	16	17	18	19	20	21	22	23	24	25	26	27	28	29	30
양력 월/일	2/25	26	27	28	3/1	2	3	4	5	6	7	8	9	10	11	12	13	14	15	16	17	18	19	20	21	22	23	24	25	26
일진	辛丑	壬寅	癸卯	甲辰	乙巳	丙午	丁未	戊申	己酉	庚戌	辛亥	壬子	癸丑	甲寅	乙卯	丙辰	丁巳	戊午	己未	庚申	辛酉	壬戌	癸亥	甲子	乙丑	丙寅	丁卯	戊辰	己巳	庚午
절기시각										戌初													戌正							

3 月 (戊 辰)

절기								청명															곡우							
음력	1	2	3	4	5	6	7	8	9	10	11	12	13	14	15	16	17	18	19	20	21	22	23	24	25	26	27	28	29	
양력 월/일	3/27	28	29	30	31	4/1	2	3	4	5	6	7	8	9	10	11	12	13	14	15	16	17	18	19	20	21	22	23	24	
일진	辛未	壬申	癸酉	甲戌	乙亥	丙子	丁丑	戊寅	己卯	庚辰	辛巳	壬午	癸未	甲申	乙酉	丙戌	丁亥	戊子	己丑	庚寅	辛卯	壬辰	癸巳	甲午	乙未	丙申	丁酉	戊戌	己亥	
절기시각								子正															辰初							

4 月 (己 巳)

절기									입하															소만						
음력	1	2	3	4	5	6	7	8	9	10	11	12	13	14	15	16	17	18	19	20	21	22	23	24	25	26	27	28	29	
양력 월/일	4/25	26	27	28	29	30	5/1	2	3	4	5	6	7	8	9	10	11	12	13	14	15	16	17	18	19	20	21	22	23	
일진	庚子	辛丑	壬寅	癸卯	甲辰	乙巳	丙午	丁未	戊申	己酉	庚戌	辛亥	壬子	癸丑	甲寅	乙卯	丙辰	丁巳	戊午	己未	庚申	辛酉	壬戌	癸亥	甲子	乙丑	丙寅	丁卯	戊辰	
절기시각									子正															卯正						

5 月 (庚 午)

절기									망종															하지						
음력	1	2	3	4	5	6	7	8	9	10	11	12	13	14	15	16	17	18	19	20	21	22	23	24	25	26	27	28	29	30
양력 월/일	5/24	25	26	27	28	29	30	31	6/1	2	3	4	5	6	7	8	9	10	11	12	13	14	15	16	17	18	19	20	21	22
일진	己巳	庚午	辛未	壬申	癸酉	甲戌	乙亥	丙子	丁丑	戊寅	己卯	庚辰	辛巳	壬午	癸未	甲申	乙酉	丙戌	丁亥	戊子	己丑	庚寅	辛卯	壬辰	癸巳	甲午	乙未	丙申	丁酉	戊戌
절기시각									亥初															未正						

閏 5 月 (庚 午)

절기															소서															
음력	1	2	3	4	5	6	7	8	9	10	11	12	13	14	15	16	17	18	19	20	21	22	23	24	25	26	27	28	29	
양력 월/일	6/23	24	25	26	27	28	29	30	7/1	2	3	4	5	6	7	8	9	10	11	12	13	14	15	16	17	18	19	20	21	
일진	己亥	庚子	辛丑	壬寅	癸卯	甲辰	乙巳	丙午	丁未	戊申	己酉	庚戌	辛亥	壬子	癸丑	甲寅	乙卯	丙辰	丁巳	戊午	己未	庚申	辛酉	壬戌	癸亥	甲子	乙丑	丙寅	丁卯	
절기시각															丑初															

6 月 (辛 未)

절기		대서													입추															
음력	1	2	3	4	5	6	7	8	9	10	11	12	13	14	15	16	17	18	19	20	21	22	23	24	25	26	27	28	29	
양력 월/일	7/22	23	24	25	26	27	28	29	30	31	8/1	2	3	4	5	6	7	8	9	10	11	12	13	14	15	16	17	18	19	
일진	戊辰	己巳	庚午	辛未	壬申	癸酉	甲戌	乙亥	丙子	丁丑	戊寅	己卯	庚辰	辛巳	壬午	癸未	甲申	乙酉	丙戌	丁亥	戊子	己丑	庚寅	辛卯	壬辰	癸巳	甲午	乙未	丙申	
절기시각		丑初													酉正															

7 月 （壬 申）

절기			처서											백로																
음력	1	2	3	4	5	6	7	8	9	10	11	12	13	14	15	16	17	18	19	20	21	22	23	24	25	26	27	28	29	30
양력 월/일	8/20	21	22	23	24	25	26	27	28	29	30	31	9/1	2	3	4	5	6	7	8	9	10	11	12	13	14	15	16	17	18
일 진	丁酉	戊戌	己亥	庚子	辛丑	壬寅	癸卯	甲辰	乙巳	丙午	丁未	戊申	己酉	庚戌	辛亥	壬子	癸丑	甲寅	乙卯	丙辰	丁巳	戊午	己未	庚申	辛酉	壬戌	癸亥	甲子	乙丑	丙寅
절기시각			辰正											亥初																

8 月 （癸 酉）

절기		추분													한로															
음력	1	2	3	4	5	6	7	8	9	10	11	12	13	14	15	16	17	18	19	20	21	22	23	24	25	26	27	28	29	
양력 월/일	9/19	20	21	22	23	24	25	26	27	28	29	30	10/1	2	3	4	5	6	7	8	9	10	11	12	13	14	15	16	17	
일 진	丁卯	戊辰	己巳	庚午	辛未	壬申	癸酉	甲戌	乙亥	丙子	丁丑	戊寅	己卯	庚辰	辛巳	壬午	癸未	甲申	乙酉	丙戌	丁亥	戊子	己丑	庚寅	辛卯	壬辰	癸巳	甲午	乙未	
절기시각		卯正													午正															

9 月 （甲 戌）

절기				상강														입동												
음력	1	2	3	4	5	6	7	8	9	10	11	12	13	14	15	16	17	18	19	20	21	22	23	24	25	26	27	28	29	30
양력 월/일	10/18	19	20	21	22	23	24	25	26	27	28	29	30	31	11/1	2	3	4	5	6	7	8	9	10	11	12	13	14	15	16
일 진	丙申	丁酉	戊戌	己亥	庚子	辛丑	壬寅	癸卯	甲辰	乙巳	丙午	丁未	戊申	己酉	庚戌	辛亥	壬子	癸丑	甲寅	乙卯	丙辰	丁巳	戊午	己未	庚申	辛酉	壬戌	癸亥	甲子	乙丑
절기시각				申初														申初												

10 月 （乙 亥）

절기				소설														대설											
음력	1	2	3	4	5	6	7	8	9	10	11	12	13	14	15	16	17	18	19	20	21	22	23	24	25	26	27	28	29
양력 월/일	11/17	18	19	20	21	22	23	24	25	26	27	28	29	30	12/1	2	3	4	5	6	7	8	9	10	11	12	13	14	15
일 진	丙寅	丁卯	戊辰	己巳	庚午	辛未	壬申	癸酉	甲戌	乙亥	丙子	丁丑	戊寅	己卯	庚辰	辛巳	壬午	癸未	甲申	乙酉	丙戌	丁亥	戊子	己丑	庚寅	辛卯	壬辰	癸巳	甲午
절기시각				未初														辰正											

11 月 （丙 子）

절기					동지												소한													
음력	1	2	3	4	5	6	7	8	9	10	11	12	13	14	15	16	17	18	19	20	21	22	23	24	25	26	27	28	29	30
양력 월/일	12/16	17	18	19	20	21	22	23	24	25	26	27	28	29	30	31	1/1	2	3	4	5	6	7	8	9	10	11	12	13	14
일 진	乙未	丙申	丁酉	戊戌	己亥	庚子	辛丑	壬寅	癸卯	甲辰	乙巳	丙午	丁未	戊申	己酉	庚戌	辛亥	壬子	癸丑	甲寅	乙卯	丙辰	丁巳	戊午	己未	庚申	辛酉	壬戌	癸亥	甲子
절기시각					丑正												戌正													

12 月 （丁 丑）

절기					대한														입춘											
음력	1	2	3	4	5	6	7	8	9	10	11	12	13	14	15	16	17	18	19	20	21	22	23	24	25	26	27	28	29	30
양력 월/일	1/15	16	17	18	19	20	21	22	23	24	25	26	27	28	29	30	31	2/1	2	3	4	5	6	7	8	9	10	11	12	13
일 진	乙丑	丙寅	丁卯	戊辰	己巳	庚午	辛未	壬申	癸酉	甲戌	乙亥	丙子	丁丑	戊寅	己卯	庚辰	辛巳	壬午	癸未	甲申	乙酉	丙戌	丁亥	戊子	己丑	庚寅	辛卯	壬辰	癸巳	甲午
절기시각					未初														辰初											

서기 2010년 (단기 4343년) 庚寅年

正月 (戊寅)

절기					우수													경칩								
음력	1	2	3	4	5	6	7	8	9	10	11	12	13	14	15	16	17	18	19	20	21	22	23	24	25	26	27	28	29	30
양력 월/일	2/14	15	16	17	18	19	20	21	22	23	24	25	26	27	28	3/1	2	3	4	5	6	7	8	9	10	11	12	13	14	15
일진	乙未	丙申	丁酉	戊戌	己亥	庚子	辛丑	壬寅	癸卯	甲辰	乙巳	丙午	丁未	戊申	己酉	庚戌	辛亥	壬子	癸丑	甲寅	乙卯	丙辰	丁巳	戊午	己未	庚申	辛酉	壬戌	癸亥	甲子
절기시각					寅初														丑初											

2月 (己卯)

절기					춘분												청명												
음력	1	2	3	4	5	6	7	8	9	10	11	12	13	14	15	16	17	18	19	20	21	22	23	24	25	26	27	28	29
양력 월/일	3/16	17	18	19	20	21	22	23	24	25	26	27	28	29	30	31	4/1	2	3	4	5	6	7	8	9	10	11	12	13
일진	乙丑	丙寅	丁卯	戊辰	己巳	庚午	辛未	壬申	癸酉	甲戌	乙亥	丙子	丁丑	戊寅	己卯	庚辰	辛巳	壬午	癸未	甲申	乙酉	丙戌	丁亥	戊子	己丑	庚寅	辛卯	壬辰	癸巳
절기시각					丑正												卯正												

3月 (庚辰)

절기					곡우													입하											
음력	1	2	3	4	5	6	7	8	9	10	11	12	13	14	15	16	17	18	19	20	21	22	23	24	25	26	27	28	29	30
양력 월/일	4/14	15	16	17	18	19	20	21	22	23	24	25	26	27	28	29	30	5/1	2	3	4	5	6	7	8	9	10	11	12	13
일진	甲午	乙未	丙申	丁酉	戊戌	己亥	庚子	辛丑	壬寅	癸卯	甲辰	乙巳	丙午	丁未	戊申	己酉	庚戌	辛亥	壬子	癸丑	甲寅	乙卯	丙辰	丁巳	戊午	己未	庚申	辛酉	壬戌	癸亥
절기시각					未初													子初												

4月 (辛巳)

절기					소만														망종										
음력	1	2	3	4	5	6	7	8	9	10	11	12	13	14	15	16	17	18	19	20	21	22	23	24	25	26	27	28	29
양력 월/일	5/14	15	16	17	18	19	20	21	22	23	24	25	26	27	28	29	30	31	6/1	2	3	4	5	6	7	8	9	10	11
일진	甲子	乙丑	丙寅	丁卯	戊辰	己巳	庚午	辛未	壬申	癸酉	甲戌	乙亥	丙子	丁丑	戊寅	己卯	庚辰	辛巳	壬午	癸未	甲申	乙酉	丙戌	丁亥	戊子	己丑	庚寅	辛卯	壬辰
절기시각					午正														寅初										

5月 (壬午)

절기						하지														소서										
음력	1	2	3	4	5	6	7	8	9	10	11	12	13	14	15	16	17	18	19	20	21	22	23	24	25	26	27	28	29	30
양력 월/일	6/12	13	14	15	16	17	18	19	20	21	22	23	24	25	26	27	28	29	30	7/1	2	3	4	5	6	7	8	9	10	11
일진	癸巳	甲午	乙未	丙申	丁酉	戊戌	己亥	庚子	辛丑	壬寅	癸卯	甲辰	乙巳	丙午	丁未	戊申	己酉	庚戌	辛亥	壬子	癸丑	甲寅	乙卯	丙辰	丁巳	戊午	己未	庚申	辛酉	壬戌
절기시각						戌正														未正										

6月 (癸未)

절기							대서														입추								
음력	1	2	3	4	5	6	7	8	9	10	11	12	13	14	15	16	17	18	19	20	21	22	23	24	25	26	27	28	29
양력 월/일	7/12	13	14	15	16	17	18	19	20	21	22	23	24	25	26	27	28	29	30	31	8/1	2	3	4	5	6	7	8	9
일진	癸亥	甲子	乙丑	丙寅	丁卯	戊辰	己巳	庚午	辛未	壬申	癸酉	甲戌	乙亥	丙子	丁丑	戊寅	己卯	庚辰	辛巳	壬午	癸未	甲申	乙酉	丙戌	丁亥	戊子	己丑	庚寅	辛卯
절기시각							辰初														子初								

7月 (甲申)

절 기														처서															
음 력	1	2	3	4	5	6	7	8	9	10	11	12	13	14	15	16	17	18	19	20	21	22	23	24	25	26	27	28	29
양력 월/일	8/10	11	12	13	14	15	16	17	18	19	20	21	22	23	24	25	26	27	28	29	30	31	9/1	2	3	4	5	6	7
일 진	壬辰	癸巳	甲午	乙未	丙申	丁酉	戊戌	己亥	庚子	辛丑	壬寅	癸卯	甲辰	乙巳	丙午	丁未	戊申	己酉	庚戌	辛亥	壬子	癸丑	甲寅	乙卯	丙辰	丁巳	戊午	己未	庚申
절기시각														未正															

8月 (乙酉)

절 기	백로															추분														
음 력	1	2	3	4	5	6	7	8	9	10	11	12	13	14	15	16	17	18	19	20	21	22	23	24	25	26	27	28	29	30
양력 월/일	9/8	9	10	11	12	13	14	15	16	17	18	19	20	21	22	23	24	25	26	27	28	29	30	10/1	2	3	4	5	6	7
일 진	辛酉	壬戌	癸亥	甲子	乙丑	丙寅	丁卯	戊辰	己巳	庚午	辛未	壬申	癸酉	甲戌	乙亥	丙子	丁丑	戊寅	己卯	庚辰	辛巳	壬午	癸未	甲申	乙酉	丙戌	丁亥	戊子	己丑	庚寅
절기시각	丑正															午正														

9月 (丙戌)

절 기	한로															상강														
음 력	1	2	3	4	5	6	7	8	9	10	11	12	13	14	15	16	17	18	19	20	21	22	23	24	25	26	27	28	29	
양력 월/일	10/8	9	10	11	12	13	14	15	16	17	18	19	20	21	22	23	24	25	26	27	28	29	30	31	11/1	2	3	4	5	
일 진	辛卯	壬辰	癸巳	甲午	乙未	丙申	丁酉	戊戌	己亥	庚子	辛丑	壬寅	癸卯	甲辰	乙巳	丙午	丁未	戊申	己酉	庚戌	辛亥	壬子	癸丑	甲寅	乙卯	丙辰	丁巳	戊午	己未	
절기시각	酉正															亥初														

10月 (丁亥)

절 기	입동															소설														
음 력	1	2	3	4	5	6	7	8	9	10	11	12	13	14	15	16	17	18	19	20	21	22	23	24	25	26	27	28	29	30
양력 월/일	11/6	7	8	9	10	11	12	13	14	15	16	17	18	19	20	21	22	23	24	25	26	27	28	29	30	12/1	2	3	4	5
일 진	庚申	辛酉	壬戌	癸亥	甲子	乙丑	丙寅	丁卯	戊辰	己巳	庚午	辛未	壬申	癸酉	甲戌	乙亥	丙子	丁丑	戊寅	己卯	庚辰	辛巳	壬午	癸未	甲申	乙酉	丙戌	丁亥	戊子	己丑
절기시각	亥初															戌初														

11月 (戊子)

절 기	대설															동지														
음 력	1	2	3	4	5	6	7	8	9	10	11	12	13	14	15	16	17	18	19	20	21	22	23	24	25	26	27	28	29	
양력 월/일	12/6	7	8	9	10	11	12	13	14	15	16	17	18	19	20	21	22	23	24	25	26	27	28	29	30	31	1/1	2	3	
일 진	庚寅	辛卯	壬辰	癸巳	甲午	乙未	丙申	丁酉	戊戌	己亥	庚子	辛丑	壬寅	癸卯	甲辰	乙巳	丙午	丁未	戊申	己酉	庚戌	辛亥	壬子	癸丑	甲寅	乙卯	丙辰	丁巳	戊午	
절기시각	未正															辰正														

12月 (己丑)

절 기			소한														대한														
음 력	1	2	3	4	5	6	7	8	9	10	11	12	13	14	15	16	17	18	19	20	21	22	23	24	25	26	27	28	29	30	
양력 월/일	1/4	5	6	7	8	9	10	11	12	13	14	15	16	17	18	19	20	21	22	23	24	25	26	27	28	29	30	31	2/1	2	
일 진	己未	庚申	辛酉	壬戌	癸亥	甲子	乙丑	丙寅	丁卯	戊辰	己巳	庚午	辛未	壬申	癸酉	甲戌	乙亥	丙子	丁丑	戊寅	己卯	庚辰	辛巳	壬午	癸未	甲申	乙酉	丙戌	丁亥	戊子	
절기시각			丑初														戌初														

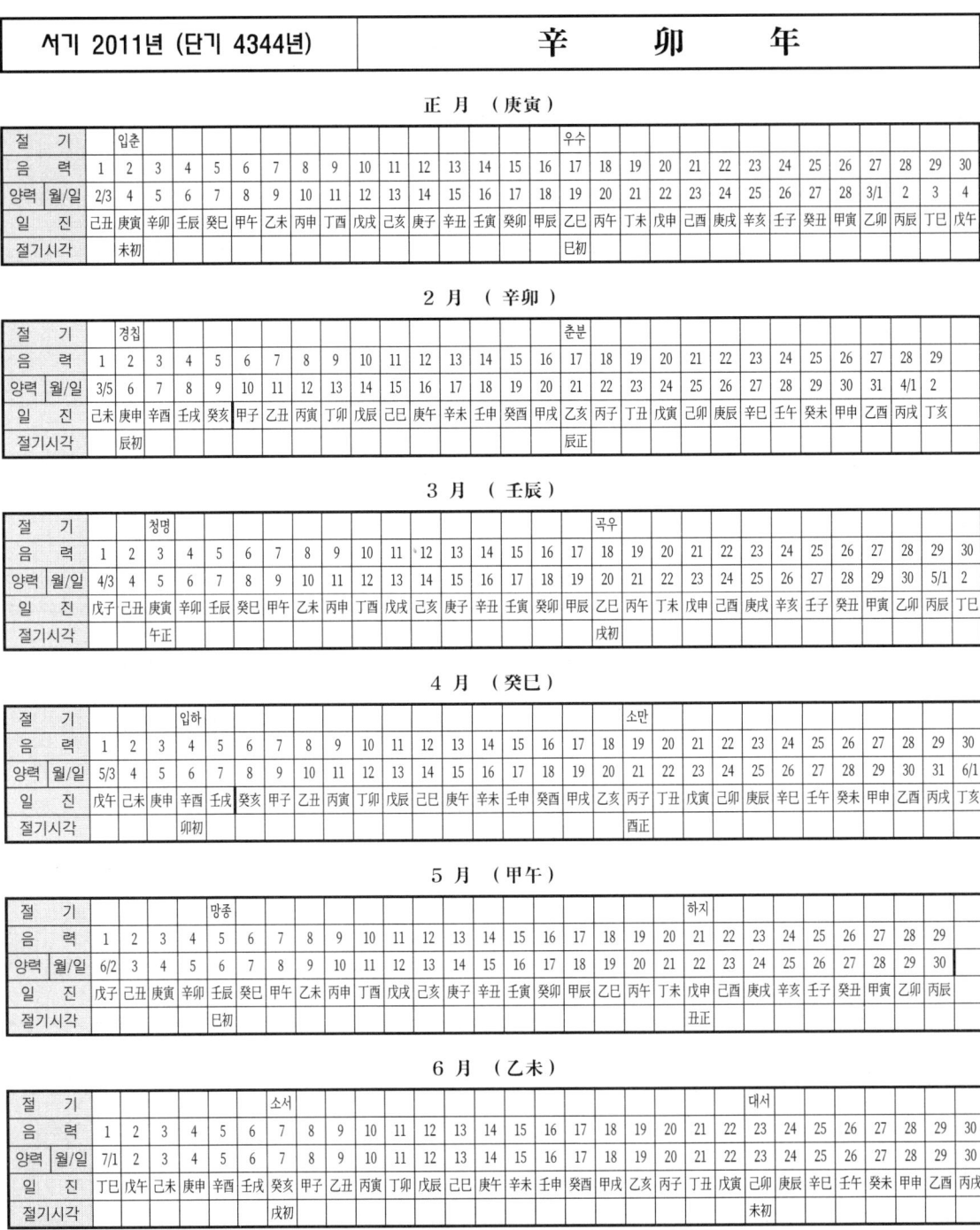

7 月 （丙申）

절기									입추															처서					
음력	1	2	3	4	5	6	7	8	9	10	11	12	13	14	15	16	17	18	19	20	21	22	23	24	25	26	27	28	29
양력 월/일	7/31	8/1	2	3	4	5	6	7	8	9	10	11	12	13	14	15	16	17	18	19	20	21	22	23	24	25	26	27	28
일진	丁亥	戊子	己丑	庚寅	辛卯	壬辰	癸巳	甲午	乙未	丙申	丁酉	戊戌	己亥	庚子	辛丑	壬寅	癸卯	甲辰	乙巳	丙午	丁未	戊申	己酉	庚戌	辛亥	壬子	癸丑	甲寅	乙卯
절기시각									戌初															戌正					

8 月 （丁酉）

절기									백로															추분					
음력	1	2	3	4	5	6	7	8	9	10	11	12	13	14	15	16	17	18	19	20	21	22	23	24	25	26	27	28	29
양력 월/일	8/29	30	31	9/1	2	3	4	5	6	7	8	9	10	11	12	13	14	15	16	17	18	19	20	21	22	23	24	25	26
일진	丙辰	丁巳	戊午	己未	庚申	辛酉	壬戌	癸亥	甲子	乙丑	丙寅	丁卯	戊辰	己巳	庚午	辛未	壬申	癸酉	甲戌	乙亥	丙子	丁丑	戊寅	己卯	庚辰	辛巳	壬午	癸未	甲申
절기시각									辰正															酉正					

9 月 （戊戌）

절기									한로																상강					
음력	1	2	3	4	5	6	7	8	9	10	11	12	13	14	15	16	17	18	19	20	21	22	23	24	25	26	27	28	29	30
양력 월/일	9/27	28	29	30	10/1	2	3	4	5	6	7	8	9	10	11	12	13	14	15	16	17	18	19	20	21	22	23	24	25	26
일진	乙酉	丙戌	丁亥	戊子	己丑	庚寅	辛卯	壬辰	癸巳	甲午	乙未	丙申	丁酉	戊戌	己亥	庚子	辛丑	壬寅	癸卯	甲辰	乙巳	丙午	丁未	戊申	己酉	庚戌	辛亥	壬子	癸丑	甲寅
절기시각									子正																寅初					

10 月 （己亥）

절기								입동																소설					
음력	1	2	3	4	5	6	7	8	9	10	11	12	13	14	15	16	17	18	19	20	21	22	23	24	25	26	27	28	29
양력 월/일	10/27	28	29	30	31	11/1	2	3	4	5	6	7	8	9	10	11	12	13	14	15	16	17	18	19	20	21	22	23	24
일진	乙卯	丙辰	丁巳	戊午	己未	庚申	辛酉	壬戌	癸亥	甲子	乙丑	丙寅	丁卯	戊辰	己巳	庚午	辛未	壬申	癸酉	甲戌	乙亥	丙子	丁丑	戊寅	己卯	庚辰	辛巳	壬午	癸未
절기시각								寅初																丑初					

11 月 （庚子）

절기							대설																동지						
음력	1	2	3	4	5	6	7	8	9	10	11	12	13	14	15	16	17	18	19	20	21	22	23	24	25	26	27	28	29	30
양력 월/일	11/25	26	27	28	29	30	12/1	2	3	4	5	6	7	8	9	10	11	12	13	14	15	16	17	18	19	20	21	22	23	24
일진	甲申	乙酉	丙戌	丁亥	戊子	己丑	庚寅	辛卯	壬辰	癸巳	甲午	乙未	丙申	丁酉	戊戌	己亥	庚子	辛丑	壬寅	癸卯	甲辰	乙巳	丙午	丁未	戊申	己酉	庚戌	辛亥	壬子	癸丑
절기시각							戌正																未正						

12 月 （辛丑）

절기							소한																대한						
음력	1	2	3	4	5	6	7	8	9	10	11	12	13	14	15	16	17	18	19	20	21	22	23	24	25	26	27	28	29
양력 월/일	12/25	26	27	28	29	30	31	1/1	2	3	4	5	6	7	8	9	10	11	12	13	14	15	16	17	18	19	20	21	22
일진	甲寅	乙卯	丙辰	丁巳	戊午	己未	庚申	辛酉	壬戌	癸亥	甲子	乙丑	丙寅	丁卯	戊辰	己巳	庚午	辛未	壬申	癸酉	甲戌	乙亥	丙子	丁丑	戊寅	己卯	庚辰	辛巳	壬午
절기시각							辰初																丑初						

서기 2012년 (단기 4345년)	壬 辰 年

正 月 （壬寅）

절기													입춘															우수			
음력	1	2	3	4	5	6	7	8	9	10	11	12	13	14	15	16	17	18	19	20	21	22	23	24	25	26	27	28	29	30
양력 월/일	1/23	24	25	26	27	28	29	30	31	2/1	2	3	4	5	6	7	8	9	10	11	12	13	14	15	16	17	18	19	20	21
일진	癸未	甲申	乙酉	丙戌	丁亥	戊子	己丑	庚寅	辛卯	壬辰	癸巳	甲午	乙未	丙申	丁酉	戊戌	己亥	庚子	辛丑	壬寅	癸卯	甲辰	乙巳	丙午	丁未	戊申	己酉	庚戌	辛亥	壬子
절기시각													戌初															申初			

2 月 （癸卯）

절기										경칩															춘분				
음력	1	2	3	4	5	6	7	8	9	10	11	12	13	14	15	16	17	18	19	20	21	22	23	24	25	26	27	28	29
양력 월/일	2/22	23	24	25	26	27	28	29	3/1	2	3	4	5	6	7	8	9	10	11	12	13	14	15	16	17	18	19	20	21
일진	癸丑	甲寅	乙卯	丙辰	丁巳	戊午	己未	庚申	辛酉	壬戌	癸亥	甲子	乙丑	丙寅	丁卯	戊辰	己巳	庚午	辛未	壬申	癸酉	甲戌	乙亥	丙子	丁丑	戊寅	己卯	庚辰	辛巳
절기시각										未初															未初				

3 月 （甲辰）

절기														청명																곡우
음력	1	2	3	4	5	6	7	8	9	10	11	12	13	14	15	16	17	18	19	20	21	22	23	24	25	26	27	28	29	30
양력 월/일	3/22	23	24	25	26	27	28	29	30	31	4/1	2	3	4	5	6	7	8	9	10	11	12	13	14	15	16	17	18	19	20
일진	壬午	癸未	甲申	乙酉	丙戌	丁亥	戊子	己丑	庚寅	辛卯	壬辰	癸巳	甲午	乙未	丙申	丁酉	戊戌	己亥	庚子	辛丑	壬寅	癸卯	甲辰	乙巳	丙午	丁未	戊申	己酉	庚戌	辛亥
절기시각														酉初																子正

閏 3 月 （甲辰）

절기													입하																	
음력	1	2	3	4	5	6	7	8	9	10	11	12	13	14	15	16	17	18	19	20	21	22	23	24	25	26	27	28	29	30
양력 월/일	4/21	22	23	24	25	26	27	28	29	30	5/1	2	3	4	5	6	7	8	9	10	11	12	13	14	15	16	17	18	19	20
일진	壬子	癸丑	甲寅	乙卯	丙辰	丁巳	戊午	己未	庚申	辛酉	壬戌	癸亥	甲子	乙丑	丙寅	丁卯	戊辰	己巳	庚午	辛未	壬申	癸酉	甲戌	乙亥	丙子	丁丑	戊寅	己卯	庚辰	辛巳
절기시각													午初																	

4 月 （乙巳）

절기	소만											망종																		
음력	1	2	3	4	5	6	7	8	9	10	11	12	13	14	15	16	17	18	19	20	21	22	23	24	25	26	27	28	29
양력 월/일	5/21	22	23	24	25	26	27	28	29	30	31	6/1	2	3	4	5	6	7	8	9	10	11	12	13	14	15	16	17	18	19
일진	壬午	癸未	甲申	乙酉	丙戌	丁亥	戊子	己丑	庚寅	辛卯	壬辰	癸巳	甲午	乙未	丙申	丁酉	戊戌	己亥	庚子	辛丑	壬寅	癸卯	甲辰	乙巳	丙午	丁未	戊申	己酉	庚戌	辛亥
절기시각	子正											申初																		

5 月 （丙午）

절기	하지																소서												
음력	1	2	3	4	5	6	7	8	9	10	11	12	13	14	15	16	17	18	19	20	21	22	23	24	25	26	27	28	29
양력 월/일	6/20	21	22	23	24	25	26	27	28	29	30	7/1	2	3	4	5	6	7	8	9	10	11	12	13	14	15	16	17	18
일진	壬子	癸丑	甲寅	乙卯	丙辰	丁巳	戊午	己未	庚申	辛酉	壬戌	癸亥	甲子	乙丑	丙寅	丁卯	戊辰	己巳	庚午	辛未	壬申	癸酉	甲戌	乙亥	丙子	丁丑	戊寅	己卯	庚辰
절기시각	辰正																丑初												

6 月 （丁未）

절기				대서													입추													
음력	1	2	3	4	5	6	7	8	9	10	11	12	13	14	15	16	17	18	19	20	21	22	23	24	25	26	27	28	29	30
양력 월/일	7/19	20	21	22	23	24	25	26	27	28	29	30	31	8/1	2	3	4	5	6	7	8	9	10	11	12	13	14	15	16	17
일진	辛巳	壬午	癸未	甲申	乙酉	丙戌	丁亥	戊子	己丑	庚寅	辛卯	壬辰	癸巳	甲午	乙未	丙申	丁酉	戊戌	己亥	庚子	辛丑	壬寅	癸卯	甲辰	乙巳	丙午	丁未	戊申	己酉	庚戌
절기시각				戌初													午初													

7 月 (戊申)

절 기				처서													백로												
음 력	1	2	3	4	5	6	7	8	9	10	11	12	13	14	15	16	17	18	19	20	21	22	23	24	25	26	27	28	29
양력 월/일	8/18	19	20	21	22	23	24	25	26	27	28	29	30	31	9/1	2	3	4	5	6	7	8	9	10	11	12	13	14	15
일 진	辛亥	壬子	癸丑	甲寅	乙卯	丙辰	丁巳	戊午	己未	庚申	辛酉	壬戌	癸亥	甲子	乙丑	丙寅	丁卯	戊辰	己巳	庚午	辛未	壬申	癸酉	甲戌	乙亥	丙子	丁丑	戊寅	己卯
절기시각				丑正													未正												

8 月 (己酉)

절 기				추분													한로												
음 력	1	2	3	4	5	6	7	8	9	10	11	12	13	14	15	16	17	18	19	20	21	22	23	24	25	26	27	28	29
양력 월/일	9/16	17	18	19	20	21	22	23	24	25	26	27	28	29	30	10/1	2	3	4	5	6	7	8	9	10	11	12	13	14
일 진	庚辰	辛巳	壬午	癸未	甲申	乙酉	丙戌	丁亥	戊子	己丑	庚寅	辛卯	壬辰	癸巳	甲午	乙未	丙申	丁酉	戊戌	己亥	庚子	辛丑	壬寅	癸卯	甲辰	乙巳	丙午	丁未	戊申
절기시각				子初													卯正												

9 月 (庚戌)

절 기									상강										입동											
음 력	1	2	3	4	5	6	7	8	9	10	11	12	13	14	15	16	17	18	19	20	21	22	23	24	25	26	27	28	29	30
양력 월/일	10/15	16	17	18	19	20	21	22	23	24	25	26	27	28	29	30	31	11/1	2	3	4	5	6	7	8	9	10	11	12	13
일 진	己酉	庚戌	辛亥	壬子	癸丑	甲寅	乙卯	丙辰	丁巳	戊午	己未	庚申	辛酉	壬戌	癸亥	甲子	乙丑	丙寅	丁卯	戊辰	己巳	庚午	辛未	壬申	癸酉	甲戌	乙亥	丙子	丁丑	戊寅
절기시각									巳初										巳初											

10 月 (辛亥)

절 기									소설										대설										
음 력	1	2	3	4	5	6	7	8	9	10	11	12	13	14	15	16	17	18	19	20	21	22	23	24	25	26	27	28	29
양력 월/일	11/14	15	16	17	18	19	20	21	22	23	24	25	26	27	28	29	30	12/1	2	3	4	5	6	7	8	9	10	11	12
일 진	己卯	庚辰	辛巳	壬午	癸未	甲申	乙酉	丙戌	丁亥	戊子	己丑	庚寅	辛卯	壬辰	癸巳	甲午	乙未	丙申	丁酉	戊戌	己亥	庚子	辛丑	壬寅	癸卯	甲辰	乙巳	丙午	丁未
절기시각									卯正										丑正										

11 月 (壬子)

절 기								동지											소한											
음 력	1	2	3	4	5	6	7	8	9	10	11	12	13	14	15	16	17	18	19	20	21	22	23	24	25	26	27	28	29	30
양력 월/일	12/13	14	15	16	17	18	19	20	21	22	23	24	25	26	27	28	29	30	31	1/1	2	3	4	5	6	7	8	9	10	11
일 진	戊申	己酉	庚戌	辛亥	壬子	癸丑	甲寅	乙卯	丙辰	丁巳	戊午	己未	庚申	辛酉	壬戌	癸亥	甲子	乙丑	丙寅	丁卯	戊辰	己巳	庚午	辛未	壬申	癸酉	甲戌	乙亥	丙子	丁丑
절기시각								戌正											未初											

12 月 (癸丑)

절 기									대한											입춘									
음 력	1	2	3	4	5	6	7	8	9	10	11	12	13	14	15	16	17	18	19	20	21	22	23	24	25	26	27	28	29
양력 월/일	1/12	13	14	15	16	17	18	19	20	21	22	23	24	25	26	27	28	29	30	31	2/1	2	3	4	5	6	7	8	9
일 진	戊寅	己卯	庚辰	辛巳	壬午	癸未	甲申	乙酉	丙戌	丁亥	戊子	己丑	庚寅	辛卯	壬辰	癸巳	甲午	乙未	丙申	丁酉	戊戌	己亥	庚子	辛丑	壬寅	癸卯	甲辰	乙巳	丙午
절기시각									卯正											丑初									

서기 2013년 (단기 4346년) 癸巳年

正 月 (甲寅)

절기									우수															경칩						
음력	1	2	3	4	5	6	7	8	9	10	11	12	13	14	15	16	17	18	19	20	21	22	23	24	25	26	27	28	29	30
양력 월/일	2/10	11	12	13	14	15	16	17	18	19	20	21	22	23	24	25	26	27	28	3/1	2	3	4	5	6	7	8	9	10	11
일 진	丁未	戊申	己酉	庚戌	辛亥	壬子	癸丑	甲寅	乙卯	丙辰	丁巳	戊午	己未	庚申	辛酉	壬戌	癸亥	甲子	乙丑	丙寅	丁卯	戊辰	己巳	庚午	辛未	壬申	癸酉	甲戌	乙亥	丙子
절기시각									戌初															酉正						

2 月 (乙卯)

절기									춘분															청명					
음력	1	2	3	4	5	6	7	8	9	10	11	12	13	14	15	16	17	18	19	20	21	22	23	24	25	26	27	28	29
양력 월/일	3/12	13	14	15	16	17	18	19	20	21	22	23	24	25	26	27	28	29	30	31	4/1	2	3	4	5	6	7	8	9
일 진	丁丑	戊寅	己卯	庚辰	辛巳	壬午	癸未	甲申	乙酉	丙戌	丁亥	戊子	己丑	庚寅	辛卯	壬辰	癸巳	甲午	乙未	丙申	丁酉	戊戌	己亥	庚子	辛丑	壬寅	癸卯	甲辰	乙巳
절기시각									戌初															子初					

3 月 (丙辰)

절기									곡우																입하					
음력	1	2	3	4	5	6	7	8	9	10	11	12	13	14	15	16	17	18	19	20	21	22	23	24	25	26	27	28	29	30
양력 월/일	4/10	11	12	13	14	15	16	17	18	19	20	21	22	23	24	25	26	27	28	29	30	5/1	2	3	4	5	6	7	8	9
일 진	丙午	丁未	戊申	己酉	庚戌	辛亥	壬子	癸丑	甲寅	乙卯	丙辰	丁巳	戊午	己未	庚申	辛酉	壬戌	癸亥	甲子	乙丑	丙寅	丁卯	戊辰	己巳	庚午	辛未	壬申	癸酉	甲戌	乙亥
절기시각									卯正																申正					

4 月 (丁巳)

절기										소만															망종					
음력	1	2	3	4	5	6	7	8	9	10	11	12	13	14	15	16	17	18	19	20	21	22	23	24	25	26	27	28	29	30
양력 월/일	5/10	11	12	13	14	15	16	17	18	19	20	21	22	23	24	25	26	27	28	29	30	31	6/1	2	3	4	5	6	7	8
일 진	丙子	丁丑	戊寅	己卯	庚辰	辛巳	壬午	癸未	甲申	乙酉	丙戌	丁亥	戊子	己丑	庚寅	辛卯	壬辰	癸巳	甲午	乙未	丙申	丁酉	戊戌	己亥	庚子	辛丑	壬寅	癸卯	甲辰	乙巳
절기시각										卯初															亥初					

5 月 (戊午)

절기											하지													소서					
음력	1	2	3	4	5	6	7	8	9	10	11	12	13	14	15	16	17	18	19	20	21	22	23	24	25	26	27	28	29
양력 월/일	6/9	10	11	12	13	14	15	16	17	18	19	20	21	22	23	24	25	26	27	28	29	30	7/1	2	3	4	5	6	7
일 진	丙午	丁未	戊申	己酉	庚戌	辛亥	壬子	癸丑	甲寅	乙卯	丙辰	丁巳	戊午	己未	庚申	辛酉	壬戌	癸亥	甲子	乙丑	丙寅	丁卯	戊辰	己巳	庚午	辛未	壬申	癸酉	甲戌
절기시각											未初													辰初					

6 月 (己未)

절기												대서																		
음력	1	2	3	4	5	6	7	8	9	10	11	12	13	14	15	16	17	18	19	20	21	22	23	24	25	26	27	28	29	30
양력 월/일	7/8	9	10	11	12	13	14	15	16	17	18	19	20	21	22	23	24	25	26	27	28	29	30	31	8/1	2	3	4	5	6
일 진	乙亥	丙子	丁丑	戊寅	己卯	庚辰	辛巳	壬午	癸未	甲申	乙酉	丙戌	丁亥	戊子	己丑	庚寅	辛卯	壬辰	癸巳	甲午	乙未	丙申	丁酉	戊戌	己亥	庚子	辛丑	壬寅	癸卯	甲辰
절기시각												子正																		

7 月 (庚申)

절 기	입추																처서													
음 력	1	2	3	4	5	6	7	8	9	10	11	12	13	14	15	16	17	18	19	20	21	22	23	24	25	26	27	28	29	
양력 월/일	8/7	8	9	10	11	12	13	14	15	16	17	18	19	20	21	22	23	24	25	26	27	28	29	30	31	9/1	2	3	4	
일 진	乙巳	丙午	丁未	戊申	己酉	庚戌	辛亥	壬子	癸丑	甲寅	乙卯	丙辰	丁巳	戊午	己未	庚申	辛酉	壬戌	癸亥	甲子	乙丑	丙寅	丁卯	戊辰	己巳	庚午	辛未	壬申	癸酉	
절기시각	酉初																辰初													

8 月 (辛酉)

절 기		백로																추분												
음 력	1	2	3	4	5	6	7	8	9	10	11	12	13	14	15	16	17	18	19	20	21	22	23	24	25	26	27	28	29	30
양력 월/일	9/5	6	7	8	9	10	11	12	13	14	15	16	17	18	19	20	21	22	23	24	25	26	27	28	29	30	10/1	2	3	4
일 진	甲戌	乙亥	丙子	丁丑	戊寅	己卯	庚辰	辛巳	壬午	癸未	甲申	乙酉	丙戌	丁亥	戊子	己丑	庚寅	辛卯	壬辰	癸巳	甲午	乙未	丙申	丁酉	戊戌	己亥	庚子	辛丑	壬寅	癸卯
절기시각		戌正																卯初												

9 月 (壬戌)

절 기		한로																상강												
음 력	1	2	3	4	5	6	7	8	9	10	11	12	13	14	15	16	17	18	19	20	21	22	23	24	25	26	27	28	29	
양력 월/일	10/5	6	7	8	9	10	11	12	13	14	15	16	17	18	19	20	21	22	23	24	25	26	27	28	29	30	31	11/1	2	
일 진	甲辰	乙巳	丙午	丁未	戊申	己酉	庚戌	辛亥	壬子	癸丑	甲寅	乙卯	丙辰	丁巳	戊午	己未	庚申	辛酉	壬戌	癸亥	甲子	乙丑	丙寅	丁卯	戊辰	己巳	庚午	辛未	壬申	
절기시각			午正															申初												

10 月 (癸亥)

절 기			입동																	소설										
음 력	1	2	3	4	5	6	7	8	9	10	11	12	13	14	15	16	17	18	19	20	21	22	23	24	25	26	27	28	29	30
양력 월/일	11/3	4	5	6	7	8	9	10	11	12	13	14	15	16	17	18	19	20	21	22	23	24	25	26	27	28	29	30	12/1	2
일 진	癸酉	甲戌	乙亥	丙子	丁丑	戊寅	己卯	庚辰	辛巳	壬午	癸未	甲申	乙酉	丙戌	丁亥	戊子	己丑	庚寅	辛卯	壬辰	癸巳	甲午	乙未	丙申	丁酉	戊戌	己亥	庚子	辛丑	壬寅
절기시각			申初																	午正										

11 月 (甲子)

절 기			대설																	동지										
음 력	1	2	3	4	5	6	7	8	9	10	11	12	13	14	15	16	17	18	19	20	21	22	23	24	25	26	27	28	29	
양력 월/일	12/3	4	5	6	7	8	9	10	11	12	13	14	15	16	17	18	19	20	21	22	23	24	25	26	27	28	29	30	31	
일 진	癸卯	甲辰	乙巳	丙午	丁未	戊申	己酉	庚戌	辛亥	壬子	癸丑	甲寅	乙卯	丙辰	丁巳	戊午	己未	庚申	辛酉	壬戌	癸亥	甲子	乙丑	丙寅	丁卯	戊辰	己巳	庚午	辛未	
절기시각			辰正																	丑正										

12 月 (乙丑)

절 기				소한																대한										
음 력	1	2	3	4	5	6	7	8	9	10	11	12	13	14	15	16	17	18	19	20	21	22	23	24	25	26	27	28	29	30
양력 월/일	1/1	2	3	4	5	6	7	8	9	10	11	12	13	14	15	16	17	18	19	20	21	22	23	24	25	26	27	28	29	30
일 진	壬申	癸酉	甲戌	乙亥	丙子	丁丑	戊寅	己卯	庚辰	辛巳	壬午	癸未	甲申	乙酉	丙戌	丁亥	戊子	己丑	庚寅	辛卯	壬辰	癸巳	甲午	乙未	丙申	丁酉	戊戌	己亥	庚子	辛丑
절기시각				戌初																午正										

서기 2014년 (단기 4347년)   甲午年

正月 (丙寅)

절기					입춘															우수									
음력	1	2	3	4	5	6	7	8	9	10	11	12	13	14	15	16	17	18	19	20	21	22	23	24	25	26	27	28	29
양력 월/일	1/31	2/1	2	3	4	5	6	7	8	9	10	11	12	13	14	15	16	17	18	19	20	21	22	23	24	25	26	27	28
일진	壬寅	癸卯	甲辰	乙巳	丙午	丁未	戊申	己酉	庚戌	辛亥	壬子	癸丑	甲寅	乙卯	丙辰	丁巳	戊午	己未	庚申	辛酉	壬戌	癸亥	甲子	乙丑	丙寅	丁卯	戊辰	己巳	庚午
절기시각					卯正																丑正								

2月 (丁卯)

절기					경칩															춘분										
음력	1	2	3	4	5	6	7	8	9	10	11	12	13	14	15	16	17	18	19	20	21	22	23	24	25	26	27	28	29	30
양력 월/일	3/1	2	3	4	5	6	7	8	9	10	11	12	13	14	15	16	17	18	19	20	21	22	23	24	25	26	27	28	29	30
일진	辛未	壬申	癸酉	甲戌	乙亥	丙子	丁丑	戊寅	己卯	庚辰	辛巳	壬午	癸未	甲申	乙酉	丙戌	丁亥	戊子	己丑	庚寅	辛卯	壬辰	癸巳	甲午	乙未	丙申	丁酉	戊戌	己亥	庚子
절기시각					子正															丑初										

3月 (戊辰)

절기					청명															곡우									
음력	1	2	3	4	5	6	7	8	9	10	11	12	13	14	15	16	17	18	19	20	21	22	23	24	25	26	27	28	29
양력 월/일	3/31	4/1	2	3	4	5	6	7	8	9	10	11	12	13	14	15	16	17	18	19	20	21	22	23	24	25	26	27	28
일진	辛丑	壬寅	癸卯	甲辰	乙巳	丙午	丁未	戊申	己酉	庚戌	辛亥	壬子	癸丑	甲寅	乙卯	丙辰	丁巳	戊午	己未	庚申	辛酉	壬戌	癸亥	甲子	乙丑	丙寅	丁卯	戊辰	己巳
절기시각					卯初															午正									

4月 (己巳)

절기					입하															소만										
음력	1	2	3	4	5	6	7	8	9	10	11	12	13	14	15	16	17	18	19	20	21	22	23	24	25	26	27	28	29	30
양력 월/일	4/29	30	5/1	2	3	4	5	6	7	8	9	10	11	12	13	14	15	16	17	18	19	20	21	22	23	24	25	26	27	28
일진	庚午	辛未	壬申	癸酉	甲戌	乙亥	丙子	丁丑	戊寅	己卯	庚辰	辛巳	壬午	癸未	甲申	乙酉	丙戌	丁亥	戊子	己丑	庚寅	辛卯	壬辰	癸巳	甲午	乙未	丙申	丁酉	戊戌	己亥
절기시각					亥正															午初										

5月 (庚午)

절기						망종															하지								
음력	1	2	3	4	5	6	7	8	9	10	11	12	13	14	15	16	17	18	19	20	21	22	23	24	25	26	27	28	29
양력 월/일	5/29	30	31	6/1	2	3	4	5	6	7	8	9	10	11	12	13	14	15	16	17	18	19	20	21	22	23	24	25	26
일진	庚子	辛丑	壬寅	癸卯	甲辰	乙巳	丙午	丁未	戊申	己酉	庚戌	辛亥	壬子	癸丑	甲寅	乙卯	丙辰	丁巳	戊午	己未	庚申	辛酉	壬戌	癸亥	甲子	乙丑	丙寅	丁卯	戊辰
절기시각						丑正															戌初								

6月 (辛未)

절기						소서																대서								
음력	1	2	3	4	5	6	7	8	9	10	11	12	13	14	15	16	17	18	19	20	21	22	23	24	25	26	27	28	29	30
양력 월/일	6/27	28	29	30	7/1	2	3	4	5	6	7	8	9	10	11	12	13	14	15	16	17	18	19	20	21	22	23	24	25	26
일진	己巳	庚午	辛未	壬申	癸酉	甲戌	乙亥	丙子	丁丑	戊寅	己卯	庚辰	辛巳	壬午	癸未	甲申	乙酉	丙戌	丁亥	戊子	己丑	庚寅	辛卯	壬辰	癸巳	甲午	乙未	丙申	丁酉	戊戌
절기시각						未初																卯正								

7月 (壬申)

절기											입추															처서			
음력	1	2	3	4	5	6	7	8	9	10	11	12	13	14	15	16	17	18	19	20	21	22	23	24	25	26	27	28	29
양력 월/일	7/27	28	29	30	31	8/1	2	3	4	5	6	7	8	9	10	11	12	13	14	15	16	17	18	19	20	21	22	23	24
일진	己亥	庚子	辛丑	壬寅	癸卯	甲辰	乙巳	丙午	丁未	戊申	己酉	庚戌	辛亥	壬子	癸丑	甲寅	乙卯	丙辰	丁巳	戊午	己未	庚申	辛酉	壬戌	癸亥	甲子	乙丑	丙寅	丁卯
절기시각												子初														未初			

8月 (癸酉)

절기															백로															추분
음력	1	2	3	4	5	6	7	8	9	10	11	12	13	14	15	16	17	18	19	20	21	22	23	24	25	26	27	28	29	30
양력 월/일	8/25	26	27	28	29	30	31	9/1	2	3	4	5	6	7	8	9	10	11	12	13	14	15	16	17	18	19	20	21	22	23
일진	戊辰	己巳	庚午	辛未	壬申	癸酉	甲戌	乙亥	丙子	丁丑	戊寅	己卯	庚辰	辛巳	壬午	癸未	甲申	乙酉	丙戌	丁亥	戊子	己丑	庚寅	辛卯	壬辰	癸巳	甲午	乙未	丙申	丁酉
절기시각															丑正															午初

9月 (甲戌)

절기															한로															상강
음력	1	2	3	4	5	6	7	8	9	10	11	12	13	14	15	16	17	18	19	20	21	22	23	24	25	26	27	28	29	30
양력 월/일	9/24	25	26	27	28	29	30	10/1	2	3	4	5	6	7	8	9	10	11	12	13	14	15	16	17	18	19	20	21	22	23
일진	戊戌	己亥	庚子	辛丑	壬寅	癸卯	甲辰	乙巳	丙午	丁未	戊申	己酉	庚戌	辛亥	壬子	癸丑	甲寅	乙卯	丙辰	丁巳	戊午	己未	庚申	辛酉	壬戌	癸亥	甲子	乙丑	丙寅	丁卯
절기시각															酉初															戌正

閏9月 (甲戌)

절기											입동																		
음력	1	2	3	4	5	6	7	8	9	10	11	12	13	14	15	16	17	18	19	20	21	22	23	24	25	26	27	28	29
양력 월/일	10/24	25	26	27	28	29	30	31	11/1	2	3	4	5	6	7	8	9	10	11	12	13	14	15	16	17	18	19	20	21
일진	戊辰	己巳	庚午	辛未	壬申	癸酉	甲戌	乙亥	丙子	丁丑	戊寅	己卯	庚辰	辛巳	壬午	癸未	甲申	乙酉	丙戌	丁亥	戊子	己丑	庚寅	辛卯	壬辰	癸巳	甲午	乙未	丙申
절기시각											亥初																		

10月 (乙亥)

절기	소설															대설														
음력	1	2	3	4	5	6	7	8	9	10	11	12	13	14	15	16	17	18	19	20	21	22	23	24	25	26	27	28	29	30
양력 월/일	11/22	23	24	25	26	27	28	29	30	12/1	2	3	4	5	6	7	8	9	10	11	12	13	14	15	16	17	18	19	20	21
일진	丁酉	戊戌	己亥	庚子	辛丑	壬寅	癸卯	甲辰	乙巳	丙午	丁未	戊申	己酉	庚戌	辛亥	壬子	癸丑	甲寅	乙卯	丙辰	丁巳	戊午	己未	庚申	辛酉	壬戌	癸亥	甲子	乙丑	丙寅
절기시각	酉初															未初														

11月 (丙子)

절기	동지															소한														
음력	1	2	3	4	5	6	7	8	9	10	11	12	13	14	15	16	17	18	19	20	21	22	23	24	25	26	27	28	29	
양력 월/일	12/22	23	24	25	26	27	28	29	30	31	1/1	2	3	4	5	6	7	8	9	10	11	12	13	14	15	16	17	18	19	
일진	丁卯	戊辰	己巳	庚午	辛未	壬申	癸酉	甲戌	乙亥	丙子	丁丑	戊寅	己卯	庚辰	辛巳	壬午	癸未	甲申	乙酉	丙戌	丁亥	戊子	己丑	庚寅	辛卯	壬辰	癸巳	甲午	乙未	
절기시각	辰初															丑初														

12月 (丁丑)

절기	대한												입춘																	
음력	1	2	3	4	5	6	7	8	9	10	11	12	13	14	15	16	17	18	19	20	21	22	23	24	25	26	27	28	29	30
양력 월/일	1/20	21	22	23	24	25	26	27	28	29	30	31	2/1	2	3	4	5	6	7	8	9	10	11	12	13	14	15	16	17	18
일진	丙申	丁酉	戊戌	己亥	庚子	辛丑	壬寅	癸卯	甲辰	乙巳	丙午	丁未	戊申	己酉	庚戌	辛亥	壬子	癸丑	甲寅	乙卯	丙辰	丁巳	戊午	己未	庚申	辛酉	壬戌	癸亥	甲子	乙丑
절기시각	酉正												午正																	

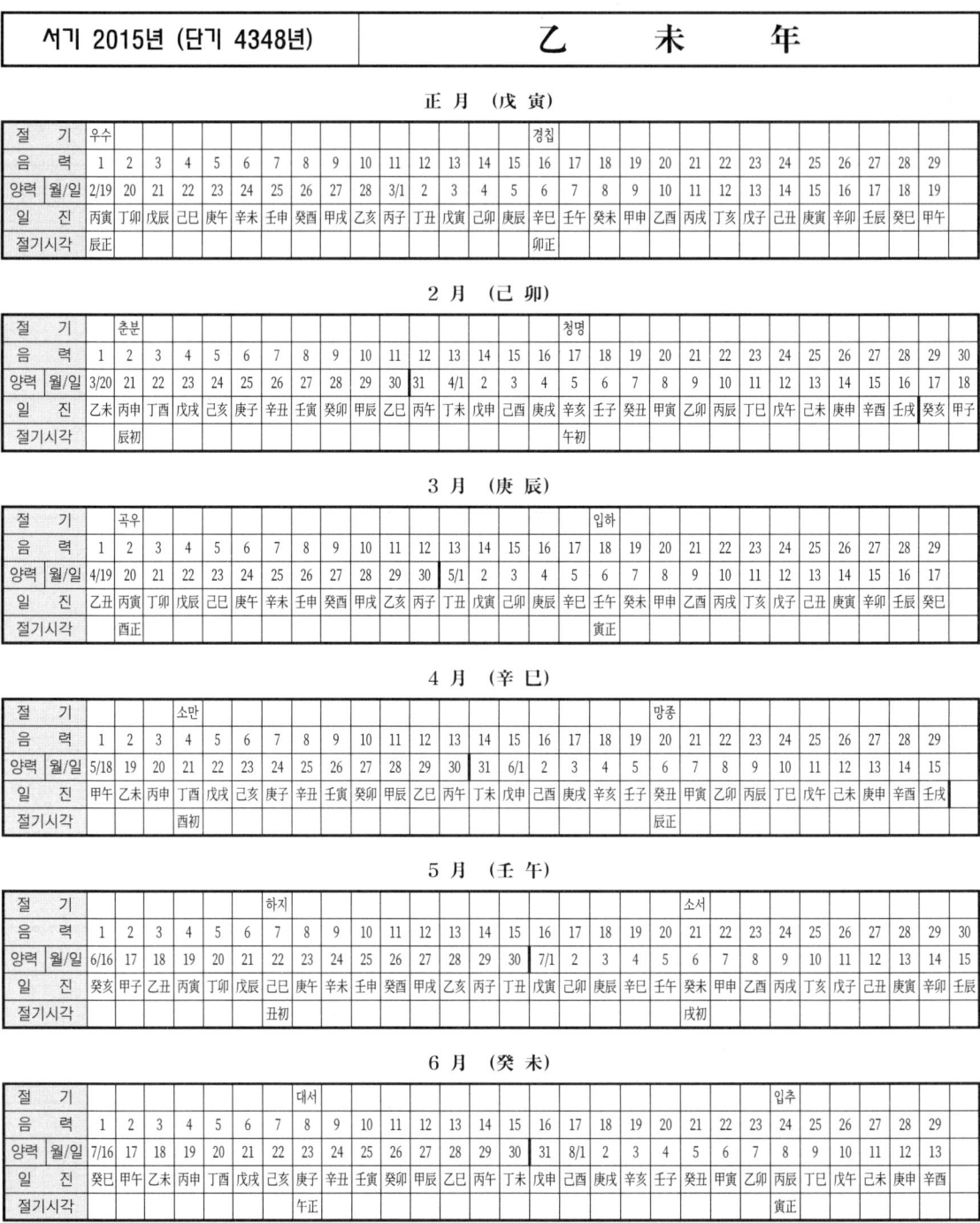

7 月 (甲申)

절 기										처서																백로					
음 력	1	2	3	4	5	6	7	8	9	10	11	12	13	14	15	16	17	18	19	20	21	22	23	24	25	26	27	28	29	30
양력 월/일	8/14	15	16	17	18	19	20	21	22	23	24	25	26	27	28	29	30	31	9/1	2	3	4	5	6	7	8	9	10	11	12
일 진	壬戌	癸亥	甲子	乙丑	丙寅	丁卯	戊辰	己巳	庚午	辛未	壬申	癸酉	甲戌	乙亥	丙子	丁丑	戊寅	己卯	庚辰	辛巳	壬午	癸未	甲申	乙酉	丙戌	丁亥	戊子	己丑	庚寅	辛卯
절기시각										戌初																辰初				

8 月 (乙酉)

절 기										추분																한로					
음 력	1	2	3	4	5	6	7	8	9	10	11	12	13	14	15	16	17	18	19	20	21	22	23	24	25	26	27	28	29	30
양력 월/일	9/13	14	15	16	17	18	19	20	21	22	23	24	25	26	27	28	29	30	10/1	2	3	4	5	6	7	8	9	10	11	12
일 진	壬辰	癸巳	甲午	乙未	丙申	丁酉	戊戌	己亥	庚子	辛丑	壬寅	癸卯	甲辰	乙巳	丙午	丁未	戊申	己酉	庚戌	辛亥	壬子	癸丑	甲寅	乙卯	丙辰	丁巳	戊午	己未	庚申	辛酉
절기시각										酉初																子初				

9 月 (丙戌)

절 기										상강																입동					
음 력	1	2	3	4	5	6	7	8	9	10	11	12	13	14	15	16	17	18	19	20	21	22	23	24	25	26	27	28	29	30
양력 월/일	10/13	14	15	16	17	18	19	20	21	22	23	24	25	26	27	28	29	30	31	11/1	2	3	4	5	6	7	8	9	10	11
일 진	壬戌	癸亥	甲子	乙丑	丙寅	丁卯	戊辰	己巳	庚午	辛未	壬申	癸酉	甲戌	乙亥	丙子	丁丑	戊寅	己卯	庚辰	辛巳	壬午	癸未	甲申	乙酉	丙戌	丁亥	戊子	己丑	庚寅	辛卯
절기시각										丑正																丑正				

10 月 (丁亥)

절 기										소설																대설				
음 력	1	2	3	4	5	6	7	8	9	10	11	12	13	14	15	16	17	18	19	20	21	22	23	24	25	26	27	28	29
양력 월/일	11/12	13	14	15	16	17	18	19	20	21	22	23	24	25	26	27	28	29	30	12/1	2	3	4	5	6	7	8	9	10
일 진	壬辰	癸巳	甲午	乙未	丙申	丁酉	戊戌	己亥	庚子	辛丑	壬寅	癸卯	甲辰	乙巳	丙午	丁未	戊申	己酉	庚戌	辛亥	壬子	癸丑	甲寅	乙卯	丙辰	丁巳	戊午	己未	庚申
절기시각										子正																戌初				

11 月 (戊子)

절 기										동지																소한					
음 력	1	2	3	4	5	6	7	8	9	10	11	12	13	14	15	16	17	18	19	20	21	22	23	24	25	26	27	28	29	30
양력 월/일	12/11	12	13	14	15	16	17	18	19	20	21	22	23	24	25	26	27	28	29	30	31	1/1	2	3	4	5	6	7	8	9
일 진	辛酉	壬戌	癸亥	甲子	乙丑	丙寅	丁卯	戊辰	己巳	庚午	辛未	壬申	癸酉	甲戌	乙亥	丙子	丁丑	戊寅	己卯	庚辰	辛巳	壬午	癸未	甲申	乙酉	丙戌	丁亥	戊子	己丑	庚寅
절기시각										未初																辰初				

12 月 (己丑)

절 기										대한																입춘					
음 력	1	2	3	4	5	6	7	8	9	10	11	12	13	14	15	16	17	18	19	20	21	22	23	24	25	26	27	28	29	30
양력 월/일	1/10	11	12	13	14	15	16	17	18	19	20	21	22	23	24	25	26	27	28	29	30	31	2/1	2	3	4	5	6	7	8
일 진	辛卯	壬辰	癸巳	甲午	乙未	丙申	丁酉	戊戌	己亥	庚子	辛丑	壬寅	癸卯	甲辰	乙巳	丙午	丁未	戊申	己酉	庚戌	辛亥	壬子	癸丑	甲寅	乙卯	丙辰	丁巳	戊午	己未	庚申
절기시각										子正																酉正				

서기 2016년 (단기 4349년) 丙 申 年

正 月 (庚 寅)

절기											우수															경칩				
음력	1	2	3	4	5	6	7	8	9	10	11	12	13	14	15	16	17	18	19	20	21	22	23	24	25	26	27	28	29
양력 월/일	2/9	10	11	12	13	14	15	16	17	18	19	20	21	22	23	24	25	26	27	28	29	3/1	2	3	4	5	6	7	8
일진	辛酉	壬戌	癸亥	甲子	乙丑	丙寅	丁卯	戊辰	己巳	庚午	辛未	壬申	癸酉	甲戌	乙亥	丙子	丁丑	戊寅	己卯	庚辰	辛巳	壬午	癸未	甲申	乙酉	丙戌	丁亥	戊子	己丑
절기시각											未正															午正			

2 月 (辛 卯)

절기											춘분															청명			
음력	1	2	3	4	5	6	7	8	9	10	11	12	13	14	15	16	17	18	19	20	21	22	23	24	25	26	27	28	29
양력 월/일	3/9	10	11	12	13	14	15	16	17	18	19	20	21	22	23	24	25	26	27	28	29	30	31	4/1	2	3	4	5	6
일진	庚寅	辛卯	壬辰	癸巳	甲午	乙未	丙申	丁酉	戊戌	己亥	庚子	辛丑	壬寅	癸卯	甲辰	乙巳	丙午	丁未	戊申	己酉	庚戌	辛亥	壬子	癸丑	甲寅	乙卯	丙辰	丁巳	戊午
절기시각											未初															酉初			

3 月 (壬 辰)

절기														곡우												입하				
음력	1	2	3	4	5	6	7	8	9	10	11	12	13	14	15	16	17	18	19	20	21	22	23	24	25	26	27	28	29	30
양력 월/일	4/7	8	9	10	11	12	13	14	15	16	17	18	19	20	21	22	23	24	25	26	27	28	29	30	5/1	2	3	4	5	6
일진	己未	庚申	辛酉	壬戌	癸亥	甲子	乙丑	丙寅	丁卯	戊辰	己巳	庚午	辛未	壬申	癸酉	甲戌	乙亥	丙子	丁丑	戊寅	己卯	庚辰	辛巳	壬午	癸未	甲申	乙酉	丙戌	丁亥	戊子
절기시각														子初												巳正				

4 月 (癸 巳)

절기														소만															
음력	1	2	3	4	5	6	7	8	9	10	11	12	13	14	15	16	17	18	19	20	21	22	23	24	25	26	27	28	29
양력 월/일	5/7	8	9	10	11	12	13	14	15	16	17	18	19	20	21	22	23	24	25	26	27	28	29	30	31	6/1	2	3	4
일진	己丑	庚寅	辛卯	壬辰	癸巳	甲午	乙未	丙申	丁酉	戊戌	己亥	庚子	辛丑	壬寅	癸卯	甲辰	乙巳	丙午	丁未	戊申	己酉	庚戌	辛亥	壬子	癸丑	甲寅	乙卯	丙辰	丁巳
절기시각														子初															

5 月 (甲 午)

절기	망종															하지													
음력	1	2	3	4	5	6	7	8	9	10	11	12	13	14	15	16	17	18	19	20	21	22	23	24	25	26	27	28	29
양력 월/일	6/5	6	7	8	9	10	11	12	13	14	15	16	17	18	19	20	21	22	23	24	25	26	27	28	29	30	7/1	2	3
일진	戊午	己未	庚申	辛酉	壬戌	癸亥	甲子	乙丑	丙寅	丁卯	戊辰	己巳	庚午	辛未	壬申	癸酉	甲戌	乙亥	丙子	丁丑	戊寅	己卯	庚辰	辛巳	壬午	癸未	甲申	乙酉	丙戌
절기시각	未初															辰初													

6 月 (乙 未)

절기				소서													대서													
음력	1	2	3	4	5	6	7	8	9	10	11	12	13	14	15	16	17	18	19	20	21	22	23	24	25	26	27	28	29	30
양력 월/일	7/4	5	6	7	8	9	10	11	12	13	14	15	16	17	18	19	20	21	22	23	24	25	26	27	28	29	30	31	8/1	8/2
일진	丁亥	戊子	己丑	庚寅	辛卯	壬辰	癸巳	甲午	乙未	丙申	丁酉	戊戌	己亥	庚子	辛丑	壬寅	癸卯	甲辰	乙巳	丙午	丁未	戊申	己酉	庚戌	辛亥	壬子	癸丑	甲寅	乙卯	丙辰
절기시각				子正													酉正													

7 月 (丙申)

절기					입추																	처서								
음력	1	2	3	4	5	6	7	8	9	10	11	12	13	14	15	16	17	18	19	20	21	22	23	24	25	26	27	28	29	
양력 월/일	8/3	4	5	6	7	8	9	10	11	12	13	14	15	16	17	18	19	20	21	22	23	24	25	26	27	28	29	30	31	
일 진	丁巳	戊午	己未	庚申	辛酉	壬戌	癸亥	甲子	乙丑	丙寅	丁卯	戊辰	己巳	庚午	辛未	壬申	癸酉	甲戌	乙亥	丙子	丁丑	戊寅	己卯	庚辰	辛巳	壬午	癸未	甲申	乙酉	
절기시각					巳正																	丑初								

8 月 (丁酉)

절기					백로																	추분								
음력	1	2	3	4	5	6	7	8	9	10	11	12	13	14	15	16	17	18	19	20	21	22	23	24	25	26	27	28	29	30
양력 월/일	9/1	2	3	4	5	6	7	8	9	10	11	12	13	14	15	16	17	18	19	20	21	22	23	24	25	26	27	28	29	30
일 진	丙戌	丁亥	戊子	己丑	庚寅	辛卯	壬辰	癸巳	甲午	乙未	丙申	丁酉	戊戌	己亥	庚子	辛丑	壬寅	癸卯	甲辰	乙巳	丙午	丁未	戊申	己酉	庚戌	辛亥	壬子	癸丑	甲寅	乙卯
절기시각					未初																	子初								

9 月 (戊戌)

절기							한로																상강							
음력	1	2	3	4	5	6	7	8	9	10	11	12	13	14	15	16	17	18	19	20	21	22	23	24	25	26	27	28	29	30
양력 월/일	10/1	2	3	4	5	6	7	8	9	10	11	12	13	14	15	16	17	18	19	20	21	22	23	24	25	26	27	28	29	30
일 진	丙辰	丁巳	戊午	己未	庚申	辛酉	壬戌	癸亥	甲子	乙丑	丙寅	丁卯	戊辰	己巳	庚午	辛未	壬申	癸酉	甲戌	乙亥	丙子	丁丑	戊寅	己卯	庚辰	辛巳	壬午	癸未	甲申	乙酉
절기시각							卯初																辰正							

10 月 (己亥)

절기					입동																	소설							
음력	1	2	3	4	5	6	7	8	9	10	11	12	13	14	15	16	17	18	19	20	21	22	23	24	25	26	27	28	29
양력 월/일	10/31	11/1	2	3	4	5	6	7	8	9	10	11	12	13	14	15	16	17	18	19	20	21	22	23	24	25	26	27	28
일 진	丙戌	丁亥	戊子	己丑	庚寅	辛卯	壬辰	癸巳	甲午	乙未	丙申	丁酉	戊戌	己亥	丙子	辛丑	壬寅	癸卯	甲辰	乙巳	丙午	丁未	戊申	己酉	庚戌	辛亥	壬子	癸丑	甲寅
절기시각					辰正																	卯正							

11 月 (庚子)

절기							대설																동지							
음력	1	2	3	4	5	6	7	8	9	10	11	12	13	14	15	16	17	18	19	20	21	22	23	24	25	26	27	28	29	30
양력 월/일	11/29	30	12/1	2	3	4	5	6	7	8	9	10	11	12	13	14	15	16	17	18	19	20	21	22	23	24	25	26	27	28
일 진	乙卯	丙辰	丁巳	戊午	己未	庚申	辛酉	壬戌	癸亥	甲子	乙丑	丙寅	丁卯	戊辰	己巳	庚午	辛未	壬申	癸酉	甲戌	乙亥	丙子	丁丑	戊寅	己卯	庚辰	辛巳	壬午	癸未	甲申
절기시각							丑初																戌初							

12 月 (辛丑)

절기					소한																	대한								
음력	1	2	3	4	5	6	7	8	9	10	11	12	13	14	15	16	17	18	19	20	21	22	23	24	25	26	27	28	29	30
양력 월/일	12/29	30	31	1/1	2	3	4	5	6	7	8	9	10	11	12	13	14	15	16	17	18	19	20	21	22	23	24	25	26	27
일 진	乙酉	丙戌	丁亥	戊子	己丑	庚寅	辛卯	壬辰	癸巳	甲午	乙未	丙申	丁酉	戊戌	己亥	庚子	辛丑	壬寅	癸卯	甲辰	乙巳	丙午	丁未	戊申	己酉	庚戌	辛亥	壬子	癸丑	甲寅
절기시각					午正																	卯正								

서기 2017년 (단기 4350년)　　　丁　酉　年

正 月 (壬 寅)

절기								입춘													우수									
음력	1	2	3	4	5	6	7	8	9	10	11	12	13	14	15	16	17	18	19	20	21	22	23	24	25	26	27	28	29	30
양력 월/일	1/28	29	30	31	2/1	2	3	4	5	6	7	8	9	10	11	12	13	14	15	16	17	18	19	20	21	22	23	24	25	26
일진	乙卯	丙辰	丁巳	戊午	己未	庚申	辛酉	壬戌	癸亥	甲子	乙丑	丙寅	丁卯	戊辰	己巳	庚午	辛未	壬申	癸酉	甲戌	乙亥	丙子	丁丑	戊寅	己卯	庚辰	辛巳	壬午	癸未	甲申
절기시각								子正														戌正								

2 月 (癸 卯)

절기							경칩														춘분								
음력	1	2	3	4	5	6	7	8	9	10	11	12	13	14	15	16	17	18	19	20	21	22	23	24	25	26	27	28	29
양력 월/일	2/27	28	3/1	2	3	4	5	6	7	8	9	10	11	12	13	14	15	16	17	18	19	20	21	22	23	24	25	26	27
일진	乙酉	丙戌	丁亥	戊子	己丑	庚寅	辛卯	壬辰	癸巳	甲午	乙未	丙申	丁酉	戊戌	己亥	庚子	辛丑	壬寅	癸卯	甲辰	乙巳	丙午	丁未	戊申	己酉	庚戌	辛亥	壬子	癸丑
절기시각							酉正														戌初								

3 月 (甲 辰)

절기							청명																곡우						
음력	1	2	3	4	5	6	7	8	9	10	11	12	13	14	15	16	17	18	19	20	21	22	23	24	25	26	27	28	29
양력 월/일	3/28	29	30	31	4/1	2	3	4	5	6	7	8	9	10	11	12	13	14	15	16	17	18	19	20	21	22	23	24	25
일진	甲寅	乙卯	丙辰	丁巳	戊午	己未	庚申	辛酉	壬戌	癸亥	甲子	乙丑	丙寅	丁卯	戊辰	己巳	庚午	辛未	壬申	癸酉	甲戌	乙亥	丙子	丁丑	戊寅	己卯	庚辰	辛巳	壬午
절기시각							亥正																卯正						

4 月 (乙 巳)

절기								입하																소만						
음력	1	2	3	4	5	6	7	8	9	10	11	12	13	14	15	16	17	18	19	20	21	22	23	24	25	26	27	28	29	30
양력 월/일	4/26	27	28	29	30	5/1	2	3	4	5	6	7	8	9	10	11	12	13	14	15	16	17	18	19	20	21	22	23	24	25
일진	癸未	甲申	乙酉	丙戌	丁亥	戊子	己丑	庚寅	辛卯	壬辰	癸巳	甲午	乙未	丙申	丁酉	戊戌	己亥	庚子	辛丑	壬寅	癸卯	甲辰	乙巳	丙午	丁未	戊申	己酉	庚戌	辛亥	壬子
절기시각								申正																卯初						

5 月 (丙 午)

절기								망종															하지						
음력	1	2	3	4	5	6	7	8	9	10	11	12	13	14	15	16	17	18	19	20	21	22	23	24	25	26	27	28	29
양력 월/일	5/26	27	28	29	30	31	6/1	2	3	4	5	6	7	8	9	10	11	12	13	14	15	16	17	18	19	20	21	22	23
일진	癸丑	甲寅	乙卯	丙辰	丁巳	戊午	己未	庚申	辛酉	壬戌	癸亥	甲子	乙丑	丙寅	丁卯	戊辰	己巳	庚午	辛未	壬申	癸酉	甲戌	乙亥	丙子	丁丑	戊寅	己卯	庚辰	辛巳
절기시각								戌正															未正						

閏 5 月 (丙 午)

절기								소서																					
음력	1	2	3	4	5	6	7	8	9	10	11	12	13	14	15	16	17	18	19	20	21	22	23	24	25	26	27	28	29
양력 월/일	6/24	25	26	27	28	29	30	7/1	2	3	4	5	6	7	8	9	10	11	12	13	14	15	16	17	18	19	20	21	22
일진	壬午	癸未	甲申	乙酉	丙戌	丁亥	戊子	己丑	庚寅	辛卯	壬辰	癸巳	甲午	乙未	丙申	丁酉	戊戌	己亥	庚子	辛丑	壬寅	癸卯	甲辰	乙巳	丙午	丁未	戊申	己酉	庚戌
절기시각								卯正																					

6 月 (丁 未)

절기	대서								입추																					
음력	1	2	3	4	5	6	7	8	9	10	11	12	13	14	15	16	17	18	19	20	21	22	23	24	25	26	27	28	29	30
양력 월/일	7/23	24	25	26	27	28	29	30	31	8/1	2	3	4	5	6	7	8	9	10	11	12	13	14	15	16	17	18	19	20	21
일진	辛亥	壬子	癸丑	甲寅	乙卯	丙辰	丁巳	戊午	己未	庚申	辛酉	壬戌	癸亥	甲子	乙丑	丙寅	丁卯	戊辰	己巳	庚午	辛未	壬申	癸酉	甲戌	乙亥	丙子	丁丑	戊寅	己卯	庚辰
절기시각	子正								申正																					

7月 (戊申)

절기		처서															백로												
음력	1	2	3	4	5	6	7	8	9	10	11	12	13	14	15	16	17	18	19	20	21	22	23	24	25	26	27	28	29
양력 월/일	8/22	23	24	25	26	27	28	29	30	31	9/1	2	3	4	5	6	7	8	9	10	11	12	13	14	15	16	17	18	19
일진	辛巳	壬午	癸未	甲申	乙酉	丙戌	丁亥	戊子	己丑	庚寅	辛卯	壬辰	癸巳	甲午	乙未	丙申	丁酉	戊戌	己亥	庚子	辛丑	壬寅	癸卯	甲辰	乙巳	丙午	丁未	戊申	己酉
절기시각	辰初																戌初												

8月 (己酉)

절기			추분														한로													
음력	1	2	3	4	5	6	7	8	9	10	11	12	13	14	15	16	17	18	19	20	21	22	23	24	25	26	27	28	29	30
양력 월/일	9/20	21	22	23	24	25	26	27	28	29	30	10/1	2	3	4	5	6	7	8	9	10	11	12	13	14	15	16	17	18	19
일진	庚戌	辛亥	壬子	癸丑	甲寅	乙卯	丙辰	丁巳	戊午	己未	庚申	辛酉	壬戌	癸亥	甲子	乙丑	丙寅	丁卯	戊辰	己巳	庚午	辛未	壬申	癸酉	甲戌	乙亥	丙子	丁丑	戊寅	己卯
절기시각			寅正														午初													

9月 (庚戌)

절기			상강														입동													
음력	1	2	3	4	5	6	7	8	9	10	11	12	13	14	15	16	17	18	19	20	21	22	23	24	25	26	27	28	29
양력 월/일	10/20	21	22	23	24	25	26	27	28	29	30	31	11/1	2	3	4	5	6	7	8	9	10	11	12	13	14	15	16	17
일진	庚辰	辛巳	壬午	癸未	甲申	乙酉	丙戌	丁亥	戊子	己丑	庚寅	辛卯	壬辰	癸巳	甲午	乙未	丙申	丁酉	戊戌	己亥	庚子	辛丑	壬寅	癸卯	甲辰	乙巳	丙午	丁未	戊申
절기시각			未正														未正												

10月 (辛亥)

절기			소설														대설													
음력	1	2	3	4	5	6	7	8	9	10	11	12	13	14	15	16	17	18	19	20	21	22	23	24	25	26	27	28	29	30
양력 월/일	11/18	19	20	21	22	23	24	25	26	27	28	29	30	12/1	2	3	4	5	6	7	8	9	10	11	12	13	14	15	16	17
일진	己酉	庚戌	辛亥	壬子	癸丑	甲寅	乙卯	丙辰	丁巳	戊午	己未	庚申	辛酉	壬戌	癸亥	甲子	乙丑	丙寅	丁卯	戊辰	己巳	庚午	辛未	壬申	癸酉	甲戌	乙亥	丙子	丁丑	戊寅
절기시각			午正														辰初													

11月 (壬子)

절기			동지														소한													
음력	1	2	3	4	5	6	7	8	9	10	11	12	13	14	15	16	17	18	19	20	21	22	23	24	25	26	27	28	29	30
양력 월/일	12/18	19	20	21	22	23	24	25	26	27	28	29	30	31	1/1	2	3	4	5	6	7	8	9	10	11	12	13	14	15	16
일진	己卯	庚辰	辛巳	壬午	癸未	甲申	乙酉	丙戌	丁亥	戊子	己丑	庚寅	辛卯	壬辰	癸巳	甲午	乙未	丙申	丁酉	戊戌	己亥	庚子	辛丑	壬寅	癸卯	甲辰	乙巳	丙午	丁未	戊申
절기시각			丑初														酉正													

12月 (癸丑)

절기			대한														입춘													
음력	1	2	3	4	5	6	7	8	9	10	11	12	13	14	15	16	17	18	19	20	21	22	23	24	25	26	27	28	29	30
양력 월/일	1/17	18	19	20	21	22	23	24	25	26	27	28	29	30	31	2/1	2	3	4	5	6	7	8	9	10	11	12	13	14	15
일진	己酉	庚戌	辛亥	壬子	癸丑	甲寅	乙卯	丙辰	丁巳	戊午	己未	庚申	辛酉	壬戌	癸亥	甲子	乙丑	丙寅	丁卯	戊辰	己巳	庚午	辛未	壬申	癸酉	甲戌	乙亥	丙子	丁丑	戊寅
절기시각			午初														卯正													

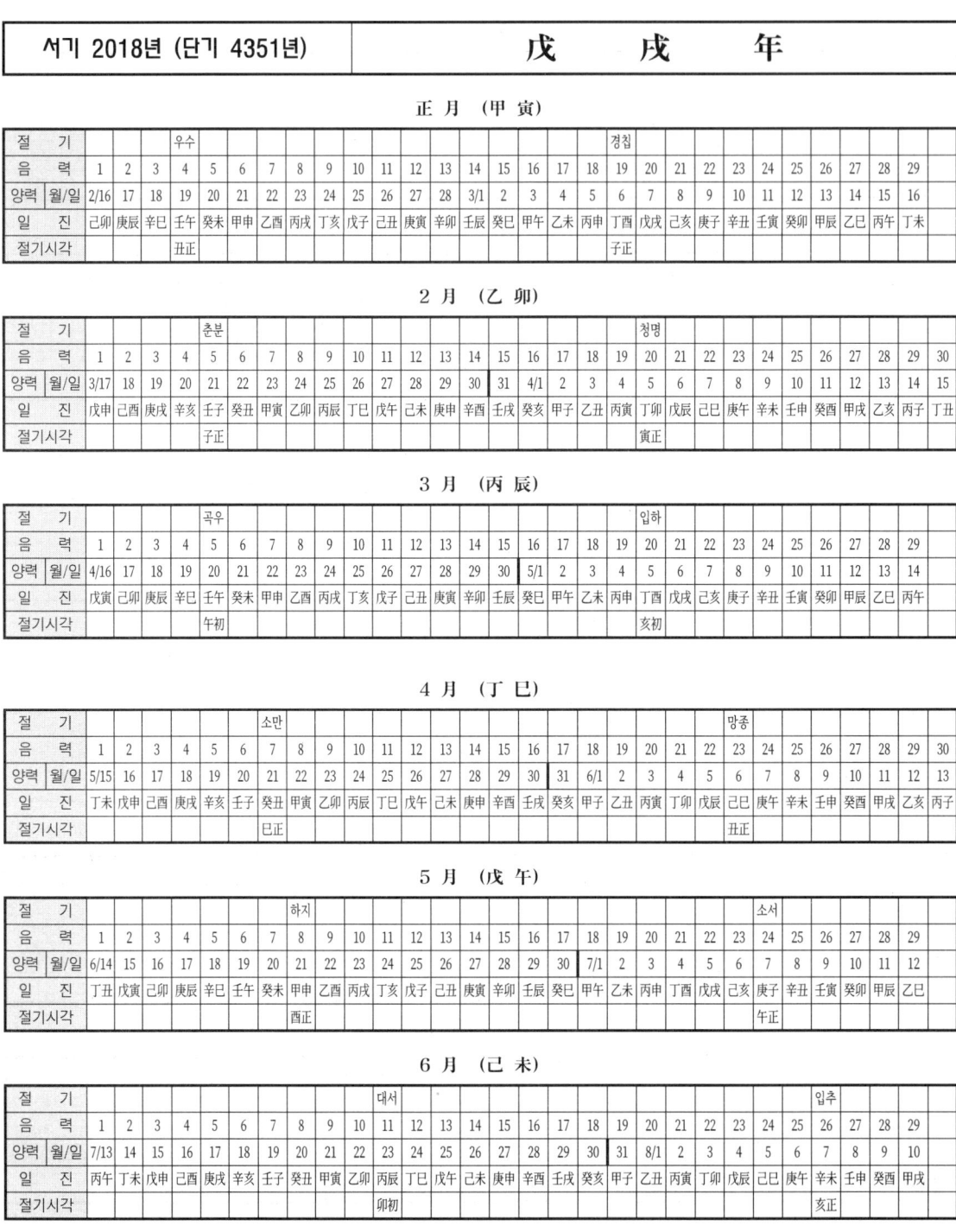

7 月 (庚申)

절기													처서																백로	
음력	1	2	3	4	5	6	7	8	9	10	11	12	13	14	15	16	17	18	19	20	21	22	23	24	25	26	27	28	29	30
양력 월/일	8/11	12	13	14	15	16	17	18	19	20	21	22	23	24	25	26	27	28	29	30	31	9/1	2	3	4	5	6	7	8	9
일진	乙亥	丙子	丁丑	戊寅	己卯	庚辰	辛巳	壬午	癸未	甲申	乙酉	丙戌	丁亥	戊子	己丑	庚寅	辛卯	壬辰	癸巳	甲午	乙未	丙申	丁酉	戊戌	己亥	庚子	辛丑	壬寅	癸卯	甲辰
절기시각													未初																丑初	

8 月 (辛酉)

절기													추분										한로						
음력	1	2	3	4	5	6	7	8	9	10	11	12	13	14	15	16	17	18	19	20	21	22	23	24	25	26	27	28	29
양력 월/일	9/10	11	12	13	14	15	16	17	18	19	20	21	22	23	24	25	26	27	28	29	30	10/1	2	3	4	5	6	7	8
일진	乙巳	丙午	丁未	戊申	己酉	庚戌	辛亥	壬子	癸丑	甲寅	乙卯	丙辰	丁巳	戊午	己未	庚申	辛酉	壬戌	癸亥	甲子	乙丑	丙寅	丁卯	戊辰	己巳	庚午	辛未	壬申	癸酉
절기시각													巳正										酉初						

9 月 (壬戌)

절기															상강									입동						
음력	1	2	3	4	5	6	7	8	9	10	11	12	13	14	15	16	17	18	19	20	21	22	23	24	25	26	27	28	29	30
양력 월/일	10/9	10	11	12	13	14	15	16	17	18	19	20	21	22	23	24	25	26	27	28	29	30	31	11/1	2	3	4	5	6	7
일진	甲戌	乙亥	丙子	丁丑	戊寅	己卯	庚辰	辛巳	壬午	癸未	甲申	乙酉	丙戌	丁亥	戊子	己丑	庚寅	辛卯	壬辰	癸巳	甲午	乙未	丙申	丁酉	戊戌	己亥	庚子	辛丑	壬寅	癸卯
절기시각															戌正									戌正						

10 月 (癸亥)

절기															소설														
음력	1	2	3	4	5	6	7	8	9	10	11	12	13	14	15	16	17	18	19	20	21	22	23	24	25	26	27	28	29
양력 월/일	11/8	9	10	11	12	13	14	15	16	17	18	19	20	21	22	23	24	25	26	27	28	29	30	12/1	2	3	4	5	6
일진	甲辰	乙巳	丙午	丁未	戊申	己酉	庚戌	辛亥	壬子	癸丑	甲寅	乙卯	丙辰	丁巳	戊午	己未	庚申	辛酉	壬戌	癸亥	甲子	乙丑	丙寅	丁卯	戊辰	己巳	庚午	辛未	壬申
절기시각															酉初														

11 月 (甲子)

절기	대설														동지															
음력	1	2	3	4	5	6	7	8	9	10	11	12	13	14	15	16	17	18	19	20	21	22	23	24	25	26	27	28	29	30
양력 월/일	12/7	8	9	10	11	12	13	14	15	16	17	18	19	20	21	22	23	24	25	26	27	28	29	30	31	1/1	2	3	4	5
일진	癸酉	甲戌	乙亥	丙子	丁丑	戊寅	己卯	庚辰	辛巳	壬午	癸未	甲申	乙酉	丙戌	丁亥	戊子	己丑	庚寅	辛卯	壬辰	癸巳	甲午	乙未	丙申	丁酉	戊戌	己亥	庚子	辛丑	壬寅
절기시각	未初														辰初															

12 月 (乙丑)

절기	소한												대한																	
음력	1	2	3	4	5	6	7	8	9	10	11	12	13	14	15	16	17	18	19	20	21	22	23	24	25	26	27	28	29	30
양력 월/일	1/6	7	8	9	10	11	12	13	14	15	16	17	18	19	20	21	22	23	24	25	26	27	28	29	30	31	2/1	2	3	4
일진	癸卯	甲辰	乙巳	丙午	丁未	戊申	己酉	庚戌	辛亥	壬子	癸丑	甲寅	乙卯	丙辰	丁巳	戊午	己未	庚申	辛酉	壬戌	癸亥	甲子	乙丑	丙寅	丁卯	戊辰	己巳	庚午	辛未	壬申
절기시각	子正												酉初																	

서기 2019년 (단기 4352년) 己亥年

正月 (丙寅)

절기															우수															경칩
음력	1	2	3	4	5	6	7	8	9	10	11	12	13	14	15	16	17	18	19	20	21	22	23	24	25	26	27	28	29	30
양력 월/일	2/5	6	7	8	9	10	11	12	13	14	15	16	17	18	19	20	21	22	23	24	25	26	27	28	3/1	2	3	4	5	6
일진	癸酉	甲戌	乙亥	丙子	丁丑	戊寅	己卯	庚辰	辛巳	壬午	癸未	甲申	乙酉	丙戌	丁亥	戊子	己丑	庚寅	辛卯	壬辰	癸巳	甲午	乙未	丙申	丁酉	戊戌	己亥	庚子	辛丑	壬寅
절기시각															辰初															卯初

2月 (丁卯)

절기															춘분														
음력	1	2	3	4	5	6	7	8	9	10	11	12	13	14	15	16	17	18	19	20	21	22	23	24	25	26	27	28	29
양력 월/일	3/7	8	9	10	11	12	13	14	15	16	17	18	19	20	21	22	23	24	25	26	27	28	29	30	31	4/1	2	3	4
일진	癸卯	甲辰	乙巳	丙午	丁未	戊申	己酉	庚戌	辛亥	壬子	癸丑	甲寅	乙卯	丙辰	丁巳	戊午	己未	庚申	辛酉	壬戌	癸亥	甲子	乙丑	丙寅	丁卯	戊辰	己巳	庚午	辛未
절기시각															卯正														

3月 (戊辰)

절기	청명															곡우														
음력	1	2	3	4	5	6	7	8	9	10	11	12	13	14	15	16	17	18	19	20	21	22	23	24	25	26	27	28	29	30
양력 월/일	4/5	6	7	8	9	10	11	12	13	14	15	16	17	18	19	20	21	22	23	24	25	26	27	28	29	30	5/1	2	3	4
일진	壬申	癸酉	甲戌	乙亥	丙子	丁丑	戊寅	己卯	庚辰	辛巳	壬午	癸未	甲申	乙酉	丙戌	丁亥	戊子	己丑	庚寅	辛卯	壬辰	癸巳	甲午	乙未	丙申	丁酉	戊戌	己亥	庚子	辛丑
절기시각	巳正															酉初														

4月 (己巳)

절기	입하															소만													
음력	1	2	3	4	5	6	7	8	9	10	11	12	13	14	15	16	17	18	19	20	21	22	23	24	25	26	27	28	29
양력 월/일	5/5	6	7	8	9	10	11	12	13	14	15	16	17	18	19	20	21	22	23	24	25	26	27	28	29	30	31	6/1	2
일진	壬寅	癸卯	甲辰	乙巳	丙午	丁未	戊申	己酉	庚戌	辛亥	壬子	癸丑	甲寅	乙卯	丙辰	丁巳	戊午	己未	庚申	辛酉	壬戌	癸亥	甲子	乙丑	丙寅	丁卯	戊辰	己巳	庚午
절기시각	寅初															申正													

5月 (庚午)

절기			망종													하지														
음력	1	2	3	4	5	6	7	8	9	10	11	12	13	14	15	16	17	18	19	20	21	22	23	24	25	26	27	28	29	30
양력 월/일	6/3	4	5	6	7	8	9	10	11	12	13	14	15	16	17	18	19	20	21	22	23	24	25	26	27	28	29	30	7/1	2
일진	辛未	壬申	癸酉	甲戌	乙亥	丙子	丁丑	戊寅	己卯	庚辰	辛巳	壬午	癸未	甲申	乙酉	丙戌	丁亥	戊子	己丑	庚寅	辛卯	壬辰	癸巳	甲午	乙未	丙申	丁酉	戊戌	己亥	庚子
절기시각			辰初													子正														

6月 (辛未)

절기			소서														대서													
음력	1	2	3	4	5	6	7	8	9	10	11	12	13	14	15	16	17	18	19	20	21	22	23	24	25	26	27	28	29	
양력 월/일	7/3	4	5	6	7	8	9	10	11	12	13	14	15	16	17	18	19	20	21	22	23	24	25	26	27	28	29	30	31	
일진	辛丑	壬寅	癸卯	甲辰	乙巳	丙午	丁未	戊申	己酉	庚戌	辛亥	壬子	癸丑	甲寅	乙卯	丙辰	丁巳	戊午	己未	庚申	辛酉	壬戌	癸亥	甲子	乙丑	丙寅	丁卯	戊辰	己巳	
절기시각			酉正														午初													

7 月 (壬 申)

절 기								입추															처서						
음 력	1	2	3	4	5	6	7	8	9	10	11	12	13	14	15	16	17	18	19	20	21	22	23	24	25	26	27	28	29
양력 월/일	8/1	2	3	4	5	6	7	8	9	10	11	12	13	14	15	16	17	18	19	20	21	22	23	24	25	26	27	28	29
일 진	庚午	辛未	壬申	癸酉	甲戌	乙亥	丙子	丁丑	戊寅	己卯	庚辰	辛巳	壬午	癸未	甲申	乙酉	丙戌	丁亥	戊子	己丑	庚寅	辛卯	壬辰	癸巳	甲午	乙未	丙申	丁酉	戊戌
절기시각								寅正															酉正						

8 月 (癸 酉)

절 기										백로															추분					
음 력	1	2	3	4	5	6	7	8	9	10	11	12	13	14	15	16	17	18	19	20	21	22	23	24	25	26	27	28	29	30
양력 월/일	8/30	31	9/1	2	3	4	5	6	7	8	9	10	11	12	13	14	15	16	17	18	19	20	21	22	23	24	25	26	27	28
일 진	己亥	庚子	辛丑	壬寅	癸卯	甲辰	乙巳	丙午	丁未	戊申	己酉	庚戌	辛亥	壬子	癸丑	甲寅	乙卯	丙辰	丁巳	戊午	己未	庚申	辛酉	壬戌	癸亥	甲子	乙丑	丙寅	丁卯	戊辰
절기시각										辰初															申正					

9 月 (甲 戌)

절 기										한로															상강				
음 력	1	2	3	4	5	6	7	8	9	10	11	12	13	14	15	16	17	18	19	20	21	22	23	24	25	26	27	28	29
양력 월/일	9/29	30	10/1	2	3	4	5	6	7	8	9	10	11	12	13	14	15	16	17	18	19	20	21	22	23	24	25	26	27
일 진	己巳	庚午	辛未	壬申	癸酉	甲戌	乙亥	丙子	丁丑	戊寅	己卯	庚辰	辛巳	壬午	癸未	甲申	乙酉	丙戌	丁亥	戊子	己丑	庚寅	辛卯	壬辰	癸巳	甲午	乙未	丙申	丁酉
절기시각										亥正															丑正				

10 月 (乙 亥)

절 기												입동														소설				
음 력	1	2	3	4	5	6	7	8	9	10	11	12	13	14	15	16	17	18	19	20	21	22	23	24	25	26	27	28	29	30
양력 월/일	10/28	29	30	31	11/1	2	3	4	5	6	7	8	9	10	11	12	13	14	15	16	17	18	19	20	21	22	23	24	25	26
일 진	戊戌	己亥	庚子	辛丑	壬寅	癸卯	甲辰	乙巳	丙午	丁未	戊申	己酉	庚戌	辛亥	壬子	癸丑	甲寅	乙卯	丙辰	丁巳	戊午	己未	庚申	辛酉	壬戌	癸亥	甲子	乙丑	丙寅	丁卯
절기시각												丑正														子初				

11 月 (丙 子)

절 기								대설															동지						
음 력	1	2	3	4	5	6	7	8	9	10	11	12	13	14	15	16	17	18	19	20	21	22	23	24	25	26	27	28	29
양력 월/일	11/27	28	29	30	12/1	2	3	4	5	6	7	8	9	10	11	12	13	14	15	16	17	18	19	20	21	22	23	24	25
일 진	戊辰	己巳	庚午	辛未	壬申	癸酉	甲戌	乙亥	丙子	丁丑	戊寅	己卯	庚辰	辛巳	壬午	癸未	甲申	乙酉	丙戌	丁亥	戊子	己丑	庚寅	辛卯	壬辰	癸巳	甲午	乙未	丙申
절기시각								戌初															未初						

12 月 (丁 丑)

절 기							소한																대한							
음 력	1	2	3	4	5	6	7	8	9	10	11	12	13	14	15	16	17	18	19	20	21	22	23	24	25	26	27	28	29	30
양력 월/일	12/26	27	28	29	30	31	1/1	2	3	4	5	6	7	8	9	10	11	12	13	14	15	16	17	18	19	20	21	22	23	24
일 진	丁酉	戊戌	己亥	庚子	辛丑	壬寅	癸卯	甲辰	乙巳	丙午	丁未	戊申	己酉	庚戌	辛亥	壬子	癸丑	甲寅	乙卯	丙辰	丁巳	戊午	己未	庚申	辛酉	壬戌	癸亥	甲子	乙丑	丙寅
절기시각							卯正																子初							

서기 2020년 (단기 4353년) 庚子年

正月 (戊寅)

절기											입춘															우수					
음력	1	2	3	4	5	6	7	8	9	10	11	12	13	14	15	16	17	18	19	20	21	22	23	24	25	26	27	28	29	30
양력 월/일	1/25	26	27	28	29	30	31	2/1	2	3	4	5	6	7	8	9	10	11	12	13	14	15	16	17	18	19	20	21	22	23
일진	丁卯	戊辰	己巳	庚午	辛未	壬申	癸酉	甲戌	乙亥	丙子	丁丑	戊寅	己卯	庚辰	辛巳	壬午	癸未	甲申	乙酉	丙戌	丁亥	戊子	己丑	庚寅	辛卯	壬辰	癸巳	甲午	乙未	丙申
절기시각											酉初															未初				

2月 (己卯)

절기											경칩															춘분				
음력	1	2	3	4	5	6	7	8	9	10	11	12	13	14	15	16	17	18	19	20	21	22	23	24	25	26	27	28	29	
양력 월/일	2/24	25	26	27	28	29	3/1	2	3	4	5	6	7	8	9	10	11	12	13	14	15	16	17	18	19	20	21	22	23	
일진	丁酉	戊戌	己亥	庚子	辛丑	壬寅	癸卯	甲辰	乙巳	丙午	丁未	戊申	己酉	庚戌	辛亥	壬子	癸丑	甲寅	乙卯	丙辰	丁巳	戊午	己未	庚申	辛酉	壬戌	癸亥	甲子	乙丑	
절기시각											午初															午正				

3月 (庚辰)

절기												청명															곡우				
음력	1	2	3	4	5	6	7	8	9	10	11	12	13	14	15	16	17	18	19	20	21	22	23	24	25	26	27	28	29	30
양력 월/일	3/24	25	26	27	28	29	30	31	4/1	2	3	4	5	6	7	8	9	10	11	12	13	14	15	16	17	18	19	20	21	22
일진	丙寅	丁卯	戊辰	己巳	庚午	辛未	壬申	癸酉	甲戌	乙亥	丙子	丁丑	戊寅	己卯	庚辰	辛巳	壬午	癸未	甲申	乙酉	丙戌	丁亥	戊子	己丑	庚寅	辛卯	壬辰	癸巳	甲午	乙未
절기시각												申正															子初				

4月 (辛巳)

절기												입하															소만				
음력	1	2	3	4	5	6	7	8	9	10	11	12	13	14	15	16	17	18	19	20	21	22	23	24	25	26	27	28	29	30
양력 월/일	4/23	24	25	26	27	28	29	30	5/1	2	3	4	5	6	7	8	9	10	11	12	13	14	15	16	17	18	19	20	21	22
일진	丙申	丁酉	戊戌	己亥	庚子	辛丑	壬寅	癸卯	甲辰	乙巳	丙午	丁未	戊申	己酉	庚戌	辛亥	壬子	癸丑	甲寅	乙卯	丙辰	丁巳	戊午	己未	庚申	辛酉	壬戌	癸亥	甲子	乙丑
절기시각												巳初															亥正				

閏 4月 (辛巳)

절기												망종																		
음력	1	2	3	4	5	6	7	8	9	10	11	12	13	14	15	16	17	18	19	20	21	22	23	24	25	26	27	28	29
양력 월/일	5/23	24	25	26	27	28	29	30	31	6/1	2	3	4	5	6	7	8	9	10	11	12	13	14	15	16	17	18	19	20
일진	丙寅	丁卯	戊辰	己巳	庚午	辛未	壬申	癸酉	甲戌	乙亥	丙子	丁丑	戊寅	己卯	庚辰	辛巳	壬午	癸未	甲申	乙酉	丙戌	丁亥	戊子	己丑	庚寅	辛卯	壬辰	癸巳	甲午
절기시각												未初																		

5月 (壬午)

절기	하지											소서																			
음력	1	2	3	4	5	6	7	8	9	10	11	12	13	14	15	16	17	18	19	20	21	22	23	24	25	26	27	28	29	30	
양력 월/일	6/21	22	23	24	25	26	27	28	29	30	7/1	2	3	4	5	6	7	8	9	10	11	12	13	14	15	16	17	18	19	20	
일진	乙未	丙申	丁酉	戊戌	己亥	庚子	辛丑	壬寅	癸卯	甲辰	乙巳	丙午	丁未	戊申	己酉	庚戌	辛亥	壬子	癸丑	甲寅	乙卯	丙辰	丁巳	戊午	己未	庚申	辛酉	壬戌	癸亥	甲子	
절기시각	卯正											子初																			

6月 (癸未)

절기	대서												입추																	
음력	1	2	3	4	5	6	7	8	9	10	11	12	13	14	15	16	17	18	19	20	21	22	23	24	25	26	27	28	29	
양력 월/일	7/21	22	23	24	25	26	27	28	29	30	31	8/1	2	3	4	5	6	7	8	9	10	11	12	13	14	15	16	17	18	
일진	乙丑	丙寅	丁卯	戊辰	己巳	庚午	辛未	壬申	癸酉	甲戌	乙亥	丙子	丁丑	戊寅	己卯	庚辰	辛巳	壬午	癸未	甲申	乙酉	丙戌	丁亥	戊子	己丑	庚寅	辛卯	壬辰	癸巳	
절기시각	酉初												巳初																	

7 月 (甲申)

절기					처서									백로																
음력	1	2	3	4	5	6	7	8	9	10	11	12	13	14	15	16	17	18	19	20	21	22	23	24	25	26	27	28	29	
양력 월/일	8/19	20	21	22	23	24	25	26	27	28	29	30	31	9/1	2	3	4	5	6	7	8	9	10	11	12	13	14	15	16	
일진	甲午	乙未	丙申	丁酉	戊戌	己亥	庚子	辛丑	壬寅	癸卯	甲辰	乙巳	丙午	丁未	戊申	己酉	庚戌	辛亥	壬子	癸丑	甲寅	乙卯	丙辰	丁巳	戊午	己未	庚申	辛酉	壬戌	
절기시각					子正									午正																

8 月 (乙酉)

절기				추분											한로															
음력	1	2	3	4	5	6	7	8	9	10	11	12	13	14	15	16	17	18	19	20	21	22	23	24	25	26	27	28	29	30
양력 월/일	9/17	18	19	20	21	22	23	24	25	26	27	28	29	30	10/1	2	3	4	5	6	7	8	9	10	11	12	13	14	15	16
일진	癸亥	甲子	乙丑	丙寅	丁卯	戊辰	己巳	庚午	辛未	壬申	癸酉	甲戌	乙亥	丙子	丁丑	戊寅	己卯	庚辰	辛巳	壬午	癸未	甲申	乙酉	丙戌	丁亥	戊子	己丑	庚寅	辛卯	壬辰
절기시각				亥正											寅正															

9 月 (丙戌)

절기					상강										입동															
음력	1	2	3	4	5	6	7	8	9	10	11	12	13	14	15	16	17	18	19	20	21	22	23	24	25	26	27	28	29	
양력 월/일	10/17	18	19	20	21	22	23	24	25	26	27	28	29	30	31	11/1	2	3	4	5	6	7	8	9	10	11	12	13	14	
일진	癸巳	甲午	乙未	丙申	丁酉	戊戌	己亥	庚子	辛丑	壬寅	癸卯	甲辰	乙巳	丙午	丁未	戊申	己酉	庚戌	辛亥	壬子	癸丑	甲寅	乙卯	丙辰	丁巳	戊午	己未	庚申	辛酉	
절기시각					辰初										辰正															

10 月 (丁亥)

절기					소설											대설														
음력	1	2	3	4	5	6	7	8	9	10	11	12	13	14	15	16	17	18	19	20	21	22	23	24	25	26	27	28	29	30
양력 월/일	11/15	16	17	18	19	20	21	22	23	24	25	26	27	28	29	30	12/1	2	3	4	5	6	7	8	9	10	11	12	13	14
일진	壬戌	癸亥	甲子	乙丑	丙寅	丁卯	戊辰	己巳	庚午	辛未	壬申	癸酉	甲戌	乙亥	丙子	丁丑	戊寅	己卯	庚辰	辛巳	壬午	癸未	甲申	乙酉	丙戌	丁亥	戊子	己丑	庚寅	辛卯
절기시각					卯初											子正														

11 月 (戊子)

절기						동지											소한													
음력	1	2	3	4	5	6	7	8	9	10	11	12	13	14	15	16	17	18	19	20	21	22	23	24	25	26	27	28	29	
양력 월/일	12/15	16	17	18	19	20	21	22	23	24	25	26	27	28	29	30	31	1/1	2	3	4	5	6	7	8	9	10	11	12	
일진	壬辰	癸巳	甲午	乙未	丙申	丁酉	戊戌	己亥	庚子	辛丑	壬寅	癸卯	甲辰	乙巳	丙午	丁未	戊申	己酉	庚戌	辛亥	壬子	癸丑	甲寅	乙卯	丙辰	丁巳	戊午	己未	庚申	
절기시각						酉正											午正													

12 月 (己丑)

절기						대한												입춘												
음력	1	2	3	4	5	6	7	8	9	10	11	12	13	14	15	16	17	18	19	20	21	22	23	24	25	26	27	28	29	30
양력 월/일	1/13	14	15	16	17	18	19	20	21	22	23	24	25	26	27	28	29	30	31	2/1	2	3	4	5	6	7	8	9	10	11
일진	辛酉	壬戌	癸亥	甲子	乙丑	丙寅	丁卯	戊辰	己巳	庚午	辛未	壬申	癸酉	甲戌	乙亥	丙子	丁丑	戊寅	己卯	庚辰	辛巳	壬午	癸未	甲申	乙酉	丙戌	丁亥	戊子	己丑	庚寅
절기시각						卯初												子初												

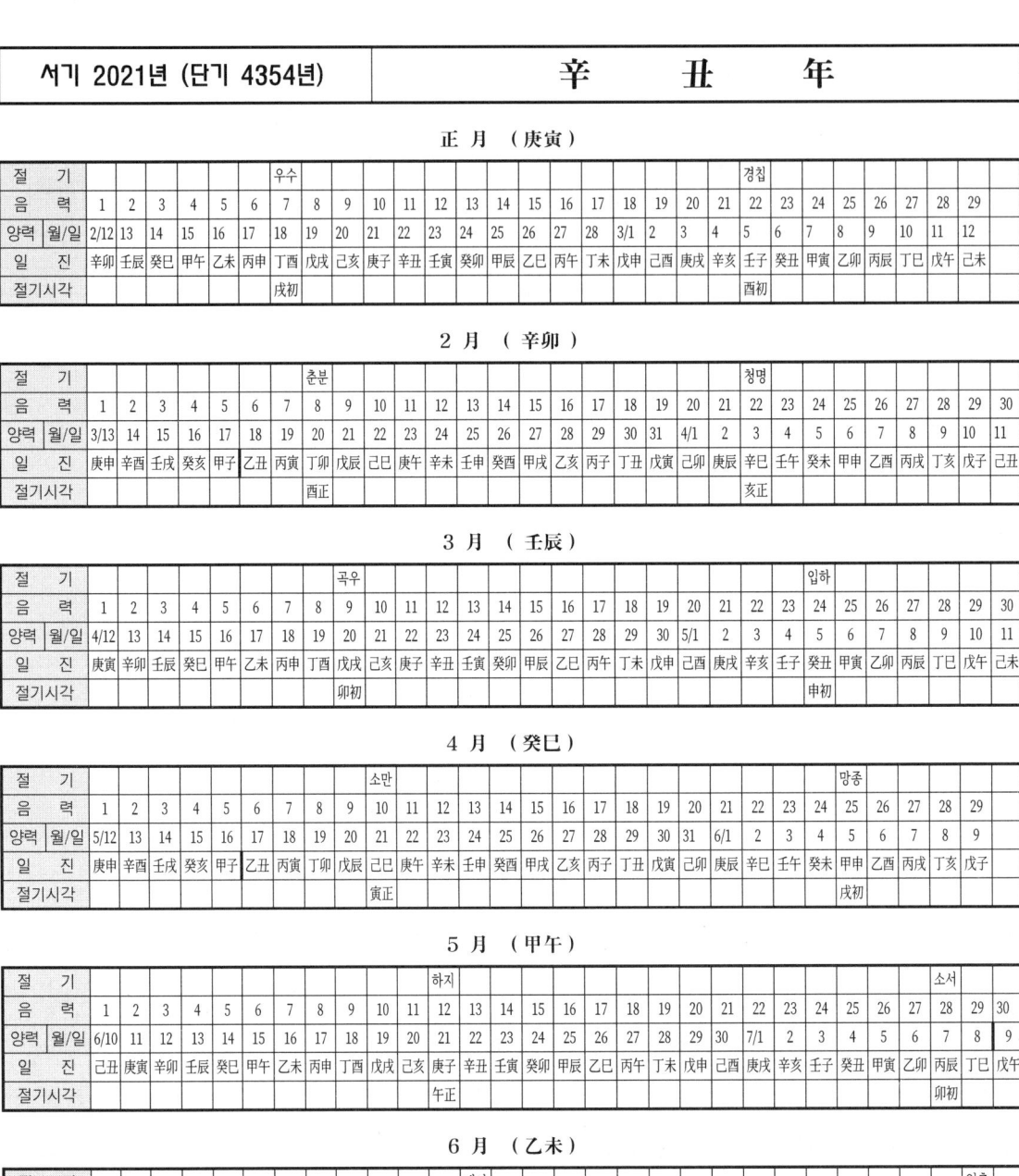

7 月 （丙申）

절 기																처서															
음 력	1	2	3	4	5	6	7	8	9	10	11	12	13	14	15	16	17	18	19	20	21	22	23	24	25	26	27	28	29	30
양력 월/일	8/8	9	10	11	12	13	14	15	16	17	18	19	20	21	22	23	24	25	26	27	28	29	30	31	9/1	2	3	4	5	6
일 진	戊子	己丑	庚寅	辛卯	壬辰	癸巳	甲午	乙未	丙申	丁酉	戊戌	己亥	庚子	辛丑	壬寅	癸卯	甲辰	乙巳	丙午	丁未	戊申	己酉	庚戌	辛亥	壬子	癸丑	甲寅	乙卯	丙辰	丁巳
절기시각																卯正														

8 月 （丁酉）

절 기	백로																추분													
음 력	1	2	3	4	5	6	7	8	9	10	11	12	13	14	15	16	17	18	19	20	21	22	23	24	25	26	27	28	29	
양력 월/일	9/7	8	9	10	11	12	13	14	15	16	17	18	19	20	21	22	23	24	25	26	27	28	29	30	10/1	2	3	4	5	
일 진	戊午	己未	庚申	辛酉	壬戌	癸亥	甲子	乙丑	丙寅	丁卯	戊辰	己巳	庚午	辛未	壬申	癸酉	甲戌	乙亥	丙子	丁丑	戊寅	己卯	庚辰	辛巳	壬午	癸未	甲申	乙酉	丙戌	
절기시각	酉正																寅正													

9 月 （戊戌）

절 기			한로														상강													
음 력	1	2	3	4	5	6	7	8	9	10	11	12	13	14	15	16	17	18	19	20	21	22	23	24	25	26	27	28	29	30
양력 월/일	10/6	7	8	9	10	11	12	13	14	15	16	17	18	19	20	21	22	23	24	25	26	27	28	29	30	31	11/1	2	3	4
일 진	丁亥	戊子	己丑	庚寅	辛卯	壬辰	癸巳	甲午	乙未	丙申	丁酉	戊戌	己亥	庚子	辛丑	壬寅	癸卯	甲辰	乙巳	丙午	丁未	戊申	己酉	庚戌	辛亥	壬子	癸丑	甲寅	乙卯	丙辰
절기시각			巳正														未初													

10 月 （己亥）

절 기		입동															소설													
음 력	1	2	3	4	5	6	7	8	9	10	11	12	13	14	15	16	17	18	19	20	21	22	23	24	25	26	27	28	29	
양력 월/일	11/5	6	7	8	9	10	11	12	13	14	15	16	17	18	19	20	21	22	23	24	25	26	27	28	29	30	12/1			
일 진	丁巳	戊午	己未	庚申	辛酉	壬戌	癸亥	甲子	乙丑	丙寅	丁卯	戊辰	己巳	庚午	辛未	壬申	癸酉	甲戌	乙亥	丙子	丁丑	戊寅	己卯	庚辰	辛巳	壬午	癸未	甲申	乙酉	
절기시각		未初															午初													

11 月 （庚子）

절 기			대설														동지													
음 력	1	2	3	4	5	6	7	8	9	10	11	12	13	14	15	16	17	18	19	20	21	22	23	24	25	26	27	28	29	30
양력 월/일	12/4	5	6	7	8	9	10	11	12	13	14	15	16	17	18	19	20	21	22	23	24	25	26	27	28	29	30	31	1/1	2
일 진	丙戌	丁亥	戊子	己丑	庚寅	辛卯	壬辰	癸巳	甲午	乙未	丙申	丁酉	戊戌	己亥	庚子	辛丑	壬寅	癸卯	甲辰	乙巳	丙午	丁未	戊申	己酉	庚戌	辛亥	壬子	癸丑	甲寅	乙卯
절기시각			卯正														子正													

12 月 （辛丑）

절 기			소한														대한													
음 력	1	2	3	4	5	6	7	8	9	10	11	12	13	14	15	16	17	18	19	20	21	22	23	24	25	26	27	28	29	
양력 월/일	1/3	4	5	6	7	8	9	10	11	12	13	14	15	16	17	18	19	20	21	22	23	24	25	26	27	28	29	30	31	
일 진	丙辰	丁巳	戊午	己未	庚申	辛酉	壬戌	癸亥	甲子	乙丑	丙寅	丁卯	戊辰	己巳	庚午	辛未	壬申	癸酉	甲戌	乙亥	丙子	丁丑	戊寅	己卯	庚辰	辛巳	壬午	癸未	甲申	
절기시각			酉初														午初													

서기 2022년 (단기 4355년) 壬寅年

正月 (壬寅)

절기				입춘															우수											
음력	1	2	3	4	5	6	7	8	9	10	11	12	13	14	15	16	17	18	19	20	21	22	23	24	25	26	27	28	29	30
양력 월/일	2/1	2	3	4	5	6	7	8	9	10	11	12	13	14	15	16	17	18	19	20	21	22	23	24	25	26	27	28	3/1	2
일진	乙酉	丙戌	丁亥	戊子	己丑	庚寅	辛卯	壬辰	癸巳	甲午	乙未	丙申	丁酉	戊戌	己亥	庚子	辛丑	壬寅	癸卯	甲辰	乙巳	丙午	丁未	戊申	己酉	庚戌	辛亥	壬子	癸丑	甲寅
절기시각				卯初															丑初											

2月 (癸卯)

절기			경칩																춘분										
음력	1	2	3	4	5	6	7	8	9	10	11	12	13	14	15	16	17	18	19	20	21	22	23	24	25	26	27	28	29
양력 월/일	3/3	4	5	6	7	8	9	10	11	12	13	14	15	16	17	18	19	20	21	22	23	24	25	26	27	28	29	30	31
일진	乙卯	丙辰	丁巳	戊午	己未	庚申	辛酉	壬戌	癸亥	甲子	乙丑	丙寅	丁卯	戊辰	己巳	庚午	辛未	壬申	癸酉	甲戌	乙亥	丙子	丁丑	戊寅	己卯	庚辰	辛巳	壬午	癸未
절기시각			子初																子正										

3月 (甲辰)

절기				청명																곡우										
음력	1	2	3	4	5	6	7	8	9	10	11	12	13	14	15	16	17	18	19	20	21	22	23	24	25	26	27	28	29	30
양력 월/일	4/1	2	3	4	5	6	7	8	9	10	11	12	13	14	15	16	17	18	19	20	21	22	23	24	25	26	27	28	29	30
일진	甲申	乙酉	丙戌	丁亥	戊子	己丑	庚寅	辛卯	壬辰	癸巳	甲午	乙未	丙申	丁酉	戊戌	己亥	庚子	辛丑	壬寅	癸卯	甲辰	乙巳	丙午	丁未	戊申	己酉	庚戌	辛亥	壬子	癸丑
절기시각				寅正																午初										

4月 (乙巳)

절기				입하																소만									
음력	1	2	3	4	5	6	7	8	9	10	11	12	13	14	15	16	17	18	19	20	21	22	23	24	25	26	27	28	29
양력 월/일	5/1	2	3	4	5	6	7	8	9	10	11	12	13	14	15	16	17	18	19	20	21	22	23	24	25	26	27	28	29
일진	甲寅	乙卯	丙辰	丁巳	戊午	己未	庚申	辛酉	壬戌	癸亥	甲子	乙丑	丙寅	丁卯	戊辰	己巳	庚午	辛未	壬申	癸酉	甲戌	乙亥	丙子	丁丑	戊寅	己卯	庚辰	辛巳	壬午
절기시각				亥初																巳正									

5月 (丙午)

절기						망종																	하지							
음력	1	2	3	4	5	6	7	8	9	10	11	12	13	14	15	16	17	18	19	20	21	22	23	24	25	26	27	28	29	30
양력 월/일	5/30	31	6/1	2	3	4	5	6	7	8	9	10	11	12	13	14	15	16	17	18	19	20	21	22	23	24	25	26	27	28
일진	癸未	甲申	乙酉	丙戌	丁亥	戊子	己丑	庚寅	辛卯	壬辰	癸巳	甲午	乙未	丙申	丁酉	戊戌	己亥	庚子	辛丑	壬寅	癸卯	甲辰	乙巳	丙午	丁未	戊申	己酉	庚戌	辛亥	壬子
절기시각						丑初																	酉正							

6月 (丁未)

절기						소서																	대서							
음력	1	2	3	4	5	6	7	8	9	10	11	12	13	14	15	16	17	18	19	20	21	22	23	24	25	26	27	28	29	30
양력 월/일	6/29	30	7/1	2	3	4	5	6	7	8	9	10	11	12	13	14	15	16	17	18	19	20	21	22	23	24	25	26	27	28
일진	癸丑	甲寅	乙卯	丙辰	丁巳	戊午	己未	庚申	辛酉	壬戌	癸亥	甲子	乙丑	丙寅	丁卯	戊辰	己巳	庚午	辛未	壬申	癸酉	甲戌	乙亥	丙子	丁丑	戊寅	己卯	庚辰	辛巳	壬午
절기시각						午正																	卯初							

7 月 （戊申）

절 기										입추														처서					
음 력	1	2	3	4	5	6	7	8	9	10	11	12	13	14	15	16	17	18	19	20	21	22	23	24	25	26	27	28	29
양력 월/일	7/29	30	31	8/1	2	3	4	5	6	7	8	9	10	11	12	13	14	15	16	17	18	19	20	21	22	23	24	25	26
일 진	癸未	甲申	乙酉	丙戌	丁亥	戊子	己丑	庚寅	辛卯	壬辰	癸巳	甲午	乙未	丙申	丁酉	戊戌	己亥	庚子	辛丑	壬寅	癸卯	甲辰	乙巳	丙午	丁未	戊申	己酉	庚戌	辛亥
절기시각										亥正														午正					

8 月 （己酉）

절 기												백로															추분			
음 력	1	2	3	4	5	6	7	8	9	10	11	12	13	14	15	16	17	18	19	20	21	22	23	24	25	26	27	28	29	30
양력 월/일	8/27	28	29	30	31	9/1	2	3	4	5	6	7	8	9	10	11	12	13	14	15	16	17	18	19	20	21	22	23	24	25
일 진	壬子	癸丑	甲寅	乙卯	丙辰	丁巳	戊午	己未	庚申	辛酉	壬戌	癸亥	甲子	乙丑	丙寅	丁卯	戊辰	己巳	庚午	辛未	壬申	癸酉	甲戌	乙亥	丙子	丁丑	戊寅	己卯	庚辰	辛巳
절기시각												子正															巳正			

9 月 （庚戌）

절 기											한로															상강			
음 력	1	2	3	4	5	6	7	8	9	10	11	12	13	14	15	16	17	18	19	20	21	22	23	24	25	26	27	28	29
양력 월/일	9/26	27	28	29	30	10/1	2	3	4	5	6	7	8	9	10	11	12	13	14	15	16	17	18	19	20	21	22	23	24
일 진	壬午	癸未	甲申	乙酉	丙戌	丁亥	戊子	己丑	庚寅	辛卯	壬辰	癸巳	甲午	乙未	丙申	丁酉	戊戌	己亥	庚子	辛丑	壬寅	癸卯	甲辰	乙巳	丙午	丁未	戊申	己酉	庚戌
절기시각											申正															戌初			

10 月 （辛亥）

절 기										입동															소설					
음 력	1	2	3	4	5	6	7	8	9	10	11	12	13	14	15	16	17	18	19	20	21	22	23	24	25	26	27	28	29	30
양력 월/일	10/25	26	27	28	29	30	31	11/1	2	3	4	5	6	7	8	9	10	11	12	13	14	15	16	17	18	19	20	21	22	23
일 진	辛亥	壬子	癸丑	甲寅	乙卯	丙辰	丁巳	戊午	己未	庚申	辛酉	壬戌	癸亥	甲子	乙丑	丙寅	丁卯	戊辰	己巳	庚午	辛未	壬申	癸酉	甲戌	乙亥	丙子	丁丑	戊寅	己卯	庚辰
절기시각										戌初															酉初					

11 月 （壬子）

절 기							대설															동지							
음 력	1	2	3	4	5	6	7	8	9	10	11	12	13	14	15	16	17	18	19	20	21	22	23	24	25	26	27	28	29
양력 월/일	11/24	25	26	27	28	29	30	12/1	2	3	4	5	6	7	8	9	10	11	12	13	14	15	16	17	18	19	20	21	22
일 진	辛巳	壬午	癸未	甲申	乙酉	丙戌	丁亥	戊子	己丑	庚寅	辛卯	壬辰	癸巳	甲午	乙未	丙申	丁酉	戊戌	己亥	庚子	辛丑	壬寅	癸卯	甲辰	乙巳	丙午	丁未	戊申	己酉
절기시각							午正															卯正							

12 月 （癸丑）

절 기								소한															대한							
음 력	1	2	3	4	5	6	7	8	9	10	11	12	13	14	15	16	17	18	19	20	21	22	23	24	25	26	27	28	29	30
양력 월/일	12/23	24	25	26	27	28	29	30	31	1/1	2	3	4	5	6	7	8	9	10	11	12	13	14	15	16	17	18	19	20	21
일 진	庚戌	辛亥	壬子	癸丑	甲寅	乙卯	丙辰	丁巳	戊午	己未	庚申	辛酉	壬戌	癸亥	甲子	乙丑	丙寅	丁卯	戊辰	己巳	庚午	辛未	壬申	癸酉	甲戌	乙亥	丙子	丁丑	戊寅	己卯
절기시각								子初															酉初							

서기 2023년 (단기 4356년) 癸卯年

正月 (甲寅)

절기														입춘													우수		
음력	1	2	3	4	5	6	7	8	9	10	11	12	13	14	15	16	17	18	19	20	21	22	23	24	25	26	27	28	29
양력 월/일	1/22	23	24	25	26	27	28	29	30	31	2/1	2	3	4	5	6	7	8	9	10	11	12	13	14	15	16	17	18	19
일진	庚辰	辛巳	壬午	癸未	甲申	乙酉	丙戌	丁亥	戊子	己丑	庚寅	辛卯	壬辰	癸巳	甲午	乙未	丙申	丁酉	戊戌	己亥	庚子	辛丑	壬寅	癸卯	甲辰	乙巳	丙午	丁未	戊申
절기시각														午初														辰初	

2月 (乙卯)

절기														경칩															춘분	
음력	1	2	3	4	5	6	7	8	9	10	11	12	13	14	15	16	17	18	19	20	21	22	23	24	25	26	27	28	29	30
양력 월/일	2/20	21	22	23	24	25	26	27	28	3/1	2	3	4	5	6	7	8	9	10	11	12	13	14	15	16	17	18	19	20	21
일진	己酉	庚戌	辛亥	壬子	癸丑	甲寅	乙卯	丙辰	丁巳	戊午	己未	庚申	辛酉	壬戌	癸亥	甲子	乙丑	丙寅	丁卯	戊辰	己巳	庚午	辛未	壬申	癸酉	甲戌	乙亥	丙子	丁丑	戊寅
절기시각														卯初															卯初	

閏2月 (乙卯)

절기														청명															
음력	1	2	3	4	5	6	7	8	9	10	11	12	13	14	15	16	17	18	19	20	21	22	23	24	25	26	27	28	29
양력 월/일	3/22	23	24	25	26	27	28	29	30	31	4/1	2	3	4	5	6	7	8	9	10	11	12	13	14	15	16	17	18	19
일진	己卯	庚辰	辛巳	壬午	癸未	甲申	乙酉	丙戌	丁亥	戊子	己丑	庚寅	辛卯	壬辰	癸巳	甲午	乙未	丙申	丁酉	戊戌	己亥	庚子	辛丑	壬寅	癸卯	甲辰	乙巳	丙午	丁未
절기시각														巳初															

3月 (丙辰)

절기	곡우																입하													
음력	1	2	3	4	5	6	7	8	9	10	11	12	13	14	15	16	17	18	19	20	21	22	23	24	25	26	27	28	29	30
양력 월/일	4/20	21	22	23	24	25	26	27	28	29	30	5/1	2	3	4	5	6	7	8	9	10	11	12	13	14	15	16	17	18	19
일진	戊申	己酉	庚戌	辛亥	壬子	癸丑	甲寅	乙卯	丙辰	丁巳	戊午	己未	庚申	辛酉	壬戌	癸亥	甲子	乙丑	丙寅	丁卯	戊辰	己巳	庚午	辛未	壬申	癸酉	甲戌	乙亥	丙子	丁丑
절기시각	申正																寅初													

4月 (丁巳)

절기	소만												망종																
음력	1	2	3	4	5	6	7	8	9	10	11	12	13	14	15	16	17	18	19	20	21	22	23	24	25	26	27	28	29
양력 월/일	5/20	21	22	23	24	25	26	27	28	29	30	31	6/1	2	3	4	5	6	7	8	9	10	11	12	13	14	15	16	17
일진	戊寅	己卯	庚辰	辛巳	壬午	癸未	甲申	乙酉	丙戌	丁亥	戊子	己丑	庚寅	辛卯	壬辰	癸巳	甲午	乙未	丙申	丁酉	戊戌	己亥	庚子	辛丑	壬寅	癸卯	甲辰	乙巳	丙午
절기시각	申初												辰初																

5月 (戊午)

절기				하지													소서													
음력	1	2	3	4	5	6	7	8	9	10	11	12	13	14	15	16	17	18	19	20	21	22	23	24	25	26	27	28	29	30
양력 월/일	6/18	19	20	21	22	23	24	25	26	27	28	29	30	7/1	2	3	4	5	6	7	8	9	10	11	12	13	14	15	16	17
일진	丁未	戊申	己酉	庚戌	辛亥	壬子	癸丑	甲寅	乙卯	丙辰	丁巳	戊午	己未	庚申	辛酉	壬戌	癸亥	甲子	乙丑	丙寅	丁卯	戊辰	己巳	庚午	辛未	壬申	癸酉	甲戌	乙亥	丙子
절기시각				子初													酉初													

6月 (己未)

절기				대서														입추											
음력	1	2	3	4	5	6	7	8	9	10	11	12	13	14	15	16	17	18	19	20	21	22	23	24	25	26	27	28	29
양력 월/일	7/18	19	20	21	22	23	24	25	26	27	28	29	30	31	8/1	2	3	4	5	6	7	8	9	10	11	12	13	14	15
일진	丁丑	戊寅	己卯	庚辰	辛巳	壬午	癸未	甲申	乙酉	丙戌	丁亥	戊子	己丑	庚寅	辛卯	壬辰	癸巳	甲午	乙未	丙申	丁酉	戊戌	己亥	庚子	辛丑	壬寅	癸卯	甲辰	乙巳
절기시각				巳正														寅初											

7 月 （庚申）

절기							처서																백로						
음력	1	2	3	4	5	6	7	8	9	10	11	12	13	14	15	16	17	18	19	20	21	22	23	24	25	26	27	28	29	30
양력 월/일	8/16	17	18	19	20	21	22	23	24	25	26	27	28	29	30	31	9/1	2	3	4	5	6	7	8	9	10	11	12	13	14
일 진	丙午	丁未	戊申	己酉	庚戌	辛亥	壬子	癸丑	甲寅	乙卯	丙辰	丁巳	戊午	己未	庚申	辛酉	壬戌	癸亥	甲子	乙丑	丙寅	丁卯	戊辰	己巳	庚午	辛未	壬申	癸酉	甲戌	乙亥
절기시각							酉正																卯正							

8 月 （辛酉）

절기							추분																한로						
음력	1	2	3	4	5	6	7	8	9	10	11	12	13	14	15	16	17	18	19	20	21	22	23	24	25	26	27	28	29	30
양력 월/일	9/15	16	17	18	19	20	21	22	23	24	25	26	27	28	29	30	10/1	2	3	4	5	6	7	8	9	10	11	12	13	14
일 진	丙子	丁丑	戊寅	己卯	庚辰	辛巳	壬午	癸未	甲申	乙酉	丙戌	丁亥	戊子	己丑	庚寅	辛卯	壬辰	癸巳	甲午	乙未	丙申	丁酉	戊戌	己亥	庚子	辛丑	壬寅	癸卯	甲辰	乙巳
절기시각							申初																亥正							

9 月 （壬戌）

절기										상강														입동					
음력	1	2	3	4	5	6	7	8	9	10	11	12	13	14	15	16	17	18	19	20	21	22	23	24	25	26	27	28	29
양력 월/일	10/15	16	17	18	19	20	21	22	23	24	25	26	27	28	29	30	31	11/1	2	3	4	5	6	7	8	9	10	11	12
일 진	丙午	丁未	戊申	己酉	庚戌	辛亥	壬子	癸丑	甲寅	乙卯	丙辰	丁巳	戊午	己未	庚申	辛酉	壬戌	癸亥	甲子	乙丑	丙寅	丁卯	戊辰	己巳	庚午	辛未	壬申	癸酉	甲戌
절기시각										丑初														丑初					

10 月 （癸亥）

절기										소설														대설						
음력	1	2	3	4	5	6	7	8	9	10	11	12	13	14	15	16	17	18	19	20	21	22	23	24	25	26	27	28	29	30
양력 월/일	11/13	14	15	16	17	18	19	20	21	22	23	24	25	26	27	28	29	30	12/1	2	3	4	5	6	7	8	9	10	11	12
일 진	乙亥	丙子	丁丑	戊寅	己卯	庚辰	辛巳	壬午	癸未	甲申	乙酉	丙戌	丁亥	戊子	己丑	庚寅	辛卯	壬辰	癸巳	甲午	乙未	丙申	丁酉	戊戌	己亥	庚子	辛丑	壬寅	癸卯	甲辰
절기시각										亥正														酉正						

11 月 （甲子）

절기										동지														소한					
음력	1	2	3	4	5	6	7	8	9	10	11	12	13	14	15	16	17	18	19	20	21	22	23	24	25	26	27	28	29
양력 월/일	12/13	14	15	16	17	18	19	20	21	22	23	24	25	26	27	28	29	30	31	1/1	2	3	4	5	6	7	8	9	10
일 진	乙巳	丙午	丁未	戊申	己酉	庚戌	辛亥	壬子	癸丑	甲寅	乙卯	丙辰	丁巳	戊午	己未	庚申	辛酉	壬戌	癸亥	甲子	乙丑	丙寅	丁卯	戊辰	己巳	庚午	辛未	壬申	癸酉
절기시각										午正														卯初					

12 月 （乙丑）

절기										대한														입춘						
음력	1	2	3	4	5	6	7	8	9	10	11	12	13	14	15	16	17	18	19	20	21	22	23	24	25	26	27	28	29	30
양력 월/일	1/11	12	13	14	15	16	17	18	19	20	21	22	23	24	25	26	27	28	29	30	31	2/1	2	3	4	5	6	7	8	9
일 진	甲戌	乙亥	丙子	丁丑	戊寅	己卯	庚辰	辛巳	壬午	癸未	甲申	乙酉	丙戌	丁亥	戊子	己丑	庚寅	辛卯	壬辰	癸巳	甲午	乙未	丙申	丁酉	戊戌	己亥	庚子	辛丑	壬寅	癸卯
절기시각										亥正														酉初						

서기 2024년 (단기 4357년) 甲辰年

正月 (丙寅)

절기										우수															경칩				
음력	1	2	3	4	5	6	7	8	9	10	11	12	13	14	15	16	17	18	19	20	21	22	23	24	25	26	27	28	29
양력 월/일	2/10	11	12	13	14	15	16	17	18	19	20	21	22	23	24	25	26	27	28	29	3/1	2	3	4	5	6	7	8	9
일진	甲辰	乙巳	丙午	丁未	戊申	己酉	庚戌	辛亥	壬子	癸丑	甲寅	乙卯	丙辰	丁巳	戊午	己未	庚申	辛酉	壬戌	癸亥	甲子	乙丑	丙寅	丁卯	戊辰	己巳	庚午	辛未	壬申
절기시각										午正															午初				

2月 (丁卯)

절기										춘분															청명					
음력	1	2	3	4	5	6	7	8	9	10	11	12	13	14	15	16	17	18	19	20	21	22	23	24	25	26	27	28	29	30
양력 월/일	3/10	11	12	13	14	15	16	17	18	19	20	21	22	23	24	25	26	27	28	29	30	31	4/1	2	3	4	5	6	7	8
일진	癸酉	甲戌	乙亥	丙子	丁丑	戊寅	己卯	庚辰	辛巳	壬午	癸未	甲申	乙酉	丙戌	丁亥	戊子	己丑	庚寅	辛卯	壬辰	癸巳	甲午	乙未	丙申	丁酉	戊戌	己亥	庚子	辛丑	壬寅
절기시각										午初															申初					

3月 (戊辰)

절기										곡우																입하			
음력	1	2	3	4	5	6	7	8	9	10	11	12	13	14	15	16	17	18	19	20	21	22	23	24	25	26	27	28	29
양력 월/일	4/9	10	11	12	13	14	15	16	17	18	19	20	21	22	23	24	25	26	27	28	29	30	5/1	2	3	4	5	6	7
일진	癸卯	甲辰	乙巳	丙午	丁未	戊申	己酉	庚戌	辛亥	壬子	癸丑	甲寅	乙卯	丙辰	丁巳	戊午	己未	庚申	辛酉	壬戌	癸亥	甲子	乙丑	丙寅	丁卯	戊辰	己巳	庚午	辛未
절기시각										亥正																辰正			

4月 (己巳)

절기													소만													망종			
음력	1	2	3	4	5	6	7	8	9	10	11	12	13	14	15	16	17	18	19	20	21	22	23	24	25	26	27	28	29
양력 월/일	5/8	9	10	11	12	13	14	15	16	17	18	19	20	21	22	23	24	25	26	27	28	29	30	31	6/1	2	3	4	5
일진	壬申	癸酉	甲戌	乙亥	丙子	丁丑	戊寅	己卯	庚辰	辛巳	壬午	癸未	甲申	乙酉	丙戌	丁亥	戊子	己丑	庚寅	辛卯	壬辰	癸巳	甲午	乙未	丙申	丁酉	戊戌	己亥	庚子
절기시각													亥正													午正			

5月 (庚午)

절기											하지																			
음력	1	2	3	4	5	6	7	8	9	10	11	12	13	14	15	16	17	18	19	20	21	22	23	24	25	26	27	28	29	30
양력 월/일	6/6	7	8	9	10	11	12	13	14	15	16	17	18	19	20	21	22	23	24	25	26	27	28	29	30	7/1	2	3	4	5
일진	辛丑	壬寅	癸卯	甲辰	乙巳	丙午	丁未	戊申	己酉	庚戌	辛亥	壬子	癸丑	甲寅	乙卯	丙辰	丁巳	戊午	己未	庚申	辛酉	壬戌	癸亥	甲子	乙丑	丙寅	丁卯	戊辰	己巳	庚午
절기시각											初卯																			

6月 (辛未)

절기	소서													대서																
음력	1	2	3	4	5	6	7	8	9	10	11	12	13	14	15	16	17	18	19	20	21	22	23	24	25	26	27	28	29	
양력 월/일	7/6	7	8	9	10	11	12	13	14	15	16	17	18	19	20	21	22	23	24	25	26	27	28	29	30	31	8/1	2	3	
일진	辛未	壬申	癸酉	甲戌	乙亥	丙子	丁丑	戊寅	己卯	庚辰	辛巳	壬午	癸未	甲申	乙酉	丙戌	丁亥	戊子	己丑	庚寅	辛卯	壬辰	癸巳	甲午	乙未	丙申	丁酉	戊戌	己亥	
절기시각	子初													申正																

7 月 （壬申）

절기				입추															처서											
음력	1	2	3	4	5	6	7	8	9	10	11	12	13	14	15	16	17	18	19	20	21	22	23	24	25	26	27	28	29	30
양력 월/일	8/4	5	6	7	8	9	10	11	12	13	14	15	16	17	18	19	20	21	22	23	24	25	26	27	28	29	30	31	9/1	2
일 진	庚子	辛丑	壬寅	癸卯	甲辰	乙巳	丙午	丁未	戊申	己酉	庚戌	辛亥	壬子	癸丑	甲寅	乙卯	丙辰	丁巳	戊午	己未	庚申	辛酉	壬戌	癸亥	甲子	乙丑	丙寅	丁卯	戊辰	己巳
절기시각				巳初															子初											

8 月 （癸酉）

절기				백로															추분											
음력	1	2	3	4	5	6	7	8	9	10	11	12	13	14	15	16	17	18	19	20	21	22	23	24	25	26	27	28	29	30
양력 월/일	9/3	4	5	6	7	8	9	10	11	12	13	14	15	16	17	18	19	20	21	22	23	24	25	26	27	28	29	30	10/1	2
일 진	庚午	辛未	壬申	癸酉	甲戌	乙亥	丙子	丁丑	戊寅	己卯	庚辰	辛巳	壬午	癸未	甲申	乙酉	丙戌	丁亥	戊子	己丑	庚寅	辛卯	壬辰	癸巳	甲午	乙未	丙申	丁酉	戊戌	己亥
절기시각				午正															亥初											

9 月 （甲戌）

절기				한로															상강											
음력	1	2	3	4	5	6	7	8	9	10	11	12	13	14	15	16	17	18	19	20	21	22	23	24	25	26	27	28	29	
양력 월/일	10/3	4	5	6	7	8	9	10	11	12	13	14	15	16	17	18	19	20	21	22	23	24	25	26	27	28	29	30	31	
일 진	庚子	辛丑	壬寅	癸卯	甲辰	乙巳	丙午	丁未	戊申	己酉	庚戌	辛亥	壬子	癸丑	甲寅	乙卯	丙辰	丁巳	戊午	己未	庚申	辛酉	壬戌	癸亥	甲子	乙丑	丙寅	丁卯	戊辰	
절기시각				寅初															辰初											

10 月 （乙亥）

절기				입동															소설											
음력	1	2	3	4	5	6	7	8	9	10	11	12	13	14	15	16	17	18	19	20	21	22	23	24	25	26	27	28	29	30
양력 월/일	11/1	2	3	4	5	6	7	8	9	10	11	12	13	14	15	16	17	18	19	20	21	22	23	24	25	26	27	28	29	30
일 진	己巳	庚午	辛未	壬申	癸酉	甲戌	乙亥	丙子	丁丑	戊寅	己卯	庚辰	辛巳	壬午	癸未	甲申	乙酉	丙戌	丁亥	戊子	己丑	庚寅	辛卯	壬辰	癸巳	甲午	乙未	丙申	丁酉	戊戌
절기시각				辰初															寅正											

11 月 （丙子）

절기				대설															동지											
음력	1	2	3	4	5	6	7	8	9	10	11	12	13	14	15	16	17	18	19	20	21	22	23	24	25	26	27	28	29	30
양력 월/일	12/1	2	3	4	5	6	7	8	9	10	11	12	13	14	15	16	17	18	19	20	21	22	23	24	25	26	27	28	29	30
일 진	己亥	庚子	辛丑	壬寅	癸卯	甲辰	乙巳	丙午	丁未	戊申	己酉	庚戌	辛亥	壬子	癸丑	甲寅	乙卯	丙辰	丁巳	戊午	己未	庚申	辛酉	壬戌	癸亥	甲子	乙丑	丙寅	丁卯	戊辰
절기시각				子正															酉正											

12 月 （丁丑）

절기				소한															대한										
음력	1	2	3	4	5	6	7	8	9	10	11	12	13	14	15	16	17	18	19	20	21	22	23	24	25	26	27	28	29
양력 월/일	12/31	1/1	2	3	4	5	6	7	8	9	10	11	12	13	14	15	16	17	18	19	20	21	22	23	24	25	26	27	28
일 진	己巳	庚午	辛未	壬申	癸酉	甲戌	乙亥	丙子	丁丑	戊寅	己卯	庚辰	辛巳	壬午	癸未	甲申	乙酉	丙戌	丁亥	戊子	己丑	庚寅	辛卯	壬辰	癸巳	甲午	乙未	丙申	丁酉
절기시각				午初															寅正										

서기 2025년 (단기 4358년) 乙 巳 年

正 月 (戊寅)

절기					입춘															우수									
음력	1	2	3	4	5	6	7	8	9	10	11	12	13	14	15	16	17	18	19	20	21	22	23	24	25	26	27	28	29	30
양력 월/일	1/29	30	31	2/1	2	3	4	5	6	7	8	9	10	11	12	13	14	15	16	17	18	19	20	21	22	23	24	25	26	27
일진	戊戌	己亥	庚子	辛丑	壬寅	癸卯	甲辰	乙巳	丙午	丁未	戊申	己酉	庚戌	辛亥	壬子	癸丑	甲寅	乙卯	丙辰	丁巳	戊午	己未	庚申	辛酉	壬戌	癸亥	甲子	乙丑	丙寅	丁卯
절기시각						亥正															酉正									

2月 (己卯)

절기						경칩																춘분							
음력	1	2	3	4	5	6	7	8	9	10	11	12	13	14	15	16	17	18	19	20	21	22	23	24	25	26	27	28	29
양력 월/일	2/28	3/1	2	3	4	5	6	7	8	9	10	11	12	13	14	15	16	17	18	19	20	21	22	23	24	25	26	27	28
일진	戊辰	己巳	庚午	辛未	壬申	癸酉	甲戌	乙亥	丙子	丁丑	戊寅	己卯	庚辰	辛巳	壬午	癸未	甲申	乙酉	丙戌	丁亥	戊子	己丑	庚寅	辛卯	壬辰	癸巳	甲午	乙未	丙申
절기시각						申正																酉初							

3月 (庚辰)

절기						청명																곡우								
음력	1	2	3	4	5	6	7	8	9	10	11	12	13	14	15	16	17	18	19	20	21	22	23	24	25	26	27	28	29	30
양력 월/일	3/29	30	31	4/1	2	3	4	5	6	7	8	9	10	11	12	13	14	15	16	17	18	19	20	21	22	23	24	25	26	27
일진	丁酉	戊戌	己亥	庚子	辛丑	壬寅	癸卯	甲辰	乙巳	丙午	丁未	戊申	己酉	庚戌	辛亥	壬子	癸丑	甲寅	乙卯	丙辰	丁巳	戊午	己未	庚申	辛酉	壬戌	癸亥	甲子	乙丑	丙寅
절기시각						亥初																寅正								

4月 (辛巳)

절기					입하																소만								
음력	1	2	3	4	5	6	7	8	9	10	11	12	13	14	15	16	17	18	19	20	21	22	23	24	25	26	27	28	29
양력 월/일	4/28	29	30	5/1	2	3	4	5	6	7	8	9	10	11	12	13	14	15	16	17	18	19	20	21	22	23	24	25	26
일진	丁卯	戊辰	己巳	庚午	辛未	壬申	癸酉	甲戌	乙亥	丙子	丁丑	戊寅	己卯	庚辰	辛巳	壬午	癸未	甲申	乙酉	丙戌	丁亥	戊子	己丑	庚寅	辛卯	壬辰	癸巳	甲午	乙未
절기시각					未正																寅初								

5月 (壬午)

절기						망종																하지							
음력	1	2	3	4	5	6	7	8	9	10	11	12	13	14	15	16	17	18	19	20	21	22	23	24	25	26	27	28	29
양력 월/일	5/27	28	29	30	31	6/1	2	3	4	5	6	7	8	9	10	11	12	13	14	15	16	17	18	19	20	21	22	23	24
일진	丙申	丁酉	戊戌	己亥	庚子	辛丑	壬寅	癸卯	甲辰	乙巳	丙午	丁未	戊申	己酉	庚戌	辛亥	壬子	癸丑	甲寅	乙卯	丙辰	丁巳	戊午	己未	庚申	辛酉	壬戌	癸亥	甲子
절기시각						酉正																午初							

6月 (癸未)

절기								소서																대서						
음력	1	2	3	4	5	6	7	8	9	10	11	12	13	14	15	16	17	18	19	20	21	22	23	24	25	26	27	28	29	30
양력 월/일	6/25	26	27	28	29	30	7/1	2	3	4	5	6	7	8	9	10	11	12	13	14	15	16	17	18	19	20	21	22	23	24
일진	乙丑	丙寅	丁卯	戊辰	己巳	庚午	辛未	壬申	癸酉	甲戌	乙亥	丙子	丁丑	戊寅	己卯	庚辰	辛巳	壬午	癸未	甲申	乙酉	丙戌	丁亥	戊子	己丑	庚寅	辛卯	壬辰	癸巳	甲午
절기시각								寅正																亥正						

閏 6月 (癸未)

절기														입추															
음력	1	2	3	4	5	6	7	8	9	10	11	12	13	14	15	16	17	18	19	20	21	22	23	24	25	26	27	28	29
양력 월/일	7/25	26	27	28	29	30	31	8/1	2	3	4	5	6	7	8	9	10	11	12	13	14	15	16	17	18	19	20	21	22
일진	乙未	丙申	丁酉	戊戌	己亥	庚子	辛丑	壬寅	癸卯	甲辰	乙巳	丙午	丁未	戊申	己酉	庚戌	辛亥	壬子	癸丑	甲寅	乙卯	丙辰	丁巳	戊午	己未	庚申	辛酉	壬戌	癸亥
절기시각														未正															

7 月 （甲申）

절 기		처서														백로														
음 력	1	2	3	4	5	6	7	8	9	10	11	12	13	14	15	16	17	18	19	20	21	22	23	24	25	26	27	28	29	30
양력 월/일	8/23	24	25	26	27	28	29	30	31	9/1	2	3	4	5	6	7	8	9	10	11	12	13	14	15	16	17	18	19	20	21
일 진	甲子	乙丑	丙寅	丁卯	戊辰	己巳	庚午	辛未	壬申	癸酉	甲戌	乙亥	丙子	丁丑	戊寅	己卯	庚辰	辛巳	壬午	癸未	甲申	乙酉	丙戌	丁亥	戊子	己丑	庚寅	辛卯	壬辰	癸巳
절기시각	卯初															酉初														

8 月 （乙酉）

절 기		추분														한로													
음 력	1	2	3	4	5	6	7	8	9	10	11	12	13	14	15	16	17	18	19	20	21	22	23	24	25	26	27	28	29
양력 월/일	9/22	23	24	25	26	27	28	29	30	10/1	2	3	4	5	6	7	8	9	10	11	12	13	14	15	16	17	18	19	20
일 진	甲午	乙未	丙申	丁酉	戊戌	己亥	庚子	辛丑	壬寅	癸卯	甲辰	乙巳	丙午	丁未	戊申	己酉	庚戌	辛亥	壬子	癸丑	甲寅	乙卯	丙辰	丁巳	戊午	己未	庚申	辛酉	壬戌
절기시각	寅初															巳初													

9 月 （丙戌）

절 기			상강														입동														
음 력	1	2	3	4	5	6	7	8	9	10	11	12	13	14	15	16	17	18	19	20	21	22	23	24	25	26	27	28	29	30
양력 월/일	10/21	22	23	24	25	26	27	28	29	30	31	11/1	2	3	4	5	6	7	8	9	10	11	12	13	14	15	16	17	18	19
일 진	癸亥	甲子	乙丑	丙寅	丁卯	戊辰	己巳	庚午	辛未	壬申	癸酉	甲戌	乙亥	丙子	丁丑	戊寅	己卯	庚辰	辛巳	壬午	癸未	甲申	乙酉	丙戌	丁亥	戊子	己丑	庚寅	辛卯	壬辰
절기시각			午正														未初													

10 月 （丁亥）

절 기			소설														대설														
음 력	1	2	3	4	5	6	7	8	9	10	11	12	13	14	15	16	17	18	19	20	21	22	23	24	25	26	27	28	29	30
양력 월/일	11/20	21	22	23	24	25	26	27	28	29	30	12/1	2	3	4	5	6	7	8	9	10	11	12	13	14	15	16	17	18	19
일 진	癸巳	甲午	乙未	丙申	丁酉	戊戌	己亥	庚子	辛丑	壬寅	癸卯	甲辰	乙巳	丙午	丁未	戊申	己酉	庚戌	辛亥	壬子	癸丑	甲寅	乙卯	丙辰	丁巳	戊午	己未	庚申	辛酉	壬戌
절기시각			巳正														卯正													

11 月 （戊子）

절 기		동지															소설														
음 력	1	2	3	4	5	6	7	8	9	10	11	12	13	14	15	16	17	18	19	20	21	22	23	24	25	26	27	28	29	30
양력 월/일	12/20	21	22	23	24	25	26	27	28	29	30	31	1/1	2	3	4	5	6	7	8	9	10	11	12	13	14	15	16	17	18
일 진	癸亥	甲子	乙丑	丙寅	丁卯	戊辰	己巳	庚午	辛未	壬申	癸酉	甲戌	乙亥	丙子	丁丑	戊寅	己卯	庚辰	辛巳	壬午	癸未	甲申	乙酉	丙戌	丁亥	戊子	己丑	庚寅	辛卯	壬辰
절기시각		子初															酉初													

12 月 （己丑）

절 기		대한															입춘													
음 력	1	2	3	4	5	6	7	8	9	10	11	12	13	14	15	16	17	18	19	20	21	22	23	24	25	26	27	28	29
양력 월/일	1/19	20	21	22	23	24	25	26	27	28	29	30	31	2/1	2	3	4	5	6	7	8	9	10	11	12	13	14	15	16
일 진	癸巳	甲午	乙未	丙申	丁酉	戊戌	己亥	庚子	辛丑	壬寅	癸卯	甲辰	乙巳	丙午	丁未	戊申	己酉	庚戌	辛亥	壬子	癸丑	甲寅	乙卯	丙辰	丁巳	戊午	己未	庚申	辛酉
절기시각		巳正															寅正												

서기 2026년 (단기 4359년) 丙午年

正月 (庚寅)

절기		우수															경칩													
음력	1	2	3	4	5	6	7	8	9	10	11	12	13	14	15	16	17	18	19	20	21	22	23	24	25	26	27	28	29	30
양력 월/일	2/17	18	19	20	21	22	23	24	25	26	27	28	3/1	2	3	4	5	6	7	8	9	10	11	12	13	14	15	16	17	18
일진	壬戌	癸亥	甲子	乙丑	丙寅	丁卯	戊辰	己巳	庚午	辛未	壬申	癸酉	甲戌	乙亥	丙子	丁丑	戊寅	己卯	庚辰	辛巳	壬午	癸未	甲申	乙酉	丙戌	丁亥	戊子	己丑	庚寅	辛卯
절기시각		子正															亥正													

2月 (辛卯)

절기		춘분													청명														
음력	1	2	3	4	5	6	7	8	9	10	11	12	13	14	15	16	17	18	19	20	21	22	23	24	25	26	27	28	29
양력 월/일	3/19	20	21	22	23	24	25	26	27	28	29	30	31	4/1	2	3	4	5	6	7	8	9	10	11	12	13	14	15	16
일진	壬辰	癸巳	甲午	乙未	丙申	丁酉	戊戌	己亥	庚子	辛丑	壬寅	癸卯	甲辰	乙巳	丙午	丁未	戊申	己酉	庚戌	辛亥	壬子	癸丑	甲寅	乙卯	丙辰	丁巳	戊午	己未	庚申
절기시각		子初													寅初														

3月 (壬辰)

절기				곡우												입하														
음력	1	2	3	4	5	6	7	8	9	10	11	12	13	14	15	16	17	18	19	20	21	22	23	24	25	26	27	28	29	30
양력 월/일	4/17	18	19	20	21	22	23	24	25	26	27	28	29	30	5/1	2	3	4	5	6	7	8	9	10	11	12	13	14	15	16
일진	辛酉	壬戌	癸亥	甲子	乙丑	丙寅	丁卯	戊辰	己巳	庚午	辛未	壬申	癸酉	甲戌	乙亥	丙子	丁丑	戊寅	己卯	庚辰	辛巳	壬午	癸未	甲申	乙酉	丙戌	丁亥	戊子	己丑	庚寅
절기시각				巳正												戌正														

4月 (癸巳)

절기					소만												망종												
음력	1	2	3	4	5	6	7	8	9	10	11	12	13	14	15	16	17	18	19	20	21	22	23	24	25	26	27	28	29
양력 월/일	5/17	18	19	20	21	22	23	24	25	26	27	28	29	30	31	6/1	2	3	4	5	6	7	8	9	10	11	12	13	14
일진	辛卯	壬辰	癸巳	甲午	乙未	丙申	丁酉	戊戌	己亥	庚子	辛丑	壬寅	癸卯	甲辰	乙巳	丙午	丁未	戊申	己酉	庚戌	辛亥	壬子	癸丑	甲寅	乙卯	丙辰	丁巳	戊午	己未
절기시각					巳初												子正												

5月 (甲午)

절기							하지											소서											
음력	1	2	3	4	5	6	7	8	9	10	11	12	13	14	15	16	17	18	19	20	21	22	23	24	25	26	27	28	29
양력 월/일	6/15	16	17	18	19	20	21	22	23	24	25	26	27	28	29	30	7/1	2	3	4	5	6	7	8	9	10	11	12	13
일진	庚申	辛酉	壬戌	癸亥	甲子	乙丑	丙寅	丁卯	戊辰	己巳	庚午	辛未	壬申	癸酉	甲戌	乙亥	丙子	丁丑	戊寅	己卯	庚辰	辛巳	壬午	癸未	甲申	乙酉	丙戌	丁亥	戊子
절기시각							酉初											巳正											

6月 (乙未)

절기								대서												입추										
음력	1	2	3	4	5	6	7	8	9	10	11	12	13	14	15	16	17	18	19	20	21	22	23	24	25	26	27	28	29	30
양력 월/일	7/14	15	16	17	18	19	20	21	22	23	24	25	26	27	28	29	30	31	8/1	2	3	4	5	6	7	8	9	10	11	12
일진	己丑	庚寅	辛卯	壬辰	癸巳	甲午	乙未	丙申	丁酉	戊戌	己亥	庚子	辛丑	壬寅	癸卯	甲辰	乙巳	丙午	丁未	戊申	己酉	庚戌	辛亥	壬子	癸丑	甲寅	乙卯	丙辰	丁巳	戊午
절기시각								寅正												戌正										

7 月 (丙申)

절기												처서										백로								
음력	1	2	3	4	5	6	7	8	9	10	11	12	13	14	15	16	17	18	19	20	21	22	23	24	25	26	27	28	29
양력 월/일	8/13	14	15	16	17	18	19	20	21	22	23	24	25	26	27	28	29	30	31	9/1	2	3	4	5	6	7	8	9	10
일 진	己未	庚申	辛酉	壬戌	癸亥	甲子	乙丑	丙寅	丁卯	戊辰	己巳	庚午	辛未	壬申	癸酉	甲戌	乙亥	丙子	丁丑	戊寅	己卯	庚辰	辛巳	壬午	癸未	甲申	乙酉	丙戌	丁亥
절기시각												午初										子初							

8 月 (丁酉)

절기													추분										한로							
음력	1	2	3	4	5	6	7	8	9	10	11	12	13	14	15	16	17	18	19	20	21	22	23	24	25	26	27	28	29	30
양력 월/일	9/11	12	13	14	15	16	17	18	19	20	21	22	23	24	25	26	27	28	29	30	10/1	2	3	4	5	6	7	8	9	10
일 진	戊子	己丑	庚寅	辛卯	壬辰	癸巳	甲午	乙未	丙申	丁酉	戊戌	己亥	庚子	辛丑	壬寅	癸卯	甲辰	乙巳	丙午	丁未	戊申	己酉	庚戌	辛亥	壬子	癸丑	甲寅	乙卯	丙辰	丁巳
절기시각													巳初										申初							

9 月 (戊戌)

절기													상강										입동							
음력	1	2	3	4	5	6	7	8	9	10	11	12	13	14	15	16	17	18	19	20	21	22	23	24	25	26	27	28	29	
양력 월/일	10/11	12	13	14	15	16	17	18	19	20	21	22	23	24	25	26	27	28	29	30	31	11/1	2	3	4	5	6	7	8	
일 진	戊午	己未	庚申	辛酉	壬戌	癸亥	甲子	乙丑	丙寅	丁卯	戊辰	己巳	庚午	辛未	壬申	癸酉	甲戌	乙亥	丙子	丁丑	戊寅	己卯	庚辰	辛巳	壬午	癸未	甲申	乙酉	丙戌	
절기시각													酉正										酉正							

10 月 (己亥)

절기														소설										대설							
음력	1	2	3	4	5	6	7	8	9	10	11	12	13	14	15	16	17	18	19	20	21	22	23	24	25	26	27	28	29	30
양력 월/일	11/9	10	11	12	13	14	15	16	17	18	19	20	21	22	23	24	25	26	27	28	29	30	12/1	2	3	4	5	6	7	8
일 진	丁亥	戊子	己丑	庚寅	辛卯	壬辰	癸巳	甲午	乙未	丙申	丁酉	戊戌	己亥	庚子	辛丑	壬寅	癸卯	甲辰	乙巳	丙午	丁未	戊申	己酉	庚戌	辛亥	壬子	癸丑	甲寅	乙卯	丙辰
절기시각														申正										午初						

11 月 (庚子)

절기														동지										소한							
음력	1	2	3	4	5	6	7	8	9	10	11	12	13	14	15	16	17	18	19	20	21	22	23	24	25	26	27	28	29	30
양력 월/일	12/9	10	11	12	13	14	15	16	17	18	19	20	21	22	23	24	25	26	27	28	29	30	31	1/1	2	3	4	5	6	7
일 진	丁巳	戊午	己未	庚申	辛酉	壬戌	癸亥	甲子	乙丑	丙寅	丁卯	戊辰	己巳	庚午	辛未	壬申	癸酉	甲戌	乙亥	丙子	丁丑	戊寅	己卯	庚辰	辛巳	壬午	癸未	甲申	乙酉	丙戌
절기시각														卯初										子初						

12 月 (辛丑)

절기													대한											입춘							
음력	1	2	3	4	5	6	7	8	9	10	11	12	13	14	15	16	17	18	19	20	21	22	23	24	25	26	27	28	29	30
양력 월/일	1/8	9	10	11	12	13	14	15	16	17	18	19	20	21	22	23	24	25	26	27	28	29	30	31	2/1	2	3	4	5	6
일 진	丁亥	戊子	己丑	庚寅	辛卯	壬辰	癸巳	甲午	乙未	丙申	丁酉	戊戌	己亥	庚子	辛丑	壬寅	癸卯	甲辰	乙巳	丙午	丁未	戊申	己酉	庚戌	辛亥	壬子	癸丑	甲寅	乙卯	丙辰
절기시각													申正											巳正						

서기 2027년 (단기 4360년) 丁未 年

正 月 (壬寅)

절기											우수																경칩		
음력	1	2	3	4	5	6	7	8	9	10	11	12	13	14	15	16	17	18	19	20	21	22	23	24	25	26	27	28	29
양력 월/일	2/7	8	9	10	11	12	13	14	15	16	17	18	19	20	21	22	23	24	25	26	27	28	3/1	2	3	4	5	6	7
일진	丁巳	戊午	己未	庚申	辛酉	壬戌	癸亥	甲子	乙丑	丙寅	丁卯	戊辰	己巳	庚午	辛未	壬申	癸酉	甲戌	乙亥	丙子	丁丑	戊寅	己卯	庚辰	辛巳	壬午	癸未	甲申	乙酉
절기시각											卯正																寅正		

2 月 (癸酉)

절기														춘분											청명					
음력	1	2	3	4	5	6	7	8	9	10	11	12	13	14	15	16	17	18	19	20	21	22	23	24	25	26	27	28	29	30
양력 월/일	3/8	9	10	11	12	13	14	15	16	17	18	19	20	21	22	23	24	25	26	27	28	29	30	31	4/1	2	3	4	5	6
일진	丙戌	丁亥	戊子	己丑	庚寅	辛卯	壬辰	癸巳	甲午	乙未	丙申	丁酉	戊戌	己亥	庚子	辛丑	壬寅	癸卯	甲辰	乙巳	丙午	丁未	戊申	己酉	庚戌	辛亥	壬子	癸丑	甲寅	乙卯
절기시각														卯初											巳初					

3 月 (甲辰)

절기														곡우															
음력	1	2	3	4	5	6	7	8	9	10	11	12	13	14	15	16	17	18	19	20	21	22	23	24	25	26	27	28	29
양력 월/일	4/7	8	9	10	11	12	13	14	15	16	17	18	19	20	21	22	23	24	25	26	27	28	29	30	5/1	2	3	4	5
일진	丙辰	丁巳	戊午	己未	庚申	辛酉	壬戌	癸亥	甲子	乙丑	丙寅	丁卯	戊辰	己巳	庚午	辛未	壬申	癸酉	甲戌	乙亥	丙子	丁丑	戊寅	己卯	庚辰	辛巳	壬午	癸未	甲申
절기시각														申正															

4 月 (乙巳)

절기		입하													소만															
음력	1	2	3	4	5	6	7	8	9	10	11	12	13	14	15	16	17	18	19	20	21	22	23	24	25	26	27	28	29	30
양력 월/일	5/6	7	8	9	10	11	12	13	14	15	16	17	18	19	20	21	22	23	24	25	26	27	28	29	30	31	6/1	2	3	4
일진	乙酉	丙戌	丁亥	戊子	己丑	庚寅	辛卯	壬辰	癸巳	甲午	乙未	丙申	丁酉	戊戌	己亥	庚子	辛丑	壬寅	癸卯	甲辰	乙巳	丙午	丁未	戊申	己酉	庚戌	辛亥	壬子	癸丑	甲寅
절기시각		丑正													申初															

5 月 (丙午)

절기		망종														하지														
음력	1	2	3	4	5	6	7	8	9	10	11	12	13	14	15	16	17	18	19	20	21	22	23	24	25	26	27	28	29
양력 월/일	6/5	6	7	8	9	10	11	12	13	14	15	16	17	18	19	20	21	22	23	24	25	26	27	28	29	30	7/1	2	3
일진	乙卯	丙辰	丁巳	戊午	己未	庚申	辛酉	壬戌	癸亥	甲子	乙丑	丙寅	丁卯	戊辰	己巳	庚午	辛未	壬申	癸酉	甲戌	乙亥	丙子	丁丑	戊寅	己卯	庚辰	辛巳	壬午	癸未
절기시각		卯正														子初													

6 月 (丁未)

절기			소서															대서											
음력	1	2	3	4	5	6	7	8	9	10	11	12	13	14	15	16	17	18	19	20	21	22	23	24	25	26	27	28	29
양력 월/일	7/4	5	6	7	8	9	10	11	12	13	14	15	16	17	18	19	20	21	22	23	24	25	26	27	28	29	30	31	8/1
일진	甲申	乙酉	丙戌	丁亥	戊子	己丑	庚寅	辛卯	壬辰	癸巳	甲午	乙未	丙申	丁酉	戊戌	己亥	庚子	辛丑	壬寅	癸卯	甲辰	乙巳	丙午	丁未	戊申	己酉	庚戌	辛亥	壬子
절기시각			申正															巳正											

7 月 (戊申)

절기						입추															처서									
음력	1	2	3	4	5	6	7	8	9	10	11	12	13	14	15	16	17	18	19	20	21	22	23	24	25	26	27	28	29	30
양력 월/일	8/2	3	4	5	6	7	8	9	10	11	12	13	14	15	16	17	18	19	20	21	22	23	24	25	26	27	28	29	30	31
일진	癸丑	甲寅	乙卯	丙辰	丁巳	戊午	己未	庚申	辛酉	壬戌	癸亥	甲子	乙丑	丙寅	丁卯	戊辰	己巳	庚午	辛未	壬申	癸酉	甲戌	乙亥	丙子	丁丑	戊寅	己卯	庚辰	辛巳	壬午
절기시각							丑正															酉初								

8 月 (己酉)

절기							백로															추분							
음력	1	2	3	4	5	6	7	8	9	10	11	12	13	14	15	16	17	18	19	20	21	22	23	24	25	26	27	28	29
양력 월/일	9/1	2	3	4	5	6	7	8	9	10	11	12	13	14	15	16	17	18	19	20	21	22	23	24	25	26	27	28	29
일진	癸未	甲申	乙酉	丙戌	丁亥	戊子	己丑	庚寅	辛卯	壬辰	癸巳	甲午	乙未	丙申	丁酉	戊戌	己亥	庚子	辛丑	壬寅	癸卯	甲辰	乙巳	丙午	丁未	戊申	己酉	庚戌	辛亥
절기시각							卯初															申初							

9 月 (庚戌)

절기							한로																	상강					
음력	1	2	3	4	5	6	7	8	9	10	11	12	13	14	15	16	17	18	19	20	21	22	23	24	25	26	27	28	29
양력 월/일	9/30	10/1	2	3	4	5	6	7	8	9	10	11	12	13	14	15	16	17	18	19	20	21	22	23	24	25	26	27	28
일진	壬子	癸丑	甲寅	乙卯	丙辰	丁巳	戊午	己未	庚申	辛酉	壬戌	癸亥	甲子	乙丑	丙寅	丁卯	戊辰	己巳	庚午	辛未	壬申	癸酉	甲戌	乙亥	丙子	丁丑	戊寅	己卯	庚辰
절기시각							亥初																	子正					

10 月 (辛亥)

절기										입동															소설					
음력	1	2	3	4	5	6	7	8	9	10	11	12	13	14	15	16	17	18	19	20	21	22	23	24	25	26	27	28	29	30
양력 월/일	10/29	30	31	11/1	2	3	4	5	6	7	8	9	10	11	12	13	14	15	16	17	18	19	20	21	22	23	24	25	26	27
일진	辛巳	壬午	癸未	甲申	乙酉	丙戌	丁亥	戊子	己丑	庚寅	辛卯	壬辰	癸巳	甲午	乙未	丙申	丁酉	戊戌	己亥	庚子	辛丑	壬寅	癸卯	甲辰	乙巳	丙午	丁未	戊申	己酉	庚戌
절기시각										子正															亥正					

11 月 (壬子)

절기									대설															동지						
음력	1	2	3	4	5	6	7	8	9	10	11	12	13	14	15	16	17	18	19	20	21	22	23	24	25	26	27	28	29	30
양력 월/일	11/28	29	30	12/1	2	3	4	5	6	7	8	9	10	11	12	13	14	15	16	17	18	19	20	21	22	23	24	25	26	27
일진	辛亥	壬子	癸丑	甲寅	乙卯	丙辰	丁巳	戊午	己未	庚申	辛酉	壬戌	癸亥	甲子	乙丑	丙寅	丁卯	戊辰	己巳	庚午	辛未	壬申	癸酉	甲戌	乙亥	丙子	丁丑	戊寅	己卯	庚辰
절기시각									酉初															午初						

12 月 (癸丑)

절기						소한																	대한							
음력	1	2	3	4	5	6	7	8	9	10	11	12	13	14	15	16	17	18	19	20	21	22	23	24	25	26	27	28	29	30
양력 월/일	12/28	29	30	31	1/1	2	3	4	5	6	7	8	9	10	11	12	13	14	15	16	17	18	19	20	21	22	23	24	25	26
일진	辛巳	壬午	癸未	甲申	乙酉	丙戌	丁亥	戊子	己丑	庚寅	辛卯	壬辰	癸巳	甲午	乙未	丙申	丁酉	戊戌	己亥	庚子	辛丑	壬寅	癸卯	甲辰	乙巳	丙午	丁未	戊申	己酉	庚戌
절기시각						寅正																	亥正							

서기 2028년 (단기 4361년)	戊 申 年

正 月 （甲寅）

절기									입춘															우수						
음력	1	2	3	4	5	6	7	8	9	10	11	12	13	14	15	16	17	18	19	20	21	22	23	24	25	26	27	28	29	
양력 월/일	1/27	28	29	30	31	2/1	2	3	4	5	6	7	8	9	10	11	12	13	14	15	16	17	18	19	20	21	22	23	24	
일 진	辛亥	壬子	癸丑	甲寅	乙卯	丙辰	丁巳	戊午	己未	庚申	辛酉	壬戌	癸亥	甲子	乙丑	丙寅	丁卯	戊辰	己巳	庚午	辛未	壬申	癸酉	甲戌	乙亥	丙子	丁丑	戊寅	己卯	
절기시각									申正															午正						

2 月 （乙卯）

절기									경칩															춘분						
음력	1	2	3	4	5	6	7	8	9	10	11	12	13	14	15	16	17	18	19	20	21	22	23	24	25	26	27	28	29	30
양력 월/일	2/25	26	27	28	29	3/1	2	3	4	5	6	7	8	9	10	11	12	13	14	15	16	17	18	19	20	21	22	23	24	25
일 진	庚辰	辛巳	壬午	癸未	甲申	乙酉	丙戌	丁亥	戊子	己丑	庚寅	辛卯	壬辰	癸巳	甲午	乙未	丙申	丁酉	戊戌	己亥	庚子	辛丑	壬寅	癸卯	甲辰	乙巳	丙午	丁未	戊申	己酉
절기시각									巳正															午初						

3 月 （丙辰）

절기									청명															곡우						
음력	1	2	3	4	5	6	7	8	9	10	11	12	13	14	15	16	17	18	19	20	21	22	23	24	25	26	27	28	29	30
양력 월/일	3/26	27	28	29	30	31	4/1	2	3	4	5	6	7	8	9	10	11	12	13	14	15	16	17	18	19	20	21	22	23	24
일 진	庚戌	辛亥	壬子	癸丑	甲寅	乙卯	丙辰	丁巳	戊午	己未	庚申	辛酉	壬戌	癸亥	甲子	乙丑	丙寅	丁卯	戊辰	己巳	庚午	辛未	壬申	癸酉	甲戌	乙亥	丙子	丁丑	戊寅	己卯
절기시각									未正															亥初						

4 月 （丁巳）

절기									입하															소만						
음력	1	2	3	4	5	6	7	8	9	10	11	12	13	14	15	16	17	18	19	20	21	22	23	24	25	26	27	28	29	
양력 월/일	4/25	26	27	28	29	30	5/1	2	3	4	5	6	7	8	9	10	11	12	13	14	15	16	17	18	19	20	21	22	23	
일 진	庚辰	辛巳	壬午	癸未	甲申	乙酉	丙戌	丁亥	戊子	己丑	庚寅	辛卯	壬辰	癸巳	甲午	乙未	丙申	丁酉	戊戌	己亥	庚子	辛丑	壬寅	癸卯	甲辰	乙巳	丙午	丁未	戊申	
절기시각									辰正															戌正						

5 月 （戊午）

절기									망종															하지						
음력	1	2	3	4	5	6	7	8	9	10	11	12	13	14	15	16	17	18	19	20	21	22	23	24	25	26	27	28	29	30
양력 월/일	5/24	25	26	27	28	29	30	31	6/1	2	3	4	5	6	7	8	9	10	11	12	13	14	15	16	17	18	19	20	21	22
일 진	己酉	庚戌	辛亥	壬子	癸丑	甲寅	乙卯	丙辰	丁巳	戊午	己未	庚申	辛酉	壬戌	癸亥	甲子	乙丑	丙寅	丁卯	戊辰	己巳	庚午	辛未	壬申	癸酉	甲戌	乙亥	丙子	丁丑	戊寅
절기시각									午正															寅正						

閏 5 月 （戊午）

절기													소서																	
음력	1	2	3	4	5	6	7	8	9	10	11	12	13	14	15	16	17	18	19	20	21	22	23	24	25	26	27	28	29	
양력 월/일	6/23	24	25	26	27	28	29	30	7/1	2	3	4	5	6	7	8	9	10	11	12	13	14	15	16	17	18	19	20	21	
일 진	己卯	庚辰	辛巳	壬午	癸未	甲申	乙酉	丙戌	丁亥	戊子	己丑	庚寅	辛卯	壬辰	癸巳	甲午	乙未	丙申	丁酉	戊戌	己亥	庚子	辛丑	壬寅	癸卯	甲辰	乙巳	丙午	丁未	
절기시각													亥正																	

6 月 （己未）

절기	대서																입추													
음력	1	2	3	4	5	6	7	8	9	10	11	12	13	14	15	16	17	18	19	20	21	22	23	24	25	26	27	28	29	
양력 월/일	7/22	23	24	25	26	27	28	29	30	31	8/1	2	3	4	5	6	7	8	9	10	11	12	13	14	15	16	17	18	19	
일 진	戊申	己酉	庚戌	辛亥	壬子	癸丑	甲寅	乙卯	丙辰	丁巳	戊午	己未	庚申	辛酉	壬戌	癸亥	甲子	乙丑	丙寅	丁卯	戊辰	己巳	庚午	辛未	壬申	癸酉	甲戌	乙亥	丙子	
절기시각	申初																辰正													

7 月 （庚申）

절 기			처서												백로															
음 력	1	2	3	4	5	6	7	8	9	10	11	12	13	14	15	16	17	18	19	20	21	22	23	24	25	26	27	28	29	30
양력 월/일	8/20	21	22	23	24	25	26	27	28	29	30	31	9/1	2	3	4	5	6	7	8	9	10	11	12	13	14	15	16	17	18
일 진	丁丑	戊寅	己卯	庚辰	辛巳	壬午	癸未	甲申	乙酉	丙戌	丁亥	戊子	己丑	庚寅	辛卯	壬辰	癸巳	甲午	乙未	丙申	丁酉	戊戌	己亥	庚子	辛丑	壬寅	癸卯	甲辰	乙巳	丙午
절기시각			子初													午初														

8 月 （辛酉）

절 기			추분												한로														
음 력	1	2	3	4	5	6	7	8	9	10	11	12	13	14	15	16	17	18	19	20	21	22	23	24	25	26	27	28	29
양력 월/일	9/19	20	21	22	23	24	25	26	27	28	29	30	10 1	2	3	4	5	6	7	8	9	10	11	12	13	14	15	16	17
일 진	丁未	戊申	己酉	庚戌	辛亥	壬子	癸丑	甲寅	乙卯	丙辰	丁巳	戊午	己未	庚申	辛酉	壬戌	癸亥	甲子	乙丑	丙寅	丁卯	戊辰	己巳	庚午	辛未	壬申	癸酉	甲戌	乙亥
절기시각			戌正												寅初														

9 月 （壬戌）

절 기				상강												입동													
음 력	1	2	3	4	5	6	7	8	9	10	11	12	13	14	15	16	17	18	19	20	21	22	23	24	25	26	27	28	29
양력 월/일	10/18	19	20	21	22	23	24	25	26	27	28	29	30	31	11/1	2	3	4	5	6	7	8	9	10	11	12	13	14	15
일 진	丙子	丁丑	戊寅	己卯	庚辰	辛巳	壬午	癸未	甲申	乙酉	丙戌	丁亥	戊子	己丑	庚寅	辛卯	壬辰	癸巳	甲午	乙未	丙申	丁酉	戊戌	己亥	庚子	辛丑	壬寅	癸卯	甲辰
절기시각				卯正												卯正													

10 月 （癸亥）

절 기				소설												대설														
음 력	1	2	3	4	5	6	7	8	9	10	11	12	13	14	15	16	17	18	19	20	21	22	23	24	25	26	27	28	29	30
양력 월/일	11/16	17	18	19	20	21	22	23	24	25	26	27	28	29	30	12/1	2	3	4	5	6	7	8	9	10	11	12	13	14	15
일 진	乙巳	丙午	丁未	戊申	己酉	庚戌	辛亥	壬子	癸丑	甲寅	乙卯	丙辰	丁巳	戊午	己未	庚申	辛酉	壬戌	癸亥	甲子	乙丑	丙寅	丁卯	戊辰	己巳	庚午	辛未	壬申	癸酉	甲戌
절기시각				寅正												子初														

11 月 （甲子）

절 기				동지												소한														
음 력	1	2	3	4	5	6	7	8	9	10	11	12	13	14	15	16	17	18	19	20	21	22	23	24	25	26	27	28	29	30
양력 월/일	12/16	17	18	19	20	21	22	23	24	25	26	27	28	29	30	31	1/1	2	3	4	5	6	7	8	9	10	11	12	13	14
일 진	乙亥	丙子	丁丑	戊寅	己卯	庚辰	辛巳	壬午	癸未	甲申	乙酉	丙戌	丁亥	戊子	己丑	庚寅	辛卯	壬辰	癸巳	甲午	乙未	丙申	丁酉	戊戌	己亥	庚子	辛丑	壬寅	癸卯	甲辰
절기시각				酉初													巳正													

12 月 （乙丑）

절 기			대한													입춘													
음 력	1	2	3	4	5	6	7	8	9	10	11	12	13	14	15	16	17	18	19	20	21	22	23	24	25	26	27	28	29
양력 월/일	1/15	16	17	18	19	20	21	22	23	24	25	26	27	28	29	30	31	2/1	2	3	4	5	6	7	8	9	10	11	12
일 진	乙巳	丙午	丁未	戊申	己酉	庚戌	辛亥	壬子	癸丑	甲寅	乙卯	丙辰	丁巳	戊午	己未	庚申	辛酉	壬戌	癸亥	甲子	乙丑	丙寅	丁卯	戊辰	己巳	庚午	辛未	壬申	癸酉
절기시각			寅正													亥正													

서기 2029년 (단기 4362년) 乙酉年

正月 (丙寅)

절기					우수																경칩									
음력	1	2	3	4	5	6	7	8	9	10	11	12	13	14	15	16	17	18	19	20	21	22	23	24	25	26	27	28	29	30
양력 월/일	2/13	14	15	16	17	18	19	20	21	22	23	24	25	26	27	28	3/1	2	3	4	5	6	7	8	9	10	11	12	13	14
일진	甲戌	乙亥	丙子	丁丑	戊寅	己卯	庚辰	辛巳	壬午	癸未	甲申	乙酉	丙戌	丁亥	戊子	己丑	庚寅	辛卯	壬辰	癸巳	甲午	乙未	丙申	丁酉	戊戌	己亥	庚子	辛丑	壬寅	癸卯
절기시각					酉正																申正									

2月 (丁卯)

절기					춘분																청명									
음력	1	2	3	4	5	6	7	8	9	10	11	12	13	14	15	16	17	18	19	20	21	22	23	24	25	26	27	28	29	30
양력 월/일	3/15	16	17	18	19	20	21	22	23	24	25	26	27	28	29	30	31	4/1	2	3	4	5	6	7	8	9	10	11	12	13
일진	甲辰	乙巳	丙午	丁未	戊申	己酉	庚戌	辛亥	壬子	癸丑	甲寅	乙卯	丙辰	丁巳	戊午	己未	庚申	辛酉	壬戌	癸亥	甲子	乙丑	丙寅	丁卯	戊辰	己巳	庚午	辛未	壬申	癸酉
절기시각					申正																戌正									

3月 (戊辰)

절기						곡우															입하								
음력	1	2	3	4	5	6	7	8	9	10	11	12	13	14	15	16	17	18	19	20	21	22	23	24	25	26	27	28	29
양력 월/일	4/14	15	16	17	18	19	20	21	22	23	24	25	26	27	28	29	30	5/1	2	3	4	5	6	7	8	9	10	11	12
일진	甲戌	乙亥	丙子	丁丑	戊寅	己卯	庚辰	辛巳	壬午	癸未	甲申	乙酉	丙戌	丁亥	戊子	己丑	庚寅	辛卯	壬辰	癸巳	甲午	乙未	丙申	丁酉	戊戌	己亥	庚子	辛丑	壬寅
절기시각						寅初															未初								

4月 (己巳)

절기						소만																망종								
음력	1	2	3	4	5	6	7	8	9	10	11	12	13	14	15	16	17	18	19	20	21	22	23	24	25	26	27	28	29	30
양력 월/일	5/13	14	15	16	17	18	19	20	21	22	23	24	25	26	27	28	29	30	31	6/1	2	3	4	5	6	7	8	9	10	11
일진	癸卯	甲辰	乙巳	丙午	丁未	戊申	己酉	庚戌	辛亥	壬子	癸丑	甲寅	乙卯	丙辰	丁巳	戊午	己未	庚申	辛酉	壬戌	癸亥	甲子	乙丑	丙寅	丁卯	戊辰	己巳	庚午	辛未	壬申
절기시각						丑正																酉初								

5月 (庚午)

절기							하지															소서								
음력	1	2	3	4	5	6	7	8	9	10	11	12	13	14	15	16	17	18	19	20	21	22	23	24	25	26	27	28	29	30
양력 월/일	6/12	13	14	15	16	17	18	19	20	21	22	23	24	25	26	27	28	29	30	7/1	2	3	4	5	6	7	8	9	10	11
일진	癸酉	甲戌	乙亥	丙子	丁丑	戊寅	己卯	庚辰	辛巳	壬午	癸未	甲申	乙酉	丙戌	丁亥	戊子	己丑	庚寅	辛卯	壬辰	癸巳	甲午	乙未	丙申	丁酉	戊戌	己亥	庚子	辛丑	壬寅
절기시각							巳正															寅正								

6月 (辛未)

절기							대서															입추							
음력	1	2	3	4	5	6	7	8	9	10	11	12	13	14	15	16	17	18	19	20	21	22	23	24	25	26	27	28	29
양력 월/일	7/12	13	14	15	16	17	18	19	20	21	22	23	24	25	26	27	28	29	30	31	8/1	2	3	4	5	6	7	8	9
일진	癸卯	甲辰	乙巳	丙午	丁未	戊申	己酉	庚戌	辛亥	壬子	癸丑	甲寅	乙卯	丙辰	丁巳	戊午	己未	庚申	辛酉	壬戌	癸亥	甲子	乙丑	丙寅	丁卯	戊辰	己巳	庚午	辛未
절기시각							亥初															未正							

7 月 （壬申）

절기														처서														백로	
음력	1	2	3	4	5	6	7	8	9	10	11	12	13	14	15	16	17	18	19	20	21	22	23	24	25	26	27	28	29
양력 월/일	8/10	11	12	13	14	15	16	17	18	19	20	21	22	23	24	25	26	27	28	29	30	30	9/1	2	3	4	5	6	7
일진	壬申	癸酉	甲戌	乙亥	丙子	丁丑	戊寅	己卯	庚辰	辛巳	壬午	癸未	甲申	乙酉	丙戌	丁亥	戊子	己丑	庚寅	辛卯	壬辰	癸巳	甲午	乙未	丙申	丁酉	戊戌	己亥	庚子
절기시각														寅正														酉初	

8 月 （癸酉）

절기																추분														
음력	1	2	3	4	5	6	7	8	9	10	11	12	13	14	15	16	17	18	19	20	21	22	23	24	25	26	27	28	29	30
양력 월/일	9/8	9	10	11	12	13	14	15	16	17	18	19	20	21	22	23	24	25	26	27	28	29	30	10/1	2	3	4	5	6	7
일진	辛丑	壬寅	癸卯	甲辰	乙巳	丙午	丁未	戊申	己酉	庚戌	辛亥	壬子	癸丑	甲寅	乙卯	丙辰	丁巳	戊午	己未	庚申	辛酉	壬戌	癸亥	甲子	乙丑	丙寅	丁卯	戊辰	己巳	庚午
절기시각																丑正														

9 月 （甲戌）

절기		한로														상강														
음력	1	2	3	4	5	6	7	8	9	10	11	12	13	14	15	16	17	18	19	20	21	22	23	24	25	26	27	28	29
양력 월/일	10/8	9	10	11	12	13	14	15	16	17	18	19	20	21	22	23	24	25	26	27	28	29	30	31	11/1	2	3	4	5
일진	辛未	壬申	癸酉	甲戌	乙亥	丙子	丁丑	戊寅	己卯	庚辰	辛巳	壬午	癸未	甲申	乙酉	丙戌	丁亥	戊子	己丑	庚寅	辛卯	壬辰	癸巳	甲午	乙未	丙申	丁酉	戊戌	己亥
절기시각		巳初														午正													

10 月 （乙亥）

절기		입동														소설														
음력	1	2	3	4	5	6	7	8	9	10	11	12	13	14	15	16	17	18	19	20	21	22	23	24	25	26	27	28	29
양력 월/일	11/6	7	8	9	10	11	12	13	14	15	16	17	18	19	20	21	22	23	24	25	26	27	28	29	30	12/1	2	3	4
일진	庚子	辛丑	壬寅	癸卯	甲辰	乙巳	丙午	丁未	戊申	己酉	庚戌	辛亥	壬子	癸丑	甲寅	乙卯	丙辰	丁巳	戊午	己未	庚申	辛酉	壬戌	癸亥	甲子	乙丑	丙寅	丁卯	戊辰
절기시각		午正														巳初													

11 月 （丙子）

절기			대설														동지													
음력	1	2	3	4	5	6	7	8	9	10	11	12	13	14	15	16	17	18	19	20	21	22	23	24	25	26	27	28	29	30
양력 월/일	12/5	6	7	8	9	10	11	12	13	14	15	16	17	18	19	20	21	22	23	24	25	26	27	28	29	30	31	1/1	2	3
일진	己巳	庚午	辛未	壬申	癸酉	甲戌	乙亥	丙子	丁丑	戊寅	己卯	庚辰	辛巳	壬午	癸未	甲申	乙酉	丙戌	丁亥	戊子	己丑	庚寅	辛卯	壬辰	癸巳	甲午	乙未	丙申	丁酉	戊戌
절기시각			卯初														子初													

12 月 （丁丑）

절기		소한														대한														
음력	1	2	3	4	5	6	7	8	9	10	11	12	13	14	15	16	17	18	19	20	21	22	23	24	25	26	27	28	29	30
양력 월/일	1/4	5	6	7	8	9	10	11	12	13	14	15	16	17	18	19	20	21	22	23	24	25	26	27	28	29	30	31	2/1	2
일진	己亥	庚子	辛丑	壬寅	癸卯	甲辰	乙巳	丙午	丁未	戊申	己酉	庚戌	辛亥	壬子	癸丑	甲寅	乙卯	丙辰	丁巳	戊午	己未	庚申	辛酉	壬戌	癸亥	甲子	乙丑	丙寅	丁卯	戊辰
절기시각		申正														巳初														

서기 2030년 (단기 4363년) 庚戌年

正月 (戊寅)

절기		입춘														우수													
음력	1	2	3	4	5	6	7	8	9	10	11	12	13	14	15	16	17	18	19	20	21	22	23	24	25	26	27	28	29
양력 월/일	2/3	4	5	6	7	8	9	10	11	12	13	14	15	16	17	18	19	20	21	22	23	24	25	26	27	28	3/1	2	3
일진	己巳	庚午	辛未	壬申	癸酉	甲戌	乙亥	丙子	丁丑	戊寅	己卯	庚辰	辛巳	壬午	癸未	甲申	乙酉	丙戌	丁亥	戊子	己丑	庚寅	辛卯	壬辰	癸巳	甲午	乙未	丙申	丁酉
절기시각		寅正														子初													

2月 (己卯)

절기		경칩															춘분													
음력	1	2	3	4	5	6	7	8	9	10	11	12	13	14	15	16	17	18	19	20	21	22	23	24	25	26	27	28	29	30
양력 월/일	3/4	5	6	7	8	9	10	11	12	13	14	15	16	17	18	19	20	21	22	23	24	25	26	27	28	29	30	31	4/1	2
일진	戊戌	己亥	庚子	辛丑	壬寅	癸卯	甲辰	乙巳	丙午	丁未	戊申	己酉	庚戌	辛亥	壬子	癸丑	甲寅	乙卯	丙辰	丁巳	戊午	己未	庚申	辛酉	壬戌	癸亥	甲子	乙丑	丙寅	丁卯
절기시각		亥初															亥正													

3月 (庚辰)

절기			청명															곡우											
음력	1	2	3	4	5	6	7	8	9	10	11	12	13	14	15	16	17	18	19	20	21	22	23	24	25	26	27	28	29
양력 월/일	4/3	4	5	6	7	8	9	10	11	12	13	14	15	16	17	18	19	20	21	22	23	24	25	26	27	28	29	30	5/1
일진	戊辰	己巳	庚午	辛未	壬申	癸酉	甲戌	乙亥	丙子	丁丑	戊寅	己卯	庚辰	辛巳	壬午	癸未	甲申	乙酉	丙戌	丁亥	戊子	己丑	庚寅	辛卯	壬辰	癸巳	甲午	乙未	丙申
절기시각			丑正															巳初											

4月 (辛巳)

절기				입하																소만										
음력	1	2	3	4	5	6	7	8	9	10	11	12	13	14	15	16	17	18	19	20	21	22	23	24	25	26	27	28	29	30
양력 월/일	5/2	3	4	5	6	7	8	9	10	11	12	13	14	15	16	17	18	19	20	21	22	23	24	25	26	27	28	29	30	31
일진	丁酉	戊戌	己亥	庚子	辛丑	壬寅	癸卯	甲辰	乙巳	丙午	丁未	戊申	己酉	庚戌	辛亥	壬子	癸丑	甲寅	乙卯	丙辰	丁巳	戊午	己未	庚申	辛酉	壬戌	癸亥	甲子	乙丑	丙寅
절기시각				戌初																辰正										

5月 (壬午)

절기				망종																하지										
음력	1	2	3	4	5	6	7	8	9	10	11	12	13	14	15	16	17	18	19	20	21	22	23	24	25	26	27	28	29	30
양력 월/일	6/1	2	3	4	5	6	7	8	9	10	11	12	13	14	15	16	17	18	19	20	21	22	23	24	25	26	27	28	29	30
일진	丁卯	戊辰	己巳	庚午	辛未	壬申	癸酉	甲戌	乙亥	丙子	丁丑	戊寅	己卯	庚辰	辛巳	壬午	癸未	甲申	乙酉	丙戌	丁亥	戊子	己丑	庚寅	辛卯	壬辰	癸巳	甲午	乙未	丙申
절기시각				巳初																申正										

6月 (癸未)

절기					소서																대서								
음력	1	2	3	4	5	6	7	8	9	10	11	12	13	14	15	16	17	18	19	20	21	22	23	24	25	26	27	28	29
양력 월/일	7/1	2	3	4	5	6	7	8	9	10	11	12	13	14	15	16	17	18	19	20	21	22	23	24	25	26	27	28	29
일진	丁酉	戊戌	己亥	庚子	辛丑	壬寅	癸卯	甲辰	乙巳	丙午	丁未	戊申	己酉	庚戌	辛亥	壬子	癸丑	甲寅	乙卯	丙辰	丁巳	戊午	己未	庚申	辛酉	壬戌	癸亥	甲子	乙丑
절기시각					巳初																寅初								

7 月 (甲申)

절기									입추																처서					
음력	1	2	3	4	5	6	7	8	9	10	11	12	13	14	15	16	17	18	19	20	21	22	23	24	25	26	27	28	29	30
양력 월/일	7/30	31	8/1	2	3	4	5	6	7	8	9	10	11	12	13	14	15	16	17	18	19	20	21	22	23	24	25	26	27	28
일 진	丙寅	丁卯	戊辰	己巳	庚午	辛未	壬申	癸酉	甲戌	乙亥	丙子	丁丑	戊寅	己卯	庚辰	辛巳	壬午	癸未	甲申	乙酉	丙戌	丁亥	戊子	己丑	庚寅	辛卯	壬辰	癸巳	甲午	乙未
절기시각									戌初																巳正					

8 月 (乙酉)

절기									백로																추분				
음력	1	2	3	4	5	6	7	8	9	10	11	12	13	14	15	16	17	18	19	20	21	22	23	24	25	26	27	28	29
양력 월/일	8/29	30	31	9/1	2	3	4	5	6	7	8	9	10	11	12	13	14	15	16	17	18	19	20	21	22	23	24	25	26
일 진	丙申	丁酉	戊戌	己亥	庚子	辛丑	壬寅	癸卯	甲辰	乙巳	丙午	丁未	戊申	己酉	庚戌	辛亥	壬子	癸丑	甲寅	乙卯	丙辰	丁巳	戊午	己未	庚申	辛酉	壬戌	癸亥	甲子
절기시각									子初																辰正				

9 月 (丙戌)

절기								한로																상강						
음력	1	2	3	4	5	6	7	8	9	10	11	12	13	14	15	16	17	18	19	20	21	22	23	24	25	26	27	28	29	30
양력 월/일	9/27	28	29	30	10/1	2	3	4	5	6	7	8	9	10	11	12	13	14	15	16	17	18	19	20	21	22	23	24	25	26
일 진	乙丑	丙寅	丁卯	戊辰	己巳	庚午	辛未	壬申	癸酉	甲戌	乙亥	丙子	丁丑	戊寅	己卯	庚辰	辛巳	壬午	癸未	甲申	乙酉	丙戌	丁亥	戊子	己丑	庚寅	辛卯	壬辰	癸巳	甲午
절기시각								未正																酉正						

10 月 (丁亥)

절기								입동																소설					
음력	1	2	3	4	5	6	7	8	9	10	11	12	13	14	15	16	17	18	19	20	21	22	23	24	25	26	27	28	29
양력 월/일	10/27	28	29	30	31	11/1	2	3	4	5	6	7	8	9	10	11	12	13	14	15	16	17	18	19	20	21	22	23	24
일 진	乙未	丙申	丁酉	戊戌	己亥	庚子	辛丑	壬寅	癸卯	甲辰	乙巳	丙午	丁未	戊申	己酉	庚戌	辛亥	壬子	癸丑	甲寅	乙卯	丙辰	丁巳	戊午	己未	庚申	辛酉	壬戌	癸亥
절기시각								酉正																申初					

11 月 (戊子)

절기								대설																	동지					
음력	1	2	3	4	5	6	7	8	9	10	11	12	13	14	15	16	17	18	19	20	21	22	23	24	25	26	27	28	29	30
양력 월/일	11/25	26	27	28	29	30	12/1	2	3	4	5	6	7	8	9	10	11	12	13	14	15	16	17	18	19	20	21	22	23	24
일 진	甲子	乙丑	丙寅	丁卯	戊辰	己巳	庚午	辛未	壬申	癸酉	甲戌	乙亥	丙子	丁丑	戊寅	己卯	庚辰	辛巳	壬午	癸未	甲申	乙酉	丙戌	丁亥	戊子	己丑	庚寅	辛卯	壬辰	癸巳
절기시각								午初																	卯初					

12 月 (己丑)

절기									소한																대한				
음력	1	2	3	4	5	6	7	8	9	10	11	12	13	14	15	16	17	18	19	20	21	22	23	24	25	26	27	28	29
양력 월/일	12/25	26	27	28	29	30	31	1/1	2	3	4	5	6	7	8	9	10	11	12	13	14	15	16	17	18	19	20	21	22
일 진	甲午	乙未	丙申	丁酉	戊戌	己亥	庚子	辛丑	壬寅	癸卯	甲辰	乙巳	丙午	丁未	戊申	己酉	庚戌	辛亥	壬子	癸丑	甲寅	乙卯	丙辰	丁巳	戊午	己未	庚申	辛酉	壬戌
절기시각									亥正																申初				

찾아보기

(1)

2운성 힘의 세기	31

(午)

午시	17

(土)

土星	201

(支)

支藏干 배치 날수	157
支藏干을 쉽게 외우는 방법	158

(木)

木星	200

(水)

水星	201

(火)

火星	200

(金)

金星	201

(ㄱ)

간(肝)	61, 219
개두(蓋頭)	284
건강 운	298
건강상태(健康狀態)	218
건강상태(健康狀態)를 판단	218
건록격(建祿格)	162
겁재(劫財)	178, 202
겁재(劫財)가 기신 행운(忌神 行運)	179
겁재(劫財)가 희신 행운(喜神 行運)	179
격(格)	30, 162
격(格)을 정하는 학설	163
격국(格局)을 정하는 원칙	163
격을 정하는 방법	163
결혼 시기	299
결혼할 배우자의 성정(性情)	268
과거절(過去節)	21
관록(官祿)	260
관록이 있는 사주(四柱)	260
관재, 구설, 소송 운	300
군인(軍人)의 사주(四柱)	261
궁통보감(窮通寶鑑)	174
궁합	308
궁합(宮合)	304
궁합의 길흉(吉凶)	307
극부(剋夫)할 사주(四柱)	270
기준 절기	15
기타 판단	209

(ㄴ)

나쁜 궁합	310
난조(陽)	173

남녀 공히 연애할 사주(四柱)	249
남자 결혼 시기	248
남자 명식(男子 命式)인 경우	290
남자의 재복(財福)	252
남편 복(福)이 있는 사주(四柱)	269
남편 운	293
내격(內格)	162
년운(年運)	280, 288
년주(年柱)	14
늦게 결혼할 남자 사주(四柱)	248
늦게 결혼할 여자의 사주(四柱)	267

(ㄷ)

담(膽)	61, 219
대운 지지(大運 地支) 오행(五行)의 작용판단	283
대운 지지(大運 地支)의 작용 판단	33
대운 천간(大運 天干) 오행(五行)의 작용판단	283
대운 천간(大運 天干)의 작용 판단	33
대운(大運)	19, 34
대운(大運)	280
대운(大運) 간지(干支)의 작용	33
대운(大運) 작성	19
대운(大運) 해석 방법	281
대운(大運)과 세운(歲運)이 천충지충 하는 경우	276
대운(大運)과 세운(歲運)이 충(沖)하는 경우	275
대운(大運)과 일지(日支)가 충(沖)하는 경우	275
대운(大運)의 12운성 판단	286
대운(大運)의 天干과 지지(地支) 관계	284
대운(大運)의 간지(干支) 작성	19, 20
대운(大運)의 길흉(吉凶)작용	281
대운간지(大運干支)	23
대운수(大運數)	21, 23
대운수(大運數) 계산방법	21
대운수(大運數)를 계산	22
대장(大腸)	62, 222
도식(徒食)	193
돈 버는 시기	254
돈 버는 운	300

(ㅁ)

만세력(萬歲曆)	14
매매 운	298
명식(命式) 및 일지(日支)와 세운(歲運)의 지지(地支)가 연결되어 삼합되는 경우	277
명식(命式)의 년지(年支)와 대운(大運) 및 세운(歲運)이 연결되어 삼합(三合)이나 육합(六合) 되는 경우	276
명식(命式)의 시지(時支)와 대운(大運) 및 세운(歲運)이 연결되어 삼합(三合)이나 육합(六合) 되는 경우	277
명식(命式)의 월지(月支)와 대운(大運) 및 세운(歲運)이 연결되어 삼합(三合)이나 육합(六合) 되는 경우	276
명식(命式)의 일간(日干)과 세운(歲運)의 천간(天干)이 합(合)이 되는 경우	277
명식(命式)의 일지(日支)와 대운(大運) 및 세운(歲運)이 연결되어 삼합(三合)이나 육합(六合) 되는 경우	276
모친궁(母親宮)	31
무근(無根)	167
미래절	21
미래절(未來節)	21

(ㅂ)

방광(膀胱)	63, 222
병약법(病藥法)	173
부모 덕이 없는 사주(四柱)	229
부모 덕이 있는 사주(四柱)	228
부모운(父母運)	228
부모의 선망(先亡)	231
부모의 선망(先亡) 판단	231
부모의 성품	229
부인 운	293
부자 사주	252
부자의 사주(四柱)	252
부친궁(父親宮)	31
비견(比肩)	176, 202
비견(比肩)이 기신 행운(忌神 行運)	177
비견(比肩)이 희신 행운(喜神 行運)	177
비장(脾臟)	62, 221
빈자(貧者) 사주	256
빈자(貧者)의 사주(四柱)	256
빈자의 사주구성	256

(ㅅ)

사법관(司法官)의 사주(四柱)	261
사쇠(四衰)	31
사왕(四旺)	31
사주 세우기 연습	23
사주(四柱)의 격(格)	162
사주(四柱)의 조후(調候) 판단	284
사주구성	30
사주를 작성	167
사평(四平)	31
삼초(三焦)	62, 220
삼합회국(三合會局)	162
상관(傷官)	182, 203
상관격(傷官格)	162
상관이 기신 행운(忌神 行運)	183
상관이 희신 행운(喜神 行運)	183
상운(祖上運)	224
서낙오	163
서머 타임(summer time)	17
서머 타임을 도입한 기간	18
선부후빈(先富後貧)의 사주(四柱)	253
선빈후부(先貧後富)의 사주(四柱)	253
성격 판단(性格 判斷)	200
성격(性格)	32
세운(歲運)	36, 280
세운(歲運) 보는 방법	288
세운(歲運) 해석 방법	288
세운(歲運) 해석 참고 사항	290
세운(歲運)과 명식(命式)의 년지(年支)가 충(沖)하는 해	274
세운(歲運)과 명식(命式)의 시지(時支)가 충(沖)하는 해	274
세운(歲運)과 명식(命式)의 월지(月支)가 충(沖)하는 해	274
세운(歲運)과 명식(命式)의 일지(日支)가 충(沖)하는 해	274
세운(歲運)과 명식(命式)이 천동지충 하는 경우	275
세운(歲運)과 명식(命式)이 천지합 되는 경우	276
세운(歲運)과 명식(命式)이 천충지충(天沖支沖) 하는 경우	275
세운(歲運)에서 본 항목별 해설	298
세운(歲運)에서 육친(六親) 운(運)	292
세운(歲運)의 지지(地支)가 명식(命式)의 일지(日支)와 같은 경우	277

세운(歲運)이 명식(命式)의 일간(日干)과 천지동년 되는 경우	277	아버지의 상태	230
		암장(暗藏)	154
세운(歲運)이나 대운(大運)에서 일지(日支)를 충(沖)하는 경우	275	야자시(夜子時)	15
		양남(陽男)	19
소장(小腸)	62, 220	양남음녀(陽男陰女)	20
순운(順運)	19	양인격(陽刃格)	162
시간(時間) 변수 요인	17	어머니 운	292
시부모(媤父母)와의 관계	272	어머니의 상태	231
시운(時運)	280	억부법(抑扶法)	172
시주(時柱	23	억부법(抑扶法) 적용	172
시주(時柱)	15, 16	여명(女命) 임신하는 운	301
시주(時柱) 세우기	15	여자 명식(女子 命式)인 경우	290
시주(時柱) 조견표	16	여자 사주	264
시험 운	299	여자의 결혼 시기	266
식신(食神)	180, 202	여자의 미모와 정숙상태	264
식신(食神)이 기신 행운(忌神 行運)	182	여자의 임신시기	267
식신(食神)이 희신 행운(喜神 行運)	181	여자의 자식운(子息運)	271
식신격(食神格)	162	역운(逆運)	19
신(信)	201	연주(年柱)	23
신강 사주(身强 四柱)에서 억부법(抑扶法) 적용	172	연주(年柱)	14
		연주(年柱) 세우기	14
신강(身强) 사주(四柱)에서 용신(用神)	170	영전, 승진 운	299
신약(身弱) 사주(四柱)에서 억부법(抑扶法) 적용	172	예(禮)	200
		오행(五行)에 해당하는 신체부위	219
신약(身弱) 사주(四柱)에서 용신(用神)	170	용신 구하는 것을 요약	171
신장(腎臟)	63, 222	용신(用神)	31
심장(心臟)	61, 220	용신(用神)과 대운(大運)의 길흉(吉凶) 관계	287
심포(心胞)	61	용신(用神)과 대운(大運)의 길흉(吉凶)관계	64
심포(心胞)	220	용신(用神)의 분류	172
		월운(月運)	280
(o)		월운(月運) 해석방법	289
		월주(月柱)	14, 23
아버지 운	292	월주(月柱) 세우기	14

찾아보기 · 523

월지 오행으로 성격 판단	206	작용판단	81
위장(胃臟)	62, 221	재물 손해 운	300
유근(有根)	166	적천수	163
유년(流年)	280	전왕법(專旺法)	173
육친(六親)의 특성	176	절각(截脚)	284
음남양녀(陰男陽女)	20	접목운	287
음녀(陰女)	19	접목운(接木運)	286
의(義)	201	정관(正官)	191, 204
이사 운	298	정관(正官)이 기신 행운(忌神 行運)	193
이사 택일	312	정관(正官)이 희신 행운(喜神 行運)	192
인(仁)	200	정관격(正官格)	162
인수(印綬)	196	정기생(正氣生)	154
일간(日干)의 강약(强弱)	30	정오(正午)	17
일간(日干)의 강약(强弱)으로 판단	208	정인(正印)	196, 205
일운(日運)	280, 289	정인(正印)이 기신 행운(忌神 行運)	198
일주(日柱)	15, 23	정인(正印)이 희신 행운(喜神 行運)	198
일주(日柱) 세우기	15	정인격(正印格)	162
일진(日辰)	280	정재(正財)	186, 203
일진(日辰) 해석 방법	289	정재(正財)가 기신 행운(忌神 行運)	188
일찍 결혼할 남자 사주(四柱)	248	정재(正財)가 희신 행운(喜神 行運)	188
		정재격(正財格)	162
(ㅈ)		조자시(朝子時)	15
		조후법(調候法)	173, 174
자녀 운	294	중기생(中氣生)	154
자시(子時)	15	중화 사주는 용신(用神)	171
자식 복(福) 없는 여자의 사주(四柱)	271	중화(中和) 사주(四柱)의 용신(用神)	171
자식 복(福) 있는 여자의 사주(四柱)	271	중화순수사주(中和純粹四柱)	253
자식(子息) 복(福)이 없는 사주(四柱)	245	지(智)	201
자식(子息) 복(福)이 있는 사주(四柱)	244	지장간(地藏干) 적용	158
자식궁(子息宮)	32	지장간(支藏干)	154
자식운(子息運)	244	지장간(支藏干) 배치 날수	155
자평명리학(自平命理學)	159	지장간(支藏干)의 개요	154
자평진전(自平眞詮)	159	직업 선택(職業 選擇)	212

직업(職業)	32
직업(職業)을 선택하는 방법	212
진술축미(辰戌丑未)의 사용	167
질병(疾病)	33, 60, 218

(ㅊ)

처(妻)가 미인(美人)인 사주(四柱)	240
처(妻)가 부정(不貞)한 사주(四柱)	241
처궁(妻宮)	32
처덕(妻德)이 없는 사주(四柱)	239
처덕(妻德)이 있는 사주(四柱)	238
처복(妻福)	252
처운(妻運)	238
천(賤)한 여자의 사주(四柱)	265
첩(妾)이 있을 사주(四柱)	241
청빈자(淸貧者)의 사주(四柱)	257
체(體)와 용(用)	170
초기(初氣)	154

(ㅌ)

투출(透出)	166

(ㅍ)

편관(偏官)	188, 204
편관(偏官)이 기신 행운(忌神 行運)	191
편관(偏官)이 희신 행운(喜神 行運)	190
편관격(偏官格)	162
편인(偏印)	193, 205, 212, 213, 215
편인(偏印)이 기신 행운(忌神 行運)	195
편인(偏印)이 희신 행운(喜神 行運)	195
편인격(偏印格)	162
편재(偏財)	184, 203
편재가 기신 행운(忌神 行運)	186
편재가 희신 행운(喜神 行運)	185
편재격(偏財格)	162
평생부자(平生富者)	253
폐장(肺臟)	62, 221

(ㅎ)

한습(陰)	173
합충(合沖) 해석	274
해석	167
행운(行運)	280
행운(行運) 해석 방법	280
행운(行運) 해석의 개요	280
행운(行運)과 명식(命式)의 합충(合沖) 작용	274
행정관(行政官)의 사주(四柱)	261
허(虛)와 실(實)에 의한 질병(疾病)	218
현대적 감각으로 택일 선정하는 방법	313
형제궁(兄弟宮)	32
형제운(兄弟運)	234
형제운의 길흉(吉凶)	234
형제의 덕이 없는 사주(四柱)	235
형제의 덕이 있는 사주(四柱)	234
형제자매 운	292
혼자 살거나 정부(情夫)가 있는 사주(四柱)	266

▶ 저자 약력
- 공학박사
- 제주한라대학교 컴퓨터정보과 교수(정년퇴임)
- 표창·상훈 : 근정 훈장 수훈 외 6종
- 저서 : Python과 TensorFlow로 구현한 인공지능 외 42권
- 연구논문 : RNN을 이용한 범용예측 System 구현 외 36편
- 특허 2종 : ①통합통신 System
  ②ZigBee 무선 Network를 이용한 기기제어 및 상황정보감시 System
- 인터넷 사주 프로그램 개발

▶ 저서 목록 43권

번호	저 서 명	발행일	저자
1	취미로 배우는 사주학	2021.11.22	이상부
2	Python과 TensorFlow로 구현한 인공지능	2017. 9. 6	이상부
3	쉽게 배우는 파이썬 프로그래밍	2017. 9. 4	이상부
4	C++ 이용한 인공지능 구현	2017. 1.10	이상부
5	Cygwin gcc를 이용한 C++프로그래밍	2016. 2.28	이상부
6	IAR EWAVR 컴파일러와 ATmega128을 이용한 임베디드 프로그래밍	2015. 1.15	이상부
7	안드로이드 프로그래밍	2012. 2.23	이상부
8	모바일 프로그래밍 (2011년도 청년취업아카데미사업교재)	2011. 9. 6	이상부 외 2명
9	USN 활용프로그래밍 e-Learning 매체개발	2009. 8.26	이상부 외 1명
10	HTML을 이용한 웹페이지 제작 e-Learning 매체개발	2009. 8.16	이상부 외 2명
11	RFID/USN을 위한 임베디드·네트워크활용 (2008년도 성장동력특성화대학교재)	2008. 8.22	이상부 외 2명
12	센서네트워킹 활용(2007년도 성장동력특성화대학 교재)	2007. 8.10	이상부 외 2명
11	C++.NET을 이용한 게임콘텐츠 제작기법(2006년도 문화콘텐츠 누리사업교재)	2007. 4.30	이상부 외 2명
14	웹프로그래밍(2006년도 주문식교육교재)	2007. 2.10	이상부 외 2명
15	멀티미디어콘텐츠 제작실무(2005년도 제주문화콘텐츠 산업 전문인력양성사업교재)	2006. 5.10	이상부 외 2명
16	디지털콘텐츠 제작기법 (3D아바타에서 가상현실까지)	2006. 4.28	이상부 외 2명
17	Visual C++.NET를 이용한 게임제작 프로그래밍	2006. 2.25	이상부 외 1명

18	C# 웹프로그래밍(2005년도 주문식교육 교재)	2005.12. 5	이상부 외 2명
19	Visual C++.NET Programming	2005. 9.15	이상부
20	쉽게 배우는 사주학	2005. 8.30	이상부
21	모바일프로그래밍을 위한 WIPI	2005. 4.15	이상부
22	2004연계교육교재 : 컴퓨터 활용	2004.12. 5	이상부 외 6명
23	2004주문식교육교재 : 웹콘텐츠 제작 및 활용	2004.12. 5	이상부 외 2명
24	명리학 실무자를 위한 사주해설	2004.11. 1	이상부
25	ASP.NET을 이용한 전자상거래 쇼핑몰 구축	2004. 6.25	이상부 외 1명
26	VS.NET에서 프로젝트 개발을 위한 C# Programming	2004. 2.15	이상부 외 2명
27	2003연계교육교재 : PBL적용 연계교육을 위한 HTML과 ASP 활용	2003.12.20	이상부 외 2명
28	쇼핑몰 구축을 위한 ASP.NET	2003. 9.15	이상부
29	2002주문식교육교재 : 전자상거래를 위한 쇼핑몰 구축 실무	2002.12.20	이상부 외 1명
30	운명과 사주 나도 볼 수 있다	2004. 3. 5	이상부
31	운명과 사주 이렇게 본다	2002.10.30	이상부
32	웹서버 및 전자상거래 구축	2001. 9. 5	이상부
33	전자상거래 쇼핑몰 구축을 위한 ASP 활용	2001. 2.15	이상부
34	한글 97이해와 활용	2000. 4. 5	이상부
35	퍼지 · 신경망 · 유전진화	1996. 7. 8	이상부외 1 명
36	디지털 논리회로설계	1999. 2.25	이상부
37	PC를 이용한 자동제어기법	1999. 1.25	이상부
38	마이크로프로세서 응용.실험	1998.11.20	이상부
39	COMPUTER 이해와 활용	1998. 2.24	이상부
40	마이크로프로세서와 버스방식	1996. 1.20	이상부
41	컴퓨터 응용과 자동제어 기법	1995. 7. 1	이상부
42	Z80 어셈블리 프로그래밍과 활용	1993. 3.11	이상부
43	마이크로프로세서(8085,8086,8088,0286,80386, 80486) 개요와 주변소자들	1992. 8.29	이상부

▶ 연구논문 목록 37편

번호	게재연도	논문제목	연구자
1	2018.10.31	RNN을 이용한 범용 예측 시스템 구현	이상부 외 1명
2	2013.12.31	Implementation of Smartphone Server System for Remote MonitoringoControl	이상부 외 1명
3	2012.12	통합 통신시스템 개발에 관한 연구	이상부 외 1명
4	2010.11	다양한 통신프로토콜을 이용한 통합모니터링 시스템 구현	이상부
5	2009.10	상황정보 무선통신을 위한 ZigBee 응용시스템 구현에 관한 연구	이상부
6	2008.12	Embeded system design &implementation for strong power control	이상부
7	2007.12.28	A Study on the implementation of environmental information remote-monitoring &alarm system	이상부
8	2006. 2.28	A Study on the implementation of full adder used to neural network	이상부
9	2005. 9. 2	Number Recognition Realization by utilizing Neural Network	이상부 외 1명
10	2004. 5.25	Design of Web Agents Module for Information Filtering Based on Rough Sets	이상부 외 1명
11	2003. 3. 5	A study on the Fuzzy controller gain analysis with Fuzzy controller realization	이상부
12	2002. 1.10	A study on the operation of cyber education in Cheju Halla College	이상부
13	2001. 6. 2	Realization of intellization controller using genetic algorithm neural network fuzzy logic	이상부 외 1명
14	2001.11.10	Desing of algorithm for fuzzy information retrieval based on rough set operation	이상부 외 1명
15	2001. 3. 5	A study on the response characteristic of fuzzy controller with proportional control function	이상부
16	2000. 9. 2	Algorithm for Knowledge Design Discovery within Fuzzy Information System based Probabilistic Rough Set	이상부 외 3명
17	2000. 5.25	Adaptive controller design using Evolution Programming	이상부
18	1999. 8.21	Realization of Fuzzy neural network intellization controller using to EP	이상부 외 1명
19	1999. 3. 5	A study on design of artificial intelligence controller using EP	이상부

20	1998. 9.15	Retrieval of Fuzzy information based on probabilistic Rough sets	이상부 외 2명
21	1998. 3.12	A study on the optimal membership function of Fuzzy controller	이상부
22	1997.11.29	A study on design of Fuzzy neural network Intelligence controller using Evolution Programming	이상부 외 1명
23	1997.10.30	A study on the performance improvement of Fuzzy controller using Genetic algorithm and Evolution Programming	이상부 외 1명
24	1997. 5.31	The application of factor space theory for fuzzy information retrieval	이상부 외 3명
25	1997. 1.20	A study on the performance improvement of fuzzy neural network controller utilized neural network	이상부
26	1996.11.30	A study on the Response characteristics of Fuzzy Controller &Fuzzy Neural	이상부 외 2명
27	1996.11.16	A Study on the Knowledge Representation of Linguistic Variable Based on Fuzzy Logic	이상부 외 3명
28	1996. 6. 8	Design of Fuzzy Controllers Membership Function Using Evolution Programming	이상부 외 3명
29	1995. 5.30	A study on the development of neural network control simulation tool and environment	이상부 외 1명
30	1995. 3. 5	A study on the characteristic survey of neural networks	이상부
31	1994.12. 3	A study on the development of simulation tool for multiple learning algorithm of neural network control	이상부 외 2명
32	1993.12.31	An experimental study of map-plotter for gps(1)	이상부 외 1명
33	1993.10.18	A study on the performance improvement of hybrid controller combined Fuzzy and proportional controller	이상부 외 2명
34	1993.12.15	A study on the response characteristic of Fuzzy controller combined proportional control function	이상부 외 2명
35	1993.8.31	A hardware implementation of A/D converter using the modified hopfield neural networks	이상부 외 3명
36	1984.12.20	A study on the expression of equivalent circuit in second order active RC filters	이상부
37	1997. 8.22	The realization of neural network fuzzy adaptive controller using evolution programming	이상부

명리학 실무자를 위한 **사주해설**

초판 인쇄 2021년 11월 17일
초판 발행 2021년 11월 22일

저　　자 이 상 부
발 행 처 도서출판 필통
발 행 인 최 정 자
주　　소 서울시 중구 충무로 54-10 (을지로3가)
전　　화 02-2269-4994　　**팩스** 02-2275-1882
출판등록 제 301-2009-162호

I S B N　978-89-94866-31-4
가　　격　30,000원

이 책은 저작권법에 따라 보호받는 저작물이므로 무단전제와 복제를 금지하며, 이 책 내용의 전부 또는 일부를 이용하려면 저작권자의 동의를 받아야 합니다.

잘못 만들어진 책은 구입하신 서점에서 교환해 드립니다.